中世後期イタリアの商業と都市

中世後期イタリアの商業と都市

齊藤寛海著

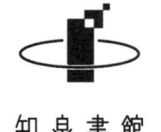

知泉書館

序　文

　本書は，中世後期（部分的には近世初期）において，イタリア商人がおこなった国際商業のありかた，および彼らが国家のなかでもった権力のありかたを，具体的かつ動態的に理解することを目的としている．

　イタリア北部，中部の都市国家の商人は，イタリアはもちろん，ヨーロッパや地中海の各地にでかけて取引をおこなった．その活動は，めざましく，とりわけ十字軍運動と結合したのを契機に急成長した．ヴェネツィア，ジェノヴァのような海港都市の商人は，十字軍国家への人員，物資の補給によって商業，海運業を発展させ，地中海商業の覇権をムスリム商人，ビザンツ商人から奪い取った．十字軍運動によって権威の上昇した教皇は，十字軍のための資金を各地から徴収したが，その業務を北部，中部の都市の商人に委託した．ローマから北西欧へ向かう街道に沿うトスカーナ，ロンバルディーアの内陸都市の商人は，教皇の徴税人としての立場を利用して，フランス，フランドル，イギリスにおいて商業特権を入手した．イタリア商人による商業が発展するにつれて，ヴェネツィア商船がイギリスにもでかけ，フィレンツェ商社がレヴァントにも支店，代理店を開設するような状況が出現した．このような活動により，母国の経済はもちろん，イタリア，地中海，ヨーロッパの経済は，おおきな影響をうけ，それを一つの要因として変化していった．

　商業によって力を蓄えた北部，中部の商人は，母国の政治に進出し，その権力を左右するだけの地位を獲得した．さらに，商業によって経済が繁栄し，人口が増加した有力な都市国家は，近隣の都市国家を支配し，領域国家を形成していった．その商人たちは，各地の経済のみならず，イタリア北部，中部の政治や国家のありかたを，おおきく規定する存在だったのである．北部，中部の都市の商人が，その活動を保護する国家権力により，経済活動を促進することができたのに対し，南部，シチリアの都市の商人は，王権や領主権が賦課する重税などにより，経済活動を束縛されて，政治や国家のありかたを，おおきく規定する存在にはなれなかった．

　イタリアは，中世をとおして政治的に四分五裂し，全体の中心となる国家や権

力がなかった．経済的にも均質ではなく，先進地帯もあれば，後進地帯もあった．それぞれが異質の，多数の社会から構成されており，この多様な社会の複雑な動向こそ，イタリアの歴史の特徴である．中世の初期には西欧圏（イタリア半島の北部，中部），ビザンツ圏（南部），イスラーム圏（シチリア）に分裂していたが，中期の初頭にフランスからきたノルマン人たちがこのビザンツ圏とイスラーム圏とを征服し，1130年にシチリア王国を樹立したのちは，イタリア王国（北部，中部）と，シチリア王国（南部，シチリア）とが，間に教皇領をはさんで対峙する形勢となった．以後，この二つの王国は，政治的にも経済的にも対照的な展開をとげ，ここに「二つのイタリア」といわれるように，対照的な「北」と「南」が形成されていった．

　北部，中部とは，本書では原則として，イタリア王国，教皇領（とりわけその北半），それに北部の狭隘な海岸地帯からなる本来のヴェネツィア領，の三つからなる地域，すなわちほぼローマ以北の地域をいう．イタリア王国は，周知のように，962年に（いわゆる）神聖ローマ帝国が成立した後は，ドイツ王国とともにそれを構成する国家となり，その国王には，伝統的にこの帝国の皇帝となるドイツ国王が選出された．ドイツ国王でありイタリア国王でもある神聖ローマ皇帝と，教皇領との関係は，理念においても現実においても複雑かつ流動的であり，実際にはその時々の皇帝と教皇との力関係によって規定された．いずれにせよ，教皇領（とりわけその北半）の社会は，中世末期にいたるまで，イタリア王国の社会とほぼ同様の展開をとげた．一方，ヴェネツィアは，イタリア王国の都市ではない．812年に（いわゆる）西ローマ帝国のカール大帝とビザンツ帝国の皇帝とが締結したアーヘン条約により，ビザンツ帝国に帰属したが，同帝国が弱化するにともない，事実上独立した都市国家となった．11世紀以降，アドリア海の覇権を確立しはじめ，13世紀には，第四回十字軍遠征を契機に旧ビザンツ帝国領土の一部を獲得して，アドリア海から東地中海にかけて一連の領土からなる植民地帝国を樹立していたが，14世紀以降になると，半島北部の内陸，すなわち神聖ローマ帝国（イタリア王国）の領域内部にも支配領域を獲得した．東西両帝国から領土を獲得したわけである．ヴェネツィアは，都市国家が発展したこと，それが（北部の内陸に）領域国家を形成したことにおいて，イタリア王国や教皇領の都市国家と共通の性格をもった．

　北部，中部の商業が発展した地域では，都市が発展して市民が権力を行使するようになり，市民と皇帝（イタリア国王）とが権力をめぐって衝突した．皇帝がロンバルディーア都市同盟に大敗したのち，1183年に両者が締結したコンスタンツの和約において，同盟都市の自治権が承認され，ここに事実上の主権をもつ

都市国家が成立した．ちなみに，この都市同盟には，ヴェネツィア，教皇領都市のボローニャも参加していた．参加しなかった北部，中部の多くの都市も，やがて都市国家としての性格をもつにいたった．そこでは，帝権（王権）が空洞化し，現実に主権を行使したのは，皇帝（国王）ではなく，都市国家の市民たちだった．王権を強化していくフランス王国とはちがい，イタリア王国では王権は弱化していくのである．一方，シチリア王国では，強力な王権の支配のもとで，都市国家は誕生しなかった．シチリア王国が，1282年の「シチリアの晩禱」を契機に，半島南部からなる（いわゆる）ナポリ王国と，シチリアからなる（いわゆる）シチリア王国とに分裂したのちにも，王権を蚕食して伸張する領主権の支配のもとで，この事態は継続した．なお，サルデーニャは，ジェノヴァ，ピサの植民地だったが，14世紀以降次第にアラゴンの植民地となった．その都市は，外国商人による経済支配の拠点という性格をもっていた．

　北部，中部の都市は，多数の人口と豊富な資金をもち，市民を中核とする軍隊によって周辺の農村地帯を征服したので，都市国家は，都市の市民とそれに従属する農村の住民とから構成された．大都市を中心とする強力な都市国家は，小都市を中心とする都市国家を従属させていく．北部，中部の大都市における商人の活動は，それぞれの都市に固有な条件に対応して，一律ではなく，都市ごとに特性をもっていた．この特性が，それぞれの都市の経済構造を左右し，この経済構造が，都市の権力構造における商人の地位を規定する要因になったと思われる．そこでの商人の地位は，一律ではなく，都市ごとに特徴があったのである．とはいえ，権力構造や，そこでの商人の地位は，経済構造のみによって排他的に規定されるのではなく，都市を取り巻く政治状況のような，そのほかのさまざまな具体的条件によって規定された．

　イタリア王国の内陸都市フィレンツェと，王国外部にある海港都市ヴェネツィアとをくらべると，両市の商人の活動には差異があるが，イタリア商人を中心にして形成された商業網が広く濃くなるにしたがい，両市の商人は，さらにほかの都市の商人とも相互に補完しながら，母国の枠組みを超えた国際的な一つの商業世界を形成していく．ちなみに，それぞれの都市の商業ないし経済全体の動向は，統計史料とくに連続する統計史料の欠如や，経営史料が開拓されてそれにもとづく個別経営の分析に重点がおかれるようになったこともあり，その詳細を把握するのが困難である．

　都市国家フィレンツェおよびそれが発展した領域国家と，ヴェネツィアという国家をくらべると，都市の制度機構はもちろん，権力構造における商人の地位のありかたも，両国は決定的にちがう．イタリアの都市国家の歴史は，とりわけ各

国の特性が明確になる中世後期以降は，一般化することが困難である．周知のように，人口と面積において，中国は多く広いが，ヨーロッパは少なく狭い．にもかかわらず，中国では全体を包摂する統一国家が成立し，ヨーロッパでは成立せず，多数の国家が並立した．そのヨーロッパの国家は，一般化することが困難である．同様のことが，フランスとイタリアとについてもいえる．中世において，フランスは，まがりなりにも一つの国家だったが，イタリアは，北部，中部に限定してさえ，多数の国家に分裂していた．

　その一般化は困難だから，都市国家の権力構造，そこにおける商人の地位を具体的かつ動態的に理解するためには，特定の国家を取り上げ，ほかと比較してその特徴を識別したうえで，その展開を追跡してみることが，一つの方法だと思われる．特定の国家を取り上げるとはいえ，考察をそこで自閉的に完結してしまうのではなく，その特徴をほかと対比することにより，北部，中部の国家の特性を考察するのである．本書において，とくにフィレンツェを取り上げたのは，内外の研究が多いこと，権力構造の変化が明確なので問題点を把握しやすいことによる．

　本書は，三部から構成されている．
　第1部「フィレンツェの毛織物工業」は，フィレンツェの代表的な工業である毛織物工業について，イギリス羊毛の導入によってフィレンツェ毛織物の高級化が開始されたこと（第1章），イギリス羊毛をフィレンツェに輸送するには多大の経費が必要だとするのは史料の誤読による謬説であること（第2章），ダマスクス市場でフィレンツェ毛織物などの「ダンピング」があったとするのは不当な史料操作によるもので承認しがたいこと（第3章），を史料を分析して実証した．このような作業は，フィレンツェ毛織物工業の実態を認識するうえで必要だと思われる．同工業は，14世紀以降になると，イギリスからレヴァントにまで広がる商業網を前提にして成立していた．それはフィレンツェ商人の活動，およびそれを補完するイタリア海港都市の商人の活動によって成立し，海外の原料市場，製品市場の動向と密接な関係をもっていたのである．

　毛織物工業は，フィレンツェ経済の基盤の一つであり，多数の人々に生活手段を提供する一方で，商人・織元と職人・労働者との利害の対立を内包していた．毛織物工業アルテ（同職組合）の商人・織元が，フィレンツェの権力構造において重要な地位をしめる一方で，多数からなるその職人・労働者は，抑圧された状況への不満から政治問題を引き起こすことがあった．とはいえ，同工業内部の生産関係について，ここでは考察していない．それについてはすでに，ドーレンが毛織物工業アルテの規約にもとづいて詳細に研究し，わが国でも藤田敬三，森田

鉄郎，星野秀利が分析しており，本書ではこれらの研究に依拠して第3部第2章で簡単に考察している．

　付論では，ヴェネツィアの貨幣体系について考察した．第1部の各章でおこなったように，各種の貨幣が登場する経営史料を分析するとき，そのデータを正当に把握するためには，それぞれの貨幣とその相互関係とを正確に理解しておく必要がある．なお，とりわけ複雑なヴェネツィアの貨幣体系を理解すれば，ほかの貨幣体系は，その応用問題として理解できると思われる．

　第2部「イタリア商人と地中海商業」は，イタリア商人を主役として形成された地中海商業について，それが時代とともに展開していくありさま（第1章），取引される商品の性格と各地に存在する市場の性格（第2章），定着商業の存立の前提となる商業通信のありかた（第3章），オスマン・トルコの地中海進出によるヴェネツィアの食糧危機（第4章），を考察した．付論では，シャイロック（シェークスピア『ヴェニスの商人』に登場するユダヤ人）の時代，すなわち16世紀末期のユダヤ商人の活躍について考察した．

　フィレンツェ毛織物工業は，第1部でみたように，国際商業，すなわち地中海商業およびそれと結合したヨーロッパ商業を前提に成立していた．第2部では，この国際商業について，とりわけ地中海商業を中心にして考察した．イタリア商人のおこなう国際商業は，市場の範囲にせよ，商品の種類にせよ，時代とともにおおきく変化した．地中海には各種の市場があったが，全体をみれば，高価軽量商品のみならず，低価重量商品も取り引きされていた．また，地中海の外部で生産され，そこから輸入される商品とならんで，地中海内部で生産され，そこで消費される，あるいは北西欧に輸出されるもの，など，多彩な商品があった．国際商業は，商人が各地市場からくる情報を分析し，そこにいる代理人に指示して取引をおこない，両者の貸借関係は，文書交換と帳簿記入によって把握された．食糧を海外に依存したヴェネツィアでは，その重要な産地がオスマン・トルコの領土になると，食糧危機が深刻となり，そのことが，商人貴族が地主貴族にかわっていく一つの契機となった．各地に離散したイベリア系ユダヤ人が，イタリア商業の危機を背景に地中海商業に進出し，ヴェネツィアやフィレンツェは，母国商業の振興のために彼らを利用しなければならなくなった．

　イタリアのみならず，地中海各地の社会の動向を理解するためには，それと密接に関係した国際商業，とりわけ地中海商業の動向を理解することも必要である．しかし，その研究は，わが国では進展していない．ここでは，近年の欧米の研究成果を整理して，それを概観し，その幾つかの重要な局面について，史料を分析して実態を把握した．

第3部「イタリア都市の権力構造」は，イタリア北部，中部の都市国家の展開について，都市国家の発展とフィレンツェにおいて都市国家が領域国家になり共和政が君主政に移行する過程（第1章），都市貴族の支配体制が確立したヴェネツィアとそれが崩壊したフィレンツェとの異同（第2章），平民の支配体制が崩壊したボローニャとそれが確立したフィレンツェとの異同（第3章），共和国でありながらメディチ家の支配が成立したフィレンツェ国家の実態（第4章），を考察した．付論では，フィレンツェ共和国を土台にして出現したトスカーナ大公国の領域構造を考察した．

　北部，中部の大都市を中心とする都市国家の政体は，14世紀には，貴族支配体制，平民支配体制，シニョリーア（共和制の枠内での一人支配）ないし君主支配体制，およびこれらの混合体制，に大別できる．フィレンツェの平民支配体制は，都市国家に共通の体制だったわけではない．ここでは，平民の組織であるアルテのありかたを検討して，ヴェネツィア，フィレンツェ，ボローニャの権力構造の差異を識別した．たとえば，毛織物工業アルテの組合員は，この三つの都市において，異なる地位をしめるのである．フィレンツェでは，15世紀になると，メディチ派の，さらにはメディチ家の支配体制が出現する．この権力集中をもたらしたのは，社会構造の変化であり，党派および一家の支配が実現したのは，表面は合法の手段で市民の同意をえたからである．トスカーナ大公国は，支配構造の異なる諸地域を集合したものであり，その中核のフィレンツェ国家においても，均質な地方行政を実現するのは困難だった．第1章は，以上の考察にもとづいて，都市国家の展開を，その成立から，フィレンツェの事例について，君主政の成立までを概観したものである．

　都市国家の研究は，対象を特定の国家に限定するものが主流であり，相互に比較してその差異を本格的に検討するものは主流ではなかった．フィレンツェ史はフィレンツェ史として，ヴェネツィア史はヴェネツィア史として，多少とも閉鎖的におこなわれてきたのである．しかし，それぞれの権力構造には明確な差異があるのに，これでは，特定の国家がどうして特有の権力構造をもつことになったのか，という問題は検討できない．また，国家の支配領域や社会構造が変化するにつれて，その権力構造もおおきく変化する．平民支配体制が確立したフィレンツェは，やがてメディチ派およびメディチ家の支配する共和国となり，さらにはメディチ家の支配する君主国となる．この変化の問題について，政治事件史をのぞけば，その過程全体を考察した研究もほとんどなかった．これでは，権力構造を動態的に把握することはできない．ここでは，この問題について，従来の研究成果を整理し，検討してみた．

目　次

序　文 ……………………………………………………………………ⅴ

第1部
フィレンツェの毛織物工業

第1章　フィレンツェの織元リヌッチの帳簿 …………………… 3
　　はじめに　3
　　第1節　「リヌッチの帳簿」について　5
　　第2節　「リヌッチの帳簿」の構造分析　9
　　第3節　「リヌッチの帳簿」の内容分析　17
　　おわりに　36

第2章　イギリス羊毛のフィレンツェへの輸送 ………………… 39
　　はじめに　39
　　第1節　史料の再検討，ゾンバルトおよびドーレン批判　40
　　　　1　ゾンバルトとドーレンの見解　40
　　　　2　ペゴロッティ『商業実務』の再検討，ドーレン批判　42
　　　　3　ダ・ウッツァーノ『商業実務』の再検討，ゾンバルト批判（その1）　45
　　　　4　ダ・ウッツァーノ『商業実務』の再検討，ゾンバルト批判（その2）　52
　　　　5　結論　56
　　第2節　会計史料の分析　56
　　　　1　会計史料　56／2　ベンチヴェンニ商社ヴェネツィア支店の『元帳』　57
　　　　3　デル・ベーネ商社の『元帳』，サポーリの分析とその考察　65
　　おわりに　68

第3章　ダマスクス市場のフィレンツェ毛織物 ………………… 70
　　はじめに　70
　　第1節　Dはドゥカートか，ディルハムか　74

1　フィレンツェ毛織物の価格のD　74／2　商業実務の記述　77
                3　史料の再検討　81
        第2節　「ダンピング」はあったのか　　　　　　　　　　　　　　91
                1　DM価格とDT価格　91
                2　フィレンツェ毛織物の価格動向の特徴　98
        おわりに　　　　　　　　　　　　　　　　　　　　　　　　　103

付論　ヴェネツィアの貨幣体系 ………………………………………**105**
        はじめに　　　　　　　　　　　　　　　　　　　　　　　　　105
        第1節　デナロ銀貨とその計算体系　　　　　　　　　　　　　　106
        第2節　グロッソ銀貨の発行以後　　　　　　　　　　　　　　　108
        第3節　ドゥカート金貨の発行以後　　　　　　　　　　　　　　112
        第4節　グロッソ銀貨の改悪　　　　　　　　　　　　　　　　　118
        おわりに　　　　　　　　　　　　　　　　　　　　　　　　　121

第2部
イタリア商人と地中海商業

第1章　地中海商業の歴史的展開 ………………………………………**127**
        はじめに　　　　　　　　　　　　　　　　　　　　　　　　　127
        第1節　市場圏の拡大，輸送の発展，定着商業の成立　　　　　　129
                1　市場圏の拡大　129／2　輸送の発展　135／3　定着商業の成立　144
        第2節　ヴェネツィアとその競争者たち　　　　　　　　　　　　149
                1　ヴェネツィアの海上商業　149／2　ヴェネツィアの競争者たち　162
        おわりに　　　　　　　　　　　　　　　　　　　　　　　　　175

第2章　地中海商業における市場と商品 ………………………………**177**
        はじめに　　　　　　　　　　　　　　　　　　　　　　　　　177
        第1節　商品，市場，輸送　　　　　　　　　　　　　　　　　　179
        第2節　商品交換と地中海世界　　　　　　　　　　　　　　　　190
        おわりに　　　　　　　　　　　　　　　　　　　　　　　　　203

第3章　定着商業と商業通信 ……………………………………………**206**
        はじめに　　　　　　　　　　　　　　　　　　　　　　　　　206

　　　　　　　　目　次　　　　　　　xiii

　　第1節　商業通信の展開　　　　　　　207
　　第2節　通信にもとづく商業　　　　　218
　　おわりに　　　　　　　　　　　　　　225

第4章　プレヴェザ海戦後のヴェネツィア………228
　　はじめに　　　　　　　　　　　　　　228
　　第1節　時代背景　　　　　　　　　　230
　　第2節　密輸と拿捕　　　　　　　　　234
　　　　1　史料 234／2　用船と偽装 237／3　交渉と失敗 243
　　　　4　拿捕と没収 249
　　おわりに　　　　　　　　　　　　　　254

付論　シャイロックの時代のユダヤ人………258
　　はじめに　　　　　　　　　　　　　　258
　　第1節　セファルディム　　　　　　　259
　　第2節　スパラート　　　　　　　　　262
　　第3節　リヴォルノ　　　　　　　　　268
　　おわりに　　　　　　　　　　　　　　275

　　　　　　　第3部
　　　　イタリア都市の権力構造

第1章　イタリアの都市と国家………279
　　はじめに　　　　　　　　　　　　　　279
　　第1節　都市の発展　　　　　　　　　281
　　　　1　自治都市 281／2　君主政 283
　　第2節　フィレンツェの展開　　　　　287
　　　　1　大商人層の支配 287／2　メディチ家の支配 293
　　おわりに　　　　　　　　　　　　　　299

第2章　ヴェネツィアとフィレンツェ………301
　　はじめに　　　　　　　　　　　　　　301
　　第1節　ヴェネツィア　　　　　　　　303
　　　　1　貴族支配体制 303／2　アルテとスクオーラ 308

第2節　フィレンツェ　　　　　　　　　　　　　　　　　　　313
　　　　1　多元的な体制　313／2　公認された集合アルテ　327
　　おわりに　　　　　　　　　　　　　　　　　　　　　　　　334

第3章　ボローニャとフィレンツェ …………………………337
　　はじめに　　　　　　　　　　　　　　　　　　　　　　　　337
　　第1節　コムーネとポーポロ　　　　　　　　　　　　　　　339
　　　　1　コムーネと都市貴族　339／2　ポーポロと豪族　339
　　第2節　二つのポーポロ組織　　　　　　　　　　　　　　　344
　　　　1　コムーネの市民編成　344
　　　　2　ポーポロの構成員編成，アルメとアルテ　346
　　第3節　ポーポロの都市支配　　　　　　　　　　　　　　　354
　　　　1　ポーポロ機関　354／2　都市支配の機構　359
　　第4節　ボローニャとフィレンツェ　　　　　　　　　　　　360
　　おわりに　　　　　　　　　　　　　　　　　　　　　　　　364

第4章　フィレンツェ共和国とメディチ家 ………………367
　　はじめに　　　　　　　　　　　　　　　　　　　　　　　　367
　　第1節　フィレンツェと支配領域　　　　　　　　　　　　　369
　　　　1　支配領域　369／2　人口動向　372／3　財政状況　375
　　　　4　富の分布　384
　　第2節　フィレンツェの権力構造　　　　　　　　　　　　　389
　　　　1　社会体制の転換　389／2　政治機構　394／3　転換期の支配層　399
　　　　4　メディチ派の一党支配　404
　　おわりに　　　　　　　　　　　　　　　　　　　　　　　　412

付論　トスカーナ大公国の領域構造 ………………………415
　　はじめに　　　　　　　　　　　　　　　　　　　　　　　　415
　　第1節　大公国の領域構造　　　　　　　　　　　　　　　　416
　　第2節　フィレンツェ国家の領域構造　　　　　　　　　　　422
　　おわりに　　　　　　　　　　　　　　　　　　　　　　　　429

後　記 ……………………………………………………………433
史料・参考文献 …………………………………………………439
索　引 ……………………………………………………………463

第 1 部

フィレンツェの毛織物工業

第1章

フィレンツェの織元リヌッチの帳簿

―――――――

はじめに

　フィレンツェ商人ジョヴァンニ・ヴィッラーニは，その有名な『年代記』のなかで，1338年に，フィレンツェの織元が生産する毛織物と，フィレンツェの商人が取引する北西欧の毛織物について，次のように記述した．「[フィレンツェでは] 毛織物の工房は，200ないしそれ以上あり，7万反から8万反を生産し，それは約120万フィオリーノにもなる．……約30年前には，300前後の工房があり，年間に10万反以上を生産していた．しかし，品質がよくなく，価格は半分であった．というのは，当時は現在とはちがい，イギリス羊毛は輸入されず，それを原料にすることができなかったからである．フランス毛織物やアルプス以北の毛織物をあつかうカリマーラ組合の [組合員が経営する] 商店は，20前後あり，年間に1万反，金額にして30万フィオリーノもの毛織物を輸入する．これはフィレンツェで販売されるものだけであり，フィレンツェ以外に輸送するものは含まない[1]．」

　この記述によれば，フィレンツェで生産される毛織物の価格は，1反あたり，1308年頃には7.5-8.6，1338年には15.0-17.1フィオリーノ．また，1338年にフィレンツェに輸入される北西欧毛織物の価格は，30フィオリーノ．フィレンツェ

---

1) Cronica di Giovanni Villani, Libro XI-Capitolo 94 (以下，XI-94，と略記)．このヴィッラーニの年代記は，まだ批評版がなく，次の二つの版を用いた．*Cronica di Giovanni Villani a miglior lezione ridotta coll'aiuto de'testi a penna,* Firenze, 1823, ristampa anastatica, Roma, 1980. *Croniche di Giovanni, Matteo e Filippo Villani secondo le migliori stampe e corredate di note filologiche e storiche,* (Biblioteca classica italiana, secolo XIV, n. 21) vol. I-*Cronica di Giovanni Villani,* Trieste, 1857.

毛織物は，イギリス羊毛を原料として導入し，高級化したが，それでも北西欧からフィレンツェに輸入される毛織物の価格には，まだおよばなかったことになる．

「フランス毛織物」(panni franceschi) とイタリア人によって総称されたフランドル，ブラバント，フランス北部の毛織物は，周知のように，12世紀以降，地中海市場に大量に輸出されるようになり，13世紀には，地中海への輸出におけるイタリア商人の主導権が確立した．1260年代末以降になると，北西欧におけるフィレンツェ商人の躍進によって，この輸出における彼らの優位が次第に確立した．フィレンツェ商人は，13世紀末以降，毛織物市場として重要であったシャンパーニュの大市が衰退するにしたがい，すでに1310年代末までには，毛織物をこの大市ではなくその産地において直接購入していた*2)．

ところで，優秀な品質で有名なイギリス羊毛は，フランス毛織物の原料の一部として使用され，フランドル商人によって北西欧の毛織物工業地帯に輸出されていた．13世紀末になり，フランドル商人が政治的な理由でイギリスから追放されると，すでにその国王や領主の財政に食い込み，商業特権をえていたフィレンツェ商人が，代わってこの羊毛を北西欧に輸出するようになった．その後，内乱や戦争によって北西欧でこの羊毛の需要が減退したのを契機に，イギリス羊毛を母国フィレンツェまで輸送し，それを原料とする良質毛織物を生産しはじめた．

フランドルを中心とする北西欧の毛織物工業は，13世紀末以降，西欧における従来の特権的な地位を次第に喪失していった．原料のイギリス羊毛については，国王の輸出規制が強化されるなかで，この羊毛の輸入における同工業の独占的な地位が崩壊した．製品の毛織物については，生産都市における社会的対立などによって生産が停滞した．そして，地中海の高級毛織物市場では，フィレンツェ毛織物工業が競争相手として登場したのである．フィレンツェ毛織物工業は，13世紀末以降の過程で，輸出工業として急速に成長した．従来は，近隣地域の羊毛を原料とし，近隣市場を相手とするものだったが，以後は，イタリアおよび地中海の各地の良質羊毛を原料とし，より広範な市場を相手とするものになった*3)．

---

2) Vedi, Sapori, Armando, *Una compagnia di Calimala ai primi del Trecento,* Firenze, 1932, pp. 80-99. なお，第1部第2章の表2は，そこに記述されたデータを表化したもの．同表の「輸送経路」の項によれば，各地で購入された毛織物の多くは，パリを経由してフィレンツェに輸送されている．

3) フィレンツェ毛織物工業の動向については次を参照．星野秀利著，齊藤寛海訳『中世後期フィレンツェ毛織物工業史』名古屋大学出版会，1995年（原著は，Hoshino Hidetoshi, *L'arte della lana in Firenze nel basso Medioevo,* Firenze, 1980)．ただし，同書で，星野は，ヴィッラーニのいうフィレンツェ毛織物の生産反数は到底信用できるものではなく，14世紀前半の年間生産量は3万反から2万4千反だと推測する（第4章）が，次の二者は，この星野の見解を批判している．齊

そして，ヴィッラーニによれば，1308年から1338年の間に，フィレンツェはイギリス羊毛の輸入と，それを原料とする高級な毛織物の生産を開始した．フィレンツェ毛織物工業における高級化の基礎の確立である．

　この輸入と生産の開始の様相は，実態がこれまで不明だったが，それを詳細に記録したフィレンツェ織元の帳簿の存在が判明した．本章の目的は，この帳簿を分析してその実態を把握することである．

第1節 「リヌッチの帳簿」について

国立フィレンツェ史料館に，「デル・ベーネ文書，第63番」（Carte Del Bene, n. 63）として登録された，一冊の未刊行の帳簿がある[*4]．1丁表には，帳簿の記入者と同じ筆跡で「この帳簿はリヌッチォ・ディ・ネッロ・リヌッチのものである[*5]」，すなわち，リヌッチ家のネッロの息子であるリヌッチォのものである，と記されている．以下，この帳簿を「リヌッチの帳簿」とよぶことにする．帳簿記入が開始されるのは，1322年9月1日であり，それが基本的に終了するのは，1325年8月である．基本的に，というのは，この帳簿には締切りがなく，以後も事後的な性格の記入が幾つかなされているからである．すなわち，記帳期間は約三年間であった．

　リヌッチォ自身については，あまり知ることができないが，当時のリヌッチ家については，フィレンツェの有力な家族であり，毛織物工業の織元であったということが判明する．リヌッチォの父ネッロと兄弟ニッコロが，フィレンツェ政府の最高官職であるプリオリや正義の旗手に就任したこと[*6]，毛織物工業組合の

藤寛海，書評「Hidetoshi Hoshino, L'arte della lana in Firenze nel basso Medioevo, Firenze, 1980」『信州大学教育学部紀要』第47号，1982年．ディーニ，ブルーノ，齊藤寛海訳「フィレンツェ毛織物工業史家，星野秀利」『信州大学教育学部紀要』第86号，1995年．なお，ヴィッラーニの生産反数の信憑性をめぐる研究史については次を参照．齊藤寛海「中世イタリア社会経済史史料としての年代記」『信州大学教育学部紀要』第32号，1975年．フランドル毛織物工業史については次を参照．藤井美男『中世後期南ネーデルラント毛織物工業史の研究』九州大学出版会，1998年，第一部．

　4）　Archivio di Stato di Firenze（以下，ASF，と略記），Carte Del Bene, n. 63. 以下，同帳簿を，LR（Libro di Rinucci の略），と略記する．註5をみよ．

　5）　"Questo libro è di Rinuccio di Nello Rinucci", LR, c. 1r.

　6）　父ネッロは1295年から1315年の間に，プリオリに7回，正義の旗手に1回就任．兄弟ニッコロは1324年から1342年の間に，前者に4回，後者に1回就任．ASF, Raccolta Sebregondi（以下，Sebregondi，と略記），n. 4507.

　なお，フィレンツェの家系学的資料としては次のものがある．ASFには，Sebregondi, Carte

理事に就任したこと*7)，が家系学的資料から確認されるからである．リヌッチォ自身の名前は，この組合の組合員登録簿のなかにはないが，このことから彼が非組合員であったとすることはできない．というのは，当時，この登録簿にみられる人数が異常に少なく，登録簿は不完全だったと推測されているからである*8)．リヌッチォも織元だったことは，後述のように「リヌッチの帳簿」の記入内容から判明する．

さて，リヌッチォは，1322年9月1日から翌年4月20日にかけて，10回にわたり，計1450リブラ・ア・フィオリーニ，すなわち1000フィオリーノを，彼の姉妹の夫の祖父グェッリアンテ・マリニョーレ*9)から借り受けている*10)．この多額の貨幣は，事業資金の一部であろう．1322年9月13日以降は，経糸や緯糸など，毛織物の原料を買い付けており*11)，同年10月1日には，「毛織物工業の工房（作業場）とその諸設備」を譲り受けたことから生ずる債務が記入されている*12)．この譲り受け自体は，この日付より少し前になされたものと思われる．こうして毛織物を製造する準備が整った．製品の販売が最初に記入されるのは，翌1323年2月14日であり，最後に記入されるのは，1325年7月30日である．

さて，「リヌッチの帳簿」を分析するにあたり，そこに記入されている日付と，貨幣単位とについて確認しておきたい．中世イタリアの国家は，それぞれが固有の暦をもっていたので，新年の開始日は，国家によって異同があった．フィレンツェは，一年が（現行暦と同年の）3月25日（キリストの受肉日）に始まり，（現行暦では翌年の）3月24日に終わる（フィレンツェ式の）「受肉暦」を採用していた*13)．一年が（現行暦では前年の）12月25日（キリストの誕生日）に始ま

Pucci, Carte Dei, Carte Mariani, Carte dell'Ancisa があり，Biblioteca Nazionale (Centrale) di Firenze（以下，BNF，と略記）には，Fondo di Gargani, Archivio Passerini がある．本章にとっては，Sebregondi がもっとも情報豊富だった．

7) 父ネッロは3回（1310, 1312, 1314年），兄弟ニッコロは2回（1332, 1333年）組合の理事に就任．ASF, Arte della Lana, n. 18, cc. 9t-10t, 12r-t.

8) 星野秀利氏の教示による．なお，同氏によれば，1303-1319年間と，1331-1334年間の理事の名簿は完全なもの．

9) マリニョーレは，1323年に正義の旗手に就任．リヌッチォとの姻戚関係とともに，次を参照．Sebregondi, n. 3336.

10) LR, c. 3r.

11) LR, cc. 4r. sgg.

12) "... p(er) entratura nella bottegha ch(e) avemo tolta ... e masserizie che tolgliemo ...", LR, c. 3t. ここに記入された債務は，58リブラ・ア・フィオリーニであるが，それがこの際に生じた債務の全部か否かは不明．

13) Vedi, Cappelli, A., *Cronologia, Cronografia e Calendario perpetuo*, 3a ed., Milano, 1969, pp. 8sgg.

る「クリスマス暦」，(現行暦では前年の) 9月1日に始まる「ビザンツ暦」，など，他の暦を採用する国家もあった．「リヌッチの帳簿」では，もちろんフィレンツェ暦で日付が記入されているが，本稿では，便宜上現行暦での日付になおす．すなわち，1月1日から3月24日までの日付については，フィレンツェ暦での年号に一年を加えた年号にして表示する．

　この帳簿における基本的な貨幣は，「デナロ・ア・フィオリーニ」(denaro a fiorini) である．これは，帳簿では「デナロ・イン・フィオリーニ」(denaro in fiorini) と表現されているが，研究史では一般にデナロ・ア・フィオリーニと表現されるものであり，本稿ではデナロ・ア・フィオリーニとよぶことにする．ほかにも「フィオリーノ」(fiorino) と，「デナロ・イン・ピッチョリ」(denaro in piccioli) の二つの貨幣が出現する．三つともフィレンツェの貨幣である．このうち，基本となるデナロ・ア・フィオリーニは計算貨幣であり，実体がない．したがって，実際の貨幣の授受は，いずれも実体貨幣であるフィオリーノ（金貨）と，デナロ・イン・ピッチョリを基礎単位とする貨幣（一般に銀貨）とによっておこなわれた．簡単に説明する*14)．

　中世のイタリアでは，貨幣計算は，1リブラ＝20ソルド＝240デナロという進法によっておこなわれた．フィレンツェでは，1252年，1枚が当時の銀貨で240デナロ，換言すれば1リブラの価値をもつ，金貨フィオリーノが発行された．フィオリーノ自体の貨幣計算は，おそらく金貨とともに10進法の貨幣計算がイスラーム世界から導入されたので，10進法によっておこなわれた．この金貨の品質（24カラット）と重量（3.54グラム）は，政府の商業政策によって維持されたが，ソルドやデナロを単位とする価値しかもたない銀貨は，銀価の上昇や，政府の賃銀政策によって何回も改悪された．したがって，この金貨の価値は，銀貨で

---

14) 以下の説明は次を参考にした．Bernocchi, Mario, *La monetazione fiorentina dell'età dello splendore, indagine attorno al Fiorino Aureo*, Firenze, anno accademico 1966-67. Cipolla, Carlo M., *Money, Prices and Civilization in the Mediterranean World, Fifth to Seventeenth Century*, New York, 1967, pp. 27-51. De Roover, Raymond, *The Rise and Decline of the Medici Bank, 1397-1494*, New York, 1966 (paperback ed.), pp. 31-34. Lopez, Roberto S. & Raymond, Irving W., *Medieval Trade in the Mediterranean World*, New York & London, 1955, pp. 10-16. Edler, Florence, *Glossary of Medieval Terms of Business, Italian Series 1200-1600*, Cambridge Mass., 1934, term "Fiorino" etc. *Dizionario Enciclopedico Italiano*, voce "Fiorino".

　なお，Edler (op. cit.) では，1フィオリーノ＝金3.53「グレイン」とあるが，これはあやまりであり，「グラム」が正しい．1フィオリーノ＝348デナロ・イン・ピッチョリという交換比率について，Lopez & Raymond (op. cit., 1955) は，「1271年に政府が」規定したとするが，ここではより新しい Bernocchi (op. cit., 1966-67) を採用し，「1278年にカリマーラ組合が」規定したとしておく．

表現された1リブラの価値から乖離した．1フィオリーノ（金貨）＝1リブラ（銀貨）という関係が崩壊したのである．金貨と銀貨の交換比率は，変動しはじめ，市場相場に委ねられた*[15]ので，フィオリーノには，固定した交換比率をもつ下位貨幣がなくなった．

大商人は，貸借関係をフィオリーノで把握するようになったが，ほかの人々は，まだしばらくは銀貨で貸借関係を把握しつづけた．1フィオリーノを単位とする10進法の貨幣計算体系と，「デナロ・イン・ピッチョリ」，すなわち「小銭［である銀貨］のデナロ」を基礎単位とする1リブラ＝20ソルド＝240デナロの体系とが乖離し，併存したのである．この状況では，大商人は，貸借関係をフィオリーノによって統一的に把握することは困難である．その時々の相場によって，銀貨の金額を金貨の金額に換算することは，あまりにも煩瑣であり，実務においては事実上不可能だからである．ここに，フィオリーノと固定した交換比率をもつ下位貨幣を，観念的に創出することが要請された．

1278年，遠隔地商人を主体とするカリマーラ組合は，組合員の貸借関係における両貨の交換比率を，1フィオリーノ（金貨）＝348デナロ・イン・ピッチョリ（銀貨）として規定した．貸借関係の混乱を回避するために，おそらく長期間にわたって標準的であった交換比率を，統一的に用いることにしたのである．やがて，この比率は組合員のみならず，一般市民にも適用されるようになった．その後，銀貨の改悪がさらに進行すると，規定によって固定されたこの比率は，フィオリーノと銀貨との現実の交換比率ではなくなったが，フィオリーノと（この比率でフィオリーノと結合する）計算貨幣との交換比率として生き残った．ここに誕生した（実体のない）計算貨幣は，「デナロ・ア・フィオリーニ」，すなわち「フィオリーノ［金貨］にもとづくデナロ」とよばれ，実体貨幣である「デナロ・イン・ピッチョリ」から区別された．デナロ・ア・フィオリーニ（計算貨幣）とフィオリーノ（金貨）との交換比率は，1フィオリーノ＝348デナロ・ア・フィオリーニ（＝1リブラ・9ソルド・ア・フィオリーニ）として固定したが，デナロ・イン・ピッチョリ（実体貨幣）とフィオリーノとの交換比率は，その時々の市場相場に委ねられた．

大商人や織元の帳簿では，フィオリーノと結合し，小さな価値まで把握できる便利な計算貨幣デナロ・ア・フィオリーニにもとづいて，貸借関係が統一的に記録されるようになった．「リヌッチの帳簿」にみられるように，デナロ・イン・

---

15) その具体的な変化は次に詳しい．Sapori, Armando, *Studi di storia economica (secoli XIII-XIV-XV)*, Firenze, 1955, vol. I, pp. 316-317.

ピッチョリを用いてなされた取引は，この実体貨幣を単位として記入されることもあった。しかし，その場合でも，この貸借関係を帳簿のほかの部分に転記する場合には，時の相場にしたがって，デナロ・ア・フィオリーニに換算して転記している*16)。

第2節 「リヌッチの帳簿」の構造分析

「リヌッチの帳簿」の2丁表には次のように記されている。

> 「1322年9月1日，この帳簿を3部に編成する。第1部には，……当社が支払わなければならないものと……羊毛，紡糸，その他の商品の購入とを記入する。……3丁より［その記入を］はじめ，60丁まで続けることにする。
>
> 　60［丁］より，……当社が受け取るべきもの，すなわち貨幣債権 (danari di scritte) を記入しはじめ，110丁まで続けることにする。
>
> 　110［丁］より，当社が販売する毛織物および他の商品の販売について，記入し始めることにする……*17)。」

このように，この帳簿は3部から構成される。第1部は，債務と諸商品，すなわち羊毛や紡糸や染料など，毛織物の諸原料の購入について記録する。さて，上記の記述では，第2部は債権について，第3部は毛織物および他の諸商品の販売について記録することになっていた。しかし，実際には，第3部は毛織物の販売のみが記録され，他の諸商品の販売は，「貨幣債権」とともに，第2部に記録されている。したがって，この帳簿の構成上の特徴は，すべての借方勘定のうち，

16）　例えば1323年1月13日付の取引では，39リブラ・13ソルド・イン・ピッチョリ＝17リブラ・6ソルド・ア・フィオリーニ，である。Vedi, LR, c. 4t. これより算出すると，1フィオリーノ（＝1リブラ・9ソルド・ア・フィオリーニ）＝3リブラ・6ソルド・5.5デナロ・イン・ピッチョリ。なお，表4をみよ。

17）　In chalendì (di) settenbre nel mille treciento venti due, ordinamo questo libro in tre partite. Nella prima, iscriverremo ciò che dovremo dare a Nello Rinucci ed a Tavolieri ed a altre persone, più di che espeziali e le chonpere delle lane e dell'accia e d'altra merchatantia. E chominceremo qui inanzi nel III e anderemo inanzi insino a sessanta charte.

Nel sessanta, chomincieremo a scrivere ciò che doveremo avere da Nello Rinucci e da Tavolieri e da ongn'altre p(er)sone che siano danari di scritte, e anderemo inanzi insino alle ciento diecie charte.

Nel ciento diecie, chomincieremo a scrivere le vendite de'panni e d'altre merchatantie che vendessimo, e anderemo innanzi. LR, c. 2r.

ただし，現実の記入は，第1部は18丁表まで，第2部は73丁裏まで，第3部は141丁表まで。また，danari di scritte とは「帳簿上の貨幣」，すなわち帳簿記入において採用された貨幣単位で表示された債権・債務のことだろう。ここでは「貨幣債権，あるいは債務」としておいた。

販売毛織物勘定というべき部分が独立していることである．このことは，経営の重心の所在を示唆している．本稿では，第1部を「貸方」，第2部を「借方」，第3部を「販売毛織物勘定」とよぶ．

　帳簿の内部構造は，リヌッチ社とさまざまな局面で取引しているコッコ社[*18]の勘定を例にとってみてみよう．なお，以下の諸表について，あらかじめ次のことをことわっておきたい．まず，貨幣単位は，ことわりのない場合，すべてリブラ・ソルド・デナロ・ア・フィオリーニである．また，転記先丁数については，転記元には実際とは異なる丁数がしばしば記されているが，表に示したのは実際の丁数である．さらに，金額については，合計する際，あるいは転記する際に，小さな誤りがみられることもあるが，このような誤りはそのままにしておいた．

　表1を見られたい．「販売毛織物勘定」は，一つの取引ごとに決済する形態をとる．販売価格の未払分は，一定期間の経過後に，「借方」にある購入者の勘定に転記される．D．デル・パーチェのように「借方」に勘定のない場合には，リヌッチ社の取引銀行（ここではコッコ社）の口座の借方に転記（＝振替）される．この場合には，リヌッチ社は未払分をコッコ社から受け取り，コッコ社は立替分をパーチェ，ないしは彼の債務者から受け取ることになる．ここにみられるように，「販売毛織物勘定」は，「借方」から完全に独立してはいない．

　表2は，「貸方」と「借方」の双方において，コッコ社勘定が最初に現れる丁にみられる取引の記入例である．債権・債務と商品売買とが記入され，他の諸帳簿との間の転記が多くみられる．両丁とも，丁面がつきる前にそこでの小計が出され，その小計は，次にコッコ社の勘定が記入されるそれぞれの丁へ転記される．ただし，形式上は，「貸方」では，「我々は支払った（aven dato [a Chocho]）．……コッコ社の「貸方」11丁表へ転記」として，「借方」では，「我々は受け取った（a ci dato [Chocho]）．……コッコ社の「借方」62丁裏へ転記」として，その丁面は決済がなされ，2本ないし3本の並行する斜線でこの決済完了が示された．斜線は表では省略した．

---

　18) Rinuccio di Chocho e chonpangni. コッコ社は，1322年当時，毛織物工業組合の財務を引き受けている．Societas ... Bardorum ... soluerunt pro novo artifice mercatoris societatis de Chocchis camerae dicte artis lbr. centu(m) ad flor(inos), die secto novembris an(n)o MCCCXXII. ASF, Arte della Lana, n. 18, c. 6t. et vedi sgg.

　同社は，Alberti Del Giudice, Covoni, Peruzzi の各社より，イギリスなどの羊毛を購入している（Sapori, *Una compagnia di Calimala*, cit., pp. 33, 66, 74, 81, 98, 164, 250, 306）．同社の中心人物 Rinuccio は，プリオリに3回（1314, 1329, 1336年）就任．同社は，1342年に倒産した（Sebregondi, n. 1721）が，その後，同家の者で染色業者や織元になった者がいる（Sebregondi, n. 1722）．

第1章　フィレンツェの織元リヌッチの帳簿　　　　　11

　では，コッコ社勘定の決済は，実際にはどのようになされたのか．表3をみられたい．「貸方」と「借方」の双方において，債務と債権がある程度蓄積されてくると，適当な時期を見計らって決済している．コッコ社との一回目の決済日は，同表にみられるように1323年7月21日であるが，取引相手ごとに，一回目の決済日がちがっている[19]．コッコ社勘定は，この帳簿の両勘定それぞれの最後の丁においても，実際には締切られておらず，決済されていない．最後に残った債務・債権は，この帳簿を受け継ぐ次の帳簿の両勘定に転記されたものと思われる．

　コッコ社のように多角的，恒常的に取引する相手に対しては，この帳簿は上記のような方法で対処する．しかし，単発的な取引しかしない相手に対しては，別の方法，すなわちさきに「販売毛織物勘定」でみたような，一つの取引ごとに決済する方法によって対処する．表4は，そのような相手の一人，N.ベンチヴェンニの「貸方」勘定である．「借方」勘定の場合も，一般にこれと同様である．さて，実際の決済は，ほとんどの場合，取引相手と直接的におこなわれるのではなく，コッコ社勘定にみられるように，取引銀行の口座を経由しておこなわれている．すなわち，取引銀行の「貸方」勘定および「借方」勘定に転記（＝振替）され，その口座に吸収されていく．「販売毛織物勘定」の場合もそうであった．したがって，ほとんどの勘定は，最終的には，幾つかの取引銀行（ないしその役割を果たす者）の「貸方」，「借方」勘定のなかに転記され，吸収されていくことになる[20]．

　「リヌッチの帳簿」は，すでに表2でその一部がみられたが，幾つかの関連帳簿をもっていた[21]．帳簿の記述から次の諸帳簿の存在が確認できる[22]が，その現在の存否は一切不明である．おそらく，（後述のように）元帳である「リヌッチの帳簿」以外は，やがて処分されてしまったものと思われる．

---

19) 例えば，アミエーリ社との第1回の決済は，1323年5月24日におこなわれた．

20)「リヌッチの帳簿」の簿記発達史上の位置付けは，筆者の研究対象ではないので検討しない．中世イタリア簿記については次を参照．Melis, Federigo, *Storia della Ragioneria. Contributo alla conoscenza e interpretazione delle fonti più significative della storia economica,* Bologna, 1950. 泉谷勝美『中世イタリア簿記史論』森山書店，1964年．

21) 相互に有機的な関連をもつ諸帳簿の構成と，それぞれの機能については次を参照．Melis, Federigo, (Dini, Bruno, a cura di,) *Sulle fonti della storia economica. Appunti raccolti alle lezioni del Prof. Federigo Melis,* Firenze, anno accademico, 1963-64, pp. 156sgg. Melis, Federigo, *Documenti per la storia economica dei secoli XIII-VI,* Firenze, 1972, pp. 377sgg.

22) たとえば秘密帳のような，その他の帳簿の存在も十分に考えられる．なお出現箇所は，1（3丁裏，他），2（13丁裏），3（67丁表），4（110丁表），5（70丁裏），6（61丁裏），7（3丁裏，他），8（15丁表，他），9（3丁裏，他），10（61丁裏，10丁裏，他）．

表1 「販売毛織物勘定」と

本帳「販売毛織物勘定」			
丁	日付 (年月日)	摘要	金額 (l.s.d.)
110表	1323. 3. 8 ――― 1323. 3. 8 **1323. 6. 8**	コッコ社へ毛織物1反を販売 毛織物売買税 販売価格の一部を受領 残額を本帳同社「借方」60丁表へ転記	35・16・ 7 0・ 6・ 0 11・16・10 **23・13・ 9**
112裏	1323. 4. 4 ――― 1323. 4. 4 **1323. 7. 4**	D. デル・パーチェへ毛織物4反を販売 毛織物売買税 販売価格の一部を受領 残額を本帳コッコ社「借方」60丁表へ転記[A]	57・19・ 0 0・ 9・ 8 19・ 3・ 1 **38・ 6・ 4**

A) ... ci (h)a dato Dardo del Pace ..., die(de) p(er) lui Rinuccio di Chocho, po(niamo) levamoという表現については，対照両勘定のうち，どちらであれより早く記入した方
B) E de(ono) dare Rinuccio [di Chocho] e chonpan(gni)..., scrise gli ci p(er) Dardo del である] car(te).

表2 コッコ社「貸方」

本帳「貸方」コッコ社勘定			
丁	日付 (年月日)	摘要	金額 (l.s.d.)
3裏	1322.10. 1	当社のL. フィーニへの債務を，コッコ社が立替払いした．当社「借入・貸付帳」のL. フィーニ勘定2丁へ転記（＝振替）[A]	58・ 0・ 0
	1323. 1.13	当社のN. ベンチヴェンニへの債務を，コッコ社が立替払いした．本帳N. ベンチヴェンニ「貸方」4丁裏へ転記（＝振替）	17・ 6・ 0
	1323. 1. 1	当社「羊皮表紙帳」のB. ポーニ勘定50丁より転記（＝振替．当社債務の）[B]	38・ 0・ 0
	1323. 8. 1	当社の染色工G. マルケフィーニと同M. ディ・ヴァーニへの債務を，コッコ社が立替払いした．当社「染色工帳」の両染色工勘定へ転記（＝振替）	29・ 0・ 0
	1323. 9.11	本帳「貸方」8丁裏のコッコ社勘定より転記（＝勘定の移動・吸収）	468・ 3・ 0
	1323. 7.21	小計	1510・12・ 0[a]
	1323. 7.21	小計を本帳「貸方」11丁表のコッコ社「貸方」へ転記（コッコ社勘定の記入継続箇所への移動）	1510・12・ 0[a]

コッコ社「借方」勘定との関係

丁	日 付 (年月日)	摘　　要	金　額 (l.s.d.)
		本帳「借方」コッコ社勘定	
60表		［60丁表にはコッコ社「借方」勘定が記入さ 　れている］	
	1323. 6. 8	本帳コッコ社「販売毛織物勘定」110丁表より 転記（勘定の移動・吸収）	23・13・9
	1323. 7. 4	本帳 D. デル・パーチェ「販売毛織物勘定」 112丁裏より転記（＝振替）B)	38・6・4

a sua ragione ove de(ono) dare in qua(derno) nel(le) LX charte. なお一般に, poniamo,
に前者を，他に後者を用いている．
Pace, levamo da sua ragione ove dovea dare in(n)anzi nel(le) CXIII ［誤り．現実には CXII

および「借方」勘定の記入

丁	日 付 (年月日)	摘　　要	金　額 (l.s.d.)
		本帳「借方」コッコ社勘定	
60表	1322. 9.25	当社はコッコ社へ200フィオリーノを支払っ た	290・0・0b)
	1323. 6. 8	本帳「販売毛織物勘定」のコッコ社勘定110 丁表より転記（勘定の移動・吸収）	23・19・9
	1323. 7. 4	本帳「販売毛織物勘定」の D. デル・パーチ ェ勘定112丁裏より転記（＝振替．当社債権 の）	38・6・4
	1323. 3. 1	小計	991・16・10
	1323. 3. 1	小計を本帳「借方」62丁裏のコッコ社「借 方」へ転記（コッコ社勘定の記入継続箇所へ の移動）	991・16・10

A) Rinuccio di Chocho e chompangni deono avere ..., die(rono) p(er) noi a Luoglia
　 Fini ..., chome chonta al quaderno delle prestanze nel II.
B) E deono avere Rinuccio ［di Chocho] e chompangni ..., p(er) ［conto di] Bartolo
　 Poni, po(niamo) a sua ragione ove l'avemo scritto ... al quaderno della pechora nel L.
a) この小計は計算まちがい．正確には1528・7・0．
b) 200フィオリーノ＝290リブラ・ア・フィオリーニ．

表3 コッコ社勘定の

本帳「貸方」コッコ社勘定				
丁	日 付 (年月日)	摘　　要[A]		金　額 (l.s.d.)
3裏		［3丁裏の小計		1042・9・0］
	1323. 9.11	8丁裏の小計	（8丁裏より転記）	468・3・0
	1323. 7.21	合計	（11丁表へ転記）	1510・12・0
8裏	1323. 9.11	8丁裏の小計	（3丁裏へ転記）	468・3・0
11表	1324. 3.16	11丁表の小計		836・17・0
	1323. 7.21	3丁裏の合計	（3丁裏より転記）	1510・12・0
	1324.10.16	合計：「借方」と決済		2347・9・0
	1323. 7.21	｢「借方」との相殺分		2197・16・11[a]
	1324. 1. 1	｛利子（合計に対する）の支払い[B]		31・6・1
	1324. 1. 1	｢12丁裏へ繰越し		118・7・0
12裏	1324. 1. 1	12丁裏の小計		922・0・3
	1324. 6.18	11丁表より繰越し		118・7・0
		合計：「借方」と決済		**1040・7・3**
15表	1325. 4.11	15丁表の小計：「借方」と決済		1216・5・0
18表	1325. 8.15	18丁表の小計		325・0・0

A) 摘要欄の「小計」とは、他丁からの転入額を除いた、その丁においてはじめて記入に含まれている。「小計」あるいは「再合計」が明示されていない場合には、筆者が算丁よりの転入額が先であったり、一定しない。

B) ... donarci di tenpo di questa moneta［合計のこと］a lb. sei i mezo p(er) cie(nto)

a), b), c)　いずれも、計算あるいは転記の誤り。

表4　ベンチヴェンニ「貸方」勘定のコッコ社

本帳「貸方」ベンチヴェンニ勘定			
丁	日 付 (年月日)	摘　　要	金　額 (l.s.d.)
	1323. 1.13	N.ベンチヴェンニより［羊毛］紡糸を購入　（イン・ピッチョリ）	
			40・0・0
	———	［羊毛］紡糸売買税	0・7・0
4裏	1323. 1.13	残額支払い済み．コッコ社が立替払い．本帳 コッコ社「貸方」3丁裏へ転記（＝振替）． なお、同額は**l.17 s.6 d.0**ア・フィオリーニと なる	39・13・0

決済の構造

丁	日付(年月日)	摘要		金額(l.s.d.)
60表	1323. 3. 1	60丁表の小計（62丁裏へ転記）		691・16・10
62表	1323. 8. 6	62丁表の小計（62丁裏へ転記）		895・ 4・ 1
62裏	1323.12. 7	62丁裏の小計		610・15・ 1
	1323. 3. 1	60丁表の小計	（60丁表より転記）	691・16・10
	1323. 8. 6	62丁表の小計	（62丁表より転記）	895・ 4・ 1
	1323. 7.21	合計：「貸方」と決済		**2197・16・ 0**[a)
63表	1324. 5.26	63丁表の小計（67丁裏へ転記）		1248・ 7・ 4
67裏	1324. 9.26	67丁裏の小計		20・12・ 9
	1324. 5.26	63丁表の小計	（63丁表より転記）	1248・ 7・ 4
	1324. 5.28	合計		1269・ 0・ 1
	1324. 7. 1	利子（合計に対する）[B)		4・ 0・ 0
		［再合計：「貸方」と決済］		1273・ 0・ 1[b)
	1324. 6.18	｢貸方｣との相殺分		**1040・ 7・ 3**[b)
	1324. 7. 1	68丁表へ繰越し		233・ 5・ 1[b)

［この間，68丁表，71丁表，72丁裏の一部を省略：決済なし］

72裏		［再合計：「貸方」と決済］	1596・ 7・ 2[c)
	1325. 4.11	｢貸方｣との相殺分	**1216・ 5・ 0**[c)
	1325. 7. 1	73丁表へ繰越し	380・ 2・ 0[c)
73表	1325. 7. 1	72丁裏より繰越し	380・ 2・ 0

された取引の計をいう．ただし「販売毛織物勘定」より「貸方」への転入額は「小計」の中出し，［　］でこれを示した．各丁における記入順序は，その丁の小計が先であったり，他

[1b]．すなわち，6.5％の利子というのであろうが，どうしてこれらの金額がでるのかは不明．

「貸方」勘定への転記（＝振替）・吸収

丁	日付(年月日)	摘要	金額(l.s.d.)
			（ア・フィオリーニ）
3裏	1323. 1.13	N.ベンチヴェンニへ立替払い．本帳N.ベンチヴェンニ「貸方」4丁裏より転記（＝振替）	17・ 6・ 0

1　「羊皮表紙帳＝仕訳日記帳」(quaderno della pechora, memoriale … chovertato di pechora)
　　　2　「仕入帳」(q. del merchato)
　　　3　「販売帳」(q. delle vendite)
　　　4　「［毛織物小売］販売先帳」(q. dei chonpratori)
　　　5　「紡糸工（糸巻き工）帳」(q. delle dipanatori)
　　　6　「織布工帳」(q. dei tessitori)
　　　7　「染色工帳」(q. dei tintori, libro dei tintori)
　　　8　「剪毛工帳」(q. degli afetatori)
　　　9　「貸付帳」(q. delle prestanze)
　　10　「現金出納帳」([q. di] entrata, [q. di] usita)

　このうち，2から6までの各帳簿は，いずれも「リヌッチの帳簿」には一回しか出現しない．2，3，4の各帳簿は，その性格が必ずしもはっきりしない．2は毛織物の諸原料の仕入帳，3はその諸原料の再販帳，4は一反以下の単位で小売販売した毛織物の販売先帳であろうか．5，6，7，8の各帳簿は，毛織物製造の諸工程，すなわち紡糸，織布，染色，仕上工程についての帳簿である．9，10の各帳簿は，その名称から内容が判明するが，そのうち9は，労働者や職人への前貸しを記したものであろう．さて，これらの帳簿の内容の一部が「リヌッチの帳簿」に転記されていること，および「リヌッチの帳簿」自体の内容を考慮すると，疑問の余地なく，この帳簿は織元の「元帳」(mastro, libro dei debitori e dei creditori) である*23)．なお，資本調達や利益配分などについて記録する「秘密帳」(libro segreto) は，当然存在したであろうが，現在の存否は不明である．

　有力家族出身の織元の元帳である「リヌッチの帳簿」には，それが記録された1322年9月から25年8月までの，フィレンツェ毛織物の原料と製品についての情報が豊富にみられると思われる．では，この帳簿の構造に留意しながら，その記入内容を分析してみよう．

---

23)　デル・ベーネ社がカリマーラ組合に所属していたときには，同社の帳簿構成（1318-1322年）のうち，毛織物工業関係の帳簿は，［輸入した毛織物のための］染色，仕上げ工程に関する「染色工帳」と「整毛工帳」だけだった．しかし，同社が後に毛織物工業組合に所属したときには，それ（1360年代初期）は，「準備工帳」，「紡毛工帳」，「染色工帳」，など六つがあった．神田忠雄「フローレンス毛織物業の経営・会計についての一考察－デル・ベネ商会を中心として－」松尾憲橘編『批判会計学の基礎』，森山書店，1960年，参照．「リヌッチの帳簿」の関連帳簿は，後者により近い構成をもつが，毛織物の製造に関する他の関連帳簿の存在も考えられる．

第3節 「リヌッチの帳簿」の内容分析

「貸方」からはじめよう。表5は，帳簿の「貸方」の内容を分析したものである*[24]。おもな取引相手については，取引内容が分かるようにしてある。さて，父ネッロと兄弟ニッコロからは，融資を受け，毛織物の諸原料を受け取っている。とりわけニッコロからは，諸原料を細々と分けてもらい，ニッコロの経営する毛織物製造会社の製品を再販のために購入してもいる。自社製品だけでは需要に対応しきれなかった場合であろうか。リヌッチ家の姻戚（姉妹の夫の祖父）G．マリニョーレからは，表5のように，おそらく事業資金として貨幣を借入れている。すでに老齢のマリニョーレは，自分で積極的に事業に乗り出すことはせず，少壮の姻戚リヌッチォの事業に投資したのであろうか。コッコ社とアミエーリ社*[25]は，リヌッチ社の取引銀行として機能している。コッコ社からも羊毛を購入しているが，羊毛を大量に購入しているのは，当時の西欧で最大の商社といわれ，イギリスでも活躍したフィレンツェのバルディ社からである。その他の28の会社

---

24) 「貨幣債務・債権」の発生・移動に関する，この帳簿での表現について確認しておきたい。まず，「貸方」における表現について。E de(ono) avere Rinuccio [di Chocho] e chompangni, dì XIII di giennaio, in fiorini lb. XVII s. VI, an(n)o trecento venti due. Diedero p(er) noi a Nuto Bencivenni. Leva(mo) da sua ragione ove dovea(no) avere in(n)anzi nel V (c. 3 t.). この表現は，コッコ社の帳簿にある当リヌッチ社の口座から，ヌート・ベンチヴェンニに支払ったこと，もしくは，コッコ社がヌート・ベンチヴェンニに当リヌッチ社のために立替払いをしたこと，および，5丁 [現実には4丁裏] にあるヌート・ベンチヴェンニの「貸方」勘定へ，この金額を払込み [決済] したことをしめしている（表2では便宜上，文言を簡略化した）。

E deono avere Rinuccio [di Chocho] e chompangni p(er) [conto di] Bartolo Poni ... (c. 3t.). この表現は，コッコ社の帳簿にある当リヌッチ社の口座から，同じくコッコ社の帳簿にあるバルトーロ・ポーニの口座に振替えて支払いをしたこと，をしめしている。

次に，「借方」における表現について。E deo(no) dare Rinuccio [di Chocho] e chonpan(gni) ... Iscrise gli ci p(er) Dardo del Pace ... (c. 60). この表現は，コッコ社の帳簿にある当リヌッチ社の勘定口座へ，同じくコッコ社の帳簿にあるダルド・デル・パーチェの勘定口座から振込んだこと，をしめしている。

E deono dare mes(ser) Foglia [Amieri] e chompangni ... Die(dero) p(er) noi Franciescho di Benedetto da San Giermano ... (c. 60t.). この表現は，アミエーリ社の帳簿にある当リヌッチ社の勘定口座へ，フランチェスコ・ディ・ベネデット・ダ・サン・ジェルマーノが振込んだこと，あるいは，彼がアミエーリ社へ当リヌッチ社のために立替払いをしたこと，をしめしている。

25) Foglia Amieri (e Riccardo di Petri) e chonpangni. 同社は，14世紀初期のフィレンツェの代表的商社の一つであり，1326年に倒産した。その倒産がフィレンツェ経済に与えた損害は非常に大きかったという (Villani, G., *Cronica*, X-4)。同社は，デル・ベーネ社の取引銀行でもあり，デル・ベーネ社から [北西欧製の] 毛織物を購入した非フィレンツェ市民から，代金を振込まれている (Sapori, *Una compagnia di Calimala*, cit., p. 130)。

表5 「リヌッチの帳簿」

勘定費目		取引相手	父 ネッロ	兄弟 ニッコロ
貨幣債務		貨幣の借入れ・受取り	───	140・13・0
		相手方帳簿の当方勘定口座から第三者への支払い・相手による立替払い	345・13・0	462・0・6
		相手方帳簿の当方勘定口座から相手方帳簿の第三者勘定口座への振替え		
		決済時に生じた利子	───	1・16・0
		誤記の修正	───	
商品購入		毛織物	───	565・3・7[B]
		羊毛	466・7・0	237・3・0
		羊毛紡糸	483・11・0	70・17・0
		亜麻紡糸［交織用か］	───	23・0・0
		すおう［染料］	───	41・11・2
	計	l.s.d. ア・フィオリーニ l.s.d. イン・ピッチョリ	1295・11・0	1542・4・3

A) リヌッチ社が，兄弟ニッコロと一緒にコッコ社から羊毛を購入した．入したが，事実はそうではなかったので，その分を彼の勘定に借方記入し解した．なお，表6のニッコロ「借方」勘定をみられたい．
B) 12反の「フランス風ミスキアート」毛織物（特級品7反，上級品4反，
C) 1反の「サーイア」毛織物．

表6 「リヌッチの帳簿」

勘定費目		取引相手	兄弟 ニッコロ
貨幣債権[A)		貨幣の貸付け・支払い	7・12・0
		相手方帳簿の当方勘定口座へ第三者からの振込み・相手に対する立替払い	───
		相手方帳簿の当方勘定口座へ相手方帳簿の第三者勘定口座からの振込み	118・0・2
		決済時に生じた受取り利子	6・4・0
		誤記の修正	163・2・0[B]
販売商品		毛織物	16・10・0[C]
		羊毛	335・3・3
		他（紙）	───
	計 l.s.b. ア・フィオリーニ		646・11・5

A) 取引相手の勘定のうち，同取引相手自身の「販売毛織らは差引いておいた．
B) 表5の註Aをみよ．
C) 1カンナの「メスコラート」毛織物．
D) 兄弟ニッコロより購入した12反の「フランス風ミスキじもの）と，1反の「サーイア」毛織物（表5の註C）と売は，この「借方」で処理している．

の「貸方」の内容分析

	姻戚 マリニョーレ	コッコ社	アミエーリ社	バルディ社	他（28）	計
	1450・0・0	───	───	───	87・0・0	1677・13・0
	───	4055・7・0	4128・3・9	───	───	8991・4・3
	───	104・2・3	88・9・0	───	───	192・11・3
	───	31・6・1	32・10・0	───	───	65・12・1
	───	163・2・0[A)	───	───	───	163・2・0
	───	───	───	───	28・7・0[C)	593・10・7
	───	472・7・0	───	3052・3・0	3137・19・0	7365・19・0
	───	───	───	───	⎰218・19・0 ⎱*721・9・0	⎰773・7・0 ⎱*721・9・0
	───	───	───	───	58・0・0	81・0・0
	───	───	───	───	67・1・3	108・12・5
	1450・0・0	4826・4・4	4249・2・9	3052・3・0	⎰3597・6・3 ⎱*721・9・0	⎰20012・11・7 ⎱*721・9・0

当社購入分もニッコロがまとめて立替払いしたものと思い、その分をニッコロの勘定に貸方記て相殺し（70丁裏）、ここに改めて、その分をコッコ社「貸方」勘定に記入した（5丁表）、と理

中級品1反と、3反の粗布（panni crudi d'attenderni [?] lana : c. 6t.）。粗布は荷の包装用か。
＊印のある金額の単位は「イン・ピッチョリ」。

の「借方」の内容分析

	コッコ社	アミエーリ社	フィーニ家	他（22）	計
	1015・0・0	1015・0・0	───	160・15・0	2198・7・0
	2187・16・10	1875・9・2	───	3・8・0	4066・14・0
	1296・2・1	1581・18・4	───	───	2996・0・7
	───	49・17・3	───	───	76・1・3
	20・0・0	───	───	───	163・2・0
	───	───	───	559・0・7[D)	575・10・7
	───	───	217・8・0	410・7・0	962・11・3
	───	───	───	38・18・0	38・18・0
	4518・18・11	4522・4・9	217・8・0	1172・1・7	11077・4・8

物勘定」からの転記（＝振替）分は、重複を避けるために、この「借方」か

アート」毛織物（特級品7反、上級品4反、中級品1反：表5の註B）と同
同じもの）とを販売。すなわち、リヌッチ社自身の製品ではない毛織物の販

や個人から，羊毛を中心とする毛織物の諸原料を購入している．

「借方」に移ろう．表6は，「借方」の内容を分析したものである．兄弟ニッコロには，リヌッチォの方でも，融資を与え，毛織物の原料を譲り渡している．兄弟同士で助け合っていたものと思われる．コッコ社とアミエーリ社は，ここでもリヌッチ社の取引銀行として活躍している．フィーニ家*26)には，かなりの金額の羊毛を販売している．その他の22の会社や個人には，羊毛，他人から購入した毛織物，さらには紙を再販している．「借方」のなかに販売が記録された毛織物は，自社製品ではなく，すべてが他人，とりわけ兄弟ニッコロから購入した毛織物である．したがって，「販売毛織物勘定」は，自社製品の販売記録ということになる．

このリヌッチ社の経営者リヌッチォと，自分自身の会社を経営する兄弟ニッコロとは，表5，6でみたように，融資し合ったり，共同で原料を購入したり*27)したのみならず，共同で社員に給料を支払うこともあった．すなわち，「貸方」に次の記述がある．「二人の社員に対して，［ニッコロと共同で支払う給料のうち］当社はその三分の一を支払うが，［その分をニッコロが立替えて支払ったので］当社は，ニッコロに［立替分の］17リブラ・5ソルド・ア・フィオリーニを支払わなければならない．［二人の社員については］ボナイウォートは販売係として，フランチェスコは縮絨係として［働いた．］ボナイウォートは14カ月半，フランチェスコは18カ月半［われわれのために働いた］……*28)．」このことからも分かるように，この兄弟は，密接に連携しながら，それぞれの毛織物製造会社を経営していた．

さて，この帳簿は元帳ではあったが，ここにすべての勘定が集約されていたとは思われない．幾つかの関連帳簿からの転記は一回きりだけなので，関連帳簿自体において勘定が決済された場合には，改めてそれがこの元帳に転記されたとは思われないのである．したがって，この帳簿は，債権と債務についての覚書的な性格がかなり強く，この帳簿だけで，会社の経営全体についての厳密な利益計算

---

26) Voglia Fini e Cione Fini. この二人は，ともに「紡糸商人」(stamaiolo) である．Vedi, Sapori, Armando, per cura di, *I libri degli Alberti del Giudice,* Milano, 1952, pp. 62 e passim. なお，紡糸商人は，当時は［まだ織元の雇い人ではない］独立の商人であった．Vedi, Edler, *Glossary of medieval Terms of Business,* cit., term "Stamaiuolo".

27) たとえば，表5の註Aをみよ．

28) E deve avere Niccholo [di Nello Rinucci] medesimo ... in fiorini lb. XVII s. V, pagamo lo p(er) terza parte di due discipuoli, Bonaiuoto p(er) lo merchato e Franciescho p(er) le ghualchiere. Bonaiuoto p(er) quattordici mesi i mezo, e Franciescho p(er) diciotto i mezo ... LR. c. 13t.

を可能にするだけの内容や構造をもっていたとは思われない*29)。帳簿における締切りの欠如が，そのことを示唆している．おそらく，実際の利益計算は，より即物的に，あるいはより経験的におこなわれた．ともあれ，この帳簿からは，リヌッチ社の経営内容の一部しか再現できない．

「貸方」では，毛織物の諸原料の購入がみられたが，基本原料である羊毛について，表7で分析してみた．1322年には，ブルゴーニュとイギリスの「子羊羊毛」(agnellina) を購入している．しかし，翌年の3月以降になると，イギリスの「長毛羊毛」(lana lunga) が他を圧倒するようになる．とはいえ，フランスの高価な「フィオレット」(fioretto,「極上」という意味) 羊毛と，さらに産地不明の安価な羊毛（1324年6月26日付で兄弟ニッコロから購入）とを，少量ずつ購入している．さて，羊毛100リブラ（重量単位，貨幣単位のリブラとは同名異義）あたりの価格にもとづいて，各種類の羊毛の価格を比較してみよう．子羊羊毛は，ブルゴーニュ産も，イギリス産も，ほぼ同じ価格であるとみてよい．イギリスの長毛羊毛は，内部で等級区分があったと思われるが，平均すると，子羊羊毛よりもやや高価である．フランスのフィオレット羊毛は，高価である．ここで目に付くことは，このフィオレット羊毛がきわめて高価であること，そしてなによりも，イギリスの長毛羊毛がきわめて大量に購入されていることである．長毛羊毛は，購入された羊毛全体の，風袋ぐるみの重量で約91％，価格では約89％をしめていた．

「借方」では，リヌッチ社による羊毛の販売がみられたが，この羊毛の再販について，表8で分析してみた．再販されたのは，フランス羊毛が圧倒的である．ここでいう「フランス羊毛」(lana franciescha, lana francesca) については，史料の記述から正確な産地を特定することはできない．「貸方」や「借方」では，羊毛の購入や再販によって発生した債務や債権の記録が目的であり，羊毛産地の記録は目的ではない．関連帳簿のなかの「仕入帳」には，羊毛の産地まで記録されていたのではないかと思われる．いずれにせよ，フランス羊毛は，再販された羊毛全体の，風袋ぐるみの重量で約75％，価格では約60％である．とはいえ，フランス羊毛以外の羊毛の再販は，ほとんどが兄弟ニッコロに対しておこなわれたので，「外部」へ再販された羊毛のほとんどが，フランス羊毛である．そのフランス羊毛は，全部が中級品ないし下級品であり，安価である．再販羊毛の主体をなすフランス羊毛の平均価格は，購入羊毛の主体をなすイギリスの長毛羊毛の価格の半額強といってよい．フランス羊毛の一回ごとの再販量は，イギリス長毛

---

29) 泉谷勝美氏から示唆をいただいた．ただし，責任は筆者にある．

表7 「リヌッチの帳簿」の

丁	記帳日付 (年月日)	購入日付 (年月日)	羊　毛　の　種　類[A]
4表	1323.12. 6	〔1323〕. 6. 6	イギリスの長毛羊毛
6表	〔23〕. 4.11	——	ブルゴーニュの子羊羊毛
6裏	23. 3.15	〔22〕. 9.15	イギリスの子羊羊毛 　(中・下級品，未洗)
	23. 6.11	〔22〕.12.11	ブルゴーニュの子羊羊毛 　(中・下級品，未洗)
	23. 4.14	〔22〕.12.14	ブルゴーニュとイギリスとの子羊 羊毛(中級品，洗毛済み)
8裏	23. 9. 9	〔23〕. 3. 9	イギリスの長毛羊毛
	23. 9.11	23. 3.11	〃
9表	23.10.20	〔23〕. 4.20	〃
	23.11. 9	〔23〕. 5. 9	〃
10裏	24. 2. 8	〔23〕. 8. 8	〃
	24. 4. 5	〔23〕.10. 5	〃
11裏	24. 4. 7	〔23〕.10. 7	〃
	24. 6.14	〔23〕.12.14	〃
13表	24. 6.26	24. 6.26	〔羊毛？〕(中・下級品)
14表	24. 8.21	〔24〕. 2.21	イギリスの長毛羊毛
15裏	24.12. 4	〔24〕. 8. 2	フランスのフィオレット羊毛 　(堅毛，洗毛済み)
	24.12. 2	〔24〕. 8. 2	〃
	24.12. 2	〔24〕. 8. 2	フィオレット羊毛 　(特級品，洗毛済み)
	25. 2.17	〔24〕. 8.17	イギリスの長毛羊毛
16裏	25. 3. 5	〔24〕. 9. 5	〃
	25. 3. 5	〔24〕. 9. 5	〃
	25. 4.11	〔24〕.10.11	〃
	25. 5. 9	〔24〕.11. 9	〃
17表	25. 5.23	〔24〕.11.23	〃
	1325. 7.11	〔1325〕. 1.11	〃
計			

A)　「長毛羊毛」＝lana lunga,「子羊羊毛」＝agnellina,「フィオレット羊毛」
　　洗毛済み＝lavato, 堅毛＝sodo
B)　b.＝balla (バッラ), bne.＝ballone (バッローネ，すなわち大バッラ),
C)　例えば，父ネッロ (←ペルッツィ社)，とあれば，父から購入したが，

「貸方」にみられる羊毛の購入

荷数[B]	重量(風袋とも) lb.	100リブラあたりの価格	価格(風袋とも)	購　入　先[C]
b. 8	1586	24・0・0	385・5・0	父ネッロ（←ペルッツィ社）
b. 4	1030	28・0・0	283・1・0	T. ペルッツィとCh. グィディ
――	157	22・0・0	34・1・0	兄弟ニッコロ
――	109	23・0・0	24・7・0	兄弟ニッコロ
――	108	24・0・0	25・8・0	兄弟ニッコロ
b. 4	962	25・0・0	228・7・0	M. ビリォッティ社
b. 8	1963	25・0・0	472・7・0	コッコ社
b. 6	1476	28・10・0	409・8・0	バルディ社
b. 2	471	24・0・0	109・13・0	兄弟ニッコロ（←マツェッティ）
b. 6	1376	25・15・0	343・4・0	バルディ社
b. 5	1275	26・0・0	299・18・0	L. グィダロッティ社
b. 6	1267	33・0・0	392・7・0	ベルナルディーノ・ダ・マッサ
bne.3	1498	27・10・0	375・15・0	ペルッツィ社
――	230	19・0・0	43・14・0	兄弟ニッコロ
b.10	2577	25・10・0	631・17・0	D. リニエーリ・ダ・マッサ社
s. 3	409	45・0・0	164・14・0	F. デ・ロッソ
s. 3	415	43・0・0	163・12・0	B. ミケーレ
s. 2	197	45・0・0	81・2・0	父ネッロ
b.10	2350	25・15・0	598・2・0	バルディ社
b. 2	448	28・0・0	123・4・0	〃
b. 2	397	24・10・0	119・11・0	〃
b. 9	2032	26・10・0	527・18・0	〃
b. 7	1646	27・10・0	439・3・0	〃
b. 8	1885	27・0・0	491・13・0	〃
{bne.2 b. 6}	2485	25・0・0	598・8・0	F. ボンフィッリウォーリ
	28349		7365・19・0	

＝fioretto,「中・下級品」＝mezana e grossa, ecc.,「特級品」＝fine, 未洗＝sucida,

s.＝sacco（サッコ）.
その父はペルッツィ社から購入した，ということを意味する．

表 8 「リヌッチの帳簿」の

丁	記帳日付 (年月日)	販売日付 (年月日)	羊 毛 の 種 類[A]
61裏	1323. 8. 5	〔1323〕. 4. 5	フランス羊毛（下級品）
	23. 8. 8	〔23〕. 4. 8	──
	〔23〕. 9.24	〔23〕. 9.24	フランス羊毛（中級品，剛毛）
	23. 9.19	23. 9.19	〃　　　（下級品）
63裏	〔23〕.11.12	23.11.12	〃　　　（下級品）
	23.11.16	23.11.16	〃　　　（下級品，洗毛済み）
	24. 5. 7	〔23〕.11. 7	イギリス長毛羊毛（←ベルナルディーノ・ダ・マッサ）
64裏	24. 6. 6	〔24〕. 2. 6	フランス羊毛（下級品，洗毛済み）
65表	24. 7.29	〔24〕. 3.29	〃　　　（中級品，洗毛済み）
	24. 7.29	〔24〕. 3.29	〃　　　（下級品）
67裏	25. 2.15	〔24〕.10.15	〃　　　（中級品，洗毛済み）
	25. 2.15	〔24〕.10.15	〃　　　（下級品，洗毛済み）
	25. 3.22	〔24〕.10.22	〃　　　（中級品，洗毛済み）
	25. 3.22	〔24〕.10.22	〃　　　（下級品）
69表	24.12. 4	〔24〕. 8. 4	フィオレット羊毛（←B.ミケーレ，父ネッロ）
	24.12.14	24.12.14	〔良質の羊毛[C]〕（中級品）
	24.12.14	24.12.14	フランス羊毛（下級品）
70表	〔24〕. 5. 4	〔24〕. 1. 4	〃　　　（下級品，洗毛済み）
	24. 5. 9	24. 5. 9	〃　　　（下級品，洗毛済み）
	〔25〕. 1.25	〔25〕. 1.25	〃　　　（下級品，洗毛済み）
	〔25〕. 1.26	〔26〕. 1.26	〔フランス〕羊毛（中級品，洗毛済み）
70裏	25. 2. 9	25. 2. 9	フランス羊毛（中級品，洗毛済み）
	1325. 2.12	1325. 2.12	〃　　　（下級品，洗毛済み）
計			

A)　「下級品」＝grossume, grosso，「中級品」＝mezano，（←）は表7，註
B)　s.＝sacco（サッコ），sto.＝sacchetto（サッケット，すなわち小サッ
C)　Mil(iore)＝良質の(羊毛)

羊毛の一回ごとの購入量よりはるかに少量であるが，それを原料として安価な製品を製造する会社に，少量ずつ販売したからであろう．いずれにせよ，リヌッチ社がこの帳簿において購入した羊毛と，再販した羊毛とは，まったく別の種類だったことは明白である．

「貸方」には羊毛とならんで，紡糸（経糸と緯糸）の購入がみられるが，紡糸

「借方」にみられる羊毛の販売

荷数[B]	重量 （風袋とも） lb.	100リブラあ たりの価格	価格 （風袋とも）	販　売　先
s. 2	253	8・15・0	21・0・0	V. フィーニ
──	420	21・10・0	90・6・0	A. デ・リッコ
s. 1	148	19・10・0	27・2・0	V. フィーニ
──	58	11・0・0	5・15・0	N. カンビ
s. 1	85	11・0・0	8・5・0	G. デル・マッサイオ・ディ・ヴィエマッジョ
s. 2	242	18・0・0	40・19・0	G. ディ・フォルカルド
b. 2	440	33・0・0	132・10・0	兄弟ニッコロ
s. 1	100	10・0・0	9・10・0	S. ディ・ラーポ
s. 2	298	20・0・0	55・14・0	B. ディ・ロット
──	103	10・0・0	10・6・0	C. フィーニ
s. 2	304	22・10・0	65・18・0	V. フィーニ
s. 1	100	10・0・0	9・6・0	〃
s. 2	246	22・0・0	51・16・0	C. フィーニ
s. 1	135	11・0・0	14・0・0	〃
──	465・5	──	202・13・3	兄弟ニッコロ
s. 1	231	26・0・0	57・14・0	S. マネッティ
s. 1	117	10・10・0	11・8・0	〃
s. 1	154	12・0・0	18・0・0	C. フィーニ
s. 2	226	24・10・0	51・11・0	{ N. ディ・ミケーレ C. デル・ブオーノ
sto. 1	56	10・0・0	5・5・0	B. バンキ, N. ディ・ディリット
s. 1	145	22・0・0	29・7・0	B. と S. ディ・シモーネ
s. 2	193	21・10・0	36・19・0	{ B. シモーネ [=B. ディ・シモーネ?] S. ディ・シモーネ
s. 1	80	10・0・0	7・10・0	S. ディ・──・ディ・ボルゴ・サン・イャコポ
	4599・5		962・11・3	

Cと同じ，他は表7，註Aと同じ．
コ），b.＝balla（バッラ）

には「特級品」(fine)，「上級品」(gentile)，「中級品」(mezana)，「下級品」(grossa) という明白な等級区分があり，単位重量あたりの価格にはそれに対応する格差があった[*30]．

---

30) LR, cc. 4sgg. なお，中級品と下級品は，貸借関係が「イン・ピッチョリ」体系で表現され

「販売毛織物勘定」に移ろう。ここでの毛織物の販売記録は，次の例にみられるような形式で記入されている。「アルベルト・デル・ジューディチェは，[1323年] 5月21日に［当社が彼に販売した毛織物の代金として，］83リブラ・10ソルド・7デナロ・ア・フィオリーニを支払わなければならない。［それは，彼が購入した］2反のフランス風メスコラート毛織物・上級品の価格であり……その毛織物は，[2反合わせて] 30カンナ・1ブラッチオ・2クゥルト［の長さ］であり，1カンナあたり55ソルドである。[販売における] 仲介人はヴィゴローゾ*31)」。この例にみられるように，記録には一般に，毛織物の種類，等級，長さ，1カンナあたりの価格が明示されている*32)。なお，毛織物一反の長さは，当時はまだ規定されておらず，一般に12カンナから15カンナの間の長さであった。

フィレンツェの1カンナは約2.33メートルである*33)から，一反の長さは，約28-35メートルとなる。さきの例では，毛織物一反の平均価格は，約42リブラ・ア・フィオリーニ，フィオリーノに換算すると約29フィオリーノである。ところで，1364年のフィレンツェでは，毛織物仕上げ職人の刷毛工一人分の年間給料が60フィオリーノ，同じく剪毛工のそれが44フィオリーノという記録がある*34)。また，本章でさきにみた，リヌッチ兄弟が共同で雇用した社員

る人々，換言すれば一般に富裕でない人々から多く購入している．

31) Alberto del Giudicie ci de(ve) dare dì XXI di marzo, (in) fio(rini) lb. LXXXIII s. X d. VII, p(er) due mescolati gientile a la fran(ciescha) … [che] furo(no) cha(nne) XXX br(accio) I q(uarti) ll, p(er) s. LV cha(nna). Sen(sare) Vighoroso. LR, c. 115t.

ここにみられるように，「フランスの」(franciescho) 毛織物ではなく，「フランス風の」(a la franciescha) 毛織物であり，フランス毛織物の模造品であることが判明する．

仲介人については，森田鉄郎『ルネサンス期イタリア社会』吉川弘文館，1967年，193頁以下，を参照．

なお，「販売毛織物勘定」における勘定の総計は，12,676リブラ・6ソルド・5デナロ・ア・フィオリーニ．

32) ただし，等級の表示と，また「フランス風毛織物」の場合に「フランス風」という表示は，欠如している場合がある．前者の場合，毛織物の価格の表示があれば，価格から等級が判断できる（表9をみよ）．後者の場合，たとえばミスキアートのように，「フランス風毛織物」に固有な種類の表示があるので，それが判明する．

33) 1カンナの長さは，地域によって異なる (Edler, *Glossary*, cit., term "Canna") が，フィレンツェの1カンナは，約2.33メートルだった (Vedi, Martini, Angelo, *Manuale di metrologia*, Torino, 1883, p. 206)．なお，長さの単位は，1 canna＝4 braccia（単数は braccio）＝16 quarti.

34) Hoshino, Hidetoshi, Francesco di Iacopo Del Bene, cittadino fiorentino del Trecento － La famiglia e l'economia －, in, per cura dell'Istituto Giapponese di Cultura in Roma, *Annuario*, IV, 1966, p. 49.

なお，この論文の著者星野が，L'arte della lana in Firenze nel basso Medioevo（註3をみよ）

(disciepoli, 徒弟) の年間給料の平均を算出すれば, 約13フィオリーノである。さらに, 1376年のパヴィーアでは, 平均的な成人男子一人に必要な年間生活費が20フィオリーノ前後だったといわれる*35)。したがって, 高級な毛織物一反の価格は, 当時の物価ではかなり高価だった。

「販売毛織物勘定」にみられるリヌッチ社製造の毛織物には, サーイア, トリターナ, フランス風毛織物の三種類がある。「サーイア」(saia, 英語ではサージ) は, 典型的な薄手の夏物である*36)。「トリターナ」(tritana) は, 麻あるいは綿と羊毛との交ぜ織りであり, 一般向けの粗悪品である*37)。「フランス風毛織物」(panni alla franciescha) というのは, 高級で大きな需要のある「フランス毛織物」(panni francieschi) を模造したものである*38)。

フランス風毛織物は, 販売量からみて二つに大別できる。ミスキアートあるいはメスコラートとよばれる*39), さまざまな色に染めた紡糸を交ぜ織りにしたもの*40)と, そのほかの多様な種類とに。フランス風毛織物の価格は, 本物のフランス毛織物のなかの特定の種類の価格とはほぼ同一である*41)が, サーイアと比べると高価であり, トリターナと比べるとはるかに高価であった。「リヌッチの帳簿」では, 毛織物に対して「特級品」(fine), 「上級品」(gentile), 「中級品」(mezano), 「下級品」(grosso) という四つの品質区分がなされたが, 特級品という区分は, 一反のサーイアをのぞけば, フランス風毛織物だけに適用されている。

を出版する1980年より前に発表した諸論文は, この著作の「土台となっているが, そのすべてが最新の成果を取り入れ, 大幅に修正された上で, 各章に融け込ませられている」(訳書 viii 頁), 換言すれば内容の取捨選択と再配置がおこなわれている。この論文もその一つであり, 本章ではこの箇所は原論文より引用する。

35) Cipolla, op. cit., p. 60.
36) 星野秀利「14世紀フィレンツェの『工業化』―その国際的諸条件―」『南欧文化』第1号, 文流, 1974年, 43頁, 同『中世後期フィレンツェ毛織物工業史』既出, 126頁以下。
37) 註36と同所。次も参照。de Roover, Raymond, The Story of the Alberti Company of Florence, 1302-1348, as Revealed in its Account Books, in, *The Business History Review*, vol. 32, 1958, p. 22.
38) 模造品生産をもたらした市場条件は, 星野「国際的諸条件」, 同『中世後期フィレンツェ毛織物工業史』既出, 第1, 2, 3章をみよ。
39) mischiato o mescolato. 両者は同じものであろうか。星野『中世後期フィレンツェ毛織物工業史』既出, 126頁, 参照。
40) 星野「国際的諸条件」既出, 43頁。同『中世後期フィレンツェ毛織物工業史』既出, 128頁。
41) フィレンツェにおいて, 1319年から1323年の間に販売された, フランス毛織物, とりわけミスコラート, およびビギーノ (bighino) の価格とほとんど完全に一致する。Vedi, Hoshino, Hidetoshi, Per la storia dell'arte della lana in Firenze nel Trecento e nel Quattrocento, un riesame, in, per cura dell'Istituto Giapponese di Cultura in Roma, *Annuario*, X, 1972, p. 53, Tabella 3b. Sapori, *Una Compagnia di Calimala*, cit., pp. 282-303.

表9 「リヌッチの帳簿」の「販売

時期	種類・等級[B] 反数・価格[A]	サーイア					トリターナ				
		特	上	中	下	計	特	上	中	下	計
第1期	反数	0	13	13	24	50	0	20	11	3	34
	平均価格	—	46.01	31.06	24.01		—	26.10	19.04	14.08	
	最高価格	—	49.00	37.00	26.00		—	28.00	20.00	15.00	
	最低価格	—	43.00	30.09	22.00		—	26.00	19.00	14.00	
第2期	反数	1	0	0	0	1	0	0	0	0	0
	平均価格	44.00	—	—	—		—	—	—	—	
	最高価格	44.00	—	—	—		—	—	—	—	
	最低価格	44.00	—	—	—		—	—	—	—	
第3期	反数	0	1	7	11	19	0	0	0	0	0
	平均価格	—	42.00	28.00	22.07		—	—	—	—	
	最高価格	—	42.00	28.00	23.00		—	—	—	—	
	最低価格	—	42.00	28.00	22.00		—	—	—	—	
第4期	反数	0	0	2	4	6	0	0	0	0	0
	平均価格	—	—	27.00	21.06		—	—	—	—	
	最高価格	—	—	28.00	22.00		—	—	—	—	
	最低価格	—	—	26.00	20.00		—	—	—	—	
第5期	反数	0	26	0	0	26	0	0	0	0	0
	平均価格	—	41.04	—	—		—	—	—	—	
	最高価格	—	44.00	—	—		—	—	—	—	
	最低価格	—	38.00	—	—		—	—	—	—	
計	反数	1	40	22	39	102	0	20	11	3	34

A） 表の価格欄の数字は，毛織物1カンナあたりの価格であり，その単位はソルド・
B） 「特」＝特級品（fine），「上」＝上級品（gentile），「中」＝中級品（mezano），「下」
C） 21種以上の名称に分かれる．具体的には，星野，un riesame, p. 52, tabella 3a. を
D） 'mischiato in accia' (c. 116t.)．

　すでにみたように，リヌッチ社が自社製造の毛織物の販売をこの帳簿に記入したのは，1323年2月から1325年7月までの期間である．それを五つの時期に分けて，各種類，各等級の毛織物の販売についての時期的な動向をみてみよう．表9をみられたい．ただし，第1期は1323年の2月から6月まで，第2期から第4期まではそれぞれ半年ずつ，第5期は1325年の1月から7月までとした．
　サーイアは，全期を通じて販売されているが，販売量は，一期ごとに増減を繰り返している．夏物という季節商品であるせいだろうか．上級品と下級品が多く，中級品はそれぞれの約半分である．粗布であるトリターナは，第2期以降，まったく姿を消してしまう．上級品が多いが，ほかの種類と比べると，トリターナは，

「毛織物勘定」にみられる毛織物販売

| フランス風毛織物 ||||||||||| 他(D) | 計 |
| ミスキアート・メスコラート |||| | その他(C) |||| | | |
特	上	中	下	計	特	上	中	下	計		
0	6	0	0	6	0	0	0	0	0	1	91
—	54.08	—	—		—	—	—	—	—	26.00	
—	56.00	—	—		—	—	—	—	—	26.00	
—	54.00	—	—		—	—	—	—	—	26.00	
11	35	1	0	47	0	1	1	4	6		54
62.08	52.11	39.00	—		—	53.00	39.00	32.09			
63.00	56.00	39.00	—		—	53.00	39.00	33.00			
62.00	50.00	39.00	—		—	53.00	39.00	32.00			
21	26	4	4	55	7	2	4	3	16		90
62.01	52.10	42.00	35.11		63.02	53.06	42.02	31.08			
64.06	57.00	43.06	37.00		74.00	54.00	45.00	33.00			
60.00	52.00	38.00	34.09		56.00	53.00	36.00	30.00			
7	19	2	2	30	5	7	2	1	15		51
63.09	52.06	42.00	35.00		59.10	51.03	41.00	33.00			
69.00	56.06	43.00	35.00		61.00	56.00	42.00	33.00			
59.06	49.00	41.00	35.00		58.00	45.00	40.00	33.00			
32	22	4	0	58	19	15	7	0	41		125
54.06	47.08	40.00	—		54.10	48.04	40.09	—			
57.00	50.06	40.00	—		60.00	54.00	45.00	—			
53.00	46.00	40.00	—		52.00	45.00	38.00	—			
71	108	11	6	196	31	25	14	8	78	1	411

デナロ（ア・フィオリーニ）である．
＝下級品（grosso）
みよ．

上級品でもきわめて低価である．さて，トリターナの販売が最後に記録されたのは，1323年5月17日であり，その直後，すなわち同月21日に，はじめてフランス風毛織物の販売が記録されている．リヌッチ社は，トリターナの製造をやめ，フランス風毛織物の製造をはじめたものと思われる．以後，フランス風毛織物の販売量は，並行して販売される［在庫の］トリターナの販売量を圧倒した．フランス風毛織物のなかでは，ミスキアート（およびメスコラート．以下，前者で二者を代表させる）の販売が，最初から一貫して多い．そのほかのフランス風毛織物は，最初は少なく，徐々に増加している．フランス風毛織物の製造は，ミスキアートからはじめられたとみてよい．ミスキアートは一般に高価であるが，なか

でもとりわけ特級品と上級品の販売がきわめて多い。この二つの等級の販売量は，反数において，フランス風毛織物の販売量全体の約86％にもなる。また，フランス風毛織物の販売量は，反数において，全期を通じた三種類の販売量全体の約67％になる。

　どの種類の毛織物においても，各等級の最高および最低価格，ならびに平均価格にみられるように，等級間には明白な価格の格差がある。特級品という等級は，第1期には存在せず，フランス風毛織物の特級品の登場にともない，第2期にはじめて出現した。ちなみに，1反が第2期にあるだけのサーイアの特級品は，価格のうえでは上級品と同じであるにもかかわらず，特級品とされている。このことは，少なくともリヌッチ社では，特級品という等級自体が，フランス風毛織物の製造にともなって新設されたのではないか，と推測させるのである。サーイアの従来の上級品を，この新設の等級にあてはめてはみたが，それはやはり適当ではないと考え，第3期以降はまた上級品に戻したのではないだろうか。

　いずれにせよ，サーイアの価格は，時の経過にしたがって，各等級とも低下している。一方，フランス風毛織物の価格は，特級品と上級品の価格が第5期に低下している。価格低下の原因はなんであろうか。生産体制が軌道に乗り，生産費用が低下したからだろうか。需要の構造に対応して，品質自体を低下させたからだろうか。売り急いで，値下げ処分をしたからだろうか。二種類の毛織物の価格低下の時期に差異があるので，二者の価格低下の原因が同じか否かは不明である。この問題は，ここでは解答できない。

　さて，羊毛には幾つかの種類および等級があり，また，三種類の毛織物にはそれぞれ等級があることが判明した。このことから，各種類，各等級の毛織物はそれぞれに適した種類，等級の羊毛を原料とするという関係，すなわち製品と原料には一定の対応関係があったと考えるのは自然だろう。本物のフランス毛織物にはイギリス羊毛が多く使用されたことから，それを模造したフランス風毛織物にもイギリス羊毛，とりわけ長毛羊毛が使用されたものと思われる。「リヌッチの帳簿」では，イギリス長毛羊毛が初めて購入されたのが1323年3月9日，フランス風毛織物の販売が最初に記録されたのが同年5月29日，その間隔は約80日である。熟練職布工の場合，一反の織布は約一か月で十分に可能だったと思われる[42]。準備工程，紡糸工程，染色工程，仕上工程に必要な時間と，高級なフランス風毛織物の模造には必要だったかもしれない多少余分の時間とを考慮しても，5月末に販売されたフランス風毛織物は，3月初めに購入されたイギリス長毛羊

---

42) Vedi, Edler, *Glossary,* cit., p. 421. 諸工程については，ibid., pp. 324-329.

毛を原料としたとみてよいだろう．「織布工帳」など，製造工程の関連帳簿があれば，製造日程のみならず，「フランス」から流入した職人の存否をも解明できるだろうが，残念ながらそれはない．また，イギリス羊毛より高価なフランスのフィオレット羊毛がどのように使用されたのか，フランス風毛織物の特級品の原料として使用されたのか否か，についても実態の解明はできない．とはいえ，羊毛の購入量と製品の販売量との対応関係からみて，一般に，フランス風毛織物の製造は，イギリス長毛羊毛を原料とすることによって，はじめて可能になったと思われる．一方，粗布トリターナの原料は，フランス羊毛の下級品が主体だろう．「借方」には，リヌッチ社がフランス羊毛の中級品，下級品を再販しているのがみられたが，このようなフランス羊毛には，再販せずに，同社が原料として使用した部分があったものと思われる[43]．

リヌッチ社は，フランス羊毛を原料とするトリターナから，イギリス長毛羊毛を主原料とするフランス風毛織物へと，生産を転換したといえる．「リヌッチの帳簿」は，まさにこの転換を記録したものである．この会社では，イギリス羊毛を原料とする毛織物の生産は，北西欧で同じ原料から製造されていた種類のフランス毛織物を模造することからはじまった．この模造品の生産がフィレンツェではどの程度の規模でおこなわれたのか，それを実証するのは困難である．おそらく，リヌッチのような有力な織元から順次，それが開始されたものと思われる．ヴィッラーニの記述からは，イギリス羊毛の使用は，一部の織元だけではなく，フィレンツェではかなり普及したと読み取れる．また，この記述によれば，「リヌッチの帳簿」の時代から10年以上も経った1338年にも，フィレンツェ商人は，フィレンツェにだけでも年間約1万反のフランス毛織物を輸入していた[44]．このことはその需要の大きさをしめしている．したがって，フィレンツェでは，その模造品のフランス風毛織物の生産が拡大したと思われる．なお，筆者の知る限りでは，フィレンツェでイギリス羊毛を用いてフランス風毛織物を製造した記録は，「リヌッチの帳簿」以前にはなく，これがその最初の記録である．

では，リヌッチ社が製造した毛織物の販売についてみてみよう．表10（その1）をみられたい．10反以上の購入者は，人数にして全購入者の約8％でしかないのに，総反数の約42パーセントを購入している．全購入者の約18％をしめる5反以上の購入者は，総反数の61％を購入している[45]．大量購入者による購

---

43) それについては，この「リヌッチの帳簿」以外の帳簿に記録され，そこで決済されて，この元帳には転記されなかったものと思われる．
44) Villani, G., *Cronica*, XI-94. 齊藤寛海「中世イタリア経済史史料としての年代記」『信州大学教育学部紀要』第32号，1974年，をも参照．

表10-1 リヌッチ社製造毛織物の販売先（その1）

販売先[A]	種類等級	サーイア 特	上	中	下	トリターナ 特	上	中	下	フランス風毛織物 特	上	中	下	他	計
R. ディ・ネーリとF. ロンディネッリ[a]							2	1		6	13	3	6		31
兄弟ニッコロ （既出）							2			10	16	1		1	30
コッコ社 （既出）		10					3			2	14	1			30
M. リストリ [b]			9	9											18
Pan. とPet. ダ・セル・モーナ ＊			6	8		2									16
I. とF. テダルディ [c]										7	8				15
M. フランチェスキ ＊		1								8	3				12
N. ディ・ブート・ダ・プラート		2	6									2			10
A. デル・ジューディチェ [d]										4	6				10
G. スキアッタ ＊				9											9
B. ピエリ ＊		6								1		1			8
R. バルドゥッチ・ダ・ピサ		1								6	1				8
N. ディ・チェーオ・ダ・シエーナ		3								4					7
F. ディ・ジュンタ・ダ・グッビオ				7											7
V. ボナッコルシ社・ダ・サン・ジミニャーノ											3	3	1		7
D. アッチャイウォーリ社 [e]											4	2			6
B. デル・ブオーノ [f]							6								6
F. ディ・ベネデット・ダ・サン・ジェルマーノ											4		1		5
P. ディ・ヤコポ・ダ・ボローニャ ＊＊										1	4				5
P. ディ・ネッリ・ダ・サン・ジミニャーノ		4									1				5
T. ペルッツィ社 [g]										1	4				5
4反購入者（無2人・有6人）		4					2	5		6	14	1			32
3反購入者（無7人・有3人）		3					3			8	12	2	2		30
2反購入者（無11人・有12人）				4				2		20	19	1			46
1反購入者（無23人・有30人）		1	6	1	2		2	2	2	18	7	8	4		53
計 115人（無56人・有59人）		1	40	22	39	0	20	11	3	102	133	25	14	1	411

A) ＊は身元確認できず. ＊＊ Petro di Iachopo と Iachopo di Petro の2人. 親子であろう. 前者で2人を代表させ、一社として扱った. 4反ー1反購入者の欄の（ ）内の有・無は、例えばダ・ピサ（da Pisa）のような出身地名の表示の有・無を示す. なお、5反以上の購入者でも出身地名の表示のある者については身元確認をしなかった.
a) Rinaldo di Neri e Falcho Rondinelli. 前者は不明. 後者は1307-8年にプリオリに1回就任. なお、彼の一族の者が多くプリオリや「正義の旗手」に就任.（Sebregondi, n. 4550.）
b) Michele Ristori. 1332年に「毛織物工業組合」組合員登録簿に出現.（Sebregondi, n. 4517）
c) Iachopo e Franciescho Tedaldi. 富裕な商人の家系に属す. 一族の者が、1310年代・20年代にカリマーラ組合の理事に就任.（Sebregondi, n. 5163.）
d) Alberto del Giudice. カリマーラ組合に属す. 彼の父と兄弟は同組合の理事に就任.（ASF, Manoscritti, n. 542, Matricole de' Mercatanti [= Arte di Calimala], 1235-1495）遠隔地商業・金融業に従事. 彼と後継者の会社の支店の所在地は、[1302-1370の間？]、アヴィニョン、フランドル、ヴェネツィア、ナポリ、ブラバント、バルレッタ、イギリス、マリョルカ、ジェノヴァ、ミラーノ、プーリア、ビザンツ領域、フランス、ボローニャ、ピサ、シャンパーニュ、セルモーナ、ヴェローナ、アンコーナ、ロンバルディーア [社員数の多い順]. 彼はプリオリや「正義の旗手」にも就任した.（A. Sapori, per cura

di, *I libri degli Alberti del Giudice,* Milano, 1952, pp. XXIII-XXIV, 315-316, LXXXV.)
e) Dardano Acciaiuoli e compagni. 彼はまずテュニスで活躍, 同地の君主の財務官となる。後ナポリにいき, 同王国内で幅広く経済活動（毛織物販売も含む）をおこない, Iachopo de' Bardi とともに同王に大金を貸付ける。同家にとってはアヴィニョンもまた活動の中心地だった。(C. U. della Berardenga, *Gli Acciaiuoli di Firenze nella luce dei loro tempi,* 2 voll. Firenze, 1962, vol. 1, pp. 31-55.)
f) Banchello del Buono. プリオリに2回 (1314, 1324) 就任。(Sebregondi, n. 914).
g) Tomaso Peruzzi e chompangni. 彼の兄弟 Giotto は1317年, カリマーラ組合の理事（Matricola dell' Arte di Calimala, cit.). 彼自身は1319年に毛織物工業組合に登録（Thomasus P(er)ucci artifex novus i(n) arte lane soluit pro novo artifice die XX° aprilis anno MCCCXVIIII, Matricola dell' Arte della Lana, n. 18, cit.).

表10-2　リヌッチ社製造毛織物の販売先（その2）

購入反数*)	地　　　名
18	ピサ
15	シエーナ, ボローニャ
12	サン・ジミニャーノ
10	プラート
8	リーミニ, ペルージァ, グッビオ
7	オルヴィエート
5	アレッツォ, サン・ジェルマーノ
4	サッソフェラート, ヴェネツィア
2	［チッタ・ディ・］カステッロ, ピストイア, パルマ, サルミーナ, プーリァ
1	ボルゴ［・ディ・サン・セポルクロ］, ローマ, バニョーロ, ナルニ, ファエンツァ, カメリーノ, ロンクターノ, パレッレ, メッシーナ, ルッカ, ガッリァ, キウジーノ

*) 当地出身者購入反数の合計。例えば, シエーナ出身者の購入反数の合計は15反。ボローニャの場合も15反。

入の比重が高いが, この大量購入者とはどのような人々なのか。それを考察するまえに, 購入者の人名には, たとえばダ・ピサ (da Pisa, ピサからきた, ピサ出身の) のように地名をともなうものと, ともなわないものがあることを確認しておきたい。地名のないものは, ほとんどがフィレンツェ人だと思われる[*46]。さて, 5反以上の大量購入者のうち, フィレンツェ人の身元を確認してみると

---

45) ただし, 兄弟ニッコロに販売したものは, 他に再販されるので, 計算から除外すべきであるが, 便宜上そうしなかった。しかし, 数値はそれほど変わらない。
46) ［この時代には］非フィレンツェ人は,「現金払い」することが普通であり (Sapori, *Una Compagnia di Calimala,* cit., p. 130), また係争の際に裁判権の問題があることから, 販売先がフィレンツェ人か否かは意識的に区別され, それが記帳にも反映したのではないかと思われる。

表 10-3　リヌッチ社製造毛織物の販売先

種類	サーイア					トリターナ				
等級	特	上	中	下	(計)	特	上	中	下	(計)
出身地名のある購入者	1 0.7	17 12.1	6 4.2	11 7.8	(35) (24.8)	0.0	7 5.0	1 0.7	0.0	(8) (5.7)
出身地名のない購入者	0.0	23 8.5	16 5.9	28 10.4	(67) (24.8)	0.0	13 4.8	10 3.7	3 1.1	(26) (9.6)
計	1 0.2	40 9.7	22 5.4	39 9.5	(102) (24.8)	0.0	20 4.9	11 2.7	3 0.7	(34) (8.2)

表 10-4　リヌッチ社製造毛織物の販売先

種類	サーイア					トリターナ				
等級	特	上	中	下	(計)	特	上	中	下	(計)
10反以上の購入者	0.0	13 7.6	21 12.2	17 9.8	(51) (29.7)	0.0	7 4.0	2 1.2	1 0.6	(10) (5.8)
9反－5反の購入者	0.0	14 17.9	0.0	16 20.5	(30) (38.5)	0.0	6 7.7	0.0	0.0	(6) (7.7)
4反－2反の購入者	0.0	7 6.5	0.0	4 3.7	(11) (10.2)	0.0	5 4.6	7 6.5	0.0	(12) (11.1)
1反のみの購入者	1 1.9	6 11.3	1 1.9	2 3.8	(10) (18.9)	0.0	2 3.8	2 3.8	2 3.8	(6) (11.3)

註）諸項目および計については，表10-3と共通である．

（同表の註をみられたい），政府の中枢に参加しうる階層で，カリマーラ組合の商人の系譜を引く者が多かった．この組合の商人は，上記のように，フランス毛織物の取引において活躍していた．このような人々は，国際的な商業に関係していたと思われる[47]．彼らが購入した大量の毛織物は，その多くが遠近各地の市場で販売されたとみてよいだろう．

　10反以上の購入者は，ほとんどがフィレンツェの大商人であったのに対して，9反以下5反以上の購入者は，過半数が人名に地名をともなう非フィレンツェ人だった．フィレンツェの大商人に次ぐ購買力をもったこの人々は，地名がしめす土地の多少とも有力な商人だったと思われる．では，非フィレンツェ人は，購入反数の多少とは関係なくみれば，どこからきたのだろうか．表10-2は，その地

47）　カリマーラ組合に所属しても，複数組合への「重複所属可能制」（Doppelzünftigkeit）により，毛織物工業に従事することができた．藤田敬三「フロレンスのツンフト制度－十四-十六世紀に於ける－」『大阪商科大学創立60周年記念論文集』1941年，109頁，参照．ちなみに，註18にみられるように，代表的な国際商社のバルディ社が，毛織物職人のために毛織物工業組合へその登録料を支払っている．

(その3)　　　　　　　　(上段:実数, 下段:%)

フランス風毛織物					他	計
特	上	中	下	(計)		
41	44	9	4	(98)		141
29.1	31.2	6.4	2.8	(69.5)	0.0	100.0
61	89	16	10	(176)	1	270
22.6	33.0	5.9	3.7	(65.2)	0.4	100.0
102	133	25	14	(274)	1	411
24.8	32.4	6.1	3.4	(66.6)	0.2	100.0

(その4)　　　　　　　　(上段:実数, 下段:%)

フランス風毛織物					他	計
特	上	中	下	(計)		
37	60	7	6	(110)	1	172
21.5	34.9	4.0	3.5	(64.0)	0.6	100.0
13	21	6	2	(42)		78
16.7	26.9	7.7	2.6	(53.8)	0.0	100.0
34	45	4	2	(85)		108
31.5	41.7	3.7	1.9	(78.7)	0.0	100.0
18	7	8	4	(37)		53
33.9	13.2	15.0	7.5	(69.8)	0.0	100.0

名の一覧表である．トスカーナの都市をはじめとして，近隣地方の都市が多いが，ヴェネツィア，プーリア，メッシーナのような遠隔地からもきている．このなかでは，ピサからきた商人たちが，全体としてみれば毛織物を18反，すなわちもっとも多く購入している．都市ないし地方ごとにみると，5反以上を購入した11都市のうち，トスカーナ都市は，ピサ，シエーナ，サン・ジミニャーノ，プラート，アレッツォの5都市，それ以外は，ボローニャ，リーミニ，ペルージァ，グッビオ，オルヴィエート，サン・ジェルマーノの6都市であるが，いずれもトスカーナの近隣地方にある．このような近隣都市の多少とも有力な商人は，リヌッチ社から購入した毛織物をどこで販売したのだろうか．その多くは，一般に，それぞれの都市とその周辺で販売したものと思われる．そこ以外の市場，たとえばシチリア王国，ナポリ王国，ローマ，ヴェネツィアなどでは，地元の有力商人といえども，さらに大きな購買力をしめしたフィレンツェの大商人には対抗しえなかったと思われる．ともあれ，非フィレンツェ人商人は，人数にして購入者全体の約半分をしめ，総反数の三分の一，すなわち約34％を購入していた．

　4反以下の少量しか購入しないフィレンツェ人は，購入者の約37％をしめて

いるが，総反数の約18％しか購入していない．フィレンツェの市内と近郊で販売する商人が，そのなかには多くいたと思われる．

　上記のことから，リヌッチ社が製造した毛織物の市場は，やや図式的に類型化すると，三種類に区分されるのではないか．おもにフィレンツェの大商人によって輸出される遠近各地の市場，おもに近隣都市の商人によって輸出される近隣地域の市場，おもにフィレンツェの大小の商人によって販売される市内と近郊の市場である．それぞれの市場で販売される数量については，これまでにみた数字が，ある程度示唆しているように思われる．すなわち，市内と近郊の市場より，近隣都市とその周辺の市場が，さらには遠近各地の市場が，より多く消費したのではないか．織元の元帳であるこの史料には，市場についてのこれ以上の情報はない．

　さて，購入する毛織物の種類と等級は，フィレンツェ人と非フィレンツェ人との間に差があるだろうか．表10-3をみられたい．非フィレンツェ人が，いずれも相対的にではあるが，フランス風毛織物を多く，トリターナを少なく購入し，さらにどの種類においても，高級品を多く購入している．とはいえ，実質的にはほとんど差がない．では，大量購入者と少量購入者の間ではどうか．表10-1では，毛織物の種類や等級について，大量購入者には各人に固有の傾向があることが見て取れる．次に表10-4をみると，大量購入者は，ほかの人々とくらべて，相対的にサーイアを多く，ほかの二種類を少なく購入している．等級については，サーイアでは，10反以上の購入者は中級品を多く購入し，フランス風毛織物では，少量購入者が高級品を多く購入している．以上のことから，フィレンツェの大商人が支配する遠近各地の市場では，ほかの市場よりも，高級品の割合はむしろ少なかったのではないか．ただし，市場構造については，ほかの種類の史料による検証をまたなくてはならない．

おわりに

「リヌッチの帳簿」を分析して，次のことが判明した．この帳簿は，織元の元帳であり，少なくとも10種類の関連帳簿をもっていたが，いずれも現在の存否は不明であり，関連帳簿と連動して分析することはできない．この帳簿には，毛織物商人に販売した自社製造の毛織物について，独立した「販売毛織物勘定」のもとに詳細な記録がある．羊毛については，「貸方」および「借方」に記録があるが，その産地については，イギリス，フランス，ブルゴーニュという以上の具体的な地名の記述はなく，フランス羊毛とよばれるものの実態は明確でない．羊毛から毛織物が完成するまでの具体的な過程は，この史料には記録がないので，そ

の実態が不明である．したがって，どの種類のどの等級の羊毛が，どの種類のどの等級の毛織物の原料として使用されたのか，ということは解明できない．毛織物の販売相手は，兄弟ニッコロをのぞけば，毛織物を取り扱う商人が主体である．毛織物の販売についていえば，この織元の記録は，おそらく現存する商人の記録にはみられない局面をとらえている．すなわち，フィレンツェで織元から毛織物を直接購入する内外の商人の実態である．この帳簿に出現する近隣都市の商人，あるいはフィレンツェの小商人の作成した記録は，筆者の知る限りでは現存しないので，このような商人の活動についての貴重な証言となる．その反面，毛織物市場の具体的な構造については，この織元の記録は沈黙しており，ほかの史料に依存するしかない．

　リヌッチ社が購入した羊毛は，価格の高いほうからフランスのフィオレット羊毛，イギリスの長毛羊毛，イギリスとブルゴーニュの子羊羊毛であり，数量は長毛羊毛が圧倒的に多く，フィオレット羊毛は子羊羊毛よりも多かった．一方，再販した羊毛は，フランス羊毛の中級品，下級品が主体であり，その価格は，中級品でもほとんどが子羊羊毛よりも低価であった．フィオレット羊毛と長毛羊毛は，それぞれが一回ずつ再販されているが，販売相手はいずれも兄弟ニッコロである．したがって，購入羊毛と再販羊毛には，種類と価格に明確な差があった．フランス羊毛は，在庫が再販され，新たに購入されることがなくなった．リヌッチ社が製造した毛織物は，サーイア，トリターナ，フランス風毛織物の三種類である．夏物商品のサーイアは，おそらく季節的な増減を繰り返しながら，製造されつづけた．その生産量には減少傾向がみられるが，その動向を短期間の記録だけから断定するのは危険である．トリターナの製造は中止され，フランス風毛織物の生産が開始された．フランス風毛織物の製造は，ミスキアートから開始され，ミスキアートであれほかの種類であれ，高級品の比重が増加する傾向にあった．この毛織物製造における転換は，羊毛の購入における変化と符合している．フランス風毛織物の原料には，イギリス長毛羊毛と一部にフィオレット羊毛が使用され，トリターナには，フランス羊毛，とりわけその下級品が使用されていたと思われる．リヌッチ社から毛織物を（1反以上の単位で）購入した商人は，毛織物を輸出するフィレンツェの大商人，近隣地方の都市の商人，フィレンツェの各種商人の三種類である．市場として推定されるのは，遠近各地の中心市場，近隣地方の都市とその周辺，フィレンツェとその近郊である．リヌッチ社の製品で遠隔市場に輸出されるのは，むしろ高価なものではなかった．そこには，ヴィッラーニの記述が示唆するように，本物のフランス毛織物がまだ多く輸出されていたのだろうか．

フィレンツェにおけるイギリス羊毛の輸入，およびフランス風毛織物の生産は，羊毛および毛織物の国際市場の変化を前提として，はじめて実現したと思われる。フィレンツェの商人と織元は，この変化を利用して，イタリアなど地中海各地の市場で大きな需要のあるフランス毛織物を自国で模造しはじめた。ここに，フィレンツェ毛織物工業が，従来の多少とも地方的な性格を脱却し，国際的な性格をもつにいたった出発点がある[*48]。

　　後記　フランコ・サッケッティ著，杉浦明平訳『フィレンツェの人々』中巻，日本評論社，1949年，のなかの第159話に，次の小話がある（原題は，Il Trecentonovelle）。「リヌッチョ・ディ・ネルロのやくざ馬がフィレンツェで牝馬の尻を追駆けようとし手綱をとく。そのリヌッチョは，それを追いながら，いろいろな珍事を惹起して，ほとんどフィレンツェ人の大部分をして馬を追っかけさせる。」星野秀利氏より，この「沢山の馬」を飼う「古い家柄の名士」で「変物」のリヌッチョこそ，本章の主人公であるとのご教示をいただいた。

---

48) 14世紀初期にイギリス羊毛がフィレンツェに流入したことは，次によって指摘されていた（すでに森田鉄郎が紹介した）が，星野（14世紀フィレンツェの「工業化」既出，40頁以下）がいうように，そこには具体的な数量的裏付けがなかった。Staley, Edgcumbe, *The Guilds of Florence,* London, 1906, p. 156. Doren, Alfred, *Italienische Wirtschaftsgeschichte,* Jena, 1934, S. 500f.

第2章

イギリス羊毛のフィレンツェへの輸送

はじめに

　ジョヴァンニ・ヴィッラーニは，すでに第1部第1章でみたように，イギリス羊毛がフィレンツェに輸入されるようになり，それを原料とすることでフィレンツェ毛織物の品質が向上した，と『年代記』に記述した。また，フィレンツェの織元リヌッチの帳簿（1322-25年）は，この羊毛を原料とする「フランス風毛織物」が生産されはじめる，まさにその瞬間の様相を記録するものだった。一方，星野秀利は，各種の史料を駆使して，フィレンツェ毛織物の高級化，ならびに羊毛と毛織物の市場の変化を詳細に分析し，イギリス羊毛が，その高級化においてきわめて重要な役割をはたしたことを実証した[1]。

　しかし，フィレンツェに輸入されたイギリス羊毛については，まだ解明さるべき問題，すなわち輸送経費の問題が残されている。周知のように，ヴェルナー・ゾンバルトは，グスターフ・シュモーラーと並んで，かつてのわが国の経済史研

1）　星野秀利著，齊藤寛海訳『中世後期フィレンツェ毛織物工業史』名古屋大学出版会，1995年，第3章以下参照。
　なお，ロペツは，マグリブ［西地中海］羊毛は，イギリス羊毛と同じくらい良質であると指摘していた。Vedi, Lopez, Roberto Sabatino, *Studi sull'economia genovese nel Medio Evo*, Torino 1936, ristampa anastatica, Torino 1970, pp. 33-34. イギリス羊毛にせよ，マグリブ羊毛にせよ，それぞれの内部には幾つかの品質があるので，イギリス羊毛のすべてがどのマグリブ羊毛よりも良質だということではない。各地の羊毛の品質については，次の論文を参照。Van Houtte, Jan A., Production et circulation de la laine comme matière première du XIIIe au XVIIe siècle, in, Spallanzani, Marco, a cura di, *La lana come materia prima*, Firenze, 1974. Barbieri, Gino, La produzione delle lane italiane dell'età dei comuni al secolo XVIII, in, ibidem. Federigo, Melis, La lana della Spagna mediterranea e della Barbiera occidentale nei secoli XIV-XV, in, ibidem.

究におおきな影響をあたえた碩学である．そのゾンバルトの見解，すなわち中世の輸送経費は，交通手段の未発達，幾重にも賦課される諸税，などによってきわめて大きなものとなり，そのことが，商品，とりわけ原料や食料のような多少とも低価で重量のある商品の流通を阻害したという見解*2)は，この羊毛を原料の一部とするフィレンツェの毛織物の性格を考察するうえで，再検討すべき問題として残されているのである．

　イギリス羊毛のフィレンツェなど，イタリアへの輸送経費については，ゾンバルトとアルフレート・ドーレンが，14，15世紀にフィレンツェでペゴロッティやダ・ウッツァーノが編纂した「商業実務」，すなわち一種の商業百科事典の記述にもとづいて，具体的な数値をあげて考察した．その結果，両者とも，イギリスないしはフランドルにおけるイギリス羊毛の購入価格に対して，そこからフィレンツェまでの輸送経費はきわめて大きなものになった，という結論をえた．ドーレンは，フィレンツェ経済史の専門家であり，とりわけその毛織物工業史のかつての第一人者である．本章の目的は，両者が利用した史料を再検討して，両者のこの結論の正否を判断し，さらに両者が利用しなかった商社の会計記録を分析して，実際の輸送経費を検証し，その輸送経費について正確な認識をえることである．

第1節　史料の再検討，ゾンバルトおよびドーレン批判

1　ゾンバルトとドーレンの見解

ゾンバルトはいう*3)．「[ダ・]ウッツァーノ（118［-120］頁）がイギリス－フィレンツェ間の羊毛商業から取り上げている有名な実例では，風袋［包装素材］ぐるみで100ポンド［重量単位］の羊毛は，イギリスの産地での価格が10 1/2フィオリーノであり，正味200ポンド（風袋ぐるみでは300ポンドに相当する）の羊毛は，フィレンツェでは76-88フィオリーノで販売される．［ダ・］ウッツァーノが取り上げている別のもう一つの勘定（186-187頁）では，11バッラ（梱）のイギリス羊毛は，カレーでの購入の際には612フィオリーノであったが（すで

---

　2)　Sombart, Werner, *Der moderne Kapitalismus*, V. Auflage, Bd.1, München und Leizig, 1922, Bd. 1-Härfte 1, 18. Kapitel : Der Handel als Handwerk, S. 279 ff.（岡崎次郎訳『近世資本主義』第1巻第1冊，生活社，1942年，第18章「手工業としての商業」，409頁以下．）なお，ゾンバルトは，1308年に10万反の毛織物を生産したというヴィッラーニの記述を，ここで「空想的」なものとして一蹴している（S. 280-281. 岡崎訳，411-412頁）．

　3)　Sombart, a.a.O., Bd. 2- Härfte 2., S. 613.（岡崎訳，第1巻第2冊，878頁．）

に少なくとも50％の経費がかかった後である），ミラーノでの販売の際には1315 4/5フィオリーノした．」

ドーレンはいう[*4]．14世紀はじめ以降，ブリュージュ（ブルッヘ）は，西欧の南北商業における商品の大集散地として発展し，ヴェネツィア，ジェノヴァ，ピサの商船の目的地となった．イギリス商人は，そこを羊毛販売の指定市場（ステープル）とし，イタリア商人は，そこでイギリス羊毛を購入した[*5]．さて，「ペゴロッティによると，前者［ブリュージュにおけるイギリス羊毛の購入価格］は，1サッコすなわち2バッラ（約500フィレンツェ・リブラ，約364イギリス・ポンド）あたり，約1-7フィオリーノ．［ロンドンから］フランスのこの海岸［エグ・モルト］までの輸送経費は，合計で約9フィオリーノになり，購入価格の128-900％ということになる．そこからフィレンツェまで［の経費］については，さらにこの輸送経費の三分の一から半分を加算してみることにしよう．そうすると，購入地からフィレンツェまでの経路で，1バッラの羊毛は約2倍から12倍も高いものになる．この結論から二つのことがいえる．フィレンツェの［毛織物］工業にとり，最良かつ最高価格の種類の羊毛への投資は，きわめて利潤の多いものであったこと．また，フィレンツェの［毛織物］製品は，きわめて高く評価されたにちがいないこと．そのことにより，原料のこの巨大な価格上昇——フランドルや北西ドイツがイギリス羊毛に対して支払う価格と比較してみればよ

---

4) Doren, Alfred, *Die florentiner Wollentuchindustrie von vierzehnten zum sechzehnten Jahrhundert,* Stuttgart, 1901, S. 110-111.

5) ブリュージュは，14世紀前半に絶頂期をむかえたが，イギリス羊毛の大陸への一大輸入港であり，この時代には幾度もイギリスの羊毛輸出の指定市場（ステープル）となった．また，フィレンツェの商社は，ここに支店を開設し，その商業網における拠点の一つとした．Vedi, Van Houtte, Jan A., The Rise and Decline of the Market of Bruges, in, *Economic History Review,* 2nd Ser., 19-1, 1966.

また，14世紀前半は，イギリスがもっとも大量に羊毛を輸出した時代であった．Vedi, Ramsey, George D., The Merchants of the Staple and the Downfall of the English Wool Export Trade, in, Spallanzani, Marco, a cura di, *La lana come materia prima,* cit.

ちなみに，ヴェネツィアのガレー商船はイギリス羊毛を，ジェノヴァの帆船は地中海各地（イベリアなど）の羊毛を，多く輸送した．Vedi, Heers, Jacques, Il commercio nel Mediterraneo alla fine del sec. XIV e nei primi anni del XV, in, *Archivio Storico Italiano,* 1955-II, 1955, p. 179.

メリスは，「海運勢力」（potenza navale）と「海上勢力」（potenza marittima）について，次のようにいう．海運勢力とは，自己の船隊や港湾をもつ勢力であるが，海上勢力とは，それをもつことを不可欠の条件とはせず，自己の商業の手段として海運を事実上支配する勢力をいう．したがって，内陸都市でも海上勢力になることは可能であり，フィレンツェは一大海上勢力であった．Vedi, Melis, Federigo, (Dini, Bruno, a cura di), *Tracce di una storia economica di Firenze e della Toscana in generale del 1252 al 1550. Appunti raccolti alle lezioni del Prof. Federigo Melis* 2a ed., Firenze, anno accademico 1966-67, pp. 143-148.

い——にもかかわらず，あらゆる世界市場で競争に打ち勝つことができたのである。」

両者の見解にしたがえば，フィレンツェでイギリス羊毛から生産された毛織物は，当初からきわめて高価なものだったということになる．しかし，星野が実証したところでは，14世紀前半には，イギリス羊毛を原料とするフィレンツェ毛織物は，フランドル・ブラバント毛織物の一級品ではなく，二級品に相当する価格でしかない*6)．イギリス羊毛の輸送経費は，はたしてこの両者のいうように巨額なものだったのだろうか．

2　ペゴロッティ『商業実務』の再検討，ドーレン批判

ドーレンが利用したペゴロッティ編纂の『商業実務』（1340年頃）*7)は，ゾンバルトが利用したダ・ウッツァーノ編纂の『商業実務』（1442年）*8)よりも記述内容が明確だから，再検討はこの史料からはじめる．

ペゴロッティの商業実務には次の記述がある．(1) イギリスの貨幣とフィレンツェの貨幣との為替相場．(2) フランドルにおけるイギリス羊毛の販売価格．この価格はイギリスの貨幣単位で表示されている*9)．(3) イギリス羊毛をロンドン

---

6)　星野，前掲書，68頁．

7)　Pegolotti, Francesco Balducci, La pratica della mercatura, in, Pagnini Del Ventura, Gio-[vanni] Francesco, a cura di, *Della decima e di varie altre gravezze imposte dal comune di Firenze,* Tomo 3, Lisbona e Lucca [Pisa], 1766, ristampa anastatica, Bologna, 1967 [volume 2, tomo 3]．ドーレンはこの版を使用したが，その後厳密な史料批判をへた次の版が刊行されたので，筆者は旧版は参照するにとどめて，この新版にもとづいて考察する．以下，引用頁は新版のもの．Pegolotti, Francesco Balducci, Evans, Allan, ed. by, *La pratica della mercatura,* Cambridge Massachusetts, 1936, reprint, New York, 1970. なお，この版を刊行したエヴァンズは，史料にイタリア語で表記されているイギリスの修道院などの名称を比定し，その英語名称を巻末に記載しているので，比定してあるものについてはこれにしたがい，していないものについては史料の表記にしたがう．

8)　Da Uzzano, Giovanni di Antonio, La pratica della mercatura, in, Pagnini Del Ventura, Gio[vanni] Francesco, a cura di, *Della decima e di varie altre gravezze imposte dal comune di Firenze,* Tomo 4, Lisbona e Lucca [Pisa], 1766, ristampa anastatica, Bologna, 1967 [volume 2, tomo 4].

9)　なお，「フランドルのブリュージュ」の章に次の記述がある（Pegolotti, p.237)．「羊毛はサッコ単位で販売され，……1サッコあたりの価格が何マークというようにして販売されるが，1マークは13S・4D［＝160D］である．」したがって，これはイギリスのマーク・スターリングであり，フランドルのマーク・スターリング（マール・エステルラン）ではない．ちなみに，フランドルのマーク・スターリングは，フランドルのポンド・スターリングの二分の一の価値［＝120D］をもつ（Spufford, Peter, *Handbook of Medieval Exchange,* London, 1986, p. 213)．また，この章にはロンドンとブリュージュの単位の相互関係がある（pp. 244-245) が，この箇所に両都市の貨

第2章　イギリス羊毛のフィレンツェへの輸送　　　43

からリヴルヌ，モンペリエを経由してエグ・モルトまで輸送するのに要する輸送経費．この経費はフィレンツェの貨幣単位で表示されている．順を追って検討していこう．

　(1) この『商業実務』の「フィレンツェ」の章には，1フィオリーノ（実体貨幣）＝29ソルド［＝348デナロ・］ア・フィオリーニ（計算貨幣）という記述につづいて，両国貨幣の為替相場表がある[10]．マーク・スターリング相場が最高の場合は1マーク・スターリング＝7リブラ・7 2/11デナロ・ア・フィオリーニ，最低の場合は1マーク・スターリング＝5リブラ・10ソルド・7 7/8デナロ・ア・フィオリーニ．したがって，1マーク・スターリング＝約4.8-約3.8フィオリーノ．

　(2) 「イギリス」の章には，イギリスの各修道院が一年間に産出する羊毛の数量と，その等級別の1サッコ（袋）あたりの価格がある[11]．ただし，このマーク［・スターリング］で表示された価格はフランドルでの価格であり，イギリスでの価格はこれよりも安いという註釈がその末尾にある．ドーレンによれば，最低価格は4マーク，最高価格は28マーク（彼は「イスタンフェルトロ」(Istanfeltro) 女子修道院の最上級羊毛の価格30マークを見落としている）．ドーレンは，マークで表示されたこの羊毛価格を，上記の為替相場表によって換算し，約1-7フィオリーノであるとした．しかし，これは致命的なあやまりである．上記の為替相場表にもとづけば，4マークは15.2-19.2フィオリーノ，28マークは106.4-134.4フィオリーノとなる．マーク価格をフィオリーノ価格に換算するには，マーク価格の数値に3.8-4.8を掛けるべきところを，ドーレンは反対にその数値で割ったのである[12]．その結果，羊毛価格は実際の価格の7％以下に評価されてしまった．

　(3) 「ロンドン」の章には，ロンドンからエグ・モルトまでの，羊毛の輸送経費がある[13]．経費は羊毛1サッコあたりのものであるが，1サッコ（袋）は2バッラ（梱）であり，この2バッラは1カリカ（積荷），すなわちラバによる1ソマ（獣荷）になるという解説がある．ロンドンからの用船は，フランスのジロン

幣単位の相互関係の記述はない．これは，羊毛価格がイギリスのマーク・スターリングで表示されていることの傍証となる．
　10)　Pegolotti, op. cit., pp. 202-203.
　11)　Pegolotti, op. cit., pp. 258-269.
　12)　ドーレンのこの錯誤は，すでに次が指摘している．Shaube, Adolf, Die Wollausfuhr Englands vom Jahre 1273, in, *Vierteljahrshrift für Sozial- und Wirtshaftsgeschichte,* Bd. 6, 1903, S. 176.
　13)　Pegolotti, op. cit., pp. 257-258.

ド川を河口からリブルヌまで遡上し，そこで陸揚げされた羊毛は，モンペリエ経由の陸路で地中海のエグ・モルトまで輸送され，そこでガレー商船に積み込まれた．ロンドンからエグ・モルトで船積みするまでの輸送経費は，17の費目からなるが，「1ソマあたり合計で約9フィオリーノという計算になる」．それぞれの費目の金額は，「ロンドンからガスコーニュのリヴルヌまでの用船料金」，「水先案内料金」，「関税」，などがバッラないしソマ（カリカ）ごとの具体的な数値で記録されている．エグ・モルトからフィレンツェまでの輸送経費の記述はないので，それをドーレンにしたがって，ロンドンからエグ・モルトまでの経費の三分の一から半分と見積もって計算すると，ロンドンからフィレンツェまでの経費は12-13.5フィオリーノとなる．

ここで注意しておくべきことは，この記録は，ロンドンからエグ・モルトまでの一連の輸送経費が連続しているにもかかわらず，そこからフィレンツェまでのそれがないことから判断して，エグ・モルトまでの羊毛輸送を記録したなんらかの経営文書，具体的にいえば商業書簡，輸送明細書，などから転写された可能性がきわめて高い*14)，と思われることである．

さて，ブリュージュでの羊毛価格は，最低が4マーク，最高が30マークである．最高は最低のじつに7.5倍であり，値幅がきわめて大きい．イギリスの修道院の羊毛は，ほとんどの場合，上中下の三等級に分類されている．1サッコあたりの平均価格を算出すると，上級品は18.5，中級品は10.9，下級品は8.8マーク．ただし，サーム（Tamo）修道院の羊毛は，上級品が27，中級品が17マークであり，下級品が欠如しているのに対し，レトリー（Letteleccia）修道院は，上級品が12，中級品が7 1/2，下級品が5マークであるように，等級分類は修道院ごとの相対的な基準にもとづいている．上級品の価格は最高で30，最低で10マークであり，値幅がおおきいので，上級品の品質はその内部でさらに細分されていたと思われる．ちなみに，中級品の値幅は17-7，下級品は10 1/2-4マーク．

上記の為替相場表によれば，マーク・スターリングの平均相場は，1マーク・スターリング＝4.3フィオリーノ．羊毛の1サッコあたりの価格は，この平均相場で換算すれば129-17.2（平均73.1）フィオリーノ．ロンドンからフィレンツェまでの輸送経費は，上記の見積もりにもとづいて，13フィオリーノとしてみよう．羊毛の購入価格を100とすると，輸送経費は約10.1-75.6（平均42.8）となる．

ドーレンによると，羊毛の販売価格は購入価格の約2倍から12倍になるので，

---

14) 商業（一般）書簡や，輸送明細書などの特殊書簡については次を参照．齊藤寛海「中世フィレンツェ経済史史料」『信州大学教育学部紀要』第67号，1989年，65-66頁．

羊毛購入価格を100とすると，輸送経費は約100から1,100になるということになる．彼は，貨幣についての錯誤により，輸送経費をじつに2.3-25.7倍にも水増ししてしまった．

3 ダ・ウッツァーノ『商業実務』の再検討，ゾンバルト批判（その1）

この商業実務は，ゾンバルトが利用した史料批判をへていない1766年の刊本があるだけで，その記述内容には，ドーレンも指摘する*[15]ように曖昧な箇所がある．さて，「第21章・ロンドン」*[16]には，羊毛と毛織物の取引が記述されているが，その冒頭にはこうある．「ロンドンではフランス羊毛（lane Franciesche）［とフィレンツェなどでよばれたイギリス羊毛］が購入されるが，それにはいろいろな種類がある．……それらについて，どのように購入され，どのように経費がかかるかを説明するために，次にコッツウォルド羊毛の勘定を例示する．［羊毛の］種類により価格は変化するが，その変化は小さなものでしかない．」

羊毛輸送の具体的な勘定について，この章の前半に次の記述がある．(1) コッツウォルド地方の「サリセストリ修道院」（Badia di Sarisestri）における羊毛の購入価格．(2) 羊毛をこの修道院からサウサンプトンまで陸上輸送し，さらにそこで船積みするまでの輸送経費．(3)［ロンドンで購入されたコッツウォルド産出の］羊毛をロンドンからリヴォルノ，ピサを経由してフィレンツェまで輸送するのに要する経費．(4)［このロンドンで購入された］羊毛のフィレンツェでの販売価格．順を追って検討していこう．

(1)「サリセストリ修道院」産出のコッツウォルド羊毛24バッラ（梱）は，その価格が二つのかたちで記述されている．1サッコ（袋）あたりの価格は14マーク［・スターリング］．24バッラの価格は113ポンド・13シリング・4ペンス．この箇所には，この修道院の修道士たちに支払った心付けについての記述があるので，この羊毛価格は，あきらかに修道院での購入価格だと思われる．この箇所には各種単位の相互関係についての記述があるので，それにもとづいて計算すれば，羊毛100フィレンツェ・リブラ（重量単位，以下リブラと略記）あたりの価格は，約15.6-15.9フィオリーノ．ちなみに，その算出過程をしめせば次のようになる．

① 1サッコ＝14マーク．1サッコ＝2バッラ．したがって，24バッラ＝168

---

15) Doren, a.a.O., S. 111.
16) Da Uzzano, op. cit., pp. 118-124. この章の前半（p. 120まで）は羊毛，後半は毛織物について記述している．なお，後半に，毛織物の輸送に関する「サウサンプトンからポルト・ピサーノまでの用船料金」の費目があるが，その金額欄は空白になっている（p. 122）．

マーク．為替相場の平均は1マーク＝（160ペンス＝）6 1/4フィオリーノ．したがって，24バッラ＝1,050フィオリーノ．また，1サッコ＝87.5フィオリーノ．

② 24バッラ＝113ポンド・13シリング・4ペンス［＝27,280ペンス＝170.5マーク］．平均為替相場では170.5マーク＝約1,066フィオリーノ．したがって，24バッラ＝約1,066フィオリーノ．①の1,050フィオリーノとの差額がなぜ生じるのかは不明．

③ 結局，24バッラの羊毛価格は，1,050-1,066フィオリーノ．それを1サッコ（＝2バッラ）あたりの価格に換算すれば，87.5-88.8フィオリーノ．ちなみに，ペゴロッティによれば，上級品の1サッコあたりの価格は，10-30（平均20）マーク，すなわちその平均価格は，86フィオリーノ．したがって，ペゴロッティの基準がほぼ1世紀後のダ・ウッツァーノの記述にも有効だと仮定すれば，この羊毛は上級品ということになる．

④ 1サッコ＝60キオーヴォ（重量単位）．1キオーヴォ＝7ロンドン・ポンド（重量単位）．1ロンドン・ポンド＝1リブラ・4オンチァ［＝1 1/3リブラ］．したがって，24バッラ＝12サッコ＝［12×60×7×1 1/3＝］6,720リブラ．

⑤ 結局，6,720リブラ＝1,050-1,066フィオリーノ．したがって，100リブラあたりの羊毛価格は，15.6-15.9（平均15.75）フィオリーノ．

（2）この［24バッラの］羊毛を荷車でサウサンプトンまで輸送し，そこで帆船に積み込むまでに要した輸送経費の合計は，56ポンド・19シリング．したがって，羊毛の修道院での購入価格を100とすると，サウサンプトンまでの輸送経費はじつに50.1-50.8ということになる．この輸送経費のうち，サウサンプトンまでの荷車料金は，3ポンド・10シリング（6.1%）でしかなく，「国王関税」（costuma del Re）が40ポンド・6シリング・2ペンス（70.1%）をしめていた．したがって，国王から免税ないし減税特権をえることができると，輸送経費はずいぶん軽減されることになる．かりにこれが免税になると，購入価格の100に対して，輸送経費は約15となる．また，テームズ川やその支流によってロンドンまで河川輸送すれば，海港までの輸送経費はさらに軽減しえたものと思われる．

ちなみに，ジョヴァンニ・ヴィッラーニによれば，フィレンツェのバルディ商社とペルッツィ商社は，御用商人としてイギリス（イングランド）国王の収入を取り扱っていたが，両社が1338年頃に国王に対してもった各種の債権は，合計で「一つの王国［の財政収入］に相当する」（che valea uno reame）136万5千フィオリーノであった[17]．また，この年代記作者によれば，1346年（現行暦），

---

17) Villani, G., *Cronica*, XI-88.

第 2 章　イギリス羊毛のフィレンツェへの輸送　　　　　　　　　　　　47

「イタリア最大の」バルディ商社は，イギリス国王とシチリア国王が債務の支払停止をしたことによって倒産したが，イギリス国王に対しては，貸付金，謝礼金，国王から約束された贈り物を合計すると，90万フィオリーノもの債権をもっていたし，同じ運命をたどったペルッツィ商社は，イギリス国王に対して，60万フィオリーノの債権をもっていた[18]。アルマンド・サポーリは，年代記のこの数字についてイギリスの公式記録，すなわち「封緘特許状記録集」と「開封特許状記録集」を調査し，バルディ商社の債権について次の結論をえた[19]。公式記録では，国王の「明白な」債務［貸付金］は，1346年3月10日付の国王による一種の債務証書に記録された23,082ポンド・3シリング・10 1/2ペンス，換算すると約138,492フィオリーノ。とはいえ，バルディ商社は，各種の手数料や，約束された贈り物［利子など］をも債権として計上しており，イギリスの公式記録にみられるこの種の債権を上記の「明白な」債権に加えると，合計で約534,492フィオリーノ。この金額には，個々のバルディ社員への約束などは含まれていない。したがって，これをも計上した「債権」の総額は，約53万5千から90万フィオリーノの間となるだろう。当時，フィレンツェの本店は，外国支店の営業会計を正確に把握していなかった[20]ので，ヴィッラーニの年代記のこの数字に正確さが幾分か不足したとしても，納得がいく。さて，このサポーリの研究によれば，フィレンツェ商社は，債権への対価の一部として，羊毛輸出における国王関税などの徴収権をもっていた[21]。換言すれば，各種の賦課に対して，事実上の免税ないし減税特権をもっていたのである。

　さて，帆船に積み込むまえに，羊毛の荷造りをサッコ（袋）から「ポッカ」（荷, poccha, pocca）［一般には「パッコ」(paccho, pacco) という[22]］に組み直している。1サッコの羊毛は2ポッカに荷造りされる。したがって，1ポッカ（パッコ）＝1バッラ。［購入した］24ポッカのうち，3ポッカは中級品［残り

---

18)　Ibidem, XII-55.

19)　Sapori, Armando, *La crisi delle compagnie mercantili dei Bardi e dei Peruzzi*, Firenze, 1926, pp. 73sgg. サポーリのこの結論の概略については，次が要約している。齊藤寛海「中世イタリア社会経済史史料としての年代記－ジョヴァンニ・ヴィッラーニの『年代記』の中の統計的データの信憑性についての考察－」『信州大学教育学部紀要』第32号，1974年，47-48頁。この論文には誤記が多く，それをここで訂正しておく。42頁，120,000（誤），1,200,000（正）。44頁，80,0000（誤），80,000（正）。48頁，XII-94（誤），XI-94（正）。同頁，35,173金フィオリーニ（誤），35,173 lb. a fiorini（正）。同頁，33金フィオリーニ（誤），22.6金フィオリーニ（正）。

20)　Sapori, Armando, L'attendibilità di alcune testimonianze cronistiche dell'economia medievale, in, idem, *Studi di Storia Economica*, vol. 1, Firenze, 1955, p. 31.

21)　Sapori, *La crisi delle compagnie mercantili dei Bardi e dei Peruzzi*, cit., pp. 48sgg.

22)　Edler, *Glossary*, cit., term "pocca".

は上級品］．（なお，サウサンプトンからロンドンまでの輸送経費については，まったく記述がない．）

（3）ロンドンからフィレンツェまでの輸送経費については，費目ごとの経費があるだけで，その合計金額の記述はない．しかも，注目すべきことに，経費は，三種類の単位（後述）あたりの羊毛に対する経費があげられているだけで，(1)(2)とはちがい，24ポッカ（バッラ）という数量の羊毛に対する経費についての記述はない．費目ごとの経費は次のとおりである．貨幣単位は，F（フィオリーノ）と，S（ソルド）・D（デナロ）であるが，S・Dには「ピッチョロ」という表示がある場合と，ない場合とがある．以下，この表示がある場合には，S・D／P（＝ピッチョロ）として表示する．

① ロンドンからピサ［実際はリヴォルノ］までの用船費用，1ポッカあたり，2 1/2 F．
② 水先案内料金，1ポッカあたり，1/8 F．
③ リヴォルノでの荷下ろし，倉庫保管料金，1ポッカあたり，13 S／P．
④ リヴォルノからピサまでの荷車輸送料金，1ポッカあたり，11 S／P．
⑤ ピサでの荷下ろし，倉庫保管料金，1ポッカあたり，8 D／P．
⑥ ピサの「ガベッラ」（搬入税），100リブラあたり，25 S．
　　［＝1ポッカあたり，70 S］．
⑦ ［ピサ税関から］ピサ市内への荷運び料金，［単位は欠如］，5 S・6 D／P．
⑧ ピサからの「リトラッタ」（搬出税），1ポッカあたり，12 D．
⑨ リヴォルノ税関での特別付加金，1ポッカあたり，2 S・2 D．
⑩ ピサでの荷受け手数料，1ポッカあたり，10 S／P．
⑪ ［ピサから］フィレンツェまでの荷馬車輸送料金，100リブラあたり，15 S／P．
　　［＝1ポッカあたり，42 S／P］．
⑫ フィレンツェの「ガベッラ」（搬入税），100リブラあたり，1 1/2 F．
　　［＝1ポッカあたり，4 1/5 F］．
⑬ 計量・仲介手数料金，1バッラ［ママ］あたり，20 S．
⑭ フィレンツェでの荷受け手数料，［羊毛の］価格の2％．
　　［＝1ポッカあたり，0.882 F］．
⑮ ロンドンからピサまでの海上保険掛金，通常は船荷価格の12-15［平均13.5］％．
　　［＝1ポッカあたり，平均で5.966 F］．

第2章　イギリス羊毛のフィレンツェへの輸送　　　　49

　ここにみられるのは，ロンドンを出港してからフィレンツェで荷受けするまでの輸送経費である．費目ごとの経費は，⑥⑪⑫が100リブラ（重量単位）あたり，⑭⑮が羊毛価格あたりであるほかは，1ポッカ（パッコ）あたりである．⑦については，単位が欠如しているが，前後の記述から，1ポッカあたりだと推定しうる．ちなみに，上記(1)の④から，24バッラ＝［24ポッカ＝］6,720リブラ．したがって，1ポッカ＝280リブラ，100リブラ＝0.357ポッカ．貨幣単位は，①②⑫がフィオリーノ（実体貨幣），⑥⑧⑨⑬がＳ・Ｄ，ほかはＳ・Ｄ／Ｐである．Ｓ・ＤにＰ（ピッチョロ，実体貨幣）という表示がない費目は，税や，公権力が規制する計量・仲介手数料金である．その貨幣単位は，種類が明示されていないが，⑫にあるフィレンツェの「ガベッラ」（搬入税）の貨幣単位がフィオリーノであることから，このフィオリーノにもとづくデナロ・ア・フィオリーニ（計算貨幣）だと推定しうる*23)．

　さて，少々煩雑ではあるが，羊毛1ポッカあたりの，この輸送経費の合計を試算してみよう．まず，100リブラあたりの経費を1ポッカあたりの経費に換算する．⑥100リブラ＝［0.357ポッカ＝］25Ｓ．したがって，1ポッカ＝［25÷0.357＝］70Ｓ．⑪100リブラ＝15Ｓ／Ｐ．したがって，1ポッカ＝42Ｓ／Ｐ．⑫100リブラ＝1 1/2Ｆ．したがって，1ポッカ＝4 1/5Ｆ．さて，(1)の⑤によれば，100リブラあたりの羊毛価格は15.6-15.9（平均15.75）フィオリーノであった．とりあえず，この平均価格にもとづいて次を試算しよう．⑭100リブラ＝［15.75×0.02＝］0.315フィオリーノ．したがって，1ポッカ＝0.882フィオリーノ．⑮海上保険掛金は12-15（平均13.5）％であり，平均値で試算しよう．100リブラ＝［15.75×0.135＝］2.13フィオリーノ．したがって，1ポッカ＝5.966フィオリーノ．これですべての費目が，1ポッカあたりのものになった．

　ついで，貨幣単位をフィオリーノに統一する．(A)①②⑫⑭⑮の合計は13.673フィオリーノ．(B)⑥⑧⑨⑬の合計は48Ｓ・2Ｄ・ア・フィオリーニ，換算すると1.661フィオリーノ．(C)③④⑤⑦⑩⑪の合計は82Ｓ・2Ｄ・ディ・ピッチョリ．この史料には，ピッチョロとフィオリーノとの為替相場はない．しかし，ピーター・スパッフォードが収集したデータによれば，この史料の作成された一五世紀前半には，1フィオリーノ＝約80Ｓ・ディ・ピッチョリ前後の水準を維持していた*24)．この数値で試算してみよう．82Ｓ・2Ｄ・ディ・ピッチョリ＝1.027フィオリーノ．したがって，(A)(B)(C)の合計は16.36フィオリーノとな

---

23) 計算貨幣デナロ・ア・フィオリーニについては，第1部第1章参照．
24) Spufford, *Handbook of Medieval Exchange,* cit., pp. 20-23.

る。この金額が、ロンドンから海上輸送された1ポッカ（バッラ）の羊毛をフィレンツェで荷受けするまでに要した、輸送経費の総額ということになる。羊毛価格は、(1)の⑤によれば、100リブラ＝15.75フィオリーノ（平均）。したがって、1ポッカ＝44.12フィオリーノ（1サッコ＝88.2フィオリーノ）。結局、この試算では、羊毛のイギリスでの購入価格を100とすれば、輸送経費は（16.361÷44.12×100≒）37.1ということになる。

さて、ここであらためて、章の冒頭に、コッツウォルド羊毛がロンドンで購入される、とあることに注目したい。この項目(3)にある羊毛は、次の理由により、ロンドンで購入されたコッツウォルド羊毛であり、(1)と(2)の羊毛、すなわち産地コッツウォルドで購入され、サウサンプトンまで輸送された羊毛とは別物である[*25]。というのは、コッツウォルド、サウサンプトン、ロンドンという三地点の正三角形類似の位地関係を考慮すると、羊毛をコッツウォルドからサウサンプトンへ輸送し、それをサウサンプトンからロンドンまで海上輸送し、ロンドンからリヴォルノまで海上輸送することは、まったく理解しがたい。もちろん、ロンドンで購入した羊毛を、サウサンプトンまで陸上輸送し、さらにロンドンまで海上輸送によって送り返して、あらためてロンドンからリヴォルノまで海上輸送することは、まったくありえない。おそらく、コッツウォルド羊毛という共通性により、この史料の編纂者ダ・ウッツァーノか、その刊行者パニーニのいずれかが、両者を識別しないままに連続して記述したのである。

(4) 上記のロンドンからピサまでの羊毛の海上保険掛金につづいて、「上記の羊毛」のフィレンツェでの販売についての記述がある。したがって、この項目にある羊毛は、ロンドンで購入されたコッツウォルド羊毛だと思われる。それを裏書きするように、(3)と同様に、ここでも24バッラという羊毛の数量についての記述はない。さて、その羊毛価格は、一年後の後払い価格で、100［リブラ、重量単位］あたり50-40リラ（＝リブラ、貨幣単位のリブラはリラともよばれる）・ア・フィオリーニ。ただし、この種類の羊毛でも中級品は、それより四分の一ほど安価になり、［100リブラあたり］35-30リラ［・ア・フィオリーニ］とある。したがって、換算すれば、100リブラあたり、上級品は34.5-27.6フィオリーノ、中級品は24.1-20.7フィオリーノ。ちなみに、1ポッカ（＝バッラ）あたりでは、それぞれ、96.3-77.3フィオリーノ、67.5-58.0フィオリーノ。サッコあたりでは、192.6-154.6フィオリーノ、135.0-116.0フィオリーノとなる。

このように、史料では、産地のコッツウォルドで購入された羊毛は、その購入

---

25) ドーレンはこの両者が別物であることを認識していない。Vedi, Doren, a.a.O., S. 111.

第2章　イギリス羊毛のフィレンツェへの輸送　　　　　　　　51

価格(1)と，サウサンプトンまでの輸送経費(2)はあるが，そこからフィレンツェまでの輸送経費も，フィレンツェでの販売価格もない．一方，ロンドンで購入されたコッツウォルド羊毛は，フィレンツェまでの輸送経費(3)と，フィレンツェでの販売価格(4)はあるが，その購入価格がない．この二つの羊毛が同一の品質のものか，また同一の時期ないし市況で購入されたものか，否かはまったく不明である．したがって，前者の購入価格と後者の販売価格とを比較してみても，輸送経費については，ごくおおまかな見当をつけてみるだけの意味しかない．ちなみに，(1)と(2)は，羊毛の具体的な数量があることから，あきらかに経営文書からの転写であり，(3)と(4)は，ロンドンからフィレンツェまでの一連の輸送経費が連続してあることから，やはり経営文書を資料としている，と思われる．

　ともあれ，100リブラあたりで，前者の購入価格は15.6-15.9（平均15.8）フィオリーノ，後者の販売価格は中級品が20.7-24.1（平均22.4），上級品が27.6-34.5（平均31.1）フィオリーノ．それぞれの平均価格にもとづいて試算すれば，中級品の販売価格は購入価格の141.8％，上級品では196.8％となる．この販売価格には，輸送経費以外に，販売利潤と，1年後の後払いであることによって生じるその利子分とが含まれているはずだから，産地での羊毛の購入価格を100とすれば，フィレンツェまでの輸送経費は，41.8-96.8から販売利潤とその利子分を差し引いた残りということになる．この残りがどのくらいの数値になるか不明であるが，上記(3)で筆者が試算した輸送経費の37.1という数値は，ある程度の蓋然性をもつ，と思われる．

　さて，ゾンバルトによれば，購入価格は，風袋ぐるみ100ポンドで10 1/2フィオリーノ．販売価格は，正味200ポンド，風袋ぐるみ300ポンドで，76-88フィオリーノということであるから，正味100ポンドでは38-44（平均41），風袋ぐるみ100ポンドでは25.3-29.3（平均27.3）フィオリーノとなる．この史料操作は杜撰であり，このような数値を算出した根拠は不明である．ともあれ，ゾンバルトの誘導にしたがい，この購入価格と販売価格との差額を輸送経費として試算してみよう．購入価格が風袋ぐるみの価格であるから，販売価格も風袋ぐるみの価格をとるのが妥当である．風袋ぐるみ100ポンドの価格を，平均価格にもとづいて計算すれば，販売価格は購入価格の［27.3÷10 1/2×100＝］260.0％となる．

　結局，購入価格を100とすると，輸送経費は，ゾンバルトが160.0と示唆したにもかかわらず，史料を批判的に検討すれば37.1に近い数値となるだろう．ゾンバルトは，輸送経費を4.3倍にも水増ししたことになる．

52　第1部　フィレンツェの毛織物工業

4　ダ・ウッツァーノ『商業実務』の再検討，ゾンバルト批判（その2）

　ゾンバルトは，同一史料の「第72章，ブリュージュ」[*26)]をも検討している．そこでは，イギリス羊毛について，(1)カレーでの購入価格，(2)カレーからブリュージュ，スリュイス，メヘレンを経由してミラーノまで輸送し，そこで販売するまでに要した経費，(3)ミラーノでの販売価格，の三つのデータが記述されている．順を追って，要点のみを検討する．ちなみに，(1)(2)(3)とも，その内容から判断して，経営文書にもとづいたものと思われる．

　(1)「1417年4月［日付欠如］日にカレーで購入された4「スカルペッリエーラ」［イギリスの計量単位］の羊毛，すなわちマーチ（Marcia）［ケンブリッジシャー］の羊毛は，カレーで10サッコと18ポンド［＝1/5サッコ］と計量された．1サッコは90「ポンド」［重量単位］．1サッコあたりの価格は［数値欠如］マーク［・スターリング］．［羊毛全体の価格は］合計で102マーク[*27)]．」(Scalpelliere 4 di lana comperate a Chalese, cioè lana di Marcia a dì... Aprile 1417, pesorono in Calese sacca 10 libb. 18 libbre 90 sacco per marchi sacco monta ... lir. 102.) なお，sacca は sacco の複数形．

　さて，為替相場の平均は，すでに「第21章・ロンドン」でみたように，1マーク=（160ペンス=）6 1/4フィオリーノ．したがって，この羊毛全体の価格は，(102×6 1/4=) 637.5フィオリーノ（ゾンバルトは，これを［102×6=］612フィオリーノとしている）．このことから，数値が欠如している羊毛1サッコあたりの価格は，(637.5÷10 1/5=) 62.5フィオリーノとなるはずである．

　(2) 経費についての記述は次のようである．どの費目も上記の羊毛全体，すなわち10 1/5サッコについての価格である[*28)]．

　　① ［羊毛のカレーにおける］保管料金，8 S．
　　② カレーの関税，6 S・9 D．
　　③ 運搬と荷降ろしの料金，2 S．
　　④ カレーからブリュージュまでの船と荷車による輸送料金，2 L・4 S．
　　⑤ 「押印」(Marcho [= Marchio]) の料金［搬入税か，押印の意味が筆者には不明］，8 S．
　　⑥ 麻布［包装用］，羊毛11荷口（サッコ）分，1 L・18 S．

---

26)　Da Uzzano, op. cit., pp. 186-187.
27)　カレーは当時イギリス領土だから，これはイギリスのマーク・スターリング．
28)　たとえば，①「［羊毛のカレーにおける］保管料金」の記述は次のとおり．「保管料金はスカリペッリエーラあたり2 S……［したがって，上記の4スカルペッリエーラでは］8 S」(Per curataggio a soldi 2 per scarpelliera ... lir.-- 8 --)

第2章　イギリス羊毛のフィレンツェへの輸送　　　　　　　　　　53

⑦　荷覆い用に輸送業者に与えた麻布，4S．
⑧　［荷車の荷台の］支柱に［羊毛保護のために］あてる毛付き皮革，1L・13S・4D．
⑨　ブルゴーニュ公の関税など，合計三つの関税，1L・4S．［ここに1バッラ＝2サッコという記述があるが，通常は1サッコ＝2バッラ．］
⑩　スリュイス（Schiuse）まで輸送するための諸経費，1L・2S．
⑪　メヘレンまでの輸送経費，16S・6D．
⑫　［メヘレンから］ミラーノまでの輸送経費．1荷口あたり13［ライン・］フィオリーノ［＝グルデン］だから，［11荷口の合計で，13×11＝］143ライン・フィオリーノ（fiorino di R.o）*29)．1ライン・フィオリーノは34グロートだから，［143ライン・フィオリーノ（グルデン）は，143×34＝4862D＝］20L・5S・2D・フランドル・グロート（grosso di Fiandra）*30)となる．これをスターリングに換算すると，「4％として」(a 4 per cento)［為替相場は規定どおりではなくいずれかに4％の打歩をつけて，ということだろうか，筆者には不明］，18L・4S・8D．（この項目の原文は次のとおり．Per conduttura fino a Milano fiorini 13, diremo il sacco sono fiorini 143 di R.o［＝Reno］a grossi 34 l'uno vagliono lire 20.5.2. grosso di Fiandra vagliono di sterlini a 4 per cento ... lir.18.4.8.）
⑬　［カレーでの羊毛購入価格と，上記経費との合計は，］129L・17S・5D・［マーク・］スターリング［①から⑫までの諸経費の小計を算出すると，30L・11S・3Dマーク・スターリング．したがって，正確な合計は，132L・11S・3D・マーク・スターリング］．（この箇所の原文は次のとおり．Lire 129. 17. 5. di sterlini dec. 830. 最後にある dec. 830 が

---

29) fiorino di Reno，すなわちライン・フィオリーノないし「ライン・グルデン」（Rheinguldenン）については次を参照．Martinori, Edoardo, *La moneta. Vocabolario generale*, Roma, 1977, voce "Fiorino del Reno". Spufford, *Handbook of Medieval Exchange*, cit., p. 240. ライン・グルデンは，ラインラントの大諸侯たちが1348年以降共同で発行した金貨であり，最初はフィレンツェのフィオリーノ金貨と同一の品位と重量をもったが，その後品位と重量が悪化した．ラインラントのみならず，ドイツの南部と北部およびネーデルラントでも流通し，これらの地域では計算貨幣［価値基準となる観念貨幣］の役割をもった．

30) grosso di Fiandra，すなわちフランドル・グロートについては次を参照．Bernocchi, *La moneta. Vocabolario generale*, cit., voce "grosso". Spufford, *Handbook of Medieval Exchange*, cit., p. 215. フランドル・グロートは，フランドル伯によって発行された大型銀貨であり，その（フィレンツェの）フィオリーノとの為替相場は，時代とともに低下した．

⑭ ミラーノで生じた販売までの勘定については，次のような記述がある．「羊毛は11バッラ［サッコではない］，そのうち10バッラは上級品，1バッラは中級品［上級品として計上されたものが，ということだろうか］．中級品であることによって生じる損害を40デナロと算定する．さらにミラーノで販売までにかかった経費は全部で90デナロ．合計で960リラ［＝リブラ］．（この原文は次のとおり．Furono balle 11, cioè 10 di buona lana, e uno di Mojana, mettiamo per danno della mojana denari 40, e per spese fatte in Milano fino vendute denari 90 in tutto ... lir. 960. --. --.)

この⑭の記述にも問題がある．まず，羊毛の数量が10 1/5サッコから，ここでは11バッラへと変化していること．⑨の記述が示唆するように，サッコとバッラが混同されていると解釈し，しかもバッラが荷口を意味すると解釈すれば，一応は理解できる．つぎに，羊毛の品質が，(1)では一種類だった（「1サッコあたりの価格は……」）のに，ここでは二種類あること．ミラーノ到着前は，すべてが上級品として計上されていたのに，到着後に荷解きしたら，荷口の一つが中級品であることが判明したと解釈すれば，これは理解できる．しかし，最後に，40デナロと90デナロをたすと960リラになるという箇所は，たとえデナロとリラを読み替えてみても，筆者には理解不能である．なんとか解釈したくても，その手がかりすらつかめない．

(3) 「ミラーノにおいて，カレーの90ポンド［重量単位］からなる1サッコ［バッラではない］は，上記のリブラ［どのリブラかの記述欠如，ミラーノ・リブラだろうか］では正味430リブラ［重量単位］となる．したがって，［10 1/5サッコを上記のリブラに換算すると］羊毛は全体で［10 1/5×430＝］4386リブラ［重量単位］となる．100［リブラ］あたりの貨幣価格は30D［Dは，一般にデナロの略語であるが，ここでは次の記述からリラと解釈する］だから，［羊毛全体の］価格は［4386÷100×30＝］1315 4/5リラとなる．」さて，この価格の貨幣単位を，ゾンバルトは，1315 4/5フィオリーノとする（したがって，1サッコあたりの価格は129フィオリーノとなる）が，史料ではあくまでも，1315 4/5リラである．ただし，どのリラであるかの記述はない．この価格がフィレンツェでの価格であれば，貨幣単位はリラ（＝リブラ）・ア・フィオリーニである可能性が高い（そうだとすると，羊毛1サッコあたりの価格は88.9フィオリーノとなる）が，ミラーノでの価格だから，ただちにリラ・ア・フィオリーニとするのは危険である．なお，ここでは羊毛の単位がバッラからサッコに復旧している．

第2章　イギリス羊毛のフィレンツェへの輸送　　　　　　　　55

　結局，史料の記述では，貨幣単位が明確ではない．(1)と(2)の①から⑬までとは，マーク・スターリングとしてよいだろう．というのは，その最初の(1)と最後の(2)の⑬とに貨幣単位が明示されており，とりわけ輸送の最後の費目⑫では，ほかの貨幣単位が［マーク・］スターリングに換算されているからである．とはいえ，明示されているのは，この最初と最後の費目だけであり，そのほかは明示されていないので，この推定にまったく疑念が残らないわけではない．とりわけ，⑬の129L・17S・5D・［マーク・］スターリングという表示は，数値を誤記しているのでなければ，通常は130L・4S・5D・［マーク・］スターリングと表示されるはずである．さて，(2)の⑭と(3)については，リラとあるから，フィオリーノでないことは明白であるが，それ以上のことは不明である．このうち，前者（ミラーノでの評価損失と保管経費）が960L，後者（ミラーノでの羊毛全体の価格）が1315 4/5Lであるから，この数値を（誤記とは解釈せずに）考察の前提とすると，両者の内容と金額との対比から判断して，この両者の貨幣単位を同一のものとするのは困難である．

　史料では，(1)から(3)まで，費目価格はすべて，右端の価格欄に「lir.」（このlireは，マーク，ポンド，リラのいずれにも解釈できる）として一律に表現された貨幣単位のもとに，その数値が並列させられてはいるが，そのことだけで，すべてが同一の貨幣単位で表現されていると判断することはできない．同一だとすれば，カレーでの羊毛11荷口分の購入価格が102Lであり，ミラーノでの羊毛の評価損失と保管経費との合計が960L，そのうち1荷口の評価損失分だけで（960×40÷130＝）約295Lとなるので，同一だということは，論理的に成立しない．史料の編纂者（ダ・ウッツァーノ）か刊行者（パニーニ）が，貨幣単位や数値についてきわめて杜撰に，あるいは無批判的に処理した結果，その記述内容は，曖昧で信頼できないものになってしまった，といわざるをえない．

　ところで，ゾンバルトによれば，羊毛の購入価格は612（より適切には637.5）フィオリーノ，販売価格は1315 4/5フィオリーノ（史料ではリラ）であるから，その延長線上で推測すれば，輸送経費は両者の差額，すなわち703 4/5フィオリーノということになる．したがって，購入価格を100とすると，最終消費者価格における輸送経費分は115.0となる．しかし，この結論は，貨幣単位についての根拠のない独断にもとづくものであり，到底容認しえない．

　むしろ，史料の記述から推定しうるものとしては，次の結論のほうが妥当だと思われる．(1)羊毛の購入価格は，102L・マーク．(2)の①から⑫までの小計，すなわちカレーからミラーノまでの輸送経費の総額は，30L・11S・3D・マーク．したがって，この輸送経費は，羊毛価格の［4,935÷16,320×100＝］30.2

％．とはいえ，輸送経費については費目ごとの貨幣単位に疑念が残されているので，この結論には留保条件がつく．

ともあれ，羊毛価格を100とすると，輸送経費はゾンバルトが示唆する115.0ではなく，30.2とするのがまだしも妥当である．この結論にもとづけば，ゾンバルトは，輸送経費を3.8倍に水増ししたことになる．

5　結　論

イギリス羊毛の輸送経費について，二つの商業実務の記述から推定しうる結論は，ブリュージュ，ロンドン，カレーでの羊毛購入価格をそれぞれ100とすると，ブリュージュからフィレンツェまでが10.1-75.6（平均42.8），ロンドンからフィレンツェまでが37.1，カレーからミラーノまでが30.2であった．しかし，この数値を，ドーレンは，貨幣単位についての錯誤によって2.3-25.7倍に，ゾンバルトは，杜撰な史料解釈によってそれぞれ4.3倍，3.8倍に水増ししてしまった．

第2節　会計史料の分析

1　会計史料

ゾンバルトやドーレンの時代には，輸送経費の記述があるものとしては，たしかに商業実務は貴重な史料だった．当時刊行されていたものとしては，いずれもパニーニが1766年に刊行した，ペゴロッティ編纂のものと，ダ・ウッツァーノ編纂のものしかなく，両者は史料批判をへていなかった．しかし，その後イタリアでは，1930年代からアルマンド・サポーリが，第二次大戦後にはさらにフェデリーゴ・メリスが，トスカーナの私的企業の経営史料を開拓し，それにもとづいて輸送経費を詳細に分析した．輸送経費について，商業実務には，断片的な，あるいは曖昧なデータしかなかったが，経営史料には，完全なデータが含まれている場合がある．経営史料の開拓者であるサポーリとメリスは，経済史料として，フィレンツェをはじめとするトスカーナ都市に多数残存する，会社の経営史料，とりわけ会計史料のもつ特性と重要性を強調している．

サポーリは，1932年刊の『14世紀初期の一カリマーラ商社』[*31)]で，1318-21年にフィレンツェのデル・ベーネ商社が，毛織物をパリとその周辺からフィレンツェに輸送するのに要した経費を，この商社の元帳にもとづいて分析した（後述）．メリスは，1962年刊の『中世の経済生活の諸相』[*32)]のなかで，1395-98年にプラ

---

31)　Sapori, Armando, *Una compagnia di Calimala ai primi del Trecento*, Firenze, 1932.

第2章　イギリス羊毛のフィレンツェへの輸送　　　57

ートの商人ダティーニの経営する一連の姉妹会社が，羊から羊毛を刈り取ることからはじめて，その羊毛から製造された毛織物を売却するまでの，各段階における価格形成を，姉妹会社の帳簿をはじめとする各種の経営史料にもとづいて分析した（第2部第2章，参照）．すなわち，この姉妹会社同士が連携して，メノルカで羊毛を購入し，それをピサ経由でプラートまで輸送し，そこで毛織物を生産し，それをヴェネツィア経由でマリョルカまで輸送し，マリョルカとバレンシアで販売するまでの一連の価格の分析である．この二人のイタリアの碩学の研究は，かつてのわが国の経済史研究では無視され[33]，その貴重なデータは考慮されなかった．

　メリスは，1964年刊の論文「ヴェルナー・ゾンバルトと中世における海上輸送の問題」[34]で，中世の海上輸送について，それが未発達，かつ小規模であり，ひいては輸送経費が高額になるというゾンバルトの見解を，おもにダティーニの経営する姉妹会社が作成，あるいは受領した各種の経営史料からのデータにもとづいて，逐一批判した．この論文は，ゾンバルト的な見解に対する一般的な批判ではあったが，イギリス羊毛のイタリア都市への輸送経費という，特定の問題を直接に取り扱ったものではない．しかし，まさにそのデータをふくむ帳簿が存在することが判明した．

2　ベンチヴェンニ商社ヴェネツィア支店の『元帳』

フィレンツェのバンケッロとベンチヴェンニの商社のヴェネツィア支店が，

---

32) Melis, Federigo, *Aspetti della vita economica medievale. Studi nell'Archivio Datini di Prato,* Siena, 1962.

33) 対照的に，上記のドイツの碩学の研究は重視されつづけた．欧米ではゾンバルトやドーレンの基礎データが批判され，崩壊しているときに，わが国ではその理論的な枠組みだけが幽霊のように彷徨していた．大塚久雄とその学派のいう「前期的資本」は，周知のように，ゾンバルトなどの提示したデータを前提とし，それを重要な要素として創出された概念である．また，この概念にもとづいて（といってよいだろう），森田鉄郎は，ドーレンに対するシャウベの批判（上記の註12を参照）を紹介はしても，イギリス羊毛の輸送経費について結局はドーレン，ゾンバルトの見解に同調している．森田鉄郎「中世イタリア都市の食糧政策と農制との関係について」『研究』（神戸大学文学会）第3号，1953年，17頁．（この論文は，後に刊行された次の論文集に収録されたが，基本的には原型のままである．森田鉄郎『中世イタリアの経済と社会』山川出版社，1987年，178-179，181-182頁，参照．）

ただし，わが国の簿記史家は，問題関心がまったく異なるとはいえ，経済史家とは対照的に，メリスの研究にもいちはやく注目していた．たとえば，泉谷勝美『中世イタリア簿記史論』森山書店，1964年，参照．

34) Melis, Federigo, Werner Sombart e i problemi della navigazione nel Medio evo, in, AA. VV., *L'opera di Werner Sombart nel centinario della nascita,* Milano, 1964.

1336-39年に作成した元帳には，ブリュージュで購入したイギリス羊毛を，海路でヴェネツィアに（1件），陸路でミラーノに（5件），輸送するのに要した経費についての記録がある．国立フィレンツェ史料館に「デル・ベーネ文書，第64番」（ASF＝Anchivio di Stato di Firenze, Carte Del Bene, n. 64）として登録，保管されているこの元帳（未刊行）は，人名借方勘定，人名貸方勘定，商品販売勘定，商品購入勘定の四部からなり，このうちの人名貸方勘定と商品購入勘定に，この支店の勘定で輸入した羊毛についての記録がある．とりわけ，商品購入勘定における記録は詳細である．

　その羊毛（イギリス羊毛とマリョルカ羊毛）の輸送経費の記録について，筆者は，すでに別稿で基本的な部分を転写しておいた*[35]．この転写にもとづいて，イギリス羊毛のヴェネツィア，およびミラーノへの輸送経費を分析する．史料の原文は，紙数の都合上ここでは省略するので，転写をご覧いただきたい．まず，海路でヴェネツィアに輸送した記録(A)と，陸路でミラーノに輸送した記録の一つ(B)とについて，いずれもその要点を紹介し，ついで，羊毛の輸送経費の全体(C)について考察する．(A)は元帳の第二の161葉（161枚目として番号をつけられた紙葉が二枚あり，そのうちの第二の紙葉）の表と裏，(B)は178葉表にある．史料では，日付はフィレンツェ暦で記録され，価格は最終的にはヴェネツィアのリブラ・コンプリーダに換算されて，価格欄に記入されている．

　(A) ブリュージュからヴェネツィアへの海上輸送
　　① 同年［1336年］11月23日，ヴェネツィアのネーロ・コッコ殿から購入.
　　　＊ウィンチェスター（Vinciestri）の長毛羊毛，10スカルペッリエーラ.
　　　　この羊毛は，ブリュージュの計量では14サッコと52キオーヴォ．1サッコあたり7 1/2マーク［・スターリング］．［リブラ・コンプリーダに換算すると］合計，56L・15S・7 3/4D．（以下，1サッコあたりの価格だけを摘記する．）

---

[35] 齊藤寛海，Alcuni fogli di "Carte Del Bene, n. 64" dell'ASF，『信州大学教育学部紀要』第39号，1978年．
　なお，この貴重なデータは，星野秀利氏から教示していただいた次の史料のなかに存在した．ASF, Carte Del Bene, n. 64. すなわち，ヴェネツィアにあるピエロ・デル・ブオーノの会社が，フィレンツェのドゥッチョ・ディ・バンケッロとバンコ・ベンチヴェンニの会社のために，1336年から1339年にかけてヴェネツィアで記録した帳簿（元帳）．ブオーノの会社は，バンケッロとベンチヴェンニの会社のヴェネツィア支店である．これについては次を参照．齊藤，Alcuni fogli, cit., pp. 129-131. また，この帳簿の構成についても，同所を参照．
　なお，この帳簿は，ヴェネツィアの貨幣単位リブラ・コンプリーダにもとづいて記録されているが，この貨幣単位については，第1部付論で解説する．

第2章　イギリス羊毛のフィレンツェへの輸送　　　　　　　　　59

　　＊ウィンチェスターの長毛羊毛，13スカルペッリエーラ．8 3/4マーク．
　　＊マーチ（Marcia）の長毛羊毛，9スカルペッリエーラ．9マーク・8
　　　S・4 D．
　　＊コッツウォルド（Chodisgualdi）の長毛羊毛，10スカルペッリエーラ．
　　　11マーク．
　　＊ウィンチェスターの長毛羊毛，4スカルペッリエーラ．7マーク．
　　＊ウィンチェスターの子羊羊毛，24スカルペッリエーラ．8マーク．
　　＊セント・オールバンス（Santo Albano）の子羊羊毛，6スカルペッリ
　　　エーラ．8マーク．
　　＊マーチの二番刈（ritoso）羊毛，15スカルペッリエーラ．5 1/4マーク．
　　　合計で91スカルペッリエーラ．ブリュージュの計量では全体で140サッ
　　　コと29キオーヴォ．総額，571 L・12 S・5 D：26 D・ディ・ピッコリ
　　　［＝ピッチョリ］．
　②　ブリュージュでガレー船に積み込むまでの所要経費の合計．3 L・18
　　　S・9 D：12 D・ディ・ピッコリ．
　③　ブリュージュからヴェネツィアまでの用船料金．総額，143 L・5 S・
　　　10 D．
　④　ガレー船の「海損」（avaria）［＝保険料金］．1スカルペッリエーラあ
　　　たり9グロッソ．合計，3 L・8 S・3 D．
　⑤　ヴェネツィアでの所要経費．9 L・6 S・9 D．
　⑥　商品原価，［ヴェネツィアまでの］経費，ヴェネツィアからフェッラーラ，
　　　ラヴェンナ，さらに12バッラを一緒にボローニャに輸送した経費，以上
　　　全部の総計，731 L・12 S・1 1/4 D．
　この⑤「ヴェネツィアでの所要経費」は，(a)羊毛をガレー船から荷下ろし
するための経費と，(b)羊毛をさらにラヴェンナ（40バッラ），フェッラーラ（153
バッラ），ボローニャ（12バッラ）に輸送するための経費とに区別することがで
きる．(a)とみなせるのは，ガレー船上での計量料金，ガレー船からの荷下ろし
と［市内水路を往復する小船への］積み降ろしとをする仲仕の賃金，ガレー船の
書記への心付け，小船の用船料金であり，それを合計しても，15 S・10 1/2 D
にしかならない．ガレー船の到着後ただちに，荷造りをしなおして，ラヴェンナ
などへ発送したものと思われる．したがって，ブリュージュからヴェネツィアま
での輸送経費に，この少額の⑤の(a)を付け加えなくても，輸送経費の実態を認
識することができる．以下，計算を簡単にするために，1/2グロッソ以下は四捨
五入する．ブリュージュで購入した羊毛価格は，571 L・12 S・5 D．ブリュー

ジュからヴェネツィアまでの輸送経費（②③④）の合計は，150L・12S・10D．したがって，羊毛価格を100とすると，輸送経費は26.35となる．

(B) ブリュージュからミラーノへの陸上輸送

① 同年［フィレンツェ暦1338年，現行暦1339年］3月20日，ニッコレット・リオーニ殿から，四か月後に利子16％をつけて支払うという条件で，下記の羊毛を購入．

＊イギリスの長毛羊毛9スカルペッリエーラ．ブリュージュの計量では9サッコと11キオーヴォ．1サッコあたり15マーク．合計，58L・13S・8D．

＊イギリスの長毛羊毛，カーカム（Charchamo）［修道院］産，5スカルペッリエーラ．ブリュージュの計量では5サッコと6キオーヴォ．1サッコあたり13 1/2マーク．合計，29L・6S・7D．

② 上記の14スカルペッリエーラをブリュージュで荷車に積み込むまでに要した経費．彼［ニッコレット・リオーニから］の書簡の記録による．1L・9S・4D．

③ ブリュージュからミラーノまでの経費．1サッコあたり13 1/4フィオリーノ．荷造りの［ために使用した］縄類を含めて14サッコ・42キオーヴォ［と計量された荷物］に対する経費．合計，19L・15S・3 1/4D．

④ 四か月後に後払いすることで生じる16％の利子分として，彼［ニッコレット・リオーニ］と取り決めた168フィオリーノ．［これを換算すると］17L・1S・1/4D．

さて，イギリス羊毛は，合計で14スカルペッリエーラ，88L・0S・3D．輸送経費（②③）の合計は，21L・4S・7 1/4D．④の利子は輸送経費ではない．したがって，羊毛価格を100とすると，ミラーノまでの輸送経費は24.12となる．

この羊毛は，ミラーノからさらにヴェネツィアまで輸送されているが，ローディからはアッダ川（ポー川支流）とポー川の水運を利用している．ミラーノ（正確にはその北方40キロメートルにあるコモ）からヴェネツィアまでの輸送経費の合計は，5L・14S・11 2/4D．したがって，ブリュージュからミラーノ経由でヴェネツィアまでの輸送経費は，26L・19S・6 3/4D．ブリュージュでの羊毛価格を100とすると，ヴェネツィアまでの輸送経費は30.65．

なお，AとBを比較すると，羊毛価格は，1サッコあたり，Aが11-5 1/4（平均8.11）マーク，Bが15-13 1/2（平均14.25）マーク．BはAの約1.76倍（平均価格）もする．

第2章　イギリス羊毛のフィレンツェへの輸送　　　　61

(C) 羊毛の輸送経費の全体

　この史料には，イギリス羊毛のブリュージュからミラーノへの輸送について，このほかにも4件あり，マリョルカ羊毛やフランス南部羊毛のマリョルカからヴェネツィアへの輸送について，2件の記録がある．(A)(B)にこの記録を加えて作成したものが，表1である．それぞれの輸送は，筆者がつけた輸送番号でしめす．この表から次のことがいえる．

　① ブリュージュから海路ヴェネツィアまでの輸送は，1番しか事例がない．その羊毛（長毛羊毛，子羊羊毛，二番刈羊毛から構成）は安価であり，羊毛価格(100)に対する輸送経費の割合（26.4＝26.35を切り上げた数値）は，高価な羊毛を陸路でミラーノまで輸送した場合（3-6番）のそれと，ほぼ同一である．なお，海路輸送では，マリョルカからヴェネツィアまでの場合もそうであるが，海損保険をかけている．

　② ブリュージュから陸路ミラーノまでの5件の輸送のうち，2番は，羊毛（子羊羊毛）が1番の羊毛よりも安価であり，羊毛価格に対する輸送経費の割合(39.2)が突出して大きい．

　③ ミラーノまでの輸送のうち，ほかの4件は，いずれも羊毛（長毛羊毛，また単に「羊毛」とあるものも価格から長毛羊毛と推測しうる）が高価であり，輸送経費の割合は，ほぼ同一（24.1-26.8，平均25.3）である．

　④ このことから，羊毛が安価な場合には，陸路経由では輸送経費の割合が大きくなり，海路で輸送される傾向にあったと思われる．

　⑤ マリョルカの羊毛（「羊毛」，子羊羊毛，梳毛羊毛，皮付羊毛）は，イギリス羊毛と比較して，きわめて低価である．とはいえ，そのヴェネツィアまでの輸送経費の割合（14.4-16.3，平均15.4）は，イギリス羊毛をブリュージュから海路ヴェネツィアまで輸送する場合(26.4)よりも，はるかに軽微である．

　⑥ イギリス羊毛のなかで，荷口別の最高価格は，5番（上記のB）の1サッコあたり平均14.3（15-13 1/2）マーク．最低価格は，2番の8 1/2マーク．種類別の価格では，最高は4番と5番の両方にある，長毛羊毛の15マーク．最低は1番にある，二番刈羊毛の5 1/4マーク．さて，すでにみたように，これとほぼ同時代のペゴロッティによれば，ブリュージュでのイギリス羊毛の価格は30-4マーク．上級品は30-10（平均18.5），中級品は17-7(10.9)，下級品は10 1/2-4(8.8)マークだった．したがって，この元帳にみられる羊毛は，最高のものでも，上級品のなかの三流品，ないし中級品のなかの一，二流品であり，最低のものになると，あきらかに下級品，それも二流品以下のものである．換言すれば，上級品のなかの一，二流品はみられない．

表1　羊毛の流通

輸　送　番　号	1	2	3
記　帳　箇　所	161r.bis / 161t.bis	162t.bis	175r.
記　帳　日　付（年月日）	1336.11.23	1337. 3.10	1338.12.18
羊毛発送地	ブリュージュ	ブリュージュ	ブリュージュ
羊毛到着地	ヴェネツィア	ミラーノ[a]	ミラーノ
経　　路	海　路	陸　路	陸　路
羊毛産地	イギリス	イギリス	イギリス[b]
羊毛種類[A]	長毛，子羊，二番刈	子羊	羊毛
羊毛数量[B]	140:29	6:23	29:29.5
羊毛平均価格（1サッコあたり）	4. 0.17	3.15. 7	6. 2.11
羊毛購入価格	571.12. 5	24. 2. 3	181. 6. 2
輸送経費　発送地における経費	3.18. 9	0.10. 0	4.15. 5
輸送経費　用船・荷車経費	143. 5.10	8.18. 9	43.15.10
輸送経費　海損保険掛金	3. 8. 3	――	――
輸送経費　合計	150.12.10	9. 8. 9	48.11. 3
羊毛購入価格（指数100）	100.0	100.0	100.0
輸送経費　発送地における経費	0.8	2.1	2.7
輸送経費　用船・荷車経費	25.0	37.1	24.1
輸送経費　海損保険掛金	0.6	――	――
輸送経費　合計	26.4	39.2	26.8
到着後の羊毛の再輸出先	フェッラーラ，ボローニャ，ラヴェンナ	フェッラーラ	――
再輸出先までの輸送経費	略	0.10. 8[f]	――
後払いによる利子率（信用期間）	――	15％（――）	――
上記の利子	――	3.12. 4	――
1フィオリーノとグロッソとの交換率[C]	――	24	27

註）貨幣単位はすべて l.s.d. ディ・グロッシ・コンプリーダ．なお，1/2グロッソ行暦による．
A）長毛＝長毛羊毛，子羊＝子羊羊毛，二番刈＝二番刈羊毛，梳毛＝梳毛羊毛．
B）単位はサッコ：キオーヴォ．なお，実質的な数量をとった．
C）ヴェネツィアのグロッソ（銀貨）で表現された1フィオリーノの相場．
a）史料には羊毛の到着地がミラーノであるという明示はないが，陸路経由であるのだと推定することができる．
b）エルメット（Elmetta）とリンゼー（Lendigia）の羊毛（vedi, Pegolotti, op. cit.）．
c）他とは，Puie，マコン（Machone），Micino，Auni 産の羊毛．
d）数種の羊毛は48サッコと84バッラ，皮付羊毛は86ファッシャ（束）．一般に1皮付羊毛を除く数種の羊毛のみについての平均価格．
e）皮付羊毛を除く数種の羊毛のみについての平均価格．
f）ミラーノにおける仲介手数料金（mezaneria）を含む．
g）この場合のみ，di prò e di rischio, となっている．

経費（1336-39年）

	4	5	6	7	8
	177t.	178r.	178t.	83t.	164t.
	1339. 2.18	1339. 3.20	1339. 3.24	1337.11.18	1337.11.18
	ブリュージュ ミラーノ 陸　路	ブリュージュ ミラーノ 陸　路	ブリュージュ ミラーノ 陸　路	マリョルカ ヴェネツィア 海　路	マリョルカ ヴェネツィア 海　路
	イギリス 長毛	イギリス 長毛	イギリス 長毛	マリョルカ他[c] 羊毛，子羊， 二番刈，皮付	マリョルカ 梳毛
	19:27	14:17	51:49.5	90:0,fa.86[d]	8:0
	5.19.11	6. 3. 3	6. 0. 3	1.19. 6[e]	1.13. 7
	116.13.1	88. 0. 3	311.10. 6	257. 9. 7	13. 6. 5
	2.14. 5	1. 9. 4	6. 3. 9	12.13. 1	0.13. 7
	26.11. 2	19.15. 3	72. 3. 8	20. 5. 5	0.16.11
	──	──	──	8.18. 5	0. 8. 0
	29. 5. 7	21. 4. 7	78. 7. 5	41.16.11	1.18. 6
	100.0	100.0	100.0	100.0	100.0
	2.3	1.7	2.0	4.9	5.0
	22.8	22.5	23.2	7.9	6.4
	──	──	──	3.5	3.0
	25.1	24.2	25.2	16.3	14.4
	フェッラーラ	ヴェネツィア	マントヴァ	──	フェッラーラ ボローニャ
	7. 5.10[f]	6. 4.10[f]	13.12. 6[f]	──	略
	18%（4か月）	16%（4か月）	16%（4か月）	20%（──）	20%（──）
	25.15. 2	17. 1. 0	62. 7. 7	53. 0. 0[g]	2.15. 0
	24 7/32	24 11.5/32	24 16.5/32	24	24

以上は切上げ，未満は切捨て．史料における計算間違いは補正しておいた．日付は現

皮付＝皮付羊毛．

る土地に到着し，そこからフェッラーラまで送付されているから，その土地はミラー

p. 259)．

サッコ＝2バッラであるから，それにしたがった．

この元帳の羊毛の一部は，ヴェネツィアおよびミラーノから，フェッラーラやボローニャに輸送されているが，そこからさらに，フィレンツェまで輸送されたか否かは，不明である．ここでは，この羊毛の品質は，すでに紹介した星野の指摘，すなわちこの時代にはまだ，イギリス羊毛から製造するフィレンツェ毛織物の価格は，フランドル・ブラバント毛織物の「二級品」（上級品ではない）に相当するものでしかなかったという指摘，と符合することを確認するにとどめたい．

(D) 結　　論

　二つの商業実務の記述から推定しうるところでは，上記のように，ブリュージュ，ロンドン，カレーでの羊毛購入価格のそれぞれを100とすると，輸送経費は，ブリュージュからフィレンツェまでが10.1-75.6（平均42.8），ロンドンからフィレンツェまでが37.1，カレーからミラーノまでが30.2であった．一方，この元帳の分析では，ブリュージュでの羊毛購入価格を100とすると，その輸送経費は，海路でヴェネツィアまでが26.4，陸路でミラーノまでが39.2-24.1となった．

　したがって，この二つの商業実務にもとづいて推定したとしても，その記述を慎重に分析していれば，会計史料からえた数値にはるかに近い数値を，すなわち輸送経費の実態をかなり正確に，把握しえたはずである．換言すれば，商業実務がこの種の史料として不適当なのではなく，不適当なのは特定の歴史理論からくる予断にもとづいたその解釈である．ドイツの二人の碩学，とりわけ貨幣単位の単純な錯誤に気がつかないドーレンは，イギリス羊毛の輸送経費について，史料を分析する以前にすでに結論をもっていたように思われる．一方，イタリアの二人の碩学は，この二人のドイツの碩学による解釈自体を批判することなく，不幸にも誤用された商業実務の価値自体を否定的にみているようである[36]．たしか

---

36)　サポーリは，ゾンバルトのように輸送経費を過大評価するのは，各種法規，関税表，商業実務にもとづいて推測した結果であるといい，過大評価の責任をゾンバルトよりは，むしろ商業実務をふくむ（経営史料が開発される）以前の基礎史料に押し付けている．Cfr., Sapori, *Una compagnia di Calimala,* cit., pp. 61-62. また，メリスによれば，商業実務は，（以前の各時期のデータを集積したものであり，そのデータはなしくずしに修正されているので）記述内容が現実であった時期の特定ができない，経済現象の（多い，少ないという程度以上の）数量的記述がない，そして輸送経費などについては不確実なデータが随所にあるので信頼できない，という欠点がある．この「不確実なデータ」の具体例は明示されていないが，ゾンバルトやドーレンによる上記のデータが念頭にあったとみてよい．メリスも，「不確実なデータ」については，この両者の批判はせずに，商業実務のみを非難し，経営史料が開発された現在，商業実務には補助史料の価値しかない，と主張している．Cf., Melis, Federigo, (Dini, Bruno, a cura di,) *Sulle fonti della storia economica,* Firenze, anno accademico, 1963-64, p. 130. Idem, *Documenti per la storia economica dei secoli XIII-XVI,* Firenze, 1972, pp. 120ff. なお，次はサポーリとメリスの経済史料論の要旨を中心に紹介したもの．齊藤寛海「中世フィレンツェ経済史史料」『信州大学教育学部紀要』第67号，

に，各種の経営史料が大量に利用されるようになり，この種の史料としての商業実務の役割はほぼ終焉した．とはいえ，ここでこの冤罪を晴らしておきたい．

3 デル・ベーネ商社の『元帳』，サポーリの分析とその考察

フィレンツェのカリマーラ街は，中世から現在にいたるまで町一番の繁華街である．14世紀前半，そこに店舗を構えた商人は，その多くが「フランス毛織物」の輸入と販売を主要業務とし，カリマーラ組合に登録していた．フランチェスコ・デル・ベーネもその一人であり，1318-21年に作成された彼の会社の元帳には，フィレンツェで「フランス毛織物」と総称された，フランドル，ブラバント，北フランスの毛織物の輸送についての記録がある．ちなみに，この元帳の作成年代は，織元リヌッチの元帳のそれ（1322-25年）の直前である．換言すれば，そこにみられる毛織物輸送は，フィレンツェで「フランス風毛織物」の生産がはじまる直前のものである．サポーリは，上記のように，『14世紀初期の一カリマーラ商社』で，この元帳にもとづいて毛織物の輸送経費を分析した[*37]．その結果にもとづいて，筆者が作成したものが表2である．この表を検討すると，次のことがいえる．

(1) フィレンツェに輸送される「フランス毛織物」は，毛織物の生産地（一部はその近隣市場）で購入された後，パリに集積されて（1番のシャロン毛織物だけが例外），あるいはパリで購入されて（2，3番のシャロン毛織物），そこから隊商によって内陸を地中海岸まで輸送され，ニースないしマルセーユからポルト・ピサーノないしピサまで海上を輸送され，そこからフィレンツェに輸送された．ポルト・ピサーノは，土砂が堆積したピサに代わる港であり，現在のリヴォルノの一部に位置していた．なお，輸送経費は，購入した土地からフィレンツェ

1989年．

　ロベルト・ロペツとアーヴィング・レイモンドは，1955年，中世商業史料の紹介と解説をおこなった共著のなかで，ペゴロッティの『商業実務』を，「歴史のほかの分野では……マキアヴェッリがしめるような重要な地位」を中世商業史のなかでしめる偉大なる古典だ，と絶賛した．Cf., Lopez, Robert S. and Raymond, Irving W., *Medieval Trade in the Mediterranean World-Illustrative Documents Translated with Introductions and Notes,* New York and London, 1955, p. 3. しかし，経営史料の開拓者のサポーリとメリス，とりわけイタリアの現在の中世経済史研究に大きな影響力をもつメリスが，商業実務の史料価値を限定したせいであろうか，筆者には，それは中世商業の用語辞典ないし百科事典としては大いに利用されるが，それ以上の利用はあまりなされていないように思われる．メリスは，経済史というよりは経営史の視点にとらわれすぎて，経営史料のもつ各企業ごとの個別性に束縛されない，多少とも包括性をもつ経済史料としての商業実務の価値を過小評価している，と筆者には思われる．

　37) Sapori, *Una compagnia di Calimala,* cit., pp. 80-99.

表2 毛織物の流通経費

輸送番号	1	2	3
輸送担当者A)	バルディ社	バルディ社	バルディ社
輸送経路	各地ーパリーシャロン・シュル・マルヌーアヴィニョンーマルセーユ(海路)-ポルト・ピサーノーピサーフィレンツェ	パリーアヴィニョンーニースー(海路)-ピサーフィレンツェ	パリーアヴィニョンーニースー(海路)-ピサーフィレンツェ
輸送梱数B)	19	1	1
1梱中の平均反数	12.6	11.0	11.0
毛織物生産地	ブリュッセル,カン,ドゥエ,ヘント,イーペル,リール,メヘレン,シャロン・シュル・マルヌ,ヒステルa),オルシー,ポーペリンゲ	シャロン・シュル・マルヌb)	シャロン・シュル・マルヌb)
毛織物反数	240	11	11
毛織物平均価格 (1反あたり)	26. 0. 0	37.12. 7	33. 8. 6
毛織物購入価格	6238.19. 5	412.19. 8	367. 6. 2
輸送経費 荷造り経費	82.15. 5	4.12.11	5. 9. 1
用船・荷車経費	446.19. 7	35. 3. 4	33. 2. 5
諸賦課金	159. 0. 2	5.16. 2	5.19. 9
保険掛金	505. 9. 0d)	——	——
その他C)	75. 0. 0e)	2.14. 8	1. 8. 6
輸送経費 合計	1269. 9.10	48. 7. 1	45.19. 9
毛織物購入価格(指数)	100.0	100.0	100.0
輸送経費 荷造り経費	1.3	1.1	1.4
用船・荷車経費	7.2	8.5	9.0
諸賦課金	2.5	1.4	1.7
保険掛金	8.1	——	——
その他	1.2	0.7	0.4
輸送経費 合計	20.3	11.7	12.5

註1) 貨幣単位はすべて l.s.d. ア・フィオリーニ (Cfr., Sapori, *Una compagnia di Calimala*,
2) 本表は, Sapori, ibid., pp. 80-99 にもとづいて筆者が作成.
A) Vedi, Sapori, ibid., p. 58.
B) 梱=トルゼッロ (torsello).
C) 取引成立時の慣習的な喜捨金, 荷の積み降し料, 荷の倉庫保管料金, 為替差損, 手形など
a) ブリュージュで購入.
b) トロワで購入.
c) イーペルで購入.
d) 水浸しとなった一部の毛織物の修繕に対し保険金が支払われた. 掛金からこの被支払金を
e) 「その他」から為替差益を差引いた額.
f) この5梱の中にはバルディ社の毛織物も入れて運んだ. これは,「その他」の総額からバ

(1318-21年)

4	5	6
バルディ社	デル・リッチォ	デル・リッチォ
各地―パリ―ニーム―ニース―(海路)―ポルト・ピサ―ノ―ピサ―フィレンツェ	カン―パリ―ニース―(海路)―ポルト・ピサ―ノ―ピサ―フィレンツェ	カン―パリ―アヴィニョン―ニース―(海路)―ポルト・ピサ―ノ―ピサ―フィレンツェ
11	5	9
13.3	12.8	14.8
アールスト, ドゥエ, ヘント, イーペル, メヘレン, ポーペリンゲ, ブリュッセル, ヒステル[a], オンドスコート[c]	カン	カン
146	64	133
27. 9. 7	21.16. 2	16.12. 6
4011. 7. 8	1395. 6. 8	2207.16.10
70. 4. 8	15.12. 4	27. 3. 7
248.11. 4	104.18. 4	195. 0. 1
94. 9. 6	46. 5. 8	112. 2. 3
189. 0. 0	───	───
41.13. 3	55. 6.10[f]	89.14. 5
643.17. 9	222.13. 2	424. 0. 4
100.0	100.0	100.0
1.7	1.1	1.2
6.1	7.5	8.8
2.5	3.4	5.1
4.7	───	───
1.0	3.9	4.0
16.0	15.9	19.1

cit., pp. 58, 77).

の作成料金, 通信料金,〔自発的に護衛を雇傭する場合の〕護衛経費, など。

差引いた額。

ルディ社の毛織物にかかった分の費用 (1.16.3) を差引いた額。

(2) シャロンの毛織物は高価であり，カンの毛織物のほぼ二倍弱の価格であった．カンの毛織物は，シャロンの毛織物と比較すると，毛織物の購入価格に対して，輸送経費の割合が大きい．その理由は，カンはシャロンよりもフィレンツェから遠くにあるからだけではなく，カンの毛織物が安価だったからでもある．というのは，シャロンの毛織物のなかでも，あるいはカンの毛織物のなかでも，より高価なものは，輸送経費の割合がより小さくなっているからである．

　　　(3) 輸送に「保険」(rischio) がかけられたのは，毛織物の反数が多く，また一反あたりの価格が高い場合（1，4番）であり，保険掛金は輸送経費に大きく影響した．毛織物の購入価格を100とすると，保険掛金をかけなければ，輸送経費は1番が12.2，4番が11.3となり，かなり減少することになる．

　　　(4) ともあれ，輸送経費の割合が最低となるのは，パリで購入されたシャロン毛織物（2番）の11.7であり，最高となるのは，各地で購入された後にパリから輸送された各種の毛織物（1番）の20.3である．

　　　(5) この毛織物の輸送経費の割合を，上記の元帳にもとづく羊毛のそれと比較してみよう．もちろん，毛織物は，パリとその周辺からフィレンツェまでの輸送であり，羊毛は，ブリュージュからミラーノおよびヴェネツィアまでの輸送であるから，この比較は，大まかな意味しかもたない．毛織物の輸送経費の割合は，11.7-20.3．羊毛のそれは，24.1-39.2．したがって，パリとその周辺からフィレンツェまで輸送される「フランス毛織物」の輸送経費の割合は，ブリュージュからミラーノおよびヴェネツィアまで輸送される「フランス羊毛」，すなわちイギリス羊毛のそれの，ほぼ半分であった．

お わ り に

　ヴィッラーニの記述によれば，すでにみたように（第1部第1章，はじめに），1338年にフィレンツェに輸入される北西欧毛織物の価格は，1反あたり，30フィオリーノ．フィレンツェで生産される毛織物の価格は，1338年には15.0-17.1，1308年頃には7.5-8.6フィオリーノ．一般にフィレンツェ毛織物は高級化したとはいえ，まだ「フランス毛織物」の品質にはおよばなかったのである．

　1338年にフィレンツェで生産された毛織物の全体についていえば，イギリス羊毛を原料とするものがどのくらいの割合をしめたのか，そのなかではどの品質のものがどのくらい使用されたのかについて，統計的な数字をだすことはできない．しかし，星野は，イギリス羊毛を原料とするフィレンツェ毛織物でも，14

第2章 イギリス羊毛のフィレンツェへの輸送

世紀前半にはフランドルやブラバントの毛織物の「二級品」に相当したにすぎず，一級品に相当するようになるのは14世紀後半であることを実証した[38]。また，本章第2節でみたように，1336-39年に，フィレンツェ商社のヴェネツィア支店がイタリアに輸入した羊毛は，あきらかにイギリス羊毛の一級品ではなかった。

したがって，14世紀前半には，フィレンツェをはじめとするイタリア都市は，イギリス羊毛の二，三級品を輸入し，それを原料として「フランス毛織物」の二，三級品に相当するものを生産したにすぎない。では，なぜ，イギリス羊毛の一級品を輸入しなかったのか。羊毛が高価であればあるほど，羊毛に対するその輸送経費の割合は小さくなり，高価な羊毛を輸送するほうが，経費負担のうえでは有利だったはずである。イギリス国王に巨額の貸付をしていたフィレンツェ商人が，それを輸入する経済力や資格をもたなかったとは思われない。やはり，フィレンツェなどのイタリア都市には，フランドルやブラバントの一級品のような毛織物を生産する技術がまだなく，一級品の羊毛を輸入するだけの生産基盤がなかったからだ，と推定するのが自然である。

この推定があやまりでなければ，イタリアに二，三級品の羊毛が輸入された最大の理由は，輸送経費の大小によるものではなく，生産技術の有無によるものといえる。「中世の輸送経費」は，イギリス羊毛という商品の流通を規定する最大の要因ではなかった。

---

38) 星野，前掲書，第3章．

第3章

ダマスクス市場のフィレンツェ毛織物

はじめに

　フィレンツェの毛織物は，西欧が輸出する商品の一つとして，マムルーク朝支配下のレヴァント，すなわちシリア（広義の歴史的シリア）やエジプトでも販売され，地中海世界の商品交換において重要な役割をはたした．シリアのダマスクスは，アンティ・レバノン山脈の東山麓を南北にはしる主要街道にあり，この山脈とレバノン山脈とを西方に横断して到達する地中海都市ベイルートを外港にもつ，重要な国際市場であった．ヴェネツィア商人は，中世後期にはこの都市をシリアにおける商業拠点とし，フィレンツェ毛織物や胡椒などさまざまな商品をそこで売買していた．

　15世紀初めのレヴァント市場，とりわけダマスクス市場におけるフィレンツェ毛織物の価格動向をめぐって，エリアフ・アシュトールと星野秀利の二人の見解が対立している．アシュトールはその価格が急激に低下したといい，星野はこれを真っ向から否定するのである．両者の対立は，直接的には，ヴェネツィア商人の記録（ザーネ文書，後述）にみられる貨幣単位の省略形に対する，それぞれの解釈の相違に起因する．貨幣単位の省略形である「D」を，アシュトールはドゥカート（ヴェネツィアの金貨，およびそれにもとづく貨幣計算単位，以下DTと略記）[1]，星野はディルハム（ダマスクスの銀貨，およびそれにもとづく貨幣計算単位，以下DMと略記）[2]と解釈するのである．しかし，筆者には，両者

---

1) Ashtor, Eliyahu, L'exportation de textiles occidentaux dans le Proche Orient musulman au bas Moyen Âges (1370-1517), in, *Studi in memoria di Federigo Melis*, vol. 2, Napoli, 1978, pp. 314ff.

2) 星野秀利著，齊藤寛海訳『中世後期フィレンツェ毛織物工業史』名古屋大学出版会，1995年，

第3章　ダマスクス市場のフィレンツェ毛織物　　　　　　71

の解釈は，その背後にあるそれぞれの基本学説の影響を受けている，と思われる．換言すれば，両者の対立は，間接的には，学説の論点の相違に遠因をもつ，と思われるのである．両説は次のように要約できる．

　アシュトール説．アシュトールは，中世後期の地中海世界の経済動向に関し，さまざまな著作を通じてほぼ一貫する魅力的な歴史像を提示した*3)．毛織物商業についていえば，次のように要約できる．11，12世紀には，レヴァントで生産された毛織物が，現地の需要を満たすのみならず，南欧にも輸出されることがあった．十字軍時代に，西欧で生産された毛織物がレヴァントへ輸出されるようになり，以後，この輸出は拡大の一途をたどった．西欧の毛織物工業は，一般的にいえば，大規模経営，技術革新，良質原料の確保を実現したことにより，長期にわたる発展が可能になっていた．一方，レヴァントの毛織物工業は，これとは対照的に，マムルーク権力による商人や手工業者への重税賦課および私的財産の没収や，スルタンおよびマムルークの経営する企業への特権付与により，私企業が弱化し，自由競争が排除されて技術が停滞するのみならず，商業の沈滞により，羊毛や染料などの良質原料の入手も困難になった．

　彼のいう西欧毛織物の「ダンピング」*4) も，この歴史像の一環として理解することができる．彼によれば，14世紀末から15世紀初めにかけて，西欧毛織物の輸出は「ダンピング」の様相をしめした．すでにこの時期には，西欧各地の毛織物がレヴァントに輸出されていたが，以後は，どの毛織物も低価で大量に輸出されることが共通の傾向となった．この西欧毛織物のダンピングにより，競争力をもたないレヴァントの毛織物工業は壊滅的な打撃をうけた．のみならず，西欧毛織物の消費の拡大により，相対的に高価となったレヴァントの麻織物，綿織物の消費までもが減少した．フィレンツェ毛織物は，レヴァントにおけるこの毛織物

第4章，註116，221-222頁．

　3) 齊藤寛海「中世末期におけるレヴァント貿易の構造」『西洋史学』第120号，1981年，55頁以下に，アシュトールのこの学説の梗概を紹介している．アシュトールの歴史像は，註4にあげるもの以外に，次においても展開されている．Ashtor, L'apogèe du commerce vènitien au Levant. Un nouvel essai d'explication, in, Beck, Manoussacas, Pertusi, a cura di, *Venezia, Centro di mediazione tra Oriente e Occidente (secoli XV-XVI): Aspetti e Problemi,* Firenze, 1977. *Studies on the Levantine Trade in the Middle Ages,* London, 1978. Aspetti della espansione italiana nel basso medioevo, in, *Rivista Storica Italiana,* XC, 1978.

　4) Ashtor, Les lainages dans l'Orient mèdièval-empoli, production, commerce, in, Istituto internazionale di storia economica F. Datini, a cura di, *Produzione, commercio, e consumo dei panni di lana,* Firenze, 1976, pp. 673ff. (This article is also included in, Ashtor, *Studies on the Levantine Trade in the Middle Ages,* cit.). Idem, L'exportation, cit., pp. 308ff.

ダンピングの重要な一環をなしており，その大部分は安価なものであった．

しかし，アシュトールは，ダンピングについて定義してはいない．産地価格よりも安く，あるいは現地製品よりも安く市場で販売すること，と定義するのであれば，産地価格，現地製品の価格を明示しなければならないが，その提示はどこにもない．また，現地工業を壊滅させる意図のもとにおこなうもの，とするのであれば，それをおこなう主体が生産者（フィレンツェの織元）なのか，商人（ヴェネツィアの商人）なのか，両者の同盟なのか，が考察されなければならないが，これもない．結局，文脈から読み取れるのは，輸出の急増が可能になるほどの製品価格の急激な低下，というほどの意味だけである．また，アシュトールは，西欧毛織物工業に長期にわたる発展をもたらした原因と，この時期にその製品価格の急激な低下をもたらした原因とが，同一なのか否かについても説明していない．ダンピングは，市場における価格の低下を数値でしめすことによってそれが実現したというだけで，西欧毛織物工業の発展の一般的な原因とは別の，このダンピングに固有の原因があるのか否かについては，言及していないのである．

なお，アシュトールは，毛織物を西欧からレヴァントへ輸出された工業製品の典型とみなしており，ほかの製品にも多少ともこれと同一の傾向がみられたとする．したがって，西欧毛織物の価格低下とレヴァント毛織物工業の没落との関係は，西欧とレヴァントとの経済関係の動向全般を象徴するものということになる[5]．

星野説．星野は，中世後期のフィレンツェ毛織物工業の原料購入と製品販売の両市場に関し，各種の史料を駆使してその動向の実態を解明した[6]．14世紀中葉まで，イタリアをはじめとする地中海各地の市場にみられる毛織物のうち，一級品はフランドルなど北西欧の毛織物，二級品がイタリアの毛織物であった．イタリアの毛織物には，産地の周辺で消費される低級なものと，多少とも広範な市場に輸出される高級なものとがあった．このうち後者が，北西欧製品に次ぐ上記の二級品だったが，そのなかでは，フィレンツェ毛織物より，ロンバルディーア毛織物のほうが一層高級であった．しかし，フィレンツェ毛織物は，1320年代以降，北西欧毛織物の模造品の生産を起点として高級化しはじめ[7]，14世紀後

---

[5] 齊藤「中世末期におけるレヴァント貿易の構造」既出，のなかのアシュトール説を紹介した部分を参照．

[6] 星野，前掲書．なお，齊藤寛海による次の書評は同書の内容を要約している．書評，Hidetoshi Hoshino, L'arte della lana in Firenze nel basso medioevo, Firenze, 1980, 『信州大学教育学部紀要』第47号，1982年．

[7] この模造品の生産については，第1部第1章を参照．星野は，筆者のその分析を（日本語で

第3章　ダマスクス市場のフィレンツェ毛織物

半には，模倣の段階を脱却したその一級品の価格は，北西欧毛織物の一級品に匹敵するようになった．高級化にともなって，その市場を拡大し，14世紀後半には，地中海各地の高級毛織物市場を制圧した．その反面，フィレンツェでは，14世紀初めまで生産していた下級毛織物の生産が消滅した．

14世紀の過程で，フィレンツェ毛織物工業では，製品の規格化，すなわちイギリス羊毛を原料とする第一級品であるサン・マルティーノ毛織物と，それ以外の良質羊毛を原料とする第二級品であるガルボ毛織物との，二種類への規格化が進行した．サン・マルティーノとは，この第一級品の生産に特化した市内地区の名称である．ガルボとは，元来は漠然とマグリブをさす地名だったが，やがてガルボ羊毛という場合には，西地中海各地で産出する羊毛，さらには多少とも高級な非イギリス羊毛一般をさすようになったらしい．この二種類の規格製品の生産は，1408年には法的に規定され，16世紀前半まで継続することになる．

15世紀，とりわけその後半，フィレンツェでは幾種類かの毛織物が市民の消費のために外部から輸入されたが，その理由は，上記の二種類の輸出向け規格製品の生産が優先された結果，それらは需要があるにもかかわらず市内では生産されなかったからである．一方，すでに1420年代までには，フィレンツェ毛織物工業は不況におちいっていたが，この不況ではガルボの下級品の生産地区がいちじるしく衰退した．この不況から脱出するのは，15世紀後半に，オスマン・トルコ領内の市場が開拓されたからである．トルコ市場ではガルボが消費されたので，この時代には，フィレンツェでは毛織物のガルボ化が進展した．

以上を要約すれば，問題となる14世紀末から15世紀初めにかけて，フィレンツェは輸出向けに規格化された二種類の高級品の生産に特化し，15世紀初めの不況では，生産がいちじるしく衰退したのはなによりもガルボの下級品だった．結論として，この時期にフィレンツェ毛織物の価格が急落することはありえない．幾多のフィレンツェの織元，商人の経営記録からは，アシュトールのいうダンピングに対応する現象は検出できないのである．

さて，二人の学説を単純化していえば，14世紀末から15世紀初めの時期について，アシュトールは，フィレンツェ毛織物をはじめとする西欧毛織物一般のレヴァントにおける急激な価格低下を主張し，星野は，フィレンツェ毛織物の高級化と規格化を主張する．この論点の相違が，Dをめぐる両者の解釈の相違の遠因となっている，と筆者には思われる．とはいえ，この解釈の相違がうまれる直接

書かれているので）引用してはいないが，参照したことは明示している．星野，前掲書，21頁（第1章，註2），382頁（参考文献表）．

の原因は，あくまでもDの解釈それ自体のなかにある．本章の目的は，史料を再検討してDの意味を確定し，さらにダンピングの存否を検討して，ダマスクス市場におけるフィレンツェ毛織物のありかたについて考察することである．

第1節　Dはドゥカートか，ディルハムか

1　フィレンツェ毛織物の価格のD

アシュトールは，「フィレンツェ毛織物」と史料に明記された毛織物の価格データを収集して，表1「フィレンツェ毛織物の価格」を作成した[*8)]．彼は，レヴァントの三つの市場，すなわちダマスクス，（シリアの）トリポリ，アレクサンドリアについて，そのデータを収集した．そのうち，ダマスクスのデータは15もあるが，アレクサンドリアのものは2，トリポリのものは1しかない．1380，90年代のデータは，国立プラート史料館のダティーニ文書から収集し，1410年代のデータは，国立ヴェネツィア史料館のザーネ文書からおもに収集した．また，15世紀の中葉以前の時期的に散在する5データは，国立ヴェネツィア史料館の裁判文書や公証人文書，それにフィレンツェで編纂されたダ・ウッツァーノの商業実務から収集した．

アシュトールは，これらの史料に「フィレンツェ毛織物」（panni fiorentini, panni de Fiorenza）と明記されずに，「フォンダコの毛織物」（panni di fontego）や，「ギルフォード毛織物」（gilforte）と表示されたものをも，フィレンツェの製品だとする[*9)]が，そのように推定する根拠をしめしていない．一般に，フォンダコの毛織物といえば，ヴェネツィアにある「フォンダコ・デイ・テデスキ」（ドイツ人商館）の毛織物，すなわちアルプス以北から輸入された毛織物を連想させる．また，ギルフォード毛織物といえば，イギリスのギルフォードの製品ではないとしても，その模造品をさし，そのすべてをフィレンツェ製品だと断定するのは危険である．アシュトールのこの推定には疑問があり，以下，フィレンツェ毛織物と確認できるものだけを検討の対象とする．ちなみに，星野も，後述のように，それと確認できるものしか検討の対象にしていない．

表1はかなり杜撰である．まず，7番，14番の価格欄が空白である．これは単なる校正ミスだろうが，実はこのほかに，校正ミスとは到底いえない問題箇所が幾つかある．また，後述のように，註釈が必要な史料の文言についてもそれが

---

8)　Ashtor, L'exportation, cit., p. 314.
9)　Ibid., pp. 313, 315ff.

表1 フィレンツェ毛織物の価格　　　　（アシュトール作成）

番号	日付	販売市場	第1種	第2種	第3種	不特定（上級品）	史料
1	1386. 9. 1	D	35	46	54		Datini, 1171
2	94. 8.23	D		22.5	45		Melis, Aspetti, p. 384
3	95. 5.30	D		43.3[1)]			Datini, 1171
4	95. 8. 2	D		43.3			同上
*	96. 2.23	A		20	30DR		同上
5	不明（1398?）	D		30	45		同上
*	1410（前後）	A				30DR	G. P., Sent. 25, f. 41b et s.
6	11. 3.30	D	18	25	33		Zane, 価格表
7	11.10. 8	D					同上
8	13.……	D	17	19	23		G. P., Sent. 25, f. 24b
9	13. 3.22	D	16	18	21	20	Zane, 価格表
10	13. 9.14	D	16	18	22		同上
11	13. 9.19	D	18	20	22		同上
12	不明（1416?）	D	15	17	20		同上
13	17. 4.14	D	14	17	20[2)]		同上
14	1440以前	D					Uzzano, p. 114
*	43.……	T	12	13	15	32-41.25	G. P., Sent. 102, f. 66 a
15	53.……	D			30		Crist. del Fiore V. f. 1 a

原註1) 種類は特定されていない．
　　2) 第1種および第3種（「上級品」finiと記述）の価格は，ザーネ商社あてに代理人ニッコロ・コンタリーニから送られた書簡の中に示されている．
訳註1) 番号は筆者が付加した．＊印はダマスクス以外を示し，表2では省略．
　　2) 販売市場については，筆者が略記した．D＝ダマスクス，A＝アレクサンドリア，T＝トリポリ（シリア）．
　　3) 価格の単位は，数値のみの場合は，DT．DRとあるのは，ディナール（Dinar）．

ない．ともあれ，この表をみれば，アシュトールのいうように，14世紀末から15世紀初めにかけて，フィレンツェ毛織物の「ダンピング」があったことになる．とりわけ価格低下を印象づけるデータは，ザーネ文書のなかの価格表から採集した一群の価格データである．

ここでいうザーネ文書とは，ヴェネツィアに居住する貴族身分のヴェネツィア商人，アントーニオ・ザーネが各地から受け取ったさまざまな商業文書，すなわち書簡，勘定書，価格表（商品価格報告書），購入表（商品購入量報告書），およびそのほかの文書からなる史料群である＊[10]．アシュトールは，ダマスクスから

---

[10] 価格表，購入表，書簡，勘定書の形態と役割については次を参照．齊藤寛海「定着商業における取引手続－中世後期のヴェネツィア商業における－」東京外国語大学アジア・アフリカ言語文化研究所『イスラム圏における異文化接触のメカニズム－市の比較研究－』1，1989年，52頁以下．ザーネが貴族身分であることは，宛名に貴族（nobilis vir）と肩書があることから判明する．

ヴェネツィアに送られた価格表，すなわちダマスクス市場における商品価格の一覧表からデータを採集している．この価格表は，たとえば1413年9月14日付のもの（史料番号10番）にみられるように，「フィレンツェ毛織物，第1種，D22, 第2種，D18, 第3種，D16」（pany Fi[orenz]a, p[rima] s[ort]a, D 22, segonda sort[a], D 18, terza sort[a], D 16）という形式で記入されている．（[ ]内は筆者の解釈による補完，以下同様．）なお，10番，11番の価格表の原本では，そのほかの価格表の場合とは逆に，最高価格の毛織物を第1種，最低価格の毛織物を第3種としているが，このことにこだわる必要はない．さて，ここにみるように，貨幣単位のDが「ドゥカート」(Ducato) と「ディルハム」（イタリア語表記で Diremo または Daremo）のどちらの省略形であるのか，を判断する手がかりが，この価格表自体にはない．アシュトールは，このDをドゥカートと解釈するが，その論拠を明示していない[11]．

星野は，アシュトールのこの解釈に，次の論旨で反論する[12]．このDは，DT ではなく，DM と解釈すべきである．なぜなら，各種の商業実務にしたがえば，ダマスクスでは，毛織物の価格は，「ピック」(picco, 現地の長さの単位）あたりのDM価格で表示されたからである．したがって，この史料における毛織物の価格は，アシュトールのように，DT価格で表示された1「反」(panno, pezza) あたりの価格と解釈するのではなく，DM価格で表示された1ピックあたりの価格と解釈しなければならない．さて，この前提にもとづいて，ザーネ文書の価格表にみられる，1ピックあたり14-23DM という価格［星野は6番のD33を見落としている］を，1反あたりのDT価格に換算してみよう．フィレンツェ毛織物1反の長さは，商業実務にみられるように，（ダマスクスのピックで）約55ピックであるから，その1反あたりの価格は，770-1265DM となる．1DT が，［商業実務にみられるように］20DM に相当するとすれば，1反の価格は，38.5-63.25DT となる．したがって，この価格表にあるフィレンツェ毛織物の1反あたりの価格は，アシュトールのいう14-23［33を見落とし］DT ではなく，39-63［91を見落とし］DT なのである．1反あたり39-63［91］DT というこの価格は，当時の［フィレンツェ史料にみられる］フィレンツェ毛織物の価格と対

なお，14世紀中葉までの「ザーネ家」(Zane, Ziani とも綴る）の経済的，政治的，社会的活動について調査した次の書物に，一人のアントーニオが出現するが，この人物は，その生存年代から判断して，本稿に登場するアントーニオではない．Vgl., Fees, Irmgard, *Reichtum und Macht im mittelalterlichen Venedig - Die Familie Ziani*, Tübingen, 1988, S. 40.

11) Vedi, Ashtor, L'exportation, cit., p. 314.
12) 星野，前掲書，221-222頁（第4章，註116）．

比すれば，ガルボ毛織物の上級品ないしサン・マルティーノ毛織物，すなわち高級品の価格に相当する．したがって，この時代のレヴァントには，フィレンツェ毛織物の「ダンピング」はなかった．

　星野のこの反論が妥当であれば，「ダンピング」がなかったのは，フィレンツェ毛織物だけではない．西欧毛織物一般にもなかった，ということになる．というのは，アシュトールは，そのほかの西欧毛織物の価格についても，フィレンツェ毛織物の場合と同一の史料にもとづいて，同一の解釈をしているからである．したがって，Dの解釈は重要な意味をもつ．

2　商業実務の記述

アシュトールの利用した史料を再検討するまえに，ダマスクスで取引に使用された貨幣と，毛織物の取引に使用された長さの単位とについて，商業実務の記述を確認しておきたい．検討した商業実務は次のものであり，以下，それぞれを記号（A－J）でしめす．以下に言及のない商業実務には，上記のことについての記述がなかった．なお，それぞれの商業実務の作成年代，作者ないし編者の主要活動場所，具体的な題名などは下記のとおりであり，（　）内は刊本についてのデータである[13]．

　(A) 1320年頃，ヴェネツィア，*Zibaldone da Canal,* (A. Stussi, a cura di, Venezia, 1967).

　(B) 1340年頃，フィレンツェ，*Pegolotti, La pratica della mercatura,* (A. Evans, a cura di, Cambridge Mass., 1936, ristampa, New York, 1970).

　(C) 1345年頃，ヴェネツィア，*Tarifa zoè noticia dy pexi e misure ...,* (V. Orlandini, a cura di, Venezia, 1925).

　(D) 1385/6年，プラート（？），*La "pratica di mercatura" datiniana,* (C. Ciano, a cura di, Milano, 1964).

　(E) 1395年，シエーナ，*Una pratica di mercatura in formazione,* (B. Dini, a cura di, Firenze, 1980).

　(F) 1396年，フィレンツェ/ジェノヴァ，*Il manuale di Saminiato de Ricci,* (A. Borlandi, a cura di, Genova, 1963).

---

13)　大黒俊二「『商売の手引』一覧－13世紀から18世紀まで－」大阪市立大学文学部『人文研究』第38巻第13分冊，1986年，参照．なお，(G)は，フィレンツェ大学商業・経済学部の卒業論文の一部として転写されたもの．筆者は，同学部の（故）フェデリーゴ・メリス教授の好意により，それを閲読し，複写することができた．(J)は，我々の問題とする時期とはやや離れた時期のものであるが，参考のために検討した．

(G) 14世紀末，フィレンツェ，*La "pratica di mercatura" Acciaioli,* (L. Fantacci, a cura di, Tesi di laurea, Università di Firenze, 1969-70).

(H) 1442年，フィレンツェ，*Da Uzzano, La pratica della mercatura,* (Pagnini, a cura di, Lisbona e Lucca [Pisa], 1766, ristampa, Bologna, 1967).

(I) 1458年，フィレンツェ，*El libro di mercatantie et usanze de' paesi,* (F. Borlandi, a cura di, Torino, 1936, ristampa, Torino, 1970).

(J) 1557年，ヴェネツィア，*Bartholomeo di Pasi, Tariffa,* (Venezia, 1557).

さて，ダマスクスの貨幣については，次のような記述がある．

(I)「ダマスクスでは，すべての商品がDMとよばれる一つの貨幣で取引される．それは銀貨であり，DT［金貨］1枚に相当するのは18から24［枚］であるが，多い少ないは［それぞれの貨幣に対する］需要にしたがう[14]．」

(H)「ダマスクスでは，DMとよばれる貨幣によって取引がなされる．それは30枚で1DTとなる．しかし，現在［この史料は1442年に編纂］では，ヴェネツィアのDTによって［取引が］なされる[15]．」

(J) DMについての記述はない．「ヴェネツィア造幣局［発行］のDT金貨と，ウンガロ［すなわちハンガリア金貨，とイタリアでよばれたハンガリア発行のフィオリーノ金貨[16]］，それに銀貨，つまり［ヴェネツィア］造幣局［発行］のモチェニゴ［というそれを発行したドージェの名前でよばれる銀貨[17]］がダマスクスに輸出されている[18]」．

DTとDMとの為替相場については，上記以外にも次の記述がある．

(C)「7DMで1リブラ・ア・グロッシとなる[19]．」ちなみに，10DT＝26 1/9リブラ・ア・グロッシである[20]から，計算すれば，1DT＝約18 1/4 DMとなる．

(F)「18 1/4DMが，ヴェネツィアの1DTと勘定される[21]．」

---

14) Pratica, I, p. 73
15) Pratica, H, p. 113.
16) Vedi, Spufford, Peter, *Handbook of Medieval Exchange,* London, 1986, p. 285.
17) Vedi, Martinori, Edoardo, *La moneta -Vocabolario generale -,* Roma, 1977, voce "Mocenigo".
18) Pratica, J, c. 73r.
19) Pratica, C, p. 63.
20) 第1部付論，参照．
21) Pratica, F, p. 122.

第3章　ダマスクス市場のフィレンツェ毛織物　　　　　　　　　　　79

結局，商業実務の記述からは，DM銀貨が使用されていたが，DT金貨も使用されるようになったこと，為替相場は1DTが18DMから30DMへと変動したこと，が読みとれる．

毛織物の長さの単位については，次の記述がある．

　(C)「ダマスクスでは，ナルボンヌ毛織物や，それに類似するほかのすべての毛織物は，反で販売される．これらの反は同じ長さである．しかし，スカルラッテ [毛織物の種類]，ミラーノの羊毛染め [染色羊毛を用いてつくる毛織物]，そのほかの各種 [の毛織物] は，ピックで販売される*22)．」「ダマスクスでは，毛織物は，その種類に応じて反，あるいはピックで販売される*23)．」

　(F)「ヴェネツィアの42ブラッチォ [長さの単位] は，ダマスクスでは50ピック．もし [毛織物の長さが，50ピックに] 不足すれば，50 [ピック] になるまで [毛織物を] 補充し，[50ピックを] 上回れば，その上回った分は返却される．フィレンツェ，ミラーノ，カタルーニャの毛織物は，このようにして販売される*24)．」

　(H)「[毛織物は] 100ピックを単位として販売されるが，100ピックはヴェネツィアでは84ブラッチォであり，……，フィレンツェでは97ブラッチォである*25)．」

　(I)「ダマスクスでは，バルセローナ毛織物や，そのほかの同様な粗質の毛織物は，反で販売され，フィレンツェ毛織物，スカルラッティーニ [毛織物の種類]，ミラーノ毛織物のような良質の毛織物は，ピックで販売されるが，[それぞれが] そのように計量されるからである*26)．」

　(J) では関連する記述が二箇所にある．「ヴェネツィア毛織物，絹織物，金糸織物，錦の計量単位が，ダマスクスのピックとどのように対応するか．ダマスクスでは上記のすべての織物は，ピックでだけ計量されることに注意せよ．ダマスクスで購入されるもの [織物] も，同様に上記のピックで購入される*27)．」「フィレンツェからダマスクスには，良質のサン・マルティーノ毛織物が輸出される*28)．」

---

22)　Pratica, C, p. 57.
23)　Pratica, C, p. 64.
24)　Pratica, F, p. 121.
25)　Pratica, H, p. 114.
26)　Pratica, I, p. 73.
27)　Pratica, J, c. 146r.

なお，フィレンツェにおける毛織物の計量単位と，ダマスクスにおける単位との対応関係については，次の記述がある．

　　(F)「フィレンツェの100ブラッチョは，ダマスクスでは103ピックとなる[29]．」

　　(I)「フィレンツェの毛織物の100ブラッチョは，ダマスクスでは103である[30]．」

　　(J)「フィレンツェの毛織物の100ブラッチョは，ダマスクスでは99-100ピックである[31]．」

　ちなみに，ブラッチョもピックも，ともに腕の長さに由来する計量単位であるが，具体的には，いずれも地方ごとに多少の偏差があった．フィレンツェ毛織物1反の長さは，ドーレンによれば，1370年代以降15世紀をとおして，フィレンツェの毛織物工業組合の規約により，原則として全種類とも58（一時，58 1/4）ブラッチョ（フィレンツェのブラッチョ）と規定されていた[32]．また，商業実務の記述をみると，フィレンツェの1ブラッチョはダマスクスの1ピックに近似するから，58ブラッチョの長さをもつフィレンツェ毛織物の1反は，50ピックよりも多少長かったことになる．

　結局，商業実務によれば，毛織物の取引単位は，その種類によって一様ではなく，下級品は反，高級品はピックであった．フィレンツェ毛織物は，反ではなくピックが単位であったことになる．とはいえ，ピックが単位という場合，実際の取引単位は，星野がいうような1ピックではなく，50ピック（あるいは100ピック，後述）であった．商人のために編纂された商業実務が記述するのは，消費者への販売ではなく，西欧商人からレヴァント商人への販売についてであるから，このことは納得がいく．フィレンツェ毛織物の取引単位は50ピックであるが，その1反は50ピックより長く，商業実務(F)の記述にしたがえば，取引では1反から50ピックを差引いた残りの部分は売り手に返却される．

　この記述と，イタリアへの報告において，50ピックを上回った分の毛織物の価格を50ピックの価格に上乗せして，1反のままの価格を報告するということは，矛盾するだろうか．フィレンツェ毛織物1反は当時すでにその長さが固定さ

---

28) Pratica, J, c. 159t.
29) Pratica, F, p. 122.
30) Pratica, I, p. 34.
31) Pratica, J, c. 160t.
32) Doren, Alfred, *Die florentiner Wollentuchindustrie vom vierzehnten bis zum sechzehnten Jahrhundert,* Stuttgart, 1901, S. 85-86.

第3章　ダマスクス市場のフィレンツェ毛織物　　　　　　　　　　81

れていたので，1反あたりの価格が価格動向をみるための指標となるだけではなく，イタリアにいる商人には50ピックよりは1反あたりの価格での報告のほうが便利だったにちがいない．この商人たちは，ダマスクスのみならず，計量単位がこれとことなるほかの市場からも，毛織物価格について報告をうけるのである．したがって，次のダティーニ文書にみられるように，フィレンツェ毛織物の1反の価格がイタリアに報告された，ということがあっても納得できる．ちなみに，フィレンツェ以外でも毛織物の1反の長さが規定されていれば，その製品の1反の価格がイタリアに報告されたとしてもおかしくはない．

3　史料の再検討
① ダティーニ文書

星野がアシュトールを批判するのは，上記のように，ザーネ文書の価格表にみられるDの解釈についてである．しかし，それを再検討するまえに，参考のために，アシュトールが使用したほかの史料の記述を，史料原本にもとづいて確認しておきたい．ただし，問題はダマスクスの価格であり，また表1から判明するように，それだけでレヴァント市場の価格動向をみるのに十分だから，以下の作業は，ダマスクスについてだけに限定する．アシュトールの利用した史料は，ダティーニ文書（14世紀末），ザーネ文書（15世紀初め），そのほか（15世紀中葉以前の散発的な時期），に大別できるが，主要なデータは前二者から採集されている．まず，ダティーニ文書（1-5番）から確認していこう．

　ダティーニ文書は，プラートの商人フランチェスコ・ダティーニに関係する，膨大な経営文書を主体とする史料群として著名である[33]が，筆者の調査では，そのなかの第1171番（n. 1171）として登録された一束には，各地で作成された多数の価格表が含まれている．アシュトールは，そのうちダマスクスで作成されたもの（ないしその複写）を利用している．

　（1番）ダティーニ文書，第1171番のなかの1386年9月1日付の価格表[34]で

---

33) Archivio di Stato di Prato, Archivio Datini. この史料群の概要については次を参照．Melis, Federigo, *Aspetti della vita economica medievale*, Siena, 1962, pp. 3sgg. なお，フランチェスコ・ダティーニについては，次の著作が翻訳されている．オリーゴ，イリス著，篠田綾子訳，徳橋曜監修『プラートの商人』白水社，1997年．

34) この価格表の写真とその転写がメリスの次の著作にある．Melis, Federigo, *Documenti per la storia economica dei secoli XIII-XVI*, Firenze, 1972, pp. 318-319. なお，同頁には1424年にダマスクスで作成された価格表の転写があり，その「D」はDMと解釈されているが，これはDTと解釈さるべきである（理由は後述）．星野は，経営史料の権威であるメリスの著作におけるこの転写を参照して，ザーネ文書における「D」をDMと解釈する自説に確信をもった，という可能

は，冒頭に記入された胡椒価格の貨幣単位は，「ディルハム」(diremi) と明記され，それにつづく一連の商品の価格は，その貨幣単位がいずれもDという省略形で記入されているが，それがDMを意味することには疑問の余地がない．なお，この価格表ではフィレンツェ毛織物の価格は次のように記入されている．「フィレンツェ毛織物，ブラッチョあたり，18グロッソのもの，D500／20グロッソのもの，D650／25グロッソのもの，D850／30グロッソのもの，D1000」(panni fiorentini, da g[rossi] 18 bra[ccio], D 500 / da [grossi] 20, D 650 / da [grossi] 25, D 850 / da [grossi] 30, D 1000)．このグロッソを，アシュトールは織物における縦糸の密度と解釈するが，星野はヴェネツィアの貨幣単位と理解する*35)．この価格表には毛織物の単位についての記述はないが，2-5番の価格表では単位がいずれも反と明記されており（後述），それらと1番とは価格の数値が近似していることから，この価格表の単位も反であると判定できる．

さて，この価格表には，ダマスクスにおけるDTとDMの為替相場が記入されている．すなわち，「ドゥカート，18 1/2ディルハム」(ducati, D18 1/2)．この相場で，上記の毛織物のDM価格をDT価格に換算すれば，それぞれ27，35，46，54DT（四捨五入，以下同様）となる．アシュトールは，表1では，ここに記録された4等級の毛織物のうち，価格の高い3等級を取り上げているだけで，しかもそのことをことわっていない．フィレンツェ毛織物は，後にみるザーネ文書の価格表では3等級に区分されているが，ダティーニ文書（第1171番）のこの価格表では4等級に区分されている．フィレンツェ毛織物の等級区分は，二種の価格表では基本的にことなるのである．アシュトールは，理不尽にも，ザーネ文書の等級区分をこのダティーニ文書の毛織物にも押し付けるのみならず，そこにみられる第4級（最下級）の毛織物は表1から抹殺している．このデータ処理は不適当である．

フィレンツェ毛織物の価格動向を考察するには，史料の記述に忠実な価格データを把握することが前提になるので，筆者は，表1の修正版である表2（ただし

性がある．

35) Ashtor, L'exportation, cit., pp. 311f. 一方，星野は，筆者宛の私信において，これはヴェネツィアのグロッソ銀貨（ないしそれにもとづく貨幣単位）だと指摘した．筆者は，縦糸の密度をグロッソと表現する実例をみたことがなく，参照した各種の事典などでもグロッソにこの意味を見出すことができなかったので，星野の見解が妥当だと推定するが，本稿ではそれを論証する余裕がない．なお，縦糸の密度を表現する用語は，ポルタータ (portata)，またはパヴィオーラ／パイオーラ (paviola/paiola) が通例である．Vedi, Edler, Florence, *Glossary of Medieval Terms of Business, Italian Series 1200-1600*, Cambridge Mass. 1934, reprint, New York, 1969, term "portata".

表2 フィレンツェ毛織物の価格の修正(ダマスクス市場についてのみ) (筆者作成)

番号	日 付	毛織物の反あたり価格 (左側=DT,右側=DM. 史料の数値はそのまま,換算した数値には下線)				為替相場	備 考 (史料は表1と同じ)
1	1386. 9. 1	27*:500	35:650	46:850	54:1000	18 1/2	データを追加
2	94.10.23*	23:450		45:900		20	[Datini, 710]
3	95. 5.30			43:900		20 3/4	
4	…. 8.24*	[…:…]	31*:650		48*:1000		
5	98. 9.15			44*:950		21 1/2	表1のデータと入替え
6	1411. 3.26*	13*:550	18*:750	24*:1000		42 1/2	表1の数値は不採用
7	11.10. 8	17:867	19:969	23*:1173		51	
8	13.….….			20*:			種類区分は不明
12	不明(1413?)*	15:435	17:493	20:580		29	為替相場から1413年と推定
9	13. 3.22	16:464	18:522	21:609		29	
10	13. 9.14	16:480	18:540	22:660		30	
11	13.10.19*	18:540	20:600	22:660		30	
13	17. 4.14	14:420	17:510	20:600		30	
14	1442以前*	12*:360	13*:390	15*:450		30	ただし,毛織物の単位は不詳
15	53.11.18*		30:…/…:1300-1400*				史料は,V[?], f. 1 b*

1) 毛織物の種類については,史料における等級分類にしたがった.ただし,等級の名称は省略した.
2) 表中のデータに付した*印は,そのデータが,表1のものと,数値,あるいは記入の位置が異なることを,あるいは新たに追加したことを示す.
3) 価格の数値は四捨五入したが,このことによって,表1の数値と異なってしまった場合がある.

データはダマスクスのものに限定)を作成した.表2では,DT価格にせよDM価格にせよ,史料にみられる価格をそのまま記入した.さらに,同一史料に為替相場の記録があれば,その相場で史料のDT価格をDM価格に,史料のDM価格をDT価格に換算した価格を併記し,この価格には下線をひいた.同一史料に為替相場の記録がなければ,換算はしなかった.表2を参照しながら,以下の註釈をみられたい.

(2番)アシュトールは,この価格をメリスが著作で紹介した価格表[36]から取り上げているが,この価格表は,ダティーニ文書のなかにある(第710番).ただし,その日付を8月23日とするのはまちがいで,10月23日である.毛織物の計量単位は「反」(peze)と明記されており,その価格は次のように記入されている.「フィレンツェ毛織物,上級品,D 900/フィレンツェ毛織物,下級品,D 450」(panni fiorentini, fini, D 900 / panni fiorentini, bassi, D 450).貨幣単位のDについては,「ディルハム」(diremi)と明記されている.この価格表で

---

36) Melis, *Aspetti,* cit., p. 384(転写), Tavola XIII tra pp. 64-65(右側の写真).

は，為替相場は「ヴェネツィアの［1］ドゥカートは20ディルハムである」（du-chati vineziani, D 20）．換算すると，価格は45DTと23DT．いずれにせよ，アシュトールは，2等級に区分されている毛織物を，ここでもザーネ文書の3等級区分のなかに押し込んでいる．このデータ処理も不適当である．

（3番）この日付の価格表では，貨幣単位はDM，長さの単位は反，為替相場は20 3/4DM．記入は，「フィレンツェの毛織物，D 900」（panni di Firenze, D 900）．換算すると，価格は43.3DT．この価格表では毛織物に等級区分がないので，アシュトールによる等級区分は恣意的である．

（4番）（年号は欠如）8月24日（2日ではない）付の価格表では，貨幣単位はDM，長さの単位は反，為替相場は21DM．記入は，「フィレンツェの毛織物，D 1000／中級品，D 650」（panni di Firenze, D 1000 / mezani, D 650）．換算すると，価格は［上級品が］48，中級品は31DT．上級品，中級品があるので，下級品もあったと推測されるが，それについての記入は欠如．表1は，価格，等級ともにまちがい．おそらく，3番のデータをここに誤記したものと思われる．

（5番）筆者は，ダティーニ文書，第1171番の束のなかを丹念に調査したが，これに相当する記録をみつけることができなかった．そのかわり，同じ第1171番のなかに，［1398年］9月15日付の価格表が転写された冊子をみつけた．そこでは，価格単位はDM，長さの単位は反，為替相場は21 1/2DM．記入は，「フィレンツェの毛織物，D 950」（pani di Firenze, D 950）．したがって，価格は44DT．表2では，アシュトールのデータにかえて，このデータを採用する．

② そのほかの史料

（8番）史料は，国立ヴェネツィア史料館にある裁判文書，ASV, Giudici di Petizion, Sentenze a Giustizia, n. 25, f. 24 b.［＝c. 24 t.］である．この文書に次の記述がある．「アントーニオ・ボーノは，ダマスクスで，アンドレーア・ロッソのものである良質，およびそれほど良質ではないフィレンツェ毛織物を3梱保有したが，そのなかには23反が入っていた．それらを，このアントーニオ・ボーノは，……1413年のガレー商船団から受け取ったのである．……彼［ロッソ］は次のようにいった．彼［ロッソ］の勘定において，彼［ロッソ］の毛織物のうちから8反を，［ボーノは］1反あたり20ドゥカートで売却したはずであるが，その原価は1反あたり30ドゥカート以上もしたのである．」（Antonius Bono habuit in sua manu Damasti, di ratione ipsius Andrea Rosso balius tres pannorum florentinorum bonorum et minus bonorum, que pecie fuerunt panni xxiii, quos ipse Antonus[sic] Bono inde recipit ... per galeas di 1413. ...

第3章　ダマスクス市場のフィレンツェ毛織物

Et dicet vendidisse per suam conputum de dictis sus pannis pannos octo ad rationem duc[atorum] xx per pecia, qui panni venuit de capitali plus duc-[atis] xxx pecia.)

　すなわち，ロッソが，ダマスクスにおける代理人であるボーノに，ヴェネツィアとベイルートの間を往復する1413年のヴェネツィアのガレー商船団に積み込んで，23反のフィレンツェ毛織物を送付し，ダマスクスでの販売を委託した．(ロッソは，この事件がヴェネツィアの裁判文書に記録されていることから，おそらくヴェネツィアに居住するヴェネツィア商人であり，また当時の商人は一般に同国人を代理人に選んだので，ボーノも，やはりヴェネツィア商人である，と推測される．）さて，「その原価は1反あたり30ドゥカート以上もしたのである」(qui panni venuit de capitali plus duc[atis] xxx pecia) と翻訳した部分の文意がはっきりしないが，ボーノは，そのうち原価が30DT以上もするもの8反を，（その毛織物になかなか買い手がつかないので）とうとう1反あたり20DTで売却した，ということだと推測される．

　(14番) 史料は，ダ・ウッツァーノの商業実務（上記のH，1442年編纂）であり，次の記述がある．「サン・マテーオ毛織物，第1種，12ドゥカート／第2種，13ドゥカート／第3種，15ドゥカート」(Panni San Mattei di prima ragione ducati 12 / Panni della seconda ducati 13 / Panni della terza ducati 15)．この記述がある同じ頁に，このサン・マテーオ毛織物は，フィレンツェ毛織物だとことわってある．したがって，サン・マテーオ（羊毛の集散地として有名なスペイン都市，イタリア語表記ではサン・マッテーオ）から輸入された羊毛を原料として，フィレンツェで製造されたガルボ毛織物の一種だと思われる．なお，この商業実務のダマスクスの章には，さきに紹介したように，「[毛織物は]100ピックを単位として販売されるが，……100ピックはフィレンツェでは97ブラッチョである」という記述がある．とはいえ，まだ史料批判をへていないこの商業実務は，記述内容に曖昧な部分が多く，信憑性について疑問視される部分が少なくない．いずれにせよ，アシュトールは，ためらうことなく，上記の価格を（100ピックではなく）1反あたりのものとする．筆者は，その単位については不詳，ということにしておきたい．なお，商業実務に採録されたこのデータがどの時点のものなのか，正確なことはいえない．

　(15番) 史料は，国立ヴェネツィア史料館にある公証人文書，ASV, Cancelleria inferiore, Notai, busta 83, Cristofolo del Fiore, V, f. 1 a [= n. 5, c. 1 r.] である．この公証人クリストーフォロ・デル・フィオーレ（ラテン語表記ではクリストフォルス・デ・フローレ）の文書シリーズは7冊からなり，筆者の調査

(1979年）では，その各々には登録番号は付されていなかった．ともあれ，そのうちの1冊は，表紙に「公証人クリストフォルス・デ・フローレ，1454年，ダマスクスの［ヴェネツィア人居留民団の］書記」（Cristophorus de Flore not-[arius], 1454 cancellarius in Damasco) と記されている，公証人文書の登録簿であるが，その1枚目の紙の裏側（アシュトールの上記の記載にもかかわらず，表側ではない）に，次の記述がある．「1453年11月8日．……わたしは，貴方がたがわたしのフィレンツェ毛織物を3反，すなわち1反は墨色，1反は黄色，1反は深紅色を受け取ったこと，……それらを［ダマスクスで］現金，あるいはバーターで販売してくれるように，貴方がたに依頼し，指示したことを記憶しています．……その勘定については，黄色のものはD1400，墨色のものは現金販売としては最低限度の30アシュラーフィ，深紅色のものは蒸されてあちこちに染みがでていたのでD1400からD1300，という価格で販売してくれたはずです．」(A dì 18 de novenbrio 1453. Ricordo ... vui habete del mio 3 panj fiorentinj, zoè uno morello, uno zialo, uno paonazo, i qual panj ve priego, ve inzegnate dar fine o a danari contanti o a barato. ... Fazendo conto il pano zialo mi venisse venduto per danari D 1400, e'l morello serafinj 30, l'ultimo priexio per danari contanti, e'l paonazo D 1400 in 1300, perchè è machiato tuto de rischaldata.)

　この公証人文書では，（ダマスクスで）フィレンツェ毛織物3反を委託された人物が販売した，その毛織物の色彩と販売価格が確認されている．アシュラーフィ（serafini）とはマムルーク朝が発行したある金貨の通称であり，1アシュラーフィ＝1ドゥカートである[*37)]から，アシュトールは30アシュラーフィを30DTとしたわけである．ところで，この文書にみられる貨幣単位のDは，1反の価格の数値から判断してDTではなく，DMである．アシュトールは，表1において，DMで価格を表示された2反については省略している．省略する理由は，その販売がおそらくバーターによるものだったからだろうか，当時の為替相場が不明だからだろうか，不詳である．

　さて，「そのほかの史料」から収集した上記のデータのうち，8番は，販売価格が「良質」（上級品）のものか，「それほど良質ではない」（中級品）のものか，不明である．15番は，毛織物の等級区分についての記述がない．両データとも，一応は参考になる，という程度の意味しかない．14番は，記述内容に疑問があ

---

37) Tucci, Ugo, *Lettres d'un marchand vénitien Andrea Barbarigo (1553-1556)*, Paris, 1957, p. 357 (terme "Sarafo").

第3章　ダマスクス市場のフィレンツェ毛織物　　　　　　　　　　87

り，時期も明確ではないので，同じ程度の意味しかない．したがって，フィレンツェ毛織物の価格動向は，おもにダティーニ，ザーネ両文書の価格表のデータにもとづいて考察するのが妥当である．

③　ザーネ文書

ザーネ文書は，国立ヴェネツィア史料館に，ASV, Procuratori di San Marco, Commissarie Miste, Busta 128 A，として登録されている．この史料のうち，アシュトールの利用した部分（Busta 128 A, Fascicolo V）は，筆者の調査では，130余枚の大小の紙片からなるが，紙片ごとに番号がつけられてはいない．そのうち，ダマスクスで作成されたことが確認，および推定できるものは，合計で51枚ある．その内訳は，書簡20枚，勘定書5枚（1413年以降に作成），価格表15枚（うち3枚には購入表が連続して記入），購入表11枚である．価格表15枚のうち，フィレンツェ毛織物の価格が記入されたものは，8枚あるが，そのうちの1枚はほかのものの複写だから，実質的には7枚であり，アシュトールはこれを使用している（6, 7, 9, 10, 11, 12, 13番）．その体裁は，ダティーニ文書の価格表と同様に，縦長の短冊型の紙片の左側に商品名を，右側にその価格を記入している．この価格の数値につけられた貨幣単位が，上記のようにDという省略形である．Dの字体は，筆跡いかんとは関係なく，上記7枚のなかには大別して2種類ある（15枚では3種類）が，字体のちがいにもとづいて，DTとDMとを識別することはできない．同字体のDであっても，約半年の間に，1キンタール（イタリア語表記でカンターレ，Cantare）あたりの胡椒価格が，D4000からD120になる一方，異字体のDであっても，D115のままだったりするからである．しかも，ザーネ文書の価格表には，ダティーニ文書の価格表とはちがい，価格がどの単位（1反，50ピック）あたりのものなのか，について判断の手がかりになる記述がない．したがって，価格表自体には，Dを解明する鍵がない．

購入表には，ヴェネツィア商人たちがダマスクスにおいて，購入した商品の種類と数量は記入されているが，西欧毛織物など，販売した商品については記入されていない．勘定書には，ザーネとそのダマスクスにおける代理人との貸借関係が記入されているが，ザーネは毛織物をそこに輸出してはいないので，毛織物の記録はない．ただし，勘定書における貸借関係は，すべてがDTを単位として記録されている．正確にいえば，ダマスクスで購入された商品は，最初からDT価格で記入され，他方，その荷造経費などの諸経費は，最初はDM価格で費目欄に記入され，DT価格に換算されてから金額欄に記入されている．

書簡には，ダマスクスにおける西欧商品の市況報告の一部として，毛織物の市

価が記述されている場合がある．しかし，アシュトールは，ザーネ文書を利用したとき，価格表と書簡を組織的に照合したうえで，貨幣単位について検討した，とは思われない（後述）．したがって，彼の解釈（D＝ドゥカート，1反あたりの価格）の正否を再検討するには，書簡に毛織物の価格と長さの単位とについて記述があれば，それを確認し，価格表の記録と対照してみる必要がある．そのための書簡は，いずれかの価格表と同時に作成されたものであることが望ましい．

（10番）さて，1413年9月14日付の価格表には，それに対応する同日付の書簡のみならず，同日付の購入表，および8月22日以降に作成された勘定書がある．この四者は，ヴェネツィアのザーネ宛に一緒に発送されたにちがいない．

この書簡には次の記述がある．「アロスト毛織物は，残部が1反あたり12ドゥカート，ないしその前後で売却され，［現在は］取引がない．ギルフォード毛織物は，100ピックあたり19から20ドゥカート．バスタード毛織物は，25から28［貨幣単位は欠如］．……そのほかの商品については，ガレー商船団によってとどける価格表にすべてが詳細に記入されるので，それをみられたい．」(Pany Lovesty niente d'afar contto, rasta fo vendudi duch[ati] 12 la peza o zercha, Gilforti duch[ati] 19 i[n] 20 c[iento] di pi[cchi], Bastardj 25 i[n] 28. ... E de alltre cosse, tutto per el chorso vedere che per le gallie mejo vene avixerò.) 書簡では，貨幣単位は，その記述のあるものはすべてドゥカート（duch[ati]）であり，長さの単位は，1反のものと100ピックのものとがあることが判明した．

この価格表には次のように記入されている．「フィレンツェ毛織物，第1種，D22／第2種，D18／第3種，D16／バスタード毛織物，D25-28／アロスト，D12／ギルフォード，D20．」(pany Fio[renza], p[rima] s[orta], D 22 / segonda sort[a], D 18 / terza sort[a], D 16 / pany Bastardj, D 25 i[n] 28 / Lovesty, D 12 / Gillofort[e], D 20.)

書簡では，アロスト毛織物は，1反が12DTである．したがって，価格表の記入についていえば，この毛織物の価格のD12は，12DTを意味し，その長さの単位は，1反であることが確認できる．また，書簡では，ギルフォード毛織物は，100ピックの価格が19-20DTである．したがって，価格表におけるその価格のD20は，20DTを意味するが，その長さの単位は，1反ではなく，100ピックである．

問題のフィレンツェ毛織物は，書簡には記述がない．しかし，価格表におけるフィレンツェ毛織物の価格のD（上記のDと同字体）が，上記の毛織物の場合と同様，DTであることには疑問の余地がない．

では，その長さの単位はなにか．まず，価格表におけるその価格が22-16DT

第3章　ダマスクス市場のフィレンツェ毛織物　　　　　　　　　　　89

であることから，1ピックが単位だということはありえない．1ピックが単位だとすれば，（フィレンツェ毛織物の）1反より短い50ピックの価格でも，1100-800DTという途方もないものになるからである．ところで，1413年3月23日付の書簡に次の記述がある．「アロストは，11-12ドゥカートで売却された．ギルフォードは，100ピックあたり20D［ドゥカート］．フォンダコ［の毛織物］は，12D［ドゥカート］．」(j Loest[i] fo ve[n]dudy duc[hati] 11 in 12, Gilforte d[uchati] 20 el cento di pichy, de Fontego d[uchati] 12.) この書簡でも，ギルフォード毛織物にのみ，100ピックあたりという記述がある．したがって，100ピックを単位とするのは，上記の毛織物のなかでは，ギルフォード毛織物のみと解釈すべきである．アロスト毛織物は，この書簡では単位の記述がないが，さきの書簡では1反が単位であり，この書簡でも同様だったと推定される．このアロスト毛織物が示唆するように，書簡に単位の記述のない毛織物は，1反が単位だったのではないか．

　ザーネ文書の価格表におけるフィレンツェ毛織物は，アロスト毛織物のように，1反を単位としたのか，それとも商業実務(F)にあるように，50ピックを単位としたのか．筆者は，次の理由により，1反を単位としたと推定する．①フィレンツェ毛織物は，ダティーニ文書の時期に作成された商業実務（F，1396年）では，50ピックが単位とされていたにもかかわらず，ダティーニ文書の価格表では，1反がその単位であったこと．②ザーネ文書では，アロスト毛織物は，単位の記述がある場合には，1反あたりの価格が報告されていた．この毛織物は，単位の記述がない場合にも1反あたりの価格が報告されていたと推定され，このことは，単位の記述のないほかの毛織物についても同様だと思われること．③さらに，フィレンツェ毛織物の（報告における）長さの単位が，ダティーニ文書の時期からザーネ文書の時期にかけて，変化したことをしめす証拠がないこと．

　（6番）ザーネ文書の価格表のなかでは，1411年3月26日付の価格表でのみ，すべての商品価格の数値が激増している．「フィレンツェ毛織物，第1種，D550／第2種，D750／第3種，D1000．」(pa[ni] Fiorenza, p[rima] sorta, D 550 / se[gonda], D 750 / t[erz]a, D 1000.) 同日付の書簡には，この毛織物についての記述がないので，記述のあるほかの商品について，このDの意味を確認しなければならない．この価格表では，「胡椒の価格は，D4000」(pip[er] val[e] D 4000) とあり，この書簡では，「価格は，胡椒が75-80ドゥカート」(i priexij, esta pip[er] duc[hati] 75 in 80) とある．書簡には，「この［ディルハム］貨幣は悪質で，1ドゥカートが42 1/2ディルハムに相当する」(sta moneda è cativa, val[e] el duc[hato] d[iremi] 42 1/2) とある．これに対応して，価格表

には,「ドゥカートは42 1/2ディルハム」(duc[hati], d[iremi] 42 1/2) とある. したがって，この価格表だけは，毛織物価格のDをDMと解釈しなければならない．毛織物の単位が変化したわけではないのである．ただし，価格表の胡椒（DM）価格と書簡の胡椒（DT）価格とから為替相場を算出すると，（1DT＝）53-50DMとなり，書簡および報告書にある相場の42 1/2DMよりもDM相場が下落している．この相場のちがいは，両記録が同日付であるにもかかわらず，実際には価格表の価格と書簡の価格との間に時間的なちがいがあることに起因するのではないかと思われるが，詳細は不明である．

　アシュトールは，おそらくザーネ文書の価格表におけるこの価格数値の大小にもとづいて，Dは，その数値の大きい場合にはDM，小さい場合にはDTだと推定したのではないか．しかし，その推定を論証せず，表1ではすべての価格をいきなりDT価格で表示しているので，この推定に対して星野のような疑念がうまれたとしても当然である．

　ちなみに，ザーネ文書の価格表15枚のすべてに，ドゥカートとディルハムの為替相場が記入されている．しかし，為替相場においてDMを意味するDの字体と，商品価格においてDTを意味するDの字体とがことなっているのは，そのうちの2枚だけであり，ほかでは，Dの字体はいずれを意味する場合でも同一である．したがって，為替相場のDに注目しても，その字体からDTとDMを識別することはできない．

　さて，この価格表にあるフィレンツェ毛織物の第1，2，3種の価格，550，750，1000DMは，この価格表にある相場（1DT＝42 1/2DM）で換算すれば，約13，18，24DTとなる．ところが，表1にみられるように，アシュトールは，この相場では換算せず，ことわりもなしに（とはいえ数値から判明する）1DT＝30DMという相場で換算し，価格を18，25，33DTとしている．この相場は，10，11，13番における相場，ないしは商業実務(H)における相場である．アシュトールは，価格表と書簡を組織的に照合していないのみならず，毛織物価格の記入された同じ価格表にある為替相場をも無視している．筆者は，アシュトールのこの数値ではなく，同じ価格表にある相場で換算した数値を採用する．

　（7，9，11，12，13番）これまで，フィレンツェ毛織物の価格のある価格表7枚のうち，2枚について，書簡と照合しながら検討してきた．残る5枚については，それぞれと日付を同じくする書簡にも，上記の事例以上に，その価格や長さを解明する手がかりはない．しかし，長さの単位は，いずれも1反，貨幣単位は，価格の数値から判断してDTと推定できる．貨幣単位は6番のみが例外だった．

第3章　ダマスクス市場のフィレンツェ毛織物

結局，貨幣と長さの単位自体については，星野の批判にもかかわらず，アシュトールが正しかった．しかし，アシュトールの提示したデータには，正しくないものが多かった．では，「ダンピング」について，正しいデータにもとづいて再検討してみよう．

第2節　「ダンピング」はあったのか

1　DM価格とDT価格

上記のように，フィレンツェ毛織物の価格は，再検討した結果，表2（83頁）のようになった．フィレンツェ毛織物の等級区分は，ダティーニ文書（等級区分は一様ではない）での区分とザーネ文書での区分が明白にことなる．アシュトールが一律に適用した第1，2，3種という区分は，ザーネ文書の時期以後のものであるから，それ以前のダティーニ文書のデータに，この区分をむりやりあてはめることは適正ではなく，そのなかの最下級品の存在を抹殺するのは不正である．

ダティーニ文書の毛織物の価格幅と，ザーネ文書のその価格幅とを比べてみよう．表3は，それぞれの価格表（およびその転写）の最下級のフィレンツェ毛織物の価格指数を10として，ほかの等級の価格指数がどのように分布するかをみるために，表2にもとづいて作成した．表3によれば，価格幅は，ダティーニ文書では広く，最高級品の指数は20であるが，ザーネ文書（および商業実務H）では，1411年の指数18から12年の12，ないし17年の14へと，次第に狭くなっている．では，狭まった価格幅は，高価格帯，低価格帯のどちらに収斂したのか．両文書の時期全体をとおしてみると，現地商人の再販価格が設定されたと思われる（後述）DM価格において，最高価格の毛織物相互の価格差が大きいのに比べ，最低価格の毛織物相互の価格差はむしろ安定していることから，低価格帯へ収斂したと推定される．換言すれば，ダティーニ文書にみられた高級毛織物は，ザーネ文書からは消滅してしまったと推定されるのである．この推定は，フィレンツェ毛織物二級品を大量に消費した15世紀後半のトルコ市場において，その価格が低価格帯に集中していること（後述）からみても，妥当だと思われる．

ダマスクスでは，この間になにがおきたのか．周知のように，この都市はマムルーク朝下でも以前に引き続いて繁栄をつづけ，その人口は盛時には10万人もいたといわれるが，1348年の黒死病によって大幅に減少した．さらに，1400-01年には，ティムールによる徹底的な略奪，破壊をうけたのみならず，職人や工芸家などの人口がサマルカンドに連行され，以後急速に衰退したといわれる．すなわち，ダティーニ文書の時期とザーネ文書の時期との間には，ティムールの侵攻

表3 フィレンツェ毛織物の価格分布（ダマスクス市場についてのみ）

番号	日 付	最低価格	毛織物の価格分布				為替相場
1	1386. 9. 1	27:500	10	13	17	20	18 1/2
2	94.10.23	23:450	10			20	20
3	95. 5.30		…………………………………………………………				20 3/4
4	…. 8.24	…:…	[10]	[13]		[20]	20 3/4
5	98. 9.15		…………………………………………………………				21 1/2
6	1411. 3.26	13:550	10	14	18		42 1/2
7	11.10. 8	17:867	10	11	14		51
8	13.…:…						
12	不明(1413?)	15:435	10	11	15		29
9	13. 3.22	16:464	10	11	13		29
10	13. 9.14	16:480	10	11	14		30
11	13.10.19	18:540	10	11	12		30
13	17. 4.14	14:420	10		12	14	30
14	1442以前	12:360	10	11	13		30
15	53.…:…						

1） 最低価格は，DT 価格：DM 価格．
2） 4番の価格分布については，史料に，「フィレンツェの毛織物，1000D／中級品，650D」とあり，650Dより安価な下級品があることになるので，1，2番を参考にして，このように処理した．

という決定的な事件があったのである．ダティーニ文書にみられた高級品がザーネ文書から姿を消したのは，ダマスクス市場の状況が悪化したからではないか．

さて，表2で，二つの文書における最低価格の毛織物の価格をみると，DT 価格は低下しているが，DM 価格は低下せず，1411年の急騰をのぞけば，ほぼ500 DM の周辺を上下している．のみならず，価格表の貨幣単位が，1411年に，従来の DM から DT に変化している．価格動向をみるとき，いずれの貨幣で表示された価格をみればいいのか．ここで，シリアの貨幣問題について，簡単にみておこう[38]．

38） シリア（マムルーク朝）の貨幣問題については，以下を参照．加藤博「中世エジプトの貨幣政策」『一橋論叢』第76巻第6号，1976年．同，「貨幣史からみた後期中世エジプト社会」『社会経済史学』第43巻第1号，1977年．同，『中世エジプト貨幣史』（一橋大学修士論文），1976年．Ashtor, Eliyahu, *Histoire des prix et des salaires dans l'Orient médiéval,* Paris, 1969, pp. 388ff. Idem, *Les metaux precieux et la balance des payements du Proche-Orient à la basse-epoque,* Paris, 1971. Spufford, Peter, *Handbook of Medieval Exchange,* London, 1986, pp. 300ff. Watson, Andrew M., Back to Gold, and Silver, in, *The Economic History Review,* 2nd series, 22-1, 1967. Grierson, Philip, La moneta veneziana nell'economia mediterranea del Trecento e Quattrocento, in, Centro di Cultura e Civiltà della Fondazione Giorgio Cini, a cura di, *La Civiltà veneziana del Quattrocento,* Firenze, 1957.

第3章　ダマスクス市場のフィレンツェ毛織物

マムルーク朝前半期のバフリー・マムルーク期（1250-1382）には，ディナール（ダマスクスの金貨，以下 DR と略記）の発行は減少しつづけ，それにかわってDMが事実上の基準貨幣となった．14世紀中葉以降，DMの発行も減少したのみならず，その品位が大幅に低下し，イタリア金貨，とりわけDTの流入が増大した．日常の取引では，大量に発行された銅貨が重要な支払手段となった．この傾向は，14世紀末から15世紀初めにかけて，すなわちブルジー・マムルーク期（1382-1517）の初めに頂点にたっした．換言すれば，本章の考察の対象となっている時期は，深刻な貨幣危機におちいり，DMが欠乏する一方で，DMの改悪が急激に進行した時期なのである．実体貨幣である銀貨DMが欠乏した結果，DMが（観念のなかでのみ存在する）計算貨幣となる事態も出現した．この危機に対処するため，DMの伝統的な重量の約半分の重量をもつ良質銀貨，ムアッヤディーが，1415年に発行された．1425年には，DRの伝統的な重量（4.25グラム）ではなく，DT（およびフィオリーノ）の重量と同等の重量（3.45グラム）をもつ，金貨アシュラーフィが発行されたが，この金貨の発行は，すでにDTが基準貨幣の役割をはたしていたことを示唆している．以後，アシュラーフィとムアッヤディーが金銀貨幣の基本となるが，両貨の発行は十分ではなく，銅貨およびイタリア貨幣が大量に流通した．

ダティーニ文書の時期からザーネ文書の時期にかけて，DMの対DT相場は激動した．表4にある為替相場の動向をみられたい．DM相場は，ダティーニ文書の時期の初めから徐々に下落し，すでにザーネ文書の時期の初めまでには大幅に下落していたが，1411年後半から翌年にかけて暴落し，その後は回復にむかって，1413年6月までには安定したが，ダティーニ文書の時期よりもかなり低い（約2/3の）水準で安定したことになる．

では，ダマスクスにおいて取引で使用され，貸借関係の基準となったのは，どの貨幣だったのか．アシュトールは，*Histoire des prix et des salaires dans l'Orient médiéval*（中世オリエントにおける物価と賃金の歴史，註38参照）という著作では，多数の価格データを収集しているので，このデータにもとづいて，14世紀後半−15世紀のシリアの状況をみてみよう．基礎食品（穀類，パン，魚肉，など）の価格データは，アラブ史料から収集され，現地の貨幣がその価格の単位である．ほとんどはDMであるが，DMの発行中止期間は，銅貨が単位として記入され，アシュラーフィ発行後は，この金貨が単位として時折記入されている．これとは対照的に，西欧商人が輸出入する商品（香辛料，砂糖，毛織物，など）の価格データは，イタリア史料から収集され，その価格の単位は，どの商品についても，1411年にDMからDTへ変化している．ちなみに，この著作で

は，アシュトールは，DM価格をDT価格に換算する操作をしていない．ともあれ，DTを価格単位とする最初の記録は，1411年7月24日付のザーネ文書の価格表（フィレンツェ毛織物の価格データは欠如）である*[39]．このことから，ダマスクスでは，基礎食品のような日常商品の取引記録は，ほぼ一貫してDM価格にもとづいておこなわれたが，一方，西欧商人が売買する香辛料や毛織物のような輸出入商品の取引記録は，1411年におけるDM相場の暴落以降，DM価格にかわって，DT価格にもとづいておこなわれるようになったといえる．ちなみに，1413年のザーネ文書の勘定書では，上記のように，ヴェンツィア商人がダマスクスで購入した商品の価格は，最初からDT価格で記入され，荷造経費のような現地での諸経費は，DM価格で費目欄に記入された後，時の相場でDT価格に換算されて金額欄に記入されている．

西欧毛織物の取引では，西欧商人が現地商人に販売したとき，貸借関係は，DM価格にもとづいていたのが，1411年以降は，DT価格にもとづくように変化したわけである．この現地商人が毛織物をどのように再販したのかについて，筆者には立ち入って確認する余裕がない．現地商人が，ダマスクスで消費者のみならず，ほかの市場からきた商人にも再販するとき，その売買は，基礎食品などの場合と同様，ほぼ一貫してDM価格にもとづいておこなわれたのではないか．ただし，多少とも長期にわたる貸借関係の場合には，そのDMは不変の価値をもつ計算貨幣に転化されたのではないか．

さて，上記のように，表2で最低価格の毛織物の価格動向をみると，二つの文書の時期の間で，DT価格は低下したが，DM価格は低下せず，1411年には上昇さえしている．この価格動向の実態は，どのように理解すればいいのか．はたして，「ダンピング」をいうことができるのか．

最低価格の毛織物の価格動向について，ほかの商品の価格動向と比較することにより，その特徴を検討してみよう．表4をみられたい．筆者がデータを収集した史料は，14世紀末のデータはダティーニ文書の価格表，15世紀初めのデータはザーネ文書の価格表である．表4にみられる為替相場は，三つの時期に区分するのが適当である．第1期は，ダティーニ文書の時期で，相場は1DT＝20DM前後．第2期は，ザーネ文書の時期の最初の一年あまりで，相場は42-90DM．DM相場は，第1期の半分以下に下落していたのみならず，この一年あまりの

39）価格表における商品価格は，1411年4月30日付ではすべてがDM価格で記入され，同年7月24日付では一部がDM価格，一部がDT価格で記入され，同年10月8日付以降ではすべてがDT価格で記入されている．したがって，商品価格が全面的にDT価格に切り替えられたのは，1411年7月24日以降10月8日以前と推定できる．

表4 ダマスクスにおける商品価格の動向

日付 (史料)	フィレンツェ 毛織物 (最低価格) (反)	琥珀 (上質品) (キンタール)	錫 (キンタール)	砂糖 (ダマスクス産) (キンタール)	生姜 (現地産) (キンタール)	為替相場 (時期)
	DT:DM	DT:DM	DT:DM	DT:DM	DT:DM	1DT=(DM)
1386. 9. 1	27: 500 (159: 58)		39: 720 (87: 33)	124:2300 (138: 50)	92:1700 (92: 33)	18 1/2
1394.10.23	23: 450 (135: 52)		60:1200 (133: 52)	110:2200 (122: 48)	225:4500 (225: 88)	20
1395. 5.30				96:2000 (107: 44)	253:5250 (253: 103)	20 3/4
9.15				79:1700 (88: 37)		21 1/2
指数平均	(147: 55)	(…: …)	(110: 43)	(114: 45)	(190: 75)	(第1期)
1411. 3.26	13: 550 (76: 63)	3.5: 150 (117: 98)	45:1900 (100: 83)	94:4000 (104: 87)	94:4000 (94: 78)	42 1/2
4.30		3.0: 130 (100: 85)	47:2000 (104: 87)	100:4300 (111: 94)	91:3900 (91: 76)	43
7.24		3.2: 150 (107: 98)	42:2000 (93: 87)	90:4275 (100: 93)	95:4513 (95: 88)	47 1/2
10. 8 (指数100)	17: 867 (100: 100)	3.0: 153 (100: 100)	45:2295 (100: 100)	90:4590 (100: 100)	100:5100 (100: 100)	51
1412. 4.14		3.0: 270 (100: 176)	42:3780 (93: 165)	100:9000 (111: 196)	65:5850 (65: 115)	90
指数平均	(88: 82)	(105: 112)	(98: 104)	(105: 114)	(89: 91)	(第2期)
1413. 3.22	16: 464 (94: 56)	2 3/4: 80 (92: 52)	38:1102 (84: 48)	115:3335 (128: 73)	85:2465 (85: 48)	29
6. 8		3.0: 90 (100: 59)	36:1080 (80: 47)	130:3900 (144: 85)	110:3300 (110: 65)	30
8.16		3.0: 90 (100: 59)	36:1080 (80: 47)	110:3300 (122: 72)	100:3000 (100: 59)	30
9.14	16: 480 (94: 55)	3.0: 90 (100: 59)	36:1080 (80: 47)	110:3300 (122: 72)	110:3300 (110: 65)	30
10.19	18: 540 (106: 62)	3.0: 90 (100: 59)	36:1080 (80: 47)	120:3600 (133: 78)	110:3300 (110: 65)	30
1417. 4.14	17: 420 (100: 48)	3.0: 90 (100: 59)	48:1440 (73: 63)	120:3600 (133: 78)	165:4950 (165: 97)	30
指数平均	(99: 55)	(99: 58)	(80: 50)	(130: 76)	(113: 67)	(第3期)

註) 価格については，史料に記録された価格はそのまま，それを為替相場にしたがって換算してえた価格は下線で示す。

期間にさらに暴落した．第3期は，ザーネ文書の残りの時期で，DM相場は回復にむかい，1DT＝30DMという第1期より低い水準で安定した．価格表に為替相場があるので，このDMを計算貨幣だとするのは困難である．回復，安定の直前に，良質銀貨が大量に発行されたのだろうか．

　価格動向をみる商品は，西欧からの輸出商品では，最低価格のフィレンツェ毛織物のほかに，琥珀と錫を選択した．最低価格の毛織物は，二つの文書の時期をとおして，輸入される品質に変化がなかった，あるいはあったとしても，高価な毛織物より変化が少なかったと推定される．重要な商品でも，銀や銅は，シリアの貨幣需要という特殊要因により，この時期には特殊な動向をしめす可能性があり，ほかの商品は，品質の特定が困難だったり，価格データが把握できなかったりしたので，いずれも取り上げなかった．一方，ダマスクスからの輸出商品では，砂糖と生姜を選択した．重要な商品でも，胡椒はインド洋から，生糸は内陸アジアから輸入されるので，原産地やダマスクスまでの輸入経路での要因によって価格が上下する可能性があるので，取り上げなかった．商品価格は，史料に記入された価格と，同一史料にある相場でそれをDTないしDM価格に換算してえた価格とを並記し，後者には下線を付した．また，上記のように，1411年10月8日付のザーネ文書の価格表以後，価格単位はDMからDTへ変化したが，この価格表にある商品価格を100とした価格指数を，それぞれの価格のしたの（　）内に表示した．図1（DT価格）と図2（DM価格）は，それぞれの商品の価格指数平均の時期的な推移を図解したものである．

　では，最低価格のフィレンツェ毛織物の価格動向をみよう．そのDM価格をみると，第1期に比べて第2期には一時高騰したが，第3期には第1期と同じ水準に戻っている．DM価格ではみえるこの動向は，DT価格ではまったくみえてこない．DT価格をみると，第1期に比べて第2期には一時大幅に下落し，第3期にはそこから回復にむかうが，第3期の水準は第1期の水準のほぼ2/3にとどまる．この第3期の水準は，DMの対DT相場が20DMから30DMに下落したのにほぼ比例する分だけ低くなっている．

　錫の価格に移ろう．そのDM価格は，毛織物の動向と傾向自体は同じだが，第2期の上昇がより大きく，第3期の水準は第1期よりやや高い．DT価格は，時期の経過とともに下落している．

　琥珀価格は，第1期のデータがないが，DM価格では，毛織物や錫の動向と基本的にちがう傾向はみられない．DT価格では，第2，3期をとおして価格が安定している．

　では，ダマスクスからの輸出商品はどうか．砂糖（ダマスクス産）のDM価

図1 ドゥカート価格

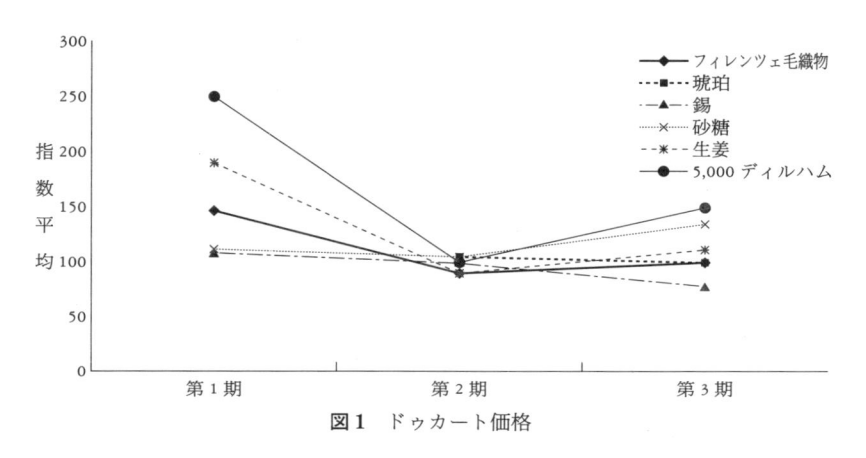

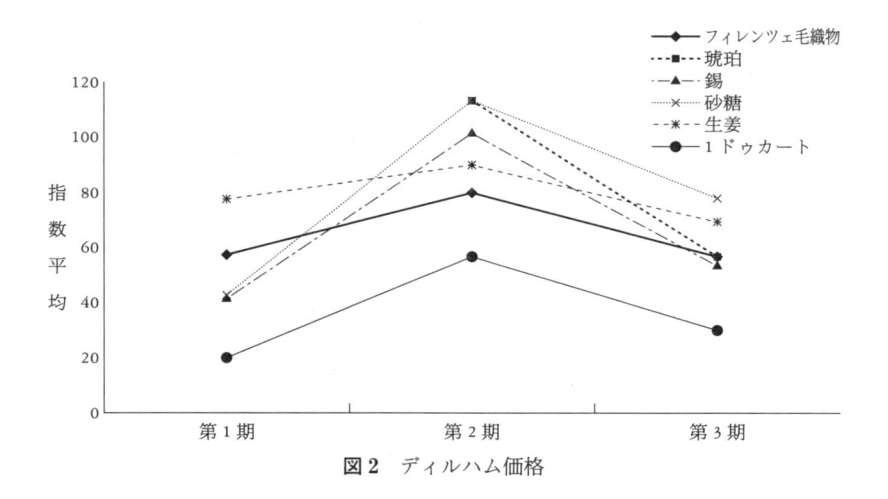

図2 ディルハム価格

格は，第1期に比べて第2期には高騰し，第3期にはそこから下落したが，第3期の水準は，第1期の水準よりかなり高く，DMの対DT相場が20DMから30DMに下落したのにほぼ比例する分だけ高くなっている．この点は，第3期の水準が第1期の水準に復旧した毛織物とは，あきらかにちがっている．DT価格は，第1期に比べて第2期に低下したことは毛織物と同じだが，毛織物とはちがって第3期の水準は第1期の水準より高い．

生姜（現地産）のDM価格は，第1期に比べて，第2期では上昇し，第3期

では下落して，第1期より低い水準で安定した．DT 価格は，第1期に比べて，第2期には低落し，第3期には回復したとはいえ，第1期の水準には到底およばない．

　上記の価格動向から，次のことがいえる．①為替相場の変動に規定されて DM 価格と DT 価格が相反する傾向は，すべての商品の価格動向に影響している．②各期ごとの平均価格をみると，DT 価格は，第1期から第2期にかけて，どの商品も低下するが，第2期から第3期にかけて，反転して上昇するもの（毛織物，砂糖，生姜）と，ゆるやかに低下しつづけるもの（琥珀，錫）とに分裂する．反転して上昇するもののなかでは，毛織物だけが西欧からの輸出商品である．一方，DM 価格は，第1期から第2期にかけて，どの商品（データのない琥珀はのぞく）も上昇し，第2期から第3期にかけて，程度の大小に差異はあるが，どの商品も低下する．価格の低下の程度が小さいのは，DT 価格の動向に対応して，砂糖と生姜，そして毛織物である．③DT 価格の動向にもとづいて推定すると，第2期から第3期にかけて，砂糖と生姜という輸出商品，それに輸入商品では，毛織物の価格が回復したが，琥珀と錫の価格は回復しなかった．衰退したダマスクス市場でも，砂糖（ダマスクス産）や生姜（現地産）という現地商品への需要は根強く，西欧商品のなかでは低価格の毛織物がその対価として需要を回復した，と推測できる．

2　フィレンツェ毛織物の価格動向の特徴

アシュトールのいう「ダンピング」は，上記のように，価格の急落した商品の大量輸出というほどの意味である．このうち彼は，毛織物価格の動向は表1にしめしたが，輸出量の動向は具体的にはしめさず，したがって，もっぱら価格の低下によって，「ダンピング」を実証しようとしたことになる．「ダンピング」とは同一商品についての価格低下をいうから，ダマスクスに輸出されるフィレンツェ毛織物は低価格帯に収斂したが，この現象を「ダンピング」ということはできない．

　為替相場の大混乱期である第2期を除外して，第1期と第3期の価格を比べてみよう．生姜だけが，いずれの価格でも低下した．毛織物は，DT 価格では低下したが，DM 価格ではもとの水準にもどった．錫は，DT 価格では低下したが，DM 価格では上昇した．砂糖は，いずれの価格でも上昇した．したがって，毛織物価格は，この四つの商品の価格動向全体のなかでは，相対的に低下した部類に入るといえる．しかし，毛織物の価格動向が独特のものだったわけではなく，錫もこれと類似の傾向をもっていた．両者を比べると，毛織物の価格が相対的に低下したというだけである．

第3章　ダマスクス市場のフィレンツェ毛織物　　　　　　　　　　99

　最低価格のフィレンツェ毛織物の価格は，第1期と第3期を比べると，DM価格では同じ水準を回復したが，DT価格では2/3に低下した．これは，DM相場が2/3に下落したことに対応している．換言すれば，この毛織物1反と交換できる金の量は，以前の2/3に減少したが，DM価格でみるかぎり，毛織物価格は，同一水準（500DM前後）を維持した．ダマスクス市場では，現地商人は，DM価格におけるこの水準の価格でなければ，この毛織物を受け取らなかったのではないか．1413年の史料（8番）にある文言，すなわち原価で1反30DT以上もするフィレンツェ毛織物をここでは20DTで売却せざるをえなかった，と解釈できる文言は示唆的である．ちなみに，この毛織物1反と交換できる商品の量は，砂糖では少なくなったが，生姜では多くなっている．
　では，ダマスクスに輸入される各種のフィレンツェ毛織物のDT価格が低価格帯に収斂した，その原因について考察しよう．DT価格の低下の原因は，それぞれの等級における品質の低下にある，とするのは困難である．生姜や錫のDT価格も同様に低下しているが，前後を通じて一種類ずつしか存在しないこれらの商品の価格低下が，それぞれの品質低下に起因する，と推定するのは困難だからである．この問題を検討するために，ほかの市場におけるフィレンツェ毛織物一般のDT価格をみてみよう．
　表5の表示価格は，それらの価格相互の比較ができるように，星野が上記の著作で収集したさまざまな価格データ（14世紀後半－16世紀初め）を，筆者が1反あたりのDT価格ないしフィオリーノ（フィレンツェの金貨，およびそれにもとづく貨幣計算単位，以下FIと略記）価格に換算したものである．DTはFIと同価とみてよい．星野のデータは，事例数が多いので，価格動向を検討する素材とすることができる．さて，表5から次のことが判明する．イタリア（フィレンツェ，ラークイラ，パレルモ）で販売されたフィレンツェ毛織物と，東地中海（ダマスクス，コンスタンティノープル，トルコ）で販売されたそれとを比べると，後者は一般に価格が低い．15世紀後半のトルコ［の領土，具体的にはバルカンとアナトリア］での価格は，上記のダマスクスでの価格と類似している．すなわち，トルコでの価格は，ザーネ文書の時期におけるダマスクスでの価格よりやや高めであるとはいえ，狭幅の低価格帯のなかに限定されることでは類似している．したがって，フィレンツェ毛織物のDT価格は，どの市場でも同様に低価だったのではなく，東地中海，とりわけティムール侵入後のダマスクスと，コンスタンティノープル陥落後のトルコ市場において低価だったのである．では，そこでは，なぜ低価だったのか．
　星野は，上記のように，15世紀後半，トルコで大きな需要のあるガルボ毛織

表5 各地におけるフィレンツェ毛織物の価格

時期	販売市場	反数合計	毛織物価格（FI/DT: 1反）			史料における貨幣単位：計量単位	典拠 (Hoshino/Spufford：為替相場)
			最低価格	平均価格	最高価格		
1355-56	フィレンツェ	約65	26FI	47FI	124FI	s. a fiorini: canna	星野233頁 (1FI=29s. a fiorini)
1376-81		175	28FI	68FI	103FI	s. a fiorini: canna	星野234-7頁 (1FI=29s. a fiorini)
1386-98	ダマスクス	……	23DT	39DT	54DT	DM: pezza	表2
1411-17		……	13DT	19DT	24DT	DT: [pezza]	
1427	ラークイラ	25	51DT	65DT	82DT	DT: pezza	星野238-9頁
1436-40	コンスタンティノープル	68	18-24DT	39-45DT	61-67DT	hyperpyron: pezza	星野327頁 / SP p. 288：1DT＝3hyperpera 6-8 carats
1455	パレルモ	約37	46FI	64FI	81FI	onze. tari: canna	星野324頁 / SP p. 65：1FI＝8 tari
1462		26	56FI	61FI	66FI		
1463	トルコ	55	23-24DT	25-26DT	27-28DT	silver aspers: pezza	星野325-6頁 / SP p. 290：1DT=47 silver aspers 1DT=52 silver aspers (1507-9年の場合のみ)
1488		368	20-21DT	26-27DT	33-34DT		
1491-93		154	24-26DT	28-30DT	32-33DT		
1507-09		100	24-25DT	28-29DT	31-32DT		

1) 貨幣単位は，FI＝フィオリーノ，DT＝ドゥカート。なお，FI と DT とは同価。
2) 毛織物の価格と計量単位は，星野『中世後期フィレンツェ毛織物工業史』既出（星野と略記）に，為替相場は，Spufford, *Handbook of Medieval Exchange*, London, 1986 (SP と略記) にもとづいた。
3) フィレンツェ毛織物の1反(pezza)は，1355-56年については一律に13.5カンナ，それ以外については14.5カンナ(canna)として計算した。Vgl., Doren, a. a. O., S. 85-86. なお，価格の数値は四捨五入した。
4) 毛織物の平均価格は，単純平均によって算出。

物の生産がフィレンツェで拡大し，その毛織物工業の「ガルボ化」，すなわちフィレンツェ毛織物のなかでは第二級の，非イギリス羊毛を原料とする製品の生産が主流になる事態がおきたことを確認した[40]。トルコに輸出された製品が二級品であることは，表5でも確認できる。したがって，当時のトルコでフィレンツェ毛織物が低価だったのは，フィレンツェ毛織物工業の内部にではなく，そのトルコ市場の構造に基本原因がある。このトルコでの価格は，上記のように，ザーネ文書の時期のダマスクスでの価格に類似している。このことから，ティムール侵入後のダマスクスで需要のあったフィレンツェ毛織物は，ガルボ毛織物，とり

---

40) 星野，前掲書，256頁以下．

第3章　ダマスクス市場のフィレンツェ毛織物

わけその中,下級品だったと推測できる*41)。換言すれば,イタリア市場でみられる一級品は,当時のダマスクスでは,価格表で報告しなければならないほどの大きな需要はなかった。イタリアでのフィレンツェ毛織物の価格は,14世紀中葉から15世紀中葉にかけて,その平均価格をみると,価格は安定しており,それはダマスクスやトルコ諸市場での上記の価格の二倍前後である。

結局,フィレンツェ毛織物の品質,あるいは価格が一般的に低下した,ということはなかった。ダマスクスに輸出されるものは,イタリアで販売されるものより一般に低価だった(ダティーニ文書)が,その価格は,ティムール侵入後にはさらに低価格帯へと収斂した(ザーネ文書)。ちなみに,星野によれば,トルコ市場の開拓によって二級品(ガルボ)の生産比率が拡大するのは15世紀後半であり,フィレンツェ毛織物工業が1420年代までには突入していた不況において,衰退したのはガルボ下級品の生産地区だった*42)。このガルボ下級品の生産の減少は,その輸出市場だったダマスクスの衰退が一因だったのではないか。

ダマスクスでは,第1期から第3期にかけて,最低価格の毛織物の価格が,DT価格では2/3に低下した。とはいえ,DM価格ではほぼ同じ水準が維持されていた。このことは,どのように解釈すればいいのか。

星野の分析によれば,あるフィレンツェ商社は,1480年代にフィレンツェ毛織物をトルコ領土へ輸出したが,その唯一の目的は,その代価ないしはバーターにより,そこで生糸を入手することにあった*43)。毛織物は,生糸を入手するための手段だったのである。ザーネ文書の時期のダマスクスでも,フィレンツェ毛織物は,ほかの西欧毛織物とともに,これと基本的には同じ役割をはたしていたと推定できる。ちがうのは,入手の対象が胡椒,生姜,砂糖,などだったことだけである。

イタリアとシリアの商業は,次のような構造をもっていたことになる。イタリア商人は,シリアからさまざまな商品,具体的にはザーネ文書のなかの勘定書や購入表にみられる胡椒,生姜,砂糖,などを大量に輸入した。それを西欧各地に転売し,利益をえたのである。一方,その代価としてシリアに輸出したものは,さまざまな商品と貴金属とに大別される。商品には,ザーネ文書の価格表にみられる各種の織物,錫など各種の金属,琥珀,などがあり,毛織物はなかでもきわめて重要な地位をしめていた。貴金属には,貨幣の場合も地金(金銀塊)の場合

---

41) 同書, 191頁。
42) 同書, 207頁以下, 247頁以下。
43) Hoshino, Hidetoshi, *Il commercio fiorentino nell'impero ottomano : costi e profitti negli anni 1484-1488*, [Firenze,] 1984, p. 8.

もあった．いずれにせよ，これと反対に，シリアからイタリアに貴金属が輸出されることはなかった．すなわち，周知のように，イタリア商人は，いわゆるレヴァント商品を輸入し，西欧商品が代価として不十分であれば，貴金属で補完したのである．

さて，当時のダマスクス市場は，重課税と貨幣の混乱（貨幣の不足と相次ぐ改悪）とに苦しめられていた．このような状況では，毛織物価格が低価格帯に収斂するのみならず，最低価格の毛織物であれ，DM価格にもとづく消費者価格を引き上げると販売が困難になるので，結局（DM相場の一時的かつ狂乱的な暴落期はのぞいて）販売価格は据え置かざるをえない．とはいえ，DM相場は大混乱におちいったので，価値の安定したDTを価値基準として採用した西欧商人は，この据え置きにより，DT価格ではその販売価格をほぼ2/3に引き下げたことになる．30DT以上の原価の毛織物を20DTで売却した，という裁判文書（8番，1413年）の記述は，価値基準の切り換え後まもない時期に，毛織物を原価の2/3の価格で販売したという意味でも，まことに示唆的なのである．結局，DM価格にもとづく消費者価格の水準を維持した結果，DTにもとづく西欧商人から現地商人への販売価格が，DM相場の下落に対応した分だけ，下落したのではないか．

では，DT価格にもとづいて取り引きするヴェネツィア商人は，毛織物を輸出して利潤をえることができたのか．これは次のように考えられる．ヴェネツィア商人は，ヴェネツィアで購入したフィレンツェ毛織物をダマスクスで販売するが，ここでただちに売買価格の差額から利潤を引き出す必要はない．ダマスクスでは毛織物を胡椒，生姜，砂糖，などと交換し，これらのレヴァント商品をヴェネツィアで転売して，そこではじめて毛織物の購入価格とレヴァント商品の販売価格との差額から利潤を引き出せばよいのである．毛織物の販売とレヴァント商品の購入との間に貨幣が介在する場合でも，その貨幣をヴェネツィアに送付することはなく，その貨幣で購入したレヴァント商品をヴェネツィアに送付するのだから，取引の本質はかわらない．したがって，ダマスクスに輸出される毛織物は，そこでの価格がどのように変化しても，以前と同量のレヴァント商品と交換できるのであれば，その取引でえる最終の利潤には変化がないことになる．

ダマスクスにおける商品価格は，表4とそれにもとづく二つの図でみたように，DT価格にせよDM価格にせよ，いずれも為替相場の変動によって大きく規定された共通の動向をしめしている．第1期から第2期にかけて，毛織物のDT価格が低下しても，ほかの商品のDT価格も低下しているから，1反の毛織物と交換されるレヴァント商品の量が，毛織物のDT価格の数値に比例して減少

第3章 ダマスクス市場のフィレンツェ毛織物 103

することはない．したがって，それと交換したレヴァント商品をヴェネツィアで転売してえられる利潤も，毛織物のダマスクスでのDT価格に比例して減少することはない．とはいえ，第1期から第3期にかけて，ダマスクスでは，すべての商品の価格動向が同一歩調をとったわけではない．価格が相対的に上昇した商品もあれば，下降した商品もある．1反の毛織物と交換される商品の量は，商品ごとにことなって増減したのである．このような価格動向の全体のなかで，毛織物価格は相対的に低下したとはいえるが，生姜価格の低下ほど大きくはなく，その低下は突出したものではなかった．1反の毛織物と交換できる砂糖の量は減ったが，生姜の量は増えたのである．

アシュトールのいう「ダンピング」はその概念が明確でないが，毛織物の価格が，国際商品に共通する一般的な価格動向から乖離して，単独で急激に低下したという意味をもつのであれば，この時期のダマスクスでは，フィレンツェ毛織物にはダンピングはなかった．一方，表5がしめすように，フィレンツェ毛織物が高級化しその規格化が進行するこの時期に，その価格が全般的に低下することはなかったとする星野の主張は，それ自体としては正しいが，輸出の主力商品の等級が市場ごとにちがうのみならず，この時期のダマスクスではDT価格における絶対価格が低下したことも事実である．しかし，この販売価格の低下は，同一類型の製品の質的低下によるものでも，製品の生産過程，ないし原料や製品の流通過程における技術革新によるものでもない．

お わ り に

本章の結論は，「D」はドゥカートであり（毛織物の単位は反），「ダンピング」はなかった，ということである．本章の分析は，「フィレンツェ毛織物」だけを対象としているが，それがもつ意味は，この毛織物だけには限定されない．というのは，アシュトールは，毛織物をヨーロッパの輸出商品の一つの典型とみなしており，フィレンツェ毛織物の価格データを毛織物工業全体の動向を代表するものとみなしているからである．

本章の結論は，さらに別の問題を提起する．ダマスクスで生産された毛織物，綿織物，麻織物の価格は，ヨーロッパ毛織物の価格と比べて，どのような動向をしめしたのか．また，ヨーロッパ商人が，レヴァント商品への対価において，ヨーロッパ毛織物の役割を限定し，それにかわるものとしてドゥカート（などの貴金属）の役割を拡大させなかったのはなぜか．

第一の問題については，現地の繊維製品のDM価格が，ヨーロッパ毛織物の

DM 価格よりも上昇したことはありえる．職人人口の減少した土地で生産される前者は，レヴァント商品獲得のための手段にしかすぎない後者ほどには，価格が低下しえなかったことがありえるからである．しかし，この問題を解決するには，アラビア語史料から現地の繊維製品の正確な価格を収集しなければならないが，この作業は本章の課題をこえている．

　第二の問題については，次のような理由をあげることができる．ヴェネツィア商人が，ダマスクスにおける貴金属飢饉の時期に，毛織物のかわりにそこにドゥカートを大量に輸出したら，ヴェネツィア自体の貨幣市場の安定が崩壊する危険がある．この問題を解決するには，貨幣市場の綿密な検討が必要であるが，その作業も本章の課題をこえている．

付論

ヴェネツィアの貨幣体系

はじめに

　この付論の直接の目的は，第1部第2章で使用した史料（輸送経費を記録した経営史料）に出現する，ヴェネツィアの貨幣および貨幣単位を理解することである．しかし，間接の目的は，ヴェネツィアの事例を考察することにより，当時の貨幣体系の実態を理解することであり，むしろこちらの比重が高い．13世紀後半以降，ヴェネツィアでは，貴金属からなる実体貨幣と，実体のない計算貨幣[*1]とからなる貨幣体系が成立した．のみならず，実体貨幣も計算貨幣も次第に種類が増加し，貨幣体系は次第に複雑なものになった．史料には両種のさまざまな貨幣が出現するので，史料の内容を正確に分析するためには，貨幣体系を整合的に理解しておく必要がある．貨幣単位の誤解により，第1部第2章でみたように，歴史認識を歪曲するほどの重大な事実誤認をすることがある[*2]からである．

　ヴェネツィアでも，当時のほかの都市と同様，幾つか存在する実体貨幣は，相互の交換値がさまざまな理由で変化したので，固定した交換値で結合する下位あるいは上位貨幣として機能しあうことが困難になった．このような貨幣，とりわけ下位貨幣がないことは，貨幣計算の実務のうえできわめて不便である．この不便を克服するために，特定の実体貨幣と固定した交換値で結合し，その下位貨幣，あるいは上位貨幣として機能する計算貨幣が，人々の観念のなかに創出され，便利さのために各種の記録でひろく用いられた．その結果，支払手段としての実体

---

　1) 計算貨幣の概念については次を参照．竹岡敬温『近代フランス物価史序説』創文社，1974年，235頁．
　2) たとえば，イギリス羊毛の流通経費についてのドーレンによる事実誤認．

貨幣と，記録手段しての計算貨幣とが多少とも乖離し，両者からなる貨幣体系は複雑な構造をもつことになった．

　ヴェネツィアでは，ほかの商業都市とはちがい，銀貨を基本通貨とする東方市場と金貨を基本通貨とする西方市場とに同時に対応する必要から，政府は，金銀複本位制をとらざるをえなくなった．13世紀から14世紀中葉にかけて，内外各地の市場で金銀比価が激しく変動したので，ヴェネツィア政府は，銀貨にくわえて金貨を本位貨幣にしたとき以来，二つの本位貨幣の関係をどう調整するかという問題に当面した．この問題に対応する過程で，ヴェネツィアの貨幣体系は，とりわけ複雑なものになったのである*3)．ヴェネツィアの史料を分析するには，この複雑な体系を理解しておく必要がある．

第1節　デナロ銀貨とその計算体系

13世紀はじめまで，ヴェネツィアの貨幣は，基本的にはデナロとよばれる一種類の銀貨だけであった．この銀貨の倍数は，12枚で1ソルド，240枚で1リブラという単位名称でよばれた．「デナロ」(denaro)，「ソルド」(soldo)，「リブラ」(libra) は，いずれもイタリア語表記であり，ラテン語表記では，それぞれ「デナリゥス」(denarius)，「ソリドゥス」(solidus)，「リブラ」(libra) である．なお，イタリア語では，リブラの代わりに，「リッブラ」(libbra) あるいは「リラ」(lira) と表記することもある．ここではイタリア語表記に統一し，また便宜上，複数でも12「デナリ」(denari) のような複数形にはせず，12デナロのように単数形で表記する．さて，ソルドとリブラは，いずれもデナロ銀貨の特定倍数を表現しながら，その名称に対応する固有の実体貨幣をもたなかったので，計算貨幣とよばれることもある．しかし，現実には，デナロ銀貨を基本的に唯一の実体貨幣とする貨幣計算において，単にその倍数の名称として用いられていたので，「むしろ計算単位とよぶのが適切である」*4)．このように，貨幣計算は，デナロ銀貨を基礎単位として，12進法（12デナロ＝1ソルド）と，20進法（20ソルド＝1リブラ）とを組み合わせておこなわれた．ちなみに，われわれには60

---

3) Cessi, Roberto, *Problemi monetari veneziani fino a tutto il sec. XIV* (Documenti finanziari della Repubblica di Venezia, s. IV, vol. 1), 1937, p. LIX. Mandich, Giulio, Per una ricostruzione delle operazioni mercantili e bancarie della compagnia dei Covoni, in, Sapori, Armando, a cura di, *Libro giallo della compagnia dei Covoni*, Milano, 1970, p. CV.

4) ブロック，マルク，宮本又次・竹岡敬温紹介『ヨーロッパ貨幣史概説』，『大阪大学経済学』第1巻第3号，1961年，113頁．

分＝1時間，24時間＝1日とする，60進法と24進法とを組み合わせた時間の計算体系がある．

　この貨幣計算体系は，シャルルマーニュによる貨幣制度の整備・改革を契機として出現した[*5]．メロヴィンガ時代には，デナロとよばれる銀貨と，ソルドとよばれる金貨が発行されたが，前者は古代ローマの銀貨の名称を，後者はその金貨の名称を継承したものである．カロリンガ時代には，金貨の発行は原則として停止され，デナロ銀貨のみが発行された．ソルド金貨とデナロ銀貨との等価関係は，変遷をへたのち，ソルド金貨の発行が停止される直前には，1ソルド＝12デナロとなっていた．ソルド金貨の発行が停止されたとき，この等価関係は，その意味を変えて生き残った．シャルルマーニュの規定は，1リブラの「銀地金」から20「ソルド」を製造すべしと表現している．このリブラとは，当時一般に用いられた重量単位の名称である．「ソルドとよばれる銀貨」はないので，この規定は，1ソルド＝12デナロという等価関係を前提として，1リブラから20ソルド，すなわち（20×12＝）240枚のデナロ銀貨を製造すべしと命令したことになる．ここでは，ソルドは，もはや金貨の名称ではなく，デナロ銀貨を基礎単位とするその倍数の名称になっている．

　ソルドの意味の変化に次いで，リブラの意味も変化した．のちにデナロ銀貨が改悪されて，1リブラの銀地金から240枚より多いデナロ銀貨が製造され，240枚でも1リブラの銀を含まなくなったときにも，貨幣計算のなかでは，1リブラ＝240デナロという等価関係は，その意味を変えて生き残った．ここでは，リブラは，もはや重量単位ではなく，デナロ銀貨を基礎単位とするその倍数の名称になっている．

　こうして，デナロ銀貨に基礎をおく1リブラ＝20ソルド＝240デナロという貨幣計算体系が成立した．この体系において，デナロは，その基礎となる実体貨幣の名称であることから，同時に，基礎となる計算単位自体の名称ともなった．

　カロリンガ帝国の崩壊後，北・中部イタリアでは，政治的に混乱をきわめた独立イタリア王国の時代（888-963年）に，貨幣発行権は地方権力の手に分散し，貨幣の重量・品質についての統一的な強制力が消滅したので，重量・品質のことなる各地固有の銀貨が出現した[*6]．これらの銀貨を基礎としておこなう貨幣計

---

5) この整備・改革と貨幣計算体系の出現については次を参照．Bernocchi, Mario, *La monetazione fiorentina dell'età dello splendore*, Firenze, anno accademico 1966-67, pp. 13sgg. Cipolla, Carlo Maria, *Money, Prices and Civilization in the Mediterranean World, Fifth to Seventeenth Century,* New York, 1967, pp. 39ff. Evans, Allan, Some Coinage Systems of the Fourteenth Century, in, *Journal of Economic and Business History*, III, 1931, pp. 482ff.

算は，慣習にしたがって上記の計算体系を用いたので，これらの銀貨は，この体系の基礎単位であるデナロの名称を受け取った．デナロは，今度は，この体系における基礎単位の名称から，それぞれの銀貨の少なくとも事実上の名称になったのである．

　10世紀中葉，（いわゆる）神聖ローマ帝国の初代皇帝オットーは，イタリア王国の国王を兼任し，この王国の貨幣制度を整備・改革したが，それは一時的なものにおわった．名目上はビザンツ帝国に帰属するヴェネツィアも，一時は大帝によって統一的に規定された重量・品質の銀貨を発行したが，イタリア王国の諸都市と同様に，まもなく改悪した固有の銀貨を発行しはじめた．その後，ヴェネツィアの貨幣は，[ドイツ産の銀の流通経路に位置する] 都市ヴェローナの貨幣に圧倒され，12世紀はじめには発行が停止されたという．ヴェネツィアが銀貨の発行を再開したのは，1185年頃であり，その銀貨もデナロとよばれた*7)．ヴェネツィアでは，改悪のつづくこのデナロ銀貨が，基本的には唯一の貨幣であり，それを基礎単位として，既存のあの計算体系が用いられていた．

第2節　グロッソ銀貨の発行以後

商業の規模が拡大するにつれて，品質の安定した高額貨幣が，支払手段として必要になった．この状況を背景に，直接の契機としては第四回十字軍の資金にあてるために*8)，ヴェネツィアは，1202年頃*9)，大型銀貨グロッソの発行を決定した．この銀貨の重量・品質は，重量2.178グラム，品位0.965と規定され*10)，1379年にいたるまでそれが政策的に維持された．「グロッソ」（grosso，大型の）という名称は，従来の銀貨よりはるかに大型であることに由来した．グロッソ銀貨出現以後，従来のデナロ銀貨は，「ピッコロ」銀貨（piccolo，小型の）とよばれるようになった．グロッソ銀貨は，外国との大口取引などで，ピッコロ銀貨は，国内の小口取引などで用いられた*11)．大口取引の世界と小口取引の世界は，別

---

　6)　ピレンヌ，アンリ，増田四郎他訳『中世ヨーロッパ経済史』一條書店，1956年，134頁以下．
　7)　グロッソ銀貨発行以前のヴェネツィア貨幣については次を参照．Herlihy, David, Treasure Hoards in the Italian Economy, 960-1139, in, *The Economic History Review,* Second Series, vol. X, No. 1, 1957, pp. 6-11.
　8)　Lane, Frederic Chapin, *Venice -A Maritime Republic,* Baltimore and London, 1973, p. 148.
　9)　Luzzatto, Gino, *Storia economica di Venezia dall'XI al XVI secolo,* Venezia, 1961, p. 93.
　10)　Lane, op. cit., p. 148．グロッソ銀貨の品位は，ドゥカート金貨の品位と一致する．ただし，次は品位を0.968としている．Luzzatto, op. cit., p. 93.

個の銀貨を基礎にしておこなわれるようになったのである．ここに，ヴェネツィアの貨幣体系は，この二つの銀貨にもとづいて構成されることになる．とはいえ，グロッソ銀貨の発行以後もしばらくは，慣習にしたがい，ピッコロ銀貨が価値尺度としてはひろく用いられた*12)．

グロッソ銀貨を基礎とする計算体系は，基礎単位にグロッソ銀貨をおくほかは，基礎単位にピッコロ銀貨をおく従来の体系をそのまま用いた*13)．したがって，ピッコロ銀貨を基礎とすれば，1リブラ・ディ・ピッコリ＝20ソルド・ディ・ピッコリ＝240ピッコロ（デナロ・ディ・ピッコリ）となり，グロッソ銀貨を基礎とすれば，1リブラ・ディ・グロッシ＝20ソルド・ディ・グロッシ＝240グロッソ（デナロ・ディ・グロッシ）となる．「ディ・ピッコリ」(di piccoli) とは，「ピッコロ銀貨の」という意味であり，「ディ・グロッシ」(di grossi) とは，「グロッソ銀貨の」という意味であるが，いずれも慣用的表現なので，あえてディ・ピッコロのような単数形にはせず，ディ・ピッコリのように複数形にする．以下，便宜上，計算単位としてのリブラ，ソルド，デナロは，それぞれL，S，Dと略記する．

グロッソ銀貨の発行を決定した時点では，グロッソ銀貨1枚は，当時の2S・ディ・ピッコリ，すなわち24枚のピッコロ銀貨に相当する予定であった*14)．しかし，グロッソ銀貨の発行までにピッコロ銀貨が改悪されたので，それが実際に発行された時点では，グロッソ銀貨1枚は26枚のピッコロ銀貨に相当した*15)．両貨の交換値は1グロッソ＝26ピッコロであるから，1L・ディ・ピッコリ＝(240＝9×26＋6＝) 9グロッソ＋6ピッコロとなり，したがって9グロッソ＝234ピッコロとなる．しかし，現実の決済では，小口取引においても，グロッソ銀貨で支払われることが好まれたので，やがてグロッソ銀貨には打歩，すなわち額面以上の価値がつき，9グロッソ＝235ピッコロと評価されるようになっ

---

11) Cfr., Romano, Ruggiero, La storia economica—Dal secolo XIV al Settecento—, in, *Storia d'Italia*, vol. 2, Torino (Einaudi), 1974, pp. 1834sg.

12) Lane, Frederic C., Le vecchie monete di conto veneziane ed il ritorno all'oro, in, *Atti dell'Istituto Veneto di scienze, lettere ed arti—Classe di scienze morali e lettere—*, tomo CXVII, 1959, p. 55.

13) Mandich, op. cit., pp. CVsg.

14) Luzzatto, op. cit., p. 93.

15) Lane, Le vecchie monete, cit., pp. 55, 57 nota 2. なお，最初から1グロッソ＝26 1/10（ママ）ピッコロであったとする，次の理解は納得しがたい．Luzzato, Gino, L'oro e l'argento nella politica monetaria veneziana dei secoli XIII-XIV, in, idem, *Studi di storia economica veneziana*, Padova, 1954, p. 262.

た．1254年には，この慣習が規定によって公認され，1 L・ディ・ピッコリ＝9 グロッソ＋5 ピッコロとなった．ここに，1グロッソ＝(235÷9＝) 26 1/9 ピッコロ，すなわち 1 ピッコロ＝1÷26 1/9グロッソという新しい法定交換値が出現した[16]．

　この事態に，グロッソ銀貨を中心において対応すると，重要なのは，まずグロッソ銀貨同士の関係，すなわち1 L・ディ・グロッシ＝240グロッソであり，次いでピッコロ銀貨との関係，すなわち1グロッソ＝26 1/9ピッコロである．両者を統合すると，1 L・ディ・グロッシ＝240グロッソ＝26 1/9 L・ディ・ピッコリとなる．他方，ピッコロ銀貨を中心において対応すると，重要なのは同様に，まずピッコロ銀貨同士の関係，すなわち1 L・ディ・ピッコリ＝240ピッコロであり，次いでグロッソ銀貨との関係であるが，このグロッソ銀貨との関係において現実的な問題がおこった．というのは，ピッコロを基礎単位とする計算実務では，旧交換値1 L・ディ・グロッシ＝26 L・ディ・ピッコリが，計算上の簡便さのために使用されつづけたからである．おそらく，計算実務では，数値が26 L・ディ・ピッコリになってはじめて，それを1 L・ディ・グロッシに置換したものと思われる．いずれにせよ，旧交換値は計算実務における交換値として存続した．しかし，両貨の法定交換値は，1グロッソ＝26 1/9ピッコロである．ここに，両貨の計算実務における交換値と，法定交換値とが統合された結果だと思われるが，1 L・ディ・グロッシ＝26 L・ディ・ピッコリ＝(26×240＝) 6240 ピッコロ＝(6240×1÷26 1/9＝238.978≒) 239グロッソとなった[17]．

　その結果，1 L・ディ・グロッシ＝240グロッソ＝26 1/9 L・ディ・ピッコリと，1 L・ディ・グロッシ＝239グロッソ＝26 L・ディ・ピッコリとの，二つの計算体系が並立した．前者におけるL(リブラ)・ディ・グロッシを，1 L＝240グロッソであることから，「L(リブラ)・コンプリーダ」(libra complida, 完全なるリブラ) とよび，後者におけるそれを，1 L＝239グロッソであることから，「L(リブラ)・マンカ」(libra manca, 不完全なるリブラ) とよぶ[18]．ここに，1 L・コンプリーダ・ディ・グロッシ＝240グロッソ＝26 1/9 L・ディ・ピッコリと，1 L・マンカ・ディ・グロッシ＝239グロッソ＝26 L・ディ・ピッコリとの二つの体系が成立した．

　グロッソ銀貨を基礎とする大口取引の記録では，原則として，グロッソ銀貨同

---

16) Lane, Le vecchie monete, cit., pp. 55sg.
17) Cfr., ibidem, pp. 56sg. ただし，説明のしかたが本稿とはややことなる．
18) Ibidem, pp. 56sg.

付論　ヴェネツィアの貨幣体系　　　111

士の計算に便利なL・コンプリーダ（1L＝240グロッソ）が用いられ，ピッコロ銀貨は補助的な下位単位貨幣として機能したと思われる．L・コンプリーダ体系では，ピッコロ銀貨は，グロッソ銀貨と固定した換算値1グロッソ＝26 1/9ピッコロで結合する，下位単位貨幣としての役割をはたしたのである．他方，ピッコロ銀貨を基礎とする小口取引では，原則として，ピッコロ銀貨のおおきな数値の計算に便利なL・マンカ（1L＝26L・ディ・ピッコリ）が用いられ，グロッソ銀貨は補助的な上位単位貨幣として機能したと思われる．L・マンカ体系では，グロッソ銀貨は，ピッコロ銀貨と固定した換算値239グロッソ＝26L・ディ・ピッコリで結合する，上位単位貨幣としての機能をはたしたのである[19]．いうまでもなく，L・マンカ体系で記録された貸借関係をグロッソ銀貨で決済する場合も，逆の場合も，両貨の法定交換値は同一であるから，そのことで損得が生じることはない．

　グロッソ銀貨の重量・品質は政策的に維持されたが，1260年代以降，ピッコロ銀貨は銀の欠乏によってたびたび改悪され[20]，その新貨の価値は絶対的にも相対的にも低下していった．したがって，1254年規定の交換値は現実の意味をうしない，以後の交換値は事実上その時々の市場相場にゆだねられた．この事態は，貸借関係を長期にわたって保全するうえで，困難な問題を引き起こした．価値の安定したグロッソ銀貨を基礎に取引する場合には，もはやピッコロ銀貨が下位単位貨幣として機能しないので，グロッソ銀貨以下の価値を保全する手段が消滅した．それが，グロッソ銀貨の二分の一，四分の一のような端数のない数値であれば保全しえたが，端数のある数値であれば保全は困難になった．当時の人々の貨幣計算思考では，小数点を用いる抽象的な数値の使用は困難だったからである．また，価値の不安定なピッコロ銀貨を基礎に取引する場合には，価値の保全自体が困難になった．良悪各種のピッコロ銀貨の価値を，その時々の市場相場にしたがって，いちいちグロッソ銀貨の価値に交換して記録するのは，あまりにも煩瑣であり，現実には実行困難である．

　この問題を解決するために，グロッソ銀貨と固定した交換値で結合する下位貨幣，すなわち以前のピッコロ銀貨の機能をもつ貨幣の創出が要請された[21]．現実のピッコロ銀貨は改悪されるので，この要請にもとづいて1280年頃に出現した小額貨幣は，実体のない観念的な計算貨幣として創出されるしかなかった．そ

---

19) Mandich, op. cit., p. CIX con nota 1.
20) Lane, Le vecchie monete, cit., p. 57. なお，中世の貨幣制度における小額貨幣の機能とその改悪の必然性については，次を参照．Cipolla, op. cit., pp. 27ff.
21) Cfr., Cipolla, op. cit., pp. 38ff.

の際，人々の計算思考のなかに定着していた以前の両貨の法定交換値，1 L・コンプリーダ・ディ・グロッシ＝26 1/9 L・ディ・ピッコリ，および 1 L・マンカ・ディ・グロッシ＝26 L・ディ・ピッコリが，その交換値として用いられた．観念的に創出された実体のないこの計算貨幣は，「ピッコロ・ア・グロッシ」(piccolo a grossi, グロッソ銀貨にもとづくピッコロ）とはよばれず，事実上の名称として「デナロ・ア・グロッシ」(denaro a grossi, グロッソ銀貨にもとづくデナロ）とよばれた．いずれにせよ，実体貨幣のグロッソ銀貨と計算貨幣のデナロ・ア・グロッシとの交換値は，1 L・コンプリーダ・ディ・グロッシ＝26 1/9 L・ア・グロッシ，1 L・マンカ・ディ・グロッシ＝26 L・ア・グロッシであった[22]．

ここに，いずれも実体貨幣と計算貨幣とからなる，二つの貨幣体系が成立した．ちなみに，計算貨幣 1 L・ア・グロッシの抽象的な価値は，L・コンプリーダ体系によって計算すれば (240÷26 1/9＝) 9.191 グロッソとなり，L・マンカ体系によっても同様に (238.978 [≒239]÷26＝) 9.191 グロッソとなる．この二つの体系は，以前と同様に使い分けられた．計算貨幣デナロ・ア・グロッシにより，L・コンプリーダを用いる大口取引では，グロッソ銀貨以下の価値の保全が可能になった．L・マンカを用いる小口取引では，計算実務において巨大な数値を使用する不便から解放されたのみならず，ピッコロ銀貨の繰り返される改悪にもかかわらず，貸借関係における価値の保全が可能になったのである．

第 3 節　ドゥカート金貨の発行以後

ヨーロッパの基本通貨が従来の銀貨から金貨へ転換し，反対にレヴァントのそれが金貨から銀貨へ転換するという「貨幣革命」[23] の時代に，ジェノヴァやフィレンツェをはじめとするイタリア商業都市が，1252年以降相次いで金貨を発行した[24] にもかかわらず，ヴェネツィアは，1284年になるまで金貨を発行しなかった[25]．理由は二つある[26]．一つは，レヴァントを最大の取引市場としたヴ

---

22) Cfr., Mandich, op. cit., pp. CVII, CIX.
23) Watson, Andrew M., Back to Gold -and Silver, in, *The Economic History Review*, Second Series, vol. XX, No. 1, 1967, p. 7. なお，ヨーロッパの金貨発行におけるイベリアとシチリアの先駆的な役割については，次を参照．Vilar, Pierre, *Oro e moneta nella storia, 1450-1920*, Bari, 1971 (Salsano, Alfredo, tradotto da, titolo originale, *L'or dans le monde du XVI e siècle à nos jour,* Paris, 1969) pp. 41sg.
24) フィレンツェとジェノヴァは，1252年に金貨を発行したが，いずれもアフリカの金の流入経路に位置していた．Vedi, Luzzatto, *Storia economica*, cit., p. 148.

付論　ヴェネツィアの貨幣体系　　113

ェネツィアは，この市場の基本通貨が銀貨となったので，そこでの支払手段となったグロッソ銀貨を自国の基本通貨としたからである．もう一つは，ラテン帝国（1204年成立，61年滅亡）が，伝統的なビザンツ金貨ヒュペルピュロン*27)を基本通貨としたので，ラテン帝国を支援するヴェネツィアは，その帝国財政および商業の混乱を防ぐためにこの金貨を保護し，これと競合する自国の金貨の発行を見合わせたからである．しかし，1261年，ヴェネツィアの競争者ジェノヴァの支援のもとにビザンツ帝国が再興したので，この配慮が不要になる一方，再興したビザンツ帝国において，ヒュペルピュロン金貨の改悪が進行したので，この領域での取引にはそれに代わる価値の安定した金貨が必要になった．また，レヴァントでは，ヴェネツィアのグロッソ銀貨を模倣した悪質銀貨が出回ったので，グロッソ銀貨と固定した交換値で結合する金貨を発行することにより，グロッソ銀貨を保護することが要請された．さらに，金貨が基本通貨になったヨーロッパでは，支払手段としての金貨の需要が増大した．このような理由により，1284年，ヴェネツィアは，ようやく金貨ドゥカートを発行したのである．

　ドゥカート金貨の計算には，ピッコロ銀貨やグロッソ銀貨の計算にみられる，20進法と12進法からなる $1L=20S=240D$ という計算体系は用いられず，フィオリーノ金貨などほかの金貨の計算の場合と同様に，アラビア数字の使用にともなって13世紀に導入された10進法が用いられた*28)．したがって，555枚のドゥカート金貨は，555ドゥカートとなり，$(555=2\times240+6\times12+3=)$ $2L\cdot6S\cdot3D\cdot$ディ・ドゥカーティとはならない．ちなみに，「ディ・ドゥカーティ」(di ducati) とは，「ドゥカート金貨の」という意味である．いずれにせよ，このドゥカートは，ドゥカート金貨を意味し，同時にこの金貨にもとづいておこなう貨幣計算の単位を意味する．

　ドゥカート金貨の重量・品質は，1284年規定により*29)，重量 1「マルコ」

---

25)　とはいえ，ヴェネツィアは，ほかのイタリア都市が金貨を発行した影響のもとに，1269年，国内で流通する金地金の品位をのちのドゥカート金貨の品位にまで高めた．

26)　理由とその消滅については，次を参照．Luzzatto, L'oro e l'argento, cit., pp. 263.

27)　ヒュペルピュロンについては，とりあえず次を参照．Lopez, Roberto Sabatino and Raymond, Irving W., *Medieval Trade in the Mediterranean World,* New York and London, 1955, p. 15. ただし，そこにみられる 1 ドゥカート＝24グロッソについての説明は，納得しがたい．

28)　筆者はこのことを指摘した文献をまだみていないが，事実なので指摘しておく．金貨の発行に付随して，アラビア数字を用いた10進法によるその計算方法が，イスラム世界からヨーロッパに導入されたのだろうか．

29)　1284年規定．quod debeat laborari moneta auri Comunis, videlicet LXVII pro marcha auri, tam bona et fina per aurum, vel melior, ut est florenus, accipiendo aurum pro illo precio, quod possit dari moneta pro decem et octo grossis. Cit. in, Cessi, *Problemi monetari veneziani,* (marco) の金地金から67枚のドゥカート金貨を製造すべく，また評価の確立したフィレンツェのフィオリーノ金貨と同等以上の品質とすべく規定され，重量3.55グラム，品位0.965（法的には24カラットと想定）となった*30)．さらに，ドゥカート金貨とグロッソ銀貨との交換値が，1ドゥカート＝18グロッソと規定された*31)．翌年の1285年規定では*32)，この交換値が変更され，1ドゥカート＝40S・ア・グロッシとされた．デナロ・ア・グロッシはグロッソ銀貨にもとづく計算貨幣であるから，この計算貨幣を媒介にして，ドゥカート金貨をグロッソ銀貨に交換できる．すなわち，1ドゥカート＝40S・ア・グロッシ＝（40×12÷26 1/9＝18.382≒）18 1/2グロッソ．85年規定は，84年規定と比べて，この差額の1/2グロッソ分だけ，金価を高く評価したことになる．

1285年規定では，1ドゥカート＝18 1/2グロッソであったが，同年のヴェネツィアの市場相場では，1ドゥカート＝約20グロッソであった*33)．85年規定の法定相場は，グロッソ銀貨の銀価を市場相場より高く，ドゥカート金貨の金価を低く評価したのである．ヨーロッパで金貨が基本通貨となるにつれ，イタリア内外のヨーロッパの都市では，金貨製造のために金の需要が増大して，金価が上昇し，ついには金の投機ブームが出現するまでになる．反対に，レヴァントでは，銀貨が基本通貨になるにつれ，銀貨製造のために銀の需要が増大して，銀価が上昇した．金も銀も，評価の低い地域から高い地域へと移動する．14世紀はじめになると，金貨の発行が定着したヨーロッパ南部では，銀不足が深刻となり，銀貨を基本通貨とする貨幣の「旧体制」が崩壊するまでになる*34)．このような動向を背景にして，ヴェネツィアでも，金価が上昇し銀価が下落したので，銀が流出して欠乏する危機に直面した．したがって，ヴェネツィアは，造幣局において銀を確保し，レヴァント商業に必要なグロッソ銀貨の発行を維持するために，銀

---

cit., p. 40.
30) Cfr., Lane, Le vecchie monete, cit., p. 65. Luzzatto, L'oro e l'argento, cit., p. 263. なお，フィオリーノ金貨は3.53グラム．Vedi, Bernocchi, op. cit., p. 29.
31) 上記の註29にある84年規定の条文を参照．
32) 1285年規定．quod ducatus aureus debeat currere in Venetiis et ejus districtu pro soldis XL ad grossos, ... et ab omnibus ... qui voluerint dare aurum finum ad probam comunis, massarii dicte monete auri teneantur ipsum accipere, et dare ipsis venditoribus libras centum triginta unam marcha, et sit in discretione dictorum massariorum facere pagamentum dicto venditori vel venditoribus aut de denariis auri supradictus, aut de denariis grossorum argenti. Cit., in, Cessi, *Problemi monetari veneziani*, cit., p. 51.
33) Lane, Le vecchie monete, cit., p. 61.
34) Watson, op. cit., pp. 5ff. なお，この論文の骨子は次に紹介してある．齊藤寛海「中世末期におけるレヴァント貿易の構造」『西洋史学』第120号，1980年，53-55頁．

価,すなわちグロッソ銀貨を市場相場より高く評価しなければならず,85年規定の金銀比価,すなわち両貨の交換値を設定したのである.市場の金価は85年以後も上昇し,法定相場と市場相場の格差がさらに拡大した.ところで,造幣局は,もちこまれる金地金や銀地金の対価として,ドゥカート金貨とグロッソ銀貨のどちらで支払ってもよい,と規定されていた[*35].その結果,金価を市場相場より低く評価する造幣局は,金地金を確保すること,すなわちドゥカート金貨の発行を維持することが困難になる危険に直面した.

造幣局の外の商業の世界では,85年規定による両貨の法定相場は,現実の意味をうしない,計算貨幣を読み替えることにより,事実上,市場相場に対応するものに変化した.規定によって銀価が市場相場より高く設定されたのは,1ドゥカート=40S・ア・グロッシ=18 1/2グロッソとされた結果である.したがって,ドゥカート金貨とグロッソ銀貨の法定相場を解消するには,両貨を媒介する計算貨幣40S・ア・グロッシをグロッソ銀貨から解放すればよい.この理由により,1ドゥカート=40S・ア・グロッシであったのが,必ずしもその論理が明確に認識されないまま,次第に1ドゥカート=40S・ア・オーロと読み替えられて,両貨のこの交換値が解消した[*36].ここに出現した「デナロ・ア・オーロ」(denaro a oro) は,「金 [貨ドゥカート] にもとづくデナロ」という意味であり,ドゥカート金貨にもとづき,それと一定の交換値で結合する計算貨幣である.いうまでもなく,グロッソ銀貨にもとづき,それと固定した交換値で結合する計算貨幣,デナロ・ア・グロッシとはまったく別物である.ここに案出されたデナロ・ア・オーロは,ドゥカート金貨とは固定した交換値をもつが,グロッソ銀貨とは固定した交換値をもたない.したがって,1ドゥカート=40S・ア・グロッシを,1ドゥカート=40S・ア・オーロと読み替えることにより,ドゥカート金貨とグロッソ銀貨は,法定相場から解放されることになった.この読み替えは,1296年に法的追認をえた[*37].

造幣局でも,事実上,この読み替えがおこなわれて,金地金の対価をグロッソ銀貨で支払うことはなくなり,金地金の対価はドゥカート金貨で,銀地金の対価はグロッソ銀貨で支払われることになった.ところで,85年規定では,1マルコの金地金=130L,すなわち(130×20=)2600Sとされた[*38].マルコは重量単位であり,貨幣単位のL(リブラ)は,条文にみられるように,単なるLであ

---

35) 上記の註32にある85年規定の条文を参照.
36) Lane, Le vecchie monete, cit., pp. 63sg.
37) Ibidem, p. 64 con nota 2.
38) 上記の註32にある85年規定の条文を参照.

り，L・ア・グロッシではない．このLは，当初はL・ア・グロッシと想定されていたが，やがてL・ア・オーロと想定されようになったのである．これにともない，造幣局において，デナロ・ア・オーロは，1ドゥカートと交換されるその数値を変化させることにより，ドゥカート金貨で支払われる金地金の対価を上下させる手段として使用されるようになった．1ドゥカート＝40S・ア・オーロと設定すれば，1マルコの金地金＝2600S・ア・オーロ＝（2600÷40＝）65ドゥカートとなるが，1ドゥカート＝39S・ア・オーロと設定すれば，1マルコの金地金＝2600S・ア・オーロ＝（2600÷39＝）66 2/3ドゥカートとなる．この特殊な操作により，「造幣局」（zecca，ゼッカ）が金地金の対価を上下させる手段として用いたデナロ・ア・オーロは，その特殊な機能により，「デナロ・ア・オーロ・デッラ・ゼッカ」（denaro a oro della zecca），すなわち「金［貨ドゥカート］にもとづく造幣局のデナロ」とよぶのが適当である[*39)]．

上昇しつづけたヴェネツィアの金価は，1305年頃から1328年頃にかけて，1ドゥカート＝24グロッソの水準で安定した．政府は，1328年，この市場相場1ドゥカート＝24グロッソを法的に追認し，法定相場とした[*40)]．これは，85年規定に比べて大幅に金価を上げ，銀価を下げることになったので，金地金を確保するうえでの支障はないが，銀地金を確保するうえでの利点もなくなった．ここに，ドゥカート金貨の発行を維持するために，「グロッソ銀貨の防衛」が放棄されたことになる[*41)]．

しかし，金価上昇のあとで，ヨーロッパ市場は，これまでとは反対に，銀価上昇の局面をむかえた[*42)]．原因は，金価上昇による金，とりわけ西スーダンの金の大量流入，銀価下落による銀の流出，過熱した金の投機ブームの終焉により，金と銀との需要と供給の均衡が逆転したことである[*43)]．ヴェネツィアでも，この影響により，1328年頃より銀価が上昇しはじめた[*44)]．銀価上昇により，28年規定の法定交換値1ドゥカート＝24グロッソは現実の意味をうしない，1335年には，政府自身がグロッソ銀貨への打歩を承認することになる[*45)]．

---

39) Lane, Le vecchie monete, cit., p. 54. この論文には，造幣局における金地金の購入価格についての詳細な説明があるが，貨幣体系の理解を目的とする本稿では，それは省略する．
40) Cessi, op. cit., p. LX. 当時，レヴァントの銀価が下落して，ヨーロッパの銀価に接近したので，このような規定が可能になったという．
41) Luzzatto, L'oro e l'argento, cit., p. 268.
42) Lane, Le vecchie monete, cit., pp. 72sg. Luzzatto, L'oro e l'argento, cit., pp. 268sg.
43) Cf., Watson, op. cit., p. 26. なお，齊藤寛海，前掲論文（学界動向），53-55頁参照．
44) Lane, Le vecchie monete, cit., pp. 72sg.
45) Luzzatto, L'oro e l'argento, cit., p. 269.

金銀比価が安定していた1328年頃まで，貸借関係の記録では，慣習にしたがい，グロッソ銀貨が価値尺度としてひろく採用され，それに基礎をおくL・コンプリーダ体系が用いられた[*46]．とはいえ，とりわけ多額の貸借関係を決済する場合には，ドゥカート金貨が支払手段として多用されたと思われる．銀価，すなわちグロッソ銀貨の市場相場の上昇にともない，これを用いて記録した債権債務は，ドゥカート金貨に換算すれば自動的に膨張するが，膨張の割合は，取引発生時点のちがいによる市場相場の差異によって一定ではない．このことによる貸借関係の混乱を回避するために，貸借関係の記録では，1ドゥカート=24グロッソを維持するように規定された[*47]．しかし，両貨のこの交換値は，市場ではもはや成立せず，記録のなかでのみ成立したのである．

その結果，記録のなかのグロッソは，もはや実体貨幣のグロッソ銀貨ではなく，ドゥカート金貨にもとづき，それと固定した交換値で結合する計算貨幣となった．計算貨幣としての性格を明示するために，これを「金［貨ドゥカート］にもとづくグロッソ」という意味の，「グロッソ・ア・オーロ」(grosso a oro) とよぶ[*48]．この計算貨幣は，グロッソという名称をグロッソ銀貨から受け取り，1ドゥカート=24グロッソ(・ア・オーロ)という交換値も，両貨の以前の交換値1ドゥカート=24グロッソから受け継いでいる．しかし，その本質は，ドゥカート金貨の1/24の価値を不変のままにもつ，この金貨の正真正銘の娘であり，もはやグロッソ銀貨との間には，固定した交換値で結合するという血縁関係はない．ここに，1ドゥカート=24グロッソ・ア・オーロという計算体系が成立し，計算貨幣グロッソ・ア・オーロがヴェネツィアの貨幣体系に参入した．

この事態にともない，これまで実体貨幣のグロッソ銀貨にもとづいていた計算貨幣デナロ・ア・グロッシが，そのままのかたちで，すなわち名称を変えることなく，その基礎をこの計算貨幣のグロッソ・ア・オーロにおきかえた[*49]．10ドゥカート=240グロッソ・ア・オーロ=1L・ディ・グロッシ・ア・オーロ=26 1/9 L・ア・グロッシ．デナロ・ア・グロッシは，母親をグロッソ銀貨から，ドゥカート金貨の娘であるグロッソ・ア・オーロに替え，この金貨の孫娘としての計算貨幣になったのである．

ここで再度，ピッコロ銀貨に目を向けよう．ピッコロ銀貨は，1260年代末以降改悪されつづけたが，1280年頃から約半世紀にわたって重量・品質が安定し，

---

46) Lane, Le vecchie monete, cit., p. 74.
47) Ibidem, p. 74.
48) Ibidem, p. 74.
49) Ibidem, p. 75.

1グロッソ＝32ピッコロの水準を維持した．この交換値は，ドゥカート金貨発行の2年前，すなわち1282年に法的追認をうけ，1330年頃まで現実の意味をもった[*50]．1330年頃，ピッコロ銀貨の改悪が再開されて，この交換値が現実の意味をうしなったときにも，計算思考のなかに定着したこの交換値自体は，その意味を変えて生き残った．すなわち，かつての計算貨幣デナロ・ア・グロッシの出現と同様の理由により，このピッコロは，グロッソ銀貨にもとづき，この銀貨と固定した交換値によって結合する計算貨幣になったのである．この計算貨幣の名称ピッコロは，実体貨幣ピッコロの名称をそのまま使用したが[*51]，ここでは両者を識別するために，前者を「ピッコロ計算貨幣」(piccolo ideale，観念上のピッコロ)，後者を「ピッコロ実体貨幣」(piccolo reale，実体のあるピッコロ)とよぶことにしよう[*52]．ここに，1グロッソ＝32ピッコロ計算貨幣という体系が成立した．計算貨幣デナロ・ア・グロッシが，基礎をグロッソ銀貨からドゥカート金貨に移し，グロッソ銀貨の下位単位貨幣の機能を放棄したので，その代役としてピッコロ計算貨幣が登場したものと思われる．グロッソ銀貨に基礎をおく旧体系，1L（コンプリーダ）・ディ・グロッシ（実体貨幣）＝26 1/9L・ア・グロッシ（計算貨幣）が消滅して，グロッソ銀貨に基礎をおく新体系，1L・ディ・グロッシ（実体貨幣）＝32L・ディ・ピッコリ（計算貨幣）が出現したことになる．

第4節　グロッソ銀貨の改悪

金銀比価が激しく変動するなかで，ヴェネツィアの貨幣政策は，ヨーロッパ市場でフィオリーノ金貨に匹敵するドゥカート金貨，自国のレヴァント商業の象徴たるグロッソ銀貨，この両貨の重量・品質を維持することであった[*53]．ヨーロッパやヴェネツィア自体での銀価上昇に対応するのであれば，そこでの現実の意味を喪失した1328年規定の比価，すなわち1ドゥカート＝24グロッソという交換値を変更すべきである．しかし，この金銀比価は，当時のレヴァントでの比価に一致するものであった[*54]．したがって，銀価の高いヨーロッパの比価を両貨の法定相場として導入すれば，レヴァントでのヴェネツィアの基本的な支払手段は

---

50) Ibidem, p. 76. Cessi, op. cit., p. XXXIX, nota 2.
51) Mandich, op. cit., p. CVII.
52) Cfr., ibidem, p. CVII.
53) Cessi, op. cit., p. LVII.
54) Ibidem, p. LXIII.

グロッソ銀貨であったから，銀価の高い地域から低い地域へと銀を輸出することになり，そのレヴァント商業では莫大な損失が発生する．一方，28年規定を維持すれば，この規定によって銀価を政策的に低く抑えたヴェネツィアから，銀価の高いヨーロッパへグロッソ銀貨が流出する．この板挟みの事態を解決するために，ヴェネツィアは，1331年末から翌年にかけて，ヨーロッパやヴェネツィア自体でグロッソ銀貨の代用貨幣となるべき二つの銀貨，メッツァニーノ銀貨とソルディーノ銀貨を発行しはじめた[*55)]．「メッツァニーノ」銀貨の法定相場は，その名称（mezzanino, 半額貨幣）から明らかなように，グロッソ銀貨の半額，すなわち1グロッソ＝2メッツァニーノと規定されたが，メッツァニーノ銀貨1枚の現実の銀量は，グロッソ銀貨1枚のそれの半分ではなく，半分の90％しかなかった．したがって，法定相場では1ドゥカート＝24グロッソ＝48メッツァニーノであるが，現実には1ドゥカート＝48メッツァニーノ＝（48×1/2×9/10＝）21.6グロッソとなる．メッツァニーノ銀貨に体現された比価は，レヴァントの比価1ドゥカート＝24グロッソではなく，ヨーロッパの比価1ドゥカート＝21.6グロッソであった．ソルディーノ銀貨も同様の効果をもった．「ソルディーノ」銀貨は，その名称（soldino, ソルド貨幣）から明らかなように，ピッコロ実体貨幣1ソルド，すなわちピッコロ実体貨幣12枚分のおおきな価値をもち，とりわけヴェネツィアでの支払手段として使用されたと思われるが，ドゥカート金貨との交換値は，その時々の両貨の市場相場にしたがった．ヴェネツィアは，基本的には，レヴァントではグロッソ銀貨を使用し，ヨーロッパではこの二つの銀貨を使用したのである[*56)]．

ドゥカート金貨とグロッソ銀貨以外の実体貨幣は，ヴェネツィアでは，総称して「モネーテ」（monete, 諸貨幣）とよばれるようになった．ただし，メッツァニーノ銀貨は，グロッソ銀貨に基礎をおく貨幣であるから，モネーテとされたかどうか不明である[*57)]．いずれにせよ，その中心に位置するのはピッコロ実体貨幣であり，ソルディーノ銀貨はその倍数を体現したが，そのほかの小額貨幣も事実上，その倍数あるいは約数を体現するものとされた．約数を体現する「ビアンコ」（bianco, 白い）銀貨は，1ピッコロ実体貨幣＝2ビアンコとされた[*58)]．ピッコロ実体貨幣（を中心とするモネーテ）を計算するうえでの便宜のために，ピッコロ実体貨幣にもとづき，それと固定した交換値で結合する計算貨幣が創出

---

55) 両貨については，次を参照．Cessi, op. cit., pp. LXI sg. Mandich, op. cit., p. CVIII.
56) Cessi, op. cit., p. LXIII, nota 2.
57) Mandich, op. cit., p. CVII.
58) Ibidem, p. CVII.

された．そのさい，かつての1グロッソ（実体貨幣）＝32ピッコロ（実体貨幣）の交換値が用いられたが，ここでは上記の1グロッソ（実体貨幣）＝32ピッコロ（計算貨幣）の関係が逆転し，1グロッソ（計算貨幣）＝32ピッコロ（実体貨幣）となった．この計算貨幣のグロッソは，（ピッコロ実体貨幣を中心とする）モネーテにもとづき，それと固定した交換値で結合するので，モネーテにもとづくグロッソ，すなわち「グロッソ・ア・モネーテ」(grosso a monete) とよばれた．ここに，1グロッソ・ア・モネーテ＝32ピッコロ実体貨幣という体系が成立した[59]．ピッコロ銀貨に基礎をおく旧体系，1L（マンカ）・ディ・グロッシ（実体貨幣）＝26L・ディ・ピッコリ（実体貨幣）の後継者として，ピッコロ銀貨に基礎をおく新体系，1L・ディ・グロッシ・ア・モネーテ（計算貨幣）＝32L・ディ・ピッコリ（実体貨幣）が出現した，ということになると思われる．

　こうして，グロッソという名称をもつ三つの貨幣が存在することになった．実体貨幣のグロッソ銀貨，ドゥカート金貨にもとづく計算貨幣のグロッソ・ア・オーロ，（ピッコロ実体貨幣を中心とする）モネーテにもとづく計算貨幣のグロッソ・ア・モネーテ．それぞれのL（リブラ）あたりの価値は次のようになる．1L・ディ・グロッソ（実体貨幣）＝240グロッソ（実体貨幣），1L・ディ・グロッシ・ア・オーロ（計算貨幣）＝10ドゥカート（実体貨幣），1L・ディ・グロッシ・ア・モネーテ（計算貨幣）＝（240×32＝）7680ピッコロ（実体貨幣）．さらに，もう一つのグロッソを付け加えることもできる．上記のように，ドゥカート金貨は，グロッソ・ア・オーロという娘をもち，この娘自身は，デナロ・ア・グロッシという娘，すなわちドゥカート金貨の孫娘をもった．三者の関係は，10ドゥカート（実体貨幣）＝1L（コンプリーダ）・ディ・グロッシ・ア・オーロ（計算貨幣）＝26 1/9L・ア・グロッシ（計算貨幣）．したがって，1L・ア・グロッシ（計算貨幣）＝（10÷26 1/9≒）0.383ドゥカート（実体貨幣）．いずれにせよ，上記の三つのグロッソの間，換言すればドゥカート金貨，グロッソ銀貨，ピッコロ実体貨幣（を中心とするモネーテ）の間では，固定した交換値はもはや消滅し，交換値はその時々の市場相場にゆだねられた[60]．

　ピッコロ実体貨幣をはじめとするモネーテは，一般に改悪がつづいて価値が安定しなかった．グロッソ銀貨は，国内の銀価上昇によって1ドゥカート＝24グロッソという法定相場の維持が困難になる一方で，ヨーロッパの比価を体現した代用貨幣が登場したことにより，1353年以降は発行が事実上中止された[61]．そ

---

59) Ibidem, p. CVII.
60) Lane, Le vecchie monete, cit., p. 74.

の結果，モネーテとそれにもとづく計算貨幣はもちろん，グロッソ銀貨とそれにもとづく計算貨幣も，価値尺度としては重要性が低下したと思われる．価値が安定し，発行の継続するドゥカート金貨とそれにもとづく二つの計算貨幣（娘と孫娘）が，中心的な価値尺度として定着した．1360年までには，ヴェネツィア政府の帳簿は，この二つの計算貨幣（娘と孫娘）によって記入されるようになった．ドゥカート金貨が，名実ともにヴェネツィアの基本通貨になったのである[62]．1379年には，基本通貨の地位をうしなったグロッソ銀貨の改悪がついにはじまった[63]．

　この貨幣政策の転換には，次のような背景がある．14世紀後半以降，ボスニアやセルビアの銀山開発による銀の供給増大などにより，ヨーロッパでは再度銀価が下降して，ヨーロッパとレヴァントとの金銀比価の格差が解消にむかい，両市場は次第に統一された金銀の世界を形成しはじめた．とはいえ，ヨーロッパでは金銀比価が比較的に安定したのに対して，ヨーロッパとインド・中国との間に位置し，双方からの金銀需要の圧力にさらされたレヴァントでは比価の変動が激しかった[64]．いずれにせよ，レヴァントの金価がヨーロッパの金価を上回ったときには，ヴェネツィアは，もはやグロッソ銀貨ではなく，ドゥカート金貨をレヴァントでの支払手段として使用するようになった．15世紀になると，ドゥカート金貨は，レヴァントでも支払手段としての地位を確立した[65]．その結果，一時的にレヴァントで発行された金貨が，ドゥカート金貨を模倣するような事態さえ出現したのである．1425年にマムルーク朝のスルタン，アル＝アシュラフ・バルスバイが発行した金貨，通称アシュラーフィ金貨は，従来のディナール金貨の伝統的な重量（4.25グラム）を放棄し，ドゥカート金貨の代用貨幣となるべく，その重量（3.55グラム）を採用したのである[66]．

お わ り に

実体貨幣の重量・品質や金銀比価の変化により，相互に上位ないし下位単位貨幣

---

61) Cessi, op. cit., p. LXXXV.
62) Lane, Le vecchie monete, cit., p. 75.
63) Luzzatto, L'oro e l'argento, cit., p. 262.
64) Watson, op. cit., pp. 17ff. なお，齊藤寛海，前掲論文（学界動向），53-55頁参照．
65) 第1部第3章，参照．
66) Tucci, Ugo, *Lettres d'un marchand vénitien Andrea Barbarigo (1553-1556)*, Paris, 1957, p. 357, terme "Sarafo".

の機能をもった実体貨幣相互の交換値が変化すると，計算実務のうえでの必要から，それぞれの実体貨幣にもとづき，それと固定した交換値で結合する計算貨幣が創出された．実体貨幣の下位貨幣として，さらには上位貨幣として創出された計算貨幣と，実体貨幣との固定した交換値は，人々の計算思考のなかに定着した以前の実体貨幣相互の交換値がそのまま用いられた．ここに，その時々の貨幣状況の所産である計算貨幣が，固有の具体的な表象をもつことになる原因がある．抽象的な計算思考をもつわれわれには，このような計算貨幣を用いた貨幣計算は煩瑣なものにみえるが，具象的な計算思考をもつ中世の人々には，計算思考のなかに定着した表象をもつ計算貨幣を用いるのが便利であったにちがいない．

　上記の貨幣体系を，史料などをみるさいの便宜のために，まとめて表示しておく．イタリア語表記にしたのは，史料を読解するさいの参照に便利だと思うからである．なお，現実の史料では，たとえば，単にL（リブラ）とだけ記録され，それが一体どのLであるのか，明示されていない場合が少なくない．当事者たちには自明のことであり，明示する必要がなかったからである．この場合には，史料に時折みられるほかの貨幣との数値関係を分析するなどして，それがどのLであるのかを特定する必要がある．

0)　l. = libra / libre,　s. = soldi,　d. = denari
1)　denaro d'argento［デナロ銀貨］
　　　1 l. = 20 s. = 240 d.
2)　grosso d'argento［グロッソ銀貨］(ca. 1202) 2.178 g. / 0.965
　(1)　1 l. di grossi = 20 s. di grossi = 240 grossi (denari di grossi)
　　　1 l. di piccoli = 20 s. di piccoli = 240 piccoli (denari di piccoli)
　　　1 grosso = 26 piccoli
　(2)　1 grosso = 26 1/9 piccoli
　　　1 l. complida di grossi = 240 grossi = 26 1/9 l. di piccoli
　　　1 l. manca di grossi = 239 grossi = 26 l. di piccoli
　(3)　1 l. complida di grossi = 240 grossi = 26 1/9 l. a grossi
　　　1 l. manca di grossi = 239 grossi = 26 l. a grossi
3)　ducato d'oro［ドゥカート金貨］(1284) 3.55g. / 0.965
　(1)　1 ducato = 18 grossi
　(2)　1 ducato = 40 s. a grossi = 18 1/2 grossi
　　　1 ducato = 40 s. a oro
　　　1 ducato = 40 s. a oro della zecca / 1 ducato = 39 s. a oro della

zecca / ecc.
- (3) 1 ducato = 24 grossi
    1 ducato = 24 grossi a oro
      10 ducati = 240 grossi a oro = 1 l. (complida) di grossi a oro = 26 1/9 l. a grossi
- (4) 1 grosso = 32 piccoli
    1 grosso = 32 piccoli (ideali)
    1 grosso a monete = 32 piccoli (reali)
- (5) 1 grosso = 2 mezzanini
    1 grosso = (36 piccoli)= 3 soldini / 1 grosso =(48 piccoli)= 4 soldini / ecc.
- (6) 1 soldino = 12 piccoli
    1 piccolo = 2 bianchi
4) degradazione del grosso d'argento ［グロッソ銀貨の改悪］ (1379)

後記　本稿の基礎となる旧稿の刊行後，ヴェネツィアの貨幣体系と金融市場について，次の一連の大著2冊が刊行された．このうち，本稿と直接関係するのは第1巻（全684頁）であり，それは，レーン(Lane)がミュラー(Mueller)と共著したものであるが，筆者の旧稿がかなりの程度依拠したレーンの旧稿が基礎になっている(Cf., p. XV)．この第1巻は，本稿のように貨幣体系を理解するだけではなく，貨幣政策や造幣組織をも考察している．しかし，本稿の対象である貨幣体系自体に限定していえば，それが刊行された現在でも，本稿の論旨を基本的に変更する必要はないと判断している．

　Lane, Frederic C. and Mueller, Reinhold C., *Money and Banking in Medieval and Renaissance Venice*. vol. 1, *Coins and Moneys of Account*. Baltimore, 1985.

　Mueller, Reinhold C., *Money and Banking in Medieval and Renaissance Venice*. vol. 2, *Banks, Panics, and the Public Debt, 1200-1500*, Baltimore and London, 1997.

第 2 部

イタリア商人と地中海商業

第1章

地中海商業の歴史的展開

―――――

はじめに

フィレンツェの毛織物工業は，原料となる羊毛を西地中海やイギリスから輸入し，製品をイタリアはもちろん，東地中海や西地中海の各地にも輸出した．フィレンツェは，内陸都市でありながら，羊毛や毛織物のみならず，ほかのさまざまな商品についても，海外市場と密接に結合していた．とはいえ，1406年にピサを従属させ，1421年にリヴォルノを手に入れるまでは固有の海運をもたず，またその後も一大海運勢力にはならなかった[1]ので，ほかの海港都市の海運を利用せざるをえなかった．では，地中海において，海港都市の海運や，それと結合する商業は，どのように展開したのだろうか．本章の第1節では，イタリアの海港都市を中心において，13世紀中葉から16世紀中葉までの，その一般的な展開について概観する．

地中海には，大小さまざまな多数の海港都市があった．十字軍の遠征以降，地中海海運の主導権をもつにいたった西欧の海港都市のなかでも，多数の船と多額

　（引用論文のなかには，雑誌に発表された後，その著者の論文集などに収録されたものが幾つかあるが，統一的に後者から引用する，ということはできなかった．また，欧文原本の紹介に重点のある邦文論文を参照した場合，いちいち原本にあたることは，原則としてしなかった．）

1) Cf., Mallett, Michael E., *The Florentine Galleys in the Fifteenth Century,* Oxford, 1967. フィレンツェは，リヴォルノを獲得すると，直ちに国有のガレー商船を建造し，ヴェネツィアを模倣して，ガレー商船団の定期航海をおこなった．しかし，ガレー商船での輸送に適合する商品をもたなかったので，結局これは失敗におわり，約半世紀後に商船団は廃止された．次にその簡単な紹介がある．清水廣一郎「中世ガレー船覚書」『一橋論叢』第76巻第6号，1976年，60頁以下．また，帆船による輸送は，ジェノヴァやヴェネツィアなど，海港都市の競争に対抗することができなかった．

の資本をもって海上商業をおこなう都市は限られていた．ヴェネツィアとジェノヴァが双璧をなし，14世紀には，ピサにかわってバルセローナが両者に次いだ．アンコーナ，ラグーザ（ドゥブロヴニク），メッシーナ，パレルモ，マルセーユ，バレンシア，などは，時代による盛衰はあるが，一般により規模の小さい，範囲を限定した商業をおこなっていた．さらに多数のもっと小さな海港都市が，局地的な沿岸商業をおこなっていた．小さな都市になるほど，一般に記録が少なくなるので，その海運や商業の実態を知るのは困難になる*2)．イタリアの海港都市のなかで，その研究がもっとも進んでいるのは，ヴェネツィアである．地中海商業の一大勢力であったと同時に，公的な海事関係文書のみならず，私的な企業経営文書が比較的多く残っているからだと思われる．第2節では，まずヴェネツィアの海運や商業の実態を考察し，次いでそれと比較しながら，ヴェネツィアと関係の深いほかの幾つかの海上勢力について考察する．

　本章の主題は，わが国では，あまり研究されなかった．それに関する知識は，ウィリアム・H・マクニール『ヴェネツィア－東西ヨーロッパの要，1081-1797－』（原著，1974年，清水廣一郎訳，岩波書店，1979年），フェルナン・ブローデル『地中海』（原題は『フェリーペ二世時代の地中海と地中海世界』，原著第二版，1966年，浜名優美訳，藤原書店，全5巻，1991-95年）が翻訳され，以前に比べると格段に豊かになった．とはいえ，前者は，ヴェネツィアについて，きわめて長期かつ多岐にわたって概観したもので，本章の主題に関する叙述は必ずしも詳細とはいえない．後者は，時代的な変化を動態的に把握するのではなく，16世紀，とりわけその後半を中心に，この世界の様相を静態的に叙述しており，またヴェネツィアに焦点を合わせているわけでもない．欧米では，多くの研究者が，とりわけこのブローデルの大著の出版後，本章の主題に関する貴重な研究成果を発表している．しかし，わが国では，その中心となるイタリアの海港都市の海運や商業についての動態的な研究は，まず欧米の研究成果を摂取することからはじめなければならない*3)．本章は，中世後期における地中海商業の歴史的展開の概要を把握するという視点から，従来の研究成果を整理してみたものである．

---

　2) Cf., Bautier, Robert Henri, Les relations èconomiques des Occidentaux avec les pays d'Orient au moyen âge -points de vue documents, dans, *Socìètes et compagnies de commerce en Orient et dans l'Ocean Indien -Actes du Huitième Colloque International d'Historie Maritime*, Paris, 1970, p. 270.
　3) 註の引用邦文文献にみられるように，摂取はおこなわれているが，体系的というよりは散発的である．なお，ジェノヴァの商業や海運は，大航海時代の商業や海運の前提となるが，そのことも一つの理由となって，註107 (p. 162) にみられるように，わが国でも幾つかのまとまった紹介がある．

第1章　地中海商業の歴史的展開

第1節　市場圏の拡大，輸送の発展，定着商業の成立

1　市場圏の拡大

11世紀は，地中海商業史上，一つの転換期である*4)．西地中海では，ジェノヴァとピサが，ティレニア海のムスリムを駆逐しながら，それにかわって海上商業へ進出しはじめ，連合してマグリブに遠征するまでになった．東地中海では，アドリア海の覇権を確立したヴェネツィアが，そこでの軍事援助と引き換えに，ビザンツ帝国での広範な免税特権（1082年）を手に入れた．他方，イタリア南部では，バリやアマルフィなどビザンツ系の商業都市が，ノルマン人の支配をうけて自由をうしない，以後衰退に向かった．同世紀末の第一回の十字軍遠征（1096-99年）以降，地中海では，すでに成長した海運をもつのみならず，位置にも恵まれたイタリア北部，中部の海港都市が，海上勢力として次第に優勢となっていった．対照的に，イスラーム諸国やビザンツ帝国の海上勢力は，守勢にまわり，次第に衰退していった．

　12世紀には，イタリア海港都市は，レヴァント（シリア，エジプト）やビザンツ帝国を取引相手として，海運や商業を一層発展させることができた．レヴァントでは，ムスリムに包囲されたなかで人員と物資の補給を必要とする，十字軍国家との取引によって海運を発展させた．ビザンツ帝国では，特権を利用して現地を搾取したことにより，1182年には首都で西欧人を対象とする大量虐殺がおこるまでになった．一方，このような活動で蓄積された富により，たとえばピサでは，壮大な大聖堂，洗礼堂，鐘楼（いわゆる斜塔）が造営された．この世紀に西欧の海運が発展したことは，第一回，第二回（1147-49年）の十字軍遠征がおもに陸路経由だったのに対し，第三回（1189-92年）の十字軍遠征では総兵力の約半数が海上輸送されたことでしめされる．なお，西欧がイスラーム世界やビザンツ帝国から先進的な知識を取り入れる，いわゆる「12世紀ルネサンス」という現象は，科学，哲学，などの文化領域だけにあったのではない．その具体的な過程はまだ明らかではないが，12世紀以降，西欧はそこから先進的な商業技術，航海技術，などを徐々に取り入れ，それをさらに発展させていった．

　13世紀初め，第四回十字軍（1202-04年）は，その海上輸送を一手に引き受け

---

　4)　12，13世紀については次を参照．佐々木克巳「『商業の復活』と都市の発生」岩波講座『世界歴史』第10巻，1970年，64頁以下．Diehl, Charles, The Economic Decay of Byzantium, 1957, rep., in, Cipolla, Carlo M., ed., *The Economic Decline of Empires,* London and Southampton, 1970, pp. 94ff.

たヴェネツィアとともに，帝位をめぐる内紛に介入してコンスタンティノープルを征服し，ラテン帝国を樹立して，ビザンツ帝国の領土を分割した．ヴェネツィアは，クレタやエーゲ海南西部の諸島を手に入れて，そこを植民地として支配し，寄港地とするのみではなく，やがて経済的にも商品作物の産地として開発しはじめた[*5]．ビザンツ帝国が独占してきた黒海商業は，この征服を契機に西欧商人に解放された．一方，イベリアでは，1212年，ラス・ナバス・デ・トローサの戦いでキリスト教徒がムスリム（ムワッヒド朝）に大勝したのを契機に，レコンキスタが急速に進んだ．それにともない，西欧商人は，イベリアでの商業を拡大したのみならず，やがてマグリブとの商業にも直接，間接に進出しはじめた[*6]．カスティーリャ王国は，13世紀中葉には，領土が地中海および大西洋に到達し，同世紀末（1270-90年代）になると，ジェノヴァの援助によって海峡の要衝ジブラルタルを手に入れた．キリスト教徒が，地中海と大西洋の通路を制覇したのである．他方，1215年，第四回ラテラノ公会議において，中世教皇権の最盛期を体現したインノケンティウス三世が，聖地十字軍の遠征資金として多額の教会税，献金を徴収することを決定した[*7]．ローマからフランス方面へいく「フランス街道」（シエーナ，フィレンツェ，ピストイア，ルッカ，ピアチェンツァ，などを経由）沿線のイタリア内陸都市の商人は，シャンパーニュの大市に出かけていたが，13世紀後半には，その徴税人として神殿（タンプル）騎士団を追い越し，さらには金融業にも進出して[*8]，人口と経済の発展が急速な北西欧において経済活動を拡大した．なかでも，フィレンツェの商人は，教皇と同盟したシャル

---

5) ヴェネツィアの東地中海の植民地については次を参照．齊藤寛海「帝国ヴェネツィア」『南欧文化』第6号，文流，1980年．

6) イベリアについては次を参照．ビセンス=ビーベス，ハイメ，小林一宏訳『スペイン』岩波書店，1975年，76頁以下．

7) 半田元夫，今野國雄『キリスト教史』第1巻，山川出版社，1977年，424頁以下（今野國雄執筆）．

8) 梶山力「中世に於ける法王庁の財政とイタリー資本主義の台頭」同『近代西欧経済史論』みすず書房，1948年．「フランス街道」については次を参照．Stopani, Renato, *La Via Francigena*, Firenze, 1998, pp. 124sgg. 13世紀後半から14世紀前半にかけて，イタリアの内陸（とりわけトスカーナ）都市の商人は，イギリスで教会（十分の一）税の徴収，国王への貸付，羊毛の輸出に従事した，と次が指摘する．Sapori, Armando, Le compagnie italiane in Inghilterra, in, idem, *Studi di storia economica*, vol. 2, 3a ed., Firenze, 1955, pp. 1039sgg. また，フィレンツェでは，シャンパーニュで毛織物を購入していたカリマーラ組合の商人が，［初期にはおそらく局地市場を相手とした］両替商組合の組合員よりも，国際的な金融では大きな役割を果たした，と次が指摘する．Doren, Alfred, *Italienische Wirtschaftsgeschichte*, Jena, 1934, S. 457. この国際商人は，徴税，資金移動（貸借関係の帳簿操作により実際の貨幣移動は必ずしも必要ではない），融資の業務に習熟し，聖堂騎士団のような独自の権力をもたなかったので，権力者には好都合だったと思われる．

ル・ダンジューのイタリア遠征における勝利を契機に，1260年代後半以降，教皇の徴税人として地歩をかため，国王や領主の財政に食い込んで商業特権を獲得し，イギリス羊毛の輸出などにも進出した．やがて，イタリア内陸都市の商人が，ロンドンやスリュイス（ブリュージュの外港）で，イタリア海港都市の船舶に商品を積み込む，という情景がみられるようになる．

　シリアでは，1187年，ハッティーンの戦いでキリスト教徒が大敗したのを契機に，十字軍国家は決定的に弱体化し，一方的な守勢に立たされることになった．ヴェネツィアがラテン帝国との商業を拡大する間，レヴァント商業に重点をおいたジェノヴァは，この守勢状態を打開するために，1248年，聖ルイ王の第七回十字軍と連合して，イスラームの中心勢力アイユーブ朝の拠点であり，商業の中心でもあるエジプトに遠征したが，この十字軍は，1250年，マンスーラの戦いで同朝のマムルーク（奴隷）軍団に大敗した．同年，マムルーク軍団は，クー・デタによってマムルーク朝を樹立し，マムルーク朝は，1260年，アイン・ジャールートの戦いでモンゴル軍を撃退し，以後さらに十字軍国家を追いつめる．この状況において，ジェノヴァは方向を転換した．1261年，ビザンツ系ニケーア帝国によるビザンツ帝国の復興計画に参画し，それが成功すると，エーゲ海域でのヴェネツィアの商業独占を打破して，この帝国との商業を急速に拡大したのである[9]．ラテン帝国の崩壊とビザンツ帝国の復興という事件を契機に，ジェノヴァとヴェネツィアの1380年までつづく対立関係がはじまった[10]．帝権は弱体だったので，ビザンツ帝国の領土では，ジェノヴァやヴェネツィアなど，西欧の商人による商業支配がつづいた．さて，シリアでは，マムルーク朝が，1291年，最後の十字軍勢力（イェルサレム王国）を放逐し，ここに聖地十字軍の時代が終わった．教皇は，キリスト教徒にマムルーク朝との取引を禁じたので，西欧商人は，やがてキリスト教徒の支配するキプロス王国，小アルメニア王国（アナトリア半島南東部）を経由することにより，そのレヴァント商業をおこなった[11]．

　シリアにおける十字軍時代の閉幕と前後して，東地中海方面の商業圏は，黒海との商業が急速に拡大したことによって大きく変化した[12]．黒海周辺に「モン

---

9) Bautier, op. cit., p. 271. 亀長洋子『中世ジェノヴァ商人の「家」』刀水書房，2001年，135頁．
10) 13世紀中葉以降，カタルーニャ（アラゴン連合王国）の地中海進出が活発になり，1284年，ジェノヴァがメローリア海戦でピサに完勝したので，その後，西地中海におけるジェノヴァとカタルーニャの対立が激化した．
11) Bautier, op. cit., pp. 272, 276.
12) 黒海と「モンゴルの平和」については次を参照．Bautier, op. cit., pp. 275ff. Lemercier-Quelquejay, Chantal, *La pace mongola,* Milano, 1971 (tradotto da Cattarini, Silvia B., titolo originale : *La paix mongole,* Paris, 1970), pp. 42sgg. 佐口透『モンゴル帝国と西洋』平凡社，

ゴルの平和」(モンゴル帝国の支配による平和)が実現する一方で,レヴァントの内陸はモンゴルのイル・ハン国(1258年自立)とマムルーク朝との対立地帯となった.教皇がマムルーク朝との対決姿勢をとったので,西欧諸国はいきおいモンゴルとの連携をはかった.その結果,インド洋や内陸アジアから西方をめざす幹線商路の出口が,レヴァントから黒海に移動し,西欧商人は,黒海に幾つかの商業拠点を建設した.クリミア半島のカッファ(フェオドシア),ドン河口のターナ(アゾフ)は,ジェノヴァの支配のもとに,ジェノヴァ人はもちろん,ヴェネツィア人の商業拠点としても繁栄した.西欧商人は,レヴァントなど異教徒の土地では,一般に沿岸とその近隣地域にしか進出せず,そこで異教徒商人と取引したのであるが,この「平和」地域では,異教徒の土地としては例外的に内陸奥深くまで進出した.とはいえ,多少とも組織的に商業をおこなったのは,カスピ海に近いヴォルガ下流のアストラハン,イル・ハン国の首都タブリーズまでだった*13).ヴェネツィアのマルコ・ポーロ一家の中国旅行,同じくヴェネツィアのロレダン一行のインド旅行*14)は,「平和」時代を象徴する事件である.「平和」末期のフィレンツェの年代記には,黒海の事件についての記事が幾つかあるが,1343年のターナ(アゾフ)における,イタリア人と現地のムスリムとの紛争は次のように記述されている.「土地の人々は,激昂し,そこに滞在してこの騒動に巻き込まれ,自分たちのガレー船に逃げ込めなかった多数のヴェネツィア人,ジェノヴァ人,フィレンツェ人,かなりの数のそのほかのキリスト教徒を,見つけ次第に略奪し,殺戮した.この暴動を生き延びた60人以上のラテン人(西欧人)商人は,捕虜にした.……ムスリムが略奪した各種商品の金額については,ジェノヴァ人は35万フィオリーノ,ヴェネツィア人は30万フィオリーノと評価されたが,その土地にいたほかの商人たちの損害は,これには含まれていない.……これにより,すぐにわが国では,香辛料,絹,各種の貴重なレヴァンテ(東方)の商品の価格が,50%以上,ものによっては二倍に跳ね上がった*15).」黒海周辺でも,またそこへの通路となったロマニーアでも,ジェノヴ

1970年,156頁以下.

13) Bautier, op. cit., pp. 280ff.

14) ロレダン一行のインド旅行については次を参照.Lopez, Roberto Sabatino, Venezia e le grandi linee dell'espansione commerciale nel secolo XIII, in, Centro di cultura e civiltà della Fondazione G. Cini, a cura di, *La civiltà veneziana del secolo di Marco Polo,* Firenze 1955, pp. 53sgg.

15) Villani, Giovanni, *Cronica,* Firenze, 1823, ristampa Roma, 1980, XII-27. この事件後,ジェノヴァとヴェネツィアの政府は,協力して,この地方を支配するタタールのハン,ジャニベックと交渉した.Vedi, della Rocca, Raimondo Morozzo, Notizia da Caffa, in, *Studi in onore di A.*

第1章　地中海商業の歴史的展開

ァ人やヴェネツィア人の主導のもとに経済開発が進み，食料や原料をはじめとするさまざまな特産品の生産が発展し，遠来の商品とならんで両者の取引対象となるにいたった．ロマニーアとは，ローマ帝国とよばれていたビザンツ帝国の領土を意味する言葉であるが，この時代には，エーゲ海，およびその周辺地域を漠然とさす地名として一般に用いられた[16]．ジェノヴァは，1261年，ビザンツ帝国から黒海の要所を獲得したが，14世紀前半になると，さらにエーゲ海西部の諸島およびアナトリア沿岸の要所を獲得し，そこを黒海航路の寄港地とするのみならず，経済的にも開発した．黒海およびロマニーアと西欧，とりわけイタリアとの商業が発展し，ヴェネツィアやジェノヴァの公証人は，現地にでかけて公証人文書を作成した[17]．ヴェネツィアのガレー商船団の落札額（後述）をみると，1332-45年にもなお，レヴァント向けの商船団への投資額の割合が4であるのに，黒海・ロマニーア向けのそれは6だった[18]．黒海商業の最盛期は，おおよそ13世紀末から14世紀初めにかけてである．14世紀中葉には，「平和」が崩壊する一方で，オスマン・トルコがバルカンに進出して両海峡地帯の交通が危険になったので，幹線商路の出口が，マムルーク朝のもとで社会状況が安定したレヴァントに再度移動した．教皇の上記の禁止令も緩和され，1345年，ヴェネツィアはマムルーク朝と通商条約を結んだ．とはいえ，黒海商業は継続したし，ロマニーア商業は発展しつづけた．西欧の商業体系における黒海およびロマニーアの位置が確立したのである．

　西地中海方面の商業圏も，同じく十字軍時代の閉幕と前後して，北海への航路が開通したことによって大きく変化した[19]．ロマニーアへ進出する機会のなか

Fanfani, vol. 3, Milano, 1962, pp. 267sgg.

16)　ヴェネツィアでは，「上ロマニーア」（Romania alta）はマケドニアとトラキアとの海岸部，両海峡地帯を，「下ロマニーア」（Romania bassa）はペロポンネソス，クレタ，ネグロポンテ（エヴィア）を意味した．Vedi, Thiriet, Freddy, *La Romanie vènitienne au Moyen Âge,* Paris, 1959, ed. de Boccard, Paris, 1975, pp. 1ff.

17)　その幾つかは刊行されている．次は，キーリア（ドナウ河口にあるジェノヴァの商業拠点）で作成したジェノヴァの公証人文書（刊行）と，ターナで作成したヴェネツィアの公証人文書（刊行）にもとづいて，黒海での奴隷売買を考察している．齊藤寛海「中世後期のターナにおける奴隷売買の実態」『信州大学教育学部紀要』第33号，1975年．

18)　Thiriet, Freddy, Quelques observations sur le trafic des galées vènitiennes d'après les chiffres des incanti (XIV-XVe siècles), in, *Studi in onore di A. Fanfani,* vol. 3, Milano, 1962, pp. 493-522. 次の表は，この論文にあるガレー商船団の入札価格の動向を表示したもの．齊藤寛海「中世末期におけるレヴァント商業の構造」『西洋史学』第120号，1980年，52頁の表．

19)　西地中海については次を参照．Carrère, Claude, Balcelone et le commerce de L'orient a la fin du Moyen Âge, dans, *Sociètès et compagnies de commerce en Orient et dans l'Ocèan Indien,* Paris, 1967, pp. 365ff. Vicens Vives, Jaime, *Manual de historia economica de España,* 9a

ったピサは，シチリア王国（シチリアとイタリア南部）との商業に重点をおき，イタリア政局をめぐる皇帝派と教皇派の覇権闘争では，シチリア王国を拠点とする皇帝派と結合した[20]。1266年のベネヴェントの戦いで皇帝派が大敗し，教皇派のシャルル・ダンジューがシチリア王国を支配すると，教皇派のフィレンツェとは反対に，ピサはこの商業において急速に衰退した。さらに，1284年のメローリアの海戦では，西地中海で利害の対立するジェノヴァに大敗し，海上勢力としては再起不能となった[21]。ちなみに，1406年になると，ピサはフィレンツェに従属する。一方，アラゴン（連合）王国は，13世紀前半にバレアレス諸島をムスリムから奪取し，同世紀後半には地中海へ一層の進出をはかって，1282年に「シチリアの晩禱」を契機としてシチリアを支配のもとにおいた[22]。このとき，（旧）シチリア王国は，シチリア島からなる（いわゆる）シチリア王国と，イタリア南部からなる（いわゆる）ナポリ王国とに分裂した。14世紀になると，アラゴン国王は，教皇からサルデーニャを授封され，アラゴン王国出身の傭兵軍団は，バルカンに進出して二つの公国を支配した。アラゴン（連合）王国は，集権的なカスティーリャ王国とはちがい，高度な自治権をもつ幾つかの地方（名目上は国家）からなる連合体であり，その商業の一大中心であるカタルーニャ地方（バルセロナ伯国）のバルセロナは，海港都市として独自の商業政策を遂行した。輸出工業（とりわけ後背地の羊毛を原料とする毛織物工業）をもつこの都市は，ヴェネツィアとジェノヴァがロマニーアおよび黒海方面に商業の重点を移し，ピサが没落した間隙をついて，西地中海だけではなく，東地中海にも進出し，地中海商業で両者に次ぐ第三の地位を確立した。13世紀末以降，キリスト教徒によるジブラルタル海峡の制圧を契機に，ジェノヴァ，ヴェネツィア，さらにはバルセロナによる北海（フランドル，イギリス）との商業が，着実に発展しはじめた。地中海と北西欧の商業は，それ以前は陸路でおこなわれてきたが，以後は海路でもおこなわれるようになり，とりわけ低価重量商品は海路で輸送されるようになった[23]。おそらくその影響もあって，北西欧最大の国際市場が，内陸

---

ed., Balcelona 1972, pp. 185sgg. Bautier, op. cit., 269ff.

20) ちなみに，13世紀以降のシチリアへのピサ人の大量移住はその結果と思われる。Vedi, Petralia, Giuseppe, Sui Toscani in Sicilia tra '200 e '300, in, Tangheroni, Marco, a cura di, *Commercio, finanza, funzione pubblica : Stranieri in Sicilia e in Sardegna nei secoli XIII-XV,* Napoli, 1989, pp. 150sgg.

21) 清水廣一郎『イタリア中世の都市社会』岩波書店，1990年，103頁。

22) Boscolo, *Catalani nel Medioevo,* Bologna, 1986, pp. 14sgg. なお，アラゴン連合王国の地中海進出については，註19に引用した著作も参照。

23) Heers, Jacques, *Gênes au XVe siècle,* Paris, 1971, pp. 301ff.

第1章　地中海商業の歴史的展開　　135

のシャンパーニュの大市から，フランドルの海港に近いブリュージュに移動した．これにともない，イベリア南部は，北海航路の船の寄港地となり，北海に輸出される地中海特産の食料，原料の産地としても開発されはじめた．レコンキスタが一段落するとともに，キリスト教徒の船の寄港地となったマグリブでも，イベリア南部と同様に，市場向け商品の生産が発展し，サハラ越えの隊商がもたらす金，象牙，などとならんで，現地の特産品が取引されるようになった．西欧の商業体系におけるイベリア南部，マグリブの位置が確立したのである[24]．ちなみに，15世紀になると，イベリア人などによって，アフリカ西岸，カナリア諸島，マデイラ諸島，アゾーレス諸島が，西欧の商業体系に位置をしめることになる．いずれにせよ，1291年の十字軍時代の閉幕と前後して，西欧商人には，かつての狭隘な商業圏とはことなる，東西に拡大した商業圏が出現しはじめていた．

2　輸送の発展

商業圏の拡大とならんで，海運の技術が革新され，それが海運と商業のありかたに変化をもたらした．13世紀末から14世紀初めにかけて，地中海では航海技術が革新されたが，その中心は羅針盤の使用である．従来の航法では，陸標（ランドマーク）の視認によって自船の位置を推測しながら航海したので，航路が限定される一方で，降水が集中する冬の地中海は，視野のきかない天候の日が多く，いきおい「閉ざされた海」となった．しかし，羅針盤で自船の進行方向を確認することにより，曇天でも沖合を航海することが可能になり，冬でも航海が可能になったのである[25]．また，羅針盤の使用と並行して，陸標，港湾，航路，土地相互間の距離や方位，などについて文章で記述した航路誌（ポルトラーノ）と，その内容を経験的な方法で図面にした航路図（これもポルトラーノ）が作成された．これにより，広範な海域についての知識が普及し，各地への航海が促進された．航海できる範囲が，時間的にも，空間的にも拡大したのである[26]．

これと同時に，新しい種類の船が出現した[27]．従来の船は，ガレー船，丸型

---

24) ピスタリーノ，ジェーオ，齊藤寛海訳「ナスル朝時代のジェノヴァとグラナダ」関哲行，立石博高編訳『大航海の時代』同文舘，1998年，103頁以下，参照．

25) Lane, Frederic C., The Economic Meaning of the Invention of the Compass, in, *The American Historical Review,* LXVIII-3, 1963.

26) 清水廣一郎「中世ガレー船覚書」『一橋論叢』第76巻第6号，52頁以下．

27) 地中海の船舶については次を参照．清水「中世ガレー船覚書」既出，51頁以下．同「ジェノヴァ・キオス・イングランド」『南欧文化』第3号，文流，1976年，1頁以下．同「地中海商業とガレー船」木村尚三郎編『中世ヨーロッパ』有斐閣，1980年，88頁以下．永沼博道「中世後期地中海海運の革新－帆船時代の到来に果たしたジェノヴァ人の役割－」神戸大学西洋経済史研究室編

帆船（ラウンド・シップ）ともに小型であり，いずれも積載量と耐波性に限界があった．ガレー船（軽ガレー）は，軍船として使用されてきたが，細長い船形によって高速をだすことができ，櫂（オール）によって自由な操縦が可能であった．櫂とならんで帆（ラテン帆）も装備し，帆走もしたが，多くの漕手が必要だったので，乗組員は多くなければならず，そのために防衛力は優れていた．しかし，航海経費のうち最大の要素となる人件費（賃銀と食費）が多額となるので，航海経費は高くつき，また乗組員のために頻繁な補給を必要としたので，航続距離は短くなった．積載量は，一般に50トン以下であった．丸型帆船は，幾つかの種類があり，いずれもずんぐりした船形によって積載量を大きくしたが，風だけを推力とするので，乗組員は少なくてすみ，したがって航海経費は安くついた．出入りの多い複雑な海岸線をもつ地中海では，風向きの変化の激しい沿岸風に対応するために，回転が自由で船の操縦性に優れた三角帆（縦帆）が発展した．13世紀に十字軍国家への補給で活躍した帆船は，二本の檣（マスト）にそれぞれ一つのラテン帆をもったが，ムスリムによって発明されたといわれるラテン帆は，檣から（上から下にいくにしたがって広がるように）斜めに取り付けた帆桁に張る一種の三角帆である．ラテン帆をもつ帆船は，帆桁の向きを変えるさいに大きな人力が必要となるので，回転の自由を確保する必要から帆の大きさには限度があり，したがって推力にも，また船の大きさにも限界があった．一方，四角帆（横帆）を装備した丸型帆船は，帆の形によって推力は強かったが，帆の回転が自由ではなく，したがって操縦性を高めるには大きな舵を必要としたが，船尾材が弱いために舷側に制御力の弱い櫂状の舵を取り付けることしかできず，やはり船の大きさには限界があった．いずれにせよ，丸型帆船の積載量は，詳細は不明であるが，最大限120トンくらいだったように思われる[*28)]．

　ジブラルタル海峡の解放で北海との交通が頻繁になると，北海型の丸型帆船，とりわけコグ（コッカ）船が地中海に導入された．四角帆のコグ船は，（いわば背骨にあたる）竜骨に肋骨を取り付けることで頑丈な船体構造をもち，頑丈な船尾材に（舵棒と巻揚器で操作する）大きな舵を取り付けることができたので，大型でもかなりの操縦性をもつことができるのみならず，縮帆索（リーフポイント）によって帆の面積を調節できるので，操帆作業も少人数ですることができた．したがって，コグ船は，従来の丸型帆船と比べてはるかに大型のものが建造され，

『ヨーロッパの展開における生活と経済』晃洋書房，1984年．
　28）　1423年にヴェネツィアのドージェ（統領）モチェニゴが，帆船を120トン（200ボッテ）以上と以下に区別している（註63を参照）ことから，筆者がこのように推測してみたに過ぎない．コグ船以前の帆船の積載量は，今後の検討が必要である．

第1章　地中海商業の歴史的展開　　137

いずれも高さのある船首楼，舷側，船尾楼をもち，大きな推力と耐波性をもつのみならず，その積載量に比べて少ない乗組員，すなわち従来の帆船に比べて同一積載量あたり約半数の乗組員で操作することができたのである．積載量は，15世紀には最大限約1,000トンにもなり，その場合には100-130人の乗組員をもったので，大型のコグ船は，乗組員の多さと舷側の高さにより，ある程度の防衛力をもつことになった．14世紀前半の過程で，多少とも大型の帆船では，コグ船がラテン帆の帆船にとってかわった．コグ船の導入とほぼ並行して，ガレー商船（大型ガレー）が誕生した．この船は，軽ガレーと比べると，櫂とならんで帆（ラテン帆）を装備するのは同じであり，船の長さもそれほど変わらないが，船幅と舷側の高さが増大した．二つ，ないし三つの三角帆が推力の中心となり，櫂はむしろ副次的となった．積載量が飛躍的に増大した（出現初期で約200トン）にもかかわらず，櫂と船尾材に取り付けた舵とにより，優れた操縦性をもつことができた．200トンに対して約200人の乗組員を必要としたので，防衛力には優れていたが，航海経費が高くついたので，高価軽量の積荷を効率よく積まなければ，採算をとるのが困難だった．また，舷側が高くなったので耐波性が増し，波の高い大西洋を航海するのが容易になった．このように，地中海では船の種類が豊富になり，積荷の量や価格の大小，輸送の距離や時間の長短，などに応じて，船の種類を選択できるようになった．大型船の建造には大きな費用が必要だったので，従来より多くの出資者（船舶持分の所有者）が組合を結成して費用を出し合ったが，このことで船の所有者と利用者との乖離が進んだ．

　大型船の出現につづいて，船による輸送料金が変化した[*29]．13世紀末まで，輸送料金は，一般に高かったのみならず，弾力性に乏しかった．すなわち，商品価格と輸送料金との関係についていえば，商品価格の大小とは関係なく，換言すれば高価軽量商品であるか低価重量商品であるかには関係なく，同一重量あたりの輸送料金には大差がなかった．ただし，底荷（航海する船の安定をえるために船底につむ重量貨物）として積み込まれる商品は，輸送料金が安かった．したがって，一般に，低価重量商品は，商品価格に対して輸送料金の負担が重くなり，必需品（塩など）や緊急の必要品（飢饉のさいの小麦など）をのぞけば，その輸送は抑制されていた．しかし，14世紀には，輸送料金が一般に低下したのみならず，その弾力性が飛躍的に増大した．これをしめすのが，メリスが作成した表

---

29)　輸送料金の変化については次を参照．Melis, Federigo, Werner Sombart e i problemi della navigazione nel Meio Evo, in, AA. VV., *L'opera di Werner Sombart nel centenario della nascita,* Milano 1964.

表1 輸送費体系の変化[1]

14世紀前半期（ヴェネツィア－北海）				14世紀末期－15世紀初期（地中海－北海）			
商品	輸送費	商品価格	%[2]	商品	輸送費	商品価格	%[2]
生糸	60.0[3]	3,000	2.0	真珠	1,800[4]	484,000	0.4
丁字・肉豆（香辛料）	32.0	1,200	2.7	ボローニャの琥珀織絹布	52.3[5]	13,000	0.4
高価軽量の特産物				装飾用の染絹	59.3	8,700	0.7
砂糖	35.6	1,200	3.0	サフラン（薬・染料）	47.2	2,680	1.8
箱詰めすおう（染料）	32.0	900	3.6	毛織物中級品	23.2	1,185	2.0
袋詰めえんじ（染料）	48.0[3]	1,200	4.0	生姜（インド産）	21.3	946	2.3
銅・錫	5.9	150	4.0	原綿	3.7[4]	148	2.6
胡椒	32.0	600	5.3	えんじ（染料）	32.2	1,190	2.7
粉砂糖	26.1	300	8.7	錫	4.2	148	2.8
蠟	23.7	240	9.9	胡椒	19.0	545	3.5
各種羊毛	71.2	500	14.2	肉桂中級品（薬・香辛料）	20.6	580	3.6
明礬	17.8	75	23.7	羊毛上級品	19.7	540	3.7
あかね（染料）	17.8	65	27.4	羊毛中級品	17.2	397	4.3
大青（染料）	17.8	60	29.7	氷砂糖	43.6	956	4.6
				あかね（染料）	4.3	65	6.6
				明礬	5.7	75	7.7
				アーモンド（殻なし）	7.0	89	7.9
				大青（染料）	4.9	60	8.1
				小麦（プロヴァンス・シチリア産）	2.1	15	14.0
				硫黄	7.0	48	14.6
				各種オリーヴ油	8.0	49	16.3
				米（バレンシア産）	5.7	28	20.5
				各種葡萄酒	7.8	36	21.7

1) Melis, Werner Sombart e i problemi della navigazione nel medio evo, cit., p. 122 (tavola IV), pp. 138-142 (tavola V) より抄出作成．なお輸送費も商品価格も重量100フィレンツェ・リブラ (libbre di Firenze) あたりの商品に対するものであり，その貨幣単位はいずれもソルド・ア・フィオリーニ (soldi a oro di Firenze [＝a fiorini]) である．
2) ％＝輸送費/商品価格．
3) この2つは商品価格に比例する用船料金 (nolo "ad valorem") である．
4) ヴェネツィア－カタルーニャ間．
5) 北ティレニア海－カタルーニャ間．

のデータを筆者が抄出して作成した表1である．14世紀前半（以下，前期とする）と，14世紀末－15世紀初め（以下，後期とする）を比べると，次のことが確認できる．①同一商品の輸送料金は，一般に，前期に比べて後期には絶対的に低下した．②前期では，銅と錫の輸送料金が例外的に低いが，これは明らかに底荷として積み込まれたからだと思われる．それをのぞいたうえで，同一重量の商品の輸送料金をみれば，高価商品の輸送料金と低価商品の輸送料金とでは格

第1章　地中海商業の歴史的展開　　　139

差があるが，この格差は，後期と比べればまだはるかに小さい[30]。③後期をみると，やはり錫は底荷と思われるが，底荷に近い輸送料金の商品が多くなり，底荷とそれ以外の商品との境界が必ずしも判然としない。他方，商品の重量は同一でも，高価軽量商品には輸送料金のきわめて高いものがあり，輸送料金は，商品ごとの格差が前期に比べて拡大した。④したがって，低価重量商品の輸送料金は，前期には，商品価格に対してその負担が重かったが，後期には，その負担がはるかに軽くなった。⑤結局，14世紀の過程で，輸送料金は，絶対的に低下したのみならず，低価重量商品の輸送料金が相対的に低下したといえる。この相対的な低下についていえば，商品の重量により比例する料金体系から，商品の価格により比例する料金体系に，換言すれば「より従量的な体系」から「より従価的な体系」に移行したといえるのである[31]。

　メリスは，この現象を数値データ（13世紀以前については欠如）で把握した後，その原因を次のように説明した[32]。定着商業が発展するにしたがい，商人は，輸送手段を自分の勘定で大々的に雇用するようになる。一隻の船腹の大部分ないし全部を，さらには船団が全体としてもつ船腹の一部を雇用するのである。このような方法で商品を輸送させると，運賃をはじめとする輸送経費は，一つ一つの商品にではなく，多様な商品よりなる積荷全体にかかることになる。すべての商品がそれぞれの目的地に配達された後，取引において積荷全体のもたらす利潤が最大になるように工夫して，商人はそれぞれの商品に輸送経費の負担を配分する。その結果，輸送経費は，個々の商品の重量に比例するものから次第に乖離し，以前に比べると相対的に，個々の商品の価格に比例するものになる。負担の配分を自由におこなうためには，商品の数量は多いほど都合がよいので，商人は借用した船腹に自分の商品のみならず，他人の商品をも積み込ませて，自分に都合よく配分した輸送料金の割前を徴収する。その結果，従価的な体系は，少数の

---

30) なお，前期では羊毛の輸送費が例外的に高いが，メリスはその理由を次のように説明する (pp.123-124)。羊毛の需要が当時きわめて大きかったこと，その輸送経路が陸路から海路（ジブラルタル経由）に移動したばかりだったことにより，輸送費が陸路より少し安いだけにとどまった。要するに，羊毛輸送は例外的だった，というわけである

31) この現象はエールズも確認している。Heers, op. cit., pp. 231ff. Cfr., Melis, Werner Sombart e i problemi, cit., pp. 120sgg.

32) Melis, Werner Sombart e i problemi, cit., pp. 126sgg. Idem (Bruno Dini, a cura di), *Tracce di una storia economica di Firenze e della Toscana in generale del 1252 al 1550 : Appunti raccolti alle lezioni del Prof. Federigo Melis,* 2a. ed., anno accademico, Firenze 1966-1967, 184sgg. Idem, Il fattore economico nello sviluppo della navigazione alla fine del Trecento, in, Cortelazzo, Manlio, a cura di, *Mediterraneo e Oceano Indiano -Atti del Sesto Colloquio Internazionale di storia marittima,* Firenze 1970, pp. 103sgg.

大商人のみならず，多数の中小商人にも適用されることになる．さらに，海運利用者の側にこの体系が普及すると，海運業者の側でもそれを採用するにいたる．このようにして，海運全般に従価的な料金体系が成立した．また，一群のラバや荷車からなる輸送隊がおこなう陸上輸送でも，海運と同様の傾向がみられ，そこでも輸送料金の体系がより従価的な体系に移行した．（ただし，陸上輸送については，必ずしも数値をあげて実証してはいない．）

さて，筆者には，海上輸送と陸上輸送について総合的に考察するためには，海上輸送料金と陸上輸送料金との数値の絶対的な大小の問題など，さらに検討すべき問題がのこっていると思われる．また，海上輸送の料金体系が移行した理由についても，メリス自身が認識しているように，負担配分のほかにも，輸送手段の発展，輸送業務の合理化，などの理由があると思われるし[33]，レーンがいうように，安全航海には必要となる底荷としての商品の存在も考慮しなければならない[34]．また，コグ船の導入によって，積載量あたりの乗組員数が半減したこと，換言すれば人件費の低減も無視できない[35]．陸上輸送については，輸送手段の発展，道路や内陸水路およびその体系の改善，輸送業務の合理化，国家や商人団体による商業協定の締結，などの要素についても，検討する必要があると思われる．したがって，メリスの上記の説明には，まだ検討の余地が大きいといわざるをえない．とはいえ，メリスが多くの経営史料を分析した結果として提示した，輸送料金の変化という現象自体は，きわめて重要な認識であることには変わりがなく，商業のありかたを考察するさいの基本認識をもたらしたと評価できる．

輸送料金の変化は，当然のことながら，輸送される商品の種類に変化をもたらした．14世紀中葉には，地中海商業の取引品目は，以前に比べてはるかに多種多様となっていた[36]．高価軽量で多少とも奢侈品的な性格をもつ商品には，胡

---

33) Melis, Werner Sombart e i problemi, cit., pp. 119-120.
34) 航海する船舶の安定を確保するには底荷が必要になるが，この底荷を計算に入れて積荷全体が構成されることになる．Lane, Frederic C., Cotton Cargoes and Regulations against Overloading, in, idem, *Venice and History,* Baltimore, 1966, pp. 261-262.
35) 永沼博道「中世後期地中海海運の革新－帆船時代の到来に果たしたジェノヴァ人の役割－」神戸大学西洋経済史研究室編『ヨーロッパの展開における生活と経済』晃洋書房，1984年，63頁．
36) 第2部第2章，参照．なお，ロペツは，このことについて次のように指摘する．ジェノヴァは，以前より西地中海で塩，穀物，チーズ，などの取引をしていたが，13世紀末から14世紀にかけて，このような低価重量商品の商業が一段と拡大した．Lopez, Roberto Sabatino, Market Expansion -The Case of Genoa, in, idem, *Su e giù per la storia di Genova,* Genova, 1975, pp. 54-55. ちなみに，ヴェネツィア商人ジャコモ・バドエルは，1436-40年にコンスタンティノープルで取引した内容を帳簿に記入し，それが刊行されている．Dorini, Umberto e Bertelè, Tommaso, a cura di, *Il libro dei conti di Giacomo Badoer,* Roma, 1956. 飯田巳貴（一橋大学大学院生）は，

第1章　地中海商業の歴史的展開

椒や生姜などの香辛料，高級染料，真珠，象牙，高級毛皮，琥珀，珊瑚，生糸，毛織物などの高級繊維製品，などがあった．これには地中海の各地で生産されるものと，その外部で生産されて地中海に輸送されてくるものとがあり，後者の占める割合が小さくなかった．後者の産地と商品は次のようである．インドなどの胡椒，レヴァントやイベリアなどの臙脂（高級染料），ペルシア湾の真珠，アフリカの象牙，黒海の後背地の高級毛皮，北欧の琥珀，マグリブなどの珊瑚，ペルシア北部の生糸，フランドルなどの毛織物．高価軽量商品は，産地が地中海の内部であれ外部であれ，いずれもその産地は限定されていたが，各地の有力者の間には多少とも恒常的な需要があり，商品価格に対して輸送料金の負担が軽かったので，十字軍時代やそれ以前の時代にも，遠隔商業の対象として取り引きされていた．このような商品の輸送手段としては，航海経費は高くついても，安全性の高いガレー商船が適していた．他方，低価重量で多少とも日常的な性格をもつ商品には，中下級の繊維製品，およびその原料（羊毛，綿，麻），皮革，中下級の染料，明礬，硫黄，タール，密陀僧（ガラスの原料），各種の鉱石，金属（非貴金属）製品，石鹸，塩，小麦，米，葡萄酒，オリーヴ油，果実，蜂蜜，チーズ，魚，などがあった．そのほとんどは，地中海，黒海，さらに（とりわけ15世紀中葉以降は）大西洋の各地で生産される食料，原料，日用製品であり，輸送手段としては航海経費の安くてすむ丸型帆船が適しており，商品の量や輸送距離などに応じてその種類が選択された．この種類の商品こそ，13世紀末以降，取引が飛躍的に発展したものである．このなかには，明礬，硫黄のように産地が特定されるもの，綿，砂糖，ナツメヤシのように一定の気候条件を必要とし，産地がある程度限定されるもの，小麦，葡萄酒，羊毛のように特別の条件を必要とせず，地中海のどこでも生産可能なものがあった．最後にあげたものは，消費市場の周辺でも生産されるが，採算が合えば海外からも輸入される．換言すれば，生産費用が低ければ，産地から遠い市場でも十分な価格競争力をもつことになる．イタリア北部，中部のように人口が多く，商工業が発展した地域では，輸送経費が低下すれば，海外からの大量輸入が実現し，その結果，後背地の食料供給能力をはるかに上回る都市人口が出現するのみならず，都市周辺の農地には小麦よりも収

その取引内容について考察し，報告書『15世紀前半のロマニア市場－コンスタンチノープル駐在ヴェネツィア商人ジャコモ・バドエルの帳簿分析をもとに－』1996年，を作成した．これによれば，毛織物，絹織物，胡椒，などの取引額が多いが，蜜蠟，銅，錫，牛革，葡萄酒，などもかなり取引されている．ただし，この場合は，コンスタンティノープルの陥落（1453年）直前という特殊な危機的状況なので，ここにみる商品ごとの取引額の構成を平時についても一般化できるか否か，検討してみる必要があるように思われる．

益性の高い作物が導入されることになる*37)。

　したがって，商品のなかには，商業の地理的，技術的な条件が変化したことで，特定地域での生産が拡大するもの，生産および消費の両市場が再編されるものがでてきた。ヴェネツィアは，クレタなどエーゲ海各地の葡萄酒を黒海から北海まで広範な地域に輸出した*38)が，これによって現地での生産が拡大したことはまちがいない。この都市は，ロンバルディーア全体に塩を供給したが，この塩の一部は小麦とともに黒海から輸入したという*39)。また，シリア，エジプトの特産であった砂糖は，キプロス，クレタ，シチリア，イベリア南部，さらにはカナリア諸島などから新大陸へと，産地が次第に西方に拡大した。14世紀には，西欧での砂糖の消費が増大し，ヴェネツィアでは精糖業が発展した*40)。同世紀には，イタリア北部，ドイツ南部の綿工業が発展し，綿の輸入が増大するとともに，砂糖と同様，綿の産地もシリア，エジプトからキプロス，クレタ，などへと，次第に西方に拡大した*41)。ヴェネツィアは，良質で有名なシリア綿の輸入をほぼ独占するようになり*42)，器具をもちいて圧縮した綿を船に詰め込むことは，船と綿の両方に損傷をもたらすとして，その禁令を何度も発布するような事態にたちいたった*43)。食料，原料の生産は，従来の産地での生産が拡大するだけではなく，ロマーニアや黒海，イベリア南部やマグリブ，などが，新しい産地として発展した。各地で食料，原料の供給が増大したので，イタリア北部，中部などの商工業都市では，人口と工業を拡大することが可能となった。ヴェネツィア，ジェノヴァ，などでは，陸路を経由して輸入される後背地の小麦より，海路を経由し

---

37) 第2部第2章，参照．

38) Tucci, Hannelore Zug, Un aspetto trascurato del commercio medievale del vino, in, *Studi in memoria di F. Melis,* vol. 3, Napoli, 1978, p. 316.

39) Pèlèkides, Marie N., Venise et la mer noire du XIe au XVe siècle, in, Pertusi, A., a cura di, *Venezia e il Levante fino al secolo XV,* cit., pp. 543, 560, 563. なお，ヴェネツィアは，14世紀中葉に黒海商業が停滞したことにより，1346-47年（ペストによる人口減少の直前）には穀物不足が顕著になった，と次が指摘する．Thiriet, Quelques observations, cit., p. 510.

40) Luzzatto, Gino, L'economia, in, Centro di Cultura e Civiltà della Fondazione Giorgio Cini, a cura di, *La civiltà veneziana del Trecento,* Firenze, 1956, p. 92. 砂糖黍栽培の西漸については次も参照．Trasselli, Carmelo, *Storia dello zucchero siciliano,* Caltanissetta-Roma, 1982, pp. 4sgg.

41) Thiriet, Quelques observations, cit., p. 515. Ashtor, Aspetti della espansione italiana nel Basso Medioevo, in, *Rivista Storica Italiana,* XC-1, 1978, pp. 12sgg.

42) Ashtor, The Venitian Cotton Trade in Syria in the Later Middle Ages, in, *Studi Medievali,* XVII-2, 1976, pp. 682ff.

43) Lane, Frederic C., Cotton Cargoes and Regulations against Overloading, in, idem, *Venice and History,* cit., pp. 253ff.

第1章　地中海商業の歴史的展開　　　　　　　　　　　143

て輸入される海外の小麦のほうが一般に安かったので，小麦は海外の産地に依存するようになった*44)。海外の小麦が安かったのは，輸送料金はもちろん，生産費用が少なくてすんだからだと思われる。また，イタリア北部，中部の都市では，13世紀末以降，海外から輸入される原料に依存する各種の工業が発展した*45)。ヴェネツィアの精糖およびガラス工業，ロンバルディーアの多くの都市の綿工業，ルッカの絹工業（生糸を輸入），フィレンツェの毛織物工業，がよく知られている。もはや製品を輸入して，それを再販するのではなく，原料を輸入し，製品を製造して，それを販売したのである。このような工業に従事する人口が増大したので，海外で生産される原料を大量かつ恒常的に輸入することが，都市の生産活動，ひいては都市の社会秩序を維持するために必要となった。一方，イタリアなどでこのような工業が発展するにしたがい，レヴァントやビザンツ帝国では同種の工業が衰退した。十字軍時代，とりわけその前半期には，レヴァントやビザンツ帝国が，各種の（原料ではなく）製品を西欧に輸出していたと思われるが，地中海をとりまく市場の状況が変化したのである。

　地中海商業の重要な「商品」には，このほかにも奴隷と貴金属があった。奴隷は，地中海の地域によってその人口に差があり，それぞれの社会の特質に応じた役割をはたしていた*46)。14, 15世紀には，黒海，ロマーニア，マグリブがその輸出市場として重要だった。なかでも，アフリカのギニアで黒人奴隷の輸出がはじまる15世紀まで，最大の輸出市場だった黒海では，タタール（モンゴル人とその支配をうけるトルコ人との総称）をはじめとするさまざまな民族が，戦争捕虜，奴隷狩り，子売り，などによって奴隷として売買された。そこでは奴隷商人や奴隷輸送船がみられ，一時に100人以上を取引した記録も稀ではないという。奴隷は，レヴァントでは「マムルーク」，東地中海の西欧植民地やカタルーニャ

---

44)　Heers, op. cit., pp. 234ff. 第2部第2章，参照。

45)　Ashtor, Eliyahu, Les lainages dans l'Orient mèdièval, in, idem, *Studies on the Levantine Trade in the Middle Ages,* London, 1978. Idem, Aspetti della espansione italiana nel basso Medioevo, in, *Rivista Storica Italiana,* XC, 1978. L'exportation de textiles occidenteaux dans le Proche Orient musulman au bas Moyen Âges (1370-1517), in, AA. VV., *Studi in memoria di Federigo Melis,* vol. II, Napoli, 1978. 次にその紹介がある。齊藤寛海「中世末期におけるレヴァント商業の構造」『西洋史学』第120号，1981年，56頁以下。

46)　奴隷取引については次を参照。齊藤寛海「中世後期のターナにおける奴隷売買の実態」『信州大学教育学部紀要』第33号，1975年，65頁以下．Verlinden, Charles, Venezia e il commercio degli schiavi provenienti dalle coste orientali del Mediterraneo, in, Pertusi, A., a cura di, *Venezia e il Levante fino al secolo XV,* vol. I, Firenze, 1973. Krekic, Barisa, Contributo allo studio degli schiavi levantini e balcanici a Venezia (1388-1398), in, AA. VV., *Studi in memoria di F. Melis,* vol. II, Napoli, 1978.

では大農場(プランテーション)の労働力,イタリア都市では家内奴隷,などとして使用された.さて,貴金属は,15世紀前半に,地中海の地域相互間,とりわけ西欧とイスラーム地域との間で金銀比価の格差が縮小し,やがて基本的には同一の比価が出現することになるが,それまでは,地域相互間に多少とも大きな格差があった[47].金も銀も,それぞれの比価の低い地域から高い地域へ移動するので,比価の格差が大きいときには,金と銀の相反する方向への移動が,貴金属の移動における最大の要因となる.この場合,(地金であれ貨幣であれ)貴金属は,利潤をえるために取引されるので,支払手段というよりは商品とみなすべきである.ともあれ,ギニアの金がマグリブ経由で(従来のようにイスラーム地域へではなく)西欧へ流入するようになったのを契機に,13世紀後半以降,西欧諸国の基本貨幣が(従来の銀貨にかわって)次々に金貨となっていった.1252年には,フィレンツェのフィオリーノ金貨と,ジェノヴァのジェノヴィーノ金貨の発行が開始された.十字軍時代の初めには,イスラーム地域の基本貨幣は金貨,西欧諸国のそれは銀貨だったのが,この時代の閉幕に前後して,基本貨幣における金銀の関係がほぼ逆転したのである.それ以降,西欧では金貨発行のための金需要によって金価が上昇して,金が流入する一方で,イスラーム地域には西欧から銀が流出する,という基本的な構造が成立した.しかし,比価の格差が縮小するにしたがい,西欧から支払手段として,銀貨だけではなく,金貨(とりわけヴェネツィアのドゥカート金貨)もイスラーム地域へ輸出されるようになった.

3 定着商業の成立

十字軍時代の閉幕に前後して,北西欧では,地中海と北西欧との商業の中心だったシャンパーニュの大市が衰退し,かわって地中海の船の積荷の目的地となったブリュージュが一大市場として発展した.シャンパーニュの大市は「遍歴商業」の象徴だったが,その衰退とほぼ並行して,遍歴商業にかわって「定着商業」が商業の基本的なありかたとなった[48].遍歴商業では,商人は,商人仲間と一緒

---

47) 貴金属については次を参照.Watson, Andrew M., Back to Gold, and Silver, in, *The Economic History Review,* 2nd Series, 22-1, 1967. Grierson, Philip, La moneta veneziana nell' economia mediterranea nel Trecento e Quattrocento, Centro di Cultura e Civiltà della Fondazione Giorgio Cini, a cura di, *La civiltà veneziana del Quattrocento,* Firenze, 1957. 次にその紹介がある.齊藤「中世末期におけるレヴァント商業の構造」既出,53頁以下.

48) 遍歴商業,定着商業については次を参照.De Roover, Raymond, The Organization of Trade, in, *The Cambridge Economic History of Europe,* vol. 3, Cambridge, 1971, pp. 42ff.

に隊商を組んで，あるいは船に乗り込んで，自分の商品や他人から委託された商品とともに，目的の市場まで旅行（遍歴）しながら商品を販売し，帰路には，その代金で購入した商品とともに，往路と同様の旅行をする．一方，定着商業では，商人は，旅行することなく母市にとどまり（定着），各地にもうけた代理人（ないし支店）に通信文書で指示をおこない，自分（自社）の勘定において現地の市場で取引してもらう．遍歴商人は，同時に海陸の輸送業者でもあり，武器を携行して，あるいは現地の領主などの武力を雇用するなどして，自分と商品を防衛する．一方，定着商人は，この間に出現した専門の海陸の輸送業者に商品の輸送を委託し，自分は店舗でペンを片手に通信文書を作成し（ないし社員に作成させ），取引の結果を帳簿に記入する．武器をペンにもちかえた商人は，多少とも冒険的だった以前の性格を希薄にしたが，さらに14世紀にイタリアで誕生した海上保険[49]は，海上商業につきまとう危険を経済的にある程度緩和することになった．冒険や危険の要素が，多少とも希薄になったのである．さて，通信には時間がかかったので，刻々に変化する市況に迅速に対応するためには，代理人に取引についての広範な権限を委託せざるをえず，代理人には，現地に長期間滞在（定着）する親類縁者，同胞市民という気心の知れた信頼できる者を指名するのが普通だった．定着商業が成立してからも，遍歴商業は消滅してしまったわけではなく，定着商業が成立する条件のない地域や状況では根強く存続した．

　定着商業では，第2部第3章でみるように，各地の代理人に対する取引の指示はもちろん，取引をするのに必要な各地からの情報収集も，通信によっておこなわれた．このことによって，商人は，同時に幾つかの市場を相手にして，多角的に取引することが可能となった．通信は，定着商業において神経や触覚の役割をはたしたのである．13世紀の通信は，商業都市やその商人組合など，各種の団体がもつ固有の通信組織によっておこなわれていた．14世紀前半になると，フィレンツェの大商社，すなわち各地に支店をもつ当時の西欧最大の商社は，各社が固有の飛脚をかかえていたが，これとならんで，独立自営の職業的飛脚も出現し，中小商社にもその業務を提供した．同世紀後半には，多数の飛脚と多少とも広範な業務提供地域をもつ，企業家としての飛脚親方が出現した．以後，この私的な通信企業が商業における通信業務の主役となったが，主要市場相互間では飛脚を定期的に往復させる定期便が発展し，15世紀になるとそれに馬が組織的に利用されるようになった．とはいえ，各種の旅行者や商品の輸送業者など，適宜

49）保険については次を参照．近見正彦『海上保険史研究』有斐閣，1997年，10頁以下．Melis, *Tracce di una storia economica*, cit., pp. 217sgg.

利用できる者に通信文書を委託することも引き続いておこなわれた。海上では，商品を積んで出港する船に，寄港地や目的地宛の（およびそこを経由する）通信文書が委託された。多少とも遠方にでかける商船には，ほとんどの場合，通信文書が積まれていたと思われる。緊急事態にさいして一人の飛脚，一隻の船を借り切って文書を配達させる特別便，とりわけ船便は，その配達料金がきわめて高く，利用は狭く限られていたが，商人が通常利用する普通便は，配達料金が安く，きわめて頻繁に利用された。市場は，商品のみならず，情報の集散地でもあった。配達に要する時間は，その経路の長短はもちろん，自然的，社会的条件によっても変化した。陸上，とりわけ近距離間の定期便は，所要時間がほぼ一定していた。海上，とりわけ遠距離間の場合はその偏差が大きかったが，それでも経験によって所要時間をある程度は予想することができた。

　遍歴商業，とりわけ海上商業における企業は，一般に「コンメンダ」(commenda) 契約，および類似の契約にもとづいて組織されるものが多かった。コンメンダーレ（委託する）という言葉から派生した名称のコンメンダ契約では，委託者（コンメンダンテ）が資本（貨幣，商品，船舶持分）を被委託者（コンメンダターリオ）に委託し，後者はこの資本を利用して利潤をえることになるが，通常は一回の商業旅行が完結した時点で，両者は契約にしたがって利潤を分配し，企業は解散した。定着商業の成立にほぼ並行して，とりわけ内陸都市では，いわゆる「会社」（コンパニーア，compagnia）が誕生したが，この名称はクムパーニス（一緒にパンを食べる仲間，cumpanis）という言葉から派生したものだという。ここでは，幾人かの会社仲間が，資本をもちよって会社を設立し，役割を分担して経営にあたり，社員を雇用して労働させ，獲得した利潤を会社契約にしたがって仲間の間で分配した。同時に，経営規模を拡大するために，経営には参加しない会社仲間以外の人々から，それぞれ個別の契約によって資金を借り入れたが，この借入資金については利子を支払い，元金を返還した[*50]。借入資金によって，会社の規模はいくらでも拡大することができたが，会社が倒産すると，会社仲間のみならず，この資金を提供した多数の市民が被害をうけることになる。1340年代のフィレンツェでは，ロンドン支店を通じてイギリス国王に巨額の融

---

50) 企業形態については次を参照．Lopez, Roberto Sabatino, *The Commercial Revolution of the Middle Ages, 950-1350,* Englewood Cliffs, N. J., 1971, pp. 73ff. Lopez and Raymond, Irving W., *Medieval Trade in the Mediterranean World,* New York and London, 1955, Chapters IX and X. Melis, *Tracce di una storia economica,* cit., pp. 25sgg. De Roover, The Organization of Trade, cit., pp. 42ff. Edler, Florence, Medici Partnerships, in, idem, *Glossary of Medieval Terms of Business : Italian Series 1200-1600,* Cambridge Massachusetts, 1934, pp. 335ff.

資をしていた大商社（バルディ商社，ペルッツィ商社）が，百年戦争の開始（1339年）によって国王が支払不能になった結果破産し，多数の市民がその被害をうけたのみならず，ナポリ国王の支払停止も同様の打撃をもたらした．ちなみに，これ以降，フィレンツェなどトスカーナの都市では，ルッカをのぞいて一般に，本店および各支店の連鎖倒産を防ぐために，相互に連帯責任のある本店・支店関係は避けられるようになった．かわりに，出資者は重複しても，法的にはそれぞれが独立する別個の会社を設立し，相互に代理店契約を結ぶようになった[*51]．会社の継続期間は，会社契約で（たとえば三年というように）規定されたが，その終了後も仲間の了解があれば自動的に延長されたので，実質的にはかなり長い期間にわたることが多かった．定着商業の成立によって，商人ないし企業の多角的な取引が発展し，会社の出現によって，企業の経営規模のみならず，その存続期間が拡大したのである．

定着商業や会社組織の誕生は，それに対応する種類の商業記録をもたらした．中世初期の商業史料としては，修道院所領明細帳や国王特許状など，領主や国王が作成した文書があげられる．中期には自治都市の成立や発展にしたがい，（経済規制についての）都市規約や，さらには商人の組合規約などが出現した．また，公証人文書[*52]は，10世紀頃にイタリア北部で誕生したが，商業が発展するにつれて，各地で取引の記録としても多く用いられるようになった．公証人とは，法的な権利関係について公的に証明する権限（公証力）を，公権力（皇帝・教皇，国王，自治都市）からあたえられた人物であり，公証人文書とは，私人の行為（遺言，贈与，契約，取引，など）によって生じた権利関係を，公証人がこの権限にもとづいて記録した文書である．さて，定着商業や会社組織が誕生した13世紀末以降，商人たちによって各種の経営史料，すなわち商業実務，帳簿，通信文書，私的契約書が作成された[*53]．帳簿は，13世紀末に出現したが，14世紀初め頃にかけて，複式簿記が成立したといわれる[*54]．通信文書には，書簡，為替手形，価格表（商品価格報告書），などがあり，私的契約書，すなわち契約につ

---

51) Melis, Federigo, *Aspetti della vita economica medievale,* Siena, 1962, pp. 128sgg. Idem, *Tracce di una storia economica,* cit., pp. 35sgg.

52) 公証人文書は，経済史料としてもいまだに重要であるが，その性格については次を参照．清水廣一郎「中世末期イタリアにおける公証人の活動」同『中世イタリアの都市と商人』洋泉社，1989年．清水廣一郎「中世イタリア都市における公証人」同『イタリア中世の都市社会』岩波書店，1990年．

53) 齊藤寛海「中世フィレンツェ経済史史料」『信州大学教育学部紀要』第67号，1989年，参照．これは，メリスとサポーリの史料論を中心にして，経済（商業）史料論を整理したもの．

54) 泉谷勝美『複式簿記生成史論』森山書店，1980年，4頁以下．

いて公証人を媒介することなく当事者間で記録した文書には，会社契約書，売買・貸借契約書，雇用契約書，などがある．ちなみに，商業取引を公証人文書に記録することは，14世紀には，フィレンツェ商人などトスカーナ商人の間では減少したが，ジェノヴァ商人の間では引き続き頻繁におこなわれていた．その理由についてメリスは次のように説明する[55]．フィレンツェなど内陸都市の［教皇，国王，領主，などに融資するような］企業は，外部から大々的に借入資本を導入する会社組織が多いので，いきおい経営規模の大きなものが多くなる．一方，海港都市の企業は，大々的に借入資本を導入せず，家族（ないし同族）の資本を中心にして経営するものが多く，いきおい経営規模の小さなものが多くなる．その結果，フィレンツェなどの大企業の商業網は濃密になり，取引相手［とりわけ融資先］について詳細な情報を入手できるので，その人柄，支払能力，などについて正確に判断することができた．したがって，作成に煩雑な手続と経費を必要とする公証人文書によって，取引契約を確認する必要がなかったのである．この説明について，筆者は次のような問題があると考える．取引が（遍歴商業や海上商業の一部に特徴的な）多少とも単発的な性格をもつ[56]ものではなく，（定着商業に特徴的な商人と代理人との間にみられる）長期にわたって刻々変化していく動態的な貸借関係の形態をとる場合，公証人文書では，その権利関係を有効に把握できないのではないか．後者の形態をとる場合，筆者の知る限りでは，15世紀初めにおける，ヴェネツィアの商人とそのダマスクスの（ヴェネツィア人）代理人との貸借関係は，取引の規模は小さいが，そこに公証人文書が介在した形跡はまったくない[57]．また，教皇や国王など，公証力の源泉となるような権力の体現者を取引相手とする場合，公証人のもとで公証人文書を作成したとしても，それは相手に対して現実に効力をもつのだろうか．メリスが指摘した上記の現象について，メリス自身がおこなった説明には，まだ検討の余地があると思われる．

---

55) Melis, Federigo, (Dini, Bruno, a cura di), *Sulle fonti della storia economica : Appunti raccolti alle lezioni del Prof. F. Melis,* Firenze, anno accademico 1963-64, pp. 102sgg.

56) ヴェネツィアの簿記では，フィレンツェの毛織物工業の簿記とはちがって，一航海ごとに発送・受領する船荷の損益を計算する「航海勘定」（viazo conto）が重要であった，と次が指摘する．Lane, Frederic C., Venture Accounting in Medieval Business Management, in, idem, *Venice and History,* cit. 泉谷勝美『中世イタリア簿記史論』森山書店，1964年，295頁以下．

57) ヴェネツィアのザーネとダマスクスのフォスカリーニとの貸借関係．これについては次を参照．齊藤寛海「定着商業における取引手続」『イスラーム圏における異文化接触のメカニズム－市の比較研究－』1，東京外国語大学アジア・アフリカ言語文化研究所，1988年，43頁以下．史料は次のもの．ASV, Procuratori di San Marco, Commisarie miste, busta 128 A, fascicolo V（ザーネ文書，そのなかのフォスカリーニから送付された文書）．

第1章 地中海商業の歴史的展開　　　　　　　　　　149

さて，経営史料に前後して，商業法廷の裁判記録も出現したが，商業法廷とは，商業都市が商業のみならず，経済一般に関する係争を迅速に処理するために設置した法廷である．さて，このように多様化した商業史料のなかでも，経営史料は，商業の実態についてきわめて詳細な情報を記録している．イタリアの中世商業史料としては，1930年代頃以降，とりわけ第二次大戦後，経営史料が積極的に開拓されて，従来の規約や公証人文書にかわって，それが重要な地位をしめるようになった*58)．

第2節　ヴェネツィアとその競争者たち

1　ヴェネツィアの海上商業

ヴェネツィアの海上商業は，以前は公文書に記録されるガレー商船による商業が注目され，それが過大評価されていたが，現在は丸型帆船によるものにも注意がむけられ，その重要性が認識されている．この都市の海上商業は，役割の異なるこの二種類の船が補完し合うことで成立していた*59)．ガレー商船は，ヴェネツィアの潟やダルマツィア沿岸に島や入り江が多く，そこでは操船の自由な權を備えた船が便利なことから，ヴェネツィアでは大いに発展した．ちなみに，アドリア海を航海するヴェネツィア船は，イタリアの沿岸ではなく，地形が起伏に富み，避難場所の多いダルマツィア沿岸を基本的な航路とした*60)．丸型帆船では，大型化の可能なコグ船が重要となったが，ヴェネツィアの潟は海底が浅いことから，ジェノヴァのコグ船にみられるような超大型のものは建造されなかった．さて，14世紀末になると，ガレー商船は大型化がさらに進み，丸型帆船は数が多くなる

---

58) 齊藤「中世フィレンツェ都市経済史料」既出，参照．

59) Heers, Jacques, Types de navires et specialisation des trafics en Mèditerranèe a la fin du Moyen Âge, dans, *Le Navire et l'Economie Maritime du Moyen‑Âge au XVIIIe siècle principalement en Mediterranèe‑Travaux du Deuxième Colloque Internatinal d'Histoire Maritime,* Paris 1958, pp. 107. Luzzatto, Gino, Navigazione di linea e navigazione libera nelle grandi città marinare del Medio Evo, in, idem, *Studi di storia economica veneziana,* Padova 1954, pp. 53-57. Thiriet, Quelques observations, cit., p. 495. Lane, Venetian Shipping during the Commercial Revolution, in, idem, *Venice and History,* cit., pp. 3-4. なお，丸型帆船についての史料は，ガレー船に比べて少ないので，その海運の研究は困難である（Thiriet, Quelques observations, cit., p. 496)．

60) アドリア海では，地形と風向きにより，イタリア側ではなく，ダルマツィア側が航海に適していた．ヴェネツィアが，11世紀以降ダルマツィア経営に乗り出したのは，このことによる．Vedi, Tadic, Jorjo, Venezia e la costa orientale dell'Adriatico fino al secolo XV, in, Pertusi, Agostino, a cura di, *Venezia e il Levante fino al secolo XV,* vol. 1, Firenze, 1973, pp. 690sgg.

と同時に，コグ船の大型化がさらに進んだ*61)。両者はならんで発展したが，1460年代以降になると，両者は別々の道をたどる*62)。ガレー商船は，航海が規則的，頻繁におこなわれるようになり，その絶頂期がもたらされたが，丸型帆船は，大型船の数が減少し，総積載量は半減した。というのは，丸型帆船の海運は，ほかの諸国と競合したのみならず，ヴェネツィアでは国家規制が過剰で，競争力がいちじるしく低下したからである。ところが，16世紀になると，両者の運命は逆転する。ガレー商船が急速に衰退する一方で，丸型帆船は政府の保護によって競争力をいちじるしく回復した。というのは，造船，軍事技術の革新により，丸型帆船の操縦性がガレー商船に接近し，多くの火砲を高い舷側に配置することで丸型帆船の防衛力がガレー商船を追い越したので，航海経費の高いガレー商船の存在理由が弱まったからである。ともあれ，14，15世紀には，ヴェネツィアの海上商業の主役は，ガレー商船とコグ船のような帆船だったといってよい。

　1423年，ドージェ（統領）のモチェニゴは，自国ヴェネツィアの船とその乗組員について次のようにいった。「水上交通には，10-200アンフォラの小船が3,000隻，その乗組員は17,000人。［200アンフォラ以上の］丸型帆船が300隻，その乗組員は8,000人。ガレー商船と軽ガレーが合わせて毎年45隻，その乗組員は11,000人*63)」。ちなみに，この数値にもとづけば，一隻あたりの乗組員の平均人数は，それぞれ6人，27人，240人となる。小船の数の真偽を確認することはできないが，小船が圧倒的多数をしめており，ガレー船と200アンフォラ以上の丸型帆船の数は限られていた，ということについては納得できる。船の積載量は，地中海では，規格化された葡萄酒樽に葡萄酒を入れ，それを幾つ積載できるかということで表示することが多かった。樽（ボッテ，botte）は，積載量をあらわす単位（ボッテ）となり，「200ボッテの船」のように表現された。とはいえ，規格化された樽の容量は，地方によって異同があった*64)。ヴェネツィアの「アンフォラ樽」（ボッテ・ディ・アンフォラ，略してアンフォラ）は，一樽が約0.6トンだったので，200アンフォラは，約120トンということになる。ちなみに，

---

61) Thiriet, Quelques observations, cit., p. 513. Melis, Il fattore economico, cit., p. 100.

62) 以下については次を参照．Lane, Venetian Shipping, cit. idem, *Venice*, cit., p. 348. 清水「中世ガレー船覚書」既出，598頁以下．

63) "Voi avete veduto che al navigare sono navali 3,000 d'anfore 10 fino a 200 che hanno marinai 17,000. Voi avete veduto che abbiamo navi 300 che sono marinai 8,000. Voi avete veduto tra galere grosse e sottili ogni anno 45 marinai 11,000." Sanuto, Marino, Vitae ducum venetorum, in, *Rerum Italicarum Scriptores,* tomo XXII, col. 959.

64) 規格化された葡萄酒樽については次を参照．Tucci, Hannelore Zug, Un aspetto trascurato, cit., pp. 323sgg.

第1章　地中海商業の歴史的展開　　　　　　　　　　　　151

ジェノヴァのメーナ樽は，約0.4トンだった*65)。

　モチェニゴによれば，45隻のガレー船は，ガレー商船と軽ガレーからなっていた。軽ガレーは，ガレー船を追跡するにはガレー船が必要だという理由で，軍船として存在しつづけた*66)。この両者の割合については，ガレー商船が，1440年から55年にかけて一年間に航海した船の数が最大でも20隻だった*67)ので，その数はおそらく20隻前後であり*68)，残りが軽ガレーだったと推定されている。当時のガレー商船は，レーンによれば，約200-500トンだった*69)。したがって，ガレー商船の積載量の合計は，一隻の平均を350トンと仮定すると，約7,000トンということになる*70)。200アンフォラ以上の丸型帆船は，多少とも長距離を航海するための商船であり*71)，そのほとんどがコグ船だったと思われる。200アンフォラ以下の船は，そのほとんどが各種の帆船であるが，最小型の船のなかには，櫂を主要な推力とする手漕ぎの小船もあった*72)。各種の小船のうち，比較的大きなものは，多少とも短距離の沿岸航海のためのもの，最小型のものは，内水（ヴェネツィアの潟，市内の運河，本土の河川）のためのものと思われる。

　長距離航海用の丸型帆船については，メリスがダティーニ文書を分析してえた貴重なデータがある。表2は，メリスが地中海と北海で識別した2,920隻の船の

---

65)　エールズによれば，ジェノヴァ船は，重量単位のカンターレ（cantare，キンタール）で積載量を表示し，他国人に雇われた場合にボッテ（ディ・メーナ）で表示したという（Heers, Types, cit., p. 112）。しかし，トゥッチによれば，15世紀中葉には地中海においてボッテによる表示が一般化した（Tucci, Hannelore Zug, op. cit., p. 323）というが，以後もそうだったのか否かは筆者には不明。

66)　清水「中世ガレー船覚書」既出，8頁。

67)　Luzzatto, Navigazione, cit., p. 53. また，レーンによれば，1404-33年間には最高で19隻（Lane, The Merchant Marine of the Venetian Republic, in, idem, *Venice and History,* cit., p. 148）。

68)　Cf., Lane, Venetian Shipping, cit., p. 7.

69)　ここでは，レーン（Lane, Venice, cit., pp. 122, 338）にしたがっておく。なお，ルッツァットは，その「平均」を500トンと推定し（Luzzatto, Navigazione, cit., p. 53），ティリエは，1ボッテ＝0.754トンとして計算し，14世紀末を境として以前のそれを480-530トン，以後を800-1,100トンと推定する（Thiriet, Quelques observations, cit., p. 513）。しかし，1000トン前後というのは，後述のように，ジェノヴァの超大型帆船に特有なものであり，この数字は到底信用できない。

70)　ただし，レーンは，20隻のガレー商船の総積載量を，約4,500トンと推定している（Lane, Venetian Shipping, cit., p. 7）。小型のものが多いと推定しているわけである。

71)　モチェニゴの談話（註63）にみられる200アンフォラ以上，およびそれ以下の船舶の用途については次を参照。Luzzatto, Sull'attendibilità di alcune statistiche economiche medievali, in, idem, *Studi di storia economica,* cit., pp. 276-277.

72)　Lane, Venetian Maritime Law and Administration (1250-1350), in, AA. VV., *Studi in onore di Amintore Fanfani,* vol. III, Milano 1962, p. 29.

表2 各「国」船団の積載量

国名＼ボッテ[2]	100	200	300	400	500	600	700	800	900
ヴェネツィア	—	1	4	6	10	13	12	6	2
ジェノヴァ	2	3	8	11	8	9	15	24	8
リグーリア	3	7	2	4	3	3	1	—	—
トスカーナ	1	2	6	10	5	1	—	—	1
シチリア	2	1	3	2	4	—	—	—	1
カタルーニャ	6	16	33	15	20	18	8	2	5
ビスケー	—	8	11	5	2	1	—	—	—
ペルピニャン	—	1	2	3	1	1	—	1	—
プロヴァンス	3	5	1	3	2	—	1	—	—
他[3]	1	4	1	2	4	2	—	—	1
計	18	48	71	61	59	48	37	33	18

1) Melis, Werner Sombart e i problemi della navigazione nel
2) この表では，たとえば101-200ボッテの船は，全て200ボッテの欄
3) 計9か「国」．サルデーニャ，ガエタ，アンダルシア，ポルトガ

うち，積載量の判明した437隻のデータを表示したものである．とはいえ，ここでは，積載量がボッテで表示されているが，それがどのボッテかは不明であり，1ボッテは0.5トン前後とみなすことができるとして，メリスはそれ以上の追求を放棄している*[73]．おそらく，史料の文言からそれぞれの船のボッテの種類，換言すればその絶対的な積載量を把握するのは無理だ，と思われる．いずれにせよ，この表にある積載量は，おおよその目安でしかないが，ほかに類似のものがないので，貴重なデータであることには変わりがない．このデータでは，国家の業務をおこなう船を除外してある*[74]ので，この表にあるヴェネツィア船は，ほとんどすべてが丸型帆船ということになる（理由は後述）．ここでは，ヴェネツ

---

73) メリスが利用したダティーニ文書では，ボッテの数値は記録されていても，それがどのボッテかは記録されていないようである．いずれにせよ，メリスは，史料に記録されたボッテを同一のものと考えて（Werner Sombart e i problemi, cit., pp. 95-98, nota 31），混乱をきたしている．広い地域に展開するダティーニ商社の情報網が，各地で識別した各「国」船の積載量を統一的に特定のボッテに換算して記録したとは考えられず，史料に記録されたボッテは，幾つかの異なったボッテが混在していると思われる．ヴェネツィア船であれば，それはボッテ・ディ・アンフォラだと考えられるが，それぞれの地域で標準的なボッテである可能性もないわけではない．この表にもとづいて比較することは，このような留保条件をともなうが，当時もっとも普及していたヴェネツィアとジェノヴァのボッテの比率が三対二（Tucci, Hannelore, Un aspetto trascurato, cit., p. 324）だから，ごくおおまかな比較をすることはできる．

74) Melis, Werner Sombart e i problemi, cit., pp. 94, 100.

（ボッテ）別内訳（1383-1411年）[1]

1,000	1,100	1,200	1,300	1,400	1,500	1,600	2,000	計
2	—	—	—	—	—	—	—	56
13	1	13	—	—	3	1	1	120
4	—	—	—	—	—	—	—	27
—	—	—	—	—	—	—	—	26
—	—	—	—	—	—	—	—	13
3	1	2	—	—	—	—	—	129
—	—	—	—	—	—	—	—	27
—	—	—	—	—	—	—	—	9
—	—	—	—	—	—	—	—	15
—	—	—	—	—	—	—	—	15
22	2	15	—	—	3	1	1	437

medio evo, cit., p, 97, Tavola I より作成．
に記入してある．
ル，フランス，ドイツ，オランダ，フランドル，イギリス．

ィア船は，ジェノヴァ船やカタルーニャ船に比べると数が半分以下であり，また400ボッテ以下の船の数が少ないが，メリスによればそれは次の理由による．ダティーニ商社の主要な活動舞台は西地中海方面だったから，史料のダティーニ文書には東地中海方面の情報が少ないが，ヴェネツィアの丸型帆船の主要な活躍舞台は東地中海方面だったから，いきおいこの史料にはヴェネツィア船の情報が少なくなること[75]．またレインによれば，ヴェネツィア船は，遠距離の西地中海方面に航海する場合，400ボッテ以上の船が多く使用されたこと[76]．ちなみに，（ダティーニ文書の時代と重なる）1394年から1408年にかけてベイルートに寄港した船のうち，メリスがその「国籍」を確認したものについていえば，ヴェネツィア船が278隻，ジェノヴァ船が262隻，カタルーニャ船が224隻，そのほかの船が103隻だった[77]．なお，ドメニコ・セッラによれば，カタルーニャ（バルセローナ）は15世紀前半に衰退し，ジェノヴァは15世紀中葉以降に西地中海や大西洋に重点をおくようになるので，ヴェネツィアが東地中海で覇権を確立するのは15世紀後半である．したがって，メリスがしめすベイルート港の状況は，この三者の競争が東地中海でまだ激烈だった時代のものということになる[78]．さ

---

75) Ibid., p. 103.
76) Cf., Lane, Venetian Shipping, cit., pp. 5-6.
77) Melis, Federigo, Note sur le mouvement du port de Beyroute d'après la documentation florentine aux environs de 1400, dans, *Sociètès et compagnies*, cit., pp. 371-373.

て，ヴェネツィアの400ボッテ以下の丸型帆船は，この表では数が少ないが，東地中海，とりわけヴェネツィアから比較的近距離にあり，避難場所の多いアドリア海，イオニア海，エーゲ海では大いに活躍したと思われる[79]。ちなみに，ヴェネツィアは，すでに14世紀には，これらの地域に一連の植民地をもつ海上帝国となっていた[80]。第四回十字軍によるビザンツ帝国領の分割を最大の契機として形成されたその領土は，ダルマツィア沿岸部とその周辺諸島，ギリシア沿岸部とその周辺諸島，東地中海最大の要衝クレタ，などから構成された。14世紀には，植民地支配機構の整備にともない，これらはいずれも本国から派遣された行政官をもち，本国の直接統治のもとにおかれたが，各地に固有の社会構造，戦略機能に柔軟に対応して，直接的あるいは間接的な支配体制のもとにおかれていた。海外領土は，戦略拠点や寄港地としても機能したが，ヴェネツィアの資本と経営によって食料，原料，日用製品（樽，箱，など）の産地としても開発された。このような商品は，領土以外の各地の同種の商品とならんで，ヴェネツィアの丸型帆船によっておこなわれる商業の対象となったのである。

ヴェネツィアの丸型帆船の場合，400ボッテ以上（とりわけ500-700ボッテ）の船は，多くがガレー商船がするような遠距離航海に，200-400ボッテの船は，多くが東地中海を中心とする中距離以下の航海に，200ボッテ以下の船は，多くが近距離の沿岸航海や内水の水運に使用されたと推定できる[81]。とはいえ，300ボッテ以下，ときには120ボッテの船ですら，地中海から北海までの遠距離を航海することがあった[82]。

400ボッテ以上の大型の丸型帆船は，レーンによれば，モチェニゴの時代，ヴェネツィアには30から35隻あった[83]。ちなみに，表2では，29年間に45隻が識別されているが，船の耐用年数はそれほど長くない[84]ので，同時に45隻あった

---

78) Sella, Domenico, Crisis and Transformation in Venetian Trade, in, Pullan, Brian, ed., *Crisis and Change in the Venetian Economy in the Sixteenth and Seventeenth Centuries*, London, 1968, p. 109.

79) Melis, Werner Sombart e i problemi, cit., pp. 99, 103.

80) 齊藤寛海「帝国ヴェネツィア」既出，参照。

81) 小型船がはたす役割の重要性については次を参照。Lane, The Merchant Marine of the Venetian Republic, in, idem, *Venice and History*, cit., pp. 146ff. なお，メリスによれば，丸型帆船では，12ボッテ［一般的なボッテ］あたりの平均乗組員数は1人であるが，1,000ボッテ以上の場合はこれより人数が減少し，300ボッテ以下の場合は逆に増大する（Melis, Werner Sombart e i problemi, cit., p. 118）。

82) Melis, Werner Sombart e i problemi, cit., p. 100.

83) Lane, Venetian Shipping, cit., pp. 5-6.

84) Cfr., Melis, Werner Sombart e i problemi, cit., p. 116.

表3 ヴェネツィアの船舶構成 (1423年)

船の種類		隻数	1隻あたりの積載量：ボッテ（トン）	主用途	積載量の総量：ボッテ（トン）		乗組員の総数（1隻あたりの人数）
ガレー	軽ガレー	25	80 (48) 以下	軍事用	2,000	(1,200)	}11,000 (244)
	ガレー商船	20	200-500 (120-300)	長距離	12,000	(7,200)	
丸型船	大型	30-35	400 (240) 以上	長距離	20,000	(12,000)	}8,000 (26-27)
	中型	265-270	200-400 (120-240)	中距離	80,000	(48,000)	
	小型	3,000	{200 (120) 以下 / 10 (6) 以上	近距離 / 内水用	150,000	(90,000)	17,000 (6)
計		3,340-3,350			264,000	(158,400)	36,000

ことにはならない．その平均を600ボッテ（表2参照）と仮定して，総積載量を算出すると約20,000ボッテ（12,000トン）となる．200-400ボッテの中型船は，モチェニゴにもとづいて計算すれば，265-270隻となり，その平均を300ボッテとすると，約80,000ボッテ（48,000トン）となる．200ボッテ以下の小型船は，3,000隻，平均を50ボッテとする（小さな船ほど多いと思われる）と，約150,000ボッテ（90,000トン）となる．この推測を表示した表3は，ヴェネツィア船の構成を理解するてがかりになる*85)．丸型帆船，とりわけその中型船，小型船の総積載量が，ガレー商船の総積載量に比べて圧倒的に大きかった，ということはまちがいない*86)．以上の考察から，ヴェネツィアの全体的な船舶構成は，次の特徴をもつと推定される．①ヴェネツィアの都市自体と，それを取り囲む潟との地理的な特性により，小船が無数にあったこと．多数の小河川が流入する広い潟

---

85) ルッツァットは，モチェニゴの談話における両種のガレー船と300隻の丸型帆船との数や乗組員数については，否定的ではない（Luzzatto, Sull'attendibilità, cit., pp. 276-277, 284）．しかし，小船の数と乗組員，とりわけ後者については，誇張だと批判する（Luzzatto, Gino, *Storia economica di Venezia dall'XI al XVI secolo*, Venezia 1961, p. 166）．だが，この批判には問題がある．というのは，史料には「10-200」アンフォラの小船とあるのに，彼はそれを「40-200」と誤解し，この誤解にもとづいて，その数値を誇張だとするからである．排除された「10-40」アンフォラ（6-24トン）の小船とその乗組員（全員が職業的な船乗りとは限らない）が，「水の都」に多かったことは疑問の余地がない．なお，レーンは，当時約15万のヴェネツィア人口に対して，合計3万6千人にもなる乗組員数は多過ぎるようだが，そのなかに［いずれもヴェネツィアに従属する］ギリシアやダルマツィア出身の人々が多く含まれているのであれば，この数も不可能ではないという（Lane, *Venice*, cit., p. 337）．

86) このことについては研究者の間に異論がない．Luzzatto, Navigazione, cit., pp. 53, 56. Thiriet, Quelques observations, cit., p. 495. Lane, Venetian Shipping, cit., pp. 3-7. Heers, Types, cit., p. 107.

のなかの砂州のうえに建設されたヴェネツィアは，すぐ背後を山で囲まれた海港ジェノヴァや，(当時は)河口に近い河川に面したピサとは，地理的な条件がまったくちがっていた．②ヴェネツィアの丸型帆船には，ジェノヴァ船にみられる1,500ボッテ(正確な積載量は不明)以上の超大型船こそないが，大中小の各種がそろっていたこと．一般に中小の海港都市には大型船がなく，ジェノヴァは多くの大型船をもったが，大都市でもカタルーニャ(バルセローナ)には中型船が多かった[87]．③ほかの海港都市に比べて，多くのガレー商船があったこと(後述)．

ヴェネツィア船の商業航海には，大別して三つの形態があった[88]．①政府の任命する船団長の指揮のもとに，特定の船が船団を編成して航海するのみならず，目的地，寄港地，各地での停泊日数，積荷の種類，輸送経費，艤装(航海するのに必要な装備)，など，航海の全面にわたって，詳細かつ厳格な特別規制のもとにある航海．すなわち，ガレー商船のおこなう「ムーダ」(muda)の航海．②特別規制のもとにあるのは前者と同様だが，規制の中心は，特定の船が，特定の期間に，特定の港で，特定の商品を荷積みして，それをできるだけ早くヴェネツィアに輸送することにあり，そのほかの局面での規制は，前者よりはるかに緩く，船団を編成する必要もない航海．大型の丸型帆船がおこなう「綿ムーダ」(muda dei cotoni)の航海は，その代表例の一つである．③ヴェネツィアの一般海上法規にしたがうこと以外は，まったく自由におこなわれる航海．丸型帆船の多く，とりわけ中型船，小型船のほとんどはこの航海をおこなったと思われる．なお，「ムーダ」(muda, muta)という言葉は，元来は「交換」ないし「移動」を意味したが，航海用語に転用されたムーダは，二つの意味をもった[89]．一つ

---

87) Cfr., Melis, Werner Sombart e i problemi, cit., pp. 100sgg.
88) 以下の形態については次を参照．Lane, Frederic C., Fleets and Fairs - the Functions of the Venetian Muda, in, *Studi in onore di Armando Sapori,* vol. 1, Milano, 1957, pp. 653ff. Idem, Venetian Merchant Galleys, 1300-1334 - Private and Communal Operation, in, *Speculum,* vol. XXXVIII-2, 1963, pp. 180f. ただし，後者では，航海を五つの形態に分類する．私人が所有する丸型帆船の航海には，いずれも私人が運営する，①自由航海，②規制航海(regulated voyage)，③認可航海(licenced voyage)，の三つの形態があった．②と③のちがいは，ムーダ(後述)に参加する権利における格差である．②は，ムーダの規制にしたがう限り，自由に参加できるが，③は，ムーダに参加する船数が制限され，参加するには政府の認可が必要となる．とはいえ，認可の方法はその都度変化するので，②と③は判然と区別できないという．筆者は，本文では両者を一括して第二形態とした．また，国家所有のガレー(商)船の航海には，④私人にその航海の経済面を運営させるものと，⑤国家が直接それを運営するものとがあった．⑤は従来評価されていたよりも重要だが，14世紀中葉以降は④が圧倒的だったという．筆者は，本文では⑤は省略した．
89) 以下については次を参照．Lane, Fleets and Fairs, cit., pp. 651ff.

第1章　地中海商業の歴史的展開　　　　　　　　157

は，国家の特別規制のもとに航海するガレー商船の「船団」という意味．最初は，これがこの用語の唯一の意味だった．もう一つは，特定の商品を一定の期間にヴェネツィアに供給できるように，その商品を特定の港で，特定の船に荷積するべく国家規制によって特定された「荷積期間」という意味．15世紀には，前者から派生したこの意味でも，多く使用されるようになった．この場合には，ムーダに参加するということは，船団を編成することではなく，この期間を遵守することを意味した．

　ヴェネツィアのガレー商船は，誕生して間もない14世紀前半に，そのほとんどすべてが，統一規格のもとに国家によって建造され，国家によって所有され，国家の特別規制のもとに船団航海をおこなうことになった．しかし，その航海についての経営は，国家が直接おこなうのではなく，私人（個人，商人団体）に委託することが，制度として確立した*90)．ちなみに，ヴェネツィアの基本的な企業は，継続的な「家族共同経営」(family partnership) だったが，ガレー商船の運営にはそれが幾つか集合して，（原則として一航海ごとの）大きな組合を形成してあたった*91)．従来ガレー船は，私人が所有し自由に運営するものから，国家が所有し直接に運営するものまで，そのありかたが多様だったが，ガレー商船が誕生すると，国家所有と私人経営のそれぞれの利点を結合する制度が案出され，ガレー商船の船団航海が実現したのである．ガレー商船は，多額の資金を必要とする高価軽量商品が積荷の主体となるのみならず，積荷の購入市場にいくにしろ販売市場にいくにしろ，一般に長距離を航海し，多額の航海経費を必要としたので，それを国家の所有のもとにおき，ヴェネツィア商人共有の輸送手段として，共通の便宜と内部での利益機会の均等をはかり，また統制のとれた船団航海によって，安全性と定期性を確保した．ガレー商船の船腹を使用する権利は，ヴェネツィアの貴族および市民権所有者に限られ，一隻ごと，かつ一航海ごとに「競売」(incanto) にかけられて，最高価格の入札者に提供され，この収入のなかから，それぞれの船の償却費，艤装費が調達された．落札者は，その船に自分の商品を優先的に積み込み，船腹の残余部分については，運賃と引き換えに他人の商品を積み込んだが，運賃はどの相手に対しても平等でなければならず，また政府が規定した限度額以上の徴収は禁止された．落札者は，船の償却費，艤装費

---

　90)　以下については次を参照．Lane, Venetian Merchant Galleys, cit., pp. 185ff. Thiriet, Quelques observations, cit., pp. 496ff. Idem, La Crise des trafics vénitiens au Levant dans les premières années du XVe siècle, in, *Studi in memoria di Federigo Melis,* vol. III, Napoli, 1978, pp. 62ff.

　91)　Lane, Family Partnerships and Joint Ventures, in, idem, *Venice and History,* cit.

は落札費用として，また出入港税，国有倉庫の使用料金は航海に必要な付随経費として，それぞれを政府に支払い，さらにこの運賃収入を政府と折半した．積荷の確保，運賃収入の確保，乗組員の確保，乗組員の管理や給料支払，など，航海の経営面は，政府より一般に効率のよい私人に委託したのである．ガレー商船団は，目的地ごとに，また年ごとに船の数が変化したが，おおむね2-5隻からなり[92]，その航海は，目的地ごとに原則として毎年，定期的におこなわれた．目的地としては，14世紀前半以降，ロマニーアおよび黒海，シリア，エジプト，イギリスおよびフランドルがあり，15世紀にはさらに，エグ・モルトおよびバルセローナ，マグリブおよびバレンシア，東北アフリカ一帯が加わった[93]．すなわち，14世紀には，東地中海方面と北海方面が目的地だったが，15世紀には，西地中海方面とアフリカの北岸一帯が加わって，ヴェネツィア商人の取り扱う高価軽量商品の市場が拡大したといえる．このガレー商船団のムーダにより，ヴェネツィアは，高価軽量商品を確実かつ定期的に輸出入することが可能になり，その取引で優位を確立することができた．したがって，ヴェネツィアでは，商業において高価軽量商品のはたす役割が，ほかの都市よりもはるかに大きくなったと思われる．この意味で，ガレー商船のムーダは，ヴェネツィアの商業を特徴づけるものだった．

　丸型帆船のおこなう綿ムーダの航海をみよう．丸型帆船は，大小とは関係なくそのほとんどが私人の所有であり，綿ムーダに参加する船も例外ではなかった．15世紀になると，イタリア北部やドイツ南部の綿工業には，安定した価格によるシリア綿の定期的な供給が不可欠となり，それを独占的に輸入するヴェネツィア商人には，投下資本の円滑な回収が重要な問題となった．とはいえ，航海経費の高いガレー商船で綿を輸送するのは採算がとれず，丸型帆船を使用せざるをえなかったが，丸型帆船が船団を編成して航海するのは，ガレー商船のような操縦性がないことから困難だった．ちなみに，1588年のスペイン無敵艦隊は，帆船の船団編成を維持するのは軍事遠征においてさえ困難である，ということを示唆する[94]．ここに，綿ムーダの航海をめぐる上記の規制が出現した．産地で収穫さ

---

92) Lane, Merchant Marine, cit., p. 148. ただし，これは1404-33年の数字であり，現実には，目的地によっては出航しない年もあり，また，1隻の場合も6隻の場合もあった．なお，ルッツァットは，一方面あたりの船団編成は1-3隻が標準（4隻は例外的）としていた（Luzzatto, Navigazione, cit., p. 53）．

93) Lane, Venice, cit., p. 339. 各年における船団の行先については次を参照．Tenenti, A. et Vivanti, C., Le film d'un grand système de navigation -Les galères marchandes vénitiennes, XIVe-XVIe siècles, in, *Annales, E. S. C.,* 1961, pp. 83ff.

94) 石島晴夫『スペイン無敵艦隊』原書房，1981年，104頁以下，参照．

第1章　地中海商業の歴史的展開

れた綿を遅滞なくヴェネツィアに輸入するためには，特定された「荷積期間」に目的地（綿の集積港）で荷積することがきわめて重要になる．目的地での荷積期間が特定されると，ヴェネツィアへの入荷もほぼ一定の時期に実現することになるからである．目的地では特定の期間に，またヴェネツィアではほぼ一定の期間に，取引が集中することになれば，投下資本の回収もそれだけ円滑になる．シリアで荷積みする綿ムーダは，通常6-7隻のコグ船よりなり[95]，積荷の中心は綿であるが，そのほかにも砂糖，明礬をはじめ生糸，香辛料，なども積み込まれたので，その分だけ，シリアへ航海するガレー商船の数が減少することになった[96]．ちなみに，ジェノヴァなどでは，丸型帆船が高価軽量商品をも普段に輸送していた．なお，ヴェネツィアでは，このようなムーダは，綿輸入を目的とするものだけではなく，穀物価格が高騰したときには，穀物輸入を目的としてシチリア，クレタ，黒海，などに対してもおこなわれた[97]．

　ムーダが「船団」のみならず，特定された「荷積期間」をも意味するようになった理由は，次のように推定されている[98]．14世紀前半のガレー商船のムーダでは，ジェノヴァやビザンツ帝国の船に対する防衛が，船団編成の大きな動機だった．しかし，とりわけヴェネツィアがジェノヴァに完勝した1380年のキオッジャの戦い以降，海上交通がより安全となる一方で，輸送商品の多様化が進展するのみならず，低価重量商品の量が増大するのにしたがって，船団（ムーダ）への大型の丸型帆船の参加が次第に増加し，ついには丸型帆船だけからなる船団も出現した[99]．しかし，この船団では，船の操縦性が低いことから，厳格な船団編成を維持しながら航海するのは困難であり，またその積荷の価格（低価重量商品が多い）が安いことから，船団航海のもつ防衛機能よりも，商品を規則的に供給するという経済機能がはるかに重要だったので，ついには船団編成の義務がなくなるとともに，ムーダ（船団）をめぐる一連の規制のうち，ムーダ（荷積期間）に関連するものだけが残ったのである．飢饉における穀物の供給は，穀物の迅速な供給に最大の重点があり，綿の供給と同様の性格をもつ．

---

95) Ashtor, Eliyahu, The Venetian Supermacy in Levantine Trade, in, idem, *Studies on the Levantine Trade in the Middle Ages*, London, 1978, p. 44. ティリエによれば，5-6隻のコグ船よりなる（Thiriet, Quelques observations, cit., p. 514）．レーンによれば，1404-33年には，［年に2回の綿ムーダに参加しない船も含む，と思われる］シリア・キプロス行のコグ船は，年間3-18隻だった（Lane, The Merchant Marine, cit., p. 148）．

96) Thiriet, Quelques observations, cit., p. 515.

97) Luzzatto, Navigazione, cit., p. 56. 穀物の安定供給と騰貴抑制は，政府の重要課題だった．

98) Lane, The Merchant Galleys, cit., pp. 185ff.

99) Cf., Thiriet, Quelques observations, cit., p. 514.

ヴェネツィア船のおこなう海運のうち，総積載量では圧倒的な部分をしめる自由航海については，一つの実例をあげるにとどめておく．ある丸型帆船は，1312年6月，石と木材を積んでヴェネツィアを出港．ダルマツィアの都市ザラ（ザダール）で，ザラと交戦中のヴェネツィア軍司令官に石を渡し，次いでシチリア西海岸のシャッカとトラーパニで，木材を降ろし，かわりに穀物を積む．その穀物をバレアレス諸島で降ろし，次いでサルデーニャで塩を積み，同年10月にヴェネツィアに帰港*[100]．

ガレー商船は，その輸送商品の主体が高価軽量商品であり，それがヴェネツィアの海上商業を特徴づけるものだったにせよ，その総積載量がヴェネツィアの商船全体のなかでしめる割合は，きわめて限定されたものであり，大・中型の丸型帆船とだけ比較してみても，その約十分の一でしかなかった．したがって，ヴェネツィアの船舶が全体として輸送する商品は，量的にみれば食料，原料，日用製品が圧倒的に多かったことになる．さらに，モチェニゴの数字を前提として推測すれば，丸型帆船のなかでは大型船よりも中・小型船の総積載量のほうが圧倒的に多いことから，そのような商品のなかでも，特産物ではない，平凡な日常物資のしめる割合が多かったのではないかと思われる*[101]．また，ヴェネツィア商船が輸送する高価軽量商品の総額と，低価重量商品の総額とを比較することは，とりわけ後者を算出できないので困難ではあるが，後者は，前者と比較すれば無視できる程度のものだとは到底いえない．

ガレー商船，さらには丸型帆船のムーダが確立していくにしたがい，ヴェネツィアの商業活動には一定のリズムが与えられた*[102]．ヴェネツィアの商業活動の中心，リアルト市場がとりわけ活発になるのは，冬と夏だった．二月中旬，シリアで春に荷積みする綿ムーダの丸型帆船が出港するのを皮切りに，三月から四月にかけて，東北アフリカ一帯，マグリブおよびバレンシア，エーグ・モルトおよびバルセローナに向けて，ガレー商船のムーダがヴェネツィアを次々に出港し，それから少し間をおいて七月から八月にかけて，イギリスおよびフランドル，ロマニーアおよび黒海に向かうガレー商船のムーダ，シリアの秋の綿ムーダに参加する丸型帆船，シリア，エジプトに向かうガレー商船のムーダが相次いで出港し

---

100) Luzzatto, Navigazione, cit., pp. 56-57.
101) メリスによれば，南フランス船の場合，小型船の多くは，それぞれが穀物，塩，葡萄酒，オリーブ油の輸送に専門化していた．Melis, Werner Sombart o i problemi, cit., p. 107. ヴェネツィア船の場合にも，同じことがいえるのではないか．
102) リズムについては次を参照．Lane, Rhythm and Rapidity of Turnover in Venetian Trade of the Fifteenth Century, in, idem, *Venice and History,* cit., pp. 109ff.

第1章　地中海商業の歴史的展開　　　　　　　　　　　　　　　161

た。これら各種のムーダは，春の綿ムーダの参加船（夏に帰港）と，イギリスおよびフランドル向けのムーダ（翌年の春以降に帰港）とをのぞいて，すべてが晩秋から初冬にかけて帰港することになっていた。この出港，帰港のリズムに合わせて，帰港した船の積荷の販売と，出港する船の積荷の購入がおこなわれるので，リアルトの市場がいつにもまして活気をおびるのが，冬と夏の「大市の季節」(tempo di fiera)*103)だったのである。

「大市の季節」には，各種のムーダによって輸入される商品，輸出される商品がリアルトにもたらされたが，このリズムが狂ったときには，商品相場も変調をきたした。15世紀のある史料によると，2月15日（春の綿ムーダの参加船の出港予定日）までに胡椒がリアルトに到着すれば，その価格は「一荷」(cargo) あたり52-54ドゥカートだったが，その日以降3月15日までに到着すると，56-60，復活祭（春分後最初の満月後の日曜日）までに到着すると，62-64，さらにこれより延着した場合には，67-70と上昇し，胡椒を積まずに船団が帰港した場合には，リアルトの相場は75-80になったという*104)。このリズムを維持することは，商品相場の混乱を防止するためのみならず，商人の利益を保護するためにもきわめて重要だった。ヴェネツィア政府が明確に認識していたように，資本の回転が速いほど，商人には利潤獲得の機会が多くなるが，速い回転を維持するには，このリズムの維持が至上命令となったのである*105)。各種ムーダの出港，帰港の時期が一定していれば，そのリズムに合わせて，帰港する船の積荷を受け取り，それをほかの方面に向けて出港する船に積んだり，あるいは売却してかわりに別の商品を購入し，それを出港する船に積むという資本の回転を，素早く，合理的にすることが可能だった。理論的に可能な資本の回転速度と，現実の回転速

---

103) Tucci, Ugo, Alle origini dello spirito capitalistico a Venezia -La previsione economica, in, *Studi in onore di A. Fanfani*, vol. III, cit. Thiriet, Quelques observations, cit., pp. 498ff.

104) リズムの維持の重要性については次を参照。Tucci, Alle origini dello spirito capitalistico, cit., p. 549. Thiriet, Quelques observations, cit., pp. 498ff.

105) Lane, Rhythm, cit., pp. 112ff. レーンは，ムーダ（荷積期間）の設定理由について，この論文では，資本の回転速度の維持がもっとも基本的な要因だとしている。しかし，これに先行する次の論文では，以下の七つの要因をあげている。Lane, Fleets and Fairs -The Functions of the Venetian Muda, in, *Studi in onore di Armando Sapori*, vol. I, Milano 1957, pp. 655ff. ①天候のよい季節に航海するため，②必要な場合に船団編成を容易にするため，③荷積期間が短縮する結果として，船の有効利用度を増大するため，④それにより，資本の回転速度を上げるため，⑤ヴェネツィア市場への商品供給を円滑かつ規則的にするため，⑥同様に，相手市場におけるその購入を円滑かつ規則的にするため，⑦それにより，ヴェネツィア市場に供給される商品の量を規制し，商品相場を維持するため。それぞれの要因の重要性は，時代とともに変化したと思われる。

度との間にはかなりのずれのあることが多かったが，前者を実現するのは不可能ではなく，十分に努力にあたいするものだった．このリズムの維持は，同時に，輸送手段としての船の回転率と積載率を高め，国家であれ私人であれ，その所有者により大きな利益をもたらした．

このようなリズムは，リアルトのみならず，たとえ微弱なものであれ，ガレー商船やムーダに参加する丸型帆船の目的地や寄港地でも形成されたと思われる．したがって，この目的地や寄港地の連鎖からなる幹線航路のそれぞれの地点では，幹線航路のリズムに合わせておもに中型，小型の丸型帆船によって商品の集散がおこなわれ，その地点を中心とする局地的な市場圏が副次的に形成されたのではないか．リアルトを発生源とするリズムは，副次的なリズムを生みながら，地中海はもとより，黒海や北海にもその波紋を拡げていったと思われる．さて，リアルトでは，冬と夏に「大市の季節」を迎えたとはいえ，それ以外の季節にも活発な取引がおこなわれていた．各種のムーダによって輸入された商品のみならず，年間をつうじて（航海に不適な日の多い冬にはいきおい少なくなるが）自由に出港，帰港する多数の丸型帆船によって輸入，輸出される商品が，またそれ以外にも取引の機会をまって保管されていた商品が，間断なく取り引きされていたからである．リアルトは，四季をつうじて市場として機能しつづけた＊106)．

2　ヴェネツィアの競争者たち

ヴェネツィアの競争者たちのうち，とりわけ強力だった，ジェノヴァ，ポルトガル，そして二つの都市が緊密に連携したアンコーナとラグーザ，について一瞥しておこう．

ジェノヴァの商業構造＊107)には，ヴェネツィアと対照的な局面が少なくない．

---

106)　Luzzatto, Vi furono fiere a Venezia?, in, idem, *Studi di storia economica veneziana,* cit. Idem, L'economia, in, Centro di cultura e civiltà della Fondazione Giorgio Cini, a cura di, *La civiltà veneziana del Trecento,* cit., p. 103.

107)　ジェノヴァの商業と社会の構造については，基本的にエールズの次の著作にもとづいている．ただし，同書は，15世紀の構造を静態的に考察するので，時代的な変化の把握については必ずしも十分ではない．Heers, *Gênes au XVe siècle,* Paris, 1971, cit., pp. 201ff.

ジェノヴァについては，さらに次も参照．山瀬善一「イスパニアにおけるジェノヴァ商人の活動への前提」『国民経済雑誌』第128巻第6号，1973年．清水廣一郎「ジェノヴァ・キオス・イングランド－中世地中海商業史の一側面－」『南欧文化』第3号，文流，1976年．永沼博道「中世後期地中海海運の革新－帆船時代の到来に果たしたジェノヴァ人の役割－」神戸大学西洋経済史研究室編『ヨーロッパの展開における生活と経済』晃洋書房，1984年．同「中世ジェノヴァ商人の心性について」『関西大学商学論集』第31巻第1号，1986年．同「中世末期ジェノヴァにおける『アルベルゴ』の生成」『関西大学商学論集』第32巻第3・4・5号，1986年．同「地中海から大西洋へ：ジ

第1章　地中海商業の歴史的展開

　14, 15世紀のジェノヴァでは，旧都市貴族層と新興商人層の対立に，職人・小商人層が介入するという，三つ巴の対抗関係に決着がつかなかったので，権力構造が不安定となり，国家権力は弱体なままに推移した．近海のムスリム勢力を撃退しつつ海上に進出したジェノヴァでは，周辺の大小の封建領主は，コムーネの成立後でも容易に市民権をえることができたが，その理由は，この都市がその軍事力と資金を必要としたからだという[108]．領主特権を保持しながら，ジェノヴァ市民として海上商業に進出したのである．一方，民衆は，1257年にカピターノ・デル・ポーポロ（民衆の指導者）という固有の役職を創出するなど，13世紀の過程で勢力を伸張し，固有の組織を形成した．流入した封建領主や元来の都市貴族は，市内の特定地域に集住する親族を中核にしながら，近隣に居住する住民をも包摂する「アルベルゴ」（albergo, 擬制家族集団）を形成し，対立するほかのアルベルゴのみならず，参政権を要求する民衆組織にも対抗した．14世紀になると，民衆出身の有力な平民上層は，上記のアルベルゴに対抗して，近隣に居住する平民各層を包摂するアルベルゴを形成した．この過程で，アルベルゴは，一般に，地縁的な性格が強化されたのみならず，内部の保護・被保護関係が一層強化されたらしい[109]．とはいえ，ジェノヴァ特有の社会組織アルベルゴは，有名であるわりには，その実態が必ずしも明確になっていないという[110]．いずれにせよ，ジェノヴァでは，アルベルゴ同士が権力闘争を展開し，それを超越する強力な国家権力は形成されなかった．ヴェネツィアが，ナポレオンの侵入する1797年まで独立を維持したのに対し，ジェノヴァは，1396年から断続的に諸外国の支配下におかれ，ついに1528年にはスペインの事実上の属国となった．

　ジェノヴァでは，商業，船の建造と所有，植民地経営のいずれにおいても，主導権をもつのは国家ではなく，アルベルゴを中心とする私的な団体だった[111]．国家の規制が弱体だったので，ヴェネツィアとは対照的に，市民権をえるのは困難ではなく，アルベルゴに外国人が加入するのも自由だった．ヴェネツィアでは，

ェノヴァ人のイベリア半島植民」『関西大学商学論集』第34巻第5号，1989年．同「中世ジェノヴァ植民活動の特質－マオーナ・デ・キオの事例によせて－」関西大学『経済論集』第42巻第5号，1993年．ピスタリーノ，ジェーオ，齊藤寛海訳「ナスル朝時代のジェノヴァとグラナダ」関哲行・立石博高編訳『大航海の時代』同文館，1998年．亀長洋子『中世ジェノヴァ商人の「家」』刀水書房，2001年．

　108）　亀長，前掲書，78-79頁，参照．
　109）　永沼，アルベルゴ，既出，414頁．
　110）　亀長，前掲書，27頁以下．
　111）　Cfr., Lopez, Roberto Sabatino, Venise et Gênes, in, idem, *Su e giù per la storia di Genova*, cit., pp. 39sgg.

国家規制のもとにあるムーダの参加者は，自国の貴族や市民権所有者に限定され，広範な利益獲得の機会を保証された．ジェノヴァでは，国家規制のもとでの規則的な商業航海は発展せず，国家が自国市民に利益機会を恒常的に保証する制度はみられなかった．これを反映して，外国に定着したジェノヴァ商人が，現地の社会に同化して，現地の商人として活躍し，さらには現地の貴族になる，という現象が頻繁にみられた．したがって，ジェノヴァ商人の商業活動では，母市に収斂する統一的なリズムは形成されなかった．有力家族ないしアルベルゴが，各地に単独ないし共同でもつ大小の商業拠点で，隊商の到着時期，農産物の収穫期，などに規定されて自然に発生する，強弱さまざまな複数の商業のリズムが同時に存在したものと思われる．大きな商業拠点としては，母市ジェノヴァのほかに，それぞれの重要性は時代とともに変化するが，コンスタンティノープルおよびペラ，カッファ，キオス，セビーリャ，などがあった．また，各地で現地社会に同化した個人や家族のおこなう商業もあったが，それをジェノヴァの商業とみなすべきか否かは一概にはいえない．ポルトガルは，1430年代に，エンリケ航海親王のもとで西アフリカ沿岸の探険，航海事業をはじめたが，この事業のさまざまな局面で，ポルトガルに定着したジェノヴァ人が積極的に参加していた．また，周知のように，コロンブス（イタリア語ではコロンボ，スペイン語ではコロン）は，1451年にジェノヴァで誕生したジェノヴァ人であり，青年時代はジェノヴァ船に乗り込んで東地中海に航海した．フランドルへの航海途上の事件を契機にポルトガルに定着し，ポルトガル人女性と結婚したが，スペイン（カスティーリャ）国王から「インド」への西回り航海を支援してもらうために，スペインに移住した．1492年，スペインの提督としてこの航海を実現し，1506年，バリャドリードでスペイン人として死んだ．類似の例は多数あり，イベリア諸国の海上商業の発展は，とりわけ15世紀後半にそこで急増したジェノヴァ人の活躍を抜きにしては語れない[*112]．いずれにせよ，ジェノヴァでは，強力な国家規制のもとで都市全体の商人が団結しておこなう船団航海はなく，このような形態でこそ真価を発揮するガレー商船は，ヴェネツィアでのような重要性をもたなかった．

ジェノヴァとヴェネツィアは，1261年に，ニンファイオン条約によってジェノヴァと同盟したニケーア帝国が，ヴェネツィアと同盟関係にあるラテン帝国を打倒[*113]して以来，地中海の商業覇権をめぐって断続的に戦争した．ジェノヴァは，1267年，コンスタンティノープル近郊のペラを獲得し，以後この自治区に

---

112) 永沼，ジェノヴァ人のイベリア半島植民，既出，にある具体例を参照．
113) 亀長，前掲書，135頁．

第1章　地中海商業の歴史的展開

総督（ポデスタ）を派遣した．ジェノヴァ人は，ペラを足場にして黒海，とりわけカッファへの進出を本格化した．一方，1297年に，サルデーニャとコルシカを教皇がアラゴン（連合王国）国王に授封すると，そこに既得権益をもつジェノヴァは，アラゴン（連合）王国と対立関係にはいり，アラゴンはヴェネツィアと同盟することになる*[114]．ジェノヴァは，1298年，クールツォラ（ダルマツィア沿岸の小島）の海戦でヴェネツィアを打破した（このときマルコ・ポーロを捕虜にした）が，この勝利によってヴェネツィアに対する優位を確立することはできなかった．この両国のいわゆる「百年戦争」は，1380年，キオッジア（ヴェネツィア近郊の都市）の戦いでヴェネツィアが完勝し，ヴェネツィアの優勢をもって一段落することになった．

以後，ヴェネツィアは，レヴァント（シリア，エジプト）商業で優位を確立したのみならず，西地中海，すなわちイベリアやマグリブ方面にもガレー商船のムーダを派遣した．一方，ジェノヴァは，ペラ，ブルサ，キオスを拠点とするロマニーア商業に重点をおいた．ペラは，トルコのバルカン進出によって黒海商業が縮小したとはいえ，この間に黒海に河口をもつドニエストルを経由するポーランド（リヴォフ，クラクフ）との商業が発展したので，この方面への中継地としての役割が上昇した．ブルサは，1326年にトルコがこの都市に遷都してから，アナトリアにおける一大商品集散地となり，周辺地域の商品のみならず，インド洋や内陸アジアからくる商品の一部をも引き付けるようになったが，ジェノヴァは，この新しい状況にいち早く対応し，そこに足場を築いたのである．キオスは，ニンファイオン条約でジェノヴァの利権が承認されて以来，紆余曲折をへて1346年にはジェノヴァの「私的植民組合」（マオーナ，maona）による支配が成立し*[115]，ジェノヴァのロマニーア商業における最大の拠点となるにいたる．この島では各種の商品が大農場（プランテーション）経営によって生産され，なかでもマスティック樹脂は（土壌の条件により）この島がほとんど唯一の産地だったが，この島を決定的に重要にしたのは，この組合がつづいて入手したフォケーア（フォチャ，この島の対岸のアナトリアにある）で大量に生産される良質の明礬の中継地になったことである．媒染剤となる明礬は，繊維工業，皮革工業，ガラス工業，などでは不可欠の原料だったが，当時の西欧では良質のものが産出されなかったので，アナトリアの明礬は，各地で莫大な需要があり，その輸出は大きな利潤を約束した．フォケーアを背後にもつキオスは，その位置にも恵まれたの

---

114) Boscolo, Alberto, *Catalani nel Medioevo*, cit., pp. 16sgg.
115) 永沼，中世ジェノヴァ植民活動の特質，既出，168頁以下．

で，ロマニーア各地で取引される各種商品の最大の集散地となった*116)。ジェノヴァ商人がロマニーア商業で取引する商品は，多種多様ではあったが，ヴェネツィアのガレー商船，とりわけシリアやエジプト向けムーダが輸送する商品と比べれば，高価軽量商品より，明礬をはじめとする繊維工業の各種原料（綿，羊毛，染料）など，低価重量商品の比重がはるかに高かった．その輸送に適するのは，いうまでもなくコグ船だった．

　キオスを起点として西地中海方面にいくジェノヴァの丸型帆船には，繊維工業の各種原料を積荷の主体として母市に向かうものと，北西欧で大きな需要のある明礬を積荷の主体（量的のみならず価格でも）とし，さらに綿，香辛料，なども積荷として，迂回路となるので母市には寄港せず，フランドル，イギリス，など北西欧へ直航するものとがあった．直行する場合には，大型の丸型帆船，とりわけジェノヴァにしかない超大型の丸型帆船（700-1,000トン）が使用されたが，この大きさだと，多数の乗組員がいるので航海経費を節約するために，また船を収容できる港湾が限られるために，寄港地の数はきわめて限定された．寄港地では，直航船が積荷の一部を販売する一方で，現地などの産物を購入したので，商品を寄港地の周辺各地に配分したり，周辺各地から集積したりするのに必要な，小型船や保管倉庫が多数存在した．この直航船は，マグリブとイベリア南部，とりわけカディスで，ロマニーアから輸送してきた積荷の一部を販売して，現地の商品，すなわちオリーヴ油，葡萄酒，塩，砂糖，果実，皮革，などを主体とする食料や原料を購入し，それを北西欧で販売した．帰路には，北西欧でイギリス毛織物などを購入して，その一部をイベリア南部とマグリブで販売し，そこで現地の商品を購入して，キオスに帰港したのである．ジェノヴァを起点として航海する船には，キオス方面に向かうもののほかに，大別して二つの方面に向かうものがあった．一つは，西地中海の各地に向かうものであった．その主要目的は，各地で生産，取引される食料，原料，そのほかの商品（イビサの塩，マグリブの珊瑚，ギニアからサハラを越えてくる金および象牙，など）の輸入であり，これには240トン前後のコグ船が多く使用された．ジェノヴァから輸出される商品の主体は，キオス方面に向かう場合と同様，各種の工業製品であった．もう一つは，北西欧，とりわけイギリスとフランドルに向かうものであり，これには一般に大型の丸型帆船が使用された．往路には，北西欧の繊維工業で大きな需要のあるロンバルディーア産の大青（染料）と，西地中海の各地の商品（葡萄酒，果実，サフラン，など）を積み，帰途には，イギリスではイタリア北部，中部の毛織物工業で使用

---

116) Heers, *Gênes*, cit., pp. 274ff.

する「羊毛」，イベリア南部，マグリブ向けの「毛織物」，などを積み，さらにイベリア南部では現地の商品（葡萄酒，オリーヴ油，皮革，羊毛，など）を積んで帰港した．その主要な寄港地は，マリョルカ，バレンシア，マラガ，カディスであり，河川の溯行を必要とする内陸のセビーリャは寄港地とならず，またリスボンも寄港地とはならなかったらしい．このうち，マリョルカは，マグリブ商品の伝統的な集散地であり，マラガは，ムスリムの支配するグラナダ王国最大の商業港であった．ジェノヴァは，教皇の禁令にもかかわらず，グラナダ王国との取引をつづけて，その港（マラガ，アルメリア）をマグリブ方面，北海方面への航海の足場としても利用した[*117]．ジェノヴァ商人は，おそらく14世紀の過程で，建造に多額の資本を要する大型，中型のコグ船を用いておこなう大規模な商業に活動を集中し，小型船による小規模な沿岸商業は，それが大規模な商業を補完するものであっても，サヴォーナなど近隣のほかの海港都市の商人の活動にゆだねた．

1453年，ペラとフォケーアがトルコに征服されたことは，いくらジェノヴァがキオスを1566年まで保持したとはいえ，そのロマニーア商業にとっては決定的な打撃となった．機軸となる商業のうち，ジェノヴァに残ったのは，母市を拠点とする西地中海および北西欧との商業である．ジェノヴァは，フォケーアを失ったが，まもなく，その北西欧商業の基幹商品の一つである，良質の明礬を引き続いて確保するのに成功した．1463年，教皇領のトルファ（ローマの北西約50キロメートル）で明礬鉱が発見されると，ジェノヴァは，採掘権をめぐってフィレンツェのメディチ家と争ったが，輸送に適した海運をもつことで優位にたち，やがて採掘権を手に入れたのである．ジェノヴァは，この明礬と後背地ロンバルディーアの大青，さらにイベリア南部，マグリブの商品を輸出商品の主体として，北西欧商業を維持することができた[*118]．それと同時に，まさにこのコロンブスの時代，ジェノヴァ人たちは，東地中海から撤退して，商業の重点を決定的に西方へ移動し，とりわけイベリアに多数が定着した．そこで発展しつつあった大西洋商業に，それまでに蓄積した資本のみならず，商業や植民地経営など各種の技術を導入した．この動向をしめすのは，ジェノヴァ商人の拠点としてのセビーリャの地位の急上昇である．アンダルシア最大の商業都市セビーリャが，ロンドンおよびブリュージュとならんで，海外におけるジェノヴァ人の最大の金融中心の一つとなったのである．そして，新大陸「発見」後の1503年には，ヴェネツィア大使の報告によれば，「ジェノヴァの三分の一がスペインにあって，そこでは

---

117) ピスタリーノ，ナスル朝時代，既出，103頁以下．
118) Heers, *Gênes*, cit., pp. 317ff.

300以上ものジェノヴァの商会が取引をしていた*[119]｡」

　さて，ポルトガルをみる前に，13世紀末にピサが没落した後，地中海第三の勢力となったバルセローナについて一言だけ触れておきたい*[120]｡　ちなみに，イベリアの海上勢力としては，14世紀には，カタルーニャ（アラゴン連合王国）とならんで，北西欧と密接な商業関係をもつカンタブリア（カスティーリャ王国北部）が優勢であり，15世紀になると，アフリカ西岸を南下するポルトガルが急速に発展し，その中葉以降，アンダルシア（カスティーリャ王国南部）が大西洋に積極的に進出しはじめたという*[121]｡　カタルーニャのバルセローナは，その商業の最盛期が14世紀であり，少なくとも14世紀末から15世紀初めにかけて，数回にわたって都市所有のガレー商船によるヴェネツィア型の船団航海をおこなったが，15世紀のフィレンツェと同様に，ガレー商船の船団航海は採算がとれず失敗におわった．時代による変化はあるが，一般に，レヴァント商業ではヴェネツィアが，ロマーニア商業ではジェノヴァが，また北西欧商業ではこの両国が，それぞれ優位にたったので，バルセローナの地位は不安定だった．ジェノヴァが商業の重点を西方に移動しはじめたのとほぼ並行して，とりわけ西地中海方面でジェノヴァと覇権を争っていた，バルセローナの衰退がはじまった．バルセローナの商業は，1430年代になると衰退しはじめ，1460年代には市民上層と中下層との権力をめぐる内乱によって決定的に没落した．バレンシアが，かわってアラゴン連合王国の海上商業の中心となったが，この都市も，ジェノヴァに対抗するだけの力をもつことはできなかった．

　ポルトガルは，西欧辺境の自給自足的な農業国だったが，地中海と北海の間の航海が活発になると，その影響のもとに商品生産を目的とする農業，漁業が発展したのみならず，固有の海運も成長した*[122]｡　一方，穀物は，葡萄やオリーヴなど商品作物の栽培を拡大するための犠牲となり，14世紀中葉以降，その産出の

---

119) ケサーダ，ミゲル　A. L., 大内一訳「コロンブス時代のアンダルシア」関哲行，立石博高編訳『大航海の時代』同文舘, 1998年, 74頁.

120) バルセローナの商業については次を参照. Carrère, Claude, *Barcelone -Centre èconomique à l'èpoque des difficultès, 1300-1462,* Paris, 1967, vol. 1, pp. 277ff., vol. 2, pp. 951ff.

121) Melis, Federigo, I rapporti econnomici fra la Spagna e l'Italia nei secoli XIV-XVI secondo la documentazione italiana, en, idem, *Mercaderes italianos en España, Siglos XIV-XVI,* Sevilla, 1976, p. 194. なお，カンタブリアについては次を参照. Vicens Vives, Jaime, *Manual de historia economica de España,* cit., pp. 242sgg. エリオット，J. H., 藤田一成訳『スペイン帝国の興亡』岩波書店, 1982年, 125頁以下, 207頁.

122) ポルトガル経済の初期の発展については次を参照. Davis, Ralph, *The Rise of the Atlantic Economies,* Cornell Univ. Press, 1973, pp. 1ff.

第1章　地中海商業の歴史的展開

豊富なモロッコからの輸入に依存するようになった．アヴィス朝の成立をもたらした1383-85年の政治革命は，新興の商業利害が従来の農業利害を打倒したものであり，海外進出の担い手となる「騎士＝商人」という人間類型を誕生させる契機となった*[123]．この王朝は，海外進出を積極的に推進し，1415年にジブラルタル海峡の対岸にあるセウタを征服した．15世紀には，これを皮切りにモロッコに進出したのみならず，マデイラ諸島（世紀中葉には砂糖などの産地となる），アゾーレス諸島（同様）への植民をはじめた*[124]．さて，西アフリカ沿岸では，従来の航海の南限は，ブジュドゥル（ボジャドール）岬だった．それ以南への航海は，帰路に直面する逆風（北東貿易風）と逆流（カナリア海流）により，危険だったからである．しかし，1430，40年代に，ポルトガルやアンダルシアで，逆風の溯行に優れた三角帆の帆檣を二，三本と，船尾材に取り付けた強力な舵とをもつ，50トン前後の小型のカラヴェラ・ラティーナ（ラテン・キャラベル）船が開発された．それと前後して，この逆風と逆流を西方に迂回してアゾーレス諸島に到達し，そこから偏西風を利用して帰国する航路が開発された*[125]．その結果，15世紀中葉には，ブジュドゥル岬以南への航海が容易になった．ポルトガルは，以後，ギニアで黒人奴隷，金，象牙，マラゲット胡椒（代用胡椒），などを活発に取引する一方で，この間に発見したヴェルデ岬諸島，サン・トメ島，などで，黒人奴隷を労働力とする砂糖，マラゲット胡椒，などの大農場を経営した．1447年には，西アフリカの金によって金貨クルザードの発行が可能になり*[126]，1450年には，このような商業を管轄する「ギニア館」が本国に設置された．ポルトガルは，ここにいたる過程の多様な局面で，ジェノヴァ人の援助や参加をえながら，西欧の商業国家として台頭してきたのである．

1480年代になると，ポルトガル国王は，インド航路の発見を目的とする探険航海を組織し，88年には喜望峰が発見された．これまでに，三角帆しかもたないカラヴェラ・ラティーナ船は，大洋航海には十分でないことが判明していた．大洋には貿易風のような順風があったが，それを十分に活用するには，推力の小

---

123) 金七紀男「1383-1385年革命とアヴィス王朝の成立」『東京外国語大学論集』第37号，1987年．

124) ポルトガルの商業については次を参照．生田滋「大航海時代の東アジア」榎一雄編『西欧文明と東アジア』平凡社，1971年，29頁以下．ペンローズ，ボイス，荒尾克己訳『大航海時代』筑摩書房，1985年，42頁以下．金七紀男『ポルトガル史』彩流社，1996年，第6章以下．

125) 船舶と航海技術の発展については次を参照．Parry, J. H., *The Discovery of the Sea,* Univ. of California Press, 1981, pp. 139ff. 合田昌史「十五世紀海事革命とポルトガル」『史林』69巻5号，1986年，86-87頁．

126) 金七『ポルトガル史』既出，76頁．

さな三角帆より，推力の大きな四角帆が必要だったのである．さて，北海のコグ船は，元来檣が一本だったが，地中海のコグ船は，操縦性を高めるために，やがて檣を二本にして後檣にラテン帆を装備する，というような改良がおこなわれたらしい．改良の具体的経過は必ずしも明確ではないが，すでに14世紀末期には，ジェノヴァやバルセローナなどで，両種の帆を装備した，すなわち順風時の推力と逆風時の溯行力（操縦性）を合わせもった，全装帆船が開発されていたらしい．以後，次第に全装帆船が普及し，15世紀中葉になると，前檣と主檣にそれぞれ一つの四角帆を，後檣に一つの三角帆をもつ，いわゆるキャラック船が，地中海や北海の各地でコグ船にかわって使用されるようになっていた[*127]．1480年代には，この全装帆船の影響のもとに，インドをめざして探検航海する船が改良されはじめた．一つの大きな帆を幾つかの小さな帆に分割して，帆の操作を簡単にする一方で，三角帆と四角帆を複数の帆檣において自由に組み合わせ，必要に応じた性能をもてるようにしたのである．同時に，帆檣，帆桁，索具も改良された．キャラック船とカラヴェラ・ラティーナ船は，探検航海に必要な性能を求めてともに発展し，必要に応じた混成帆装をもつことにより，帆装自体の修正，変更が可能になった．以後，このような船の類型を明確に識別するのが困難になったので，より大型かつ丸型のものを［新］キャラック（ないしナウ）船，より小型かつ細型のものをカラヴェラ（キャラベル）船とよぶようになったらしい．ちなみに，船上の武器としては，14世紀に主役となった弩にかわり，16世紀には火砲が改良され，海戦での使用が普及したことにより，ガレー商船の存在理由が減少した．というのは，ガレー商船は，火砲を少数しか積載できず，それを配置するにも舷側が低かったので，防衛力が低下したが，キャラック船は，優れた操縦性に加えて，多数の火砲と高い舷側を備え，大きな防衛力をもったからである．その結果，ヴェネツィアは，1514-24年の間，さらに最終的には1534年以降，ガレー商船団による高価軽量商品の輸送独占規定を廃止した[*128]．

　船の改良に並行して，航海技術も発展した．羅針盤と航路図・航路誌に依存する「推測航法」では，自船の位置は，確認した陸標を基点として推測するしかなかったので，大洋の沖合では明確に認識するのが困難だった．そこで必要になったのは，天体の観測によって自船の位置を確認する「天文航法」であるが，測定の容易な緯度を基準にしておこなうこの航法が採用されたのは，15世紀中葉以

---

127)　帆船の改良については次を参照．永沼「中世後期地中海海運の革新」既出．合田「十五世紀海事革命とポルトガル」既出，115頁以下．
128)　これについては次を参照．鈴木徳郎「国有ガレー商船の放棄」『駿台史学』第81号，1991年．同「ガレー商船制度の放棄と1514年法」『イタリア学会誌』第43号，1993年．

降である．天体観測器具には象眼儀，四分儀，などがあったが，1480年代にポルトガルで編纂された『象眼儀・四分儀用法便覧』には，その用法はもちろん，大洋航海に必要な知識一般についての記述があった．なお，熟練職人が経験的な方法で作成する航路図には，球体を平面に表現する技術がなかったので，地球規模の範囲の図面を作成する場合は，平面に表現された方位や距離と現実のそれとが乖離することになった．ようやく1530年代に，球体を平面に投影する方法が工夫された．いずれにせよ，15世紀の過程で，もはやイタリアではなく，イベリアが船や航海技術の革新の中心となったのである．

　ダ・ガマは，1497年にリスボンを出港して，99年に帰港し，「ギニア館」は，同年内に名称が「インディア館」に変更された．ここにはじまるポルトガルの「東インド」商業は，もはや周知のことだが，行論の都合上略述する．インド洋には，すでに海上商業の体系があったが，この体系を支配する権力はなく，ポルトガルの国家船団は，優れた船と火器により，すぐにこの体系の主要な「点と線」を支配し，そこに「インド領」を形成した．東インドからの輸入商品は，長期の航海（往復に通常2年）とその経費に耐える商品のうち，西欧ですでに需要のあるものに限定され，積荷のほぼ80%をしめる胡椒のほかに，肉桂や生姜などの香辛料，真珠や宝石など，すなわち，ヴェネツィアのガレー商船団がレヴァントから輸入していたものが主体となった．ポルトガルは，この東インド商品の多くを，ブリュージュにかわって15世紀末に北西欧最大の国際市場となったアントウェルペン*129)に搬入し，そこで販売した．ヴェネツィアは，まだトルコに征服されないマムルーク朝との商業を維持していたが，ポルトガルの東インド商業の影響により，1502年以降，同市へのレヴァント商品，とりわけ胡椒の入荷が激減した．1505年には，胡椒価格をめぐってヴェネツィアとマムルーク朝とが対立し，1508年に再開するまで，アレクサンドリアでの胡椒取引が中断した．ベイルートでの取引は，アレクサンドリアでの取引ほど深刻な打撃をうけなかったが，取引が減少したことはいうまでもない*130)．アントウェルペン市場の台頭により，ヴェネツィア市場は大きな打撃をうけたのである．さて，胡椒の原産地におけるその主要な対価はインド綿織物と米であったが，ポルトガルはそれを独占できず，胡椒の独占は武力を背景にしておこなわれた．しかし，小国（人口150万人未満）のポルトガルがインド洋を支配しつづけることは無理であり，イ

---

129) アントウェルペン市場については次を参照．諸田實『フッガー家の時代』有斐閣，1998年，第4章．中沢勝三『アントウェルペン国際商業の世界』同文舘，1993年，第2章．
130) Lane, Venetian Shipping during the Commercial Revolution, in, idem, *Venice and History,* cit., p. 13.

スラームの盟主トルコの保護のもとに，1530年代に，ムスリム商人が新たな「点と線」を形成してインド洋商業に復帰すると，それに対応してレヴァントからイタリアにいたる地中海の商路が復活した[131]。ここに，西欧への胡椒などの輸入経路として，大西洋と地中海が並立することになった。ポルトガルのインド洋商業は，16世紀中葉になると縮小しはじめた。本国では，インド領の維持が負担過重をまねき，人口資源の涸渇，農業と漁業の衰退がおこったのみならず，武器，船材，穀物を輸入する必要から，東インド洋商業からの利益が国外に流出し，1560年には国家財政が破綻した（インディア館の支払停止）。さらに，ポルトガルは，1578年のモロッコ遠征では，クサル・エル・ケビールの戦いでムスリムに大敗し，以後その打撃から立ち直れず，80年にはスペインに（同君連合の形態で）併合された。

レヴァント経由の香辛料商業は復活したが，ヴェネツィアはそれを独占できなかった。ヴェネツィアによって海上商業を妨害されてきた[132]ラグーザとアンコーナが，オスマン・トルコの進出で地中海，とりわけ東地中海の政治情勢が変化したのを利用して，トルコと友好関係を結んでそこに進出したからである[133]。すでに1463年以降，ヴェネツィアとトルコは，ダルマツィアをはじめ東地中海各地の支配権をめぐって断続的に戦争し，1538年のプレヴェザの海戦後に両国が休戦する1540年までは，公然たる戦争にはないときでも事実上の戦争状態にあった[134]。ちなみに，ヴェネツィアは，海上のみならず，1509年のカンブレー同盟戦争にみられるように，陸上でも戦費を必要としたので，いきおい関税が上昇し，これがヴェネツィアの商業にとって障害となった[135]。トルコは，すでに

---

131) Lane, The Mediterranean Spice Trade: Further Evidence of its Revival in the Sixteenth Century, in, Pullan, Brian, ed., *Crisis and Change in the Venetian Economy in the Sixteenth and Seventeenth Centuries,* London, 1968.

132) Anselmi, Sergio, Venezia, Ragusa, Ancona tra Cinque e Seicento, in, *Atti e memorie della deputazione di storia patria per le Marche,* serie VIII, vol. VI, 1972, p. 42. Idem, Le relazioni economiche tra Ragusa e lo stato pontificio, in, *Nuova Rivista Storica,* anno LX, fascicoli V-VI, 1976, p. 253.

133) Earle, Peter, The Commercial Developement of Ancona, 1479-1551, in, *The Economic History Review,* 2nd series, vol. 22, 1969, pp. 28, 40. Anselmi, Venezia, Ragusa, Ancona, cit., p. 44. Staianovich, Traian, The Conquering Balkan Orthdox Merchant, in, *The Journal of Economic History,* XX-2, 1966, p. 240. Inalcik, Halil, *The Ottoman Empire,* New York-Washington, 1973, p. 136. Krekic, Barisa, Quelques remarques sur la politique et èconomie de Dubrovnik (Raguse) au XVe siècle, dans, *Mèlanges en l'honneur de F. Braudel,* vol. I, Toulouse, 1973, pp. 311ff.

134) Anselmi, Sergio, *Motivazioni economiche della neutralità di Ragusa nel Cinquecento,* Urbino, s. d., pp. 3sg. Inalcik, *The Ottoman Empire,* cit., p. 136.

第1章　地中海商業の歴史的展開　　　　　　　　　　　　173

1516, 17年にレヴァント（シリア，エジプト）を征服していたので，ヴェネツィアは，復活したこのレヴァント商業において困難に直面したのである．さらに，トルコと友好関係にあるフランスも，1536年の条約によりヴェネツィアと同様の商業特権をトルコ領土において獲得し，1567年の「カピチュレーション」によりこの領土との商業を拡大した*136)．

　ラグーザ（ドゥブロヴニク）は，アドリア海東岸の海港都市であるが，13,14世紀にセルビア，ボスニアの鉱山（銀，銅，鉛，鉄）が開発されるにしたがい，その鉱産物とイタリア製品の輸出入を中心とする経済活動によって発展した*137)．15世紀後半以降，トルコに貢納金を支払って保護をうけ，その支配領域での商業特権を手に入れたが，地中海における勢力関係の均衡をうまく利用した「外交能力の奇跡*138)」により，政治的には（トルコの敵国とも取引できる）中立の立場を維持することに成功した．バルカン内部に進出する一方で，海上商業を拡大し，とりわけヴェネツィアとトルコの関係が悪化したときには，その関税収入はいちじるしい増大をしめした*139)．この両国が戦争中の1539年，ヴェネツィアにいたフィレンツェ商人は，書簡に次のように書いている．「当地［ヴェネツィア］では，すべての種類の香辛料や薬品は，毎日値下がりしています．というのは，［戦前にヴェネツィアの］ガレー商船団がシリアに航海したときにもなかったほど大量に，ラグーザ人が［それを当地に］もたらしているからです*140)．」ちなみに，ラグーザは，16世紀中葉，アレクサンドリアに「商館」（フォンダコ）をもっていた*141)．ラグーザ船は，東地中海はもちろん，西地中海，北海にも進出し，新大陸に航海するものまであった*142)．ラグーザ船の総積載量は，ときにはヴェネツィアのそれに追いつき，おそらく追い越したという*143)．ちなみに，そ

---

　135)　鈴木「ガレー商船制度の放棄と1514年法」既出，118頁参照．
　136)　鈴木徳郎「16世紀のヴェネツィア経済」『イタリア学会誌』第39号，1989年，165-166頁．
　137)　Krekic, Barisa, *Dubrovnik in the 14th and 15th Centuries,* Univ. of Oklahoma Press, 1972, pp. 16ff.（クレキッチ，バリシャ著，田中一生訳『中世都市ドゥブロヴニク』彩流社，1990年，28頁以下）. Idem, Quelques remarques sur la politique et èconomie de Dubrovnik (Raguse) au XVe siècle, cit., pp. 311ff.
　138)　Anselmi, *Motivazioni economiche,* cit., p. 9.
　139)　Tadic, Jorjo, Le commerce en Dalmatie et à Raguse et la dècadance èconomique de Venise au XVIIe siècle, in, AA. VV., *Aspetti e cause della decadanza economica veneziana nel secolo XVII,* Roma-Venezia, 1961, p. 251.
　140)　ASF, Libri di commercio, n. 174, c. 39t. 書簡の原文は次に転写がある．齊藤寛海「アンコーナとラグーザ」『イタリア学会誌』第35号，1986年，135頁，註4．
　141)　Lane, The Mediterranean Spice Trade, cit., p. 49.
　142)　Anselmi, Venezia, Ragusa, Ancona, cit., pp. 72sg.

の商船団の船腹の総量は，16世紀初めには2万，1540年には3万，70年には5.5万，80年には6.5万トンだった*144)。ラグーザの商業は，1580年までは拡大傾向にあり，以後，イギリス，フランス，オランダが地中海に進出するのにともない，縮小に向かった。

　アンコーナは，アドリア海西岸の海港都市であり，教皇領に属するが，教皇の支配は名目的であり，事実上は独立の都市国家だった。13, 14世紀末以降，後背地のための輸出入港として発展した。15世紀には，その船は東地中海各地に進出し，15世紀末には，アレクサンドリアにコンスル（領事）をもっていた*145)。とはいえ，ヴェネツィアやラグーザのように多数の船をもつことはなく，海運はおもにラグーザの船舶に依存した。15世紀末のアンコーナの船腹の総量は，ヴェネツィアのそれの二十分の一以下だったという*146)。アンコーナの商業は，自国の商人が外国へ進出するというよりは，自由政策によって，外国の商人を引き付けることに特徴があったのである。アンコーナとラグーザは，相互にアドリア海の対岸にあって密接な取引関係をもつのみならず，ヴェネツィアのアドリア海制海権に対抗するという共通の利害をもっていた。両市は，1372年，自国市民と同一の関税しか相手市民に課さないという関税互恵条約を結び，以後それが原則として更新された*147)。ラグーザの商業が拡大するにしたがい，そのイタリアにおける最大の取引相手であるアンコーナの商業も発展した。1520年代には，アンコーナは，多数の商人が参集する国際的な商業都市になり，1529年には，トルコのスルタンは，臣民がそこで取引することを奨励した*148)。教皇は，1532年，アンコーナを軍事占領し，以後直接に支配したが，商業の発展を支えた商業の自由はそのまま維持し，外国商人の居住や取引を保護した*149)。その結果，16世紀中葉までには，アンコーナは，リヨン，リヴォルノ，フィレンツェ，アンコ

---

143) Paci, Renzo, La "scala" di Spalato e il commercio veneziano nei Balcani fra Cinque e Seicento, Venezia, 1971, p. 73.

144) Inalcik, The Ottoman Empire, cit., p. 136. Tadic, op. cit., pp. 252f.

145) Ashtor, Eliyahu, Il commercio levantino di Ancona nel basso Medioevo, in, Rivista Storica Italiana, LXXXVIII, 1976, pp. 215sgg.

146) アンコーナ船団の小規模性については次を参照。Ashtor, ibid., pp. 215sgg. Delumeau, Jean, Un ponte fra Oriente e Occidente: Ancona nel Cinquecento, in, Quaderni Storici, vol. 13, 1970, p. 31. Paci, op. cit., p. 74. Earle, op. cit., p. 34.

147) Delumeau, Un ponte, cit., pp. 29sg.

148) Delumeau, Un ponte, cit., p. 35.

149) Delumeau, Jean, Vie économique, et sociale de Rome dans la seconde moitié du XVIe siècle, tome 1, Paris, 1957, pp. 96ff., Idem, Un ponte, cit., pp. 42sgg. Earle, op. cit., pp. 42f. Paci, op. cit., pp. 34sgg.

第1章　地中海商業の歴史的展開　　175

ーナ，ラグーザ，(ラグーザから海陸経由で)イスタンブルを結ぶ商路と，アントウェルペンから幾つかの経路で南下する商路とのT字路の交点となり，トルコの市場と活発に取り引きしたフィレンツェ商人は，それをもっぱらアンコーナ経由でおこなった*150)。1551年の関税記録によれば，三か月と十日間に大小319隻の船舶が入港した*151)。当時，アントウェルペンからイタリアへの輸出は，毛織物，とりわけイギリス毛織物が主体であり，その圧倒的な割合が陸上を輸送されていた．1543-45年のアントウェルペンの関税記録によれば，陸上でイタリアへ輸出される商品のうち，宛先が判明するものは商品評価額の64%だったが，その内訳をみると，一位はアンコーナの35%，二位はヴェネツィアの29%で，両市は三位(ジェノヴァの9%)以下を大きく引き離していた*152)。北西欧毛織物のトルコ領内への輸出の中継地としては，僅差とはいえ，アンコーナがヴェネツィアを追い越したといってよい．ちなみに，ヴェネツィアは，1540年にトルコと休戦していた．フィレンツェの毛織物も，もはやヴェネツィアを経由せず，アンコーナ経由でそこに輸出されるようになった．外国人による毛織物の販売がなくなることは，ヴェネツィアが輸入する商品の外国人による購入がなくなることを意味する*153)。16世紀中葉以降，レヴァント商業，ないし西欧とトルコ領土との商業は回復したが，ヴェネツィアは，トルコの地中海進出がもたらした新しい国際条件により，もはやこの商業を独占しつづけることができなかった．

おわりに

13世紀末から14世紀初めにかけて，海路を経由するイタリア商人の商業圏が拡大し，黒海から北海までを含むものになった．ちなみに，北海では，イタリア商人は，ロンドンとブリュージュを結ぶ線以東，すなわちハンザ商人の商業圏には入らなかった．この広大な海域において，ヴェネツィア，ジェノヴァ，バルセローナ，などの海運勢力は，互いに競合しながら，14世紀の過程で，多少とも固有の商業圏を形成していった．とはいえ，それぞれの商業圏は，互いに閉鎖的か

---

150) Earle, op. cit., pp. 33ff. Anselmi, Venezia, Ragusa, Ancona, cit., pp. 65sgg.
151) Delumeau, Un ponte, cit., p. 36.
152) Brulez, Wilfrid, L'exportation des Pays-Bas vers l'Italie par voie de terre au milieu du XVIe siècle, dans, *Annales, E. S. C.*, 14-3, 1959. なお，アントウェルペンからイタリアへの陸路については次を参照. Idem, Les routes commerciales d'Angreterre en Italie au XVIe siècle, in, *Studi in onore di A. Fanfani*, vol. IV, Milano, 1962.
153) 鈴木「16世紀のヴェネツィア経済」既出，168頁以下．

つ排他的ではなく，重なり合う部分が少なくなかったので，しばしば相互に激しい戦いを繰り広げた．

　海運の発展にしたがい，船の種類も多様化し，より多くの商品を積載できる船が出現した．海上の輸送料金が一般に絶対的に低下したのみならず，低価重量商品の輸送料金が相対的に低下したので，地中海商業で取引される商品が一層多様化し，低価重量の食料，原料などが恒常的に輸送されるようになった．一方，商品の特性や航路に応じて，輸送する船の種類を選択できるようになった．その結果，海運勢力は，それぞれの商業圏の特性，すなわち主要商品や航路の特性に対応する船舶集団を形成した．ここに，海運勢力は，固有の商業圏のみならず，固有の船舶集団をもつことになり，それぞれの個性が明確になった．

　地中海海運の主役のヴェネツィア，ジェノヴァ，およびバルセローナは，固有の商業圏では覇権を単独でもつか，あるいは覇権を手に入れようと他と闘争していた．のみならず，ヴェネツィアは，ダルマツィアの沿岸地帯，イオニア海の諸島，クレタ，エーゲ海南西部の諸島，などを植民地とし，ジェノヴァは，コルシカ，エーゲ海北東部の諸島，クリミアの南岸地帯，などを植民地とした．また，バルセローナは，アラゴン連合王国の支配するバレアレス諸島，サルデーニャ，などを勢力のもとにおいた．しかし，トルコが，アナトリアやバルカンで強大な勢力になり，さらに東地中海に進出してくると，ヴェネツィアやジェノヴァは，両者が連携することのないままに，そこにもっていた植民地を次々に奪われ，一方的な守勢をしいられるようになった．これとは反対に，トルコの保護をうけたラグーザが，ヴェネツィアの束縛から解放され，その海上商業を発展させた．海上でトルコに正面から対抗できるのは，もはや孤立したイタリアの小国ではなく，カスティーリャ王国とアラゴン連合王国が連合して誕生した大国スペインのもとに結集する，キリスト教徒の連合勢力だった．

　ジェノヴァ人たちは，15世紀後半以降，西方に商業活動の重心を移動し，イベリア（ポルトガル，カスティーリャ）の大西洋商業に積極的に参加した．ヴェネツィアは，同じく15世紀後半以降，ラグーザの挑戦を次第にうけるようになり，1530年代以降は，レヴァント商業が復活したとはいえ，その独占を維持できなかった．また，西欧と東地中海との間の商品の中継地としても，ラグーザと結合したアンコーナの挑戦をうけた．そして，もはや本章の対象外となるが，16世紀末以降，多少とも国家権力を集中したイギリス，フランス，オランダが地中海に進出してくると，ヴェネツィア，ジェノヴァ，そのほかの地中海都市が地中海商業の主役だった時代は，終わりを告げることになる．

第2章

地中海商業における市場と商品

———————

はじめに

かつてのわが国では，南西欧都市がおこなう地中海商業は，北西欧や北東欧の都市がおこなうハンザ商業とは対照的なものとされていた．ハンザ商業の取引商品の主体は，北海やバルト海周辺で産出される食料や原料，すなわち穀物，ニシン，木材のような低価重量の日常品であり，地中海商業のそれは，レヴァントからもたらされる各地の特産品，すなわち胡椒，絹織物のような高価軽量の贅沢品なのであった[*1)]．このような理解は，実証的な研究にもとづくものではなく，近代化ないし資本主義の発展において典型的な過程をたどった北西欧と，その裏返しの過程をたどった南西欧という，当時わが国でおおきな影響力をもった歴史の発展図式に対応しようとした結果だと思われる．北西欧に事実上の立脚点をおくこの図式では，南西欧とりわけイタリア北部，中部の海港都市を経由して，北西欧が間接的に物資をやりとりするレヴァントは，相互に特産物資を交換するだけの僻遠にある異質の世界とみなされた．当時のわが国では，周知のように，地中海周辺部が一つの世界を形成したのは古代においてのみであるとされたり，あるいは，カロリンガ時代以降の西欧にとって，イスラーム化したレヴァントは，ビザンツ世界とともに異質の世界になってしまったとされていた．そして，この異質世界からもたらされる商品は，その主体が高価軽量の特産品であるから，輸送が未発展であっても輸送費の負担に耐えうるし，異質世界は相互に商品価格の体系がちがうから，体系相互の格差にもとづいて輸入商品の販売価格はきわめて高価に設定しうる．したがって，地中海商業では，異質世界からきた高価な珍品が，

---

1) 伊藤栄『西洋商業史』東洋経済新報社，1971年．

多大の利潤を約束するというわけである．

　このような地中海商業像は，欧米でははるか以前に否定されていたが，わが国では1980年になってもまだ主張されていた*2)．わが国の中世地中海商業史研究をめぐる，かつての特有な学界状況については，これ以上立ち入らないことにする．欧米での研究は，北西欧の研究者が影響力をもち，史料の主体が年代記や旅行記などの記述史料，特許状や規約そのほかの公文書であった段階から，各種の私文書，とりわけ帳簿や商業書簡などの経営文書が開拓され，それに基礎をおく南西欧の研究者が影響力をもつ段階になると，商業の実態の解明が急速にすすんだ．経営文書は14世紀以降に多く出現し，またイタリア商人が多く作成したことから，とりわけ中世後期のイタリア商人のおこなう商業から，その解明がすすんだといってよい*3)．では，そのイタリア商人からみると，地中海の彼方にある各地と，アルプスの彼方にある北西欧とでは，どちらがより異質の世界だったのだろうか．宗教，政治秩序ないし政治理念のほかにも，気候や衣食住，日常生活の形態，都市の性格，社会の解放性，物質的な相互依存関係，地理認識，など，考慮すべき論点は多数ある．ともあれ，16世紀初めのヴェネツィア商業を研究したピエール・サルデッラは，すでに1948年の著作で，その商業において香辛料とならぶ重要性を小麦にあたえた*4)．フェルナン・ブローデルは，『地中海』（初版1949年，二版1966年）のなかで，地中海商業の全体構図を理解するために，香辛料と小麦の二つの商品を取り上げて，従来注目されてこなかった小麦取引の重要性を強調した*5)．経営史料を開拓した中世イタリア経済史家アルマンド・サポーリは，1955年の報告で，地中海商業では「高価な奢侈品」とならんで，小麦のような「低価な日常品」が重要な役割をはたしたと力説した*6)．このような見解は，ほかの研究者たちによっても表明ないし支持され，少なくとも1950年代以降は，欧米ではそれが共通認識になっていた．地中海商業では，地中海の各地で生産され消費された低価な食料や原料も，重要な役割をはたしてい

---

　2)　髙橋理『ハンザ同盟』教育社，1980年．
　3)　経済，とりわけ商業史料については次を参照．齊藤寛海「中世イタリア社会経済史史料としての年代記」『信州大学教育学部紀要』第32号，1972年．同「中世フィレンツェ経済史史料」『信州大学教育学部紀要』第67号，1989年．
　4)　Sardella, Pierre, *Nouvelles et spèculations a Venise au début du XVIe siècle*, Paris, 1948, pp. 19ff.
　5)　ブローデル，フェルナン，浜名優美訳『地中海』第2巻，藤原書店，1992年，第2部第3章．
　6)　Sapori, Armando, I beni del commercio internazionale nel Medioevo, in, *Archivio Storico Italiano*, 1955-I. ちなみに原文では，「高価な奢侈品」は merci ricche，「低価な日常品」は merci povere．

第2章 地中海商業における市場と商品　　　　　179

たのである．

　中世地中海商業史は，まだ内外の研究格差が顕著な分野の一つである．欧米や，さらに近年にはイスラエルのような非欧米国でも，問題関心や，対象とする時代および地域のことなる実証的な研究が多く出現している*7)．それらに共通するのは，できるだけ多くの数量データによって，取引の実態を正確に把握しようとすることである．とはいえ，商品には，取引の実態がよく研究されたものもあれば，あまり研究されていないものもある．市場についても，研究されたものも，されていないものもある．これには，問題関心の濃淡のみならず，史料の存在ないし開拓状況も影響している．いずれにせよ，中世の地中海商業について，均衡のとれた全体像を描き出す作業は，まだ十分になされてはいない．本章の目的は，対象とする時代をその全体像再現の手掛かりとなる史料のある中世後期に限定し，地中海商業をどのようなものとして理解すればよいのかについて，従来の研究成果を参考にしながら考察することである．

第1節　商品，市場，輸送

フィレンツェ商社の社員として各地で取引した経験をもつフランチェスコ・ペゴロッティが，1340年頃フィレンツェで編纂した「商業実務」という一種の商業百科事典には，イタリア商人が関心をもつ市場，そこで取引される商品，などが詳細に記述されている．この史料は，「序文」，「市場案内」，「商業知識」の三部分から構成される*8)．「序文」は，（たとえば市場を意味する）各地固有の用語（メルカート，ピアッツァ，バザール，スーク，など）の紹介が中心であり，「市場案内」は，北西欧および地中海の各地の市場について逐一説明し，「商業知識」は，各種の商品や貨幣（および貴金属）の取引ないし取扱の方法を説明している．この商業実務は，いくつか残存する類書のなかでもっとも豊富な内容をもつが，「市場案内」と「商業知識」，とりわけ前者がその主体をなしている．

　この史料について，それを刊行したアラン・エヴァンズの解題*9)にもとづき，

---

　7)　たとえば，イスラエルのアシュトールの主要な関心の一つは，経済的に先進的だったレヴァントが後進的だった西欧によって中世後期に追い越された理由はなにか，というところにある．次を参照．Ashtor, Eliyahu, *Studies on the Levantine Trade in the Middle Ages,* London, 1978. 齊藤寛海「中世末期におけるレヴァント貿易の構造」『西洋史学』第120号，1981年，55頁以下．

　8)　Pegolotti, Francesco B., (Evans, Allan, ed.,) *La pratica della mercatura,* Cambridge Mass., 1936, rep., New York, 1970. なお，各部分の頁数は，「序文」が7頁，「市場案内」が257頁，「商業知識」が107頁．

　9)　Evans, Allan, Introduction, in, Pegolotti, op. cit., pp. IX-L.

紹介しておこう．編者のペゴロッティは，フィレンツェの有力者の息子として1290年以前に誕生，1310年以前に同市のバルディ商社に入社した．社員として活躍し，15年にはアントウェルペンで公よりフィレンツェ商人のために商業特権をえ，17年にイングランドに赴任し，翌年から離島する21年までイングランド支店長となった．24年以降キプロスで王と交渉して，フィレンツェ商人の関税率を引き下げてもらい，27年の特許状では，王国で商人のフィレンツェ市民権が問題になった場合，首都ファマグスタ駐在のバルディ商社代表（当時はおそらく彼自身）が最終判決権を与えられた．29年までキプロスに滞在したが，31年にはフィレンツェで（6市区のうちのオルトラルノ）「市区長」となり，36年にはキプロス滞在中に，（その対岸にあった）小アルメニア王国の国王からバルディ商社への関税免除特権をえた．40年にはフィレンツェで政府三大機関の一つ「十二人会」に，翌年には再度同じ「市区長」に，46年には政府最高官職の「正義の旗手」に選出された．47年，政府と債権者から任命されて，バルディ商社の破産処理の責任者となったが，これが彼についての最後の記録である．ペゴロッティは，フィレンツェ経済の黄金期に，同市最大の，すなわちヨーロッパ最大の商社の幹部社員として，フランドル，イギリス，キプロス，などで取引し，かつ権力者たちと交渉した．母国では，政府の要職を歴任し，ついには最高官職にも就任した．きわめて有能な人物だといってよい．

　彼の編纂した商業実務の内容は，彼自身の知識と経験のみならず，バルディ商社の本店や支店がもつ資料，同社と盟友関係にあるフィレンツェ商社の資料，さらには（おそらく商社が所有していた）先行の商業実務，などにもとづいている．換言すれば，フィレンツェの商社が作成，入手した各種の資料が，その基本的な素材となっている．たとえば，黒海市場については，ジェノヴァの度量衡が記述されていることから，ジェノヴァのガザリア（クリミア）庁，すなわち海上監督庁が作成した資料にもとづいているのではないか，と推測されている．黒死病襲来以前の，14世紀前半の国際商業を体現した編者が，商業情報の中心フィレンツェで編纂した，まさに世界商業の百科事典というべきものが，この史料だといってよい．イギリス羊毛やファマグスタ市場についての情報が詳細である，など，ペゴロッティ自身の関心が反映しているにせよ，この史料には，フィレンツェ商人，ないしイタリア商人の関心も幅広く反映していることは否定できない．原本は現存せず，現存する唯一の手書き複写本は1472年にフィリッポ・フレスコバルディによってフィレンツェで完成されたものであり，これは原本の複写の複写から複写されたものである．1776年，フィレンツェの十分の一税務局長ジャン＝フランチェスコ・パニーニ・デッラ・ヴェントゥーラ（通称パニーニ）は，同市

第2章 地中海商業における市場と商品　　　　　181

のリッカルディ図書館に所蔵された（そこに現存する*10)）上記の1472年複写本を公刊した*11)．これは史料批判をへていない杜撰なものだったので，1936年，エヴァンズは，厳密な史料批判をした新版を公刊した*12)．さて，原本の作成，度重なる複写，最初の公刊のいずれかの段階で発生した，数値，地名，そのほかに関する誤記があったとしても，この史料は，フィレンツェからみた当時の世界商業の全体像について考察するうえでは，量的にも質的にも第一級の史料である．地中海商業に限定しても，当時その一大拠点だったキプロスに二度も滞在した編者は，各地の市場についてほぼ網羅的に記述しており，第一級の史料であることにはまったく変わりがない．

　さて，その「市場案内」で案内されている市場は，都市と地方（フランドル，黒海，など）をあわせて（史料内部にある目次と，本文の記述内容との間には，ごくわずかな異同があるが，本文では）53市場である．図をご覧いただきたい．53市場の配置は，フィレンツェ商人が多数進出したイギリス，フランス，フランドル方面に多いこと，「モンゴルの平和」時代を反映して，マムルーク領のシリア，エジプトに少なく，黒海方面に多いことが注目される．そのうち，北西欧（ここではラ・ロシェルとブルゴーニュをむすぶ線以北）と，アジア内陸部（中国の北京への行程とイル・ハン国の首都タブリーズ）とを除いた，広義の地中海世界（黒海とモロッコの大西洋岸をふくむ）に属するのは41市場である．しかし，この史料に名前のみられる地中海の市場は，41よりもはるかに多い．というのは，たとえばチュニスについての市場案内*13)には，この市場と取引関係のある多数の市場があげられているが，そのうちアンナーバ（アルジェリアの都市），ブジャーヤ（同），セウタ，トロペーア（イタリアのカラーブリア地方の都市），スカレーア（同）は，いずれも地中海の市場であるにもかかわらず，この41市場のなかにはふくまれていないからである．また，たとえば（イタリアの）プーリア地方についての市場案内*14)には，この地方の17都市の名前があげられているように，地方全体が一つの市場として一括して案内されている場合，実際

---

10) Firenze, Biblioteca Riccardiana, Codice Riccardiano, 2441（ただし，エヴァンズが参照した時点）．

11) Pagnini della Ventura, Gian-Francesco, a cura di, *Della decima e di varie altre gravezze imposte dal comune di Firenze, della moneta e della mercatura de'Fiorentini fino al secolo XVI*, 2 volumi (4 tomi), Lisboa e Lucca [Pisa], 1765-66, volume 1-tomo 1.

12) Pegolotti, (Evans, ed.,) *La pratica della mercatura*, cit. 以下，この新版をPegolottiと略記し，以下の考察および引用はこれにもとづき，引用箇所はこの新版の頁による．

13) Pegolotti, pp. 130sgg.

14) Pegolotti, pp. 161sgg.

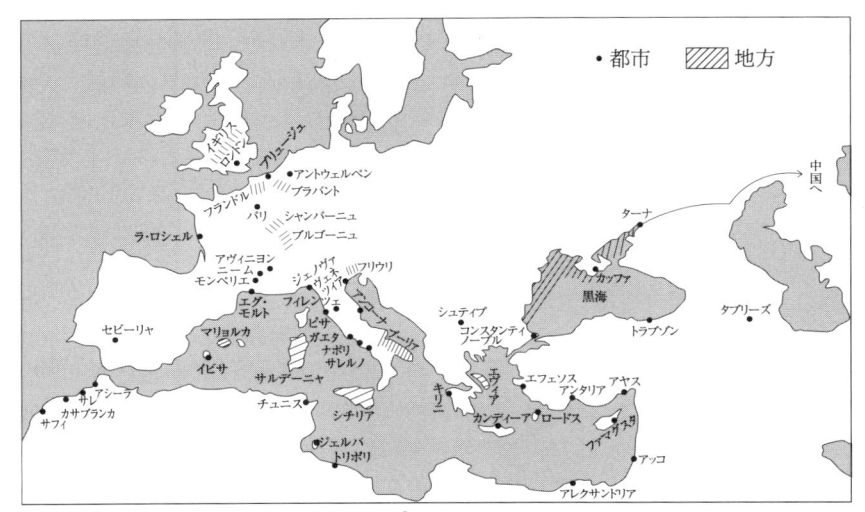

図 「市場案内」における市場配置
(ペゴロッティ『商業実務』フィレンツェ, 1340年頃)

にはその地方の個別市場がいくつかあげられているからである．地中海では，地域によって濃淡の差があるとはいえ，どの地域も多くの市場によって覆われていたといえる[15]．

「商業知識」にある「特産物」(スペツィエーリエ, spezierie)の一覧表[16]には，胡椒，生姜，象牙，珊瑚，明礬，硫黄，銅，錫，鉛，砂糖，米，オリーヴ油，干葡萄，ナツメヤシ，オレンジ，紙，石鹸，綿，蠟，膠，ソーダ，タール，硝酸カリウム，など，じつに180種類以上もの多種多様な商品が(ABC順に)あげられている．奢侈品だけではなく，日常品も少なくない．この一覧表とは別に，商人が「精通した知識をもつこと」を要求される商品が64種類もあげられている[17]．商品の特性や保存方法などについての説明や注意が逐一なされているが，いずれも塩漬のマグロ，チョウザメ，ニシンなどごく少数をのぞいて，ほとんど

---

15) 次は，Pegolotti の記述全体を分析し，この史料に市場案内はされていないが名前のあげられている市場については，それを網羅的にしめし，市場案内をされている市場は，それぞれがどのような項目について案内されているかをしめした．Saito, Hiromi (齊藤寛海), La geografia del Pegolotti, in, Mediterranean Studies Group-Hitotsubashi University, ed., *Mediterranean World,* vol. 15, 1998.

16) Pegolotti, pp. 293sgg.

17) Pegolotti, pp. 360sgg.

第2章　地中海商業における市場と商品　　　　　　　　　　183

が上記の一覧表のなかにあるものである．さらにこのほかにも，毛織物（北西欧のもの），臙脂（高級染料），絹や生糸，毛皮，真珠，宝石，小麦，については，それぞれ別個に産地，品質，取引方法，などの説明がある[*18]．説明や注意にこのような重複があるのは，この商業実務がいくつかの資料にもとづいて編纂され，それぞれの記述が多少とも原型をたもちながら収録されているからだと思われる．ともあれ，多少とも専門的な知識が必要とされる商品は，やや特殊なもの，取り扱いに注意を要するものなどであり，地中海の外部，すなわちインド洋，内陸アジア，アフリカ，北欧から輸送されてくる奢侈品だからというわけではない．他方，「市場案内」のなかの地中海の諸市場では，小麦，葡萄酒，オリーヴ油，羊毛，皮革，など，日常的に大量消費される商品についての記述がいたるところにみられる．地中海では，奢侈品から必需品まで，需要の限られた特殊なものから需要の多い普通のものまで，多種多様な商品が取り引きされていたといえる．

「市場案内」のなかで小麦の記述が多いのは，いずれも地方全体が一括され，一つの市場として案内されている，黒海[*19]，プーリャ[*20]，シチリア[*21]，サルデーニャ[*22]である．黒海では，「コンスタンティノープル，ペラ，そのほかにむけて穀物を船積みするための……クリミア半島やアゾフ海にある港」として11の港があげられているが，その一つ，ドン河口のポルト・ピサーノ（「ピサの港」という意味の名前）については，「ペラの単位で二千モッジョの［容量の穀物を積載できる］船は，陸地から5マイルの地点で荷積みする．それ以外の小船は，その大小に応じてより［陸地に］近いところで荷積みする」[*23]という説明がある．ちなみにコンスタンティノープルとペラは黒海で産出した穀物の集散地であるが，この二つの市場案内では，マルセーユ，ヴェネツィア，ピサ，など，そこからの穀物輸出先と思われる地名が八つほどあげられている[*24]．さて，シ

---

18) Pegolotti, pp. 277sgg.
19) Pegolotti, pp. 54sg. ただし，「黒海」とは別個に，ターナ（アゾフ），カッファ（フェオドシア），トレビゾンダ（トラブゾン）には，それぞれ独立した市場案内がある．
20) Pegolotti, pp. 161sgg.
21) Pegolotti, pp. 107sgg.
22) Pegolotti, pp. 119sgg.
23) Pegolotti, pp. 54sgg.
24) Pegolotti, pp. 49sgg. 黒海の小麦が，大量に恒常的ないしかなりの頻度で，イタリアなど西欧にまで輸出されたか否かについては，現在必ずしも明確な認識はない．次は肯定的である．Luzzatto, Gino, L'economia, in, AA. VV., *La civiltà veneziana del Trecento,* Firenze, 1956, p. 103. (cfr., Dal Pane, Luigi, La politica annonaria di Venezia, in, *Giornale degli economisti e annali di economia,* vol. 5, 1946, p. 335.) Heers, Jacques, *Gênes au XVe siècle,* Paris, 1971, pp. 244ff. 次は疑問視している．Tangheroni, Marco, Il commercio internazionale dei cereali come

チリアでは，「小麦をシチリアから輸出するために，島内でそれを運搬し，船積みするために支払われる諸経費」*25)についての具体的な説明がある．シチリアには小麦の計量単位が二種類あった（後述）が，その一つと，ほかの市場の単位との換算値の一覧表があり，そこには，バルセローナ，チュニス，コンスタンティノープル，など，じつに45の地名があげられている*26)．プーリァでは，小麦の記述とならんで，この地方の輸出品として有名なオリーヴ油とチーズの，製造から船積みないし販売にいたるまでの経費についての具体的な説明がある．オリーヴ油は，商業慣習や課税のちがいによって土地ごとにその経費が変化するので，「もっとも有名で，もっとも大量に製造される」バリの場合が例示されている*27)．フィレンツェなどの商人は，その製造過程にも介入していたものと思われる．サルデーニャでは，「小麦を輸出する者が支払う諸経費」が，いずれも島内で生産される銀，鉛，塩を輸出するのに必要な諸経費，ないし注意事項とならんで説明されている*28)．（広義の）地中海では，食料の輸出市場として重要な市場があったといえる．

　「市場案内」には市場ごとに，そこで取引される商品の種類，使用される貨幣や度量衡の種類や単位（商品ごとに度量衡が異なる），それとほかの市場で使用される貨幣や度量衡との換算値（一般にはこの記述があれば両市場間には原則として取引関係がある，といえると思われる*29)），関税や取引税，特定商品の輸出に必要となる手続（輸出許可，商品計量，など），造幣の手続（貴金属を造幣所にもちこんで造幣してもらう場合），特定の市場との間の使用貨幣（たとえばヴェネツィアの貨幣とキプロスの貨幣）の為替相場表や為替支払期日，その市場

---

problema storiografico, in, idem, *Aspetti del commercio dei cereali nei paesi della corona d'Aragona,* 1. *La Sardegna,* p. 18. ただし，タンゲローニの見解は，カッファで作成された公証人文書の文言（コンスタンティノープル・ペラ，などへの輸送）にもとづくものであるが，これらの中継市場に輸送された小麦が，そこからさらにイタリアなどに輸送されたことはありうる．いずれにせよ，さらに多くの史料から証言を収集し，また西欧の人口動態や東地中海の政治経済の動向を検討する必要がある．

25) Pegolotti, p. 112.
26) Pegolotti, pp. 113sg.
27) Pegolotti, p. 163.
28) Pegolotti, pp. 120sg.
29) Tucci, Hannelore Zug, Un aspetto trascurato del commercio medievale del vino, in, *Studi in memoria di Federigo Melis,* Napoli, vol. III, p. 315. Cfr., Tangheroni, Marco, *Aspetti del commercio dei cereali nei paesi della Corona d'Aragona,* 1. *La Sardegna,* cit., pp. 9sgg. Romano, Ruggiero, A propos du commerce de blè des XIVe et XVe siècles, dans, *Eventail d'histoire vivante -Hommage a Lucièn Febvre,* vol. II, Paris, 1953, pp. 150ff.

第2章　地中海商業における市場と商品　　　　　　　　　　　185

に固有の事情，などの項目が記されている．この固有の事情というのは，たとえば次のようなものである．ファマグスタでは，輸出税や輸入税について，ファマグスタ市民，ジェノヴァ人，ヴェネツィア人はなにも支払わず，ピサ人，ナルボンヌ人，プロヴァンス人，カタルーニャ人，アンコーナ人は両税をそれぞれ2％ずつ支払い，フィレンツェ人はバルディ商社員，ペルッツィ商社員であれば2％であるが，そうでなければ4％を支払う．この4％を避けるためにフィレンツェ人がピサ人になりすますと，ピサ人はそれを理由に彼らに負担金を押しつけ，彼らをユダヤ人や召使いのようにあつかっていた．それをペゴロッティがバルディ商社の支店長として滞在したとき，キプロスの王（イェルサレム王位を保持していたフランス系のリュジャン朝）と交渉して，1324年以降，フィレンツェ人がピサ人と同等の処遇をえられるようにした*30)．チュニスでは，この都市にオリーヴ油を輸出するときには，新しい樽に入れておかなければならない．というのは，古い樽だと以前に（ムスリムには禁止されている）葡萄酒や豚の脂身などを入れていたかもしれないと疑われ，取引を拒否されるからである*31)．ヴェネツィアでは，外国人は陸路海路をとわず，レヴァント商品の輸入を禁止されている．そのレヴァント商品はすべて，武装されたガレー（商）船で輸入される場合には関税がかからないが，武装のない帆船で輸入される場合には5％を支払う．また商品を計量してもらうとき，外国人はヴェネツィア人の二倍の料金を支払わなければならない*32)．さて，41市場のなかには，上記のように多様な項目のうち，そのほぼすべてについて記述がある市場もあれば，そのごく一部しか記述がない市場もある．もちろん，それぞれの項目の記述量も，市場ごとに大小の差が大きい．「市場案内」には，情報量の多い市場と，少ない市場がある．

　それぞれの市場についての記述の量と内容にもとづいて，「フィレンツェ商人，ないしイタリア商人の関心からみた」という限定がつくにせよ，市場の大小や性格をおおまかに識別することは可能である*33)．41市場には，記述量の大小から推定すれば，大市場もあるし，小市場もある．また，取引商品の種類が多く，貨幣市場としても重要な，いわば総合的な市場がある一方，特定商品に取引が集中している市場，商品輸送の中継が主要な役割である市場など，役割が多少とも特化した市場もある．総合的な大市場としては，コンスタンティノープル・ペラ，

---

30) Pegolotti, p. 80.
31) Pegolotti, pp. 130sg.
32) Pegolotti, pp. 140sgg.
33) 以下にしめす市場の大小，性格，国際性の識別については次の分析にもとづく．Saito（齊藤），La geografia del Pegolotti, cit.

ヴェネツィア,ファマグスタ(ペゴロッティが二度滞在したキプロスの都市),などがある.多少とも特化した大市場としては,黒海,プーリァ,シチリア,サルデーニャ,のような小麦など農産物の輸出に重心をおく市場がある.そのほかにも,総合的な市場には,各種商品の集散地たるアンコーナ,チュニス,などがあり,特化した市場には,穀物輸出のサフィ(モロッコの大西洋岸),海塩輸出のイビサ(バレアレス諸島),オリーヴ油輸出のガエタ(イタリア),商品中継のエグ・モルト(フランス),などがある.さらに,取引における相手市場の数が多く,その範囲も広い,いわば国際的な市場もあれば,その数も範囲も限られた,いわば局地的な市場もある.上記の総合的な市場は,いうまでもなく,国際的な市場でもあった.そのほかの市場について,相手市場をみてみよう.チュニスでは,ヴェネツィア,アンコーナ,プーリァ,それにシャンパーニュの大市をのぞけば,すべてが西地中海の市場である[34].アンコーナでは,フィレンツェをのぞけば,すべてが東地中海の市場である[35].マリョルカでは,相手市場は西地中海に多いとはいえ,北西欧にはロンドン,ブリュージュ(ブルッヘ),などが,東地中海にはコンスタンティノープル,ヴェネツィアがあり,そこで取引される商品には西地中海のものが多いが,イギリスの羊毛やレヴァントからの胡椒もある[36].マリョルカは,第一級の国際性をもつ市場といえる.一般に,総合的な市場であれ,特化した市場であれ,大市場になればなるほど,相手市場の数は多くなり,その範囲も拡大する.ちなみに,フィレンツェの市場案内もある[37].ここでは,各種の貨幣,その造幣費用,為替手形を相手市場との間で授受して現金の授受を実現するまでに必要な日数,両替手数料金,が詳細に記述されている.為替手形の授受については,イギリス,フランドル,スペイン,マリョルカ,チュニス,キプロス,ロードス,コンスタンティノープル・ペラ,など,イタリア内外の23市場とフィレンツェとの授受が記述され,そのほかにも,たとえばブリュージュとジェノヴァ,ヴェネツィアとプーリァとの間のように,(おそらくフィレンツェ商人の実践を念頭において)外国で作成し,それを外国に送付する場合が,いくつか記述されている.この為替手形の相手市場とかなり重複するが,為替手形以外についての相手市場も28あり,イタリア内部はもちろん,ロンドンからコンスタンティノープルまでの範囲に拡散している.フィレンツェは,第一級の国際性をもつ市場であり,とりわけ重要な貨幣市場である.

---

34) Pegolotti, pp. 133sgg.
35) Pegolotti, pp. 159sgg.
36) Pegolotti, pp. 122sgg.
37) Pegolotti, pp. 190sgg.

第2章　地中海商業における市場と商品

さて，地中海とその周辺にある市場のなかで，この史料に名前はあげられているが，「市場案内」で個別に案内されてはいない市場や，名前はあげられていないが，存在したことがほかの史料から確認できる市場は，一般には小市場であることが多いと思われるが，けっして小市場だけではない．当時，教皇はキリスト教徒に対し，十字軍国家を放逐したマムルーク朝の支配下にある市場との取引を禁止していたので，西欧商人はキプロスのファマグスタにおいて，小アルメニア王国（国教はアルメニア教会派のキリスト教）のアヤスなどを経由して，マムルーク領の市場からやってくる商品を取引した．したがって，この史料では，キリスト教徒の支配下にあるファマグスタ，アヤスは案内されているが，マムルーク朝の支配下にあるアレッポ，ダマスクス，ベイルート，アレクサンドリア，カイロ，などは，ほかの市場の相手市場として名前があげられている（そこに簡単な記述がある場合もある）だけで，レヴァントの伝統的な大市場であるにもかかわらず，「市場案内」には個別の記述がない．アッコだけは「市場案内」に記述があるが，それは「そこがキリスト教徒の手中にあったとき」のものと明記されている[38]．ただし，「商業知識」のなかでは，「アレクサンドリアからくる[39]」胡椒のように，そこ間接的に取引があったことをしめす記述が散見する．また，イタリアの大市場であるミラーノやボローニャも同様であり，名前はあるが個別の案内はない．イタリアの内陸市場は，フィレンツェは例外であるが，「市場案内」には一般に個別の記述がない．それがどうしてなのか，筆者には理由がわからない．このように，この商業実務は，豊富な情報を提供するとはいえ，市場を完全に網羅しているわけではない．いずれにせよ，地中海には大中小の市場が，しかもその各水準において総合的な，あるいは多少とも特化した市場が存在し，それぞれの市場は，その大小や特性に応じて多数の，あるいは少数の相手市場からなる固有の網状組織をもっていた，ということはできる．市場の大小や特性，その相手市場の網状組織が，時代とともに刻々変化したことは，あらためていうまでもない．

ところで，商品の輸送に必要な輸送経費は，商品にはどのくらいの重荷となったのか．すでに，第1部第2章，第2部第1章において，この問題について検討した．ここでは，さらに，フェデリーゴ・メリスが経営文書にもとづいて解明した輸送経費の実態を紹介する．表をご覧いただきたい．フィレンツェの近隣にある従属都市プラートの商人フランチェスコ・ダティーニは，1390年代に，彼の

---

38) Pegolotti, p. 63.
39) Pegolotti, p. 307.

表 メノルカ羊毛を原料とする6反の毛織物における
刈毛から衣服にいたるまでの価格形成

内　訳	価格 (フィオリーノ)	%
刈毛され，集荷され，荷造された羊毛	38.98	14.43
(毛織物の) 製造経費	99.36	36.77
各地での諸経費 (荷下ろし料金，倉庫保管料金，など)	1.30	0.48
荷造経費	8.89	3.29
陸上・海上運賃	16.62	6.15
輸送保険掛金	12.90	4.78
諸税	26.67	9.87
仲介料金	1.76	0.65
手数料金 (ダティーニの諸会社が受領したもの)	10.70	3.96
「為替差損」("Cambio de' danari")	2.57	0.95
(マリョルカおよびバレンシアでの倉庫渡し価格)	(219.75)	(81.33)
(ダティーニの毛織物) 製造会社の利潤	21.45	7.94
(ダティーニの) 関連諸会社の総体の最終売上価格	(241.20)	(89.27)
最終仲介商人の利潤	29.00	10.73
消費者の購入価格	270.20	100.00

出所) Melis, *Aspetti della vita economica medievale,* cit., p. 725.
訳註) F. M. ダティーニの支配する姉妹会社，すなわちフィレンツェ会社 (商社)，カタルーニャ会社 (バルセロナ支店，マリョルカ支店，バレンシア支店)，ピサ会社，プラート会社 (毛織物製造会社，染色会社) が相互に連携しつつ，メノルカで羊毛を購入し，それをピサ・フィレンツェ経由でプラートまで輸送させ，プラートでそれを原料として毛織物を製造し，その毛織物の一部をヴェネツィア経由でマリョルカまで輸送させ，マリョルカおよびバレンシアで売却した．(姉妹会社にはこのほかにも，フィレンツェ会社 (銀行)，ジェノヴァ会社，アヴィニョン会社がある．)
　メリスは，そのなかから同一種類の羊毛を原料として製造された6反の毛織物を識別して，その価格形成 (省略) と価格構成 (本表) とを徹底的に追求・分析した．なお，羊毛を積んだ船がメノルカを出航したのは1395年7月27日，6反のうち最後の毛織物がマリョルカで売却されたのは98年7月4日．

経営する一連の姉妹会社によって，メノルカ (バレアレス諸島の一つ) で羊毛を購入し，それを海路でピサに，そこからフィレンツェ経由でプラートまで輸送させ，そこでこの原毛から毛織物を製造した後，その一部をヴェネツィアから海路でマリョルカまで輸送させ，最後にそれをマリョルカとバレンシアにおいて売却した．メリスは，この毛織物のなかから，同一品質の羊毛を原料として製造された特定の6反を識別して，その価格形成の過程を徹底的に追求し，消費者が購入する段階での毛織物価格の構成要素を鮮明に分析した[*40]．この驚嘆すべき作業を可能にしたのは，内容が相互に転記されている姉妹会社の各種帳簿および通信

文書がほぼ完全に残存するのみならず，その記述がきわめて詳細であることによる[41]。さて，ダティーニの経営する毛織物製造会社が購入した羊毛のうち，メノルカ羊毛の平均価格は，イギリス羊毛のそれの約三分の二，ロマーニャ（イタリア中部の地方）羊毛やマグリブ羊毛の約三倍であった[42]。このメノルカ羊毛を原料とする毛織物（フィレンツェ式にいえばガルボ毛織物の上級品）の最終的な販売価格において，羊毛（原料）および毛織物（製品）の輸送経費，とりわけその運賃部分は，表にみられるようにおおきな比重をしめてはいない．

メリスは，第2部第1章でみたように，ゾンバルトを批判した論文で，多数の経営史料を分析した結果，輸送経費について次のように主張した．海上輸送経費は一般に，14世紀の過程で絶対的に低下したが，なかでも低価重量商品の輸送経費は，高価軽量商品のそれに比べて相対的に大幅に低下した．それが商品の重量に比例する輸送経費から，相対的にその価格に比例する輸送経費に，換言すれば輸送経費が「従量的な体系」から，「従価的な体系」に徐々に移行したことにともない，低価重量商品の海上輸送が次第に進展した．メリスは，ダティーニ文書を中心とする経営史料からえた膨大な価格データによって，海上輸送におけるこの現象を実証的にしめした．この論文は，経営史料のとぼしい13世紀以前については必ずしも言及せず，またそれほど注目されてこなかったが，きわめて重要なことを指摘している[43]．すなわち，低価重量商品でも生産費用が安ければ，産地から遠くの市場でも十分な価格競争力をもつことになり，地中海各地の間で食料，原料，生活用品が大量かつ恒常的に取引されることになる．その結果，イタリアなどの都市では，後背地の食糧供給能力をはるかに上回る都市人口が出現するのみならず，都市周辺の農地には小麦よりも収益性の高い作物を導入し，小麦は生産費用の安い海外に依存する，という事態が生じることになる[44]．いずれにせよ，都市の日常生活が海外の遠近各地と密接に結合することはまちがいない．

---

40) Melis, Federigo, *Aspetti della vita economica medievale,* Siena, 1962, pp. 635-729.
41) Cfr., Melis, op. cit., pp. 9-42.
42) Cfr., Melis, op. cit., pp. 536-537.
43) 次もメリスのこの指摘の重要性を強調する．Tangheroni, *Aspetti del commercio dei cereali,* cit., pp. 22, 30.
44) Pinto, Giuliano, *Il libro del biadaiolo -Carestie e annona a Firenze dalla metà del '200 al 1348,* Firenze, 1978, pp. 74sg.

第2節　商品交換と地中海世界

フィレンツェの穀物市場は，都市の中央に位置するオルサンミケーレ市場しかなかったが，1333年の洪水後，ようやくオルトラルノ（川向）地区にサント・スピリト市場が開設された*45)。ドメニコ・レンツィは，ペゴロッティの同時代人であり，オルサンミケーレ市場に店を構えた穀物商であるが，彼が1320-35年に穀物の価格やその市場動向などを記録した，中世後期には類例のない日誌が残存する*46)。レンツィ自身は，これを「人の鏡」(Specchio umano) と名付けたが，一般には「穀物商の日誌」(Libro del Biadaiolo) として知られている。レンツィは，穀物商として帳簿記入をするのにやっとの教育を受けただけではあるが，向上心をもち，当時人口に膾炙した俗語の書物（神曲，セネカの翻訳，年代記，など）を貪欲に読み，おそらく独学で多少の教養を身につけた人物である。この日誌には，一般的な政治や経済についての記述はなく，食糧価格や当時頻発していた飢饉についての記述だけしかない。まさに「オルサンミケーレ市場の日誌」そのものである*47)。

それを公刊した*48)ジュリアーノ・ピントは，内容を分析しつつ次のようにいう*49)。この市場で恒常的に販売されたのは，価格の高いものから順に，のぎなし小麦，シチリア小麦，地場小麦，粗質小麦，の四種類である。シチリア小麦は，ごく少量がフィレンツェ周辺でも栽培されたが，そこでは自然条件によって二年目には変質し，三年目には粗質小麦と同質になるので，14世紀後半には栽培がほぼやんだ。いずれにせよ，そのほとんどはシチリアから輸入され，フィレンツェ人が好んで食べたマカロニやラザーニャの原料としてもよく使われた。日誌には，さらに食糧不足のときに政府が直接に購入し，販売したものとして，サルデーニャ，ロマーニャ，シエーナの支配領域（コンタード），アレッツォの支配領

---

45) Pinto, *Il libro del biadaiolo,* cit., p. 13.
46) レンツィと彼の日誌については，ピントによる次の史料解題を参照。Pinto, *Il libro del biadaiolo,* cit., pp. 1-28. なお，libro という言葉は，「日誌」とも「帳簿」とも翻訳できるが，この史料の内容は，穀物の数量をともなう穀物の販売（ないし売買）記録ではなく，穀物の市場価格の記録であり，また一部に飢饉についての記述をふくむので，「帳簿」ではなく「日誌」が適訳である。
47) Pinto, *Il libro del biadaiolo,* cit., p. 20.
48) Domenico Lenzi, Il "Libro del Biadaiolo", in, Pinto, a cura di, *Il libro del biadaiolo,* cit., pp. 157-542.
49) Pinto, *Il libro del biadaiolo,* cit., pp. 29sgg.

第2章　地中海商業における市場と商品

域の小麦がみられる。ロマーニャ地方は，フィレンツェからアペニン山脈を越えてすぐのところにあり，シエーナとアレッツォは，フィレンツェと同じトスカーナ地方の都市である。サルデーニャ小麦は，シチリア小麦と同質であり，ほかの三種類は，フィレンツェの地場小麦と同質であると思われるが，詳細は不明である。ともあれ，14世紀初めにはすでに，海岸から約80キロメートルの内陸にあるフィレンツェでも海外小麦が恒常的に消費されていた。フィレンツェは，海港都市のヴェネツィア，ジェノヴァ，バルセロナ，などより食糧の供給では不利な位置にあったが，その強力な経済力で小麦を引き付けたのである。

　ちなみに，ペゴロッティの商業実務では，フィレンツェの市場案内において小麦の計量単位の互換関係が記述されている相手市場は，記述順にあげれば次のようである[50]。ピサ，ペルージャ，コルネート（現タルクイニア），ローマ，ジェノヴァ，キリーニ（イタリア語旧地名キアレンツァ，ペロポンネソス半島の都市），ボローニャ，イーモラ，ファエンツァ，ラヴェンナ，コンスタンティノープル・ペラ，ニーム・モンペリエ（フランス），アルル，セビーリャ，パリ，アンコーナ。これらは，イタリア中部の小麦市場，地中海東部および西部の小麦市場，海外小麦の輸入を業務の一部とするイタリア北部と中部の海港都市，のいずれかとして理解できる。しかし，パリがどのような意味をもつのか，筆者には不明である。パリの単位で小麦を計量するフランス北部の小麦を，ジェノヴァなどの帆船が底荷の一部としてイタリアに輸送することがあったのだろうか。

　さて，小麦以外の穀物と豆類の一部は，一括して雑穀（ビアーデ）とよばれ，オルサンミケーレ市場では，大麦，ライ麦，スペルト小麦，キビ，アワ，モロコシ，そら豆，カラスのえんどう，ふじ豆，ささげ，の十種類の雑穀がほぼ恒常的に販売されていた[51]。高価なライ麦を除いたほかの雑穀は，家畜や家禽の飼料として使用されることもあった。豆類でもエジプト豆やえんどう豆などは，菜園で少量が栽培されるだけで価格が高く，その粉を小麦粉と混ぜてパンの製造に使うことがほとんどなかったので，雑穀とは別扱いされた。

　イタリア北部，中部の多くの地方では，都市が支配領域の農村を支配し，富と有力者は農村から都市へ流入したが，このことから，このような地方では都市と農村の食糧事情は明確にことなっていた[52]。1339年にプラート（当時はまだフ

---

50) Pegolotti, pp. 197sgg.
51) 雑穀およびそれ以外の豆類については次を参照。Pinto, *Il libro del biadaiolo,* cit., pp. 34 sgg.
52) 以下の食糧事情については次を参照。Pinto, *Il libro del biadaiolo,* cit., pp. 41sgg. なお，備蓄食糧の調査資料が残存するのは，トスカーナではプラートのみ。Vedi, ibidem, pp. 71sg.

ィレンツェに従属していなかった）は，各家庭の貯蔵食糧について調査したが，この調査によれば，この都市の領域では小麦の貯蔵量を100とすると，雑穀の貯蔵量は都市では31，農村では83，両者の合計では44だった．1298年には，都市と農村の合計で，雑穀は84だったから，この間に雑穀の割合がほぼ半減したことになる．14世紀中葉以降，人口が減少した結果，雑穀を生産する貧しい土地が放棄され，小麦生産の割合がさらに拡大したらしい．1427年にフィレンツェ政府がおこなった資産調査（カタスト）によれば，市民地主の所有地では雑穀生産量は小麦生産量の30％以下だったが，農民の所有地では雑穀の割合はもっと大きかったと推測される．いずれにせよ，都市でも農村でも食糧は小麦が多く，とりわけ都市では圧倒的だったが，都市の経済力と商業網がこの事態をもたらしたのである．飢饉のときには，フィレンツェ政府が食糧を調達したが，対象となるのはなによりも小麦であった．1329年には，雑穀も調達されたが小麦の20％以下であり，1346, 47年には，大麦も調達されたが少量にとどまった．

　小麦の需要について，ピントは次のようにいう[53]．14世紀初めの人口は，フィレンツェの市内が9万-10万人，支配領域が約20万人と見積ることができる．支配領域でも，エンポリやカステル・フィオレンティーノなどの都市的集落には，おもに職人や商人が居住していたので，領域全体の農民人口は，おそらく全人口の半分より少し多いくらいである．なお，当時のヨーロッパでは，イタリアの都市化は群を抜いており，フィレンツェの周辺はその最右翼の一つであった[54]．さて，フィレンツェの市内人口は，ヴィッラーニの年代記とレンツィの日誌との記述にもとづいて推測すれば，年間に51,500モッジョの穀物を消費したことになる．約20万人の支配領域の人口は，一人一か月の標準消費量が1スタイオであるから，年間に10万モッジョを消費したといえる（1モッジョ＝24スタイオ）．したがって，フィレンツェと支配領域は，合計で15万モッジョを消費したことになる．

　穀物商レンツィによれば，平年には支配領域の農村は，支配領域自体の需要をまかない，さらにフィレンツェ市内の需要を五か月間まかなったので，12万モッジョの需要を満たしたことになる．ちなみに，当時の播種量と収穫量の比率は1対4－5であるから，生産量はこれに播種分の20-25％を加えたものになる．ともあれ，生産量と需要量との差は3万モッジョとなり，フィレンツェは平年で

---

53) 以下の小麦の消費と需要については次を参照．Pinto, *Il libro del biadaiolo*, cit., pp. 73 sgg.

54) Ginatempo, Maria e Sandri, Lucia, *L'Italia delle città*, Firenze, 1990, pp. 105sgg.

第2章　地中海商業における市場と商品　　　　　　　　　　193

もそれだけの量を輸入しなければならなかった。レンツィによれば、平年にはシチリアなど穀作地帯の生産は豊富であり、フィレンツェの小麦価格はイタリアのどこよりも高値だったから輸入は容易だった。平年には1モッジョの価格が4フィオリーノという安値であっても、フィレンツェは12万フィオリーノもの小麦を輸入したのである。この都市は1302年の飢饉において、ジョヴァンニ・ヴィッラーニの年代記（第8巻第68章）によれば、ジェノヴァ商人からだけでも、シチリアとプーリァから26,000モッジョ、すなわち5万人以上を一年間養うだけの小麦を購入した。しかもこれだけではなく、フィレンツェの四つの大商社が輸入してきた小麦をも購入した。この輸入のおかげで、麦価の高騰を抑制することができたのである。ヴィッラーニは、これが、フィレンツェが海外から小麦を大量に輸入した最初であるという。ともあれ、穀物はフィレンツェの輸入商品のなかでも、もっとも顕著なものの一つだったことになる。なお、ピントは、トスカーナに限定してみても、支配領域が狭くて山岳や丘陵の割合が大きいピストイアやルッカ、海外からの輸入が容易であり自領での生産に熱心でなかったピサは、フィレンツェよりも海外小麦への依存度が高かったと推測している*55)。

では、フィレンツェが輸入する小麦のおもな海外市場、ナポリ王国（とりわけプーリァ地方）、シチリア、サルデーニャ、を一瞥してみよう。シチリアとイタリア南部とからなる（旧）シチリア王国は、1282年の「シチリアの晩禱」を契機として、シチリアからなるアラゴン王朝の（いわゆる）シチリア王国と、イタリア南部からなるアンジョ（アンジュー）王朝の（いわゆる）ナポリ王国とに分裂した。この事態と関連して、実際は権力が四分五裂していたサルデーニャが、その授封権を主張する教皇により、1297年、名目上一個の王国としてアラゴン国王に授封された。その名目的な支配権が実質的な支配権に転化するには、1世紀以上にわたる軍事遠征や征服活動を必要としたのである。この「三国」の複雑な政治史の展開は本書では割愛する*56)が、この三つの地域の間には、国王・領主・農民の三者の関係において多少の差異はあるにせよ、すでに14世紀以降は、いずれにおいても強力な権力をもつ封建領主が農民を使役して生産させており、都市が農村を支配するイタリア北部、中部とは異なる生産関係が共通して存在していた*57)。

---

55) Pinto, *Il libro del biadaiolo*, cit., p. 90.
56) 三王国の政治史については次を参照。齊藤寛海「第5，6章」北原敦編著『(新版) イタリア史』山川出版社、近刊予定。Boscolo, Alberto, *Catalani nel Medioevo*, Bologna, 1986, pp. 11-34.
57) Cfr., Boscolo, *Catalani nel Medioevo*, cit., pp. 39-46.

ナポリ王国では，13世紀から16世紀にいたるまで一貫して，ヴェネツィアやフィレンツェなど北部，中部の都市の商人がその経済における主役であり，なかでも食料輸出基地のプーリァは，彼らの「経済的封土」と評されるほどになっていく*58)。この時代には，王朝が積極的な対外政策（対イタリア北部・中部の都市国家政策，対ビザンツ政策，対シチリア政策，など）を遂行し，その資金を重税とならんで外部商人の融資に依存した結果，外部商人は免税特権など数々の特権をえて取引を拡大する一方，それをもたない現地商人は競争力を喪失していった。フィレンツェ商人についてみれば，13世紀後半にアンジォ王朝の財政を支援して以来，この王国の経済において「フィレンツェ人の征服」といわれるほどの厚遇をうけた。ナポリ王国は，フィレンツェ商人の第一級の活躍舞台となったのである。ここでのフィレンツェ商人の活動は，国王ロベルトの治世（1309-43年）に黄金期を迎えたが，治世末期には国王が債務の返済不能におちいったことなどで停滞し，さらに14世紀中葉にフィレンツェ経済が深刻な危機にみまわれると急速に衰退した。しかし，15世紀中葉以降（アラゴン王朝期）には，活発な国内の政治抗争に対処するために，国王は再度フィレンツェ商人の融資に依存し，見返りに以前のような特権を賦与したので，メディチ家をはじめとする多数の商人が進出した。さて，フィレンツェ商人は，14世紀前半に国王への融資，徴税請負，国王のための資金移動，などの業務をほとんど独占し，「王国の公的な銀行業者」の地位をえた。他方，小麦，オリーヴ油，葡萄酒，アーモンド，などの輸出，フィレンツェや北西欧の毛織物，そのほかの繊維製品の輸入，レヴァントやマグリブからプーリァに輸入された綿，羊毛，そのほかの商品の取引をおこなった。1480年代前半に，メディチ系の商社がトラーニ（プーリァの都市）で記録した帳簿は，当時のフィレンツェ商人の活動の典型を示している。国王への融資，およびそれと結合した各種の徴税業務をおこない，小麦，オリーヴ油，アーモンド，羊毛，などをイタリア北部，中部へ輸出し，そこから各種の毛織物，絹織物，などを輸入した。いずれの時期においても，国王への融資と徴税業務，特産品たる食料や原料の輸出，毛織物や絹織物など外国製品の輸入が活動の中核をなしていた。

14世紀以降のシチリアは，「小麦と毛織物の交換」と表現されるように，食料や原料の輸出と，製品の輸入が商業の基礎だった*59)が，これはナポリ王国の場

---

58) ナポリ王国（プーリァ）については次を参照。Cassandro, Michele, *La Puglia e i mercanti fiorentini nel Basso Medioevo* ("Atti e Relazioni" dell'Accademia Pugliese delle Scienze -Classe di Scienze Morali, Nuova Serie-vol. 1), Bari, 1974.

59) シチリアについては次を参照。Motta, Giovanna, Aspetti dell'economia siciliana alla

第2章 地中海商業における市場と商品

合と基本的にまったく同じである。ダティーニの経営するピサの商社の社員が，1380年代後半にパレルモ（シチリアの都市）に派遣されて島内各地を旅行し，帳簿の記入と書簡の発送をおこなった。彼の任務を一言でいえば，プラートなどイタリア北部，中部の毛織物などを販売し，シチリアの小麦などを購入することだった。しかし，ヴェネツィアのガレー商船がフランドル毛織物を大量にパレルモに運んできたり，バレンシアからの商船が2,000反のカタルーニャ毛織物をパレルモに輸入したりで，彼の毛織物販売は激烈な競争にみまわれた。また，当時は西地中海の小麦が全般に不作だったので，小麦の購入でも，カタルーニャ人，ジェノヴァ人，他のトスカーナ人との買付競争が激烈となった。シチリア南西部の穀倉地帯での先物買の交渉は断念し，北西部の有力領主からようやく購入している。ところで，シチリア経済における小麦の地位は「トラッタ」(tratta) によってしめされる*60)。トラッタとは，小麦1サルマ（重量単位）を国外に輸出する許可，ないしその証書のことであり，その有効期限は原則として一年間であった。1サルマの小麦の代わりに，大麦，エジプト豆，そら豆，などであれば2サルマを輸出してもよかったが，ほとんどは小麦が輸出された。なお，サルマには，南部のサルソ川を境として，西の「並サルマ」（約1/4トン）と，東の「大サルマ」の二種類があり，両者の比率は4対5だった。トラッタの発行には，財政収入をえるために販売すること，国王や国家が債務や役人の給料を支払うかわりに授与すること，政治目的などで国王が贈与すること，という三つの形態があったが，いずれの場合もその譲渡や売買は自由であり，それを単に引き渡すだけでよかった。それなしには小麦の輸出はできないので，輸出商人はなんとかして入手しなければならなかったから，その取引市場が成立し，相場の変動する金券の役割をはたすことになった。不作のときには，島内の都市への供給を確保するために，小麦の輸出を停止する措置をとることもあったが，トラッタの発行は国王にはほとんど不可欠だったから，この措置はきわめて例外的でしかなかった。小麦の輸出では，フィレンツェ，ジェノヴァ，カタルーニャの商人が活躍し，シチリア商人の役割はとるにたらなかった。

---

fine del XIV secolo -Da una lettera di Manno d'Albizio a Francesco Datini, in, *Studi in memoria di Federigo Melis*, vol. 2, Napoli, 1978. なお，シチリア（およびイタリア南部）には史料がきわめて少ないので，ダティーニ文書，などイタリア中部，北部の史料がその史料としてきわめて重要である。Ibidem, pp. 507sg. また，ダティーニ期（14世紀末から15世紀初め）には，シチリアでは国王権力が衰退し，それぞれの地方の領主が実権を把握していた。Ibidem, pp. 510sgg.

60) トラッタについては次を参照。Boscolo, Alberto, Mercanti e traffici in Sicilia e in Sardegna all'epoca di Ferdinando I d'Aragona, in, *Studi in memoria di Federigo Melis*, vol. III, Napoli, 1978, p. 273.

サルデーニャでは，ピサ人やジェノヴァ人の植民や商業活動の結果として，8世紀以来消滅していた都市が13世紀に再度出現し，それを媒介にしてようやく島内と島外の経済が結合するにいたった[61]。ピサ人によって創出され，ピサと密接な政治関係をもった都市カッリアリでは，15世紀中葉にアラゴン王朝による島内の征服が完成すると，ピサ系住民はほとんどが追放され，カタルーニャ人が入植してきた．それまで，サルデーニャではピサ人，およびその北部ではジェノヴァ人が，商業のみならず鉱山業や金融業をも支配していた．彼らは小麦も輸出していたが，大黒死病による人口減少に対応してイタリアの大部分で穀作の一時的後退がみられた14世紀後半には，人口不足が深刻な事態となったサルデーニャでは多くの農村が放棄され，その小麦はイタリア半島の穀物市場からは姿を消してしまったという．また，1365年以降は，サルデーニャ鉱山の銀産出量の減少により，島内で貨幣経済が衰退したことも契機となって，サルデーニャは経済的に再度孤立していった．ともあれ，イタリア北部，中部の都市の穀物基地としては，シチリアやプーリァと比べて，サルデーニャはそれほど重要ではなかったようである．いずれにせよ，この島の支配をめぐるピサ，ジェノヴァ，アラゴンの間での長期の戦争に起因する重税により，ここでも現地商人は成長せず，これら三国の商人を中心とする外国商人が経済を支配していた．

さて，イタリアにおける「北」の都市と「南」の農業地帯との関係，すなわち南の権力者への融資の見返りにえた商業特権を利用して，北の商人がその製品を南に輸入し，そこから食料や原料を北に輸出するという関係について，マルコ・タンゲローニは，研究史を次のように整理している[62]。1970年代初めには，南北の経済についてはせいぜい両者の対照的な特質が対比されるだけであり，その特質はそれぞれの社会内部における経済の自律的な展開の結果だとするのが一般的な見解だった．しかし，70年代末から80年代にかけて，その特質を両者の相互作用の結果として把握する，「従属理論」の視点が導入された．その結果，具体的に［かつ単純化して］いえば，北は生産費用の格差にもとづいて南から剰余

---

61) サルデーニャについては次を参照．Tangheroni, Marco, I diversi sistemi economici : Rapporti e interazioni. Considerazioni generali e annalisi del caso sardo, in, idem, *Medioevo Tirrenico. Sardegna, Toscana e Pisa,* Pisa, 1992. Day, John, The Decline of a Money Economy : Sardinia under Catalan Rule, in, *Studi in memoria di Federigo Melis,* vol. III, Napoli, 1978 (later printed in, idem, *The Medieval Market Economy,* Oxford, 1987). Boscolo, *Catalani nel Medioevo,* cit., pp. 39sgg.

62) Tangheroni, I diversi sistemi economici, cit., pp. 35-62. なお，ブレスクの研究とは次をさす．Bresc, Henri, *Un monde méditerranéen. Economie et Société en Sicile, 1300-1450,* Roma e Palermo, 1986.

第2章 地中海商業における市場と商品

価値を搾取する不等価交換によって，南に貧困と低開発をもたらしたとする解釈が出現した．たとえば，アンリ・ブレスクの研究（1986年）によれば，シチリア社会の内部が解体され，外国に従属し，退歩していったのは，その「穀物の産地という不幸」のせいだったということになる．現在（1992年）では，このような解釈は，南の生産関係のありかたやその政府の主体的な対応を無視し，低開発をもっぱら外因決定論によって説明するものとして，批判の対象になっている．とはいえ，従属理論の提起した問題は，発展的に継承されなければならない．要するに，タンゲローニによれば，その問題提起は継承しなければならないが，観念的な経済理論に収斂するのではない，実証的な研究作業が必要だというわけである．しかし，この問題提起を契機として活発化した研究により，少なくとも中世後期の地中海には，必需物資の授受をとおして密接な相互依存関係にある複数の社会からなる世界が存在し，この世界ではそれぞれの社会の展開は自己完結するものではなくほかの社会の動向と連動している，という認識がほぼ定着したのではないかと思われる．あえて比喩的にいえば，この世界を基本的に支えるのは，東西（レヴァント）商業ではなく，むしろ南北商業なのである．

この認識はイタリア内部の南北問題を起点にして形成されたが，その射程はそれをはるかに越えている．クレタは1204年以降，第四回十字軍によるビザンツ帝国領土の分割を契機に，ヴェネツィアの植民地となり，封地を割り当てられたヴェネツィア人移住者は，本国から派遣される行政官の監督のもとにおかれた*[63]．受封者は自立的な権力の所有者ではなく，詳細に規定された義務をともなう国有地の受託者だったのである．ヴェネツィアの支配の確立とともに，現地の有力者のなかにも，ヴェネツィア人と同様の条件で受封者となる者が増加した．やがてラテン系とギリシア系の受封者の間で社会的同化が進行する一方，本国と受封者たちとの間に利害の乖離が生まれた．本国の過酷な要求に起因する1363-66年のクレタ大反乱は，本国が反乱貴族の従属農民に自由を約束することによって鎮圧されたが，反乱にはこの間に形成されたクレタ貴族がラテン系，ギリシア系を問わずに参加していた．クレタ貴族は，農民を使役して小麦，葡萄を，やがては綿，砂糖黍，桑をも栽培し，ヴェネツィア商人に食料や原料を供給した．1331年には，カネーア（クレタの都市）地方の受封者たちは，代価と引き換えに合計で年間8,500ヘクトリットルの小麦をヴェネツィア政府に納入する義務を

---

[63] クレタについては次を参照．Abrate, Mario, Creta -colonia veneziana nei secoli XIII-XV, in, *Economia e Storia,* IV-III, 1957. Borsari, Silvano, *Il dominio veneziano a Creta nel XIII secolo,* Napoli, 1963, pp. 67-103. Malowist, Marian, Capitalismo commerciale e agricoltura, in, *Storia d'Italia,* Annali 1 -*Dal feudalismo al capitalismo,* Torino, 1978.

もっていた．1342年前後には，ヴェネツィアにある政府の穀物倉庫の平時の在庫の約44%が，クレタの受封者が義務として納入したものであったという*64)．このほかにも，ヴェネツィア商人がクレタ貴族と私的におこなう小麦取引があった．ヴェネツィアが穀物補給基地としたのは，クレタだけではなく，エヴィア（ギリシア本土東隣にある島，イタリア語旧地名はネグロポンテ）など，東地中海にあるいくつかの植民地も同様だった*65)．黒海やロマニーア方面からも穀物を輸入したが，15世紀には，そこがオスマン・トルコに征服される一方で，イタリア本土にもつ領土（テッラフェルマ）が形成され，急速に拡大したので，ここが穀物供給基地として重要になりはじめた．とはいえ，ヴェネツィアでは，本土から輸入する小麦の量が，海外から輸入するそれを上回るようになるのは，1570年以降のことで*66)ある．ところで，シチリア，ナポリ王国（プーリァ），クレタ，などのように，封建領主のもとで生産された安価な食糧が外国商人によって輸出され，代わりに製品が輸入されるという地中海にみられる商業構造を，バルト海にみられる同様の構造と比較しようという提案もあるが，本格的な作業は今後の研究をまたなければならない*67)．

葡萄酒についてもみておこう*68)．地中海にはラテン葡萄酒とギリシア葡萄酒の二種類があり，後者は元来ギリシア人が植民した地方で生産されたものをさしたが，次第にアルコール度が高く甘いというその性質をもつものをさすようになった．ギリシア葡萄酒はラテン葡萄酒よりも保存性が高いので海上輸送に適し，クレタ，ナポリ，リグーリア（ジェノヴァを中心とする地方）のものなどが銘柄

---

64) Malowist, op. cit., pp. 465sg.

65) ヴェネツィアによる東地中海の植民地の政治的支配と経済的開発については次を参照．Luzzatto, Gino, Capitalismo coloniale nel Trecento, in, idem, *Studi di storia economica veneziana,* Padova, 1954. Borsari, Silvano, *Studi sulle colonie veneziane in Romania nel XIII secolo,* Napoli, 1966, pp. 107-132. Thiriet, Freddy, *Problemi dell'amministrazione veneziana nella Romania, XIV-XV secolo,* s. d. [1968] e s. l. (registrato, Venezia, Biblioteca Marciana, Miscellanea, B. 17328). Astuti, Guido, L'organizzazione giuridica del sistema coloniale e della navigazione mercantile delle città italiane nel Medioevo, in, Cortezzaro, Manlio, a cura di, *Mediterraneo e Oceano Indiano,* Firenze, 1970. Dennis, Giorgio T., Problemi storici concernenti i rapporti tra Venezia, i suoi domini diretti e le signorie feudali nelle isole greche, in, Pertusi, Agostino, a cura di, *Venezia e il Levante fino al secolo XV,* Firenze, 1973, pp. 219-235.

66) Aymard, Maurice, *Venise, Raguse et le commerce du blé pendant la séconde moitié de XVIe siècle,* Paris, 1966, pp. 111ff. 次も参照．齊藤寛海「16世紀ヴェネツィアの穀物補給政策」一橋大学地中海研究会『地中海論集』第12号，1989年．

67) Malowist, op. cit., pp. 471sg.

68) 葡萄酒については次を参照．Tucci, Hannelore Zug, Un aspetto trascurato del commercio medievale del vino, in, *Studi in memoria di Federigo Melis,* vol. 3, Napoli, 1978.

第2章　地中海商業における市場と商品

として有名だった．葡萄酒商業の発展によって，葡萄酒は，中世後期の地中海ではもはや単なる栄養補給のための飲料ではなく，場面に応じて種類を選ぶべきもの，社会的な威信をともなうものとなるにいたった．輸送の多くは土製の瓶や壺ではなく，丈夫であり容積を大きくできる木製の樽に入れておこなわれたが，このことから容積を規格化した樽（ボッテ）に入れた葡萄酒の樽数を単位として，船の積載量を表現すること（たとえば500ボッテの船）が普及し，15世紀中葉には一般化した．規格化した樽のなかでもっとも普及したのは，プーリァのメッツォ・ミッリアイオ樽，ナポリのメーナ樽，ヴェネツィアのアンフォラ樽（クレタの樽を採用）の三種類だった．樽は葡萄酒のみならず，オリーヴ油，蜂蜜，塩漬けの肉や魚，塩，砂糖，豆類，など多様な商品の容器ともなり，そのための木材需要は大きかったが，なかに入れる商品の輸出地で樽用の木材が不足する場合には，この土地で販売する商品をなかに詰めて，ときには空のままで樽を輸送してきた．また，トラキアやマケドニアから輸送した木材を，カンディーア（クレタの都市）で加工して樽を製造し，そこから輸出する葡萄酒の容器にするようなこともあった．ヴェネツィアは，クレタやギリシアなど東地中海から輸入した葡萄酒を再輸出した．1340年代前半，あるヴェネツィア貴族の家は，家族と使用人を合わせて20人弱からなったが，冬をはさむ六か月間に2,800リットル，一日あたりに換算すると約16リットルという大量の葡萄酒を購入した[*69]．その産地は不明だが，海外からのものが少なくなかったと思われる．ジェノヴァ商人は，リグーリア，ナポリ王国（ガエタ，ナポリ，トロペーア）など西地中海の各地で積み込んで，ペラ，ファマグスタ，カッファに，またマグリブ，北西欧にも輸出した．のみならず，北西欧との往復航路の途中，寄港するイベリアでも積載し，北西欧あるいはイタリアに輸送した．オリーヴ油商業も，葡萄酒商業と大同小異であり，このいずれも小麦商業と同様の構造をもったと思われる．

　先進地域の都市が後進地域を経済的に支配するという「南北関係」は，地中海では南北間だけにとどまらず，東西間でもある程度は発展したようである．すでに第1部第3章で紹介したが，地中海経済史家のエリアフ・アシュトールは次のようにいう．11, 12世紀には，エジプトやチュニジアなどイスラーム地域にも活発な毛織物工業があり，その製品は現地の需要を満たしたのみならず，一部は南欧にも輸出されていた．西欧のシリアやエジプトへの毛織物輸出は十字軍時代にはじまるが，14世紀末にはイタリアなどから安価な毛織物が大量に輸出され

---

69) Luzzatto, Gino, Il costo della vita a Venezia nel Trecento, in, idem, *Studi di storia economica veneziana,* cit., p. 291.

たので，現地の毛織物工業はもとより，綿工業や麻工業までもが衰退した．このマムルークの領土では，権力による重税賦課や財産没収のために私企業が弱体化し，スルタンやマムルークの経営する企業が特権をえて自由競争が排除された結果，生産技術の停滞が深刻な状態になった．一方，西欧では活発な私企業によって，大規模経営，良質原料の確保，技術革新が実現したのである．上記箇所で論じたように，アシュトールのいう「ダンピング」については支持しがたいが，中級の毛織物が大量に輸出されたこと自体は否定できない．なお，彼は，シリアが原綿産地に転落した中世後期には，ヴェネツィアがシリアで購入する商品のうち，第一は香辛料，第二が綿だったと主張する*70)．一方，イタリアの綿工業を研究したモーリーン・フェンネル・マッツァウィは，アシュトールのこのような構想に基本的に同意して（ダンピング説を支持するわけではない），シリアとイタリアの綿工業について次のように展望する*71)．良質綿の産地シリアは，以前は繁栄する綿工業の製品をエジプトや南欧にも輸出していたが，14世紀中葉以降の過程で，イタリア北部などの綿工業のための原料供給地へと変化した．シリアでは大黒死病による人口減少からの回復が停滞し，穀物から綿への作付転換が進展したが，西欧では人口が回復にむかい，牧地から穀畑への回帰がおこった．シリアでは停滞する綿工業は大量に生産された綿を消費できなかったが，イタリアなどでは羊毛不足から代替品としての綿への需要が増大し，その結果，西欧におけるシリア綿の輸入が拡大したのである．

　では，イタリアの毛織物工業をみてみよう．13-15世紀のフィレンツェ毛織物の原毛は，時代的な変化はあるが，マグリブ，イギリス，カタルーニャ・アラゴン，ナポリ王国（とりわけアブルッツォ地方），カスティーリャ，から輸入された*72)．1390年代後半，ダティーニの経営するプラートの毛織物会社の原毛は，価格の高い順に，イギリス，メノルカ，マリョルカ，カタルーニャ・アラゴン，プロヴァンス，マグリブ，ロマーニャ，から輸入された*73)．西地中海方面からイタリアに輸入された羊毛は，このほかにもブルゴーニュ，イビサ（バレアレス

---

70) Ashtor, Eliyahu, The Venetian Cotton Trade in the Later Middle Ages, in, *Studi Medievali,* 3a serie, XVII-2, 1976, p. 675.

71) Fennell Mazzaoui, Maureen, *The Italian Cotton Industry in the Later Middle Ages, 1100-1600,* Cambridge Univ. Press, 1981, pp. 28-72.

72) 星野秀利（Hoshino, Hidetoshi）著，齊藤寛海訳『中世後期フィレンツェ毛織物工業史』名古屋大学出版会，1995年．次はこの原書の書評であり，原毛の産地について整理している．齊藤寛海，書評，Hidetoshi Hoshino, L'arte della lana in Firenze nel basso Medioevo, Firenze, 1980,『信州大学教育学部紀要』第47号，1982年．

73) Melis, *Aspetti della vita economica medievale,* cit., pp. 535sgg.

諸島の一つ），サルデーニャ（西部），シチリア（西部），ラングドック，の産物がある*74)．フィレンツェでは，すでに第1部第1章でみたように，イギリス羊毛を使用して北西欧毛織物を模造した高級品が，1320年代に一部で生産されはじめた．さらに，14世紀後半にはその一般的な高級化の過程が完成するとともに，この高級品は地中海の高級品市場において，北西欧毛織物に代わってほとんど完全な独占をはたしたという．イギリス羊毛は，15世紀には輸出の1/5がイタリアに輸出されたらしい*75)．地中海各地の羊毛には多くの種類があり，いずれも品質はイギリス羊毛に劣ったが，それを原料とする毛織物の生産量は圧倒的に多かった．それについてはメリーノ種の羊が重要である．この羊はマグリブからカスティーリャに導入され，そこからアラゴンに，さらにアラゴンによるナポリ征服（1442年）にともなってナポリ王国へ導入され，そこからイタリア各地に普及したが，この羊によって西地中海の羊毛の品質が向上し，14世紀以降，その地中海商業における役割が拡大した*76)．羊の飼育は規模が大きいほど効率的であるから，広い所領をもつ領主のもとでの飼育が拡大した．メリスによれば，アラゴン連合王国における羊毛の一大集散地サン・マテーオでは，ダティーニの商社だけでも20か月間に2万フィオリーノの羊毛を購入したという．それはイタリア北部，中部の毛織物工業に原料として輸出された*77)．地中海全体で取り引きされる羊毛は，莫大な量になるものと推測される．さて，フィレンツェ毛織物の輸出市場は，時代的な変化と品質による地域差はあるが，ナポリ王国，シチリア，西地中海とりわけイベリア，ローマ（教皇庁），オスマン・トルコ領土，であった*78)．このほかにも，アシュトールがいうように，シリア・エジプトへも輸出された．また，ダティーニの会社（14世紀末-15世紀初め）の製品は，トスカーナで販売され，さらにバレンシア，マリョルカ，ジェノヴァ，ヴェネツィアに輸出されたが，このうちバレンシアやマリョルカは，マグリブとの商業の拠

---

74) 原毛についてはさらに次を参照．Melis, Federigo, La lana della Spagna mediterranea e della Barberia occidentale nei secoli XIV-XV, in, Spallanzani, Marco, a cura di, *La lana come materia prima*, Firenze, 1974. Barbieri, Gino, La produzione delle lane italiane dell'età dei comuni al secolo XVIII, in, Spallanzani, a cura di, *La lana come materia prima*, cit.

75) Ramsey, George D., The Merchants of Staple and the Downfall of the English Wool Export Trade, in, Spallanzani, a cura di, *La lana come materia prima*, cit., p. 46.

76) Houtte, Jan A. van, Production et circulation de la laine comme matière première du XIIIe au XVIIe siècle, in, Spallanzani, a cura di, *La lana come materia prima*, cit., p. 386.

77) Melis, La lana della Spagna mediterranea e della Barberia occidentale, cit., pp. 246sgg.

78) 星野『中世後期フィレンツェ毛織物工業史』既出．次の書評は輸出市場について整理している．齊藤，書評，註72に既出．

点だったので,そこからマグリブへ輸出されることがあったと思われる[*79]. 地中海では,原毛が各地から毛織物工業が発展した先進地域の都市に輸入され,そこで各種の製品に加工されて,地元や近隣地域の需要を満たすのみならず,そのかなり大きな部分が海外市場に輸出された. このような発展によって,ほかの地方の競争力のない工業が停滞ないし衰退し,その結果,その反面では原料や製品の商業が活発になったと思われる.

　西欧の綿工業は,イスラームのそれを模倣して,12世紀以降イタリア各地に誕生し,13世紀にはバルセローナやマルセーユにも存在した. とりわけ,イタリア北部の都市では毛織物工業とならんで,あるいは都市によってはそれ以上にまで発展した[*80]. 地中海商業の発展を前提とするこの工業は,これまで過小評価されてきたが,イタリア北部の綿工業は,自給のためのものではなく,輸出工業として発展したのである. 製品の輸出市場としては,地中海および黒海の各地とならんで,イギリス・フランドル,ドイツ南部がある. その綿工業組合の規約では,レヴァント方面から輸入する東方綿は高級綿織物の,また西地中海方面から輸入する西方綿は並質綿織物の生産に区別して使用され,両者を混合して使用することは禁止されていた. これは,フィレンツェの毛織物工業組合の規約が,イギリス羊毛とそれ以外の羊毛とを区別していたのと同様だといえる. 東方綿の産地は,小アルメニア,キプロス,そしてなによりもシリアであり,エジプト綿は,品質がこれらのものには匹敵せず,輸出量は限られていた. 西方綿の産地は,スペイン,マグリブ,マルタ,シチリア,ナポリ王国(プーリァ,カラーブリア)であった. 14世紀には,フランドル,ドイツ南部でも綿工業が発展し,綿の輸出市場も多様化した. 東地中海からも低品質のギリシア,アナトリア,クリミアの綿が輸入され,またヴェネツィアはクレタ,エヴィア,などの植民地で棉の栽培を奨励した. 15世紀には,ヴェネツィアは,シリア綿をイタリア北部に供給するため,その輸入を主目的とする綿船団(綿ムーダ)を毎年定期的に派遣した. ヴェネツィアのドージェ(統領)モチェニゴによれば,1421年,ヴェネツィアはロンバルディーア地域に,28万ドゥカートの綿(原綿25万,綿糸3万)と,24万ドゥカートの羊毛(多くはスペイン産)を輸出した[*81]. 同地域への輸

---

79) Melis, *Aspetti della vita economica medievale,* cit., pp. 699-722.

80) イタリア北部の綿工業については次を参照. Fennell Mazzaoui, *The Italian Cotton Industry in the Later Middle Ages,* cit., pp. 59ff.

81) Sanuto, Marino, Vite de' Duchi di Venezia, in, Muratori, L. A., ordinata da, *Rerum Italicarum Scriptores,* XXII, col. 954. Cf. Fennell Mazzaoui, *The Italian Cotton Industry in the Later Middle Ages,* cit., p. 46.

出総額は280万ドゥカートだから,綿だけでその10%をしめたことになる.ちなみに,綿と羊毛の合計では約19%となり,さらに塩と明礬,そのほかの原料や食料も輸出された.さて,シチリア綿は,西方綿のなかでも悪質であったが,生産量は多く,ロンバルディーア,マルセーユ,イベリア,ブジャーヤ(アルジェリアの都市),セウタなどに輸出された.バルセローナは,15世紀初めに地中海各地から輸入し,その多くは同市の綿工業で消費し,残りはマグリブ,イタリア,大西洋方面に再輸出したという.いずれにせよ,以前には活発な綿工業をもっていたシリアは,輸出を綿製品から原綿(一部は綿糸)に移行し,一部の地域では綿のモノカルチュアが発展したらしい.一方,イタリアやカタルーニャの綿工業の発展により,シチリアやクレタなどでも綿が栽培されるようになり,これを原料とする日用綿織物の生産が拡大したと思われる.

おわりに

中世後期の地中海では,地中海の外部から地中海にもたらされ,地中海内部で消費されると同時に,地中海を中継地として再輸出される商品の取引が活発になった.胡椒・シナモン・丁字(インド洋とその周辺),生糸・絹織物(ペルシア,一部は中国),真珠(ペルシア湾),象牙(アフリカ),琥珀(北欧),毛織物(フランドル),などである.金(サハラ以南のアフリカ),銀(ドイツ,ボスニア)をこれに加えてもよいだろう.いずれも高価軽量であり,いつでも社会の一部に需要があることから,輸送の手段や体系が未発展の時代においても,ある程度は取引されていたものである.農業革命を一大契機として西欧社会が発展し,その人口および経済力が拡大するにしたがい,西欧によるその消費あるいは生産が増大し,十字軍遠征やレコンキスタを契機としてさらに成長したヴェネツィア,ジェノヴァ,バルセローナ,など,南西欧の海運が輸出入を促進した.

　一方,この間に地中海各地では都市が発展し,なかでもイタリア北部,中部,イベリア東部,などでは自治都市が成長した.その支配者である商人は,都市内外の領主権力に妨げられることなく,都市の商工業を発展させた.都市への食料や原料の供給は,やがて後背地からだけでは困難となり,輸送が発展するのにともない,地中海各地の農業・牧畜地域から輸入し,そこに工業製品を輸出するという経済構造が成立した.地中海各地の相互依存関係が,より日常的な物資の水準にまで深化したのである.この間における定着商業の成立にともない,商人から分離した海運業者は,各地の商人に業務を提供したので,海港都市以外の商人でも海運を利用しうることになり,フィレンツェのような内陸都市もこの構造の

なかに組み込まれた．ヴェネツィアやジェノヴァは，海外の植民地を単に商業拠点としてのみならず，クレタやサルデーニャ（およびコルシカ）の場合に典型的にみられるように，食料や原料の産地としても開発した．多少とも孤立的であった地域が外部と結合し，あるいは相互に閉鎖的であった地域同士が結合した．また，フィレンツェの場合に典型的にみられるように，その商人はシチリア王国，ナポリ王国，などにおいて国王や領主に多額の融資をおこない，その見返りにえた広範な商業特権にもとづいて，そこを経済的な植民地とした（小麦と毛織物の交換）．クレタやシチリアが，外部の先進的な都市へ経済的に従属する一方で，これらの都市にとっては，両島の産物が社会存立のための不可欠の要素となったのである．さらに，資本と特権と情報にめぐまれた商人は，食料や原料を母市以外の都市にも輸入し，その製品を輸出することによって，この構造に組み込まれる都市や地域を増加させ，この構造を拡大発展させた．輸入された安価な食料や原料は，都市周辺の農業生産に変革をもたらしたと思われる．いずれにせよ，食糧や原料と日常的な製品との取引が拡大するにしたがい，地中海商業では胡椒など上記の商品がしめる相対的な比重は低下した．

この構造の中心にある先進的な都市は，地中海をめぐる伝統的な産業配置にも変更をせまったようである．地中海の高級毛織物市場は，良質のイギリス羊毛を原料とするフランドルなど北西欧の製品の独壇場だったが，14世紀後半には，その模倣から出発したフィレンツェ毛織物による独占が実現し，やがてほかのイタリア都市の製品がそれにつづいた．シリアは，その良質の原綿から生産した綿織物を輸出していたが，おそらく14世紀後半以降の過程で，綿織物よりはむしろ原綿（一部は綿糸）の輸出地へと転換し，原綿を海外に依存するイタリアなどの綿織物が，かってのシリア綿織物の市場に進出したようである．絹織物と生糸の関係についても，これと大同小異のことがいえるのではないだろうか．しかし，これらの都市は，イギリス羊毛やシリア綿を原料とする高級品のみを生産したのではなく，その製品の大部分はより日常的な中級品であった．輸送経費の低下と従価体系化とにうながされて，地中海各地で生産の拡大した原料が大量に輸出され，多くの都市で加工され，発展した市場の網状組織によって広範な地域に浸透した．各地で生産される安価な原料と，それを原料とするより日常的な中級品[82]の取引こそ，中世後期における地中海商業の性格を規定する特徴的な要素だったと思われる．このような商業の発展により，資本や生産技術や商業組織に

---

82) Melis, Federigo, Il fattore economico nello sviluppo della navigazione alla fine del Trecento, in, Cortelazzo, a cura di, *Mediterraneo e Oceano Indiano*, cit., p. 103.

おいて競争力を喪失した地域の工業は衰退し，それを獲得した地域の工業が成長したのである．

第 3 章

定着商業と商業通信

―――――――

は じ め に

　イタリア商人が遠隔市場を相手におこなう商業は，すでに第 2 部第 2 章でしめしたように，おおよそ13世紀末から14世紀初めにかけて，遍歴商業から定着商業へ移行した．定着商業では，自分の商業拠点に定着した商人は，各地の市場に代理人をもうけて，現地での取引をしてもらったが，その取引を全面的に代理人に委託したわけではない．商業通信によって，取引についてできるだけ詳細な指示を与えたのみならず，適切な指示を与えるのに必要な情報を収集し，遠隔市場であっても自分の責任において取引した．また，これにより，A地に定着する商人が，B地，C地，D地，……において同時に取引することもできた．たとえば，ある商品を安値で手に入るB地で購入してもらい，それを高値で販売できるC地，D地に直接送ってもらうというように，多角的に取引したのである．商業通信は，定着商業では，それがなければ状況が把握できず，市場に指示を与えることもできなくなるという不可欠の役割，すなわち触覚や神経のような役割をはたした．

　周知のように，古代以来，東西の大帝国では，統治に必要な命令の伝達や情報の収集をはかるために，国家権力によって駅伝制度のような通信制度がもうけられた．また，中世のイスラーム世界では，11，12世紀にユダヤ商人が作成したカイロ・ゲニザ文書にみられるように，商人は各地にもうけた代理人との間で私的な商業通信をおこなっていた．国家権力による通信制度は，経済性を度外視して，臣民の負担にもとづいて維持されたが，商人の私的な通信は，当事者たちの利益のためにおこなわれるので，経済性を度外視しては成立しない．中世のイスラーム世界における商業通信と，中世のイタリア商人がおこなった商業通信との

第3章　定着商業と商業通信　　　　　　　　　207

異同関係は，まだ不明である．イタリア商人の商業通信についても，巡歴商業の時代である中世中期における商業通信の展開については，まだ断片的な知識しかないのが実状である．

　本章の目的は，定着商業の時代におけるイタリア商人の商業通信の実態を認識し，それが商業にあたえた影響を考察することである．具体的にいえば，このことについて，これまでの研究史を整理する一方で，筆者が目にした史料（未刊行）を分析して，研究史における欠落部分を多少とも補完すること，とりわけ通信にもとづく商業のありかたについて考察することである．

第1節　商業通信の展開

商業の発展にともない，12，13世紀に，商業に経済基盤をおく都市国家は，道路や水路を整備する一方で，ほかの都市国家とであれ領主とであれ，各地の権力との間で商業協定を締結するなど，商業環境の改善をはかった[*1)]．この時代の通信制度は，商業のための通信制度であっても，教会や修道会に固有の通信制度と同様に，都市国家やその商人組合などの公的団体に専属する制度であり，その成員でなければ利用が困難だった．非成員は，自分の費用で使者を派遣するか，費用の負担に耐えられないときには，商人，船員，巡礼，など各種の旅行者に依頼しなければならなかったのである[*2)]．

　フィレンツェの商人たちは，13世紀中葉，イタリア政局をめぐる教皇派と皇帝派の対立において，教皇派のシャルル・ダンジュー（フランス国王ルイ9世の弟）と結合し，シャルルのイタリア遠征資金の調達に活躍した．シャルルが，1260年代後半に皇帝派を決定的に打破し，（半島南部とシチリア島からなる）シチリア王国を手に入れると，勝ち馬に乗ったフィレンツェ商人は，シチリア王国，教皇領，フランス，イギリス，などに教皇の徴税人として進出し，そこで商業特権をえて，短期間にその活動範囲を大きく拡大した．フィレンツェの商業は，飛

　1）Day, John, Strade e vie di comunicazione, in, *Storia d'Italia*, vol. 5, Torino, 1973, pp. 95 sgg. Frangioni, Luciana, *Milano e le sue strade*, Bologna, 1983, pp. 16sgg.

　2）Frangioni, Luciana, *Organizzazioni e costi del servizio postale alla fine del Trecento*, Prato, 1983, p. 21. この著作は，通信文書を多くふくむダティーニ文書（ASPrato (Archivio di Stato di Prato), Archivio Datini）を基礎史料としている．Vedi, ibidem, p. 7. なお，同様に14世紀末（から15世紀初め）を対象とする同氏の次の論文は，この論文の一部の要約版であり，とくに定期便による配達料金の安さを強調している．Idem, I costi del servizio postale alla fine del Trecento, in, Università di Firenze -Istituto di storia economica, ed., *Contributi del Convegno di Studi "Aspetti della vita economica medievale"*, Firenze・Pisa・Prato, 1984.

躍的に発展したのである．フィレンツェの商人は，これを契機として，また13世紀末以降にシャンパーニュの大市が衰退するのと歩調を合わせて，ロンドン，パリ，ブリュージュなど，各地の商業拠点に定着し，母市のみならず彼らが定着した拠点においても，商業通信にもとづく定着商業を発展させていった．

この間に，フィレンツェでは会社組織が発展し，会社資本と借入資金を合わせて巨大な資金をもつ会社が出現した．イギリス国王に莫大な融資をしたバルディ商社およびペルッツィ商社，ナポリ国王に莫大な融資をしたアッチャイウォーリ商社は，その代表例である．14世紀前半，バルディ，ペルッツィ両商社は，イタリア都市以外にも，ロンドン，パリ，ブリュージュ，アヴィニョン，セビーリャ，マリョルカ，チュニジア，キプロス，ロードス，コンスタンティノープル，などに支店をもっていた*3)．各地で，国王や領主などに多額の融資をおこない，見返りに各種の商業特権を手に入れ，広範な商業活動をおこなった．バルディ商社は，イギリスでは，その羊毛をフランドルやフィレンツェに向けて輸出し，キプロスでは，小アジアなどからくる胡椒や絹織物などを購入した*4)．飛躍的に発展したフィレンツェの大商社は，この14世紀前半に，本店・支店の連絡をするために，それぞれが自社に専属する飛脚をもつようになった（後述）．同世紀中葉には，イギリス国王やナポリ国王（1282年以降，［旧］シチリア王国はナポリ王国と［新］シチリア王国とに分裂した）の債務不履行を契機に，このようなフィレンツェの大商社は相次いで倒産した．しかし，同世紀後半になると，商社から独立した自営の通信企業が出現し，業務を多少とも公開するこの企業が商業通信の主役になったようである．それが出現する経過については，アヴィニョン時代（1309-77年）の教皇庁の通信を分析した，イヴ・ルヌアールの研究が示唆している*5)．

この時代，教皇庁は，一日平均約20通の文書を発送し，その数はヨーロッパ

---

3) Vedi, Sapori, Armando, Il personale delle compagnie mercantili del Medioevo, in, idem, *Studi di storia economica,* vol. 2, Firenze, 1955, Appendice 1 (I fattori delle Compagnie mercantili dei Peruzzi e dei Bardi), pp. 718-754. なお，サポーリが両商社の会計記録から収集したこの社員名簿にもとづいて，筆者が作成した「バルディ，ペルッツィ両者の社員の分布状況」という表が，次の論文に掲載されている．齊藤寛海「フィレンツェ毛織物工業の存続条件」『社会経済史学』第38巻第1号，1972年，51頁．

4) Vedi, Pegolotti, Francesco B., (Evans, Allan, ed.) *La pratica della mercatura,* Cambridge Mass., 1936, reprint, New York, 1970, pp. 77ff, 258ff. この商業実務の編者ペゴロッティは，バルディ商社の幹部社員であり，(エヴァンズがこの刊本に付した解題にあるように) フランドル，イギリス，キプロスに滞在して取引に従事した経験をもつ．

5) 以下，教皇庁の通信については次を参照．Renouard, Yves, Comment les papes d'Avignon expèdiaient leur courrier, dans, idem, *Études d'histoire médiéval,* vol. 2, Paris, 1968.

第3章　定着商業と商業通信

最大だったが，発送の方法には四種類あった．①教皇庁に文書を配達してきた使者や飛脚に，返書をもたせて帰還させる方法．発送文書の約半数がこの方法によった．②アヴィニョンは人々の往来が頻繁だったが，この都市から各地にいく信頼できる旅行者に文書を委託する方法．①の使者や飛脚もこの旅行者になりえた．③教皇庁の下級役人である「教皇飛脚」(cursores pape) に配達させる方法．40人前後からなる終身職の教皇飛脚は，当時は，飛脚という「職務」ではなく役人組織のなかの一定の「地位」をさすものであり，警備や御用商品の購入を職務内容とする者が多かった．このような教皇飛脚に配達させる場合は，召集，訴訟，破門，など重要かつ儀式的な文書が多く，このときには教皇の代理という色彩をもつことがあった．そして，④一般の職業的飛脚に配達させる方法．

この職業的飛脚には，すでに14世紀前半において，大別して二種類があった．一つは，教皇庁の御用商人になっている大商社，とりわけフィレンツェの大商社に専属する飛脚であり，もう一つは，専属の飛脚をもてない中小商社や，そのほかの誰に対しても業務を提供する自営の飛脚である．後者は，アヴィニョンを留守にするとき，次の仕事を手配してくれる者が必要なので，共同でそれを雇用した．教皇庁は前者を多用した．というのは，大商社は，各地にある支店や代理店，取引相手，などと頻繁に文書をやりとりするのみならず，各地で教皇庁の財務代理人になっていたので，その専属飛脚に便乗するのはなにかと便利だったからである．しかし，1340年代以降，周知のフィレンツェの一連の大商社の破産を契機に，アヴィニョンにおける飛脚のありかたは基本的に変化した．大商社の破産後そこに進出した中小商社は，専属の飛脚を雇用するだけの財力をもたなかった．この状況に対応して，多数の飛脚と多少とも広範な通信網をもつ，企業家としての飛脚親方が出現したのである．以後，商社も教皇庁も，飛脚企業に文書の配達を依存することになり，大商社が再度出現してきたときにも，もはやこの傾向は不変だった．

換言すれば，14世紀後半の過程で，通信企業が，商業通信業務の主役になったのである[6]．この現象は，地域によって多少の早い遅いはあるだろうが，各地で実現したと思われる．通信企業は，特定商社以外の人々にとっても，その業務を利用することが可能だった．さらに15世紀初めになると，商業通信にも馬が組織的に利用されるようになった[7]．ちなみに，通信企業が発展してからで

---

6) Cf., Renouard, op. cit., pp. 752ff. Melis, Federigo, *Intensità e regolarità nella diffusione dell'informazione economica generale nel Mediterraneo e in Occidente alla fine del Medioevo*, Prato, 1983, (le éd., dans, *Histoire économique du monde méditerranéen 1450-1650, Melanges en l'honneur de Fernand Braudel*, Toulouse, 1973.) pp. 17, 22.

も，旅行者や輸送業者などに文書の配達を適宜依頼する，という従来の慣習が消滅してしまったわけではない．

　14世紀末から15世紀初め，ルチアーナ・フランジョーニの研究によれば，通信企業による文書の配達には，定期便，専用便，優先便，という三つの方法があった*8)．定期便は，取引関係の密接な市場間を結ぶ路線を定期的に，かつ規定の日数（冬と夏では多少のちがいがある場合もある）で往復する飛脚によって配達させるもの．フィレンツェーヴェネツィア間のように需要のおおきな路線では，週に数回も，特定の曜日に飛脚が出発した．専用便は，緊急かつ重要な場合に，利用者が，飛脚を特別に雇いあげ，その飛脚に自分の通信文書だけをもたせて配達させるもの．優先便は，利用者が，ほかの利用者と共同で飛脚を利用する場合に，ほかの利用者たちの文書よりも，自分の文書を一定時間以上早く配達させるもの．これは，定期便の場合には，特別料金を支払うことによって実現したが，専用便の場合にも，自分の雇った飛脚にほかの人々の文書をもつことを許可するが，自分の文書をほかよりも一定時間以上早く配達するという条件をつけるときに実現した．要するに，文書の配達には，基本的には二つの方法，すなわち多数の利用者の文書を一括し，予定された日に特定の都市まで運ぶ方法と，一人ないし少数の利用者（およびその許可をえた人々）の文書だけを，必要なときに指定された場所まで運ぶ方法とがあり，どちらの方法でも優先的な取扱が可能だった，ということになると思われる．

　陸上の通信業務については，以上のようであるが，海上の通信業務については，研究がほとんどない．ヴェネツィアのように海港をもつ商業都市，あるいはベイルートのように商業都市（ダマスクス）の外港として機能する海港から，多少とも遠隔の商業都市やその外港に向けて出航する船舶があると，ほとんどの場合，その船長ないし書記に，寄港地や目的地（および両者を経由していく土地）宛の通信文書が委託されたようである*9)．しかし，陸上とはちがい，文書の配達を専門ないし中心業務とする定期的な船便は，筆者の知る限りでは知られておらず，船便による文書の配達は，あくまでも物資やときには人員の輸送を業務とする船

---

　7) Frangioni, *Organizzazioni,* cit., p. 31.
　8) Frangioni, *Organizzazioni,* cit., pp. 35sgg. なお，ヴェネツィアにいる商人がラグーザの代理人に宛てた書簡に次の文面があるが，これは優先便の性格について示唆している．「[優先便であるこの手紙と一緒に]ウケリ[ラグーザ在住の人物]宛の[手紙]が一つ．四日間[それを貴方の]手元に留め，それから手渡してください．それ以前には手渡さないでください．いや，六日間留めておいてください．この件を秘密にしておくことが私にとっては極めて重要なのですから．」ASF, Libri di commercio, n. 174, c. 256.
　9) Cfr., Melis, *Intensità,* cit., p. 16.

第3章　定着商業と商業通信　　　　　　　　　　　211

舶に便乗したものに過ぎないようである．このことにより，さらには船舶に固有の出航日の不確実性（日和まち）と移動速度の不安定性とにより，海上経由の文書配達には，陸上の定期便にみられるような，定期性と配達に必要な日数の安定性とはみられなかった．海路での緊急の配達が必要な場合には，一隻の船舶をそのために特別に雇いあげて文書を配達させることもあったが，それに必要な経費がきわめて高くついたので，このような機会は非常に限定されていた．

　ブローデルは，「贅沢な商品としてのニュース」といい，それは「同量の金よりも価値がある」といった*[10]が，これは緊急時の専用便の場合だと思われる．一方，商社の会計記録を分析してみると，陸上の定期便による配達料金は安かった*[11]．配達料金は，発送者が半額を，残りの半額を受領者が支払うのが原則だったが，商社の場合には，このような料金を一定期間の後に一括して通信企業に支払うのが慣例だった．配達料金を検討してみよう．1322-25年，すでにみたフィレンツェの織元リヌッチの帳簿では，毛織物工業で働く見習い少年の年間給与の平均が，約13フィオリーノ*[12]．一方，1398年のダティーニ商社のフィレンツェ店の会計記録には，約半年間に通信企業に対して生じた債務の記録がある*[13]．配達料金の画一性と，（文書の発送と受領による）債務発生の日付が一定の間隔，すなわち特定曜日を示唆するほぼ七日ないし七日の倍数の間隔で連続していることから，そのすべてが定期便によるものと推定できる．そこでは，書簡のやりとりはフィレンツェ－ジェノヴァ間がもっとも多かったが，定期便によるこの配達料金は，いずれも一通につき（発送の半額と受領の半額との合計で）10ソルド（イン・ピッチョリ）．同史料には，1フィオリーノは3リブラ・15ソルド・4デナロという相場の記録があるから，10ソルドは約0.13フィオリーノ．すなわち，定期便によるこの配達料金は，見習い少年の年間給与の約百分の一でしかなかった．ちなみに，14世紀に，陸上の専用便（と推定される）による配達料金は，

10）ブローデル，フェルナン，浜名優美訳『地中海』第2巻，藤原書店，1992年，35頁．ブローデルは，定期便の料金を記録した商社の帳簿を分析しておらず，この作業は，後にメリスやフランジョーニがおこなった．

11）この配達料金については次を参照．齊藤寛海「中世後期の商業郵便－イタリアを中心とする考察－」『イタリア学会誌』第34号，1985年，40頁以下．Frangioni, *Organizzazioni*, cit., pp. 53-57.

12）第1部第1章，註28にある，ア・フィオリーニで表示された二人の年間給与の平均をフィオリーノに換算すると，約13フィオリーノとなる．

13）ASPrato, Archivio Datini, n. 1138. この史料は，次に紹介されているが，写真版では転写された文面の一部が欠如している．Melis, Federigo, *Documenti per la storia economica dei secoli XIII-XVI*, Firenze, 1972, pp. 286-287. なお，この記録の内容については次を参照．Melis, *Intensità*, cit., pp. 40-41.

アヴィニョン－フィレンツェ間の場合，25-12フィオリーノ（時期により料金が変動したらしい）[14]．上記の年間給与と同額，ないしその二倍であり，まさに「贅沢な商品」である．専用便を利用する機会は，非常に限定されていた．

便船に委託する文書については，その輸送および配達の機構が不明であり，したがって配達料金の実態も不明である．とはいえ，文書を船で輸送すること自体にかかる料金は，その輸送が便船に便乗するものだったことから，一般にきわめて安かったと思われる．一方，一隻の船を特別に雇いあげて配達させる場合には，当然のことながら料金はきわめて高かった．たとえば，1501年，ヴェネツィアのガレー商船の運営権を落札した商人たちが，その航海日程を記した文書を配達させるために，一隻の船（グリッポという類型，檣一本の小型帆船）をヴェネツィアからベイルートに急派した．このときには，船がベイルートに18日以内に到着すれば850ドゥカート，20日以内であれば800，22日以内であれば750というように料金が取り決められた[15]．これほど時間が重要だったのは，文書の内容が，ヴェネツィアの商人たちがダマスクスの代理人たちに対し，商船団が（その外港の）ベイルートに到着するまでに，商船団の帰路の積荷となる商品の購入と，往路の積荷としていく商品の販売の手配をするように指示する，すなわち到着時点までに準備しておくように指示する，というものだったからである．いうまでもなく，迅速な手配は多大の利潤を約束する．ちなみに，ヴェネツィアが従属都市に派遣する総督の年間給与は，都市ごとにおおきく変化したが，当時の平均は，190ドゥカートくらいだったという[16]．

陸上では定期便により，海上では船便に委託して，文書を配達するのであれば，たとえばフィレンツェからイスタンブルのような遠隔の土地まで配達しても，料金は安くてすんだはずである．フィレンツェからヴェネツィアないしアンコーナまでは，陸上の定期便で配達させ，現地の代理人によってイスタンブルへの船便に委託させるか，あるいはラグーザへの船便に委託させ，ラグーザからバルカンを横断する陸上の定期便（ただしバルカンの通信組織について筆者は不詳）でイスタンブルまで配達するように手配させればよい．14世紀末から15世紀初めには，定期便による配達料金として，フィレンツェの大商社が一年間に通信企業に対して直接に支払う金額は，一商社あたり50-60フィオリーノ前後の場合が多く，これは大商社の幹部社員の年間給与にほぼ匹敵したという[17]．

---

14) Cf., Renouard, op. cit., p. 764.
15) Sardella, Pierre, *Nouvelles et spéculations a Venise au début du XVIe siècle,* Paris, 1948, pp. 50-51.
16) Sardella, op. cit., pp. 52f.

第3章　定着商業と商業通信　　　　　　　　　　　　　　　　213

　フェデリーゴ・メリスは，中世最後の120年間のフィレンツェ，ヴェネツィアを中心とする商業通信について考察したが，この両市とやりとりする文書の数から判断すれば，次の20の都市が（両市を中心においてみた場合には）当時の通信業務の拠点として浮上するという[18]。ロンドン，ブリュージュ，パリ，リヨン，アヴィニョン，バルセローナ，マリョルカ，リスボン，ラグーザ（ドゥブロヴニク），イスタンブル，アレクサンドリア，ミラーノ，ヴェネツィア，ジェノヴァ，ピサ，フィレンツェ，アンコーナ，ローマ，ナポリ，パレルモ．このなかでも，拠点としての軽重は時期によって変化したと思われるし，またこのほかにも，地中海世界についていえば，ファマグスタ，ダマスクス，テュニス，テッサロニキ，リヴォルノ，などは，ほかの時期には，上記の都市と比肩する重要拠点だったと思われる．ともあれ，これらを拠点として形成された商業通信網が包摂する地理的範囲は，最盛期のローマ帝国の領域に近似している．これが，当時のイタリア商人の活躍舞台だった．なお，ジョン・デイによれば，イタリアの商業通信は，この時期につづく16世紀が最盛期であり，その商業活動の衰退と並行して，17世紀後半になると衰退したという[19]．

　さて，配達に必要な時間は，配達する距離に単純に比例するものではない．定期便か，特別に仕立てた専用便のいずれかによって時間が異なるのはもちろん，経路の自然条件，すなわち地形や天候（風雨，積雪）などによっても，経路の社会条件，すなわち道路事情や治安状態などによっても異なった．ピエール・サルデッラが分析したように，陸路で緊密に結合した都市への配達は，所用日数が安定していたが，海路で緩慢に結合した都市への配達は，反対にそれが不安定だった．陸上の短距離間を定期便で配達する場合には，所用時間がほぼ一定していたが，海上の長距離間を船便で配達する場合には，偏差がきわめておおきかったのである[20]．とはいえ，この場合でも，たとえば地中海を横断する（アレクサンドリア―カディス間，イスタンブル―バルセローナ間）のに必要な日数は，41-43日が標準である，というように一応の目安があった[21]．

　商人（商社）による文書の発送は，営業内容に応じて頻度が一様ではなかったが，各地との間に大々的に商業をおこなう商人は，いずれもかなりの頻度で発送

---

17) Melis, *Intensità*, cit., pp. 22, 23, 60.
18) Melis, *Intensità*, cit., pp. 25sgg.
19) Cf., Day, John, Strade e vie di comunicazione, cit., pp. 93, 119.
20) Cf., Sardella, op. cit., pp. 56ff.
21) Cfr., Melis, *Intensità*, p. 59. なお，次も地中海の時間距離について考察している．ブローデル，前掲書，第2巻，16頁以下．

した．具体例を二つあげてみよう．一つは，フィレンツェのボッティ商社のピサ店の例．ボッティ商社は，16世紀前半に活躍した大商社の一つであるが，同社のピサ店が発送した書簡の複写帳（未公刊）が，国立フィレンツェ史料館に保管されている*22)．この複写帳の中程に，丁数の記入は欠如しているが，15丁（30頁分）にわたり，1530年12月21日から1534年6月18日までの約三年半の間に，（ボッティ商社全体ではなく）このピサ店が発送した書簡の一覧表がある．この一覧表と，（同時期に発送された書簡のなかで）この書簡複写帳に実際に複写された書簡とを照合すると，一覧表に記録された書簡のごく一部しか複写帳に複写されていないこと，また一覧表にはない書簡が複写帳に複写されている例もかなりあること，が判明する．一覧表にある書簡に，一覧表にはないが実際に複写のある（同時期の）書簡を加えると，すなわちこの史料になんらかの形で記録のある書簡は，次のようになる*23)．①フィレンツェ，宛先（会社・個人）数95，書簡数1005（通）．②トスカーナ（フィレンツェ以外），宛先数38，書簡数329．③イタリア（トスカーナ以外），宛先数56，書簡数306．④イタリア以外，宛先数40，書簡数274．⑤合計，宛先数229，書簡数1914．ちなみに，書簡数の多い宛先地は，トスカーナ（フィレンツェ以外）では，リヴォルノ150（通），ルッカ118，シエーナ39．イタリア（トスカーナ以外）では，ローマ112，ナポリ70，ジェノヴァ47，サヴォーナ（ジェノヴァ西方約30キロメートルの海港都市）37，ヴェネツィア20．イタリア以外では，カディス（イベリア南部の海港都市・新大陸との海運の拠点）149，リヨン69，アントウェルペン20，セビーリャ17．ボッティ商社のピサ店は，この記録にあるものだけでも，1か月あたり平均で，45通の書簡を発送し，そのうちフィレンツェには24通，カディスには3.5通を発送していたことになる．

もう一つは，ヴェネツィアで取引したフィレンツェ商社の例．フィレンツェ商人フランチェスコ・リオーニは，1530年代から40年代初めにヴェネツィアで商社を経営したが，この商社の発送した書簡の複写帳が，三冊現存している（いずれも未刊行）．ここでは，そのうち，（現行暦の）1539年3月26日から1540年4月1日までの一年分の書簡複写帳*24)を検討してみよう．ボッティ商社のピサ店の場合のように，ここに転写されない書簡も現実にはあったと思われるが，転写された書簡は365通あり，それだけでも，1か月あたり平均で，30通を発送した

---

22) ASF (Archivio di Stato di Firenze), Libri di commercio, n. 224.
23) 以下の分析の詳細は次を参照．齊藤寛海「中世後期の商業郵便－イタリアを中心とする考察－」既出，38-39頁．
24) ASF, Libri di commercio, n. 174. この史料については，第2部第4章，註17参照．

第3章 定着商業と商業通信　　　　　　　　　　　　215

ことになる．書簡数の多い宛先地は，イスタンブル（およびペラ）83（通），フィレンツェ75，ローマ58，アンコーナ39，リヨン27，アントウェルペン26，ラグーザ（ドゥブロヴニク）21，ロンドン9．イスタンブルには，1か月あたり平均で7通，1週あたり平均で2通弱（1.7通）となるが，実際はそれ以上だったと思われる[25]．ちなみに，1530年代には，トルコと取引するリオーニ商社も，イベリアと取引するボッティ商社のピサ店も，いずれもアントウェルペンとの通信を維持していることが注目される．

　さて，商業取引のための通信文書は，商業書簡だけではなく，そのほかにも幾種類かの商業文書があった．中世の商業書簡には，現在のそれとは異なり，単に取引事項だけではなく，その時々の状況に応じて，各地の商品事情（売買の状況，隊商の進行状況，作物や家畜の生育，など），為替相場，貨幣事情，交通事情，社会状況，政治状況，などについての情報や，さらには個人についての私的な情報も，記述されることが少なくなかった．商業書簡以外の商業文書としては，為替手形，小切手，口座振替命令書，現金取立委任状，取引委任状，（代理店と交換する）勘定書，商品送り状，（陸路）輸送明細書，船荷明細書，（当地市場における）商品価格の報告書，（当地市場における）商品購入量の報告書，用船契約書，など，多種多様のものがあった[26]．このような商業文書は，内容形式ともに特殊専門化しており，商業書簡と一緒に（同封して），あるいはそれとは別個に発送された．このような通信文書の作成および発送と，受領および保管とは，営業活動のきわめて重要な部門であり，商社にはそれを主要任務（の一つ）とする社員がいたようである[27]．

　発送される商業書簡は，まず原本が作成され，それが多少とも重要なものであれば，その全部あるいは一部が複写され，手元に保管された．バラバラの紙片に複写されることもあったが，次第に綴じられた冊子に複写されることが多くなり，それが「書簡複写帳」(copie di lettere)である[28]．書簡の内容を保存してお

---

25) 齊藤寛海「リオーニ商社の書簡複写帳，1539年」上，下『信州大学教育学部紀要』第55，56号，1985，86年．
26) Cfr., Melis, Federigo, *Documenti per la storia economica dei secoli XIII-XVI*, cit., pp. 14sgg.
27) リオーニ商社がペラ（イスタンブル郊外）の代理人（グッリエルモ・ダ・ソマイアとジローラミ）宛に発送した書簡に，次の文面がある．「貴方がたのレオナルドの病気のせいで，貴方がたは［この定期便では］何も書いてよこさなかったと［第三者に］いっておいた．」このレオナルドは，通信文書を担当する社員だと推定される．齊藤寛海「第2章・地中海商業」清水廣一郎・北原敦編著『概説イタリア史』有斐閣，1988年，45-46頁参照．原文は次にある．ASF, Libri di commercio, n. 174, c. 286.

くために複写したこの複写帳から，必要に応じてさらにその一部ないし全部の複写が作成され，別の宛先あるいは同じ宛先に発送された．書簡の配達経路に多少とも不安があるときには，原本と複写を合計すると（ほぼ）同一の文面の書簡が数通も，それぞれ別の飛脚や船便に委託されたり，あるいは，次に発送される書簡の内容の一部として，先に発送された書簡の全部ないし一部が複写された．このやりかたは，途中で消失したり延着したりする場合に対処するためであり，とりわけ長距離の船便を利用するときには，より早くかつ確実に配達するために，ほとんどの場合におこなわれたようである．書簡の複写は，このためばかりではなく，後日，発送者と受領者との間に問題がおきた場合に，証拠資料とするためでもあった．一方，受領した書簡は，受領者が発送者ごとにあつらえた袋に入れるなどして整理し，保存しておいた．また，発送されるそのほかの商業文書は，発送者が自分の手元にある各種の帳簿などを参照しながら記入したものと思われ，したがって内容を保存するための複写は原則として必要がなかった．受領したものは，そのまま整理し，保存されるか，あるいは為替手形や小切手などのように現物を手元に保存できないものは，その要点を各種の帳簿に記入しておいたものと思われる[*29]．

　さて，重要な商業都市では，需要に応じた頻度で，それぞれの方面に定期便が出発し，そこから定期便が到着した．フィレンツェとヴェネツィアの間では，時代によって変化したが，週に2ないし3回，定期便がそれぞれ特定の曜日に一方を出発した[*30]．1530, 40年代，この定期便によって，あるフィレンツェ在住の商人（ジローラモ・ダ・ソマイア）とヴェネツィアにいるその代理人（リオーニ）は，頻繁かつほぼ定期的に連絡していた．この代理人は，今度はいつ商人からの次回の連絡が到着するかを予測でき，そのときに到着しないことが連続すると，そのことで商人に文句をいった．また，あるヴェネツィア在住の商人（上記のリオーニ）とイスタンブルにいるその代理人（グッリエルモ・ダ・ソマイアとジローラミ）も，連絡をできるだけ頻繁にしようと努力していた．この場合には船便を利用するので，代理人は，次回の連絡がいつ到着するか，その日時を正確に予測することはできなかったが，平常時にはそれを多少とも予測することはできた．とりわけ，ヴェネツィア－アンコーナを陸上の定期便で，アンコーナ－ラグーザを頻繁にある船便で，ラグーザ－イスタンブルを陸上の定期便で輸送され

---

28) 書簡複写帳については次に簡潔な解説がある．Melis, *Documenti,* cit., pp. 14ff.
29) 書簡の複写と保存については次を参照．齊藤「リオーニ商社の書簡複写帳」上，下，既出．
30) Sardella, op. cit., p. 64.

第3章　定着商業と商業通信　　　　　　　　　　　　　　　217

る場合には，かなり正確に予測できたはずである*31)。いうまでもなく，ヴェネツィア，アンコーナ，ラグーザのような海港都市は，海路や陸路を輸送されてくる通信文書の一大中継地点だった。

　通信文書のやりとりの頻度，すなわち情報の密度は，地域や時代によって偏差があった。ヴェネツィア－フィレンツェ間は，上記のように週に2-3回の定期便が往復したが，ヴェネツィア－シリアないしエジプト間には，このような定期便はなく，定期性も連絡頻度もはるかに低かった*32)。ヴェネツィア－黒海地方の通信の密度は，オスマン・トルコがバルカンに進出し，その交通を妨害するようになる前と後では，かなり異なったと思われる。ちなみに，商業書簡の同一文面を複写して発送する回数は，経路が危険な場合にはいきおい多くなったものと思われる。

　イタリア商人が入手した情報は，商業通信によるものだけではない。イタリアの諸国には，政府から任命されて各地に派遣される外交使節や行政官がいた。たとえばヴェネツィアには，必要に応じて臨時に派遣される外交使節のほかに，15世紀中葉以降は各国に常駐する大使がいたし，またイタリア本土の支配領域のみならず，東地中海の海外領土にも本国から派遣される行政官がいた。また，海外に居住するヴェネツィア商人が，現地で同胞のなかから「領事」（コンソレ）を選出することがあった。これらの人々と本国政府は，それぞれの必要に応じた頻度で通信したが，とりわけ本国政府には，現地からの情報があるいは定期的に，あるいは臨時に，さらには帰国後の報告としてもたらされた*33)。ちなみに，ヴェネツィアは当時の西欧世界における情報の一大拠点，とりわけ東地中海世界に関する情報の中枢だったが，政府は各地から収集した情報の概要を各国に駐在する大使に定期的に送付し，彼らが現地の権力者にそれを伝達したので，ヴェネツィアの大使は各国において重宝されたという*34)。この政府による通信の実態については，本章では立ち入る余裕がないが，現地の状況を分析する材料として，自国の商人や，さらには他国の商人によっても利用されたことは疑いない。

　定着商業の誕生と発展の指標としては，上記のような通信文書がまずあげられるが，それとならんで「商業実務」もあげることができる*35)。相手市場の範囲

---

31)　註27に引用した文面を参照．
32)　次はこのことについて示唆する．Melis, Federigo, Note sur le mouvement du port de Beyrouth au environs de 1400, dans, *Sociétés et compagnies de commerce en Orient et dans l'Océan Indien －Actes du huitième colloque international d'histoire maritime,* Paris, 1970. pp. 371ff.
33)　Cf., Queller, Donald E., The Developement of Ambassadorial Relazioni, in, Hale, J. R., ed., *Renaissance Venice,* London, 1973, pp. 174-188.
34)　Sardella, op. cit., p. 14.

が拡大し，取引が多角的になるほど，取引のために情報を必要とする市場の数が増大したので，商人（商社）は，現地の代理人や，そこに滞在した経験をもつ人々（情報を求める当の商人がその経験をもつこともある）から，商業書簡などの通信文書，覚書，などによって各地の市場の情報を収集した．情報が蓄積するにしたがい，それを整理し，集大成する必要が生じてきたので，13世紀末以降になると，ピサ，ヴェネツィア，フィレンツェ，ジェノヴァ，などの商業都市で，情報を集大成した商業実務が編纂されるようになった．その内容は，それぞれの市場について，取引される商品，取引で使用される度量衡の単位，使用される貨幣，諸税，ほかの市場との関係，商業慣習，などである．当然のことながら，それを編纂した商人（商社），および同じ都市の商人，ないしは情報をもたらす商人が，関心と情報をもつ市場の情報が収集されるから，それぞれの商業実務によって，記述される市場の範囲には偏差があり，またそれぞれの市場についての記述の内容や量にも偏差がある．

　イタリア商人は，その商業通信網の内部にある市場については，現地の事情を多少とも認識しており，なかでも自分が取引する市場については，それに精通していたのである．その知識は，必ずしも観念のうえだけのものではない．商人は，青壮年時代に一つないしはそれ以上の外地市場に滞在し，現地を肌で知っている者が多かった．彼らは，帰国後も，かつて滞在した市場と取引関係を維持し，そことの取引を主軸にすることが多かったと思われるので，自分の体験と通信で入手する最新情報とによって，現地の状況を的確に判断することができたと思われる．このような商人をもつ商社は，それ自体が一つの情報拠点だったが，重要な商業都市は，多くの商社が集中するのみならず，その政府も独自に情報を入手していたので，まさに一大情報中枢となっていた．

第2節　通信にもとづく商業

では，実際に作成された商業文書を分析し，そこから取引の手順を推測してみよう．1410年代に，レヴァントの一大市場であるダマスクスから，ヴェネツィアに一連の通信文書が送付された．発送者はロレンツォ・フォスカリーニ，受領者はアントーニオ・ザーネ．両者ともヴェネツィア商人であり，フォスカリーニは，

---

35)　商業実務については次を参照．齊藤寛海「定着商業における取引手続-中世後期のヴェネツィア商業における-」東京外国語大学アジア・アフリカ言語文化研究所編『イスラム圏における異文化接触のメカニズム-市の比較研究-』1，1988年，44頁以下．

第3章　定着商業と商業通信　　　　　　　　　　　219

ダマスクスでザーネ（だけとは限らない）の代理人として取引した．この文書は，アレクサンドリアなど各地からザーネのもとに送付されたほかの通信文書などと一括されて，国立ヴェネツィア史料館に保管されている（未刊行）*36)．フォスカリーニからの通信文書には，商業書簡，勘定書，価格表，購入表，の四種類があった*37)．商業書簡には，フォスカリーニが代理人としておこなう取引に関する報告のほかに，ダマスクス市場の一般状況，さらにはアレクサンドリア市場の状況，この両市場を目指す隊商（キャラバン）の積荷や進行状況，なども記されている．その内容は包括的であり，ほかの三種類の文書の内容と多少とも重複する部分がある．商業書簡は，ダマスクスの外港ベイルートからヴェネツィアへの船便があれば，ほぼそのたびごとに作成し，発送されたようである．勘定書は，取引の結果両者の間に生じる貸借関係を，ガレー商船団のムーダ航海のリズムに合わせながら，ほぼ一定の期間ごとに締め切って整理している．したがって，作成の頻度は商業書簡に比べて少ないが，作成されると商業書簡に同封された．価格表は，ダマスクスで取引される（輸出・輸入両方の）商品の価格についての，一覧表形式の報告書である．商業書簡と同時に作成され，それに同封された．購入表は，前回のガレー商船団がベイルートを出港した後に，ダマスクスでヴェネツィア商人たちが（自分の，あるいはほかのヴェネツィア商人の勘定で）購入し，保管している商品の数量についての，一覧表形式の報告書である．作成，発送は価格表と同様だった．

　ヴェネツィアでは，送付されてきた新旧の価格表を比較して，ダマスクスにおける商品の価格動向を認識できる．勘定書を検討して，自分の商品が，ダマスクスでは価格動向のどの局面で販売，購入されたかを認識できる．商業書簡をみて，価格が変化した理由，自分の商品を代理人が売買した局面の状況について認識できる．また，新旧の購入表を比較して，ダマスクスのヴェネツィア商人が全体として，どの時点で，どのくらいの数量を購入したかを認識できる．ヴェネツィアでは，ガレー商船団で輸送される胡椒など特定の商品は，原則としてひとまず本国に搬入する義務があったので，購入表をみて，次回のガレー商船団がどの商品をどれだけ積み込んで帰港するかを予測できる．すなわち，次回に輸入される商品について，購入原価の構成を分析し，数量を予測できるのである．その結果，現在ヴェネツィアにもっている商品について，どう処理すればよいかを判断でき

---

36) ASV (Archivio di Stato di Venezia), Procuratori di San Marco, Commissarie Miste, Busta 128 A, Fascicolo V. なお，第1部第3章における関連箇所を参照．
37) この四種類の通信文書の形態と内容については次を参照．齊藤寛海「定着商業における取引手続」既出，52頁以下．

た．今度輸入される胡椒の購入原価が高く，少量だけしかないのであれば，手元の胡椒は売り控えて，将来の値上がりをまつことになるわけである．なお，商業書簡には，ダマスクスでムスリム商人が手元においている商品の数量とならんで，ジェノヴァ商人，カタルーニャ商人，など競争相手が購入した数量，さらにはダマスクスやアレクサンドリアに今後到着する予定の隊商が輸送する数量，なども記入されたので，ヴェネツィアとダマスクスのみならず，ジェノヴァ，バルセローナ，アレクサンドリア，などについても，将来の価格動向について一定の展望をもつことができた．すなわち，客観的な資料にもとづいて，将来の市況の予測がおこなわれたのである．

　他方，1539年から40年にかけて，フィレンツェ商人ダ・ソマイア一族は，トルコ領のギリシアから飢饉に苦しむイタリアに小麦を輸出しようとし，イスタンブルにいたその一員は，小麦輸送のための船舶の雇用をイタリアとその周辺の各地に依頼した．ヴェネツィアにおけるこの一族の代理人が，フィレンツェ商人リオーニであり，上記のように，その商社の書簡複写帳（未刊行）が残っている[38]．リオーニは，各地の用船事情を，書簡で次のようにイスタンブルに報告した．ちなみに，当時は，プレヴェザ海戦（1538年）の直後で，ヴェネツィアはトルコとまだ戦争状態にあり，ヴェネツィア船はトルコ領には入港できなかった．

　　「まず，当地［ヴェネツィア］には，ヴェネツィア船しかなく，あえて［ヴェネツィア船を他国船にみせかけるための］偽装売買をする者はほとんどいません．誰も，そんな冒険をしようとはしないのです．……当地では，この［小麦を密輸する］目的のための用船計画は，めどがたちません．
　　アンコーナには，ビリオット［人名］の船以外はないと聞きましたし，この船も雇用できる状況にありません．というのは，［彼がその船を］自分自身の取引のために使いたいときに，そちら［イスタンブルないしギリシア］に出航させる，ということを聞いたからです．
　　リヴォルノには，なにもありません．というのは，もし仮に，ビスケー［湾］や，西方諸国［イベリア］の船がいたとしても，［その乗組員は敵国である］異教徒［トルコ人］の土地にはいきたがらないからです．
　　ラグーザ船については，レヴァンテ［東方という意味で，ここではオトラント岬以東をさし，ギリシアも含まれる］で小麦を積み込む船は，どの船も

---

38) ASF, Libri di commercio, n. 174. 以下，その文面の翻訳が次にあげる史料の転写と翻訳にある場合には，第2部第4章，註17において説明するように，（ ）内に該当する書簡番号を併記する．齊藤寛海「ヴェネツィアにおける海外小麦の輸入取引－1539, 40年－」1, 2, 3, 4, 5, 6『信州大学教育学部紀要』第68, 68（同一号に連続掲載），70, 71, 72, 73号，1990-91年．

第3章　定着商業と商業通信　　　　　　　　　　　　221

　その［積荷の］三分の一をラグーザに荷下ろしすべし，とラグーザ政府から命令されているので，ラグーザ船は自由な用船ができません。
　［トルコと友好関係にあるフランスの］マルセーユでは，それ［船］はほかの地方より，もっと不足しています。というのは，そちら［イスタンブルないしギリシア］，シリア，エジプトに向けて，10隻くらいが出かけてしまい，1隻も残っていないからです。また，［そのほかの船は，いずれもイタリア西海岸にある］リヴォルノ，チヴィタ・ヴェッキア，ヴィアレッジョに小麦を運ぶために，［トルコが直接・間接に支配する*39)］マグリブ（バルベリーア）に出かけました。ですから，［そこで用船を入手することは］考えられません。
　ナポリやメッシーナでは，シチリアから小麦を必要とするすべてのところ，つまりナポリ，チヴィタ・ヴェッキア［教皇領］，リヴォルノ［フィレンツェ領］，ヴィアレッジョ［ルッカ領］，ジェノヴァにそれを運ばせるために，商人たちが，すべて［の船］に［用船の］手付金を支払ってしまいました。
　わたしは，［イスタンブルにいる］貴方がたが，［フィレンツェにいるご一族の］ジローラモに，どこからか船を入手してくれるようにと書き送ったものと思います。また，同じことを，アンコーナ，ナポリ，メッシーナ，そのほかのあらゆるところに書き送ったものと思います。しかし，これ以上［書き送る］必要はないでしょう。どこからの返事も，この目的で船を雇用するのはどこでも無理だ，といっているはずですから*40)」。
　この文面にみられるように，リオーニは，ヴェネツィアはもちろん，各地との通信により，アンコーナ，リヴォルノ，ラグーザ，マルセーユ，ナポリ，メッシーナ，について，それぞれの用船市場の状況を把握し，簡潔に報告している。また，イスタンブルにいるダ・ソマイアの一員も，通信により，イタリアやイスタンブル周辺の各地で，雇用できる船を探索させている。ちなみに，ダ・ソマイア一族は，最終的には各地から少なくとも合計6隻以上の船を雇用することに成功した*41)。このような用船の手配は，商業通信が広範にわたって円滑に機能することで，はじめて可能になったのである。
　通信で情報をやりとりすることにより，各地の用船市場の，ないし個々の船舶

---

39) Vedi, Pitcher, Donald Edgar, *A Historical Geography of the Ottoman Empire from the Earliest Times to the End of the Sixteenth Century,* Leiden, 1972, Map XXI, The Empire in the Reign of Süleyman I (1520-66).
40) 齊藤「ヴェネツィアにおける海外小麦の輸入取引」，1，既出，83頁以下（A1）。
41) 齊藤「ヴェネツィアにおける海外小麦の輸入取引」，2，既出，93頁（A16）参照。

の用船料金が知れ渡ることから，いきおい広範な海域で標準的な用船料金が出現することになる*42)．これは，海上保険料金についても同様である*43)．通信のおかげで，個々の海港都市ではなく，多少とも広範な海域において，一つの用船市場，あるいは保険市場が形成されたのである．

さて，リオーニは，ラグーザ人への偽装売却という手続をへてヴェネツィア人から借り出した二隻の帆船を，小麦の積出港であるギリシアのヴォロスに向けて出港させた．ラグーザは，トルコの被保護国であり，その船舶はトルコ領に接岸できたのである．書簡複写帳にもとづいて，その航跡をたどってみよう*44)．

　「二隻とも，……一路ヴォロスをめざして，聖セバスティアヌスの日［1月20日］の夜，当地［ヴェネツィア］を出港します．」「[二隻は] 先月［2月］17日にカネーア［ハニア，ヴェネツィア領クレタの海港都市］にあり，その晩ヴォロスに向けて出港しました．」「貴方がたのところに送り出した，……二隻についてのニュースが入りました．先月［2月］16日［ママ］にはハニアにいたということですので，同月25日にはそちら［ヴォロス］に着港したものと思います．」「昨日，ヴォロスからの先月［4月］27日付の［書簡］が，ザノビ・ベルトリ［リオーニのラグーザにおける代理人］から，特別に仕立てたブリガンティン［船の類型］によって届きました．それには，……［二隻の］船が，［ヴォロスを先月］24日に出港したと書いてあります．」「ヴォロスからの，先月28日［ママ］付の［書簡］を落手．……［二隻の］船は，［ヴォロスを］24日に出港．」「［6月］2日に，……［上記二隻の］船が，小麦を積んで当地［ヴェネツィア］に帰港しました．」

この二隻の航海については，ヴェネツィアからの出港日，東地中海の情報の集中する寄港地カネーアからの出港日，ヴォロスへの推定着港日，そこからの出港日，ヴェネツィアへの帰港日，が通信によって，上記のように各地の関係者に報告された．文面にみられるように，ハニアからヴォロスまでの日数は9日くらいが標準だったらしい．このように，必要な航海日数が経験的に認識されていたので，船の動きに関する情報にもとづいて，積載商品の到着日を予測し，その処置

---

42) Saito, Hiromi（齊藤寛海），Il noleggio delle navi a Venezia - Una documentazione degli anni 1539-40, in, Mediterranean Studies Group-Hitotsubashi University, ed., *Mediterranean World*, vol. 11, 1988, p. 234.

43) Cfr., Tenenti, Alberto e Branislava, *Il prezzo del rischio*, Roma, 1985, pp. 70-71.

44) Saito（齊藤），Il noleggio delle navi a Venezia, cit., pp. 232-233. なお，文中に 17 marzo, 25 marzo とあるのを，17 febbraio, 25 febbraio と訂正する．齊藤「ヴェネツィアにおける海外小麦の輸入取引」，A12, A15, A16, A18, A19, A20.

第3章　定着商業と商業通信

をまえもって手配しておくことができた．

　リオーニは，いうまでもなく，代理人として他人の勘定で取引しただけではなく，自分自身の勘定でも取引した．次にあげるのは，彼のリヨンにおける代理人宛の商業書簡にみられる，リオーニ自身の勘定によるグラーナ（臙脂）染料の取引についての文面である＊[45]．

　「グラーナについては，バレンシアでは収穫がなく，貴方はそれをカスティーリャとアラゴンで手に入れるつもりだと聞きました．それについてのニュースがありましたら，お知らせください．われわれがラグーザから聞いたところでは，今月［ギリシアでは］それはかなりの収穫が見込まれるとのことです．」「われわれの［イタリアからリヨンに送った］グラーナについては，［貴方がたがリヨンの］今回の大市で幾らかでも売ってくださったものと思います．……もしまだ売れていないのであれば，イタリア産グラーナはそちらでは需要が少なく，値段も安いことを考えると，それをできるだけ早くミラーノの……商社［われわれの代理店］に送ってくださるのが，もっともよいことだと思います．……もしミラーノでも売れなければ，当地［ヴェネツィア］に送らせて，レヴァント向けの毛織物を染めるのに使うことにします．」

　ここでは，スペインとギリシアにおけるグラーナの収穫予想，リヨンでのイタリア産グラーナの売れ行きがしめされ，それを勘案して，リヨンに送ったリオーニのグラーナが売れなければ，それをミラーノ，さらにはヴェネツィアまで送らせるつもりであることがしめされている．換言すれば，広範にわたる各地の需給関係を計算したうえで，自分のグラーナをどこで売却し，あるいは使用するかを考慮しているのである．

　各地の状況を把握できれば，市場の動向が予測できる．リオーニがロンドンの取引相手に発送した商業書簡は，このことをしめしている．ロンドンは，当時，いうまでもなくイギリス毛織物の集散地だった．

　「そちらの国王は，すべての外国人に恩恵をあたえ，［今後］7年間，イギリス人と同じ関税を支払えばよいことにした，と聞きました．このことでお仕事が非常に増えるようにと，望んでおります．アントウェルペンから多くの買付人がいくでしょうから，カージー［薄手毛織物，地中海市場で需要が多い］が値上がりするでしょう．当地［ヴェネツィア］の政府とトルコとの三か月間の休戦により，［当地では］平和［の到来］が信じられていること

---

45)　齊藤「地中海商業」既出，40-41頁．ASF, Libri di commercio, n. 174, cc. 80, 266.

を，[そちらの人々が]知ったときには尚更でしょう．当地ではもう[カージーの]需要がはじまり，優良品は[市場には]一反もなくなり，注文が日毎に増大しています．今後の状況については，手紙でお知らせします*46)．」

　地中海でのヴェネツィアとトルコとの和平への動きが，ヴェネツィアではもちろん，ロンドンでも，トルコ市場向けの毛織物の取引を活発にした．すなわち，イスタンブルでの外交交渉のなりゆきが，ロンドン毛織物市場での取引のなりゆきを左右した．正確な情報をいち早く入手して，将来の状況を的確に予測することが，商業においてきわめて重要だったのである．

　このことは，予測にもとづく投機的な商品売買をもたらしたが，その結果，予測の前提条件となるニュース自体によって物価が上下する事態もうまれた．この事態は，商品価格のみならず，売買可能な国債（証券）価格，保険料金，などについても同様だった．そのいきつくところ，価格の上げ下げを意図する情報操作がおこなわれ*47)，それが成功したときには，実態が確認されるまでの間，価格の人為的な上下変動が実現した．

　通信にもとづく取引は，貸借関係にまでおよんだ．イスタンブルにいるダ・ソマイア一族の上記の一員は，この都市を拠点として各地と取引していた．その結果として生じた貸借関係の一部は，ヴェネツィア在住の代理人リオーニを通じて，当時の西欧における国際金融市場の一つであるリヨン*48)で清算された．ここに集中した貨幣や債権が，フランス国王などに融資されたのである．貸借関係の集中をしめす商業書簡をあげる．なお，貸借関係の移動操作に関する文面は，多少とも専門化され，簡略化されているので，その内容を理解するには，幾らかの補完作業が必要となる．

　　「ペラ[イスタンブルの対岸にある西欧人居住区]のダ・ソマイア個人の……勘定として，[リヨンで開催する]今回の公現祭の大市に向けて，彼[ダ・ソマイア個人]の代理人として，われわれ[リオーニ]が以下[の為替手形]を振り出します．15金マルクをガブリエッレ……宛に，[これはガブリエッレが]……ダ・ファニャーノ[人名]から譲渡された[ダ・ソマイア個人に対する債権を清算するための]ものです．6マルクを貴方がた自身[グァダーニ]宛に，[これは貴方がたが]……ストロッツィ商社から譲渡された[ダ・ソマイア個人に対する債権を清算するための]ものです．……

---

46) 齊藤「地中海商業」既出，42頁．ASF, Libri di commercio, n. 174, c. 17.
47) Sardella, op. cit., pp. 27, 36.
48) リヨンの大市とイタリア商人との関係については次を参照．Cassandro, Michele, *Le fiere di Lione e gli uomini d'affari italiani nel Cinquecento,* Firenze, 1979.

第3章　定着商業と商業通信　　　　　　　　　　　　225

［同様の文面がつづくが省略］……以上は，合計すると50・3・15・4金マルク．上記［の勘定］については，［為替手形の名宛人に対して］随時支払うということにし，われわれを代理人とする上記［ダ・ソマイア個人］の勘定に記入してください．［貴方がたのところに開設された（われわれを代理人とする）ダ・ソマイア個人の口座において生じた］不足分については，35マルクを［ダ・ソマイア個人に対して35マルクの債務をもつ，と思われる］フィレンツェの……ジョヴァンニ商社から，それ以上の不足分は［ダ・ソマイア個人の代理人である］当地のわれわれ［自身があなた方のところに開設した口座］から受け取ってください．こうすれば，［貴方がたは，ダ・ソマイア個人の勘定において，貴方がたが上記の名宛人たちに支払う金額の］全額を受領することになります*[49]．」

　この文面は次のように解釈できる．イスタンブルのダ・ソマイア(A)に対して，ダ・ファニャーノ(B)のもつ債権が，Bからガブリエッレ(C)に譲渡された．Aは，ヴェネツィアの代理人リオーニ(D)を通じて，リヨンのフィレンツェ商人グァダーニ(E)に対して，AがEにもつ口座からCに支払うよう指示している．AがB以外の取引相手に対してもつ債務，および債権についても，これと同様に処理している．その結果，AがEにもつ口座において生じることになる不足分について，35マルクまでは，（Aに対してこの金額の債務をもち，またEに口座をもつ，と思われる）フィレンツェのジョヴァンニ商社(F)から，それ以上は，D（がEにもつ口座）から受領するよう指示している．結局，イスタンブルのAが各地の取引相手に対してもつ債権債務は，商業通信により，リヨンのフィレンツェ商人（金融業者）EのところにあるAの口座に収斂し，そこで清算されるが，この口座に生じることになる不足分は，Aの（ヴェネツィアにおける）代理人Dが同じEのところにもつ口座から（立て替えて）支払われる．したがって，この不足（立替）分は，AのDに対する債務となる．

おわりに

商人は，商業文書のやりとりと保管により，各地の市場の状況をさまざまな角度から分析した．16世紀初めまでには，それぞれの市場の最近の状況のみならず，そこにいたるまでの経過，多数の市場からなる広範な商業網全体の動向，移動中

---

49)　齊藤「地中海商業」既出，46頁．なお，訳文の一部を修正した．ASF, Libri di commercio, n. 174, c. 266.

の船や隊商の動向，などを把握して，それぞれの市場における将来の状況を予測できるようになっていた。したがって，特定の市場についても，動態的な商業網の一環として認識されたのである。一人の商人（一つの商社）が検討対象とする商業網の範囲は，各人の営業内容と，商業通信の発展程度にしたがって一律ではなかったが，一般にはかなり広範なものだったことは疑いない。中小の商人が，大商人と同じ水準の情報を入手できたか否かについては，疑問がないわけではない。とはいえ，自分の営業にとって必要な情報は，大商人から入手する工夫をしたものと思われる。このことは，商品市場のみならず，用船市場，保険市場，金融市場，などについても同様だった。

商人が代理人に委託する権限には，代理人との結合関係，代理人のいる市場との通信密度，その時々の特殊事情，などにより，さまざまな偏差があったと思われる。いずれにせよ，代理人は信頼できる者でなくてはならず，一族，親類縁者，同胞市民，などから選ばれることが多かった。自分にとって重要な市場には，取引における危険を分散するために，また場合によっては相互に監視させるために，複数の代理人をもつこともあった。とはいえ，商人と代理人の関係の基礎は，なによりも相互の信頼だった。一方，代理人と，この代理人自身が現地で取引する相手のムスリム商人，イギリス商人，などとの間については，いつの時代にもみられる駆け引きはあったが，欺瞞や暴力こそが両者の関係の基礎であったなどということはできない。通信による情報は，市場の状況のみではなく，商人個人についても捕捉したからである。誰か商人が悪質な行為をすれば，それは商業通信によって各地に伝達され[*50]，その人物は以後，取引仲間から排除されたものと思われる。

取引の結果生じた貸借関係は，一定期間の後に決済されたが，その間に貨幣事情が変化した場合，たとえばレヴァント市場で現地貨幣が急激に悪化した場合でも，貸借関係の発生時点における価値を小額まで保全することができた。ヴェネツィアのドゥカート金貨のように，政策的に価値（品質と重量）が維持される貨幣を，貸借関係における価値基準として採用したのである。ドゥカート金貨一枚より小さな価値に対しては，この金貨にもとづく計算貨幣としてその下位貨幣を創出し，その価値を把握した[*51]。商人の貨幣計算思考は，粗雑なものではなく，

---

50) ちなみに，リオーニがペラの知人に発送した書簡に，次の文面がある。「彼［船の書記］がそちらに行くことがありましたら，貴方がたに対して［その代理人である］私を相手取っておこした面倒の，お礼をしてやってください。」この船の書記にはヴェネツィアでひどい目にあわされたので，彼がペラにいくことがあったら報復してください，という意味である。齊藤「ヴェネツィアにおける海外小麦の輸入取引」，2，既出，99頁（A31）。

きわめて緻密なものだった．

　中世後期のイタリア商業は，未知の世界を相手にする海賊まがいの商人が，必然的に暴力や欺瞞をはたらくというようなものではない．商業通信をはじめとして，価値の保全を可能にする貨幣体系，複式簿記，海上保険，などの商業技術を背景に，読み書き算盤ができ幅広い知識をもつ商人が，多少とも既知の世界を相手にして，予測，計算，信用にもとづいておこなうものであった．このようなイタリア商業を，ハンザ都市の商業，ポルトガル・スペインの商業，イギリス・オランダの商業と比較検討してみることは，もはや本章の目的とする範囲をこえている．

---

51)　齊藤「定着商業における取引手続」既出，59頁以下．

第4章

プレヴェザ海戦後のヴェネツィア

は じ め に

　ヴェネツィア経済が16世紀に変質したことは，一般にその海上商業の衰退とむすびつけて説明されているが，その海上商業の衰退を規定した要因となると，当時の状況を見通した明確な認識があるとは思えない。周知のように，地中海商業自体，とりわけレヴァント商業はまだ衰退していない。1530年代になると，香辛料は，ポルトガルのインド洋での独占が崩壊したので，旧路によって地中海に再度出回ってきた。16世紀中葉から後半にかけて，アドリア海の商業都市ラグーザやアンコーナは最盛期をむかえている。16世紀末以降には，イギリス，フランス，オランダが地中海市場に進出してくる。ヴェネツィアでも，16世紀中葉，とりわけ1560年頃には，海上商業の取引量がいちじるしく回復した[1]。しかし，まさにこの時期に，そこでは土地投資が流行し，公私による湿地開墾が進展し，農業は商業に優越するという思想すら出現した[2]。経済活動における海上商業の絶対的な優位が，根底から動揺しはじめたのである。したがって，この時代のヴェネツィア経済の変質は，地中海商業の衰退にではなく，同国経済における海上商業の地位の低下に原因がある，とみるべきである。

　この地位の低下をもたらしたのは，その工業製品が高価かつ旧式であったこと，

---

　1) Romano, Ruggiero, La marine marchande vénitienne au XVIe siècle, dans, *Les sources de l'histoire maritime en Europe du Moyen Âge au XVIIIe siècles - Actes du IVe colloque international d'histoire maritime,* Paris, 1962, p. 46. Lane, Frederic Chapin, La marine marchande et le trafic maritime de Venise a travers les siécles, dans, ibid., pp. 12f. et 28f. (tableau VIII).

　2) 和栗珠里「1520-1570年におけるヴェネツィア人の土地所有」『地中海学研究』XX，1997年，103頁以下，118頁以下，121頁以下。

第4章　プレヴェザ海戦後のヴェネツィア

金融や海運が経費や業務内容で競争力を喪失したこと，あるいは農業利潤が相対的に上昇したこと，など，経済的な要因だけだった[3]のだろうか．政治的・軍事的にみると，ヴェネツィアは，16世紀の過程で，イタリアのみならず地中海でも，それまでの大国の地位を喪失した．イタリアでは，1530年代前半にスペインの覇権が成立し，地中海では，すでに15世紀末にトルコの海上進出によってヴェネツィアは守勢にたった[4]．1538年9月のプレヴェザの海戦は，トルコとスペインが主役だったのである．地中海におけるヴェネツィアの政治的・軍事的な地位の転落が，その海上勢力を弱体化させ，そのことが，経済において海上商業の地位を低下させた要因の一つとなったのではないか．本章は，この視点から，プレヴェザの海戦直後のヴェネツィアの危機について考察する．

1540年はじめ，深刻な食糧危機にあったヴェネツィアは，ギリシア東岸の小麦の輸入を渇望したが，そこを支配するオスマン・トルコは，プレヴェザの海戦で交戦した敵国ヴェネツィアへの輸出を禁止していた．他方，トルコは，友好関係にあるラグーザやフィレンツェにはその輸出を許可していた．そこで，ヴェネツィアは，二つの方法でその入手を画策した．一つは，この小麦を輸出するフィレンツェ商人から，それを購入すること．とはいえ，このフィレンツェ商人は，ヴェネツィアへの販売をトルコ当局に隠蔽しなければ輸出できないので，そのために一連の偽装工作をすることになる．要するに密輸である．もう一つは，この小麦を満載して本国に向かうラグーザ船を自国艦隊によって拿捕し，積荷を没収すること．いずれにせよ，ヴェネツィアは，自国で消費する小麦の輸入すら，自力ではできず，外国の商人や外国の活動に依存し，それを利用しなければならない状況に追い込まれていた．

1530・40年代にヴェネツィアに滞在し，商業に従事したフィレンツェ商人のなかに，この密輸計画を手配するフランチェスコ・ディ・ドメニコ・リオーニ

---

3) Cipolla, Carlo Maria, The Economic Decline of Italy, in, Pullan, Brian ed., *Crisis and Change in the Venetian Economy in the Sixteenth and Seventeenth Centuries,* London, 1968, pp. 133ff. この論文は，研究動向を整理して，イタリア北部・中部の経済一般の衰退原因を考察したものであるが，ヴェネツィアについても，もっぱら経済的要因のみをあげている．

4) Tenenti, Alberto, The Sence of Space and Time in the Venetian World of the Fifteenth and Sixteenth Centuries, in, Hale, J. R. ed., *Renaissance Venice,* London, 1973, pp. 20ff. 1470年，ヴェネツィア領エヴィア（ネグロポンテ）はトルコに征服された（p.24）．Idem, Nuove dimensioni della presenza veneziana nel Mediterraneo, in, Beck, Manoussacas e Pertusi, a cura di, *Venezia centro di mediazione tra oriente e occidente (secoli XV-XVI), Aspetti e problemi,* Firenze, 1977, pp. 2f. とりわけ海上では16世紀はじめ以降，ヴェネツィアの国際的地位は低下し，同国は国際関係の動向に対して受動的となった，と指摘する．

(Francesco di Domenico Lioni) がいた．彼がヴェネツィアで経営したリオーニ商社の記録のうち，フィレンツェに現存する二つの（同社が発送する書簡を複写した）書簡複写帳に，この密輸と拿捕についての記述がある．密輸の記述が詳細なのは当然であるが，拿捕の結果が密輸の展開に深刻な影響をあたえたことから，拿捕の記述もその概要をしるには十分なものになっている．この史料は，書簡作成者の主観にもとづいて事件が記述されるという限界はあるが，密輸の実態や，密輸や拿捕にかんする関係者の思惑については，ほかの種類の史料にはみられない，まことに生々しい記述がある．

　密輸や拿捕の記述をとおしてみえるのは，ヴェネツィアが直面した危機であり，そこで露呈した海上勢力としてのヴェネツィアの弱体化である．この危機は，トルコとの戦争という軍事的危機，ラグーザやアンコーナという強力な競争相手の台頭による商業的危機，イタリアの収穫不足に起因する食糧危機，からなる三重構造をもっていた．ヴェネツィアは，この危機に直面して，その伝統的な商業活動を維持することができなくなっていた．本章の具体的な目的は，密輸や拿捕の経過を追跡して，それを取り巻く危機の実態を理解し，そこで露呈したヴェネツィアの弱体化と，その影響について考察することである．ちなみに，ヴェネツィアの海上勢力としての弱体化は，17世紀については異論の余地がないが，この弱体化の要因は，すでにプレヴェザの海戦直後の危機において出揃っていたのではないかと思われる．

第1節　時代背景

16世紀はじめ以降，アドリア海の出口オトラント海峡をはさんで，トルコとスペインが直接対峙する政治的な構図が成立した．トルコは，前世紀の過程で，ギリシアを含むバルカン南部を征服していた．他方，スペインは，すでにサルデーニャ王国，シチリア王国を属国としていたが，1504年にナポリ王国をも属国としたのである．ハプスブルク家のスペイン国王カール（1516-56）は，1519年以降は神聖ローマ皇帝を兼任したが，1533年から翌年にかけての冬，ヴェネツィアを除くイタリア諸国の代表をボローニャに召集し，イタリアにおける自分の覇権を確認させ，35年にはミラーノ公国をも同家の属領とした．このカールとトルコのスレイマン（1520-66）は，地中海のみならず，ドナウ流域でも対立し，32年には，トルコ軍がカールの都市ウィーンを攻撃した．一方，フランスの国王フランソワ（1515-47）は，スペインと神聖ローマ帝国に挟撃されたのでカールと対立し，35年には，スレイマンと攻守同盟を締結した．

第4章　プレヴェザ海戦後のヴェネツィア

　1538年6月，カールは，フランソワと十年間の休戦条約を締結する一方で，教皇およびヴェネツィアとトルコに対抗する軍事同盟を締結した．同年9月27日，カールのジェノヴァ人提督アンドレーア・ドーリアの指揮するスペイン，教皇，ヴェネツィアの同盟艦隊と，スレイマンの提督ハイル・アッディン（通称は赤髭）の指揮するトルコ艦隊が，オトラント海峡の南方，プレヴェザの近海で衝突し，トルコ艦隊の勝利におわった．このプレヴェザの海戦から，1571年10月7日に，レパントの海戦でキリスト教徒の連合艦隊がトルコ艦隊に勝利するまで，33年間，トルコの勢力が地中海で優勢となった．

　ラグーザ（ドゥブロヴニク）は，ダルマツィア海岸の都市国家であるが，14世紀中葉，ダルマツィアに進出したハンガリアの保護国となり，15世紀中葉，トルコのバルカンでの覇権が確立するとトルコの保護国ともなった[*5]．1526年，モハーチの戦いでトルコがハンガリアを撃破すると，トルコだけの保護国となった．ラグーザは，拡大するトルコ領土にもつ広範な商業特権を利用して，商業活動を拡大したが，とりわけヴェネツィアの海上商業がトルコとの戦争で麻痺したときには，その海上商業は急激に拡大した．1538-41年，および1570-72年に，その関税収入は飛躍的に増大している．すでに1463-69年に，ヴェネツィアとトルコは，ダルマツィアの支配をめぐって戦争したが，このときから，両者は，宣戦布告をしないときでも，1540年5月4日に両者の休戦協定が締結されるまで，事実上の戦争状態にあった．16世紀中葉以降のラグーザの全盛時代には，ラグーザの商船の総積載量は，ヴェネツィアのそれに匹敵するまでになったともいわれている．

　ラグーザの対岸の都市アンコーナも，商業都市として台頭した[*6]．その商業は，ラグーザとは対照的に，自市商人の海上進出よりも，外国商人の自市参集を特徴とした．1514年，アンコーナは，イタリア都市としては最初にスルタンの臣民に商業特権をあたえ，29年，スレイマンは，敵対関係にない同市でその臣民が取引するのを奨励した．1532年，教皇は，同市を軍事占領したが，商業は保護し，34年，すべての外国商人に居住と取引の自由をあたえたので，同市はイベリア系ユダヤ人（セファルディム）の活躍舞台の一つとなった．アンコーナ

　5）　ラグーザについては次を参照．齊藤寛海「アンコーナとラグーザ」『イタリア学会誌』第35号，1986年．本書，第2部第1章．
　6）　アンコーナについては次を参照．齊藤寛海「アンコーナとラグーザ」既出．本書，第2部第1章．1556年のコンヴェルソ火刑をめぐる，ユダヤ人側の事情については次を参照．宮武志郎「16世紀地中海世界におけるユダヤ教徒間の相剋」普連土学園『研究紀要』第2号，1995年．同「ヨセフ・ナスィ」『オリエント』第39巻第1号，1996年．なお，火刑人数を宮武は24人とする．

は，イスタンブル・ラグーザ・フィレンツェ・リヴォルノを結ぶ商業路線と，アントウェルペン（アンヴェルス）から陸路を南下する路線とが，Ｔ字状に交差する一大国際都市になった．16世紀中葉，北西欧最大の商業都市はアントウェルペン*7)であり，そこからイタリアへ輸出される商品の多くは陸路で輸送されていた．1543-45年の同市の関税記録では，陸路でイタリアへ輸出される商品のうち，宛先地がわかるのは（評価額の）64％であり，そのうちの35％がアンコーナ，29％がヴェネツィア，9％がジェノヴァ宛だった．この時点では，西欧商業のアドリア海への出口として，アンコーナはヴェネツィアよりも優位にたっていたのである．しかし，1556年，反動教皇パウルス（4世）がスルタンの臣民ではない，同市に居住するコンベルソ（キリスト教に改宗したユダヤ人）25人を火刑にしたのを契機に，同市ではユダヤ人による取引はしばらく減少した．

イタリアでは，人口増加の結果，16世紀中葉には食糧自給が困難となり，トルコ領土，とりわけギリシアから小麦を大量に輸入したが，やがてトルコ領土の内部が食糧不足となり，1570年までにはギリシア小麦のブームがおわった．以後は農業投資が拡大して自給率が上昇したが，1590年代には食糧危機がふたたび深刻化し，1620年代まではバルト海から小麦を輸入せざるをえなくなった*8)．

ヴェネツィアの人口は，おおまかにいえば，次のような動向をしめす*9)．1338年には11-12万，1422年には8万5千，1509年には12万，40年には14万4千，48年には15万，52年には17万4千，63年には18万3千，81年には14万2千，86年には15万4千，93年には16万3千，1624年には15万，33年には10万8千．16世紀の第2四半期以降，人口は増大傾向にあった．これにともない，しばしば深刻な食糧危機におそわれた*10)．1527-29年，39-40年，44-45年，50年代に3度，

---

7) アントウェルペンについては次を参照．中澤勝三『アントウェルペン国際商業の世界』同文舘，1993年．同「ネーデルラントから見た地中海」歴史学研究会編『ネットワークのなかの地中海』第3巻，青木書店，1999年．

8) ブローデル，フェルナン，浜名優美訳『地中海』II，藤原書店，1992年（原本の第2版・改訂版は1966年），第3章，2「地中海産小麦の均衡と危機」参照．

9) 人口については次の研究，とりわけ Sardella を参照．推計方法などによって各研究者の数値には多少の異同があるが，動態の概要については大約同様であり，ここでは各数値の批判的検討はしない．Sardella, Pierre, *Nouvelles et spéculations a Venise au dédut du XVIe siècle,* Paris, 1948, pp. 15-17. Pullan, Brian, *Rich and Poor in Renaissance Venice,* Oxford, 1971, pp. 289, 634. Idem, Wage-earners and the Venetian Economy, 1550-1630, in, idem ed., *Crisis and Change in the Venetian Economy in the Sixteenth and Seventeenth Centuries,* cit., p. 150. Ginatempo, Maria e Sandri, Lucia, *L'Italia delle città,* Firenze, 1990, pp. 79-83.

10) 飢饉ないし食糧危機については次を参照．Pullan, Brian, Wage-earners and the Venetian Economy, cit., p. 151. Idem, *Rich and Poor in the Renaissance Venice,* cit., pp. 20, 86, 93,

69-70年，86-87年，90-91年，などの危機である。ヴェネツィア貴族マリン・サヌード（1446-1536）は，日記に1528年の惨状を記録している*[11]。2月20日。ヴェネツィアでは，同市の貧民が物乞いして歩くのにくわえて，潟内の島々からも，本土の村々からも，また本土の遠隔地にある従属都市ヴィチェンツァやブレシアの領域からも，多数が流入してきて施しを求めている。「10人もの貧民が施しを求めるので，ミサを聞くこともできない。貧民が金銭をせがむので，ものを買うために財布を開くこともできない。はては，夜遅くに，家々の扉を叩いて『ひもじくて死んじゃうよ』と喚きながら，通りを歩き回っている。」4月24日。「市内では，まことに多数の村人が，街路のいたるところで餓死している。さらに四つの施療所にもいるが，そこでも多数の死者がでている。サン・ヨブやサン・エレミアに埋葬するために，大船で運んでいるほどであるが，もはや死体をおく場所もない。伝染病が当地に発生するのではないかと思う。」

　ヴェネツィアでは，同市に輸入される小麦のうち，大陸領土（テッラ・フェルマ）の小麦が海外の小麦を上回る傾向になるのは，1570年代以降のことである*[12]。政府は，大陸領土に土地をもつ貴族などには，収穫のなかから種用小麦と小作取分を差し引いた部分を市内に搬入させ，それから自家消費分を差引いた残りの部分を穀物局に販売させた。クレタやキプロスなどの海外領土は，16世紀には，葡萄，棉，砂糖黍，などの栽培が拡大していて，すでに小麦の輸出能力はなくなっていたという。いずれにせよ，海外小麦の輸入関税は低く，危機には免除された。その輸入については，商人の主導性が尊重され，危機が深刻になったときにも，商人に輸入奨励金などの特典をあたえて輸入させる方法がとられた。政府自体が直接輸入するのは，危機が異常に深刻な場合に限られた*[13]。海外の輸入市場は，アドリア海の両岸（ロマーニャ，プーリア，ダルマツィア，など），レヴァンテとりわけギリシア（テッサリア，マケドニア，トラキア），ポネンテとりわけシチリアであった。ヴェネツィアでは，オトラント以東を「レヴァンテ」（東方），メッシーナ以西を「ポネンテ」（西方）とよんでいた。本章では両語をこの意味で使用する。このうち，シチリアとプーリアの小麦は，西地中海方

245, 273, 288, 356, 360, 545, 606.

　11) Sanudo, Marin, (Margaroli, Paolo, a cura di), *I Diarii (Pagine scelte)*, Vicenza, 1997, pp. 534-535. なお，この日記は，1496-1533年の間の記録である。

　12) Aymard, Maurice, *Venise, Raguse et le commerce du blé pendant la seconde moitié du XVIe siècle*, Paris, 1966, pp. 112-113. 以下，ヴェネツィアの小麦事情については，基本的に同書に依拠した。なお，次の粗描をも参照した。齊藤寛海「16世紀ヴェネツィアの穀物補給政策」一橋大学地中海研究会『地中海論集』第12号，1989年。

　13) Aymard, op. cit., pp. 71-100.

面に多く輸出された．レヴァンテのマルマラ海と黒海の小麦は，もはやイスタンブルによって吸収されていた．イスタンブルの人口*14)は，1478年には10万，1520-30年には40万，71-80年には70万であったという．トルコがレヴァンテを征服してから，ヴェネツィア人がそこに航海するのは，冒険的要素がつきまとうようになっていた．いずれにせよ，ヴェネツィア市場で麦価が高くなればなるほど，輸入経費がより多くかかる市場からも輸入されるようになる．ヴェネツィアの穀物年度は7月1日にはじまるが，同市に穀物が到着するのは，大陸領土からは7・8・9月，アドリア海の両岸からは11・12・1月，レヴァンテやポネンテからは3・4月であった*15)．食糧事情の悪化にともない，ヴェネツィアの穀物局は強化され，食糧補給への介入を恒常化した．事務所，二つの穀物倉庫，下級役人をもつ同局は，三人の穀物監督官（大評議会より選出）が中核をなしていたが，1526年，二人の上級穀物監督官（十人委員会より選出）がこれにくわわり，私人の備蓄穀物の供出命令権をもつなど，その権限が強化された*16)．大陸領土が凶作や戦乱で食糧危機にあるとき，ヴェネツィアがその財力，海運，商業組織を動員して輸入した小麦は，まず自己の消費にあてられ，従属都市への供給はおこなっても十分ではなく，その支配下にある農村はほとんど放置された．市民地主の小作となった農民は，食糧を備蓄するだけの余裕がないので，飢饉になると，食糧の備蓄と補給の機会とがある都市へ，さらにはサヌードの日記にあるように，それらがもっとも豊富なヴェネツィアへと流入したのである．

第2節　密輸と拿捕

1　史　　料

さて，リオーニ商社の経営記録は，フィレンツェの国立史料館と国立図書館に，筆者が確認したものだけでも合計7点がある．このうち，国立史料館にある次の2冊の書簡複写帳（いずれも未刊行）に，1540年の密輸と拿捕の記述がある．ASF, Libri di commercio, n. 174, n. 182. 史料番号174番は，（フィレンツェ暦で）1539年1年間分の書簡複写帳であり，182番は，（同様に）1540年分の書簡複写帳である*17)．174番は，大判冊子の314丁表まで（627頁分），紙面いっぱいに細

---

14)　Cf., ibid., p. 16
15)　Ibid., pp. 37-53, 118-119.
16)　Ibid., pp. 72-93.
17)　本章の基礎となる二つの史料，ASF (Archivio di Stato di Firenze), Libri di commercio, n. 174, n. 182 について，筆者は，すでに次の数本の別稿で，本章の作成にとって準備的な性格をも

第 4 章　プレヴェザ海戦後のヴェネツィア　　　　　　　　　　　　　　235

つ作業をおこなった．とはいえ，本章は，これらを単に寄せ集めたものではなく，その個々の成果を利用しながら，ヴェネツィアの海上勢力としての弱体化，という新しい主題について考察する．
①「リオーニ商社の書簡複写帳」上，下『信州大学教育学部紀要』第55，56号，1985，86年．
②「 2 章・地中海商業－通信の問題を中心に」清水廣一郎・北原敦編著『概説イタリア史』有斐閣，1988年．
③ Il noleggio delle navi a Venezia, in, Mediterranean Studies Group-Hitotsubashi University, ed., *Mediterranean World,* vol. 11, 1988.
④「ヴェネツィアにおける海外小麦の輸入取引－1539，40年－」1，2，3，4，5，6『信州大学教育学部紀要』第68, 68（同一号に連続掲載），70, 71, 72, 73号, 1990-91年．
⑤「ヴェネツィアによるトルコ小麦輸送船の拿捕」佐藤伊久男編著『ヨーロッパにおける統合的諸権力の構造と展開』東北大学文学部（科研費報告書），1990年．
⑥「ヴェネツィア政府とフィレンツェ商人」比較都市史研究会編『共同体と都市』下巻，名著出版，1991年．
⑦ Il potere dello stato nel proviggiamento dei viveri, in, Mediterranean Studies Group-Hitotsubashi University, ed., *Mediterranean World,* vol. 13, 1992.
① は，史料の輪郭，（174番に複写された）書簡の宛先，リオーニ商社の活動概要，などを考察した．（なお，リドルフォ・ダ・ソマイアへの書簡は，174番ではナポリ宛，182番ではバリ宛となることから，彼のナポリからバリへの移動が判明する．）
② は，174番にもとづいて，商業通信によっておこなう取引の実態を考察した．
③（後半部分）と④は，174番と182番のなかから，本章の内容に関係する部分を，A「船舶雇用」（ほぼ本章の「用船と偽装」にあたる），B「ヴェネツィア政府の対策」（ほぼ本章の「拿捕と没収」にあたる），C「ヴェネツィア政府との交渉」（ほぼ本章の「交渉と失敗」にあたる），の三つの系列に分類して，それぞれの該当部分を書簡の日付順に転写して刊行し，さらにそれを翻訳したものである．Aの転写は③（後半部分）で，その翻訳は④1，2で，Bの転写と翻訳は④3で，Cの転写と翻訳は④4，5，6でおこなった．同一の書簡が，AとCに重複して出現することもあるが，そのさい，同一の書簡の別々の部分がそれぞれに出現するのではなく，同一の部分，すなわち同一の文言が重複する場合には，Aより後に転写，翻訳したCにおいてその部分に下線を引き，重複していることを明示した．いずれにせよ，転写し翻訳した書簡には，それぞれA1，A2，……，B1，B2，……，C1，C2，……，というように，各系列ごとに転写と翻訳の両方に共通する書簡番号をつけておいた．
③（前半部分）は「用船と偽装」を，⑤⑦は「拿捕と没収」を，⑥は「交渉と失敗」を，いずれも史料の転写や翻訳である③（後半部分）と④にもとづいて，考察したものである．（なお，ここで，重大な誤りを三つだけ訂正しておく．③（前半部分・イタリア語による史料解題）では，ベルナルディの船がカネーアを出港しヴォロスに到着するのをいずれも 3 月中のことと解釈した［p.233］が，"del passato" は，文脈からみて，「先の」ではなく「先月の」と解釈すべきであることが明確になったので，2 月と訂正する［史料の翻訳ではすでに訂正してある］．⑥では，チチーニの船の小麦の販売価格が，「既にリオーニの名義でおこなっていた契約」［85頁］と当局者の友情とのおかげで，17 1/2リラとなったと推定したが，本章にみられるように，契約は成立しなかったと理解することが妥当なので，この「　」内の部分を取り消す．さらに，翻訳で，「先払い契約」とした箇所はすべて訳語が不適切であり，それを「先渡し契約」とした箇所もあるが，それでは用語が不統一になるので，いずれの場合も「先物取引契約」と訂正する．）
さて，②⑤⑥⑦では，書簡の文言をそのまま引用して記述する方法を採用した．この方法は，実証するには必要ないし便利である反面，記述の字数が大幅に増加するので，こうした作業を前提にもつ本章では，紙数節約のために，原則として採用しないことにした．書簡の文言をみたいとき

かい字で書き込まれており，365通が複写されている．182番もほぼ同様である．元帳や現金出納帳など，現存するほかの種類の経営記録の記録期間は，いずれもこの2冊の書簡複写帳のものとは重複せず，この2冊と有機的な一組をなすほかの記録は，現存しない．少なくとも確認されてはいない．史料の日付は，フィレンツェ暦によるものであるが，本稿では，それを現行暦のものになおして表記する．なお，個々の事件の日付は，それについての記述が史料にみあたらない場合には，書簡の頭書に記入される書簡の作成（開始）日付から推定するしかない．

本章では，このヴェネツィアの危機に関する一連の事件を，筆者のしるかぎりではこれまでまったく利用されたことのない，フィレンツェ商人の書簡複写帳から復元することになる*18)．この史料は，作成者が密輸計画の中心人物だったこ

には，③（後半部分）④，あるいは②③（前半部分）⑤⑥⑦を参照されたい．（なお，本章では，書簡にある固有名詞の表記や文体などを，④にある翻訳から一部変更したが，いずれの場合も文意の変化はなく，変更の指摘は煩瑣になるのでしない．）

本章では，史料の引用箇所の表示は次のようにする．書簡の転写と翻訳をした③（後半部分）と④では，それぞれの書簡が複写されている史料が174番か182番か，複写されている丁数（頁数），その作成（開始）日付，宛先の人名・地名，が明示されており，書簡を特定することにはまったく問題がない．そして，筆者は，それぞれの書簡に上記のように書簡番号（A1, A2, ……）をつけておいたので，史料の引用箇所の表示はこの番号によることにする．この方法をとるのは，表示するのが簡便なこともあるが，その最大の理由は，読者がまずはじめに参照するのが，おそらく未刊行の史料原本ではなく，筆者による転写と翻訳ではないか，と思うからである．なお，史料の転写や翻訳である③（後半部分）と④とを本章に収録すれば，参照するのに便利であるが，合計すると大部（B5判で約95頁，400字詰用紙にすると約360枚）になるので，収録するのは断念した．

なお，リオーニ商社の7点の経営記録は次のとおり．（ ）内は，記録期間（フィレンツェ暦），記録した場所，記録の種類．詳細は，上記の①「リオーニ商社の書簡複写帳」上，103-105頁を参照されたい．ちなみに，BNF＝Biblioteca Nazionale di Firenze.

[1] ASF, Libri di commercio, n. 179.（1532-33年，ヴェネツィア，日記帳・元帳）
[2] BNF, MSS, Capponi, Libri di commercio, n. 112.（1534-37年，ヴェネツィア，元帳）
[3] ASF, Libri di commercio, n. 174.（1539年，ヴェネツィア，書簡複写帳）
[4] ASF, Libri di commercio, n. 182.（1540年，ヴェネツィア，書簡複写帳）
[5] ASF, Libri di commercio, n. 180.（1541年，ヴェネツィア，現金出納帳）
[6] BNF, MSS, Capponi, Libri di commercio, n. 113.（1541-44年，ヴェネツィア，日記帳）
[7] ASF, Libri di commercio, n. 183.（1542年，ヴェネツィア，書簡複写帳）

18) Aymard, op. cit. は，ヴェネツィアの小麦輸入についての基本文献であるが，同書には，筆者が利用する史料は，使用も紹介もされていない．16世紀後半を研究対象とする同書の136-137頁に，1563年12月から66年2月（1月ではない）にかけて，ヴェネツィア艦隊が，合計で約3万7千スタイオの小麦を積んだ計6隻のラグーザ船を，アドリア海とイオニア海で拿捕した，という記述がある（史料はヴェネツィア艦隊の報告の要約記録）．ブローデル，前掲書，II, 398頁ではこれを引用している（この記述が Aymard の185頁にあるというのは，その原稿での頁だろうが，刊本での頁は上記のとおり）．いずれにせよ，本章で考察した1540年の拿捕について，Aymard は，そして「トルコ［ギリシア］小麦のブーム」の小節をもっぱら Aymard のこの研究に依拠するブ

第4章　プレヴェザ海戦後のヴェネツィア　　　237

とから，密輸の経過と当事者たちの思惑とについては，これ以上のものは望めない第一級の史料である．ヴェネツィア人が作成した記録では，その詳細を復元することは困難だろう．まず，公文書では，それが残存すると仮定して，役所，委員会，裁判所，などの記録を繋ぎ合わせれば，概要の復元はできるだろうが，密輸のための偽装工作などは，そこに詳細に記録されたとは思われない．私文書では，それが幸運にも残存すると仮定し，書簡や書簡複写帳があるとしても，第一の当事者であるリオーニの書簡複写帳以上の内容をもつものがあるとは思われない．用船契約書，積荷証書，取引確認書，あるいはこれらの内容を転記した特殊帳簿のような実務的な記録は，断片的な情報しかもたらさない．一方，拿捕についていえば，ヴェネツィアの各種公文書が，それを多少とも詳細に記録したはずである*[19]．しかし，リオーニの書簡複写帳も，いくつかの拿捕について，概要を的確に記述しているのみならず，フィレンツェ商人の用船（チチーニの船・後述）の拿捕については，いわば被害者を代弁する立場から，一連の事後措置を詳細に記録しており，拿捕の実態を知るうえで絶好の史料になっている．いずれにせよ，リオーニの書簡複写帳は，フィレンツェ商人による密輸と，ヴェネツィア政府による拿捕との実態を復元するには，きわめて貴重な史料である．

　以下，史料の記述は，文言をそのまま引用することはせず，その要旨のみを紹介していく．筆者は，大部の史料の記述のなかから，すでに関連する箇所を選択して刊行し，さらにそれを翻訳しておいた．文言をそのまま引用すれば，どうしても文章が長く，かつ煩雑になるので，それを避けるために要旨のみとする．文言そのものをご覧になりたいときは，上記の刊行なり，その翻訳なりをご覧いただきたい．

2　用船と偽装

1539年，イタリア全土で小麦が不作となり，晩秋，各地は深刻な食糧危機におちいった．ヴェネツィア市内でも，11月になると，貧民の三分の一あるいは半分以上が，非常食の黍や粟を食べざるをえなくなった．小麦は，通常価格が1ス

ローデルも，まったく記述していない．また，1496-1534年のヴェネツィアにおける，ニュースと小麦価格をふくむ諸価（香辛料，国債，海上保険掛金，などの価格）の変動との関係を考察した次の研究にも，1540の拿捕や，上記史料についての記述や紹介はない．Sardella, Pierre, *Nouvelles et spéculations a Venise au dédut du XVIe siècle*, cit.

　19)　たとえば，艦隊司令官および海軍監督官からの報告と，それにもとづいてシニョリーアが作成する報告内容の要約記録（Rubricario de l'Armata）．Vedi, Aymard, op. cit., pp. 136-137, 174.

タイオ（計量単位）あたり4 1/2リラ（・ディ・ピッチョリ，以下省略）であるのに，この時点のヴェネツィアでは最高価格令[20]の上限の15 1/2リラになっていた．ちなみに，当時，1ドゥカートは6リラ4ソルドだった[21]．それでも市場に出回らないので，ヴェネツィア政府は，自国領土以外の土地から12月末までに輸入される小麦には，1スタイオあたり4リラの輸入奨励金を出すことにした．（麦価や奨励金が「1スタイオあたり」のものであることについては，以下省略．）奨励金の対象となるのは，当面は小麦が一月末までに輸入される場合であるが，リオーニは，この期間は延長されるだろうし，小麦は当地に到着すればただちに現金で売却できると思っていた[22]．

リオーニ[23]は，書簡の内容から判明するように，フィレンツェの有力商人ダ・ソマイア一族の，ヴェネツィアにおける代理人である．ダ・ソマイア一族[24]は，書簡の宛先地名から判明するように，その中心人物ジローラモがフィレンツェで，ラファエッロがナポリで，グッリエルモがペラ（イスタンブルの金角湾の対岸にある外国人居住区）で取引し，またジャンバッティスタがテッサロニキからヴォロスに，リドルフォがナポリからバリに移動して取引した．ヴォロスは，周知のように，テッサリア小麦の大輸出港である．このダ・ソマイア一族の個々の人物の具体的な親等関係については情報がない．

イタリアの食糧危機は，ペラのグッリエルモをはじめとするこの一族には，収穫に恵まれたギリシア東岸からイタリアに小麦を輸出して，莫大な利潤をえる絶好の機会と思われた．というのは，この一族は，イスタンブルに駐在するフランス大使の仲介により，スルタンからギリシア小麦の輸出許可をもらうのに成功したからである．グッリエルモは，ギリシアでの小麦の入手を準備する一方，ペラやキオスでの用船の手配をしたのみならず，一族やその代理人たちに遠近各地の用船市場で手配するように依頼し，リオーニにもヴェネツィアでの用船を依頼してきた．キオスは，エーゲ海の商業・海運の拠点であり，当時はトルコの支配権

---

20) 最高価格令は，1527年12月に制定された．Vedi, Sardella, op. cit., p. 27.
21) A13.
22) A1, B1, B4.
23) リオーニの家系については情報がない．齊藤「リオーニ商社の書簡複写帳」既出，上，105-106頁，参照．
24) ダ・ソマイアの家系については次の情報がある．（トスカーナの）ソマイアの領主で，プリオリを21人，正義の旗手を1人，元老院議員を2人，それぞれ複数のマルタ騎士団員，サント・ステーファノ騎士団員を輩出した．Vedi, Mecatti, Giuseppe Maria, *Storia genealogica della nobiltà, e cittadinanza di Firenze,* Napoli, 1754 (ristampa anastatica, Bologna, 1971), p. 99. 共和制期から君主制期にかけての，すなわち本章の対象時期における，フィレンツェの名門家系である．

第4章　プレヴェザ海戦後のヴェネツィア　　239

のもとで，ジェノヴァの植民地経営組合（マオナ）によって経営されていた*[25]。グッリエルモは，最初，15万スタイオ以上もの小麦，ということは一人あたりの一年間の平均消費量が約3スタイオ（1スタイオは，約83リットル，約62キログラム）だから*[26]，5万人を一年間養える量の小麦を輸出する計画をもっていたらしい．リオーニによれば，グッリエルモとその一族が用意した（具体的な金額の記述がない）資金は，小麦の代金だけならばともかく，用船料金そのほかの諸経費を含めた総経費としては，これだけの計画には不十分であった*[27]．

　リオーニは，1539年11月10日付の書簡*[28]で，彼が入手した各地の用船市場の情報をグッリエルモに報告する．ヴェネツィアでは，小麦輸送の準備をした船はすべてクレタやキプロス（両者ともヴェネツィアの海外領土）に出かけてしまい，現在少しでも雇用の可能性のある船は3隻しかない．アンコーナでは，雇用の可能性はほとんどない．リヴォルノでは，かりに「ビスケー」や「西方諸地方」（すなわちスペインないしポルトガル）の船がいたとしても，その乗組員は（母国と戦争状態にある）トルコの領土にはいきたがらない．ラグーザ（ドゥブロヴニク）の船は，レヴァンテで小麦を積む場合，同国政府の命令で積み荷の三分の一はラグーザに降ろさなければならず，自由な用船ができない．ちなみに，レヴァンテは，この場合，事実上トルコの領土を意味する．マルセイユでは，（フランスとトルコの友好関係を背景に），すでに10隻ほどがギリシア，シリア，エジプトにでかけており，そのほかの船は小麦を積むために「バルベリーア」，すなわちマグリブに出かけたので，雇用の可能性はない．ナポリとメッシーナ（両者ともカールの支配下にある都市）では，すでにすべての船が，小麦を（カールの支配する）シチリアから，ナポリ，チヴィタ・ヴェッキア（教皇国家），リヴォルノ（フィレンツェ公国），ヴィアレッジョ（ルッカ共和国），ジェノヴァに，すなわちイタリア西岸各地の海港に輸出するために，商人たちに雇用されてしまい，可能性はない．いずれにせよ，トルコ領土に安全に航海できるのは，ラグーザ船のほかには，トルコ政府の許可をもつフランス，アンコーナ，フィレンツェの船である*[29]が，それは払底している．さらに，この書簡で，アドリア海を巡回するヴェネツィアのガレー艦隊についても報告する*[30]．この艦隊は，ヴェネツィ

---

25)　Vedi, Istituto della Enciclopedia Italiana, ed, *La piccola Treccani,* II, Roma, 1995, voce "Chio".
26)　Aymard, op. cit., p. 17.
27)　C4, A1, A3.
28)　A1.
29)　A3.

ア以外を目的地とする小麦輸送船を発見すれば，船は拿捕し，小麦はヴェネツィア，あるいはヴェネツィア領土のいずれかに強制的に降ろさせる．

さて，ヴェネツィアに停泊していた上記の3隻のうち，2隻はまもなく雇用の可能性がなくなってしまった．ヴェネツィア人ドルフィーノ（ドルフィン）の船は，（小麦を積みに）キプロスに，フェッラーラ公の船は，同公がフランス大使の仲介でスルタンから小麦の輸出許可をもらうとすぐに，ギリシアに出航したからである*31)．リオーニは，残る1隻を確保しようと，船主のヴェネツィア人ベルナルディを説得しながら，この船主と船を雇用する側の代表者ジローラモとの対立を調停しようとした．ベルナルディは，小麦用船が払底していること，さらにヴェネツィア船にはレヴァンテ海上でトルコ艦隊と遭遇して，あるいは現地で露見して拿捕される危険があることから，高額の用船料金を要求した．ジローラモは，ヴェネツィア船を派遣すれば，トルコ領土で小麦輸出を指揮するジャンバッティスタとグッリエルモが危険になること，ほかではより低額で雇用する可能性があること，などから，この用船に難色をしめした．リオーニは，船はラグーザ船として偽装すること，ジャンバッティスタは現地のサンジャック・ベイ（県知事）から兄弟のようにたいへん可愛がられていることから，いずれの危険もないと主張し，料金については両者の妥協点を見出そうとした*32)．

1540年1月7日付の書簡*33)では，リオーニは，ダ・ソマイア一族の代理人として，すでにベルナルディと最終的な合意にたっしていた．その翌日，ないし翌々日に作成された用船契約書は，複写が数通作成され，書簡に同封して発送されたが，書簡とは別物なので，書簡複写帳には複写されず，原本にせよ，複写にせよ残存していない．しかし，その前後に作成された数通の書簡*34)の記述にもとづいて，内容を復元すれば，次のようになる．用船料金は，「積荷の小麦100スタイオあたり（以下省略）」，基本料金が50ドゥカート，ダ・ソマイア側が海上保険掛金を負担しないかわりに支払う特別料金が5ドゥカート，計55ドゥカート．用船料金の支払いは，帰港後ただちに，積載してきた小麦を販売しておこなう．現地で船腹いっぱいに小麦を積み込めず，一部を空荷にしたまま帰港した場合，空荷の分に対しても用船料金を支払う．現地での停泊期間は30日以内．さて，用船契約書では，船はラグーザ船として偽装されていた．このヴェネツィア

---

30) A1.
31) A2.
32) A1, A2, A4, A5, A6, A7, A8, A9, B15.
33) A10.
34) A5, A7, A8, A10, A12, A13.

第 4 章　プレヴェザ海戦後のヴェネツィア

船は，ベルナルディがラグーザ人オルサットに偽装売却し，フィレンツェ人リオーニがこのオルサットから雇用する体裁をとり，小麦の輸出先は，実際はヴェネツィアであるが，リヴォルノと偽装して記述された．用船契約書の複写を同封して発送される書簡では，偽装がばれないように，この偽装にあわせた文言が記述されたのである．一方，リオーニとベルナルディとの間では，用船契約書の文言について，「リヴォルノ」は「ヴェネツィア」と，「リヴォルノの100サッコ（計量単位）あたり」は「ヴェネツィアの100スタイオあたり」と読み替える，という確認がなされた[35]．

　1月8日付の書簡（ジャンバッティスタ宛）[36]において，ベルナルディの船が1隻だけではなく，もう1隻あることがはじめて記述されるが，第二の船がこれまで記述されなかった経緯については不明である．いずれにせよ，そのうち大船は1万1千から1万2千，ここではじめて記述された小船は約4千スタイオの積載量をもち，両船は同行することになった．小船の用船契約は，大船の用船契約のなかに含まれる[37]ので，両者は同一の条件で雇用された．したがって，小船もラグーザ船として偽装されたと思われる．ちなみに，4千スタイオは400ボッテ，240トンである[38]から，小船は約240トン，大船は約720トンとなり，この大船は当時のヴェネツィアでは最大級の船である[39]．

　この前後の数通の書簡[40]から，この2隻の具体的な状況が判明する．船長はラグーザ人，そのほかの乗組員の大部分はダルマツィア人，積荷監視人（一人）はフィレンツェ人からなり，乗組員のなかでは船長についで，舵手と書記が重要な地位をしめた．小麦の価格は，市場に出回る小麦の量によって上下するので，ギリシアからの小麦は，到着が一月あるいは一週間，早いか遅いかによって価格が大きく左右されうる．このことから，リオーニは，4月末までに帰港すれば，大船の船長には50ドゥカート，ほかの主要な乗組員には合計300から400ドゥカートを，その職階に応じてあたえる約束をした．また，現地ヴォロスで荷積みの指揮をとるジャンバッティスタには，さまざまな注意をあたえた．現地の人々を雇って産地の村々にやり，小麦を荷車に積んで海岸まで運ばせ，一刻も早く荷積み作業を終わらせること．乗組員との間に，船に積み込む小麦の量については合

35)　A13.
36)　A11.
37)　A13.
38)　Aymard, op. cit., pp. 56f.
39)　Ibid., pp. 58f.
40)　A1, A12, A13.

意ができたが，（その量にいたるまで）小麦を受け取る義務が乗組員の側にあるとする合意はできなかったので，積載量に注意すること．ユダヤ人（とりわけキリスト教徒側の事情に通じているセファルディム）によって偽装が見破られ，当局に告発されることがないように，乗組員を上陸させないこと．とくに（ユダヤ人の多い）テッサロニキにはいかせないこと．船の現地出港にさいして，用船契約書にあわせて偽装した積荷証書を作成させること．なお，ジャンバッティスタは，ヴォロスにいる自分宛に（グッリエルモの勘定で）商品を送るように注文してきたが，リオーニは，その全部を手配する時間がなく，この大船に積み込んだのは44荷の紙と8荷の雑貨だけであり，すでに手元にあるガラス製品は出港に間に合えば同船に積み込むが，まだ手元にないほかの商品は別便で送る予定にした．この商品の取引勘定における持分比率は，グッリエルモが三分の二をもち，リオーニがもつ予定であった残りの三分の一は，ジローラモが途中で横取りするかたちとなった．さらに，大船にはいくらかのドゥカート金貨も積み込まれたらしい[41]．

　この2隻が輸入する小麦の勘定における持分比率は，リオーニとベルナルディが合意して，ダ・ソマイア一族とベルナルディがそれぞれ10 1/2カラットずつ，リオーニが3カラットをもつことになっていた．しかし，この小麦の売却にかんするヴェネツィア当局との取り決めが最後の土壇場で否決される（後述）と，ベルナルディはこの合意を取り消し，あらためてダ・ソマイア一族とベルナルディが12カラットずつもつことにした[42]．リオーニは，一族の持分のうちから2カラットを自分に譲渡してくれないか，とグッリエルモに打診した（1月13日付の書簡）[43]が，以後の書簡ではこの件にふれておらず，譲渡してもらえなかったようである．

　ベルナルディの2隻は，1月20日の夜に（人目を避けて）ヴェネツィアを出港，2月17日にはカネーア（クレタの都市）を出港しており，このとき，ヴォロスに到着するのは2月25日になると推測されている[44]．

　小麦の輸出拠点ヴォロスを目指して各地を出港した船は，この2隻だけではなく，3月23日付の書簡[45]によれば，次のように多数となり，積み込む小麦が不足するのではないか，と（冗談にせよ）いわせる[46]くらいであった．①ベルナ

---

41) A12, A13.
42) A12.
43) A12.
44) A13, A14, A15.
45) A16.

第4章　プレヴェザ海戦後のヴェネツィア

ルディの船（大），②同（小），③コレーゼの船（フランキーニがヴェネツィアで雇用し，①②に少し遅れて出港），④フェッラーラ公の船，⑤同公の代理人が雇用した船（ローザ号），⑥パゴロ・ディ・ニッコロ（・チチーニ）の小船（ラファエッロがナポリで雇用）[*47]，⑦ラファエッロがナポリないしシチリアで雇用した船（その一），⑧同（その二），⑨同（その三），⑩ジェリーノの船（ジェリーナ号，貨幣を積んでペラから出港），⑪サルヴィアーティの船（ペラから出港），⑫ルカ・ダンジョロの船，⑬パラモータ号，⑭チチーニア号（⑥と同一のものと思われるが，史料の文言では明確に識別するのが困難），⑮ラグーザの大船（大司教の勘定による），⑯同（コムーネの勘定による），の合計15隻（⑥と⑭が別船であれば16隻）．さらに，同書簡では，ほかの船もヴォロスにいく可能性があるという．

いずれにせよ，このうちの6隻（①②⑥⑦⑧⑨）は，ダ・ソマイア一族によって雇用されたことが明確であり，ほかの4隻（⑩⑪⑫⑬）のそれぞれにも，その可能性がある．このなかで，ヴェネツィアに到着したのは，雇用されたのが明確な船のなかの3隻（①②⑥）である．一族に雇用された可能性のある船のうち，1隻（⑩）はヴェネツィアを目指したが，用船契約にしたがった船長の自主的な判断によって，途中のコルフで小麦を降ろし，別の1隻（⑫）はラグーザに拿捕されることになる．ちなみに，1月3日の時点では，ダ・ソマイア一族が雇った船は，まだ1隻もヴォロスに到着してはいない[*48]．

3　交渉と失敗

リオーニは，ダ・ソマイア一族が小麦の輸出許可をもらったこと，自分にヴェネツィアでさせている用船の手配など，この一族が各地で用船を手配しはじめたことをしると，小麦をヴェネツィアに輸入させ，その取引を自分が指揮して，おおきな利潤と名声をえようと画策した．11月29日付の書簡（グッリエルモ宛）[*49]で，一族の小麦の一部をヴェネツィアに輸出するなら，その数量，船名，船長名を至急しらせてほしいと要請した．この情報にもとづいて，一定期日までに小麦

---

46)　C6.
47)　パゴロ（パウロ）・ディ・ニッコロの船は，ニッコロ・チチーニの船とも表現される（B15, B18）．パゴロ・ディ・ニッコロ・チチーニがその船長である（B16）から，父親のニッコロが船主で，息子のパゴロが船長であると思われる．なお，⑭のチチーニアというのは，チチーニの女性形容詞であり，チチーニ家の船（船は女性名詞）という意味にとれる．
48)　C14.
49)　C3.

をヴェネツィアに搬入することを政府当局に約束し，この約束にもとづいて，販売価格に上乗せする輸入奨励金を当局から保証してもらうためである．ちなみに，このことでダ・ソマイア一族がヴェネツィア当局と交渉するさいには，次の三つの方法があった．①一族ないしその各人が，代理人リオーニの頭越しに当局と直接交渉する[50]．②自己の思惑どおりにリオーニに細かく指図して交渉させる．③リオーニに「自由委託」して（自由な裁量権をあたえて）交渉させる．このほかにも，あらたに別人と代理人契約をむすび，この新しい代理人に交渉させる，という方法もありえた．さて，やる気満々で交渉に自信をもつリオーニは，自由委託がほしいとグッリエルモに要求した[51]．自由委託であれば，状況におうじて自由に腕がふるえるのみならず，自分もその取引勘定に持分をもつ可能性，ないしは持分の割合が増大するし，持分をもてば，たんに取引手数料をえるだけではなく，利潤の分配にもあずかることができる．

ヴェネツィア当局は，1539年11月12日付の書簡[52]によれば，他国の領土から小麦を輸入する者には，12月いっぱいであれば4リラ，翌年の1月いっぱいであれば3リラの輸入奨励金を支払うという規定を制定した．しかし，一族の小麦が到着するのは4月以降の予定だから，リオーニは，当局と先物取引の契約をして，将来到着するこの小麦に対して，奨励金を支払うことを保証してもらおうとした．先物取引とは，将来の一定期日に商品を受け渡しすることを約束した売買取引である．1月13日付[53]および2月9日付[54]の書簡（いずれもグッリエルモ宛），およびそのほかの書簡[55]によれば，リオーニとシニョリーア（政府機関の一つ）との交渉の経過，交渉の結果確定した取引条件，その条件で正式契約をするか否かを政府部内（コレージョ，十人委員会）で審議した結果，は次のようである．

リオーニは，自分が提出した（小麦の数量，船名，船長名，などを記入した）文書にもとづいて，ヴェネツィアのシニョリーアと交渉した結果，ヴォロスないしテッサロニキで商取引によって入手した小麦を，特定期日までに政府に引き渡すことをダ・ソマイア一族の名誉にかけて誓約した．先物取引をする権限をダ・

---

50) Cfr., C5. ラファエッロは，ヴェネツィア政府の書記官と，ナポリにおいて小麦取引の交渉をする意向をもっていた．
51) C1, C3.
52) B1.
53) C7.
54) C11.
55) C8, C9.

第4章 プレヴェザ海戦後のヴェネツィア 245

ソマイア一族からまだ委託されていないのに，委託をえている時間的な余裕がなかったという理由により，独断で，リオーニ自身の名義において取引覚書に署名した（1月12日）．ダ・ソマイア一族には，事後了承をもとめることにしたのである．この取引覚書では，小麦の量は2万5千スタイオであること，4月末までに引き渡した場合は（麦価と奨励金との合計で）21リラ，1か月遅れて5月末までに引き渡した場合は（遅延の罰金1リラを差し引いた）20リラ，が1スタイオあたりの価格として支払われること，正式契約の成立後に4千ドゥカートの手付金が支払われること，が取り決められていた．この取り決めは，コレージョ（政府機関の一つ）では18票のうち賛成16票で通過したが，十人委員会（政府機関の一つ・権力の中枢機関）ではまったく予想に反して否決された（1月15日）．リオーニは，穀物局と再度交渉した結果，新たに次のような条件で署名した．量は同じく2万5千スタイオ，その三分の一は20リラの価格で4月末までに，残りは19 1/2リラの価格で5月末までに引き渡すこと，手付金の支払いはないこと．ただし，この期限に遅れた場合にも，1スタイオあたり1リラ（20ソルド）の罰金を支払えば，三分の一は5月末まで，残りは6月末までならば引き取ってもらえる．さて，今度の提案は，コレージョでは19票のうち賛成17票で通過した（19日午前）が，昼休み時間に，穀物局の［上級］監督官が（罰金と引換に1か月の）遅延を許容するという条項の削除を要求してきたので，リオーニがこの要求を拒否したところ，監督官たちは十人委員会で妨害してやるといい，事実そこで否決されてしまい（同日午後），取引は再度白紙にもどった．しかし，リオーニは，ベルナルディの2隻の船を（おそらく予定どおり）翌日（1月20日）の夜に出港させた．以上の顛末を報告した後で，リオーニはグッリエルモに次のように懇願する．この両船がもしヴェネツィア以外で小麦を降ろすことになったら，政府は船主のベルナルディをヴェネツィアから追放し，彼の全財産を没収するので，両船は必ずヴェネツィアに帰港させてもらいたい．

　その後，当局が一時プーリアやシチリアから小麦を輸入する希望をもっていたとき，交渉の再開は見送られていたが，その希望が消滅する（2月9日以前）と，再開の時期がやってきた*[56]．リオーニの思惑は，（同じ2万5千スタイオであること），一部は4月末まで，一部は5月末まで，一部は6月末までに引き渡し，価格は20から19 1/2リラであること，それぞれの期日までに引き渡せないときには，1スタイオあたり1リラの罰金を支払うこと，（手付金はないこと）であった．しかし，リオーニが，その気になればすぐにでも取り決められたのに，当

---

56) C11.

局との取り決めを引き延ばしたのは，ジローラモがそれに反対していたからである．リオーニがさきに当局と（契約するのに失敗した）取り決めをしたとき，まさにそれと並行して，ジローラモは，フィレンツェで2千モッジョ（計量単位）の（ヴォロスからの）小麦について，（ヴェネツィア政府と推定できる相手と自分自身の名義で直接に）取り決めをしていたのである[*57]．リオーニがさきに当局と取り決めた小麦の量は2万5千スタイオであり，ベルナルディの2隻の船の合計積載量は約1万5千スタイオであるから，ダ・ソマイア一族が手配したほかの船に積む小麦のうちから，約1万スタイオをリオーニに回してくれなければ，リオーニの（名義でおこなう）取り決め自体が実行不能となり，罰金（違約金）として1スタイオあたり1リラの罰金を支払うことになる．ジローラモは，リオーニがでしゃばって独断でした取り決めは事前に連絡がなかったと非難し，代理手数料として（1スタイオあたり国際相場より）3ソルド以上も多く要求すると憤激し，その取り決めではグッリエルモとジャンバッティスタの生命と財産が危険になりうると危惧したらしい．一方，ベルナルディは，すぐにでも当局と正式契約をしなければ2隻の小麦の販売計画が宙に浮くといって，リオーニに契約の早急な締結をせまった[*58]．リオーニは，ジローラモとベルナルディの双方から責めたてられたのである（2月12日付の書簡）[*59]．また，ヴェネツィアのシニョリーアも，交渉再開を催促し，ジローラモの承諾をえるために言を左右にして時間稼ぎをするリオーニに，不満を表明してきた（2月18日付の書簡）[*60]．

このとき，状況が劇変した．ヴェネツィアのガレー艦隊が，合計で約3万5千スタイオの小麦を積んだ4隻のラグーザ船をラグーザ沖で拿捕した，というニュースがヴェネツィアに飛び込んできたのである（2月18日付の書簡・既出）．これで当面の食糧危機は解消してしまい，人々がその喜びに沸いているうちは，交渉再開ができなくなってしまった．リオーニは，熱狂が冷却するのをまって，交渉を再会するつもりではいた（2月18日付の書簡・既出）．ようやく2月23日になって，リオーニに当局との取引を自由委託するというジローラモの書簡がとどいたが，「この手紙は遅すぎました」（2月23日付の書簡）[*61]．シニョリーアと取引する時期を逸してしまったが，「その原因の大部分は，この取引をすることをどうしても聞き入れなかった，フィレンツェのジローラモにあることは確かで

---

57) C11.
58) C11, C12, C14.
59) C12.
60) C13.
61) C14.

第4章　プレヴェザ海戦後のヴェネツィア

す」（2月24日付の書簡）[62]．以後の書簡には，当局と小麦の先物取引をするという記述は，もはやみられない．3月になると，ラファエッロがナポリで雇ってヴォロスに送ったパゴロ・ディ・ニッコロ・チチーニの船（上記⑥）が運んだ小麦，キプロスから海路で運ばれた2万スタイオの小麦，「ドイツ」[63]から陸路で運ばれた「多く」の小麦，が続々と到着した[64]ので，ヴェネツィア当局は，リオーニとの先物取引の交渉を打ち切ったものと思われる．ちなみに，ヴェネツィアからミュンヘンまでの直線距離は，ヴェネツィアからミラーノとトリーノの中間までの距離，あるいはフィレンツェとローマのほぼ中間までの距離にひとしい．

ヴェネツィアでおこなう小麦関係の仕事で，リオーニに残ったものは，ダ・ソマイア一族がヴォロスから同市に送る小麦を，市場で売却することだけだった．具体的にいえば，ニッコロ・チチーニの（息子のパゴロを船長とする）船と，ベルナルディの2隻の船がもたらす小麦の売却である．前者は，1647 1/2スタイオを積み[65]，その到着が3月18日付の書簡ではじめて記されている[66]．後者は，合計で4232キロ（スタイオではない）を積み，4月24日にヴォロスを出航，6月2日に到着している[67]．前者は，ヴェネツィア艦隊に一旦拿捕されてから到着したので，後述する．

ベルナルディの船の小麦は，当局と先物取引の契約をすることに失敗していたので，市価にしたがって売却するしかなかった．到着したときには，新しい収穫への期待と，ヴェネツィアとトルコの和平成立とによって，市価はすでに下落していた．とはいえ，新しい収穫の豊凶はまだ不明なので，市価の上下変動の予測ができず，大規模な売買は見合わせられていた[68]．しかし，リオーニは，用船契約によって義務づけられ，ベルナルディがそれを要求した，約4千ドゥカートの用船料金の支払いのために，小麦の一部を早々に売却する必要にせまられた[69]．残りは，ジローラモの指示にしたがい，イタリア各地の市価の動向をみながら，何回かに分けて適宜売却していくことになる．最初（6月7日以後の数

---

62) C15.
63) B5 に「ウィーンやドイツのほかの地方」とある．ちなみに，Aymard は，小麦買付のために派遣された人物の報告書（6月16日付）にもとづいて，この1540年にはじめて，オーストリアやドイツからヴェネツィアに少量の小麦が輸入されたとする．Vedi, Aymard, op. cit., pp. 52, 82.
64) C18, C19.
65) B20.
66) B18.
67) A18, A19, A20.
68) A20.
69) A20, A22, A27.

日内）は7リラ5ソルド，それから7リラ10ソルド，8リラ，8リラ10ソルド，9リラ……と進んで，最後（8月31日）は12リラ4ソルドで売却した[70]．市価が上昇したのは，新しい収穫の不作が明白になったことによる[71]．

ヴォロスからリオーニが受け取った6月1日付の書簡には，ジャンバッティスタは，すべての船を出港させたが，麦価が（キロあたり）80アスプロ（トルコの貨幣単位）に上昇したので，マルコ・ディ・ルスコの船には小麦を積まずに出港する許可をあたえた，と記されていたという．この書簡をリオーニのところにみずから運んできたザナット・ポマロによれば，ヴォロスでは不作と代官の命令とによって小麦輸出は停止となり，またジャンバッティスタはテッサロニキにいき，グッリエルモがそこに送るはずの書簡の指示にしたがって，同市にとどまるか，ペラにいくかを決めることになった[72]．ここに，ダ・ソマイア一族による，ヴォロスでの小麦の輸出作業はおわった．

さて，ヴェネツィアでの荷下ろしが全部終わった段階で，ベルナルディの2隻の船の小麦の量をめぐって一悶着がおきた．この2隻に二日遅れて到着したコレーゼの船（上記③）と，ベルナルディの大船，小船の三者の間で，積荷の小麦の計量に大差のあることが判明したからである[73]．荷積みのさい，1キロ（ヴォロスの単位）は，コレーゼの船では2スタイオに8リブラを加えたものとして，小船では2スタイオから3リブラを引いたものとして，大船では2スタイオから11リブラを引いたものとして計量されており，その結果，同じ1キロでも最大値と最小値の間には実質8％[74]，あるいは10から11％もの大差がでる[75]ことになり，とりわけ大船の損害がひどかった．その責任は，ジャンバッティスタの補佐役ピエロ・ポマロや，船の書記たちにあるとされた[76]．ベルナルディは，ダ・ソマイア一族の代理人であるリオーニに対し，この過失で実質的に空荷となった分，すなわち大船の8百，小船の2百，計1千スタイオ分の用船料金550ドゥカートを負担すること，さらに積荷監視人の賃金と，専用の飛脚や船便をもち

---

70) A27, A29.
71) B36.
72) A26.
73) A21, A23.
74) A21（ジローラモ宛）．
75) A23（ジローラモ宛）．ちなみに，計量における異同の数値についての表現は，A24（グッリエルモ宛，小船の数値については記述がない），A25（ジャンバッティスタ宛，小船の計量には不足がないと記述）というように同一ではなく，異同の実態は必ずしも明確ではない．A25の表現は，この失態の責任者である相手に対して遠慮した結果だろうか．
76) A21, A23.

第4章　プレヴェザ海戦後のヴェネツィア　　249

いた速達料金とは，その全額を負担することを要求してきた．この件は，共通の友人の仲介による示談ですませたいが，それができなければ提訴するという．リオーニは，常識では，負担するにしても負担額は半分で，残りの半分はベルナルディの負担になるはずだと考え，ジローラモも，ベルナルディの要求は不当だと考えたので，示談は拒否された．ベルナルディは提訴し，リオーニの危惧どおり，(地元の人間である)ベルナルディの全面的勝訴に終わった*77)．9月25日付の書簡*78)と一緒にリオーニがジローラモに送った，この2隻の小麦の最終的な勘定書では，ダ・ソマイア一族の利益，すなわち裁判費用をもふくむ諸経費を差し引いた純利益は，234リラ14ソルド9デナロ・ディ・グロッシ(ここはディ・ピッチョリではない)という少額であった，と同書簡に記されている．

4　拿捕と没収

1540年2月18日付の書簡(既出)に，上記のように，ヴェネツィア艦隊によるラグーザ船の拿捕についての記事が登場する．この事件の経過を追跡してみよう．小麦をヴォロスで積み込んだ3隻と，エヴィア(ネグロポンテ)で積み込んだ1隻，計4隻のラグーザ船が，ラグーザ沖で，(おそらく待ちかまえていた)ヴェネツィアのガレー艦隊に拿捕された．4隻が積んでいたのは合計で，約3万5千(2月18日付の書簡)*79)，2万8千(3月4日付の書簡)*80)，3万(3月12日付の書簡)*81)スタイオとされ，必ずしも明確ではない．いずれにせよ，これはラグーザの食糧事情に深刻な影響をおよぼしたらしく，3月4日付の書簡(既出)では，ラグーザにはすでに餓死者がでているという．16世紀中葉のその人口は，市内人口が6千から8千，領土全体の非農業人口が合計で2万前後であったという*82)．ヴェネツィア艦隊は，この小麦の一部をコルフ，ザンテ，ザラに荷下ろしさせた後，4隻を(イストリア半島西岸の)パレンツォに連行して(そこでヴェネツィア政府の指示をまち)，そこから残りの小麦を荷下ろしさせるためにヴェネツィアに連行した*83)．これらのヴェネツィア海外植民地は，イオニア海，

---

77)　A21, A24, A29, A31, A34.
78)　A32.
79)　B12.
80)　B16.
81)　B17.
82)　Aymard, op. cit., p. 28. ただし，同書の14頁では，時代を特定していないが，ラグーザの都市人口を8千から1万としている．ちなみに，次の書物では，15世紀末のラグーザ人口は5千から6千，領土全体の人口は2万5千から3万としている．クレキッチ，バリシャ，田中一生訳『中世都市ドゥブロヴニク』彩流社，1990年，60頁．

アドリア海における商業拠点であり，当時はトルコ海軍に対抗するための重要な軍事拠点になっていたと思われる．

ラグーザの大使が急遽ヴェネツィアにやってきて，政府と交渉したが，小麦の返却については問題にされず，実際の交渉は，没収された小麦の代金をめぐるものとなった*84)．原価より少し高めの価格とするか，ヴェネツィアでの市場価格とするか，ということが協議された．そのさい，ヴェネツィア政府は，ラグーザ船の船長たちはラグーザでよりもヴェネツィアで小麦を販売するほうが利潤がおおきいので，よろこんで拿捕するにまかせた，と言い立てた．さらに，政府は，もはや使用されていなかった古い法令を引っぱり出してきた．没収されたレヴァンテ産の小麦は，ヴェネツィアでは「粗質」（グロッソ）の小麦として分類されていたが，この法令では，粗質小麦の最高価格は13 1/2リラと規定されていた．結局，船長たちは13リラで小麦を売却することになった（3月23日付の書簡）*85)．トルコのスレイマンは，この事件の報告を聞いても泰然自若として，ラグーザに新たに2万5千スタイオの輸出許可をあたえたので，ラグーザは，ただちにヴォロスに向けて3隻の船を送り出した（4月3日付の書簡）*86)．その後ほぼ半年たってから，4隻のラグーザ船はヴェネツィアから釈放されることになった（9月1日付の書簡）*87)．

ヴェネツィアのガレー艦隊は，ラグーザ船だけではなく，ラファエッロがナポリで雇ったチチーニの小船（上記⑥）をも拿捕した．積荷はヴォロスの小麦であり，小麦の持分はダ・ソマイア一族が892 1/2キロ，船長と乗組員が約500キロである．3月3日付の書簡*88)で登場するこの事件の経過を追跡してみよう*89)．拿捕されたチチーニの船は，ヴェネツィアの「カピターノ・デル・ゴルフォ」（アドリア海司令官）の命令と要請により，同国のダルマツァ領土のザラとセベニコという二つの拠点に小麦の一部，合計1208スタイオを降ろした後，ヴェネツィア政府の指示をまつために，艦隊によってパレンツォに抑留された．リオーニは，3月1日，船長のパゴロ（パウロ）・ディ・ニッコロ・チチーニがパレンツォで書いた書簡を受け取ってこれをしり，早速翌2日の朝，シニョリーアにい

---

83) B12.
84) B15, B16.
85) B20.
86) B22.
87) B38.
88) B15.
89) B15, B, 16, B17, B18, B20, B21, B23, B27.

第4章　プレヴェザ海戦後のヴェネツィア　　　251

って談判した．その結果，同船がヴェネツィア以外にいったら4千ドゥカートの罰金を支払うとの誓約をしたうえで，同船をただちにヴェネツィアにこさせよ，という内容の艦長宛の，艦長不在時にはパレンツォの執政官（ポデスタ・単数）宛てとした命令書を作成してもらった．それを自分の召使いの一人にもたせて船長宛に送り出し，二日もすれば船長が船とともにくるだろうと思っていた．ところが，船長は，船の管理を船の書記に委託し，両地で降ろさせられた小麦についての証明書をもって，3日，自分からリオーニのところにやってきたのである．

　この証明書自体が十分な効力をもつわけではないので，リオーニは，ヴェネツィア人の友人たちの協力により，すでに降ろした小麦については，ヴェネツィアの市価で，さらに同市に搬入した場合に準じる奨励金をこれに加えて，代金が支払われるようにしてもらった．その結果，このレヴァンテ小麦の代金は，市場価格が13 1/2，奨励金が4，合計17 1/2リラとなった．このチチーニの船は，3月18日にはすでにヴェネツィアに停泊していたが，セベニコで降ろした402スタイオの代金は，同船の書記をセベニコに派遣して徴収することになり，そのほかの（ザラで降ろした）806スタイオの代金は，ヴェネツィアの穀物局から支払われることになった．というのは，セベニコの執政官（レットーレ・単数）は，その自治体のために降ろさせた小麦について，シニョリーアが指示する代金を支払う用意があると，すでに穀物局に通告していたからである．船の書記は，シニョリーアが執政官宛に上記の代金の支払いを指示した令状，リオーニが執政官に早急な措置を依頼した書状，およびリオーニの友人たちの執政官宛の口添状をもって出発した．しかし，この執政官は，現金を支払うことはせず，自分がセベニコでヴェネツィアのシニョリーアのために支払ったすべての現金の領収書を，書記にもち帰らせた．結局，ヴェネツィアの穀物局が，セベニコの小麦の代金を全額リオーニに支払うことになった．さて，パゴロ・チチーニは，ヴェネツィアに運んできた残りの1647 1/2スタイオの小麦をリオーニに委託した．この小麦についても，リオーニは，友人たちの協力により，穀物局がパン屋にそれを優先的に購入するように命令する，というように仕向けて，4月初旬には全部を売却したが，その代金は同様に，市場価格と奨励金の合計で17 1/2リラであった．上記のラグーザ船の小麦の代金は，市場価格の13リラだけだったが，チチーニの船のそれは，最高価格令の上限の13 1/2リラに奨励金4リラを加えたものになったのである．チチーニの船の小麦の取引からえた取り分は，ラファエッロが1,600，ジローラモが1,000，リオーニが500スクードだった[90]．

90）　B35．なお，16世紀初め以降，ヴェネツィアでもスクードという名称の金貨が発行された．

ヴェネツィアは、ラグーザ船やフィレンツェ人の雇用した船を拿捕したが、それを正当化しうるような根拠は、存在したのだろうか．この問題について、同じ史料に記された二種類の事例を検討してみよう．一つは、食糧危機において、政府が外国船を拿捕して食糧を没収する権利は、国際的に黙認されていたらしい、と思われる事例である．もう一つは、アドリア海を「われわれの海」(nostro golfo)とするヴェネツィアの主張が、国際的に黙認されてきたらしい、と思われる事例である．

　食糧没収の権利からみていこう．小麦を積んだルカ・ダンジョロの船（上記⑫）は、2月4日、アドリア海に向けてヴォロスを出港した．リオーニは、出港を記した3月4日付の書簡[91]で、この船の目的地は明示していないが、それが情け容赦のないヴェネツィア艦隊と出会ったり、（4隻の船の拿捕の影響で）餓死者が出ているラグーザに寄港したりすれば、拿捕されるであろうと危惧していた．結局、この船はラグーザに拿捕され、小麦は没収されることになった．リオーニは、この小麦の正当な代金をラグーザ政府から受け取ろうとする、ラグーザ在住のザノビ・ベルトリに協力した．ラグーザはフィレンツェ商人にはきわめて重要な市場だったから、リオーニの代理人であるこのベルトリは、当然ダ・ソマイア一族の代理人でもあったと推測される．この小麦の荷主がダ・ソマイア一族か否かは明確でないが、いずれにせよジャンバッティスタがその荷積みをしていることから、その荷主はフィレンツェ商人の代理人網を通じて、ベルトリに代金の受領を委託してきたものと思われる．リオーニはベルトリに次のように書き送った[92]．ラグーザは、「われわれに迷惑をかけた」ので、正当な代金を「ビタ一文欠かさずに支払わなければならないはず」であり、正当な代金とは、チチーニの船の件でヴェネツィア政府がリオーニに支払った17 1/2リラ、すなわち3 1/9スクード・ドーロ（金スクード）である．ラグーザ政府は、貴方と決済したがってはいるのに、この正当な代金を支払う気がないとのことであるが、ヴェネツィア政府がわたしに17 1/2リラを支払ったという証明書を送るので、ラグーザ政府と交渉するさいにはそれを役立ててほしい．

　もう一件は、同じ3月4日付の書簡（既出）ではじめて登場する、パラモータ号の拿捕である[93]．ヴォロスから小麦を積んでリヴォルノに向かったこの船は、寄港したメッシーナで拿捕され、メッシーナの市民のために同市で、次いでジェ

---

91) B16.
92) B28.
93) B16, B19, B26.

第 4 章　プレヴェザ海戦後のヴェネツィア　　　　　　　　　　253

ノヴァのために1,500サルマ（計量単位）をシチリアのほかの場所で，荷下ろしさせられた後，ジェノヴァに連行された．当時，シチリアはスペイン国王兼皇帝のカールの支配下にあり，またジェノヴァ人提督アンドレーア・ドーリアがカールに奉仕していたから，パラモータ号を拿捕し，連行したのは，ドーリアの指揮下にあるジェノヴァ艦隊ではないかと推定される．いずれにせよ，リオーニは，「どこであれ寄港させるなどとは，軽率なことです」*94)と，拿捕した側ではなく，拿捕された側を非難している．

　では，アドリア海は「われわれの海」という，ヴェネツィアの主張に移ろう．ヴェネツィアは，1537年，ラグーザ船のレヴァンテへの航海を禁止する法律を制定し，これに違反すれば密輸にあたるとして，船は拿捕，積荷は没収することにしたという*95)．香辛料や亜麻織物を大量に2万5千スクード分も積んで，アレクサンドリアから出港したパスクアーレのガレオン船（帆船の一類型）は，雇われてラグーザに向かっていたところ，1540年2月前半頃，ヴェネツィアのガレー艦隊に拿捕された．ヴェネツィアの「プロヴェディトーレ・デル・ゴルフォ」（アドリア海監督官）は，これを密輸として，商品を没収し，それをヴェネツィアに送った．ヴェネツィアでは，シニョリーアが，密輸か否かを判定し，商品全部を措置することになった．リオーニは，「それを取り戻すことはできないか，できても少しだけ」だが（2月18日付の書簡）*96)，荷主には「25ないし30，あるいはおそらく40％の損害になるが，［商品価格の］全部を失うことはない」（2月26日付の書簡）*97)と判断した．

　もう一件は，1540年4月3日にヴェネツィアのガレー艦隊に拿捕された，パスクアリーノ・ダル・エルバの船である*98)．干葡萄126ボッテ（樽），グラーナ（臙脂）14バッラ（梱），粉砂糖4［カッサ（箱）］，そのほかのいくつかの荷物を積んでアンコーナに向かったこの船は，密輸容疑で拿捕され，一隻のガレーによってザラに連行された．このガレーの艦長は，船と積み荷をザラの執政官たち（レットーレ・複数）の保護と管理にゆだねて，自分はキプロスに向けて出航した．ガレー艦隊の命令により，ザラの執政官たちは，ヴェネツィアのシニョリーアの許可がなければ，艦隊から委託された船と積荷を釈放することはできなかった．そこで，パスクアリーノは，船を船長に預けてザラにおいたまま，その許可

---

94)　B16.
95)　B12.
96)　B12.
97)　B14.
98)　B23, B25, B26.

をえるために，一人を同行してヴェネツィアに向かい，4月10日の23時（真夜中）にリオーニのところにやってきた．翌11日は休日でシニョリーアは休会だったので，12日の午前，リオーニは，この件をあらかじめコレージオの成員に通知した後，シニョリーアに出頭して，事情を説明し，釈放を要求した．すなわち，同船はフィレンツェ船であり，積荷はヴェネツィアのどの法律によっても密輸品とはならないので，ザラの執政官たちに船を釈放し，目的地アンコーナへの出航を許可するように命令することを，シニョリーアに要求したのである．
（シニョリーアが提出する案件は，上記の先物取引の件でみられたように，コレージオで審議されることになるが，）コレージオの成員の幾人かは，リオーニの要求を正当なものとして釈放を支持した．しかし，（コレージオに出席した）シニョリーアの成員の一人が，釈放する前に，艦長からそれを密輸と判断した理由を聞くべきである，と主張した．リオーニは，艦長はキプロス方面に出かけたので，その回答をえるには3カ月もかかるし，その間船をザラに停泊させると，経費がかかるのみならず，積荷の商品も傷む，と反論した．別の成員が，アンコーナよりヴェネツィアでのほうが商品は高値で販売できるし，ヴェネツィアに到着したらただちにこの件を適正に処理するので，その船を当地にこさせなさい，と提案した．この提案は，コレージオの成員全員の賞讃をえた．リオーニは，目的地はアンコーナであり，密輸ではないのだから，航海を妨げてはならない，と応答した．結局，ここでの結論は，艦長ないしその代理人をヴェネツィアによぶか，到着したらただちに処理するという条件で船をヴェネツィアによぶか，二つに一つを選べ，ということになった．リオーニ，パスクアリーノ，およびヴェネツィアの慣習を熟知しているリオーニの友人たちは，時間の無駄，商品の傷み，ヴェネツィアの市価を勘案した結果，船をよぶほうがよいという結論にたっした．船はまもなくヴェネツィアに到着する見込みとなった．リオーニは，すべての法律に目を通し，あらゆることを徹底的に調べたが，攻撃の対象となるような瑕疵はなかったので，到着すれば釈放されると確信した．

おわりに

1539年晩秋，ヴェネツィアでは，食糧危機の深刻化を目前にして，政府当局が食糧補給に介入することになった．当局は，ダ・ソマイア一族の代理人リオーニと交渉し，法令の許容限度ほぼいっぱいの好条件を提示して，この有力なフィレンツェ商人の一族にテッサリアから小麦を密輸させようとした．ラグーザやアンコーナの商人ではなく，フィレンツェの商人と交渉したのは，ヴェネツィアが，

第4章　プレヴェザ海戦後のヴェネツィア

トルコの保護をえて急速に成長した両市とは対立関係にあり，フィレンツェとは友好関係にあったからだと思われる。そのフィレンツェ商人は，トルコ当局の監視をおそれて，ヴェネツィア船に積んだり，ヴェネツィアを目的地としたりすることはできず，船はラグーザ船，目的地はフィレンツェ公国のリヴォルノとする，偽装工作をしなければならなかった。商人や船舶は，その所属する国家がトルコと友好関係にあるのでなければ，すなわちトルコと敵対関係にあるかぎり，トルコ領土にでかけることはできなかったのである。ラグーザ船に対する用船需要が，地中海各地で急増したことは想像にかたくない。いうまでもなく，すでに当時は，ヴェネツィア領土のクレタやキプロスなどをのぞいて，シリアやエジプトをふくむ東地中海沿岸のほぼ全域がトルコ領土となっていた。この状況を背景に，ヴェネツィアは，すでに1524年までには，自国の商人がトルコ領土で商業特権をもつための交換条件として，スルタンの臣民がヴェネツィアで商業特権をもつことを承認していた[99]。これは，ヴェネツィアの特権階級のみが（アドリア海外との）海上商業への参加権をもつという，従来の原則を変更するものだった。地中海における政治・軍事大国トルコの領土拡大と，その保護下にある商業国家の急速な成長とが，海上勢力としてのヴェネツィアの地位を根底から動揺させたのである。

食糧危機のさいに，中立国の船を拿捕し，積荷の小麦を没収するのは，古代ギリシア時代には，国際的に黙認された慣行だったという[100]。16世紀にも，それは黙認された慣行だった。というのは，没収した側は，しかるべき手続にしたがってその代金を支払っているからであり，また，それは当然予想される事態として，没収した側ではなく，没収された側の不注意が非難されているからである。ヴェネツィアは，ラグーザ船4隻とダ・ソマイアが雇用したチチーニの船を拿捕し，ラグーザは，ルカ・ダンジョロの船を拿捕し，カールに従属するドーリアの艦隊と思われるものが，リヴォルノに向かうパラモータ号を拿捕している。しかし，ヴェネツィアは，小麦以外の商品を積んだ船も拿捕した。トルコ領土のアレクサンドリアから香辛料などを自国に運ぶラグーザ船を，ヴェネツィアが1537年に制定したラグーザ船のレヴァンテへの航海を禁止する法律に違反した，すなわち密輸を実行したという理由で拿捕した。その積荷は没収するが，小麦の場合

---

99) Ravid, Benjamin, A Tale of Three Cities and their Raison d'État, in, Ginio, Alisa Meyuhas, ed., *Jews, Christians and Muslims in the Mediterranean World after 1492*, London, 1992, pp. 140f.

100) ガーンジィ，ピーター，松本宣郎・阪本浩訳『古代ギリシア・ローマの飢饉と食糧供給』白水社，1998年，188頁。

と同様，しかるべき手続によって代金を支払うものとみなされた．また，干葡萄などの（品目からみてレヴァンテ産と推定される）商品をアンコーナに運ぶフィレンツェ船を，やはり密輸の容疑を口実に拿捕し，リオーニによる容疑の否認にもかかわらず，実行困難な否認手続を押し付けるという方法で，積荷のヴェネツィアでの販売を強制した．いずれの場合も，有無をいわせぬ実力行使である．ヴェネツィアは，国際市場としての地位の低下をもたらす商品不足を防ぐ必要があり，そのためにレヴァンテ商品を積んでラグーザやアンコーナに向かう船を拿捕したものと思われる．食糧の危機における小麦輸送船の拿捕と，市場の危機における商品輸送船の拿捕は，同一の論理をもつ．1537年の法律は，ヴェネツィアが「われわれの海」アドリア海を舞台にして，この論理を法的に表現したものとして理解することができる．フィレンツェ商人リオーニは，ヴェネツィアのこの主張の正当性自体を問題にすることはせず，それは前提として受け入れたうえで，法律上の瑕疵の有無のみを問題にした．海上勢力としてのヴェネツィアの権威は認知されていた．とはいえ，その舞台はアドリア海と，せいぜいマレア岬（ペロポネソス半島）までのイオニア海とに限定されてしまった＊101)．ヴェネツィア艦隊が拿捕したのは，小麦輸送船であれ，商品輸送船であれ，アドリア海とその周辺においてである．換言すれば，同艦隊の自由な実力行使が可能だったのは，もはやトルコ艦隊やスペイン艦隊の活躍する地中海ではなく，追い詰められたヴェネツィアが死守する狭い海域においてだけになったのである．このことは，ヴェネツィアの海上勢力が，地中海における国際的なものから，アドリア海における局地的なものへと，変化していく端緒だった．

1540年，ヴェネツィアの農事家アルヴィーゼ・コルナーロは，同国政府要人への建白書＊102)を作成した．いくつかある論点のうち，中心となる食糧問題についていえば，要点は次のようである．ヴェネツィアは，これまで食糧を海外からの輸入に依存してきたが，敵国がその供給を決定し，また海路を遮断したので飢餓に直面することになり，戦争よりは飢餓のために不利な和平条件＊103)を受諾せざるをえなくなった．海外からの輸入は，人口増大の結果としての穀物代金の膨張，以前の40隻から現在の18隻に減少した輸送船の用船料金の高騰，輸出市場

---

101) Aymard, op. cit., 174.
102) 和栗，前掲論文，109-117頁．
103) ちなみに，B30 に和平条件の記述がある．ヴェネツィアはスルタンに，いずれもペロポネソスにあるヴェネツィア領土の「マルヴァジーア」（モネンヴァシア）と「ナポリ・ディ・ロマニーア」（ネアポリス）とを割譲し，さらに30万ドゥカートを支払うこと．ただし，この貨幣と引換に，3年にわたり毎年小麦を10万スタイオずつヴェネツィアに引き渡す．

第4章　プレヴェザ海戦後のヴェネツィア

における税や輸出許可料の高騰，によっておおきな損害をもたらしている．この危険や損害をなくすために，ヴェネツィア周辺に豊富にある湿地の土地改良をおこない，食糧自給を実現しなければならない．コルナーロは，1542年，友人宛の書簡のなかで，農業を商業よりも価値あるものとみなし，それを「聖なる農業」と表現した[*104]．ともあれ，1530年代以降ないし1540年以降，大陸領土における土地改良が活発となり，「土地と農業に対する一種の熱狂」が出現したという[*105]．1560年以降，何冊かの農業手引書が出版されたが，この分野の書物は，ヴェネツィア共和国のものが質量ともに抜群であったという[*106]．1570年代以降は，上記のように，大陸領土からの小麦が海外からの小麦を上回る傾向になる．しかし，海外小麦への依存と，穀倉と海路の両者を支配するトルコとの対立とがつづくかぎり，増大する人口をかかえたヴェネツィアは，食糧供給において致命的な弱点をもっていた．ヴェネツィア商人が，自己の経済的な植民地とした地域から，小麦を自由に輸出しえた時代は過去のものとなった．強大なトルコは，食糧を戦略物資として利用したし，強大なスペインの属国となったナポリ王国やシチリア王国は，高額なその輸出許可料[*107]を要求した．ヴェネツィアは，自給体制がととのうまでの間，食糧供給における不安を払拭しえなかったのである．

プレヴェザの海戦後，ヴェネツィアは，海上勢力としての地位が動揺して，地中海の覇者からアドリア海の防衛者へと転落し，食糧補給の不安におびえる存在となった．1540年5月にトルコと単独で休戦してから，1570年5月にキプロスの割譲を要求するトルコと開戦するまで，ヴェネツィアの海上商業は回復した．しかし，他方では，海上商業から引き出された資本が，土地や，毛織物工業や出版・印刷業などの産業へと移動していったのである．この海戦後の危機は，海上勢力としてのヴェネツィアの弱体性を暴露して，海上商業の地位の低下をもたらし，経済活動におけるその進路を決定したと思われる．

---

104)　和栗，前掲論文，117頁．
105)　同上論文，103頁を参照．
106)　同上論文，120頁．
107)　Cfr., B39, B40, B44.

付論
シャイロックの時代のユダヤ人

―――――――

はじめに

　シャイロックとは，いうまでもなく，シェイクスピアが1596-97年に書いたという『ヴェニスの商人』に登場する，あのユダヤ人の高利貸しである．シャイロックは，ヴェニスの商人アントーニオの身体の肉一ポンドを担保に，アントーニオの友人に三千ドゥカートもの大金を貸してやる．アントーニオは，シャイロックはもとよりユダヤ人一般を軽蔑してやまず，常日頃それを公言していたにもかかわらず，窮余の一策としてシャイロックのところに金策にいったのである．この戯曲の粗筋は周知のことだから，あらためて紹介するまでもないだろう．ともあれ，ひどいのは，契約にもとづいて一ポンドの肉を要求するシャイロックなのか，罵倒してきた相手に金を都合してもらうアントーニオなのか，それは問題である．
　さて，このシャイロックの時代，すなわち16世紀末から17世紀初めにかけて，イタリアの商業国家は，いずれも社会的，経済的に困難な状況にあり，そこからの脱却を真剣に模索していた．その一環として，ユダヤ人を誘致し，国際商業の振興，財政収入の確保，貧民への融資の代行，などのために利用したのである．したがって，ユダヤ人なら誰でもよいというわけではなく，シャイロックのように「役に立つ」ユダヤ人だけが誘致の対象となった．このユダヤ人の高利貸しによせるシェイクスピアの意図がどうであれ，生存のための選択肢がきわめて限られた厳しい状況のなかで，表では人々に軽蔑されながら，裏では援助を求められるシャイロックは，この時代のイタリアのユダヤ人を象徴している．
　この付論の目的は，わが国では従来ほとんど知られていない，この時代のイタリアでユダヤ人が果たした，あるいは果たさせられた役割について考察することである．換言すれば，彼らの役割を検討して，そこに反映するイタリアの商業国

家の状況を考察することである．ところで，当時のイタリアのユダヤ人の歴史に関する研究は，特定の地域や主題に偏るとはいえ，欧米ではかなりおこなわれている．しかし，彼らの果たした役割については，まだ均衡のとれた全体像は出現していない．その理由の一つは，やや乱暴ないいかたをすれば，ユダヤ人を社会の構成要素としては「方法論的に」排除してきた従来のイタリア史研究と，それとは表裏一体の関係にある，イタリアの各ユダヤ人共同体の歴史についての多少とも閉鎖的な研究という，二つの研究がまだ十分に接合されていないことだろう．この付論では，ユダヤ人を抜きにしては語れないスパラート（スプリット）とリヴォルノの歴史において，彼らが果たすことになった役割を考察する．

第1節　セファルディム

1492年，スペインはユダヤ教徒追放令を発布した．ユダヤ教徒の一部はコンベルソ（キリスト教への改宗者）となって国内に残留し，残りの部分は改宗を拒否して出国したが，一説によると約20万人の出国者のうち，約12万人がポルトガルに移住した．ポルトガルは，近くに位置するのみならず，風俗習慣および言語がスペインのものに似ていたからである．そのポルトガルでも，1497年，ユダヤ教徒追放令が発布された[*1)]．ポルトガルからの出国経路は海路以外にはなく（スペインはユダヤ教徒の入国を禁止），特定された短期間内の海上輸送には限界があったので，多くが改宗を受け入れざるをえなかった．両国の追放令により，あらためて多数のコンベルソが生まれたが，すでに1391年のポグロム（ユダヤ人の大量虐殺）以来，スペインでは多数のコンベルソが生まれていた．コンベルソは，法的にはキリスト教徒として扱われたので，努力して地位や財産を築き上げる者が少なくなかった．いずれにせよ，コンベルソの実態は一律ではなく，真のキリスト教徒になった者，改宗は名目だけの隠れユダヤ教徒，さらに「両方の宗教を同時に実践」する「独自の宗教傾向」をもつ者がいたらしい．1480年以降，スペイン各地に異端審問所が設置されると，真のキリスト教徒になった者でさえ，信仰を疑われて処刑されることがあった．信仰の実態を外部から判断することは難しく，異端審問の熱気のなかで，コンベルソの正体はいずれも隠れユダヤ教徒である，という意識がキリスト教徒のなかで醸成されていたのである．その結果，16世紀中葉以降になると，コンベルソの家系の者は要職から排除する

---

1) イベリアのユダヤ人については次を参照．ケドゥリー，エリー編，関・立石・宮前訳『スペインのユダヤ人』平凡社，1995年，所収諸論文（とりわけ第4，6章）．

という「血の純潔」の原則が,スペインにおいて確立した.コンベルソは,このような社会内追放を受け,また異端審問の恐怖から完全に免れることは困難だったので,亡命者が跡を絶たなかった.一方,比較的に寛容だったポルトガルは,スペインのコンベルソの最大の亡命先となった.コンベルソの一部は,そこで金融業や胡椒取引などによって巨富を貯えたが,1535年以降,ポルトガルにも異端審問所が設置されたのを契機に,コンベルソもこの国から亡命しはじめた.1580年,両国が同君連合のもとにおかれると,ポルトガルでも異端審問が苛酷になり,そこでは亡命の大きな波が生まれた.

　周知のように,ドイツ語圏に起源をもつユダヤ人はアシュケナジムとよばれ,イベリアに起源をもつユダヤ人はセファルディムとよばれる.では,イベリアから数次にわたって亡命したセファルディムは,どこに移住先を見出したのか[*2)].近くに位置するマグリブは異教徒に寛大なので多数が移住し,そこで活発な経済活動を展開した.トルコは彼らを歓迎したので,多数がトルコ領のバルカンや小アジアなどに移住した.スペイン支配時代に商業が発展したネーデルラントはイベリアから遠く,そこでは素性を隠すことができたので,アントウェルペンや,後にはアムステルダムに移住した.宗教改革が成功した地域では,公然たるユダヤ教徒として居住できるようになったので,1602年(一説には1591年)以降,アムステルダムにはユダヤ教徒の共同体が存在した.このアムステルダムを起点として,やがてハンブルク,デンマーク,イギリスに拡散していくことになる.ポーランド王国(1569年に同君連合によってリトアニア大公国と結合)では,16世紀以降,ユダヤ人は経営や管理の能力を買われて貴族階級と結びついた.そこでは,最初アシュケナジムが優勢だったが,後にはセファルディムも進出する.このように各地に拡散したセファルディムは,彼ら同士を結ぶネットワーク(人的結合関係)を利用して,遅かれ早かれ国際商業に進出していった.

　イタリアにおけるユダヤ人の移住は,イベリア両国の動向はもちろん,イタリア各国の政治動向によっても左右された[*3)].スペイン直轄領土のシチリア王国では,本国と同様に1492年,パレルモなど幾つかの都市の反対にもかかわらず[*4)],

---

2) セファルディムの移住先については次を参照.Ben-Sasson, H. H., The Middle Ages, in, idem., ed., *A History of the Jewish People*, 9th ed., Cambridge-Mass., 1994 (1st orignal ed., Tel Aviv, 1969), pp. 628-645.

3) イタリア内部の移動については次を参照.Segre, Renata, Sephardic Settlements in Sixteenth-Century Italy: A Historical and Geographical Survey, in, Ginio, Alisa Meyuhas, ed., *Jews, Christians and Muslims in the Mediterranean World after 1492*, London, 1992, pp. 112ff.

4) Giunta, F., Una "inquisitio" dei re cattolici sulla cacciata degli Ebrei dalla Sicilia, in, AA. VV., *Studi di storia economica toscana nel Medioevo e nel Rinascimento*, Pisa, 1987, p. 174.

付論　シャイロックの時代のユダヤ人　　　　　　　　　　261

本国からの命令でユダヤ人が追放された．その最大の避難先となったナポリ王国では，1494年，フランス軍の侵入で社会が混乱したときにユダヤ人の一部が出国し，1504年，スペインの直轄支配が成立したときにそのほとんどが出国した．教皇国家では，トレント（トリエント）公会議による対抗宗教改革の影響のもとに，反ユダヤ人政策が強行された1556年，69年，などに多数が出国した．他方，北部，中部の諸国にはユダヤ人誘致策をとるものが多く，都市アンコーナ（後述），ヴェネツィア共和国，トスカーナ大公国（フィレンツェ共和国は1532年にフィレンツェ公国となり，1557年にフィレンツェ公がシエーナ公を兼任する同君連合が形成され，1569年にそれがトスカーナ大公国となる），それに幾つかの小国，すなわちフェッラーラ公国，マントヴァ公国，ピエモンテ公国，などの誘致策が知られている*5)．したがって，イタリアにおけるユダヤ人移住の波は，スペインの支配する南部から，中部および北部に向かった．この北部，中部の諸国でも，ときには国内の事情により，ときにはスペインや教皇の圧力により，彼らを圧迫，追放することがあったので，移住の様相は複雑かつ流動的であった．とはいえ，イタリアの各国が一斉に彼らを追放するということはなく，北部，中部にはいつでもどこかに避難先があった．

　積極的な誘致策の対象となったのは，国家の役に立つユダヤ人，すなわち資本，技術，国際的ネットワークをもつセファルディムであり，それのないイタリア系ユダヤ人やアシュケナジムではない．セファルディムとはいっても，内部は均質でなく，イタリアのキリスト教徒側の史料には，そのちがいの微妙な陰影を表現する言葉が多くみられる*6)．新キリスト教徒（ユダヤ教へ再改宗したイベリア出身者），マラーノ（スペイン語で「豚」，新キリスト教徒の蔑称），レタッリアート（「割礼した者」，新キリスト教徒のこと），古いセファルディム（数世代にわたるイタリア居住者），新改宗セファルディム（最近キリスト教に改宗した古いセファルディム），スペイン系およびポルトガル系（両者は単なる地理的，言語的な区別以上の意味をもち，前者はキリスト教の洗礼を受けなかった者，後者は受けた者であることを示唆），東方ユダヤ人（トルコの安全通行券をもつスルタンの臣民，さらに洗礼を受けたことのない完全な経歴をもつユダヤ教徒を示

---

　5) イタリア諸国の誘致策については次を参照. Baron, Salo Wittmayer, *A Social and Religious History of the Jews,* 2nd ed., vol. 14, Chapter LX-Italian Conformity, New York and London, 1969, pp. 72ff. Ravid, Benjamin, A Tale of Three Cities and their Raison d'Etat, in, Ginio, Alisa Meyuhas, ed., *Jews, Christians and Muslims in the Mediterranean World after 1492,* cit., pp. 138ff. Segre, op. cit., pp. 120ff.
　6) Segre, op. cit., pp. 113ff.

唆)．ただし，この「東方ユダヤ人」は，西方ユダヤ人と対比されて，次のようにも説明される*7)．イベリアから追放された後，数世代にわたって東方（トルコ［アナトリア，バルカン］，シリア，エジプト，など）に居住し，慣習，衣装，宗教儀式において東方化した者．しかし，それだけにはとどまらず，追放後マグリブ（アラビア語で「西方」，すなわちモロッコ，アルジェリア，テュニジア，さらにはリビアを含む地域）に居住した者であることを含意する場合も多く，この（必ずしも地理的な東西には束縛されない）場合には，要するに，イスラーム圏での居住を経てきたセファルディムであることを意味する．一方，「西方ユダヤ人」は，イベリアから直接イタリアに移住した者であることを意味する．彼らは，隠れユダヤ教徒であり，公然たるユダヤ教徒になることを希望していたという．ともあれ，これらの言葉は，意味に曖昧さが付き纏っているのみならず，史料用語としては，時と所に応じて意味が微妙に変化し，概念用語としても，研究者間に意味についての厳密な合意があるとは思われない．このことが示唆するように，イタリアのセファルディムは，宗教に関する実態が複雑かつ流動的だから，一般に「ユダヤ教徒」ではなく，「ユダヤ人」と表現するのが適当と思われる．

第2節　スパラート

16世紀に，ヴェネツィアは深刻な商業危機に直面した．アンコーナとラグーザ（ドゥブロヴニク）の飛躍的な発展*8)により，ヴェネツィアの地位が動揺したのが一因である．ラグーザは，トルコの支配のもとで発展したバルカン内陸路のアドリア海における最大の出入口となり，その対岸のアンコーナは，1514年にイタリア都市としては最初にスルタンの臣民に商業特権を与え，20年代には国際的な商業都市へと発展した．アンコーナの事実上の独立（名目上は教皇に従属）は，1532年に教皇軍が軍事占領したことで失われたが，教皇は，服従した市民の支持と自分の財政収入とをえるために，34年に「すべての外国商人」にこの都市での居住と取引の自由を保証した．名目的にはともかく，実質的には，トルコ領内のセファルディムがその対象であり，彼らと市内のセファルディムが連携しておこなう商業の発展がその目的だった．1540年代前半には，アントウェルペンから陸路でイタリアに輸送される商品は，ヴェネツィアよりもアンコーナに

---

7) Cassandro, Michele, *Aspetti della storia economica e sociale degli ebrei di Livorno nel Seicento,* Milano, 1983, pp. 39f.

8) アンコーナとラグーザについては次を参照．齊藤寛海「アンコーナとラグーザ」『イタリア学会誌』第35号，1986年．Ravid, A Tale of Three Cities, cit., pp. 140ff.

多く送られた*9)。また,おそらくこの前後に,ラグーザ船団の総積載量がヴェネツィア船団のそれに追い付いたり,追い越したりすることもあった,といわれている*10)。とはいえ,アンコーナの発展も順風満帆だったわけではない。教義に厳格な教皇パウルス4世は,1555年に従来の寛容路線を転換し,教皇国内のユダヤ教徒を各都市のゲットーに隔離したが,翌56年にはアンコーナに居住する隠れユダヤ教徒24人を,キリスト教徒の異端として火刑にした。これに抗議して,トルコ領内のユダヤ教徒の一部は,アンコーナとの取引を一時排斥しようとしたが,ほかの一部は,排斥すれば商業の利益が失われること,アンコーナに滞在するユダヤ教徒(スルタンの臣民)にも危害がおよぶ可能性が高いことを理由に反対し,排斥運動は失敗した*11)。異端審問所を強化した教皇ピウス5世は,69年にアンコーナとローマをのぞいて,教皇国家の全域からユダヤ人を追放した。1580年代以降,キリスト教徒がユダヤ人の経済的役割を高く評価し,ヴェネツィア,トスカーナ大公国,などが積極的なユダヤ人誘致策を展開すると,教皇もユダヤ人排斥策を継続できなくなった。結局,1594年には,ユダヤ教徒の商品から関税を完全に免除することにした。なお,アンコーナは,1732年には自由港となり,ヴェネツィアの優位を最終的に崩壊させたという*12)。

さて,ヴェネツィアでは,従来,ユダヤ人の市内居住は厳重に制限され,彼らの海上商業への参加は禁止されていた*13)。しかし,1509年,カンブレー同盟戦争がその大陸領土(テッラ・フェルマ)にもたらした大混乱を逃れて,富裕者を含む多数のユダヤ人がヴェネツィア市内に流入したことが契機となって,1513年と15年の措置により,海軍や国立造船所などの資金となるユダヤ人税を国庫に支払うという条件で,彼らは市内に居住し,おもに貧民相手の金融業と古物商を営む許可をあたえられた。とはいえ,一般住民の反ユダヤ人感情は強く,

---

9) Brulez, Wilfrid, L'exportation des Pay-Bas ver l'Italie par voie de terre au milieu du XVIe siècle, dans, *Annales, E. S. C.,* 14-3, 1959, pp. 475ff.

10) Paci, Renzo, *La "Scala" di Spalato e il commercio veneziano nel Balcani fra Cinque e Seicento,* Venezia, 1971, p. 73.

11) 宮武志郎「16世紀地中海におけるユダヤ教徒間の相剋-アンコーナ・ボイコット事件とナスィ一族-」普連土学園『研究紀要』第2号,1995年,52頁。

12) Vedi, Paci, *La "Scala",* cit., p. 125.

13) ヴェネツィアのユダヤ人については次を参照。Pullan, Brian, *Rich and Poor in Renaissance Venice,* 1971, Part III. Lane, Frederic Chapin, *Venice -A Maritime Republic-,* Baltimore and London, 1973, pp. 299-304. Ravid, A Tale of Three Cities, cit., pp. 140ff. Idem, The Socioeconomic Background of the Expulsion and Readmission of the Venetian Jews, 1571-1573, in, Malino, F. and Albert, Ph. C., ed., *Essays in Modern Jewish History -A Tribute to Ben Halpern-,* London and Toronto, 1982, pp. 27-51.

1516年，彼らはゲットー・ヌオヴォとよばれる地区に隔離された．そこは「新しい鋳造所」（ゲットー・ヌオヴォ）のあった場所で，街はずれの運河で囲まれた地区であった．1540年頃には，多数のセファルディムが流入してきたので，彼らを隔離しておく地区として，41年，今度は「ゲットー・ヴェッキオ」（古い鋳造所）のあった場所が指定された．1633年，さらに新たなユダヤ人の移住の波が押し寄せてきた結果，彼らは「ゲットー・ノヴィッシモ」（最新のゲットー）に隔離されたが，すでにこのときには，ゲットーは「鋳造所」ではなく，「ユダヤ人に対して強制される居住地区」という意味に転化していた．さて，ヴェネツィアでは，海上商業に直接参加する権利をその貴族および市民権所有者に限定するという原則は，1524年までに，スルタンの臣民にそれを承認することで事実上破棄されていた．この例外措置は，ヴェネツィア人がトルコ領内で取引する権利をえるための交換条件であり，スルタンの臣民となったセファルディムによって利用された*14)．1537-40年には，トルコとの戦争によって，ヴェネツィアの商業は困難となり，反対にアンコーナの商業が繁栄した．ヴェネツィアは，その対策としてトルコとの休戦後の41年，一部の商品の関税を免除するなどの措置をしたのみならず，「巡歴する」（六か月までの滞在資格しかもたない）東方ユダヤ人にも，海上商業に直接参加する権利をあたえた．また，48年には，トレント公会議を契機とする教皇の反ユダヤ人政策の圧力をうけて，隠れユダヤ教徒の西方ユダヤ人を異端として多数追放したが，それ以外のユダヤ人はそのままにしておいた．

　ヴェネツィアでは，1570-73年のトルコとの戦争の開始後，反ユダヤ人感情が高揚し，71年，残留していたユダヤ人が追放された．戦後の73年，彼らの帰還は許可されたが，以後，アシュケナジムを中核的な担い手とする金融業の性格が変化した．すなわち，ヴェネツィアのユダヤ人共同体が政府との契約によって義務としておこなう金融は，質草（担保物件）と引換に，一件につき3ドゥカートまでの金額を年利5％の（当時としては）異常な低利で貸し出すように規定されたのである．その利子収入では，経費（家賃など）にも不足した．したがって，ユダヤ人の金融業は，私人が利潤追求のためにするものではなく，ユダヤ人共同体が連帯責任において一般住民，とりわけ貧民の救済に奉仕する，いや強制的に奉仕させられるものとなった．換言すれば，ヴェネツィア政府が設置しなかった公益質屋の役割を，市内に居住する権利と引換に押し付けられたのである．それでも運営できたのは，それまで定期的に徴収されてきたユダヤ人税の廃止によっ

---

14) Ravid, A Tale of Three Cities, cit., pp. 140f.

てその分の負担が軽減されたこと，ユダヤ人共同体の内部でレヴァント商業から
えた利益の一部を運営資金に回したこと，などによるものといわれる*15)。1580
年代には，48年に（隠れユダヤ教徒として）追放されていた西方ユダヤ人が帰
還した。その多くはフェッラーラ公国に亡命していたが，教皇とスペインの圧力
によって1578-81年にこの公国から追放されると，再度ヴェネツィアに移住した
のである。西方ユダヤ人は，1589年になると，東方ユダヤ人とならんでレヴァ
ント商業に直接参加する権利をあたえられ，98年には，上記の運営資金をアシ
ュケナジムと連帯して負担する以外に，恣意的に負担金を徴収されることはない
と規定された*16)。1591年には，「巡歴する」東方ユダヤ人が，定住するユダヤ
人と同様に上記の運営資金を負担させられるのは不当だとして，政府に抗議した
結果，東方ユダヤ人の内部が二つに区分された。すなわち，「家族とともに住居
を構える」者は負担するが，スルタンの臣民である「巡歴する」者は負担する必
要がなくなった*17)。スルタンの臣民は，ヴェネツィア政府の強制力から自立し
たのである。一方，アシュケナジムも，1611年ないし12年，レヴァント商業に
直接参加する権利を要求したが，承認されなかった。アシュケナジムは承認のな
いまま事実上参加し，1634年，政府はようやくそれを承認した*18)。ユダヤ人が，
ゲットーに隔離され，公益質屋の役割を強制されるのと引換に，市内に居住する
権利，海上商業に直接参加する権利を獲得し，拡大していったのは，ヴェネツィ
ア人の理解や同情によるものではない。彼らを利用して，貧民の救済，商業の復
興をはかる必要があったからである。

16世紀末以降，ヴェネツィアのレヴァント商業にとり，スパラートの指定市
場は重要な意味をもった*19)。この「指定市場」（scala，英語ではstaple）は，
ラグーザに対抗するヴェネツィアが，1590年，自国領土のダルマツィアにある
都市スパラートに設置したものである。設置を提案したのは，イベリア生まれの
ユダヤ人ダニエル・ロドリーゲス（ダニエーレ・ロドリーガ）である。1549年
にアンコーナにやってきた後，彼はラグーザ，ヴェネツィア，ダルマツィア，ボ
スニアを転々とし，バルカン各地ではトルコの役人やユダヤ人と接触して，70
年にアンコーナに戻ったが，奴隷となったトルコ人の解放について交渉するため

---

15) Pullan, op. cit., pp. 548f. Ravid, The Socioeconomic Background, cit., pp. 48ff.
16) Pullan, op. cit., p. 570.
17) Pullan, op. cit., p. 570.
18) Pullan, op. cit., pp. 571. Ravid, A Tale of Three Cities, cit., p. 155.
19) スパラートとロドリーゲスについては次を参照。Paci, op. cit., pp. 49ff. Ravid, A Tale of Three Cities, cit., pp. 148ff. Segre, op. cit., pp. 134ff.

に, 73年にヴェネツィアを訪れた. 以後30年以上にわたり, ヴェネツィア政府に商業の復興に関するさまざまな提案をしたが, その中心は指定市場の設置と, ユダヤ人商人への特権賦与である. 1576年末ないし77年初めには, ウスコックの活動圏外にあるスパラートを指定市場にして免税で商品を通過させ, ラグーザに流れている商品をそこに引き寄せること, それに協力するヴェネツィア領土のユダヤ人には, 見返りとして商業特権を賦与することを提案した. ウスコックとは, セルボ・クロアティア語で「逃亡者」を意味し, 1526年のモハーチの戦いの後, トルコの圧迫によってフィウメ (リエカ)－ザラ (ザダール) 間の海岸地帯に逃げ込み, ハプスブルク家の保護のもとに海賊行為をしたスラブ系の集団のことであり, ヴェネツィアはこの海賊に悩まされていた. この指定市場の設置は, 77年10月に元老院で承認されはしたが, その後10年強もの間, 実施されることなく放置され, ユダヤ人への特権賦与については, なんの進展もみられなかった[20]. ロドリーゲスは, その後何回もさまざまな提案をした. 1589年には, 家族とともにヴェネツィアに居住する「東方, 西方, そのほかのユダヤ人」に広範な特権を賦与する, という内容の特許状の草案を提出し, 政府はこれに積極的に応えた. というのは, 魅力的な条件によって移民を誘致してこそ, ヴェネツィアの商業は繁栄するのであり, そうしなければ, かつてイベリアから追放されたユダヤ人が多額の資本とともに東方に移住し, その土地の商業を強化してヴェネツィアに大損害を与えたが, それを繰り返すことになる. ユダヤ人はトルコ領内にいき, スルタンの臣民になったうえでヴェネツィアに滞在し, ヴェネツィアがこの臣民に賦与する特権の恩恵をえているのが現状だから, ほかのユダヤ人に特権を賦与しても, ヴェネツィア商人が現在以上に損害をうけることはない. 情勢の変化に起因するこの現状をみれば, 彼らに特権を賦与するほうが望ましい. 以上の見解をもった当局 (商務五人委員会) は, 「東方, 西方, そのほかのユダヤ人」を「東方, 西方のユダヤ人」とするなど, 上記の草案を多少修正したものを法案として提出し, 1589年, 元老院は賛成110, 反対11, 棄権13で可決した. この特許状によって, 上記のように, 「西方ユダヤ人」はレヴァント商業に直接参加する権利をえたが, このような事例はヴェネツィア史上先例がない[21]. ヴェネツィアの住民でも, 貴族と市民権所有者以外は, この権利をえるのに厳しい条件 (25年間の市内居住などによる市民権の取得) が課されたし, スルタンの臣民がそれをもっていたのは, 交換条件としてスルタンに強制されたからである. 「西

---

20) Ravid, A Tale of Three Cities, cit., p. 149.
21) Ravid, A Tale of Three Cities, cit., pp. 153-155.

方ユダヤ人」にそれを承認したのは，彼らが果たす重要な役割を認識したからにほかならない。1636年，ヴェネツィア当局は，市内に居住するユダヤ人への課税の意志の有無を問われ，こう答えている。負担を重くすれば，彼らは東方ユダヤ人とともにラグーザやアンコーナに，また西方ユダヤ人とともにリヴォルノに移住してしまう[*22)]。

　スパラートに話を戻そう。ヴェネツィア元老院は，ロドリーゲスの提案を受けて，1580年，ガレー［商］船一隻をスパラートとの往復にあて，もう一隻をウスコックの監視のために同港に配備する決議はしたが，指定市場の設置は見送った。しかし，88年，ウスコックの活動の激化も一因となって，設置計画が再度浮上し，89年，設置をめぐる政府とロドリーゲスの合意が成立した。その背後には，ユダヤ人をはじめとするバルカンの商人とトルコの地方役人が，ラグーザに対抗して，イタリア市場と直接に結合しようとする動きがあった。1590年6月20日に，同年7月1日以降スパラートを指定市場とする，という法案が元老院を通過した[*23)]。これにより，ロマニーアからスパラートを経由してヴェネツィアに輸入される低価商品（robbe grosse）は入関税を全額免除，高価商品（robbe sottili）は半額免除となり，ヴェネツィアからスパラートを経由してトルコ領内に輸出される米や石鹸は，出関税を全額免除となった。また，ロドリーゲスの要請を受けて，東方，西方ユダヤ人はいずれも，スパラートにはじめて移住する場合と，5年以上前に退去して帰還する場合には，完全に免税とされた。翌1591年には，スパラートで荷積みできる船舶は，ヴェネツィアとの間を往復する護衛船付きのガレー商船だけとされ，バルカンからヴェネツィアに輸出される商品にスパラートを経由させる方策として，ラグーザなどからヴェネツィアにくる船舶には課税された。トルコ側も，スパラートに船荷を確保するための道路整備や隊商編成に配慮したので，インドやペルシアからの商品も，危険な海路を避けて陸路でスパラートまで輸送されるようになり[*24)]，16世紀末には，スパラートとの取引がヴェネツィアにとって重要なものになった。1626年，ヴェネツィアにおけるスパラートからの（正規の）入荷量2万5千梱は，絶対量においても，（海上からの）入荷量全体（1625年に10万梱）にしめる割合においても，最高記録となった[*25)]。スパラート経由の商業は，17世紀末までヴェネツィア経済を潤したが，この市場と商業を支配したのは，トルコ領土との取引ではヴェネツ

---

22) Ravid, A Tale of Three Cities, cit., p. 160.
23) Paci, op. cit., pp. 58ff.
24) Paci, op. cit., p. 62.
25) Paci, op. cit., p. 94.

ィア人のように不利な条件をもたないユダヤ人であった*26)。

　とはいえ，ユダヤ人が，ヴェネツィアのレヴァント商業を独占することはなかった。彼らの商品は，ウスコックや聖ヨハネ騎士団（1526年以降マルタが本拠）のようなキリスト教徒海賊からとくに狙われたので，1640年頃まで，彼らの活動の中心はスパラート商業をはじめとするアドリア海内の商業であり，それ以遠への海上進出には限界があった。ヴェネツィアと取引関係にある船舶や積荷で，1592-1609年間に地中海で難破したものについていえば，ユダヤ人は，二千人以上の難破船の船舶持分所有者のうちでは，3-4％だけだったが，ヴェネツィアーイスタンブル間を輸送される商品のうちでは，約10％を所有していた*27)。ユダヤ人は，商品に比べて船舶をもつことは少なかったようであるが，いずれも名義のうえでの数字であり，実際はもっと多かった可能性がある。1638年に，ヴェネツィアのあるユダヤ人が次のように記している。ユダヤ人がヴェネツィアの商業で果たすおもな役割は，北欧や西欧のユダヤ人が（とりわけアムステルダムから）発送する商品をヴェネツィアに引き付けること，トルコ領内にあるヴェネツィアの公的な代表のいない市場と［ユダヤ人のネットワークを利用して］取引することである。西方よりの船舶は，ジェノヴァ，リヴォルノ，チヴィタ・ヴェッキア（教皇国家の海港都市），ナポリ，メッシーナ，ラグーザおよびアンコーナには寄港するが……ヴェネツィアに寄港しようとはしない。しかし，西方に住むユダヤ人が，リヴォルノ以遠のイタリアのユダヤ人とおこなう取引は，彼ら［教皇国家，ナポリ王国，シチリア王国に居住するユダヤ人］が現地で地歩を固めることも，定住することもないので，［ユダヤ人が定住する］ヴェネツィアとしかできない。リヴォルノは，過去数年間の穀物取引による大損失のせいで，そこからユダヤ人が大々的に逃げ出してしまった［後に帰還］。諸外国に住む多数のユダヤ人は，さまざまな理由で自分ではヴェネツィアにこれないが，そのかわりに自分の商品の大部分を同市の住民［であるユダヤ人代理人］宛てに送付するので，ユダヤ人がおこなう商業を過小評価することはできないのである*28)。

第3節　リヴォルノ

　トスカーナ大公コジモ1世は，大公位を授与してもらう（1569年）ために教皇

---

26)　Cf., Pullan, op. cit., p. 572. Ravid, A Tale of Three Cities, cit., p. 159. Paci, op. cit., pp. 121-124.
27)　Cf., Pullan, op. cit., p. 571.
28)　Pullan, op. cit., p. 572.

の歓心を買っていたが，1570年，大公国のなかの旧フィレンツェ領でユダヤ人の金融業を禁止するとともに，フィレンツェ以外の土地からユダヤ人を追放して，領内残留希望者はフィレンツェに新たに設置するゲットーに隔離することにした．翌71年には，旧シエーナ領で同様の措置をとったので，ここに大公国内のユダヤ人は，フィレンツェないしシエーナのゲットーに隔離されることになった[29]．ユダヤ人への打撃は大きく，彼らの収入は著しく減少し，国外への移住がみられた．残留したユダヤ人は，古着や古物の取引や，少なくともシエーナではさらに煙草，火酒，紙の専売の請負など，金融業以外で生計をたてることになった．

　トスカーナのユダヤ人について，それまでの状況を一瞥しておこう．1406年，フィレンツェ政府は，支配領域の住民を「高利貸し」の被害からまもるという理由で，キリスト教徒の金融業者については営業を詳細に規制し，ユダヤ人の金融業者は領内から追放した．しかし，ユダヤ人がいなければ住民は生活できない，と領内の諸コムーネが強く反発した結果，追放令は年内に撤回された[30]．このような事例は一回だけではない．領内では多くの都市や村落がユダヤ人を誘致したが，その理由は，フィレンツェが支配領域に苛酷な財政負担を課す一方で，その有力者の多くがフィレンツェに移住した結果，残された住民は困窮し，多くがユダヤ人金融業者に依存せざるをえなくなったからである．貨幣の蓄蔵の少ない小都市や村落ほど，彼らを必要とした．とはいえ，ユダヤ人の営業規模は一般に小さく，大きなものでも，フィレンツェのキリスト教徒がおこなう国際的な金融業に比べれば，まったく取るに足らない規模だった[31]．ユダヤ人金融業者は，現地当局との契約により，当該都市や村落の住民には低い利率を，それ以外には高い利率を適用したので，どの都市や村落も「自己の」ユダヤ人を確保しようとした．一方，フィレンツェでも，15世紀には貧富の差が拡大し，貧民は多くがユダヤ人金融業者へ依存したので，政府は，利潤追求を目的とする金融業者から貧民をまもるために，1495年，貧民の救済を目的とする公益質屋を創設した．しかし，その運営に必要な公的支出が政府財政を圧迫したので，公益質屋は十分に役割を果たすことができず，ユダヤ人金融業者の活動は衰退しなかった．ちなみに，上記の1570，71年の措置以前の1527年にも，フィレンツェ政府は，市内

---

29) Cfr., Cassandro, Michele, *Gli ebrei e il prestito ebraico a Siena nel Cinquecento*, Milano, 1979, pp. 30, 47, 57, 63, 75.

30) Molho, Anthony, A Note on Jewish Moneylenders in Tuscany in the Late Trecento and Early Quattrocento, in, Molho and Tedeschi, ed., *Renaissance Studies in Honor of Hans Baron*, Dekalb-Illinois, 1971, pp. 105ff.

31) Cassandro, *Gli ebrei*, cit., p. 20.

および領内でのユダヤ人の金融業を禁止している＊32)．ユダヤ人金融業者の存在意義については，彼らが都市や農村の貧民の窮状を緩和して，その反乱や暴動への傾斜を抑制する一方で，キリスト教徒の資金を金融業以外の「名誉ある」事業（教会は「高利貸し」を断罪）に投資させる状況を創出した，といわれる＊33)が，これはトスカーナに限られたことではない．

さて，ユダヤ人誘致の舞台となったリヴォルノは，現在ではフィレンツェに次ぐトスカーナ第二の人口をもつ都市であるが，中世には単なる小集落でしかなく，16世紀後半以降，トスカーナ大公たちによって海港商業都市として計画的に建設され，その保護のもとに大発展をとげた近世都市である．まず，その発展の経過を一瞥しておきたい＊34)．ピサとその南にあるリヴォルノは，約20キロメートルの距離がある．両者の間には，近代になって干拓，排水事業が進むまで，広大な入江や沼沢地が広がっていた．アルノ河口にあったピサは，上流の開発の影響による土砂の堆積の結果，河口から遠くなり（現在は約11キロメートル），港の機能も低下したので，大型船舶は，すでに14世紀初めには，ピサから約16キロメートル南にあり，入江に面した「ポルト・ピサーノ」（ピサの港）に入港した．しかし，ポルト・ピサーノも，まもなく小河川が運ぶ土砂の堆積にみまわれたので，15世紀初めには，さらにその南にあり，外海に面するリヴォルノの港が，それにかわって使用された．フィレンツェは，1406年にはピサを，1421年6月にはリヴォルノを支配のもとにおいたが，1421年12月，ピサに「海事庁」（consoli del mare）を設置する一方で，リヴォルノを国有ガレー商船団の基地とした．この商船団は，ヴェネツィアの制度を模倣して運営され，1422年から78年まで活動した．伝統はあるが海港のない商業都市ピサと，良港はあるが商業組織のない集落リヴォルノは，入江や沼沢地を利用した内陸水路，海路，道路を往復する小船や荷車によって緊密に結びつけられた．

コジモ1世（1537年に第二代フィレンツェ公，69年に初代トスカーナ大公）は，1540年代以降，リヴォルノ港の機能強化に極力努力した．第二代大公フランチェスコ1世（1574-87）は，建築家ブオンタレンティに委託した都市計画案が76年5月に完成すると，同年6月に「リヴォルノ建設事務所」（ufficio della fabbrica di Livorno）を設置し，77年には新市壁の建設に着工させ，80年には

---

32) Ibidem, pp. 10, 12, 74.
33) Molho, op. cit., p. 109.
34) リヴォルノの発展については主として次を参照．Nudi, Giacinto, *Storia urbanistica di Livorno. Dalle origini al secolo XVI*, Venezia, 1959, pp. 11-60. Matteoni, Dario, *Livorno*, Roma-Bari, 1985, pp. 1-71.

付論　シャイロックの時代のユダヤ人　271

移住者への免税そのほかの特権賦与を布告した。ちなみに，天正遣欧少年使節は，1585年にリヴォルノではじめてイタリアの地を踏み，代官の案内でその城塞や灯台など港湾施設を見物したが，上陸の翌日には馬車でピサに行ってそこに滞在中の大公に歓迎され，その五日後にピサからフィレンツェに出発している[*35)]。
第三代大公フェルディナンド（1587-1609）は，1594年に上記の都市計画案を修正する一方で，建設計画の実現に極力邁進したので，彼の治世に建設都市リヴォルノの基本的な骨格ができあがった。第四代大公コジモ2世（1609-21）のもとでは，1620年に新防波堤（通称メディチ防波堤）が一応完成し，海港面積が飛躍的に拡大した。これを転換点として，1620年代には，都市建設における公的な投資が大幅に後退し，私的な投資の割合が次第に拡大していく。リヴォルノの人口は，1427-30年（第1回のカタスト）に413人，1591年に530人，92年に900人，1601年に3118人，09年に5046人，22年に9103人，であるという[*36)]。1590年以降に激増したことになる。1601年のリヴォルノ建設事務所の調査によると，軍人，港湾・建築労働者，小商人が多いが，大商人はきわめて少なく，大商人の多くはまだピサに居住していた。しかし，リヴォルノは，イタリアの経済が全般的に，かつ急激に衰退していく17世紀に，この都市だけが，例外的に飛躍的な発展をとげる。17世紀になると，イギリス，フランス，オランダは，その経済を発展させ，地中海にも船舶を送り込んできたが，リヴォルノは，その最大の，さらには指定された寄港地となって，衰退するイタリアの経済とではなく，発展する北西欧の経済と結合したのである。このリヴォルノの発展にとり，とりわけ本格的な発展がはじまる1590年代以降は，濃密な国際的ネットワークをもつ移住ユダヤ人の活躍が，唯一ではないが，不可欠の原因だったといわれている[*37)]。

コジモ1世は，少なくとも1547, 48年以降，ピサ・リヴォルノ地域に移住するユダヤ人などの外国人に，反ユダヤ人政策をとるスペイン国王，さらには教皇に遠慮して，公然とではなく事実上，免税などの特権を賦与することにしたが，いずれの場合も大した効果はなかった。コジモ1世と，つづいてフランチェスコ

---

35) 少年使節のリヴォルノ訪問については次を参照。グアルティエリ，グイド著，木下杢太郎訳『日本遣欧使者記』岩波書店，1933年，86-87頁。フロイス，ルイス著，岡本良知訳『九州三侯遣欧使節行記』東洋堂，1942年，274頁。デ・サンデ，エドゥアルドゥス著，泉井久之助・長沢信寿・三谷昇二・角南一郎共訳『デ・サンデ天正遣欧使節記』雄松堂書店，1969年，359頁。

36) Toaff, Renzo, *La nazione ebrea a Livorno e a Pisa (1591-1700)*, Firenze, 1990, p. 119. 齊藤寛海 (Saito, Hiromi), Una altra edizione de "La Livornina", in, Mediterranean Studies Group-Hitotsubashi University, ed., *Mediterranean World*, XIV, 1996, p. 138.

37) Vedi, Cassandro, *Aspetti*, cit., pp. 1-17; Diaz, Furio, *Il Granducato di Toscana : I Medici*, Torino, 1987, pp. 395-398.

1世が提示したこのような特権は，ユダヤ人の誘致を主目的とするフェルディナンド1世の1591, 93, 95年の特許状に踏襲されたのみならず，そこで特権の内容が一段と拡大された[*38)]。91年特許状は，実際には発効するにいたらなかったが，その内容を修正して作成された93年特許状が，発効することになった。この両者が，西方，東方ユダヤ人，すなわちセファルディムを主対象としたのに対し，95年特許状は，スペインの支配のもとにあるミラーノをその直前に追放された，アシュケナジムとイタリア系ユダヤ人を主対象とした。この三つのなかでも，前文，44条からなる本文，付則（あとがき）からなる93年特許状[*39)]は，「リヴォルノ憲章」(La Livornina) という通称をもち，もっとも有名である。その対象は，名目的には，前文にある「東方人，西方人，スペイン人，ポルトガル人，ギリシア人，ドイツ人，イタリア人，ユダヤ人，トルコ人，モーロ人，アルメニア人，ペルシア人，およびそのほかの人々」であるが，実質的には，本文の内容から判明するようにユダヤ人，とりわけセファルディムである。というのは，第3条で，通常はセファルディム以外のユダヤ人が営む，（貧民相手の）金融業と古着商を営むことを禁止しているからである。

リヴォルノ憲章には，これまで五つの刊本があり[*40)]，最新のもの（1990年刊）は，最古のもの（1798年刊）を，刊行者が所有する一つのマニュスクリプト版と照合して，補正したものである[*41)]。各刊本間には，内容の本質にはかかわらない，僅かな文言（イタリア語）のちがいがあるが，最新の刊本でも，その異同のすべてを逐一精査したとは思われず，決定版といえるか否かは必ずしも明確でない。ところで，筆者は，いずれの刊本とも文言のちがう，別のマニュスクリプト版[*42)]を国立フィレンツェ史料館でみかけたので，これを刊行し[*43)]，さ

---

38) Toaff, op. cit., pp. 42ff. Segre, op. cit., pp. 127-128.

39) 憲章の条文については次を参照。齊藤, Una altra edizione, cit. 齊藤寛海「リヴォルノ憲章（1593年6月10日の特許状）」『信州大学教育学部紀要』第87号，1996年。

40) ① in, *Collezione degli Ordini Municipali di Livorno e statuti di mercanzia di Firenze,* Livorno, 1798, ristampa anastatica, Bologna, 1980, pp. 237-256. ② in, Cantini, Lorenzo, *Legislazione Toscana raccolta e illustrata,* 32 tomi, Firenze, 1800-1808, tomo 14, pp. 10-19. ③ in, Baruchello, Mario, *Livorno e il suo porto. Origini, caratteristiche e vicende dei traffici livornesi,* Livorno, 1932, pp. 189-197. ④ in, Guarnieri, Gino, *Livorno marinara. Gli sviluppi portuali, la funzione economica, la tecnica commerciale-marittima,* Livorno, 1962, pp. 518-525. ⑤ in, Toaff, Renzo, *La nazione ebrea a Livorno e a Pisa (1591-1700),* Firenze, 1990, pp. 419-431.

41) Vedi, Toaff, op. cit. p. 419.

42) Archivio di Stato di Firenze, Leggi e Bandi, Appendice, n. 36 (n. interno 46, manoscritto), cc. 179-206 (nuova numerazione).

43) 齊藤, Una altra edizione, cit. pp. 141-149 (pp. 137-140は解題).

付論　シャイロックの時代のユダヤ人　　273

らにそれを翻訳しておいた*44)．この六番目の刊本の内容は，ほかの刊本と次の二点で異なるが，それをのぞけば，実質的なちがいはないと思われる．一つは，この史料の第30条がほかの刊本では第31条にあたり，第31条がほかでは第30条にあたること．もう一つは，第8条で，大公がユダヤ人共同体に貸与する商業資金が，この史料では1千スクードであるが，ほかでは10万スクードであること．以下，参照するに便利なので，筆者が翻訳したものにもとづいて考察するが，上記の金額の異同については，立ち入って検討するだけの余裕がないので，「両論併記」のかたちで引用することにする．

　さて，リヴォルノ憲章により，リヴォルノないしピサへの移住者は，過去に国外で犯した［宗教的な犯罪を含む］犯罪（第2条）と，国外における債務（第4条）から免責され，信仰の自由（第3条）が保証された．ユダヤ教徒としての信仰生活を可能にするために，キリスト教への強制改宗の禁止（第26条），シナゴーグの所有とユダヤ教の儀式執行の自由（第20条），ユダヤ教の祝祭日の遵守（第24条），ユダヤ教の書物保持の自由（第1，17条），ユダヤ教の教義にしたがって処理した肉の供給（第28条），墓地所有の自由（第37条），［ユダヤ教徒であることによる］嫌がらせからの保護（第41条），などが保証された．高利貸し業（第3条）と古着商（第30条）とを除くあらゆる職業，とりわけ大規模な商業（前文，第1，6，30条）をおこなうことが承認［奨励］され，それを可能にするために，領内および海外の各地との取引や通行の自由（第1，6，29条），［とりわけユダヤ人の］商人が海外から来訪して取引する自由（第1，38，39条），不当な差し押さえからの保護（第15条）が保証され，通関手数料に関する特権的な措置（第7条），海上保険金の受領の確実化（第16条），破産時の賠償義務の限定（第13条）が規定されるのみならず，彼らに送付された商品の受領が容易にできるように「用船料，陸上輸送料，為替，その他の諸経費の支払いに充てるための資金」1千スクード（あるいは10万スクード）が，大公からユダヤ人共同体に貸与（第8条）される．キリスト教徒もユダヤ教徒と同様に支払うガベッラ（間接税を中核とする雑税）以外は，すべての税を免除され（第1，5条），遺産相続の自由（第21条），不動産購入の自由（第29条），なども保証される．「シナゴーグの管財人たち」を中核とするユダヤ人共同体は，内部裁判権をもち（第25条），その法廷は，裁判諸収入によって運営され（第32条），指定された相続人のいないユダヤ人の遺産は，「シナゴーグ」［すなわちユダヤ人共同体］に帰属する（第21条）．ユダヤ人が上記の特権を享受するための要件は，ピサないし

---

44)　齊藤「リヴォルノ憲章（1593年6月10日の特許状）」既出，89-100頁．

リヴォルノに住居をもつこと（第6，35条）だけではなく，その共同体の指導者たちによって構成員として承認されること（第4，30条）である．そして，「フィレンツェやシエーナに住むユダヤ人に課せられている上納金，服従義務，法令，規約は，……貴方がたにはこれを課さない」（第5条），両市のユダヤ人とはちがって「キリスト教徒たちから識別するための，いかなる標識も身につける必要はない」（第29条）として，ゲットーへの隔離や，ユダヤ人であることをしめす屈辱的な標識の携行を強制しない．ユダヤ人でも，セファルディムを中核とするリヴォルノやピサのユダヤ人は，イタリア系およびアシュケナジムを中核とするフィレンツェやシエーナのユダヤ人とは，法的にまったくちがう存在だった．前者は特権的に，後者は抑圧的に処遇されたのである．

特許状の発布を契機として，外国や周辺地域から住民の移住が進んだが，外国人のなかではユダヤ人がもっとも多く，リヴォルノの全人口にしめるユダヤ人の割合はかなり高くなったと思われる．ユダヤ人を例にとると，17世紀初めまでは，ピサへの移住者が多かったが，1609-13年に形成されたリヴォルノのユダヤ人共同体がピサのユダヤ人共同体から分離独立した1609年以降，リヴォルノへの移住者が増加したのみならず，ピサのユダヤ人もリヴォルノへ移住するようになり，リヴォルノの共同体がピサの共同体を人口と経済力で凌駕していく．この分離独立以降，リヴォルノのユダヤ人宛の船荷の記録（裁判文書や陳述書など，断片的な内容のもの）が出現するが，そこには海外のセファルディムなどと取引するユダヤ人大商人の活動がみられる[45]．リヴォルノのユダヤ人口は，ある研究によると，1570年にゼロ，1601年に134人（うち15歳以上77人），03年には「ユダヤ人通り」が存在し，22年に711人，32年に700人，42年に1,115人，45年に1,250人である[46]．初期の移住者は，キリスト教徒の場合，貧民や犯罪者が多く，多少とも公認された密輸業者や海賊もいた．ユダヤ人の場合，職人や小商人が主体であり，大商人がリヴォルノで活動しはじめるのは，上記のように1610年代以降である．西方のイギリス人，フランス人，オランダ人，ドイツ人，フランドル人，などの居留民団の領事がそこに出現するのは，1622年以降であり，東方のギリシア人，トルコ人，ラグーザ人，マグリブ人，アルメニア人，などが来住するのは，1620-40年以降である．リヴォルノ（と初期にはピサ）のユダヤ人大商人が取引対象とするのは，北西欧をも含む広範な地域だったが，とりわけ東地中海とマグリブが主体だった．そのなかでも，リヴォルノとマグリブとの商業は，

---

45) Cassandro, *Aspetti*, cit., pp. 26, 58-68. 以下，リヴォルノの経済に関しては同書を参照．
46) Toaff, op. cit., pp. 119sg.

リヴォルノに移住してきたユダヤ人によって開拓されたものらしい*47)。取引には，各種の商品取引のほか，為替取引，海上保険，海上商業への金融（cambio marittimo）があった。1660年代以降になると，彼らは取引の地域や内容を拡大する一方で，リヴォルノの行政に対しても，当局への請願や要求という形式で，自分たちに不利ないし有害な法律や協定が成立しないように画策した。来港する船舶の船長には，イギリス人，ドイツ人，フランス人の名前もみられ，北西欧から商品が輸入されたことを示唆している。ここに居住するユダヤ人には，西方，東方ユダヤ人のみならず，イタリア系ユダヤ人，アシュケナジムもいたが，トスカーナ内部からきたユダヤ人は少数にとどまった。リヴォルノでは，この西方，東方ユダヤ人からなるセファルディムが，人数，資産，事業能力，ネットワークにおいて，とりわけ人数では圧倒的に優越しており，ユダヤ人共同体は，セファルディムの有力者を中核とする寡頭政的な構造をもっていた*48)。ちなみに，1655年のユダヤ人共同体規約は，ポルトガル語で書かれている*49)。リヴォルノとピサには，自然発生的なユダヤ人の集住地区はあったが，フィレンツェやシエーナとはちがってゲットーがなかった。リヴォルノでは，「ユダヤ人を殴るほうが，大公を殴るよりもこわい」という民衆の軽口が示唆するように，ユダヤ人は，当時のイタリアでは比肩するものがない自由（信仰，人権，取引，自治・裁判権）をもち，ほかの土地のユダヤ人とは社会的なありかたにおいて大きく乖離していく。リヴォルノのユダヤ人の最盛期は18世紀であるが，ヴェネツィアは1732年に，またナポリは1740年に，それぞれが自国の経済を再建するために，リヴォルノのユダヤ人を誘致しようとした*50)。いずれも誘致に失敗したが，この事実は彼らの盛況を雄弁にものがたっている。

おわりに

シャイロックの時代，トスカーナ大公国には，二つの古都で細々と古着や古物を売買するユダヤ人と，新しい海港都市で盛大に国際商業に参加するユダヤ人という，対照的な二種類のユダヤ人がいた。ヴェネツィアでも，それぞれが市内の別々のゲットーに住む，二種類のユダヤ人を識別することができる。以前からつ

---

47) Braudel, Fernand et Romano, Ruggiero, *Navires et Marchandises a l'entrée du Port de Livourne (1547-1611)*, Paris, 1951, p. 45.
48) Cassandro, *Aspetti,* cit., pp. 34, 39ff.
49) Toaff, op. cit., pp. 555-568 ; cfr. Cassandro, *Aspetti,* cit., p. 33.
50) Cassandro, *Aspetti,* cit., pp. 124, 127f.

づく貧民相手の金融業を営むユダヤ人と，新しく参加を認められて国際商業に進出したユダヤ人である．いずれにおいても，国際商業に参加するのはセファルディムが主体であり，金融業や古着・古物商を営むのはイタリア系およびアシュケナジムが主体であった．比較的新しくイタリアに登場したセファルディムは，それ以外のユダヤ人のもたない資本，技術，そして各地に広く分散したセファルディム同士のネットワークをもっていたのである．

ヴェネツィアでは，西方ユダヤ人が東方ユダヤ人（スルタンの臣民）と同様にレヴァント商業への直接参加権をえたのが1589年，スパラートに指定市場が設置されたのが翌90年．トスカーナ大公国では，「リヴォルノ憲章」が発布されたのが1593年，そしてまもなく建設都市リヴォルノの骨格が出現する．この1590年代は，イタリア北部・中部の諸国では危機の時代であり，その具体的な現象として次のものがあげられている[*51]．商工業の衰退と失業の増大，飢饉の連続と穀価の上昇，軍事支出の増大と重税．商工業から土地・公債とりわけ土地への資本の移動，商人貴族から地主貴族への変質，それと並行する官職の購入．高物価・低賃金による貧困の増大，下層労働者や浮浪者としての都市への人口移動，都市・農村における犯罪の増加，処罰の厳格化，慈善組織の拡大．そして，政府による社会再建への積極的努力，政府の活動範囲の拡大．各国政府がセファルディムを誘致し，彼らを利用して国際商業の再建，振興をはかったのは，90年代に深刻化した危機的状況を克服しようとする，積極的な政策の一つだったのである[*52]．

ユダヤ人に援助を求めたのは，「ヴェニスの商人」アントーニオだけではなかった．ヴェネツィアやフィレンツェのような代表的な商業国家が，その商業を再建，振興するために，ユダヤ人に援助を求めるところまで追い詰められていた．この時代を転換点として，両国とも，商人貴族の時代は急速に幕を閉じる．

---

51) Davidson, N. S., Northern Italy in the 1590's, in, Clark, Peter, ed., *The European Crises of the 1590's -Essays in Comparative History*, London, Boston and Sydney, 1985, pp. 157-171.
52) Cf., Ravid, A Tale of Three Cities, cit., p. 162.

第3部

イタリア都市の権力構造

第1章

イタリアの都市と国家

―――――――

は じ め に

　本章では，イタリア北・中部の都市国家の展開について，フィレンツェに焦点をあわせながら，12世紀から16世紀までの過程の粗筋を概観する．本章は，次章以下における考察を前提に成立しているので，そこで検討している局面については，そこの註をみていただくことにし，重複を避けるためにここではその註は省略する．また，当時のイタリアは政治的に四分五裂し，しかも全体の中心となる国家や権力（皇帝，教皇）がなく，多種多様な国家や権力が併存し，それらの相互関係や展開の様相も錯綜していた．わが国では，そのうち比較的によく知られている局面と，そうでないものとの格差がおおきい．後者については，一々解説するときわめて煩雑になるので，原則として別稿[*1)]に委ねることにする．

　さて，11世紀初めのイタリアは，政治圏でみると，西欧圏に属す半島北・中部，ビザンツ圏に属す半島南部，イスラム圏に属すシチリア，の三つに分裂していたが，12世紀にはすべてが西欧圏に属すようになった．フランス系のノルマン騎士ルッジェーロ（二世）が，1130年にパレルモでシチリア王位につき，40年にはナポリを占領して半島南部の制圧を完了し，ローマ教皇がそれを承認したからである[*2)]．とはいえ，イタリアが政治的に均質な一つの地域を形成したわけではない．イタリア北部では，神聖ローマ皇帝フリードリヒ一世が，1176年にレニャーノの戦いでロンバルディーア都市同盟に大敗し，83年のコンスタン

---

　1)　北原敦編著『(新版) イタリア史』の第4-6章（筆者担当）を参照，（近刊予定，山川出版社）
　2)　ノルマン朝シチリア王国の成立については次を参照．山辺規子『ノルマン騎士の地中海興亡史』白水社，1996年．

ツの和約でこれらの都市に事実上の主権を承認した[3]。ここに王権の支配のもとにあるイタリアの「南」と，多数の都市国家を事実上の主役とする「北」との対照，いわゆる「二つのイタリア」が形成されはじめたのである。本章の目的は，ほぼローマを境界とする「北」，すなわちイタリアの北・中部における都市国家の展開の様相をみることである。

フリードリヒ一世の臣フライジングの司教オットーは，12世紀中葉のイタリア北部について，そこでは諸都市が全土を分割し，都市の権威を認めない農村貴族はその周辺領域にはほとんどいない。都市には（農村から移住した）騎士，（騎士から再授封された）陪臣，庶民の三階層がいるが，階層間の抗争を避けるために，都市を統治するコンソリ（複数の執政官）はこの各階層から選ばれる。都市の富と力はきわめて大きく，強力な都市は近隣の都市を帰順させている，と記した[4]。都市が農村を制圧したのは，都市の人口と財力に，すなわち多数の民兵と豊富な軍資金に，農村や農村貴族が屈服したからである。それだけではない。都市と農村のいずれに対しても皇帝大権（徴税権，裁判権，役人任命権，など），すなわち主権をもつと主張したフリードリヒでさえ，それを「不当に」行使する都市から奪回することができず，上記の和約によって，ついに現状を追認しなければならなかった。

イタリアの都市は，中世ヨーロッパの都市のなかでは群を抜いていた。中世人口の頂点とされる13世紀末から14世紀初めについて，最近のある研究は次のようなデータを示す[5]。人口1万以上の都市がイタリアでは83，（イタリアを除く）ヨーロッパでは約60。そのうち4万以上の都市はイタリアでは11，ヨーロッパでは8ないし9。さらにそのうち8万ないし10万以上の都市はイタリアでは4（フィレンツェ，ミラーノ，ヴェネツィア，ジェノヴァ），ヨーロッパでは1（パリ）。イタリアの内部では，南部よりも北・中部の都市が優勢になっていた。都市の財力についていえば，フィレンツェの年代記によると，フィレンツェの絶頂期といわれる1338年頃の同市の税収は，当時のナポリ王，シチリア王のいずれの税収よりも多かったという。

本章では，このイタリア北・中部において，市民の形成した都市国家がどのように展開していったか，まずその一般的な様相を概観する。近隣の弱小な都市を

---

3) フリードリヒ一世とロンバルディーア都市同盟については次を参照。佐藤眞典『中世イタリア都市国家成立史研究』ミネルヴァ書房，2001年，第1部。

4) オットーの記述については次を参照。佐藤，前掲書，第1章。

5) 中世イタリアの人口動態については次を参照。Ginatempo, Maria e Sandri, Lucia, *L'Italia delle città*, Firenze, 1990, parte IV.

第1章 イタリアの都市と国家

従属させつつ形成した支配領域に君臨する強大な都市は，多数の人口と豊富な財力をもつ都市，換言すれば局地的ではない，多少とも国際的な経済活動の拠点都市だったが，その具体的な経済構造は都市ごとに相違し，この相違が大都市それぞれのきわめて個性的な社会構造を形成する要因の一つとなった．個性を無視した一般論では把握できない局面については，具体的な一つの都市について考察することにする．ここでは，欧米でもわが国でも研究史が豊富で貴重なデータが提示されているのみならず，政体の実験場といえるほど政体が変化したフィレンツェを取り上げる．

第1節 都市の発展

1 自治都市

11世紀の地中海では，イスラムやビザンツの勢力に代わってヴェネツィア，ジェノヴァ，ピサなどが地中海に進出し，13世紀になると，ラテン帝国の成立やビザンツ帝国の復興に見られるように，ヴェネツィアやジェノヴァは衰退したビザンツ帝国の運命を左右するまでになった．発展したのは海港都市だけではない．12世紀初め頃までに，フィレンツェ，ボローニャ，などの内陸都市はローマ時代の人口水準を回復し，さらに市壁の変遷が示すようにその後人口は急速に増加した．内陸都市の発展がとりわけ顕著だったのは，活発な内陸交通路をもつ北部のポー平原および中部のトスカーナ地方だった[*6]．

　11世紀後半，聖職叙任権闘争によって都市領主の伯，司教伯（伯権力をもつ司教）の権威が失墜する一方で，成熟した都市住民が政治的な共同体（コムーネ）を形成すると，多くの都市ではこの共同体が都市の実権を掌握しはじめた．11世紀末・12世紀初めには，共同体の任命するコンソリが都市を統治し，ここにもはや都市領主の「臣民」ではない，政治権力をもった「市民」の共同体が統治する自治都市（コムーネ，都市コムーネ）が誕生した．この共同体には以前から，都市領主の家士や商人・職人とならんで，都市に移住した周辺領域の小領主層（騎士・陪臣）も参加していた．都市に居住する（領主権から自由な）農民も参加したが，彼らは都市の経済活動が発展するにつれて商工業にも従事した．市民の一部は市外に土地をもち，そのうち小領主層は出身地の農民を支配したので，都市は周辺地域と密接な利害関係をもっていた．自治都市は，12世紀末にはおおよそ200から300あったという[*7]．

---

6) Ibid.

12世紀以降，都市は周辺地域の支配に乗り出し，やがてコンタードとよばれる固有の支配領域を形成した．ローマ帝国の地方行政では，拠点都市が周辺地域を都市管区として支配したが，教会行政もこれにもとづき，その都市に司教座をおく司教が都市管区を司教区として支配した．イタリアでのカロリンガの地方行政もこれを踏襲し，それまでにランゴバルド時代の都市衰微を契機とする司教座の移動が多少はあったが，司教座都市に配置された伯が司教区をコンタード（伯管区）として支配した．このような経緯をへて12世紀後半には，自治都市が都市領主の伯，司教伯から移譲された権限にはコンタードの支配権も含まれる，すなわちコンタードは司教座をもつ都市の当然の支配領域をなす，という観念が確立した．都市が実力によっておこなったコンタードの征服は，農村の封建領主，自治集落（農村コムーネ），農村同盟（複数農村からなる政治的共同体），などを次々に従属させながら，13世紀にはほぼ完了した．とはいえ，コンタード周縁の山岳地帯などには，従属しない部分も残った．また少数ではあるが，司教座のない自治集落から発展して司教座をもつ自治都市となり，コンタードをもつにいたったものもある．都市に従属した部分では，農村領主の領主権，自治集落や農村同盟の自治権が縮小し，とりわけ都市の近隣ではやがて否定された．

　市民共同体は理念上は市民全体からなるものとされ，全市民集会が自治都市の最高の意志決定機関であった．とはいえ現実には，（都市）貴族からなる執政府がその実権を掌握し，市民人口の増大とともに名目化した全市民集会は，やがてそれが消滅する自治都市さえあった．貴族は，特定の法的身分ではなく，コンソリを輩出する封建的家系および大商人家系の成員であり，家族や親族の武力によって自力救済をはかるような，実力と騎士的な生活様式とをもつ人々であった．その内部には政治権力や経済利害をめぐる対立や，旧来の都市住民とコンタードからの（自発的・強制的）最近の移住者との間の反感などがあり，貴族の派閥争いが都市をしばしば混乱に陥れた．派閥争いから都市執政の中立を保証するために，12世紀中葉以降，執政実務に習熟した他の（非近隣）自治都市の貴族をポデスタ（最高執政官）として雇用することが普及しはじめ，13世紀初めまでにはそれが一般化した．とはいえ，都市の基本政策を決定するのは都市貴族からなる評議会であり，ポデスタはその執行者に過ぎず，彼に固有の権力が付着しな

　7）　コムーネ期以降のイタリア都市の一般的展開については次を参照．ウェーリー，ダニエル，森田鉄郎訳『イタリアの都市国家』平凡社，1971年（同書は初期コムーネ，および中小都市についても概観する）．森田鉄郎『中世イタリアの経済と社会』山川出版社，1987年．清水廣一郎『イタリア中世都市国家研究』岩波書店，1975年．同『中世イタリアの都市と商人』洋泉社，1989年．同『イタリア中世の都市社会』岩波書店，1990年．佐藤，前掲書．

第1章　イタリアの都市と国家

いように任期は短く（半年，1年）限定されていた．

　ロンバルディーア都市同盟に参加した都市以外でも，都市が発展するにつれて，皇帝や教皇の承認の有無にかかわらず，多数の都市が事実上の主権を行使するようになった．都市とそのコンタードからなり，都市を支配者とする都市国家が，（聖俗の封建諸侯を支配者とする北東部や北西部などの辺境地帯をのぞく）北部と中部との各地に誕生したのである．コンタードの征服が終了するにしたがい，直接に対峙することになった都市同士の抗争が激化し，その弱肉強食の時代が訪れた．市民（民兵の中核部分となる）と軍資金とに富む大都市が近隣の小都市を，すなわち国際的な大都市が局地的な小都市を従属させた．両者の関係は「降伏条約」にもとづく一種の協約関係であり，支配都市は従属都市の制度機構をほぼそのまま存続させ，大幅な自治を認めつつ，その最高執政官（名称はポデスタなど）を自己の市民のなかから選んで派遣した．このような関係は，コンタードの自治集落との間ですでに見られたものである．従属都市は自己のコンタードを支配したまま従属したので，そのコンタードと支配都市との関係は間接的なものになったが，しかし従属時あるいはその後に，従属都市のコンタードの一部が取り上げられ，支配都市のコンタードに編入されることがあった．都市にとってコンタードは兵員（民兵の補助部分），軍資金，などの供給源としても重要だったのである．都市国家同士の弱肉強食が進むにつれて，主権を保持する都市の数は減少し，支配都市が幾つかの従属都市に権力を行使するという，領域的な構造をもつ都市国家の複合体が出現した．

2　君主政

都市貴族の派閥争いは，13世紀には，イタリア政局をめぐる皇帝と教皇の抗争と結合して，皇帝派・教皇派という二派の対立に収斂し，近隣都市の同派同士が連携しつつ激化した．一方，同世紀には，都市経済の発展によって庶民人口が増加したが，都市同士の戦争による負担（兵役・戦費）を押し付けられた庶民は，隣人組織あるいは同職組織にもとづく庶民共同体を都市内部に創出し，カピターノ・デル・ポーポロ（庶民の指導者）のもとに結束して，実質的な参政権の獲得をはかった．二派に分裂した貴族を相手に，勢力の増大した庶民が政治運動を展開する，という状態が出現したのである[8]．ちなみに，カピターノ・デル・ポ

　8）13世紀，14世紀の政治史的展開については次を参照．Larner, John, *Italy in the Age of Dante and Petrarch, 1216-1380*, London and New York, 1980. Hay, Denis and Law, John, *Italy in the Age of the Renaissance, 1380-1530*, London and New York, 1989.

ーポロをはじめとする庶民共同体の政治機関は，貴族が支配する自治都市の政治機関を模倣したものだった．13世紀後半になると，庶民内部の階層分解が進行したが，とりわけ大都市ではそれが顕著だった．13世紀後半から14世紀初めにかけて，大空位時代，アヴィニョン捕囚にみられるように，皇帝，次いで教皇の権威がそれぞれ失墜するなかで，多数の都市において，分裂した貴族と多層化した庶民との間で複雑な権力闘争が展開し，貴族による従来の支配体制が動揺，あるいは崩壊するという状況が出現した．貴族による権力の維持，貴族による庶民上層の吸収同化，庶民ないし（庶民上層が貴族の一部を吸収同化して形成された）平民[*9]による貴族の抑圧，貴族と庶民の勢力均衡がもたらす調停者としてのシニョーレ（signore）の出現，など，各都市に固有の社会条件に規定されて，都市ごとに相違する政治形態が出現した．この相違が，都市ごとに政体の差異をもたらしたのである．なおシニョーレとは，自治都市がその共和制的な諸権限を集中して委託した人物であり，制度的には共和制の枠内の存在ではあるが，実態としては独裁者になる可能性をもっていた．シニョーレには調停能力のある有力市民，あるいは他国の有力者が就任したが，なかにはナポリ王国から軍隊とともに派遣される同国の王族や貴族もいた．

　自治都市の軍制は，13世紀から14世紀にかけて，漸次的に民兵制から民兵・傭兵混合制をへて傭兵制へと移行した．経済活動が大規模かつ複雑になり，市民が恒常的にそれに束縛されたことが，兵役を耐えがたいものにする一方で，市民の増大した経済力が，職業化し組織化してきた傭兵を雇用することを可能にした．戦争の長期化，戦闘技術の高度化や，市民内部の分裂や分解も，民兵制の維持を困難にした要因であると思われる．14世紀には，封建軍隊から転化したフランス人など多数の外人傭兵が活躍したが，同世紀末以降，イタリア人が傭兵の主流になると，貧しい山地の封建領主が領民を中核とする傭兵隊を指揮することが多くなった[*10]．傭兵制の定着による市民の兵役義務の消滅は，市民内部の階層分解，とりわけ支配者層と被支配者層への分解が極度に進行した大都市において，市民共同体の空洞化を促進する要因となった．支配者層が市内に利害の対立する被支配者層，すなわち民衆をかかえながら，コンタードの住民や従属都市の市民に服従を要求するためには，多数の傭兵を雇用する必要があったが，そのための

　9）「庶民」と「平民」という用語については第3部第3章を参照．
　10）　兵制については次を参照．Waley, Daniel, The Army of the Florentine Republic from the Twelfth to the Fourteenth Century, in, Rubinstein, Nicolai, ed., *Florentine Studies,* Evanston, 1968. マレット，マイケル，甚野尚志訳「傭兵隊長」ガレン，エウジェーニオ編，近藤恒一，高階秀爾，他訳『ルネサンス人』岩波書店，1990年．

第1章　イタリアの都市と国家

費用負担は，支配者層に有利な税制によって，市内の民衆や市外の従属者層に転嫁された．このような構造的問題をかかえた支配体制は，政治や経済の危機を契機として，民衆や従属者の暴動や反乱によって崩壊する危険を内包していた．それを回避するために，錯綜する利害の調停能力をもつ人物，あるいは秩序維持のための軍隊をもつ人物が，シニョーレとして導入されたのである．とりわけ都市同士の抗争が激烈であったロンバルディーア，エミーリア，ロマーニャにおいて，危機における体制の救済者，あるいは社会秩序の維持者として，早期からシニョーレが導入された．

ひとたび導入されたシニョーレは，支配者層から自立する固有の権力基盤の創出をはかり，抑圧された民衆や従属者たちの支持をえて，支配者層の特権（有利な税制や官職就任など）を削減し，従来の政治機構を再編しようとした．また，皇帝（帝国領）や教皇（教皇領）の代官という称号をえて，自己の権力の法的根拠を確立しようとした．支配者層が，他都市との戦争，領域各地の抵抗，シニョーレや都市民衆との抗争によって疲弊すると，彼らは自己の既得権益の一定の保証を条件にシニョーレと妥協した．民衆や従属者は，抑圧の緩和をシニョーレに期待した．シニョーレの統治する政体をシニョリーアという．1300年頃にはアペニン山脈より北東ではシニョリーアが多数となり，南西では大方がまだ共和政（自治都市）だったが，14世紀中葉になると南西すなわちトスカーナ，ウンブリア，ラツィオでもシニョリーアが拡大し，15世紀にはいずれでも共和政はむしろ例外的となった．シニョーレは，固有の権力基盤が拡大するにつれて任期が長期化し，やがて終身制となり，ついには世襲制となったが，14世紀末以降になると皇帝や教皇から爵位（公位や侯位など）をえて，君主となる者が出現しはじめた．支配都市の支配者層は，一定の既得権益を保証されると次第に政治への熱意を喪失し，換言すれば公人性を喪失し，私人性へ傾斜して，君主に保護を求める廷臣へと変質した[*11]．

君主は，市内および領域の錯綜する利害を調整し再編成した．旧支配都市たる首都には一定の既得権益が留保されたとはいえ，従属都市はもはや首都にではなく君主個人に従属するのであり，ここに君主が（首都を含む）諸都市を統合する領域国家が出現した．しかし，イタリア北・中部の君主には，フランスなどの国王がもつ，国家創始時代から臣民を導いてきた人々の神聖なる子孫という神話に

---

11) シニョリーアおよび君主政については次を参照．須藤祐孝編訳『ルネサンス・イタリアの〈国家〉・国家観』無限社，1993年．Larner, *Italy in the Age of Dante and Petrarch, 1216-1380,* cit., Chapter 7. ロー，ジョン，甚野尚志訳「ルネサンスの君主」ガレン編『ルネサンス人』既出，所収．ウェーリー『イタリアの都市国家』既出，第6章．

由来する，家系にまつわる自然発生的なカリスマがなかった．君主の権力は，本質的に個人の力量にもとづく権力であり，それが消滅すれば，個人に従属した領域国家は分裂する．支配領域の忠誠を確保するためには，君主家系の存続と自己の利害とが一致する，領域内部における横断的な廷臣層の創出が必要となった．君主家系への忠誠維持手段としての家系神話は，ここでは人為的に創出されなければならず，それには皇帝や教皇からの信任状の授与，外国王家との婚姻関係の締結，宮廷人文主義者による神話の創作，などを必要とした*[12]．いずれにせよ，15世紀のイタリア北・中部は，君主政，シニョーリア，共和政を政体とする中・小の諸国家が競合する地域となっていた．

　15世紀後半以降，スペインやフランスなどとはちがい，イタリアでは国民国家的な規模での国家統合の可能性はなかった*[13]．強大なシチリア王国は，ノルマン王朝から婚姻関係によってドイツのホーエンシュタウフェン王朝に継承されたが，後者は1266，68年の戦闘でフランス王弟シャルル・ダンジューによって打倒された．さらに1282年の「シチリアの晩禱」事件により，シチリア王国はこのフランス王朝が支配するナポリ王国と，アラゴン王朝が支配ないし連携する（新）シチリア王国とに分裂した．（旧）シチリア国王兼皇帝と対抗し，一方の政治的中心だった教皇がアヴィニョンに遷座した1309年以後，イタリアでは政治利害の収斂する中心が消滅したが，強力なナポリ国王ロベルト（1309-41年）は，教皇領の守護者という資格で政治的な影響力をイタリア全土に行使した．彼の死後内紛で弱化した同国は，ラディスラーオの治世（1386-1414年）に一時的な勢力の回復を見るにとどまった．シチリア王国はアラゴン王国との間に統合と分裂を繰り返し，1409年にアラゴン（連合）王国（本家）が最終的にシチリア王国（分家）を統合した．このアラゴン王国は，1442年にナポリ王国を支配下においたが，在地の封建貴族の執拗な反抗に直面した．一方，北部では，シニョーレとして13世紀末以降ミラーノを支配し，支配領域を拡大してきたヴィスコンティ家が，ジャン＝ガレアッツォ（1378-1402年，公位叙任1395年）の治世に，北部から中部にかけてナポリ王国に匹敵する広大な支配領域を形成したが，彼の急死によってそれは一挙に崩壊した．以後のイタリアには，ロベルトのナポリ王国やジャン＝ガレアッツォのミラーノ公国のような，強力な統合力をもつ国家は出現しなかった．

---

12) この権力の特質については次を参照．須藤祐孝編訳，前掲書，第2章第1節．
13) 15世紀，16世紀の政治史の展開については次を参照．Hay and Law, *Italy in the Age of the Renaissance,* cit., Chapters 6ff. Cochrane, Eric, (Kirshner, Julius, ed.,) *Italy, 1530-1630,* London and New York, 1988, Chapters 2 and 4.

第1章　イタリアの都市と国家

オスマン・トルコがビザンツ帝国を打倒した翌年の1454年，対立関係にあったミラーノ公国とヴェネツィア共和国がローディの和約を結び，翌年には，両国にフィレンツェ共和国，教皇国家（教皇を元首とする），ナポリ王国（アラゴン王朝）を加えたイタリアの五大国が，「イタリアの平和と休戦のために」同盟を締結した．以後，五大国の勢力均衡にもとづく相対的平和が約40年間続いたが，そのために全土統合の可能性をもつ強力な国家は出現せず，フランスやスペイン（アラゴンとカスティーリャが統合）に対抗しうる国家は存在しなかった．1494年，フランスのシャルル八世がナポリ王国に対するフランス王朝の権利を標榜してイタリアに侵入し（「イタリア戦争」の開始），翌年ナポリを占領すると，教皇，ヴェネツィア，ミラーノ，スペイン，などが同盟して対抗し，敗退したシャルルはイタリアから撤退した．これを契機にイタリアをめぐるフランスとスペインの対立が再燃したが，1519年にハプスブルク家のスペイン国王カルロス一世が皇帝（カール五世）を兼任すると，イタリア北・中部に対する皇帝大権にもとづく要求と，南部およびシチリアに対するスペイン（アラゴン）王朝の要求とが彼の人格において統合され，それがフランス王朝とハプスブルク家との対立の要因となった．長期にわたるこの「イタリア戦争」では，ハプスブルク家が次第に優勢となり，1559年のカトー・カンブレジの和約で戦争が終結すると，同家によるナポリ王国やミラーノ公国などの領有が確認され，ヴェネツィアなど一部をのぞいて，イタリア諸国に対する同家の支配権ないし政治的影響力が確立した．諸国の多くは19世紀のリソルジメントにいたるまで，スペイン，オーストリア（ハプスブルク王朝），および勢力の伸張したフランス，など，外国の政治的支配を直接，間接に受けることになる．

第2節　フィレンツェの展開

1　大商人層の支配

フィレンツェのトスカーナにおける優位は，13世紀前半までは見られず，その（都市）貴族のなかには，とりたてて強力な家系がなかった．同市の人口と経済力が飛躍的に発展し，他都市を圧倒したのはその後半であり，勝利した教皇派に与したことが飛躍の一大契機となった[*14]．シャルル・ダンジューのイタリア遠

---

14) フィレンツェの発展について次は問題を提起する．米山喜晟『モンタペルティ・ベネヴェント仮説』大阪外国語大学，1993年．フィレンツェは，きわめて生産性の高い文学活動の舞台になった，中世イタリアでは特異な都市だが，この活動は1260年代以降突然に活発化した．都市の実権をもつフィレンツェの大商人層は，アンジュー家との同盟関係を利用して，治安・防衛のための武

征が成功すると，遠征費用を調達したフィレンツェ商人は，フランス，(旧)シチリア王国，教皇領，(国王が教皇に忠実な)イギリスに多数が進出し，そこで教皇の徴税人となり，商業特権を獲得したのである．他方，皇帝派の海港都市ピサは，反対に打撃をうけ，さらに1284年にはメローリアの海戦でジェノヴァに完敗し，没落への道をたどった．内陸の商業都市シエーナは，丘陵の尾根を伝うトスカーナの主要街道(フランス街道)の拠点だったが，アルノ川沿いの低湿地の干拓が進展してそこの人口が増加するにつれて，13世紀に道路体系が丘陵から川沿いに移動しはじめた結果，アレッツォやフィレンツェを経由する新しい主要街道から外れ，人口過疎のなかで次第に活力を喪失していった．

　教皇税の徴収業務は金融業を発展させ，国王や諸侯への金融は商業特権をもたらした．フィレンツェが1252年から発行したフィオリーノ金貨は，この間に国際通貨の地位を確立し，その金融業や商業を支援した．経済活動の拡大は職場を提供し，遠近各地から人口を吸引した．豊富な労働力は，原料や食料の輸入とあいまって，諸工業を発展させた．とりわけ水利を必要とする毛織物工業が発展したが，1320年代にフランドルの毛織物工業の危機によって良質で定評のあるイギリス羊毛の同地への輸出が減退すると，それを輸出していたフィレンツェ商人は今度はそれを母市に輸出し，ここに北西欧の高級毛織物に匹敵するフィレンツェ毛織物の生産の基礎がおかれ，14世紀後半にはイタリアおよび地中海世界の高級毛織物市場におけるフィレンツェ製品の独占状況が実現する[15]．こうして短期間にフィレンツェは，金融業，商業，輸出向け工業が有機的に結合した固有の経済構造をもつ，国際的な一大経済都市に成長した．その経済力を背景に，すでに1280・90年代には，サンタ・マリア・ノヴェッラ教会，新市壁，サンタ・クローチェ教会，(新)大聖堂，執政府庁舎(いわゆるパラッツォ・ヴェッキオ)，などの巨大な建造物が次々に着工された．

　フィレンツェ経済の飛躍は，社会構造に変革をもたらした．庶民は，以前から政権参加を要求する政治運動を展開し，1250年に「最初の庶民政府」を樹立したが，10年後に皇帝派貴族によって打倒された．シャルルの勝利後，フィレンツェを支配したのは，彼の軍事的支援をうけた教皇派貴族と遠征資金を調達した

力を必要時に同家から借用し，自身は経済活動に専念した結果，ピサなどより後進的だったフィレンツェは，上記年代以降，短期間に驚異的な経済的発展をとげた．これが文学活動の活発化した社会的背景だ，というのがその骨子である．しかし，ほかの都市の政治や経済との具体的な比較を欠如する，など，この「仮説」の「検証」は十分だといえない．

　15) 星野秀利著，齊藤寛海訳『中世後期フィレンツェ毛織物工業史』名古屋大学出版会，1995年．

一部の庶民商人とだったが,「シチリアの晩禱」事件によってシャルルの権力が弱化すると, 経済の飛躍によって勢力を拡大していた庶民が, 同年 (1282年) にフィレンツェの実権を掌握した. 庶民は同職者組織であるアルテを, 貴族に対抗する政治的武装組織としてのアルテに再編し, それを背景にアルテ員の代表者であるプリオリからなる政治機関が, 貴族の支配する自治都市の従来の政治機関の権力を抑制して, 都市の実権を掌握したのである. アルテは1266年以後, 三次にわたって再編され, その都度9大アルテ, 5中アルテ, 7小アルテと, 合計21のアルテが次々に出現した. 大アルテは, 国際市場を相手とする商業, 金融業, 工業に従事する大商人や織元と, 執政実務を担当する裁判官や公証人を中核に形成され, 中・小アルテは, いずれも局地市場を相手とする職人や小商人から形成された. プリオリは(アルテではなく)市区ごとに選出され, その大多数が大アルテ員とりわけ企業家たちだったので, 実質的には庶民のうち, 大商人層が都市の実権を掌握したことになる. 旧来の都市貴族のうち, プリオリ制機関の権力を承認しない者(封建領主家系に多いと思われる)は, 1293年の「正義の規定」にもとづいて「豪族」と指定され, 豪族はプリオリなど重要な執政機関から排除されたので, その政治権力はきわめて制限されてしまった. 一方, 旧都市貴族でもその権力を承認した者は, 旧庶民とともに「平民」となり, 重要な執政機関への就任資格をもった. 他方, 庶民でも, たとえば織元と利害の対立する多数の毛織物労働者は, 自己のアルテの結成を禁止され, 織元を正組合員, 染色・仕上職人を二級の組合員とする毛織物工業アルテに無権利のまま従属させられ, プリオリなどへの被選出権はなく, その政治権力はまったく否定された. ここに大商人層が, 職人・小商人層を自己の陣営に取り込んで, 自己の権力を承認しない貴族を抑圧する一方で, 自己と利害の対立する労働者層を一方的に支配する政治構造が成立した. その中核は, 6人のプリオリ(6市区から1人ずつ, 4市区制となる1343年以後は2人ずつ計8人)と, その議長役の1人の正義の旗手(1293年設置, 各市区の持ち回り)とからなるシニョリーア(執政府)であった. (フィレンツェ史でいうこのシニョリーアは, イタリア史一般でいう前述のシニョリーアとは同名異義.)

　フィレンツェ経済は, 1330年代まで順調に発展し, 40年前後から深刻な危機に遭遇した[16]. 百年戦争の開始はフランスでの経済活動を停滞させ, 対ルッカ

---

16) Sapori, Armando, *La crisi delle compagnie mercantili dei Bardi e dei Peruzzi*, Firenze, 1926, pp. 43sgg. ただし, 次はこの危機を契機とするフィレンツェ経済の衰退について, Sapori (ibid.) は具体的な根拠を提示しないままに誇張していると批判するが, 自分で衰退ないし経済動向の数量的な指標を提示しているわけではない. Melis, Federigo, (Dini, Bruno, a cura di,) *Tracce*

戦争の長期化による重税が経済活動を圧迫した．大商社は多数の市民から集めた膨大な資金をイギリスやナポリの国王に融資したが，財政の破綻した両王による支払停止のために大商社のみならず多数の市民が破産した．大商人層は政治不安を抑制するため，1342年にナポリ王国からアテネ公をシニョーレとして招致したが，同公が中・小アルテ員や労働者層を支持基盤にして自立をはかったので，大商人層は自己防衛のために翌年同公を放逐した．経済が混乱する間に，既成の大商人層のうち没落あるいは企業活動から引退した家族に代わって，新興の家族が国際的な経済活動に進出しはじめた．シニョーリア成員を出したことのない新興家族の成員は「新参者」とよばれたが，政治の分野でも新参者と既成の大商人層とが権力をめぐって対立した．1348年に襲来した黒死病は，（38年時点で）9万人から12万人の間と推定される市内人口の「5人に3人」を死亡させたという．市内人口の激減は外部からの人口流入を促進し，このことは新参者の陣営を強化した．1352年の資産評価で上位2％に入る世帯のうち，その五分の二は新参者世帯だった．フィレンツェ経済は基本構造を変えることなく，世紀後半には回復に向かっていたが，1375-78年の長期化した対教皇庁戦争が市民生活を非常に圧迫したので，78年に市内で革命騒動がおこった．まず既成層と新参者との政治的対立が激化し，暴動によって新参者の政権が樹立された（6月）が，その政策に満足しない職人・小商人層と労働者層が蜂起し，職人・小商人層を中核とする政権を樹立した（7月）．ここでは，従来自己のアルテをもてなかった労働者層が，三つの新アルテを組織し，それを基盤に初めてシニョーリアへの参加権をえた．しかし労働者層は，不況のために生活が改善されず，雇用の保証，税負担の軽減を要求して示威運動を展開したので，7月政権によって武力で弾圧され，示威運動の中心であった一つの新アルテは解散させられた（8月）．これによって自己の支柱の一つを破壊した7月政権は，1382年に既成層と新参者との連合勢力によって打倒され，残る二つの新アルテも解散させられた．労働者とりわけ毛織物工業の洗毛工をチオンピというが，彼らが多数参加したこの騒動を「チオンピの乱」という．いずれも実力をもつ既成層と新参者との分裂が，中・下層の政権を一時的であれ出現させたが，フィレンツェ経済の基本構造が国際的なものである以上，市民上層の経済活動に依存する中・下層の政権が永続するはずがない．上層の両者はこの試練を契機に連携し，次第に同化していったが，やがてそのなかから新しい（都市）貴族が出現する．

---

di una storia economica di Firenze e della Toscana in generale dal 1252 al 1550, Firenze, anno accademico 1966-67, pp. 396sgg.

第1章　イタリアの都市と国家

　フィレンツェは，13世紀末から14世紀初めにかけて，トスカーナ都市のなかでは突出した人口をもっていたが，そのことは多数の民兵の召集を可能にし，豊かな財政収入は多数の傭兵の雇用を可能にした．さらに，フィレンツェは，ナポリ王国（アンジュー朝）との友好関係を維持し，その軍事力の支援をえることができた．この状況を背景にして，フィレンツェは，1329年のピストイアをはじめとして，アレッツォ，プラート，ヴォルテッラと近隣都市を次々に支配下におき，1406年にはピサをも従属させた．他方1370年代以降は，前記の対教皇庁戦争をはじめとして，トスカーナ外部の諸大国との抗争の段階を迎え，ミラーノ，ジェノヴァ，ナポリ，などと次々に対決した．ところでトスカーナ（とりわけピサ・シエーナ線以北）の都市化は，1330年まではイタリアでも最高水準にあり，フィレンツェのほか，人口4－5万のピサおよびシエーナ，2万－2万5千のルッカ，など人口に富む多くの都市があった．しかし黒死病後の人口回復力では，トスカーナはイタリア北部などより劣り，トスカーナ内部では都市は農村より劣った．イタリアにおけるトスカーナの，トスカーナにおける都市の地盤沈下が生じたのである．人口が一般に最低点を示す15世紀初期，フィレンツェは4万弱，ピサは7千5百（フィレンツェへの従属後に市民上層が流出し荒廃），シエーナは1万7千，ルッカは1万弱（絹工業の発展により例外的な回復力をもつ）．人口が一般に回復する16世紀前半，フィレンツェは5－6万，ピサは1万前後，シエーナは2万以下，ルッカは2万．しかしヴェネツィアは15万，ミラーノは約8万，ジェノヴァは5－10万，ボローニャは6万2千であった．黒死病後のフィレンツェ人口は，トスカーナでは群を抜いていたとはいえ，ヴェネツィアやミラーノには大差をつけられたのである．トスカーナ諸都市の「一度だけの飛躍」は，この人口危機のなかで崩壊した[*17]．そのフィレンツェにとって，1455年の五大国同盟まで断続した諸大国との戦争は非常な負担となり，外部への進出ではなく，防衛がその基本政策となった．

　戦費の調達は深刻な問題となった．1315年に市民には廃止された直接税は，コンタード民には以後も課税された．1338年には税収の約80％が間接税収入であったが，市民もコンタード民も負担する同税は，食糧などに重点的に課税されたので，中・下層の負担が相対的に重かった．コンタード民より市民を，市民内部では上層を優遇する税制だった．しかし，税収以上の支出が必要な戦争などの

---

17)　トスカーナの人口については次を参照．Ginatempo e Sandri, *L'Italia delle città*, cit., parte II, capitolo 1 (Toscana). Cherubini, Giovanni, Aspetti della Toscana medievale e medicea, in, AA. VV., *Lezioni di storia toscana*, Firenze, 1981.

事態では，財力のある市民上層に依存せざるをえず，公債の形態で彼らから調達した．1345年に未償還の諸公債が，償還規定がなく 5％の年利が保証された公債モンテに整理統合され，次いでその売買譲渡が自由化されたが，このような形態が公債の基本となった．公債は70年代までは財政の補助手段だったが，軍事費が激増した80年代以降はその基礎となり，1420・30年代には財政収入の70％台を占めた．強制公債の負担が過重になり，その公正な配分が社会問題となったので，世帯主が自己申告した資産にもとづいて（生活維持に必要とみなされる部分は控除し，余剰収益をもたらすとみなされる部分に）一律に配分する方法が導入された．資産登録とそれにもとづく財政負担をいずれもカタストというが，1427-30年に最初のカタストがフィレンツェとそのコンタードのみならず，ディストレット（自己のコンタード以外の新たに獲得した支配領域）でも実施された．このカタストの分析によって示された，富の分布はこうである．富は農村より都市に，小都市より中都市に，そしてフィレンツェに集中していた．フィレンツェの支配領域（トスカーナの都市国家でもルッカ，シエーナは独立を維持）の人口全体の67％をもつ農村には16％の富しかなく，合計で 9％の人口をもつ15の小都市には 5％，合計で10％の 6 つの中都市には11％，人口の14％しかないフィレンツェに富の67％が集中していた．フィレンツェへの集中率は公債では100％，動産では78％，不動産では51％．農民は重税に耐えられず，土地を市民に売却してその折半小作となったが，市民地主は小作に不利な契約条件を押し付け，都市の権力を背景に搾取した[*18)]．それでも農村の人口回復力が相対的に高かったのは，トスカーナでは都市の人口回復力が，全体としては非常に低下したからだ，と思われる．従属都市はフィレンツェに都市機能の一部を吸収され，また戦費の必要から苛酷な負担金が課されたが，疲弊した農村市場を相手とする小都市の場合には，さらにその経済基盤が衰退したのである．フィレンツェ市民の富は，その41％が不動産，34％が動産，25％が公債であり，その内部では上位10％の市民に富の68％が，上位 5 ％に53％が，上位 1 ％には27％が集中していた．上位 5 ％への集中率は公債では75％，動産では58％，不動産では36％．市民内部の分解は顕著であり，薄い中間層をはさむ少数の富者と多数の貧民との対照が鮮明だった．富者は大商人であるにとどまらず，地主でもあり，フィレンツェの株主（公債所有者）でもあった．15世紀初めには出現していたらしいこの少数の

18）都市支配下の農村，市民地主支配下の農民については次を参照．森田鉄郎『中世イタリアの経済と社会』既出，第 IV, VIII, IX 章．次は，農村は（都市）コムーネによって封建領主の束縛から解放されたが，まもなくそのコムーネによって束縛され，富を収奪されたと説明する．Cherubini, op. cit.

富者のなかには，シニョリーアの権力を承認しアルテに登録して豪族から平民になった者もいたが，この少数の富者がシニョリーアなどの要職に頻繁に就任しつつ，事実上の新貴族となっていった．

2　メディチ家の支配

国家財政の膨張を契機に，社会における国家の役割が増大した．かつては貴族が暴力の被害を受けると，被害者側が加害者側に私的な復讐をする習慣があり，13世紀にはそれが横行したが，政府の禁止によって14世紀末にはほぼ終焉した．労働者や職人・小商人は，チオンピの乱ではアルテを基盤にして政権への進出を実現したが，それは一時的なものに終わり，以後中・小アルテの政治的役割はきわめて制限された．こうして豪族（および旧貴族）の親族や中・下層のアルテがもっていた，外部に対して実力で成員を保護する機能は弱化したが，それらと緊張関係にあった大アルテでも，これに対応して，かつ成員間の（富の分布が示す）分解の進行にしたがって，内部の結束が弛緩した．国家権力は（新）貴族が支配するシニョリーア（とその協同機関）に収斂していたが，この国家権力が強化される一方では，親族やアルテのような市内諸団体の権力が弱化したのである．多少とも自律性をもつ団体による保護を喪失した個人からなる，という意味での「市民社会」が出現したが，個人は今度は私的な人間関係，すなわち水平な友人・親族関係および垂直の保護関係のなかに保護をもとめた．貴族内部の友人・親族関係を中核として，利権をともなう官職就任，強制公債割当の軽減，などをめぐる利益団体が形成され，その裾野は保護関係を通じて中・下層にまで拡大した．自然発生した利益団体は，成員の便宜をはかるうちに行動的な政治団体に発展し，政治党派の間に権力闘争が展開された．アルベルティ家は，民衆に依存して一家への権力集中をはかったので，1387，93年と二度にわたり都市貴族たちによって追放された．アルビツィ家を中核とする党派は，集団指導体制のもとに行動し，長期にわたって権力を行使した．このアルビツィ派は，既成の有力家族が多くて結束が緩慢であったが，新興のメディチ派は，まだ地位の確立していない新興家族が多くて結束が緊密であった．両派の対立は1420年代に明確化し，33年にはメディチ家の「老」コジモが追放されたが，翌34年にはメディチ派がシニョリーアで多数を占め，彼のフィレンツェ帰還が実現した．

　メディチ派は，共和制的な制度を巧妙に利用し，形式上は合法的に権力を独占した．フィレンツェは独裁者の出現を防止するために，一機関への権力集中の回避，役人の短任期制（2－6か月），役人の抽籤選出，などによって特定個人・家族への権力集中を排除し，それから生じる各機関の権限の不明確性，役務への

非熟練性，不適格者の役職就任という難点には，臨時的なバリーア（とりわけ戦時に非常大権を賦与された委員会），恒常的なプラティカ（シニョリーアの選出した有能な市民が参加する執政諮問会議）を設置して対処した．同派は戦争を背景に設置されたバリーアによって政敵を追放，官職就任資格の剝奪，公債負担の重課などに処し，人事権を掌握して自派を要職に就けたのである．役人は，役職ごとの就任資格審査（原則では5年ごとに実施）の合格者の名札を秘密裡に封入した役職別の袋から自己の名札が抽籤された者について，改めて法定条件の充足（再任禁止期間の満了など）が点検された後，就任が決定した．メディチ派が1434年に設置したバリーアは，前年の資格審査を無効とし翌年までに再審査を完了する公約をしたが，その間は特例措置として少数（規定上の最小限数）の名札しか入れない臨時の袋から抽籤することにし，名札管理を役務とするアッコッピアトーリにその名札の選択を委ねた．同派で固めたアッコッピアトーリは，「お手盛り選出」によって自派を要職に選出した．この特例措置は公約の期限終了後も解消せず，お手盛り選出が同派の権力維持の基本手段となったが，これでシニョリーアの選出権を事実上掌握した同派は，強大な権限をもつバリーアの設置期間を長期化し，ついにはそれを常設機関とした．自派で固めた1458年設立の百人評議会，メディチ家に忠実な同派中核からなり，権限に関しては実質的にシニョリーアに取って代わった1480年設立の七十人評議会がそれである．

　メディチ派内部では有力者間に緊張・対立関係が見られ，コジモの意思が常時貫徹したわけではない．コジモは，百人評議会によって同派の権力が安定すると，一切の役職から退いて世人の反感を避ける一方で，私費による公共施設の造営，兄弟団への寄付，などによって自派や民衆に仕事や援助を与えた．しかし一家への権力集中は派内でも反発があり，1464年のコジモの死後，息子ピエロの地位をめぐって同派の分裂をともなう深刻な抗争が展開したが，同家が融資し親交のあるミラーノ公スフォルツァ（ヴィスコンティに代わって公位に就任）の軍事力を背景に乗り切った．69年のピエロの死後，当主になった息子ロレンツォが，フィレンツェの有力者パッツィ家が参画した78年の「パッツィ家の陰謀」（ロレンツォの弟は刺殺された）を処理した後，80年に七十人評議会を設置すると，政治問題は秘密厳守の同評議会においてのみ討議され，同派を公然と批判することは危険になったという．ある正義の旗手は，法律にしたがってメディチ派の数人を処罰したところ，ロレンツォによって逆に処罰された[19]．従属都市や自治

---

19) 次はロレンツォの専横と，それへの反発について考察する．Brown, Alison, Lorenzo and Public Opinion in Florence : The problem of Opposition, in, Garfagnini, Gian Carlo, a cura di,

集落は、その報酬つき役職の指名権を彼に提供したが、このような権益はコジモ時代には党派の共有財産だったのが、ロレンツォ時代には彼の個人財産となった[20]。ある兄弟団では彼の主導権が確立し、救貧援助金の多くが彼の支持者に配分されたが、1480年以後は援助金の60％弱が、経済的苦境にある特定の上層市民に繰り返し配分されるようになった[21]。ちなみに、西欧諸国における財政機構や国民的商人の発展により、フィレンツェの金融業者や商人の国際市場における15世紀初期までの優越的な地位は崩壊し、漸次帰国した彼らはフィレンツェ領域内部での商業・金融業に進出する一方で、土地、邸宅、別荘などの不動産への出資を拡大した。多数の会社が破産した1466年以後、市内では失業が増大し、役職報酬、救貧援助金などが渇望されたが、それらを提供しえたのはメディチ家だけだった[22]。とはいえ、共和政を形骸化したロレンツォの自己中心的な行動は、派内でも水面下に批判があり、外部では反感がひそかに増大した。92年のロレンツォの死後、息子ピエロが当主となった。

1494年、ナポリ遠征途上のシャルル八世にピエロがだらしなく屈服すると、鬱積していた反メディチ感情に火がついた。ピエロは亡命し、百人評議会と七十人評議会が廃止された。新設された大評議会は約3200人からなり、再生した共和国を象徴したが、市民全体のものとは到底いえず、またフィレンツェによる領域支配の構造には変化がなく、共和国の運営の実態は依然として一部への権力集中であった。後にそれが民主的という神話に包まれたのは、初期に市政を指導した修道僧サヴォナローラ[23]が大衆に顔を向けていたからだが、1498年の彼の処刑後は、少数からなるプラティカの発言力が増大し、人員過多の大評議会のなかから選出される八十人評議会がその機能を代行した。サヴォナローラ時代に不動産からの収益に課税する直接税デチマがフィレンツェ（都市とコンタード）に導入されたが、やがてその地主負担の定率を小作に転嫁するデチミーノ（デチマの子）が導入された。要職に復帰したメディチ時代の政治家たちと、民衆に支持基

Lorenzo il Magnifico e il suo mondo, Firenze, 1994. 次はロレンツォと彼を取り巻く社会環境について考察する。根占献一『ロレンツォ・デ・メディチ』南窓社、1997年。

20) Connell, William J., Changing Patterns of Medicean Patronage: The Florentine Dominion during the Fifteenth Century, in, Garfagnini, a cura di, op. cit.

21) 河原温「15世紀フィレンツェの兄弟団と貧民救済」『「ヨーロッパの歴史」を読む』東京学芸大学海外子女教育センター、1997年。

22) Brucker, Gene A., The Economic Foundations of Laurentine Florence, in, Garfagnini, a cura di, op. cit.

23) サヴォナローラについては次を参照。サヴォナローラ、ジローラモ、須藤祐孝編訳・解説『ルネサンス・フィレンツェ統治論』無限社、1998年。

盤を求めた有力家族出身の正義の旗手（1502年に終身制化）ソデリーニとが対立したが，前者は多数参加がもたらした政治混乱に反発し，特定人物を囲む少数集団による効率的な秩序の確立を求めてメディチ家への傾斜を決定的にした．1512年，イタリア戦争途中のフランスの敗北によって親フランス派のソデリーニは失脚し，ハプスブルク家と組んだメディチ派の支配が復活した．その中心は入市したメディチ家の不人気な若者たちではなく，同家出身の二人の教皇レオ十世（13-21年）とクレメンス七世（23-34年）だったが，メディチ家とメディチ派貴族との関係，すなわち君主政か，（貴族寡頭）共和政か，という問題の解決は先送りされた．クレメンスがハプスブルク家の勢力拡大に反対するコニャック同盟に参加したことから，1527年に皇帝（兼スペイン国王）カールの軍隊による「ローマ劫掠」が起こり，このクレメンスの危機を契機にフィレンツェでは同家の若者たちが亡命し，大評議会をともなう前共和国が復活した．その内部では前回と同様に貴族派，中間派，民衆派の間に合意がなく，どの党派も「自由」と「安定」が共存する政体について明確な展望をもてなかった．共和政の自由が虚構であり，その美名のもとに特定集団の利害が貫徹していることが露呈した現在，共和主義者が否定する暴君ではない，善良であるべきはずの君主をもつ以外にこの矛盾の解決方法はなかった[*24]．ともあれ，クレメンスは皇帝と妥協してメディチ家のフィレンツェ復帰の約束をえ，皇帝はフランス国王と和約してイタリアでの行動の自由をえた．皇帝と教皇の連合軍を相手とする10か月の籠城戦の後，1530年8月3日に共和国は降伏した．

　皇帝はクレメンスの庶子（といわれる）アレッサンドロを「共和国の政府，国家，体制の長」とし，1532年の国制改革では貴族寡頭共和制と君主制との折衷体制が成立した[*25]．政体をめぐっては，メディチ家（同家出身の教皇クレメ

---

24) 共和国の体制的危機と君主政への転換については次を参照．Diaz, Furio, *Il Granducato di Toscana -I Medici,* Torino, 1987, parte 1.

25) 1532（ないし30）年以後のいわゆる君主制期に関して，本格的な研究は，第二次大戦後に開始され，1970年代に爆発的に発展し，また最初の偉大な概説（Diaz, Furio, *Il Granducato di Toscana : I Medici,* Torino, 1976）が出現した．Cfr., Spini, Giorgio, Introduzione a "La nascita della Toscana", in, AA. VV., *La nascita della Toscana,* Firenze, 1980. 文化史をのぞいて，君主制期の研究が欠如していた原因は，この時代を危機と衰退，すなわち重要性のない［研究する価値のない］弱小国家への転落という視点で把握し，［中世とは相違する］近代的な国家および社会の形成という視点から把握しようとしなかったことにある，と次が指摘する．Diaz, Furio, Recent Studies on Medicean Tuscany, in, *The Journal of Italian History,* 1-1, 1978. フィレンツェ史についていえば，成長した庶民（平民）による貴族抑制体制が軌道にのる14世紀前半までの時代，それ以後に形成された新（都市）貴族のなかからメディチ派，メディチ家が実権を把握する15世紀までの時代，イタリア戦争開始以後の政治的激動期をへてメディチ家の君主政が確立する16世紀，の

ス七世と結合)，皇帝カール五世，フィレンツェの有力者（メディチ派，反メディチ・共和派），それぞれの思惑が錯綜していた．アレッサンドロが［この強力な］皇帝から［帝国の爵位に］叙任されると，皇帝に束縛されるし，叙任を拒否すると，皇帝から事実上自由だった共和国の伝統に束縛される．皇帝から一定の距離をおく一方で，国家の実質的な支配権をもつことが必要だった．結局，32年の国制改革では，政体の本質が曖昧になったのである*26)．そのもとで，シニョリーアが廃止され，貴族が支配するヴェネツィア共和国のドージェ（doge, 統領）に形式上は類似する「フィレンツェ共和国の公（duca, 主席）」と，共和国で冷遇された有力貴族を中核とする終身制の四十八人評議会（元老院）などが創出された．37年に公を醜行現場で親族が暗殺すると，メディチ家を取り巻く有力貴族は彼の幼い息子（庶子）ではなく，同家弟脈（老コジモの弟の系統）のコジモを後継者に選出した．コジモは同年，共和国の復活を標榜する亡命貴族を領内の小戦闘で打倒し*27)，皇帝から「フィレンツェ共和国の公」の称号と「共和国の政府と支配領域の長にして第一人者」の地位をえると，法的には根拠のない「フィレンツェ公（duca, 君主）」を自称した．彼は徐々に有力貴族から権力を剥奪し，事実上の君主政を創出した．（都市）貴族は，保持した主体的な政治権力の一部を放棄して廷臣となり，政治的な安定と特権的な地位を保証された．貴族とは，15世紀の人文主義者たちにおいては，個人の徳性や勇気によって識別される存在だったが，16世紀のメディチ宮廷では，血統や家柄によって識別される存在となった*28)．コジモは，従来の共和制的な役職とは権限が競合する，公が任免権をもつ新役職を創出し，そこに非フィレンツェ人貴族（従属都市出身者が多い）などの法律家を登用して，新役職の権限を徐々に拡大した．共和制的役職に就任した都市貴族と，君主制的役職に就任した直任官僚との競合では，後者の優勢が確立した*29)．公はフィレンツェのアルテを整理・再編して経済政策

三つの時代については，それぞれの時代の研究が活発におこなわれた時期も，その問題関心や研究方法も異なっている．とりわけ後二者については，多種多様な関心や方法が併存しており，統一的な歴史像はない．また，上記三つの時代を通じて首尾一貫した視点のもとに記述された制度史，権力構造史，さらには経済史もない．本章は筆者による展望である．

26) 共和国と君主国の制度的意味については次を参照．Rubinstein, Nicolai, Dalla repubblica al principato, in, AA. VV., *Firenze e la Toscana dei Medici nell'Europa del '500*, vol. 3, Firenze, 1983.

27) この小戦闘（モンテムルロの戦い）については次を参照．松本典昭「モンテムルロの戦いについて」『文化学年報』（同志社大学），第36号，1987年．

28) Litchfield, R. Burr, *Emergence of a Bureaucracy : The Florentine Patricians, 1530-1790*, Princeton-New Jersey, 1986, pp. 31ff.

29) フィレンツェ公国については次を参照．松本典昭「十六世紀におけるフィレンツェ公国の

の主導権*30)を剥奪し，フィレンツェ優先主義を抑制して，生産奨励金，融資，税制上の優遇，保護関税，国内関税障壁の撤廃，貿易港リヴォルノの整備などによって，トスカーナ全体の経済振興を積極的にはかった*31)。治世下の1552,62年の国勢調査記録は，前記のカタストと並んで，19世紀まで比肩するもののない，トスカーナ経済に関する詳細な資料である。

1555年にコジモと皇帝の連合軍がシエーナ共和国を降伏させ，57年には（五か所のスペイン軍駐屯地を除く）その領域が帝国封地としてコジモに授封され，彼は「フィレンツェとシエーナの公」を自称した。その後，コジモは，イタリアにおけるフランス勢力の後退，ハプスブルク家におけるスペイン王位と帝位との分離，および両者のかかえる諸問題により，行動の自由をえる一方で，教皇ピウス四世（1559-65年）とその後継教皇の支援をえて，1569年に教皇から，皇帝には従属しない「トスカーナ大公」の称号を授与された（大公国の成立）*32)。皇帝マクシミリアンは，これを教皇の越権行為だとして抗議したが，76年には臣従の承認と引換に，この称号をコジモ（74年死亡）の息子フランチェスコに授与した。大公国は（中核をなす）旧フィレンツェ共和国領，旧シエーナ共和国領，大公を領主とする幾つかの領地，大公の封臣となった領主たちの領地，という制度上は相互に独立し大公に直属する四つの要素が，大公の人格において統合された同君連合だった。この分裂を補償したのが，62年にコジモが創設した（妻帯自由な）サント・ステーファノ騎士団*33)であり，大公を団長とする同騎士団に

政治構造」『イタリア学会誌』第40号，1990年．

30) フィレンツェがピサを従属させると，フィレンツェのアルテはピサのアルテを統制し，ピサ製品がフィレンツェ製品と競合できないようにしたが，すべての従属都市にこのような処置がとられたという。Mallett, Michael, Pisa and Florence in the Fifteenth Century : Aspects of the Period of the First Florentine Domination, in, Rubinstein, ed., *Florentine Studies,* cit.

31) Brown Judith C., Concepts of Political Economy : Cosimo I de' Medici in a Comparative European Context, in, AA. VV., *Firenze e la Toscana dei Medici nell'Europa del '500,* vol. 3, cit. 次の二つはいずれも，16世紀後半から17世紀初めに，フィレンツェを中心とするトスカーナ経済は，西欧での相対的地位を低下させたとはいえ，経済活動の部門や地域の再編により，状況への適応能力をもっていたという。Goodman, Jordan, Tuscan commercial relations with Europe, 1550-1620 : Florence and the European textile market, in, AA. VV., *Firenze e la Toscana dei Medici nell'Europa del '500,* vol. 3, cit. Malanima, Paolo, L'industria fiorentina in declino fra Cinque e Seicento : Linee per un'analisi comparata, in, ibid. フィレンツェ経済の長期的動向はまだ明確になっていないが，Brucker (op. cit.) のいうロレンツォ期の停滞が，以後もそのまま継続した，とすることはできない．

32) Spini, Giorgio, Il principato dei Medici e il sistema degli stati europei del Cinquecento, in, AA. VV., *Firenze e la Toscana dei Medici nell'Europa del '500,* vol. 3, cit.

33) 同騎士団の会則，組織については次に紹介がある．松本典昭「サント・ステーファノ騎士団

は，大公国各地の有力家族の家長が入団して団結した．騎士禄設定のために資産を寄贈した者は，騎士身分とその騎士禄を家系断絶まで授与されたので，地主貴族に転化した商業貴族はそこに世襲財産の恰好の保全手段を見出した．また代々の大公は，フィレンツェ都市貴族の末裔を中心に有力者に爵位を授与し，僻地においてとはいえ領主貴族を創出し，大公権力の支柱の一つにした．

おわりに

　君主政ないしシニョリーアは，イタリア北・中部の自治都市の発展の，ほぼ必然的な帰結だったといえるだろう．発展した自治都市の市民共同体は，支配領域を拡大する一方で，内部の分解によって空洞化した．実質的な支配者が収斂する反面，被支配者はますます増大した．支配者は外部の傭兵に軍事力を依存したが，それを維持するためには多額の費用の調達が必要となり，調達が困難になると支配の構造は不安定となる．ここに政治的危機の救済者，諸利害の調停者としてシニョーレが登場し，やがて独自の権力基盤を確立して共和制的な制度機構を改変し，そのある者は従来の支配者を廷臣とする君主になった．国家領域は，君主やシニョーレが実力で獲得あるいは維持した旧自治都市などの集合体からなり，その継続が個人の力量に左右される不安定なものだった．

　飛躍的な発展を遂げたフィレンツェでは，しかし共和制が1530年まで継続した．13世紀後半に躍進したその大商人層は，アルテ体制によって職人・小商人層を自己の陣営に取り込んで，同市の弱体な（旧）都市貴族の抑圧に成功し，政治的危機には盟友ナポリ国王の軍事力の支援をえながら，相対的に弱小なトスカーナの近隣都市を支配下においた．14世紀中葉の危機では，フィレンツェの大商人層は新陳代謝しつつ力を回復したが，トスカーナ諸都市は全体として地盤沈下した．トスカーナの外部の諸大国との戦争，ナポリ王国の弱化および同国との乖離（戦争）によって，その大商人の政権は深刻な危機を経験した．国家権力を強化し，公債で傭兵費用を調達して乗り切ったが，この間に形成された（新）都市貴族の諸党派間で権力闘争が展開した．最終勝者のメディチ派では，老コジモは党派を尊重したが，ロレンツォは党派を手段として君主類似の存在となった．独裁への反発から共和国が二度も復活したが，少数が多数を支配する基本構造は変わらず，実権をもった市民上層は，錯綜する利害を調整して政治を安定させることができなかった．メディチ家教皇は同家復権のためにイタリアの覇権をもつ

の創立」『阪南論集，人文・自然科学編』（阪南大学）第34巻第4号，1999年．

皇帝と結合し，都市貴族は権益保持のために同家中心の支配体制を選択し，都市民衆は生活改善を期待してそれを受容した．貴族寡頭共和政か，メディチ家君主政か，という問題を実力で解決したコジモ一世は，積極的な経済政策によって領域民生の安定をはかり，騎士や領主貴族を創出して君主権力の支柱とし，君主政を不動のものにした．

　トスカーナでは圧倒的な力をもったフィレンツェは，その外部の強国と対立してはじめて深刻な危機を経験し，従来の共和政を形骸化するような権力集中によってそれを克服した．イタリア戦争の混乱において領域国家を維持するためには，フィレンツェ中心主義は相対化せざるをえず，それには同市の都市貴族による貴族寡頭共和政よりは君主政が適合した．しかし，役職には君主任命職と従来の抽籤選出職とが併存したように，国制には自治都市以来の共和制の遺制があり，要職は君主任命職となって君主権力の優位が確定したにせよ，君主と首都の都市貴族との二重支配の形態をとどめていた．

　フィレンツェの住民は，かつては皇帝の封臣である都市領主の臣民だった．都市国家の成立とともに事実上の主権を行使する市民となり，やがてコンタードやディストレットの住民に対する支配者となった．市民内部の分解と，支配領域の拡大とにより，実質的な支配者は収斂し，それと利害の対立する各種の被支配者は増大した．この不安定な権力構造のなかから，教皇や皇帝の権力を利用しつつ，メディチ家が君主政を樹立した．フィレンツェの住民は，公国ないし大公国の全住民とともに，それぞれの地位に応じた身分に編成されつつ，スペイン国王および皇帝の政治的影響下にあるこの領国君主の臣民となった．

第2章

ヴェネツィアとフィレンツェ

―――――――

はじめに

　ヴェネツィアとフィレンツェは，いずれも中世イタリアの代表的な商業都市であり，商業が発展した結果，13世紀末から14世紀初めの時点で政治的な変革が実現し，都市の経済をになっていた商人たちがその権力を掌握した．とはいえ，権力を掌握する経緯は両者において対照的であり，それが両市の権力構造，ひいては国制にきわめて大きな相違をもたらした．同じ商業都市であるとはいえ，それぞれの社会状況に規定されて，権力のありかたは同一ではなかったのである．この差異を具体的かつ明瞭にしめすと思われるのが，両市のアルテの組織や性格の相違，およびその結果としてのアルテと政治機構との関係の相違である．ちなみに，イタリア語の「アルテ」（arte，英語の art）という言葉は，本来は「技芸」を意味したが，これとならんで「ソチエタ・デッラルテ」（società dell'arte, societas artium），すなわち「技芸組合」，換言すれば「同職組合」のことも意味するようになった．本章の目的は，両市のアルテ（同職組合）の特質を比較して，そこに反映する権力構造，および国制の相違をその枠組について理解することである．

　都市の権力構造において，フィレンツェでは，アルテがきわめて重要な役割を果たしたが，ヴェネツィアでは，そのような役割は果たさなかった．とりわけ，都市民衆の政治参加という局面では，フィレンツェの民衆は，アルテを基盤として，その代表が権力を行使するようになる一方で，権力から阻害された部分が政府に対して蜂起することもあった．フィレンツェでは，アルテは権力と切っても切れない関係にあったのである．しかし，ヴェネツィアの民衆は，アルテを基盤として，政治行動をすることはなかった．このことを反映して，アルテの研究は，

フィレンツェについては進展した[1]が、ヴェネツィアについては進展しなかった[2]。のみならず、アルテについては、比較史的な視角からの研究がまだほとんどない[3]ので、このような研究史の不均衡はいわば温存されている。したがって、両者を比較するとはいっても、均衡のとれた比較をするのは、研究史の現状に規定されてまだ不可能である。

フィレンツェについても、アルテのありかたを権力構造との関係において比較史的に理解するという、本章のような視角からの研究は十分だったとはいえない。アルテについての従来の研究は、アルテ規約の分析にもとづいた制度史的なものが中心であり、権力構造との関係においてその役割を考察することは着手されたとはいえ、なお比較史的な視点は必ずしも十分とはいえない[4]。権力構造については、最近、とりわけ15世紀のメディチ家前期（共和制期）から16世紀のメディチ家後期（君主制期）にかけて、そのさまざまな局面についての研究が進展している。とはいえ、13世紀後半の平民政権の成立から16世紀前半の君主制の成立にいたる政体の激しい変化のなかで、アルテの役割がどのように変化していったのかについて、一貫した明確な認識があるわけではない。しかし、このよう

---

1) Staley, E., *The Guild of Florence,* London, 1906. Doren, A., *Entwicklung und Organisation der florentiner Zünfte im 13. und 14. Jh.,* Leibzig, 1897. Idem, *Das florentiner Zunftwesen vom 14. bis zum 16 Jh.,* Stuttgart und Berlin, 1908.（Doren の優れた研究は現在でも研究の出発点をなす。）Najemy, J. M., *Corporate Origins of the Florentine Revolutions of 1378 -Political Structures and Struggles in the Major Guilds from 1343 to the Year of the Ciompi-,* Firenze 1979.（同冊子の内容は後に、AA. VV., *Il Tumulto dei Ciompi. Un momento di storia fiorentina ed europea,* Firenze, 1981 に "Audianto omnes artes" : Corporate Origins of the Ciompi Revolution として収録。本稿では前者による）、など。

2) 次にあげる Lane, Marangoni の巻末文献目録におけるアルテ関係文献の貧弱さ、Luzzatto におけるアルテ関係の叙述の欠落は、この状況を証言する。Lane, F. C., *Venice -A Maritime Republic,* Baltimore and London, 1973. Marangoni, G., *Le associazioni di mestiere nella Repubblica Veneta,* Venezia, 1974. Luzzatto, G., *Storia economica di Venezia dall'XI al XVI secolo,* Venezia, 1961. Marangoni の研究も、約80年前の Monticolo の次の研究（アルテ関係史料刊行のための準備的解説）と比べて、少なくとも本章の主題に関する限り、理論・実証両面でさしたる進歩はない。Monticolo, G., Prefazione del vol. 1 e prefazione del vol. 2, in, idem, a cura di, *I capitolari delle arti veneziane sottoposte alla Giustizia Vecchia dalle origini al MCCCXXX,* 3 voll., (Fonti per la storia d'Italia, NN. 26-28), Roma, 1896-1905-1914.

3) イタリア都市それぞれのアルテ制度の類型的な比較は、まだ先駆的な研究段階にとどまっている。Cfr., Luzzatto, G., Corporazione -Premessa storica, in, *Enciclopedia del Diritto,* Milano, 1962.

4) フィレンツェのアルテ研究の出発点をなす Doren の研究は、主要内容がアルテ規約の分析であり、アルテと都市の政治体制との構造的関係、アルテの役割の歴史的展開については考察が不十分である。Cf., Brucker, G. A., *Florentine Politics and Society,* Princeton, 1962, p. 97. 政治体制との関係についてのアルテの研究は、Najemy, op. cit. によってようやく開始された。

第2章 ヴェネツィアとフィレンツェ

な政体の変化にもかかわらず，アルテは，フィレンツェ国制の基礎としての役割を，少なくとも形式的には，果たしつづけていく．

本章では，14世紀初め以降，対照的な権力構造および国制をもったこの二つの商業都市について，従来の研究成果を利用して，その対照を反映するそれぞれのアルテのありかたを検討することにより，両者の相違の枠組について考察する．そのさい，フィレンツェとヴェネツィアの考察では，それぞれの研究状況により，分析深度にかなりの差異が出現することになるだろう．結局，ヴェネツィアの事例は，フィレンツェの事例をよりよく理解するための，布石としての役割をもたざるをえない．

第1節　ヴェネツィア

1　貴族支配体制

14世紀以降のヴェネツィアには，「貴族」(nobili)，「市民権所有者」(cittadini)，「庶民」(popolo) という，三つの身分ないし階層があった．まず13世紀末から14世紀初めにかけて，貴族と庶民との間に法的な差異が確立した．ついで14世紀の過程で，庶民の上層部は，市民権所有者とよばれる固有の社会階層を徐々に形成して，一般の庶民から社会的なありかたにおいて乖離していった*5)．後になると，市民権所有者と庶民の間にも法的な差異が成立する*6)が，その具体的な経過について，ここでは立ち入る余裕がない．貴族は，一元的な権力をもつ「大評議会」(maggior consiglio) の世襲の構成員であり，国政に参加する権利を排他的にもつ閉鎖的な身分だった．それ以外の二者は国政から排除されたが，国政への参加を要求する階級闘争はおこなわなかった．ヴェネツィアでも権力闘争はあったが，階級間の社会的なものではなく，基本的には貴族内部の党派的，個人的な性格のものだった．貴族による強固な支配体制のもとでの社会的，経済

---

5) Lane, op. cit., pp. 151ff. Logan, O., *Culture and Society in Venice, 1470-1790*, London, 1972, p. 33.

6) Mueller の指摘によれば，市民権所有者がようやく一つの独立した社会層として研究されたのは次の Pullan の研究による．Pullan, B., *Rich and Poor in Renaissance Venice –The Social Institutions of a Catholic State to 1620*, Oxford, 1971. Cf., Mueller, R. C., Charitable Institutions, the Jewish Community and Venetian Society. A Discussion of the Recent Volume by Brian Pullan, in, *Studi Veneziani*, XIV, 1972, p. 42. この層については今後の本格的な研究が期待される．なお，16世紀にはすでに市民権所有者層も法的に規定され，貴族が黄金戸籍に登録されるのと同様に，この階層は白銀戸籍に登録されていた．Vedi, Finlay, R., *Politics in Renaissance Venice*, New Brunswick-New Jersey, 1980, p. 45.

的な安定により，それ以外の二者は現状に満足せざるをえなかったのである．ヴェネツィアの社会は，貴族の排他的な支配のもとで，きわめて安定していた．

　かつては国家の最高（意志決定）機関だった「全住民集会」(arengo) は，13世紀の過程で，都市住民の人口が増大し，その構成が複雑化するにつれて，ますます名目的な存在になっていった．また，この全住民集会で選出されていた統領「ドージェ」(doge) は，12世紀以降には，もはやかつてのような強大な権限をもつ支配者ではなく，象徴的な元首，すなわち国家役人のなかの第一人者となっていた．ちなみに，ヴェネツィアの貴族しか就任できない終身職のドージェは，フィレンツェなどほかの都市国家にはみられない，ヴェネツィアに独自の存在だったが，この存在によって，権力機構の内部における権限分割が明確でなかったにもかかわらず，安定し，調和のとれた政策遂行が可能になったという[7]．いずれにせよ，13世紀に実権を把握していたのは，全住民集会でもドージェでもなく，貴族階層だったのである．この貴族は，その卓越した政治力および経済力と，彼らに固有の生活（行動および思考）様式によって，法的にではなく，社会的に庶民から事実上区別される存在だった[8]．この貴族のなかから選出された者が構成する大評議会が，国家の最高機関の役割を事実上果たしていたのである．

　13世紀中葉以降，貴族は，新たな事態の出現に対応せざるをえなくなった．ヴェネツィアは，1204年，第四回十字軍とともにビザンツ帝国を打倒し，その領土を分割したのを契機に，東地中海でクレタをはじめとする一群の植民地を所有し，それを拠点に，ロマーニアとの商業を飛躍的に発展させていた．一方，ジェノヴァが，1261年に，ビザンツ系のニケーア帝国と同盟し，ヴェネツィアと同盟するラテン帝国を打倒して以来，ヴェネツィアは，ジェノヴァと敵対し，地中海の覇権をめぐって断続的に戦争することになった．この間に，ヴェネツィアの商業は発展しつづけ，それにともなって庶民のなかから経済的，社会的な力をもつ人々が急速かつ大量に出現し，貴族が独占する権力への参加を要求しはじめたと思われる（ちなみに，フィレンツェでも，同じ13世紀に類似の現象がおきている，後述）．まず，1260年代前後に，貴族によって従来完全に支配されてきたアルテでは，組合員による自治（後述）が，一定の範囲にとどまるものとはいえ，実現した[9]．ついで1280年代になると，庶民の有力者層は，大評議会へ参加

---

7) Lane, op. cit., pp. 97-98.
8) Lane, op. cit., pp. 111ff.
9) Marangoni, op. cit., pp, 27sgg. Lane, op. cit., pp. 106ff. なお，Monticolo は，アルテ員は武装して貴族層に対抗することもあった，と示唆する．Vedi, op. cit., vol. 2, p. xxviii.

第2章　ヴェネツィアとフィレンツェ　　　　305

する権利を要求し，この問題をめぐって貴族との間に緊張関係をうみだした[*10]。
1290年代になると，ジェノヴァとの死闘が展開されたのを契機に，ヴェネツィアでは，従来の貴族と新興の有力庶民との緊張関係を緩和することのみならず，広範な地中海を舞台とするこの闘争に対処するために，指導者層の人数を増加することが必要になった[*11]。このような状況のなかで，大評議会の改革がおこなわれたのである[*12]。この改革は，前段階的な動向の後，1297年に着手され，一連の諸改革の後，1323年に一応完成した．この改革，およびその社会的な効果については，次のように要約できる．①大評議会の構成員は，従来の貴族が選出される任期制から，あらためて一定の資格審査をおこない，その合格者よりなる終身制に変化した．②その結果，従来の貴族とならんで，庶民の有力者層が構成員になり，その人数が大幅に増加した（1297年には589人，1314年には1150人[*13]）．③その構成員だけが，「セナート」（元老院）のような国家の中枢機関における能動的で，主体的な役人として，排他的に就任できることが確認された．④構成員の間で，従来の貴族と庶民の有力者層とが社会的に同化して，彼らからなる一つの新しい支配者層が形成され，この階層による新しい支配体制が成立した．⑤この体制が成立した時点で，資格審査の基準が厳格になり，それまでに新しい支配者層に吸収されなかった庶民は，審査に合格するのが次第に困難となった．⑥ついに1323年には，それ以前に合格者を出せなかった家族は，以後はもはや構成員を出せなくなる一方で，構成員は世襲制となり，ここに大評議会は事実上「閉鎖」(serrata) されてしまった[*14]．⑦したがって，この世襲権をもつ特定の家族出身の有資格者（年齢，出生，などに関する規定条件を満たす者）が，自動的に終身の構成員となる制度が成立した．⑧その結果，構成員で

---

10)　Lane, op. cit., pp. 111ff.
11)　永井三明「ヴェネツィア貴族階級の確立とその背景」『史林』第63巻第5号，1980年，12頁．
12)　同改革については次を参照．Lane, op. cit., pp. 111-114. Cessi, R., *Storia della repubblica di Venezia,* nuova edizione, 2 voll., Milano e Messina, 1968, vol. 2, pp. 266-271. Romanin, S., *Storia documentata di Venezia,* 3a edizione, 10 tomi, Venezia, 1973, tomo 2, pp. 244-254. 三者とも，大評議会の「閉鎖」のみを強調する従来の通説に批判的であり，その構成員の「拡大」を強調している．
13)　永井「ヴェネツィア貴族階級の確立とその背景」既出，9頁．
14)　永井は，「閉鎖」が完成するのは，「貴族の家系のひとつが断絶したときに，ヴェネツィア生れの庶民の有力家族をそれを埋めるものとして貴族に加えること」という提案が正式に否決された1403年とする．「ヴェネツィア貴族階級の確立とその背景」既出，18頁，参照．しかし，「断絶」してはじめてそれを「埋める」のだから，それに所属する「家系」の数の維持が問題とされる貴族「階層」自体の閉鎖は，それ以前のことになるのではないか．14世紀初めに貴族層の一つの社会階層としての閉鎖が完成したことは，同世紀における市民権所有者層の析出が証言している．

あることが身分指標の役割をはたすことになり、現実には公認された貴族であることを意味するようになった。ヴェネツィアでは、この改革により、従来の貴族と庶民の有力者層とが合体し、両者の社会的な闘争を回避すると同時に、新しい貴族を形成し、この貴族が国家権力を独占したのである。そして、貴族からなる大評議会を中核とする、一元的な権力構造が確立した。ちなみに、新しい貴族は、庶民の有力者層を吸収して人数が多くなる一方で、大評議会の構成員として団結したので、社会勢力として強力となった。他方、有力者層が離脱した庶民は、社会勢力として弱体となり、この状況のもとに、最高機関としての全住民集会は、まったく名目的な存在となった[15]。

大評議会は、かつての全住民集会と同様に、国政の重要事項について最終決定をすることになったが[16]、個々の具体的な政策を立案し、遂行するには構成員が過剰だった。それを担当したのは、幾つかの「小評議会」(minor consiglio)であり、いずれの構成員も、大評議会によって自己の構成員のなかから選出された。したがって、権力機構の事実上の中枢機関は、十人委員会のほかは、いずれも大評議会の改革以前から存在した小評議会、すなわち「シニョーリア」(signoria)、「コレージョ」(collegio)、「セナート」(senato)だったが、それぞれの具体的な構成や役割は、時代の状況に応じて変化した[17]。「十人委員会」(consiglio dei dieci)は、ほかの小評議会に遅れて発足した。大評議会の改革がまだ途上にあった1310年、庶民の有力者層が既得権を侵害することに対する反発が一因となり[18]、有力な（旧）貴族の一派が武装蜂起による政権奪取を画策したが、実行の直前に発覚し、失敗した。同年、十人委員会が、事後処理のために臨時に設置された。この委員会は、強大な権限と少数の構成員をもつことにより、緊急事態への対処と秘密の保持とに優れ、体制防衛にきわめて有効だったので、1334年に常設機関となった。以後、この委員会は、新しい貴族支配体制を党派的ないし社会的な陰謀や対立から防衛するうえで、中心的な役割をはたした[19]。体制防衛のための機関が誕生したのである。大評議会員のなかでも、こ

---

15) 全住民集会の「全機能の消滅」は1423年に実現した。永井三明「ヴェネツィアの貴族」『イタリア学会誌』第29号、1980年、200頁。
16) Finlay, op. cit., p. 42.
17) Lane, op. cit., pp. 95-96. Logan, op. cit., pp. 3-4. Finlay, op. cit., pp. 39-41. なお、Lane (ibid.) は、ドージェと諸小評議会とを頂点とする権力構造をピラミッドの形に図式化したが、これはヴェネツィアの権力構造の一元的性格をよく示している。ヴェネツィアのこのシニョーリアは、フィレンツェのシニョーリア（後述）と名称は同一でも、構成および機能がまったくちがう。
18) 永井「ヴェネツィア貴族階級の確立とその背景」既出、9頁。
19) Lane, op. cit., pp. 115ff. ただし、次の年表は、十人委員会の常設化が1335年に実現したと

のような小評議会のいずれかに恒常的に参加しうるのは，特定の有力な（約20-50）家族の出身者に事実上限定された．彼らが，貴族支配体制のなかでの寡頭政を形成したのである*20)．

1323年に大評議会が閉鎖されてからも，ヴェネツィアでは，外部（海外領土，近隣諸国）から流入した有力者や，内部で新たに富をえた者が不断に出現したが，彼らはもはや大評議会員にはなれなかった．例外は，ジェノヴァとの熾烈な戦争をめぐる功績により，1381年，新たに30家族の出身者が大評議会員として承認されたことだけである*21)．その結果，庶民内部における階層分解が進行するのと並行して，上記のように，上層部は市民権所有者として，一般の庶民から乖離した階層を形成していくことになった．市民権所有者とされるには，二代にわたって「手の仕事」［職人的手労働，労働者的肉体労働］にはつかず，社会的に名誉ある仕事［商業，公証人，など］についていたこと，が資格として要求された*22)．したがって，この資格を満たして市民権所有者となるのは，初期にはそれほど困難だったとは思われない．ちなみに，すでに市民権所有者と一般の庶民とが法的に区別されていた1581年には，貴族，市民権所有者，庶民の［市内］人口比は，4.5，5.3，90.2％である*23)．市民権所有者のもつ権利は，国家機関に受動的な役人（おもに任期のない事務的な補佐役）として就任できること，貴族とならんで海上貿易に参加できること，などだった*24)．このような権利を行使した結果，市民権所有者のなかには，経済力において貴族を凌駕する者も出現した．ジェノヴァとの戦争の戦費を捻出するために割り当てた，1379年の強制公債の記録では*25)，対象者2,128人（全戸主の約八分の一）の内訳は，貴族が1,211人，非貴

する．Della Rocca, Raimondo Morozzo, Cronologia veneziana del '300, in, AA. VV., *La civiltà veneziana del Trecento,* Firenze, 1956, p. 245.

20) Lane, op. cit., pp. 100-101.
21) 永井「ヴェネツィア貴族階級の確立とその背景」既出，17頁以下参照．
22) Cf., Mueller, op. cit., pp. 42-43.
23) Beltrami, D., Lineamenti di storia della popolazione di Venezia dal Cinquecento al Settecento, in, Cipolla, C. M., a cura di, *Storia dell'economia italiana,* Torino, 1959, p. 517.
24) Lane, op. cit., pp. 151ff. Logan, op. cit., p. 4. 永井「ヴェネツィアの貴族」既出，249頁以下．なお，永井は，cittadini を原義に忠実に「市民階級」と翻訳するが，「市民」という訳語は，日本語として定着している一般的な中世都市市民という意味と，ヴェネツィアに固有な特定の社会的地位，法的身分という意味とを混同させるおそれがあるので，筆者は「市民権所有者」と翻訳することにしたい．市民権所有者の内部には格差が出現するが，その類型については次を参照．Lane, op. cit., pp. 151-152. Logan, op. cit., p. 26. Mueller, op. cit., p. 42. なお，イタリア「本土領土」(terraferma) におけるヴェネツィアの主要な従属都市（ヴェローナなど）では，（すでに14世紀に市民権所有者が庶民内部で析出され），16世紀までには市民権所有者と貴族とが基本的には同化した．Cf., Logan, op. cit., pp. 33-34.

族が917人［ほとんどが市民権所有者に該当すると思われる］．割当額の上位117人の内訳は，貴族が91人，非貴族が26人．貴族のなかには，割当の対象からはずされる貧困者すら存在した．したがって，貴族であること，富裕であることの二つは，かなり重なり合っていたとはいえ，［すでにこの時点では］必ずしも一致していなかった．市民権所有者は，権力の中枢からは排除されたが，一般の庶民とはちがい，第二級の官職への就任権，海上商業への参加権をあたえられて，貴族支配体制の一環として組み込まれた．このような就任権や参加権に象徴される権利，すなわち貴族の権利と比べると政治権力を欠いた，いわば「第二級」の限定された「市民権」に安住したのである．他方，一般の庶民は，それすらもたなかった．しかし，貴族と市民権所有者の関係が安定している一方で，就業の機会，安価な食料，公正な裁判が保証された*26)ので，現状を黙認し，体制にとって脅威とはならなかった．庶民は，このような生活保証を享受できるという意味において，いわば「第三級」のきわめて受動的な「市民権」をもったといえるのではないか．いうまでもなく，いわば「第一級」の完全な「市民権」は，貴族だけがもった．いずれにせよ，14世紀の過程で，ヴェネツィアの政治的安定という観念が内外に広まったのみならず，その政体の優秀性は，神話化され，たとえば（政治的には不安定だった）フィレンツェの知識人においてみられるように，賞賛の的になったのである*27)．

2 アルテとスクオーラ

ヴェネツィアでは，貴族や市民権所有者からなる大商人，裁判官，公証人，法律家，などは，自分たちのアルテをもたなかった*28)．また，貴族や市民権所有者からなる上級船員と庶民からなる下級船員とを含む，人数のきわめて多い船員も，アルテをもたなかった．海上商業はヴェネツィア経済の基盤だったが，それを直接になう大商人と船員の活動は，国際商業と外交の担当機関であるセナート*29)の監督のもとにおかれ，海上諸法など各種の国家規制によって統制されていた*30)．裁判官，公証人，法律家の規律や統制について，ここで立ち入る余裕は

---

25) Lane, op. cit., p. 151.
26) Lane, op. cit., p. 109.
27) Gilbert, F., The Venetian Constitution in Florentine Political Thought, in, Rubinstein, N., ed., *Florentine Studies –Politics and Society in Renaissance Florence,* Evanston, 1968, pp. 467, 472ff.
28) アルテを形成する職業，しない職業については次を参照．Lane, op. cit., pp. 104ff.
29) Finlay, op. cit., p. 41.
30) 齊藤寛海「ヴェネツィアの貿易構造」『イタリア学会誌』第30号，1981年，135頁以下．詳

第2章　ヴェネツィアとフィレンツェ

ないが，このような社会的に重要な役割をはたす職業も，同様に国家規制で統制されていたと思われる*31)。結局，ヴェネツィアでは，経済的，社会的，人口的に重要な職業は，国家規制にもとづいて国家機関によって統制される一方で，アルテを形成する職業は，このような重要性のないものだったのである。

職人や小商人のアルテは，実に100以上も存在したといわれるが*32)，すでに14世紀には，いずれも国家機関の厳重な監督のもとにおかれていた。アルテを監督するための国家機関としては，二つの「ジュスティーツィア」(giustizia, 原義は正義・公正)*33)が中心的な役割をはたした。最初のジュスティーツィアは，1173年頃，市場の治安や度量衡の公正な使用を監視するために創設され，やがて，庶民の同職組合的な組織（後述）の監督もするようになった。このような庶民の組織が増加し，庶民の勢力が増大してきたのに対処して，1261年，もう一つのジュスティーツィアが創設された。以後，既存のものは旧ジュスティーツィア，新設のものは新ジュスティーツィアとよばれた。大評議会の改革に際して，この機関のありかたが変化したか否か，は現在不明である*34)。十人委員会が設置されると，二つのジュスティーツィアは，体制防衛を主務とするこの委員会に服属した。ほとんどのアルテは，両ジュスティーツィアの監督を受けたが，国外に漏洩すると軍事的，経済的な損害をもたらす種類の，国家利害に関係する技術をもった職人たちの幾つかのアルテは，（ジュスティーツィアではなく）十人委員会をはじめとする上位の国家機関に直属し，その監督を受けた*35)。さて，13世紀中葉，アルテは，脆弱なものではあったが，一定の自治を獲得した*36)。ア

細については次を参照．Thiriet, F., Quelques observations sur le trafic des galèes vénitiennes d'après les chiffres des incanti (XIV-XVe siècles), in, *Studi in onore di A. Fanfani*, vol. III, Milano, 1962. Idem, La crise des trafics venitiens au Levant dans les premières années du XVe siècle, in, *Studi in memoria di Federigo Melis*, vol. III, Napoli, 1978.

31) ヴェネツィアの従属都市パドヴァでは，裁判官・公証人・法律家よりなる一つのアルテが，行政において支配的な役割をはたした．Vedi, Lane, op. cit., p. 106.
32) Lane, op. cit., pp. 107, 308.
33) ジュスティーツィアについては次を参照．Marangoni, op. cit., pp. 21sgg. Lane, op. cit., pp. 104ff. Monticolo, op. cit., vol. I., p. xvi et passim.
34) 註33のいずれの文献においても不明．
35) Marangoni, op. cit., p. 22.
36) アルテについては次を参照．Marangoni, op. cit., pp. 15-31. Lane, op. cit., pp. 107-108, 165-166, 318-321. なお，Luzzatto と Racine はいずれも，12世紀以降のイタリアのアルテは，コムーネの産物であり，古代の同職組合とは異質なものだと主張する．Luzzatto, Corporazione, cit., pp. 671sgg. Racine, P., Associations de marchands et associations de métiers en Italie de 600 à 1200, in, *Protokoll des konstanzer Arbeitskreis für mittelalterliche Geschichte e. V.*, 29 Januar 1980. 13世紀中葉以前のヴェネツィアのアルテは，貴族への従属性がきわめて強かったと

ルテの役人は，ドージェの指名によるものから，アルテ員が仲間の内部から選出するものに移行したが，アルテの監督機関は，この役人を罷免する権利を留保した．アルテの規約は，監督機関やほかの国家機関（大評議会など）の命令や決議をそのまま内容とするものから，それとならんで，アルテ集会の決議のうち，監督機関が承認ないし修正したものを内容とするものに変化した．アルテ規約の原本は，監督機関が所有し，それぞれのアルテは，その複写を所有した．アルテ集会の開催は，監督機関の事前許可と，監督機関の役人の出席とを必要とした．各アルテは，集会を一年に二回開催すること，そこで「アルテの長」(gastaldo, 原義は［ドージェの］家令*37)) がアルテ規約を朗読することが義務づけられた．ヴェネツィアでは，貴族の支配する監督機関がこのような権限をもったので，貴族はアルテを完全に統制することができた．国家は，住民一般の利害を保護するために，アルテに対し，商品価格や利潤率（購入価格と販売価格との差額）などを規制し，特定少数のアルテ員がアルテを閉鎖して営業独占をはかることを禁止した．アルテへの加入は義務ではなく，加入せずに営業することも可能であり，また，外国人でも規定の登録料を支払って規約の遵守を誓約すれば，［上記のような特定アルテ以外は］その加入を許可しなければならなかった*38)．同業者が増加して職業が細分化すると，肥大したアルテは分裂する傾向をしめしたが，国家は統制上不都合なこの傾向を抑制したので，アルテの内部に幾つかの「子アルテ」(colonnello, 原義は支柱) が出現した*39)．たとえば，(船大工以外の) 大工のアルテは，一般大工，胡桃材家具大工，額縁大工，上張・象眼大工の四つの子アルテからなった．おもに庶民からなるアルテは，国家機関によって厳重に統制され，貴族の支配に完全に服従していたといえる*40)．

ヴェネツィアでは，アルテは，その構成員の権力基盤とならなかったが，他方，スクオーラ (scuola)*41)すなわち兄弟団が，市民権所有者や庶民の間で独特の

はいえ，このことは留意しておくべきである．

37) この名称は，かつてはドージェが任命したことに由来する．Marangoni, op. cit., pp. 27-28.
38) 幅広く経済活動をおこなう者は，同時に複数のアルテに所属しえた．
39) Cfr., Marangoni, op. cit., pp. 26-27.
40) したがって，14世紀以降のヴェネツィアのアルテの性格は，16世紀以降のトルコ（エジプト・シリアも含む）のそれと基本的に類似していた，といえるだろう．Vedi, Baer, G., Guilds in Middle Eastern History, in, Cook, M. A., ed., *Studies in the Economic History of the Middle East from the Rise of Islam to the Present Day,* London, 1970, rep. Oxford, 1978.
41) スクオーラについては次を参照．Marangoni, op. cit., pp. 19sgg. Lane, op. cit., pp. 105ff., 152. Pullan, op. cit., pp. 33ff.

第2章　ヴェネツィアとフィレンツェ

発展をした。以前から，庶民は（市内の）小教区ごとに[*42)]兄弟団的な組織，すなわち信心と相互扶助のための組織を形成していた。この組織は，その小教区の教会で（修道院がある小教区では修道院でも）集会し，そこに本部をおき，自分たちの礼拝所や祭壇を造営した。ヴェネツィアでは，このような教会や修道院の建物がスクオーラとよばれたことから，この組織自体もそうよばれていた。ところで，初期には，同職者は同一地区に多少とも集中して（居住ないし営業して）いたので，スクオーラは，地区組織としての側面のほかに，同職組織としての側面も内包していた。12世紀以降になると，スクオーラは，構成員の職業活動を徐々に規制しはじめたので，同時にアルテとしての役割をもつようになった。都市社会が単純な構成をもつ時代には，地区的要素と職業的要素が融合したこのような組織の存在が可能だったが，人口が急増し，都市社会の構成が複雑になる13世紀には，同職者の地理的集中が崩壊するなど，組織のなかで融合していた諸要素が乖離しはじめたと思われる。その具体的な経過について立ち入る余裕はないが，14世紀には，とりわけ小教区を基盤とし[*43)]，地区的契機にもとづいて（多少とも職業横断的に）組織された兄弟団と，職業的契機にもとづいて（多少とも地区横断的に）組織されたアルテとに乖離していた。アルテは，職業的契機にもとづくとはいえ，兄弟団的な側面がないわけではなく，アルテ員を構成員とする兄弟団としての性格をもっていた。スクオーラが兄弟団だとすると，地区を組織基盤とするスクオーラとならんで，アルテを組織基盤とするスクオーラも出現したことになるが，一般には前者がスクオーラ，後者はアルテとよばれた[*44)]。さらに，身体障害者からなるスクオーラ，亡命者からなるスクオーラ，などのように，特定の集団からなるスクオーラも形成された。スクオーラ（アルテを含む）は，このように多様であり，1500年までには，100個以上が形成されていたという[*45)]。ヴェネツィアでは，非貴族のほとんどが，いずれかのスクオーラに所属した［重複所属も可能だったのではないか］。それぞれのスクオーラの構成員は，宗教儀式への共同参加，死亡した構成員の埋葬への立会，およびその冥福を祈るミサへの出席，病気や貧困におちいった構成員，および死亡した構成員の遺族への扶助をおこなった。スクオーラは，政治権力から排除された非貴族たち

---

42) Cf., Mueller, op. cit., p. 49.
43) Mueller, op. cit., p. 49.
44) ただし，一般には，アルテを「職業的スクオーラ」(scuola artigiana)，本稿でいうスクオーラを「宗教的スクオーラ」(scuola religiosa) ともいう。Marangoni, op. cit., pp. 19-20. Cf., Mueller, op. cit., p. 41.
45) Mueller, op. cit., p. 49. ただし，その記録はほとんど残存しない (ibid.)。

の社会的,精神的な生活の拠点となったのである.ともあれ,非貴族からなる組織だったので,1312年に,体制防衛を主務とする十人委員会の監督のもとにおかれ,また1360年には,この委員会で四分の三以上の賛成がなければ新設できないことになった[46].

　スクオーラ・グランデについて一瞥しておこう[47].スクオーラ・グランデ(大スクオーラ)という名称が確立し,同時に,それ以外のスクオーラがスクオーラ・ピッコラ(小スクオーラ)とよばれるのは,16世紀になってからである[48].しかし,後にスクオーラ・グランデとよばれる五つのスクオーラは,1360年頃までには,すでにスクオーラ・グランデとしての実態をもっていた[49].職業とはもちろん,小教区とも関係なく,市内の俗人より構成されるこのようなスクオーラは,それぞれが,多数(500-600人)の構成員と豊富な財産とをもっていたのである.そのいずれも,1260年頃に流行した贖罪のために自分を鞭で打つことを特徴とする宗教運動の影響のもとに,宗教組織として誕生したが,この運動が退潮しても組織は消滅せず,非貴族を主体とする比較的均質な構成員よりなる,兄弟団としての性格をもつにいたった.14世紀以降,[庶民内部の階層分解と並行して]その構成員の内部でも分解が進行したが,すでに16世紀には,内部の富者と貧者の間には権利や義務における差異が確立し,富者が貧者に慈善をおこなう一種の福祉組織となっていた.構成員は,もはや均質ではなかったのである.市民権所有者層が一般の庶民から乖離するのにともない,前者がスクオーラの中核となる一方で,多数をしめる一般の庶民はその支配を受ける受動的な構成員となった.聖職者や貴族もごく少数が構成員となっていたが,聖職者は宗教儀式執行のための「被雇用者」にすぎず,貴族は実権をもたない「名誉会員」にすぎなかった.国家を集団で支配する貴族は,教会や一部の貴族が多くの富と構成員をもつこのスクオーラを基盤に党派的な勢力を形成するのを警戒して,聖職者や貴族の加入と役割を制限したのである[50].権力の中枢から排除された市民権所有者は,スクオーラ・グランデという小世界では,貴族よりも優位にたち,心理的に充足した.

---

46) Pullan, op. cit., p. 44.
47) スクオーラ・グランデについては次を参照.Pullan, op. cit., pp 33ff. Mueller, op. cit., pp. 41ff.
48) Mueller, op. cit., p. 41.
49) Cf., Mueller, op. cit., p. 41.
50) Pullan, op. cit., pp. 45, 73.

第2節 フィレンツェ

1 多元的な体制

14世紀のフィレンツェの権力構造は,ヴェネツィアとは対照的に,きわめて複雑かつ流動的だった。13世紀末以降,「豪族」(magnate, grande) と「平民」(popolo, popolano) という二つの法的身分が存在したが,豪族は平民により,権力機構の事実上の中枢機関となった「プリオリ」(priori, [アルテ員の] 代表者たち) と,それにもとづく幾つかの機関から排除されていた。ここでは,プリオリとそれにもとづく機関を総称して,プリオリ制機関とよぶことにする。さて,平民の内部は,均質ではなく,事実上幾つかの階層に分裂していた。プリオリ制機関に参加できるのは,アルテ員に限定され,それ以外の平民は排除されていた。のみならず,アルテには大アルテ,中アルテ,小アルテの区別があり,プリオリ制機関を実際に支配するのは,大アルテ員だった。さらに事態を複雑にしたのは,プリオリ制機関のほかにも,権力機関が存在したことである。フィレンツェには,その時々の必要に応じて創出された結果,それぞれが異なった性格をもつ,多少とも自律的な団体が幾つか存在した。フィレンツェのコムーネは,それらが結合することによって運営されていた。換言すれば,それぞれの団体のもつ固有の権力機関の総体が,コムーネの客観的な権力機構を形成していたのである。アルテ団体が,もっとも有力な団体となったので,この団体を基盤にして創出されたプリオリ制機関が,フィレンツェの権力機構においてもっとも有力な機関となった。ほかの団体を基盤とする機関は,プリオリ制機関に圧迫されて,当初の役割を変化させたとはいえ,権力機関として消滅したわけではない。したがって,プリオリ制機関による一元的な支配は,実現しなかった。また,各種の団体相互の,ということは各種の機関相互の力関係は,不断に変化したので,機関相互の権限をめぐる矛盾と対立は,ついに調整できなかった。フィレンツェの権力機構は,ヴェネツィアとは対照的に,多元的といえる構造をもっていたのである*[51]。戦争

---

51) Martinesと Brucker は,当時のフィレンツェの権力構造を多元的なものである,と強調する。Martines, L., *Lawyers and Statecraft in Renaissance Florence,* Princeton, 1968, pp. 464ff. Brucker, G. A., *Florentine Politics and Society,* cit., pp. 57ff., 96-97. Idem, The Florentine Popolo Minuto and its Political Role, 1340-1450, in, Martines, L., ed., *Violence and Civil Disorder in Italian Cities, 1200-1500,* Berkeley, Los Angeles and London, 1972, p. 155. Idem, *The Civic World of Early Renaissance Florence,* Princeton, 1977, pp. 14-16. ところで,両者のいずれも,本稿でとりあげた権力諸団体のほかに,コムーネ権力機構のなかに [法的に] 位置づけられた固有の権力機関をもたない諸団体,すなわち,「貴族門閥」(clans),貴族の「同族結社」

の遂行,税制の変更,などのように,強力な一元的権力が必要となる場合には,通常は各種の機関に分散している権限を集中した,「超機関的」ともいえる「非常大権」(balia)が臨時に創出され,それが既存の,あるいは臨時に創設された特定の機関に付与された[*52]。フィレンツェでは,恒常的な一元的権力は,この非常大権の設置が常態となる15世紀に成立したといえるだろう。さて,14世紀において,フィレンツェは幾つかの社会的な危機に直面したが,そのたびごとに団体相互の勢力均衡は動揺し,新しい均衡は抗争のなかから出現せざるをえなかった。したがって,フィレンツェは政治的には不安定だった。このように複雑かつ流動的な権力構造のなかで,アルテ団体が一貫して大きな役割を果たしつづけた結果,それを基盤とするプリオリ制機関が権力機構の中枢でありつづけたのである[*53]。

13世紀前半,フィレンツェを支配していたのは「貴族」(nobile)だった。貴族の実体について立ち入る余裕はないが,神聖ローマ帝国の域内にあるフィレンツェでは,皇帝や(都市領主の)トスカーナ辺境伯と直接,間接の主従関係をもった下級の封建貴族の家系の出身者と,主従関係をもたなかった商人,両替商,裁判官,公証人,などの家系の出身者とからなり,両者は,12世紀初め(1115年頃)のフィレンツェにおけるコムーネ(自治都市)の成立を契機に,社会的に同化していた[*54]。ここでも貴族とは,法で規定される存在ではなく,卓越した

(consorterie),「商社」(merchant companies),「兄弟団」(confraternities),[潜在的権力団体としての]「庶民下層」(Popolo Minuto),[14世紀以降における]地区組織の一種である「旗区」(gonfaloni),などを多元的構造を構成する諸要素としてあげる。だが,これらの団体がどのような機関を通じて,あるいはどのようにして自己の権力を実現させるのか,についてほとんど触れていない。

52) Molho と Becker は,この非常大権委員会による権力集中に一元的権力機構の起源を求めている。ただし,その集中開始時期を,前者は14世紀末以降,後者は同中葉以降とする。Molho, A., The Florentine Oligarchy and the Balie of the Late Trecento, in, *Speculum,* XLIII-1, 1968. Becker, M. B., Florentine Territorial State and Civic Humanism in the Early Renaissance, in, Rubinstein, ed., *Florentine Studies,* cit.

53) 権力機関が多元的だったとはいえ,1282年以降,諸団体のなかで最強となったアルテ団体に立脚するプリオリ制機関が,ほぼ一貫して権力機構の事実上の中枢でありつづけた,と思われる。Cf., Brucker, *Florentine Polotics and Society,* cit., pp. 64-65. とはいえ,同機関がはたした現実の役割には時期的な変化があるので,米山のようにその変化を考慮に入れないのは問題である。米山喜晟「系図学的資料より見たフィレンツェ共和国の二大役職と『家』」『イタリア学会誌』第29号,1980年,74頁,参照。

54) Renouard, Y., (trad. dal francese di Del Beccaro,) *Storia di Firenze* (2a ed. orig. aggiornata, Paris, 1967), Firenze, 1970, pp. 26-27. なお,[イタリア北・中部の都市では]富裕化した庶民は一般に都市貴族へ上昇転化するが,それには十分な時間[および前者が過度に多数でないこと]が必要だ,というのが彼の見解である。Vedi, ibid., pp. 39, 40, 41, 49, 50 et passim.

政治力および経済力と固有の生活様式とをもつことにより，庶民とは社会的に識別される存在だった*55)．コムーネによるコンタード征服の進展に並行して，コンタードに居住していた領主層が，強制的あるいは自発的に都市に移住し，新たにこの都市貴族の仲間に参入した．構成が複雑化した貴族内部では，おそらくこの新旧の貴族相互の反目が一因となり*56)，家系や党派の間の対立抗争が激化した．その結果，内部の対立から中立を保証できるように外国人のなかから選出された一人の「ポデスタ」(podestà，原義は権力）が，対立を調停し，都市の行政や司法をするために，1200年以降は断続的に，1213年以降は継続的に，フィレンツェの最高執政官として導入された．ポデスタは，いわば貴族層によって雇用された執政官であり，役職から乖離した個人の権力が発生しないように，任期を短くするなどの工夫がほどこされた．ポデスタ制における主要な権力機関は，貴族内部から選出された人々からなるコムーネ評議会と，その監視のもとで規約にもとづいて行政や司法をおこなうポデスタだった．

13世紀には，急速な経済の発展により，「庶民」(popolo，ポーポロ）は，フィレンツェでも人口と経済力が増大し，権力を独占する貴族に対抗しはじめた．庶民の内部ではすでにある程度の階層分解がみられたと思われるが，庶民の上層部は，庶民のほかの部分から乖離して貴族と同化するのではなく，乖離せず，ほかの部分と連帯していた．一方，貴族の党派は，13世紀中葉になると，皇帝フリードリヒ二世と教皇の対立抗争を契機に，フィレンツェでも「ギベッリーナ党」（皇帝派）と「グエルファ党」（教皇派）の二派に収斂し，それぞれが近隣都市の皇帝派あるいは教皇派と同盟して，一個の都市をこえた規模で*57)激烈な闘争を展開した．ちなみに，ヴェネツィアは，コンタードをもたないので，その領主層の都市流入がなく，貴族は海上商人が中核となり，その内部は比較的に均質

---

55) 生活様式が貴族か否かの識別の重要な指標となることについては次を参照．Becker, M. B., A Study in Political Failure -The Florentine Magnates, 1280-1343, in, *Medieval Studies*, XXVII, 1965, p. 263. Brucker, *Florentine Polotics and Society*, cit., pp. 27, 36. Idem, *The Civic World of Early Renaissance Florence*, cit., pp. 32-35. 貴族固有の生活様式とは，ウェーリーによれば，おおよそ次のようである．自尊心・名誉心が強く傲慢．武技を鍛錬し騎兵として出陣．対外使節・（他都市の）ポデスタとして活躍．法廷に提訴せず，門閥・結社を背景に暴力による解決［自力救済］を志向．庶民を軽蔑し無法行為をなす．ウェーリー，森田鉄郎訳『イタリアの都市国家』平凡社，1971年，205頁以下．（原著，Waley, D. P., *The Italian City-Republics*, London, 1969.)

56) Villari, P., (trans. from Italian by Villari, L.,) *The Two First Centuries of Florentine History*, London, 1908, p. 175.

57) 国際的政治秩序の「転換期」（堀米庸三）である13世紀後半のフィレンツェ史は，国際的政治動向を無視して考えることは不可能である．

的だった。また，神聖ローマ帝国には帰属しないので，皇帝と教皇の闘争には距離をおき，局外中立の立場に立つことができた*58)。このことから，ヴェネツィアの貴族は，内部で激烈な闘争をすることがなく，自己の弱化をまねくことがなかったのである。さて，13世紀中葉のフィレンツェでは，庶民は，貴族の党派闘争に巻き込まれて，戦争による徴兵義務や課税負担，内戦による日常業務の支障という大きな被害をうけ，貴族への反感を強めていた。この党派闘争において，皇帝派は，1248年に教皇派を打倒して追放したが，1250年に盟主の皇帝フリードリヒ二世が死亡すると弱化し，ここに貴族の両派は，いわば共倒れにも似た状態になった。

庶民は，この機会を利用して，同50年，貴族を抑圧し，権力を事実上獲得した。これがフィレンツェ史上，「イル・プリモ・ポーポロ」(il primo popolo, 最初の庶民政権)*59)とよばれるものである。庶民たちは，市内の「地区」(compagnia，原義は仲間）を単位として組織され，地区ごとに編成された庶民の軍隊が，政権の権力基盤となった*60)。庶民の組織全体の機関としては，一人の「カピターノ・デル・ポーポロ」(capitano del popolo，庶民の指導者，以下カピターノと略記）と，庶民内部から選出された人々からなるポーポロ評議会とがあり，これを以下カピターノ制機関とよぶ。イル・プリモ・ポーポロのもとでも，ポデスタ制機関は消滅せず，以前の役割を変化させて存続した。カピターノ制機関が，執政権（判決権をふくむ）および法案提出権という能動的な権力を獲得したので，ポデスタ制機関は，判決執行権および法案承認権という受動的な権力をもつことになった*61)。換言すれば，庶民の機関が，貴族の機関と併存してこれを抑制し，都市の客観的な権力機構における事実上の中枢機関となったのである。この体制のもとで，貴族家系の権力基盤だった「同族結社」(consorteria)の存続が禁止され，同族結社の象徴だった（貴族の家屋に防衛と自己顕示のために付設された）塔の高さが制限された。

イル・プリモ・ポーポロは，10年で崩壊することになる。この体制のもとで，1251年に帰国をゆるされた教皇派は，1258年には皇帝派を追放するまでになり，

---

58) Cf., Lane, op. cit., pp. 87ff.

59) Renouard, op. cit., p. 41. 鬼塚信彦「イル・プリモ・ポーポロ治下のフィレンツェ」神戸商科大学『商大論集』第8号，1952年。

60) この軍隊編成は，「小教区」(popolo) を編成基盤とするポデスタ制下のコムーネの軍隊編成を模倣したもの（そのままではない），と思われる。Cf., Waley, D. P., The Army of the Florentine Republic from the Twelfth to the Fourteenth Cetnury, in, Rubinstein, ed., *Florentine Studies,* cit., p. 74.

61) Renouard, op. cit., p. 41. 以下，このような事実認識については，多く同書に依拠する。

フィレンツェの政治を左右した．しかし，同58年には，皇帝フリードリヒ二世の庶子マンフレーディが実力でシチリア国王に即位し，イタリアにおける皇帝派の勢力が強化された．1260年，教皇派のフィレンツェは，モンタペルティ（シエーナの郊外）の戦いで，マンフレーディの派遣部隊とフィレンツェの被追放皇帝派に支援された，皇帝派のシエーナに大敗した．帰国した皇帝派は，教皇派を亡命に追い込んだのみならず，イル・プリモ・ポーポロ体制を打倒した．カピターノ制機関を廃止し，ポデスタ制機関に以前の役割を回復したのである．このとき，イル・プリモ・ポーポロの中核にいた大商人たちは，多くが追放され，あるいは亡命した．一方，教皇は，皇帝派に対抗するために，フランス国王ルイ九世の弟シャルル・ダンジュー（カルロ・ダンジョ）にシチリア王国を授封して，フランス軍をイタリアに導入し，また，皇帝派に味方する商人に対する教会の債務は無効にすると宣言して，皇帝派の攪乱をはかった．フィレンツェの大商人は，同じく亡命した教皇派のフィレンツェ貴族と連帯しながら，シャルルの遠征費用の調達に活躍したので，ここに大商人と教皇派貴族との同化が進展した．1266年，ベネヴェント（ナポリの近隣）の戦いで，シャルルがマンフレーディを敗死させると，その直後に，フィレンツェでは庶民が皇帝派貴族を追放した．しかし，庶民（ポーポロ）政権の復活はならなかった．大商人の一部を吸収した教皇派の貴族が，シャルルの派遣部隊の支援をえて帰国し，フィレンツェの政権を掌握したからである．シャルルは，ホーエンシュタウフェン家の報復を警戒する教皇の要請により，教皇派の拠点都市フィレンツェの（不在の）ポデスタとなり，騎士団を派遣してその教皇派を支援した．この教皇派，すなわちグエルファ党の機関として，6人からなる党代表と，グエルファ党評議会とが設置された[*62]．グエルファ党機関は，カピターノ制機関の場合と同様に，伝統的なポデスタ制機関と並存してこれを抑制し，権力機構における事実上の中枢機関となったのである．

　フィレンツェは，グエルファ党の支配のもとに，未曾有の「エコノミック・ブーム」を経験し，トスカーナにおける覇権を一挙に確立した．教皇およびシャルルと締結したグエルファ同盟のもとに，フィレンツェの大商人は，教皇領やシチリア王国に進出したのみならず，教皇と同盟ないし友好関係にあるフランスやイギリスにも教皇の徴税人として進出した．そこでの徴税活動は，国王や聖俗領主への金融活動に発展し，権力者への金融活動は，各地での商業特権の獲得をもた

62）　同党機関はポデスタ制機関を模倣したもの．Cfr., Fasoli, G., Le autonomie cittadine nel Medioevo, in, AA. VV., *Nuove questioni di storia medioevale*, Milano, 1969, p. 59. なお，彼女によれば，グエルファ党機関とポデスタ制機関とによる二元的支配が成立した（ibid., p. 60）．

らし，それを契機に広範な商業網を形成した．河畔にあり水利に恵まれたフィレンツェは，商業特権にもとづいて各地から輸入した羊毛を原料として，需要の多い毛織物の生産を発展させることができた．フィレンツェの経済は，短期間に飛躍的な発展をとげ，金融業，商業，工業（とりわけ輸出向けの毛織物工業）が有機的に結合する特徴的な構造が確立した．経済的な繁栄については，1280年代，90年代に，新大聖堂（ドゥオーモ），新市壁，新政庁舎（パラッツォ・ヴェッキオ），など初期の巨大建造物の着工が相次いだ，ということが証言している．このエコノミック・ブームにおいて，[グエルファ党の]貴族の一部は，直接，間接（企業への融資）に経済活動に進出し*63)，庶民出身の大商人と同化する傾向にあったと思われる．いずれにせよ，庶民の富と人口は飛躍的に増大したが，この繁栄の基礎はグエルファ同盟だったので，庶民は，その主役のグエルファ党貴族（庶民の一部を吸収）の支配を甘受せざるをえなかった．一方，イタリアで皇帝派の勢力が衰退すると，教皇は，シャルルの過度の勢力拡大を警戒し，1280年，フィレンツェをシャルルの支配から解放するために，その貴族の二党派間の敵対関係の調停にのりだした．この企画はすぐに破綻したとはいえ，ここにグエルファ同盟は事実上崩壊し，フィレンツェではグエルファ党の権威が低下した．1282年，シャルルは，「シチリアの晩禱」によって勢力が一挙に弱化し，アラゴン王国との抗争に釘付けになったので，グエルファ党は従来の強力な保護を喪失した．他方，フィレンツェ商人は，すでに各地の市場に足場を築いていたので，グエルファ同盟が崩壊しても，フィレンツェ経済は，すでに確立した構造にもとづいて自律的に発展しつづけた．このような状況において，庶民たちは，一挙にではなく徐々に*64)，グエルファ党の勢力を抑圧して権力を獲得していった．その経過のなかで，同82年，「イル・セコンド・ポーポロ」(il secondo popolo, 第二の庶民政権）とよばれる政権が成立した．

　この政権の権力基盤は，もはや地区ではなかった．庶民たちは，アルテを単位として組織され，アルテごとに編成された庶民の軍隊が，その権力の基盤となったのである*65)．すでに1266年，庶民がギベッリーナ（皇帝派）貴族を追放したときに，大商人を中核とする庶民上層は，単なる同職組織だった自分たちのアルテを，政治的・軍事的な機能をもつ七つのアルテに集合・再編（後述）してい

---

63) 以前から貴族の一部はこうした経済活動をしていた（Renouard, op. cit., p. 27）が，この時期には従来それをしなかった（主に封建家系の）貴族も，特権とブームとに刺激されて多数がそれに進出し，同時に一部の（大）アルテに登録した，と思われる．

64) 財政権を手段として権力を獲得した．Cf., Renouard, op. cit., p. 48.

65) Renouard, op. cit., p. 48. Doren, *Entwicklung*, cit., S. 18ff.

第2章　ヴェネツィアとフィレンツェ

た*66)．この七つのアルテの7人の代表者は，上記の1280年における貴族の二党派間の調停では，職人・小商人の3人の代表者とともに，両派の和平の保証人として立ち会っている*67)．1282年には，この七つのアルテの政治的，軍事的な機能が強化されたのみならず，職人・小商人層のなかの有力者を中核とする幾つかのアルテが，政治的・軍事的な機能をもつ五つのアルテに集合・再編され，さきの七つのアルテとともにこの庶民政権の権力基盤となった．さらに，1288年から89年にかけて，残りの職人・小商人のアルテの多くが，同様の機能をもつ新型の九つのアルテに集合・再編されて，ここに7大アルテ，5中アルテ，9小アルテからなる21アルテが出揃うとともに，この庶民政権の権力基盤が一層強化された．大中小それぞれのアルテ集団の集合・再編の時期が異なるのは，各集団の構成員の間に政治的，経済的な力の格差があり，このことが，貴族と対抗するために必要な自衛組織の結成の遅速を規定したため，と思われる．いずれにせよ，1282年には，この新型の集合アルテの全体組織の権力機関として，プリオリ制機関が創出され，以後，この機関が，グエルファ党機関より少しずつ権力を奪取していった．しかし，グエルファ党貴族の一部は，庶民たちがプリオリ制機関によって行使する権力を承認せず，台頭する庶民への敵対行為をつのらせていった*68)．このような状態に決着をつけるために，1293年，プリオリ制機関は，アルテの軍隊の武力によってグエルファ党貴族を抑圧し，「正義の規定」(gli ordinamenti di giustizia) を制定した．同時に，プリオリとならんで，一人の「正義の旗手」(gonfaloniere di giustizia) をおいた．以後，プリオリという合議機関は，21アルテの構成員のなかから，アルテごとにではなく*69)，六つある「市区」(sestiere，原義は六区分の一区) ごとに1人ずつ選出される，6人のプリオリ（単数はプリオレ）から構成され，その議長には，各市区の大アルテ員のなかから，市区ごとの順番で選出される1人の正義の旗手がなった．合計7人で構成されるこの機関を，フィレンツェでは「シニョリーア」(sigoria，執政府) とよんだが，シニョリーアという言葉は，イタリア史では一般に，シニョーレ (signore，共和制的諸官職のそれぞれの権限を一身に集中する執政官) による支

---

66)　Doren, *Entwicklung*, cit., S. 17ff.
67)　Doren, *Entwicklung*, cit., S. 17-18.
68)　Becker, A Study in Political Failure -The Florentine Magnates, cit., pp. 24ff.
69)　Ottokar, N., *Il comune di Firenze alla fine del Dugento*, Firenze, 1962, pp. 16sgg. なお，この選出方法により，個々のアルテとは無関係に，アルテ員全体のなかの有力者（結局は大アルテ組合員のなかの有力者）が圧倒的に多くこの役職に選出された．選出方法については，清水廣一郎『イタリア中世都市国家研究』岩波書店，1975年，8頁，参照．

配体制を意味するので，ここでは，この機関をプリオリとよぶことにする．なお，正義の旗手をのぞくプリオリの人数は，1343年以降，新市壁の完成による市区制の変更にともない，四つの「市区」（quartiere, 原義は四区分の一区）ごとに2人ずつの8人となる．

　正義の規定の要点は二つある[*70]．① プリオリ制機関は，その権力を承認せずに庶民への敵対行為をつづける者を，「豪族」と指定して抑圧する一方で，この豪族を権力機構の事実上の中枢機関となったプリオリ制機関より排除したこと[*71]．旧貴族でも，この機関の権力を承認して協調する者は，豪族と指定されず，非豪族，すなわち「平民」として処遇されることになった．換言すれば，平民および豪族は，いずれもプリオリ制機関に就任する資格の有無と結びついた，一種の法的身分としての意味をもつことになったのである．② プリオリ制機関は，上記の21アルテを公認する一方で，政治的・軍事的アルテとして集合・再編されずに残っていた，旧型の単なる同職的アルテの存在を否定し，プリオリ制機関に就任する権利を公認アルテの構成員に限定したこと．この措置により，職人・小商人層の一部と（とりわけ毛織物工業に多くみられる）労働者層とは，アルテから排除された豪族とともに，この機関に参加することを否定された．プリオリ制機関には，プリオリのほかにも，第3部第4章にみられるように，事実上その補佐機関としての役割をもつ十二人会および十六人会，などがあった．このような機関は，プリオリ制機関の要素として徐々に形成され，正義の規定によって完成されたのである．プリオリ制機関が完成したとはいえ，ポデスタ制機関，カピターノ制機関［復活］，グエルファ党機関は，いずれも消滅することなく存

---

70) Cfr., Renouard, op. cit., pp. 50sgg. Doren, *Entwicklung,* cit., S. 20ff.

71) Becker は，豪族と平民との関係について，相互に対立する見解をもつ Salvemini（および Davidsohn）と Ottokar（および Fiumi）とを同時に批判する．Becker によれば，1281-93年の間，豪族という名称は，［有力家族にとって］伝統的慣習だった個人的復讐をおこなう（最有力家族所属の）個々人を指したのである．Salvemini は，豪族と平民最上層とを［階級の異なる］まったく異質なものとしたが，Ottokar が指摘したように，この理解は誤りである．しかし，Ottokar は，豪族の一部にしか過ぎない大アルテ登録者と大アルテ員である平民最上層との「同一性」を強調する一方で，アルテに登録しない，あるいはコンタードに基盤をもつ豪族の存在を無視しているので，これもまた誤りである．Vedi, Ottokar, *Il comune di Firenze alla fine del Dugento,* cit., pp. 15 sgg. 事実は，1285年までに，プリオリ制機関の権力を認めず，依然として無法行為をおこなう一部の人々（豪族）の存在が明瞭になってきた．Becker, A Study in Political Failure -The Florentine Magnates, cit., p. 257. 豪族と平民との関係を考える場合，経済的差異に還元しえない，社会的・心理的差異を無規することは不可能である．Ibid., pp. 297ff. この両者の関係について次の紹介は興味深い．森田鉄郎「イタリア中世都市コムーネ研究序説」神戸大学文学会『研究』第41号，1968年，124頁以下．

続した．ポデスタ制機関は，ポデスタと（豪族も参加できる）コムーネ評議会が存続し，カピターノ制機関は，カピターノとポーポロ評議会が存続し*[72]，またグエルファ党機関は，党代表（複数）と党評議会が存続した．プリオリ制機関以外の機関は，事実上その役割を変化させたとはいえ，プリオリ制機関は，自己の権力にもとづいて一元的にほかの機関の権限を調整できず，各種機関の間の権限をめぐる矛盾・対立を払拭できなかった．したがって，フィレンツェの客観的な権力機構は，各種機関の緩い結合の上に事実上成立したにすぎず，執政権と法案提出権を実際に行使するプリオリ制機関が，このような権力機構における事実上の中枢機関となったにすぎない．プリオリの提出する法案は，まずポーポロ評議会で可決され，さらにコムーネ評議会で可決されて，はじめて法令となった．ポデスタとカピターノ（いずれも外国人）は，プリオリ制機関の一つである（一人の）「正義の規定の執行者」(esecutore degli ordinamenti di giustizia, 正義の旗手とは別個の役職）とならんで，司法・警察業務を担当した．三者の権限は，必ずしも境界が明確でなく，さらに時期によって変化したと思われるが，その詳細は不明である*[73]．グエルファ党は，教皇派旧貴族の出身者が多数参加していたと思われるが，フィレンツェの各種の都市官職やアルテ役職への就任資格の有無を審査する，事実上の権利をもっていた*[74]．というのは，上記のグエルファ同盟以来，グエルファ主義はフィレンツェの公的イデオロギーとなり，グエルファ主義者であることがその就任資格の必要条件となっていたが，グエルファ党機関は，その候補者がグエルファ主義者か否かを審査する権限をもったからである*[75]．このような各種機関の権限が具体的な問題をめぐって矛盾し，対立すると，その都度，その時々の機関相互の具体的な力関係に応じて処理されたが，こ

---

72) 清水『イタリア中世都市国家研究』既出，255頁．

73) 清水『イタリア中世都市国家研究』既出，255頁．Brucker, *Florentine Politics and Society*, op. cit., p, 59. Renouard, op. cit., p. 51. なお，Brucker (*Florentine Politics and Society*, p. 58) によれば，14世紀のコムーネの権力構造を基本的に規定するのは，ポデスタの規定，カピターノの規定，正義の規定の三者だった［ただし三者間の権限の調整は欠如］．

74) Brucker, G. A., The Ciompi Revolution, in, Rubinstein, ed., *Florentine Studies*, cit, pp. 326-327. Idem, *The Civic World of Early Renaissance Florence*, cit., pp. 41-42. Becker, M. B., *Florence in Transition*, 2 vols, Baltimore, 1967-68, vol. 1, p. 179.

75) たとえば，1301年のカリマーラ・アルテの組合規約にみられるように，アルテ役職の就任にも同主義者であることが要求された．「カリマーラ商人の［組合の］コンスル（理事）は4人，財務役は1人であることとし，すべてがいずれもグエルファ主義者でなければならない……」(Consules mercatorum kallismale sint quatuor et camerarius debeat esse unus et omnes sint et esse debeat guelfi ...), vedi, Filippi, G., *L'Arte dei mercanti di Calimala in Firenze ed il suo più antico statuto*, Torino, 1889, p. 132.

の力関係は，各種機関の権力基盤たる各種団体相互の力関係に応じて変化したと思われる．

　豪族は，主観的な基準にもとづいて指定された．豪族自体が，13世紀末のフィレンツェにおいて，社会的な実体をもっていたにもかかわらず，それを客観的に規定するのが困難だったからである[76]．貴族の一部は，1293年までにアルテ［ほとんどが大アルテ］に登録し，庶民上層（大商人層）と同化して，ともに社会的な威信をもたらす営業活動をおこなうと同時に，プリオリ制機関の権力を承認していた．一方，庶民上層の一部は，それまでに残余の庶民から乖離し，貴族の一部と融合して，それとともにプリオリ制機関の権力を否認するまでになっていた．したがって，都市の政治体制と平和にとって有害な豪族という存在は，家系や称号を基準にして識別することはついにできず，プリオリ制機関の権力を否認し，その基盤であるアルテ員に対して敵対行為をおこなう有力者という，主観的な基準にもとづいて識別せざるをえなかった．結局，正義の規定では，旧貴族の一部，およびそれと融合した庶民上層の一部が，個々の家系を単位として，豪族と指定されたのである．この指定は不変ではなく，有害ではなくなったと判定された者は，個人ごとに平民とされる一方で，平民でも有害になったと判定された者は，個人ごとに豪族とされた．いずれにせよ，豪族は，無法行為をしない保証として，規定の保証金をプリオリ制機関に提出する義務を課せられた．

　豪族の抑圧がひとまず達成され，公認アルテ団体の権力が社会的に認知されると，この団体内部における階層利害の対立が，あらためて重要問題として浮上した．大アルテ員は，プリオリ制機関の役職を圧倒的に多く手中にしたが，中小アルテ員は，わずかしか手中にしなかった．さらに，大アルテ相互の間のみならず，それぞれの大アルテ内部にも，一定の分解がみられた[77]．1309年，7大アルテのなかの5アルテは，取引において発生する問題を迅速に処理する共同機関として，「商業法廷」（mercanzia）という名称の特別法廷を設置したが[78]，商業法廷は，この5大アルテが中小アルテに干渉する権利，すなわち中小アルテの選出した役員を承認する権利，中小アルテが同アルテ員に宣告した裁決を執行する権

---

76) Becker, A Study in Political Failure -The Florentine Magnates, cit., p. 263. Brucker, *The Civic World of Early Renaissance Florence*, cit., p. 33. 清水廣一郎「一三世紀フィレンツェの豪族について」『一橋論叢』第50巻第2号，1963年．

77) Najemy, op. cit., pp. 7ff.

78) 商業法廷については，Doren, *Zunftwesen*, cit., S. 455ff., 745ff. なお，Najemy は，1366-76年における同法廷構成員の所属アルテ別構成を分析した（op. cit., p. 8）．カリマーラ，52人（推定［正規］アルテ員数，200人），両替商，21（90），毛織物工業，165（400），サンタ・マリア門，32（400），医者・薬屋，52（600）．

利,などを徐々に獲得して,ついにはフィレンツェの権力機構の一部となった.この5大アルテを基盤とする権力機関が誕生したのである.このような状況を背景に,プリオリ制機関は,大アルテ員を中核とする富裕階層に有利な税制などを導入した[79].豪族でも,プリオリ制機関の権力を承認して,体制にとって無害となった結果,平民とされる個人が次第に増加したが,1330年代までには,平民上層と,平民に転化して(大)アルテに登録した元豪族とからなる,事実上の新支配層が萌芽的に出現した[80].この階層にとり,政治的・軍事的な機能をもつアルテは,両刃の剣となった.というのは,アルテは,この階層が,いずれも非アルテ員である豪族と住民下層とを抑圧する手段として有益である反面,アルテ団体内部の下層,とりわけ中小アルテ員が,アルテ員としての権利にもとづいて,この階層,すなわち大アルテ員に対抗する手段として利用しうるからである[81].事実,フィレンツェを襲った社会的な危機において,アルテはそのような役割を果たすことになる.

　1330年代末以降,フィレンツェは,長期にわたる経済不況に襲われた[82].フィレンツェの大商人は,一般市民から借り入れた資金も動員して,イギリス国王やナポリ国王などに巨額の融資をしていたが,財政危機に直面した国王たちが返済不能になったので,次々に倒産したのである.倒産した大商人に資金を貸し付けていた,多少とも資産をもつ多数の市民も,その回収ができずに打撃をうけた.倒産をまぬがれた大商人の一部には,危険をともなう国際的な経済活動から資金を引き上げて,土地や公債などより安全な対象に投資する人々が出現した.その結果,フィレンツェでは,国際市場を相手とする経済活動はもちろん,都市内外の局地市場を相手とする経済活動も収縮した.とはいえ,職人・小商人は,日常的な需要のある局地市場を基盤とするので,その打撃がより軽微だったのに対して,大商人は,倒産をまぬがれた場合にも,混乱した金融市場の回復が時間を必要としたので,その打撃はより深刻だった.大商人を中核とする新支配層は,この経済危機によって支配体制が動揺するのを阻止するために,グエルファ同盟以来友好関係にあるナポリ国王に支援を要請した.ちなみに,「シチリアの晩禱」を契機として,(旧)シチリア王国は,アンジュー家の支配する(いわゆる)ナポリ王国と,アラゴン家の支配する(いわゆる)シチリア王国に分裂していた.ナポリ国王のもとに身を寄せていたアテネ公(旧ラテン皇帝の封臣)の称号を継

---

79) 清水『中世イタリア都市国家研究』既出,257頁以下,参照.
80) Becker, A Study in Political Failure -The Florentine Magnates, cit., p. 289.
81) Najemy, op. cit., pp. 8ff. Vgl., Doren, *Entwicklung*, cit., S. 47.
82) Vedi, Brucker, *Florentine Politics and Society*, cit., pp. 10ff.

承する貴族ブリエンヌ*83)は，1342年，この目的のためにフィレンツェに招聘されたが，まもなく「終身のシニョーレ」(signore a vita) という称号をえると，新支配層から乖離した個人的な権力の獲得にのりだした．固有の支持基盤を拡大するために，公認アルテをもたない職人・小商人および労働者層の一部に，その結成を承認したのみならず，その示威行動を許可したので，新支配層をはじめとする公認アルテ員は，それを体制への挑戦とみなし，1343年7月，武装蜂起してアテネ公を追放した．この蜂起の主体をなした新支配層は，豪族と連帯して政権を樹立したが，依然として危機を打開することはできず，まもなく同年9月，「新参者」(gente nuova) によって打倒され，新参者がプリオリの半数以上をしめる政権が誕生した．

　その名称自体が社会的な実態を示唆する新参者*84)とは，新支配層と同様の経済力を最近急速に獲得したにもかかわらず，新支配層とは社会的に乖離したまま同化せず，プリオリ制機関をはじめとする権力機関から事実上排除されていた人々をいう．新参者の主体は，比較的新しくコンタードから移住してきた人々だったようである．最初はとりわけ中小アルテに参加して，一，二代のうちに富を蓄えていたが，新支配層の一部が倒産したり，国際的な経済活動から引退したりする*85)と，その間隙を埋めるかたちでこのような活動に進出し，大アルテに移行した．新参者は，経済的には職人・小商人層から乖離する一方で，社会的には新支配層から乖離したままの状態にあるので，固有の社会層を形成しつつあった*86)．新支配層は，新参者層に対抗するために，もはや敵性の弱化した豪族と連帯したが，この連帯のなかから，新貴族層というべき階層が出現してきた*87)．

---

83) アテネ公の支配については次を参照．Becker, *Florence in Transition,* cit., vol. I, pp. 147ff. Idem, The Republican City State in Florence -An Inquiry into its Origin and Survival, 1280-1434, in, *Speculum,* XXXV, 1960, pp. 45ff. Idem, A Study in Political Failure -The Florentine Magnates, cit., pp. 301 ff. Renouard, op. cit., pp. 45sgg.

84) 新参者については次を参照．Becker, *Florence in Transition,* cit., vol. I, pp. 178ff. Idem, The Republican City State in Florence, cit., pp. 47-48. Brucker, *Florentine Politics and Society,* cit., pp. 40ff. なお，(新参者ではない) 中・小アルテ員は，1343-78年間に政治的な支配勢力になることはなかった．Vedi, Becker, M. B. and Brucker, G. A, The Arti Minori in Florentine Politics, 1342-1378, in, *Medieval Studies,* XVIII, 1956.

85) 以前は，アルテ登録者には有閑生活者はほとんどいなかったようである．Vedi, Ottokar, N., *Studi comunali e fiorentini,* Firenze 1948, pp. 128-130.

86) Brucker, *Florentine Politics and Society,* cit., pp. 23ff.

87) Cf., Brucker, *Florentine Politics and Society,* cit., p. 29. Becker, A Study in Political Failure, cit., pp. 307-308. なお，Becker (ibid., p. 308) は，この階層を「融合貴族」(fused patriciate) と表現している．

ここに，14世紀中葉以降のフィレンツェ史を特徴づける，新貴族層と新参者層の権力闘争がはじまった．新参者層は，なによりもまず公認アルテを自己の権力基盤とした[88]．いうまでもなく土地所有者，公債所有者のアルテというものは存在しないが，新貴族層のうち土地収入や公債利子収入を生活基盤として，いずれかの公認アルテには登録するのみで，現実にはその営業活動をしない部分を，アルテの中核から排除するのみならず，プリオリ制機関のもつ豪族指定権を手段として，新貴族層に対抗したのである．一方，新貴族層は，グエルファ党機関，ポデスタ制機関，などを支配していた．したがって，たとえば，グエルファ党機関のもつ上記のグエルファ主義者か否かの審査権を手段として，新参者層に対抗したのである．こうして，公認アルテは，新参者層にとり，きわめて重要な意味をもつことになった．1348年に黒死病がフィレンツェに多数の死者をもたらし，次いでコンタードから多数の移住者が流入したことは，新参者層の勢力を強化する結果をまねいたと思われる．ちなみに，1352年に政府が財政負担の割当のためにおこなった「資産評価」(estimo) では，評価額の上位2％のうち，新参者はその五分の二をしめていた[89]．ともあれ，経済不況が継続するなかで，両者の勢力はほぼ拮抗し，対立は膠着状態におちいった．

14世紀後半のフィレンツェでは，大別すると新貴族層，新参者層，職人・小商人層，労働者層の四つの階層が，相互に対抗しつつ存在したことになる[90]．このような状態のとき，アヴィニョンからローマへの帰還を目前にして，教皇領の拡大をはかる教皇と，同じく支配領域の拡大をはかるフィレンツェとが対立した．1375年，フィレンツェは，新参者層の優勢なプリオリの指導のもとに，教皇庁と開戦した．戦争が長引き，重税と不況が社会の緊張を強めたので，新貴族層と新参者層との対立が激化した．新貴族層は，グエルファ党機関のもつ上記の審査権を手段として，新参者層をプリオリ制機関から駆逐しようとした．このことは，新参者層はもちろん，同じくその審査の対象とされた職人・小商人層の反発をまねき，新参者層と職人・小商人層は，プリオリ制機関のもつ豪族指定権を手段として，新貴族層をプリオリ制機関から駆逐しようとした．1378年，市内は騒然となった[91]．暴動により，新貴族層の中核部分が追放され，新参者層か

---

88) Cf., Najemy, op. cit., pp. 6ff.
89) Brucker, *Florentine Politics and Society*, cit., p. 21.
90) Brucker, *Florentine Politics and Society*, cit., p. 27.
91) 以下のいわゆるチオンピの乱の経過については次を参照．Brucker, The Ciompi Revolution. Idem, *Florentine Politics and Society*, cit., pp. 86ff. モラ，M.，ヴォルフ，Ph. 共著，瀬原義生訳『ヨーロッパ中世末期の民衆運動』ミネルヴァ書房，1996年，151頁以下（原書初版，*Ongles*

らなる新政権が樹立された（6月）．しかし，この政権は，富裕階層に有利な従来の制度（税制など）の抜本的な改革をしなかったので，それを不満とした職人・小商人層と労働者層は，再度蜂起して，彼らからなる新政権を樹立した（7月）．この政権のもとで，従来アルテをもてなかった職人・小商人層の一部および労働者層は，三つの公認アルテを新設し，それを基盤にしてプリオリ制機関に参加する権利を獲得した．すなわち，7大アルテ，14中小アルテ（中アルテと小アルテの差は消滅していた），3新設アルテ，という三つのアルテ集団から，それぞれ同数（3人ずつ）のプリオリが選出されることになった．まさに革命的な事態である．さて，三つの集団は，プリオリの人数では平等だったが，七月政権の事実上の中核は，中小アルテ集団を基盤とする職人・小商人層だった．というのは，6月以降，実権をもったのはプリオリではなく非常大権委員会であり，七月政変によって，この委員会の構成は職人・小商人層が主体となったからである．新設アルテ集団を権力基盤とする労働者層は，戦争による不況で仕事がなく，戦時課税で苦境にあったが，七月政権ではこの事態を打開できないことが明白になると，示威運動を展開し，自分たちの8人の代表者からなる機関「神の民の八聖人」(otto santi del popolo di dio)＊92)を組織し，それをフィレンツェの権力機関の一つとして認知するように要求した．七月政権は，この行動を自己に対する反逆行為とみなして武力で弾圧し，3新設アルテのうち，この行動の主体となった一つのアルテを解散させた（8月）．この弾圧により，七月政権は，自己の誕生をもたらした支柱の一つをみずから破壊したのである．1382年，七月政権は，新貴族層と新参者層との連合勢力によって打倒され，残余の新設アルテは，いずれも解散させられた．周知のように，この一連の事件が「チオンピの乱」とよばれるものであり，「チオンピ」(ciompi)とは事件において活躍した毛織物工業の労働者（準備工）の呼称である．

　1382年以降，フィレンツェの客観的な権力機構において，公認アルテ団体が果たす役割は縮小しはじめた．のみならず，ほかの団体の役割も縮小しはじめた＊93)．各種団体のもつ権力を吸収して，より一元的な権力構造をもつ国家機構が，徐々に出現しはじめてきたからである＊94)．それについては，第3部第4章

---

blues, Jacques et Ciompi －Les révolutions populaires en Europe aux XIVe et XVe siècles, Paris, 1970)．

92) Brucker, *The Civic World*, cit., p. 44.

93) Brucker, *The Civic World*, cit., pp 17-18. Becker, The Florentine Territorial State, cit., pp. 121-122.

94) 一元的国家の成立に関する研究史は錯綜しているが，Bruckerは次のように整理した．

において展望する．

2　公認された集合アルテ

貴族に対抗する庶民の基盤組織が，第一次と第二次の庶民政権の間に，地区団体からアルテに移行したのにともない，アルテは，単なる同職組織から政治的・軍事的な機能をもつ組織へと質的に変化した．従来のアルテは，ヴェネツィアの旧スクオーラのような，同一地区に集中する同職者からなる，職業的かつ多少とも兄弟団的な組織であり，その数はかなり多かった[*95]．このようなアルテが，貴族に対抗しうる力をもつために，ごく少数の有力なアルテはほぼ単独のままで，しかし，ほとんどのアルテは幾つかが集合して，それぞれが武力をもつ政治的・軍事的なアルテに再編されたのである．この集合・再編は，上記のように，有力

Vedi, *The Civic World*, cit., pp. 7ff. ①エリート説（TenentiとMartines）．経済的基盤を国際的経済活動におくフィレンツェでは，その担い手たる商人貴族による寡頭制的な権力機構以外に存在しえない．彼らは自己の利益を効果的に実現するために，中世的コムーネから官僚制国家への移行を推進した（Tenenti）．有力な都市貴族は少数の機関に権力を集中するとともに，それを支配し，彼らの所有物としての国家という観念を発展させた（Martines）．両者とも，1382年以降（とりわけ15世紀初め）をこうした国家成立の画期とする．②国家統制説（Becker）．1340年代以降，戦費の急激な膨張により，財政問題がコムーネ最大の問題となった．その主要な調達手段は公債だったが，それに投下された富は莫大であり，「株式会社」フィレンツェの広範な株主層が形成された．彼らの支持をえて，財政問題を担当する非常大権委員会が次第に権力を集中したが，そのもとで官僚機構が成長した．この官僚機構のもとで，コムーネ社会を構成する諸団体の固有の財政権が圧縮されて，14世紀後半に一元的国家機構が出現した．諸団体の構成員としての意識から脱却した「市民」精神はその反映である．③市民精神説（Baron）．14世紀末−15世紀初めにおける外的諸事件（とりわけミラーノの「君主」による政治的・軍事的な脅威）により，「共和国」フィレンツェの市民精神が高揚し，これが国家のありかたに影響した．さて，Bruckerは，上記の諸説は相互に矛盾するという．(A) Baronについては，より少数の者しか権力に参加しえなくなった時点で，なぜ「市民」精神が高揚するのか．(B) 一元的国家の成立時期を，Beckerは14世紀中葉以降とし，TenentiとMartinesは15世紀初めとする．しかも，後二者はそれが成立する具体的な原因を示さない．こうした研究史の錯綜状況は，Brucker (ibid., pp. 4ff.) によれば，研究が特定の時期・主題に集中する一方で，閉鎖的におこなわれるので，学説相互間に理論的整理がなされず，また，研究者が従来，概念の明晰さを欠き，基礎的諸データの慎重な調査・分析を怠ったまま，主観的に判断してきたからである．したがって，少なくとも14-15世紀について，総合的叙述はまだ不可能である，という．Bruckerは，この状況を打開するために，国家形態移行の問題と上記三説との総合を目的として，「社会秩序変質説」の観点から研究をおこなった．*The Civic World*, cit. そこでは，諸団体の錯綜する利害によって規制された14世紀のコムーネから，こうした国家構成原理の限界と崩壊とを明確にしたチオンピの乱をへて，15世紀にエリートが支配する国家が出現したが，その実権は政治的資質をもつ少数の熟練政治家に独占される一方で，形式的には広範な層が参加するものだった，という．しかし，この研究でも「変質ないし移行」の原因は依然として不明のままである，といえるだろう．

95) Vgl., Doren, *Entwicklung*, cit., S. 20-29.

なアルテから順次に三回にわたっておこなわれ，合計21の集合アルテが出現した．正義の規定は，これを公認する一方で，それ以外のアルテの存在を否認した．以後，非公認のアルテは，多くが公認アルテのいずれかに吸収され[96]，残余は消滅していった[97]．したがって，公認アルテは，一般に，旧型の職業的アルテが幾つか集合して形成されたものである．この旧型の職業的アルテは，集合・再編した後も，公認アルテの内部において，従来の自律性を多少とも保持し，公認（集合）アルテの規約，登録簿，役員組織，財政権，裁判権，などとは別個に，それぞれが自己に固有のものをもっていた．このようなアルテの構造にもとづいて，公認アルテを「集合アルテ」(Gesamtzunft)，この職業的アルテを「部分アルテ」(membrum) とよぶ[98]．職業的アルテは，幾つかが集合してはじめて，一定の政治的・軍事的な力をもつことができたのである．集合アルテの名称は，一般に，それを構成する幾つかの部分アルテのうち，もっとも有力な一つまたは二つ以上の部分アルテの名称を採用したものである．したがって，アルテの名称だけから，アルテ員の営業内容を即断するのは危険である．部分アルテのほとんどは，一度参加した集合アルテに定着したが，なかには，そこからほかの集合アルテに移動するものもあった[99]．

21の公認アルテは次のとおりである[100]．(1)裁判官と公証人，(2)カリマーラ［街］，(3)毛織物工業，(4)両替商，(5)サンタ・マリア門［街］（後には絹工業），(6)医者と薬屋，(7)毛皮商（以上が7大アルテ）．(8)肉屋，(9)鍛冶屋，(10)靴屋，(11)石工と大工，(12)古着屋と亜麻織物商（以上が5中アルテ）．(13)葡萄酒商，(14)宿屋，(15)革鞣工，(16)オリーヴ油商とチーズ・サラミ商，(17)馬具屋と楯工，(18)錠前屋，(19)甲冑工と刀剣工，(20)材木屋，(21)パン屋（以上が9小アルテ）．公認アルテは，一般に複雑な構成をもっていたが，具体的な構成は，集合・再編のしかたによってそれぞれに特徴があった．階層的な均質性，職業的な同質性を基準にして，構成を四つの類型に区分し，それぞれの代表的なアルテをあげてみる．

① 階層的に均質性をもち，職業的にも同質性をもつもの．裁判官と公証人のアルテ[101]．裁判官と公証人は，1266年に一つの集合アルテを構成した（以前は

---

96) Doren, *Entwicklung*, cit., S. 23, 94, 98.
97) 1321年に，シニョリーアは40の「アルテ」に課税しているが，これが当時の現実だった，と思われる．Vedi, Ciasca, R., *L'arte dei medici e speziali nella storia e nel commercio fiorentino dal secolo XII al XV*, Firenze, 1927 (ristampa, Firenze, 1977), pp. 719-725.
98) Vgl., Doren, *Entwicklung*, cit., S. 53 et passim.
99) Vgl., Doren, *Entwicklung*, cit., S. 41, 71.
100) Staley, *The Guild of Florence*, cit., pp. 61-62.（1415年の序列）．
101) Doren, *Entwicklung*, cit., S. 35.

第2章　ヴェネツィアとフィレンツェ

不詳）．両者は，1287年に事実上分裂したが，カピターノの調停によってすぐに集合した．この集合アルテの役職は，両者にそれぞれ規定の人数が配分された．この集合アルテは，裁判官と公証人だけからなるので，職業の類似性により，職業的には同質的だといえる．両者は，ほぼ同じ階層に属し，階層的にも均質的だといえる．

② 階層的には均質性をもつが，職業的には同質性をもたないもの．医者と薬屋のアルテ*102)．この集合アルテは，集合・再編の時点では，医者，薬屋，雑貨商の三つの部分アルテより構成された．しかし，雑貨商の部分アルテは，その力が相対的に弱かったので，ほかの二つの部分アルテと同じ権利（集合アルテの役職の配分数など）をもてなかった．雑貨商たちは，これを不満として，1296年にはプリオリに提訴しており（その結果は不詳），1310年に作成されたこの集合アルテの規約では，ほかの二つと同じ権利を獲得している．このことから，医者および薬屋と雑貨商との格差は，階層的な格差というよりは，同じ階層の内部における格差だといってよい．ところで，この集合アルテが集合・再編した時点では，雑貨商の部分アルテは，さらに幾つかの職業的な集団からなっていた．その一つである馬具屋集団［後にほかの集合アルテに移動］は，雑貨商の部分アルテの内部で固有の組織をもっていたが，この馬具屋集団の組織が徴収する登録料，罰金，などの収入は，半分が馬具屋集団に留保され，残りの半分が（雑貨商の部分アルテを経由せずに）直接に集合アルテに納付された．このことから，雑貨商の部分アルテは，それ自体が幾つかの職業的アルテの集合体であり，部分アルテとしての単一組織を完成していなかったといえる．さて，1344年には，集合アルテの役職の配分数が変更され，薬屋と雑貨商とのそれぞれの部分アルテには，医者の部分アルテよりも多く配分された．1373年には，集合アルテは，四つの部分アルテからなる構成へと変化した．(A)医者・画家（薬屋の部分アルテから移動）・皮革鍍金師（雑貨商の部分アルテから移動）・そのほか，(B)薬屋のうち，店舗をもつ者，およびメルカート・ヴェッキオ（「旧市場」という名称の市場，市内の中心にある）に［屋台の］店を出す者，(C)薬屋のうち，メルカート・ヴェッキオ以外に［屋台の］店を出す者，(D)雑貨商．薬屋の部分アルテが二つに増加し，また，二つの職業的集団が所属する部分アルテを変更している．その後，ほかの集合アルテから，墓掘人夫（1374年），床屋（1383年，ただし87年に分離）が，この集合アルテに移動した．

③ 階層的には均質性をもたず，職業的には同質性（共通性）をもつもの．毛

---

102)　Doren, *Entwicklung*, cit., S. 51-59.

織物工業アルテ*103)。フランドルの毛織物工業都市では，一般に，羊毛と毛織物を取引する商人の組合，毛織物の織元の組合とならんで，製造工程（織布，染色，など）ごとに職人が組織したそれぞれの組合があり（紡糸女工の組合はない），多数の組合の連携のうえに毛織物工業が成立していた*104)。一方，フィレンツェでは，1307年に作成された毛織物工業アルテの最初の規約によると，織元から労働者にいたるまで，毛織物工業の関係者は，全員がこの一つのアルテに組織されていた。しかし，以前はフランドル都市のように幾つか存在した毛織物工業関係の職業的なアルテが，集合・再編して，この一つの［集合］アルテを形成したと推測できないだろうか。いずれにせよ，1317年に作成されたこのアルテの第二の規約では，組合員登録簿に登録されなければアルテの役職には就任できないと規定され，またそれ以後の規約では，第一の登録簿には［羊毛や毛織物を取引する］商人や織元が，第二の登録簿には染色工や仕上げ工などが，それぞれ登録されるように規定されていた。第一の登録簿は作成されたが，規定の文言にもかかわらず，第二の登録簿は現実には作成されなかった*105)。この登録簿のありかたにみられるように，毛織物工業の関係者は，三つの階層に区分されていた。第一の登録簿に登録される商人，織元の階層。（現実には作成されなかった）第二の登録簿に登録さるべき染色工，各種の仕上げ工，仲介人，などの階層。登録簿に登録する必要のない，いや登録することのできない，織布工，紡糸工（紡糸は周辺農村女性の副業としておこなわれることが多かった），準備工（チオンピ），などの階層。この区分に対応して，第一階層の商人や織元がアルテの要職を独占し，第二階層の染色・仕上げ工などは下級の役職にしか就任できなかった。第三階層の多数の職人や労働者は，アルテの役職から排除される一方で，毛織物工業に従事するという事実により，第一階層の支配するアルテに一方的に服従することを強制された。したがって，［この時点では］アルテは，関係者全員の経済的，政治的な権利を保証するための組織ではなく，商人や織元が職人や労働者を支配するための組織となっていた。［第二，第三階層からなる幾つかの部分アルテは，第一階層への抵抗手段となるので，第一階層によってその存在を否定された，と推測するのは無理だろうか。］しかし，第二，第三階層は，機会があれば，自分

---

103) Doren, *Entwicklung*, cit., S. 75-83.
104) フランドルの場合については次を参照．藤田敬三「フロレンスのツンフト制度」『大阪商科大学創立60周年記念論文集』1941年，第二章，補説を参照．
105) 以下，同アルテの構造については次を参照．星野秀利「中世フィレンツェ毛織物工業の歴史的性格－チオンピ一揆研究の為の一試論－」『社会経済史学』第21巻第5・6号，第22巻第1号，1955-56年．

第2章　ヴェネツィアとフィレンツェ　　　　　　　　　　　　331

たちからなる公認アルテの形成をこころみた。アテネ公の支配のもとで，染色工などは，一つの公認アルテを形成した（1342年設立，翌年解散）が，その組合員の一部は，ほかの集合アルテからこの集合アルテに移動してきた[*106]。チオンピの乱において新設された三つのアルテは，それぞれが毛織物工業の職人や労働者を包摂していた[*107]。アルテを支配する商人や織元は，自己と利害の対立する職人，労働者を服従させるために，アルテに固有の法廷，警察，監獄の機構を整備する一方で，必要な場合には，プリオリ制機関をはじめとする各種機関の権力を動員したのである[*108]。

　④　階層的には均質性をもたず，職業的にも同質性をもたないもの．サンタ・マリア門［街］アルテ[*109]。このアルテの名称は，ポンテ・ヴェッキオ（「古い橋」という名称の橋）とカリマーラ街とにはさまれて，カリマーラ街とともにフィレンツェの最繁華街を形成する，サンタ・マリア門街の名称に由来する。［以前，サンタ・マリア門街には，そこに居住し，営業する商人や職人からなる（おそらく同名の）地区組織があったが，この地区には絹織物商人など各種の繊維・織物商人が集中していたので，この地区組織は，同時に彼らからなる職業的アルテとしての側面をもっていた，と推測される。］いずれにせよ，フィレンツェで絹工業が発展するのにともない，各種の繊維・織物商人からなる職業的アルテの［原］サンタ・マリア門アルテから，1266年以前に，絹工業の関係者が分離して独立の職業的アルテを形成したが，1266年に，この二つのアルテが集合・再編して［新］サンタ・マリア門アルテを形成したらしい。しかし，1288年，この二つの部分アルテは，利益の多い絹織物を取引する権利をめぐって対立し，再度分裂したが，裁判官と公証人のアルテの場合と同様に，カピターノの調停によってすぐに集合した。1334年に作成されたこの集合アルテの現存最古の規約では，二つの部分アルテ同士の結合は緩く，両者の独立性が高かった。なお，この規約では，サンタ・マリア門街地区の外部にもアルテ員がいたが，この集合アルテは，すでに地区の枠組をこえて編成されていたのである。1315年には，絹工業で有名なルッカから多数の絹工業関係者が政治亡命してきて，この集合アルテの内部で［部分アルテのように］固有の規約や役人をもつ「特別組織」（Sonder-

---

106) Doren, *Entwicklung*, cit., S. 79.
107) Doren, *Entwicklung*, cit., S. 85.
108) 森田鉄郎「中世イタリア都市の繁栄の性格－フィレンツェ毛織物工業を中心として－」『社会経済史大系』第3巻，弘文堂，1960年，309頁以下，参照．
109) Doren, *Entwicklung*, cit., S. 62-75. なお，森田鉄郎「ルネサンス期イタリアの絹織物工業の性格」井上幸治編『ヨーロッパ近代工業の成立』東洋経済新報社，1961年，をも参照．

organisation) を形成したが，この組織はまもなく消滅した．1351年，この集合アルテは，それぞれが平等な権利をもつ，次の三つの部分アルテより構成されるものに変化した．絹工業の部分アルテ．各種の繊維・織物商人の部分アルテ．胴着商，金細工師，武具師の部分アルテ．1378年，チオンピの乱の直前には，この三つのうち絹工業の部分アルテをのぞいた，二つの部分アルテが，それぞれが多数の職業的な集団よりなる四つの部分アルテに再編された結果，この集合アルテは，五つの部分アルテよりなるものに変化した．チオンピの乱では，この集合アルテから，絹工業労働者と職業的な集団をなす胴着商とが，新設された三つの集合アルテに参加し，金細工師の職業的な集団（の少なくとも一部）が，既存の馬具屋や楯工の集合アルテに移動した．乱後には，乱前にサンタ・マリア門アルテを構成していたほぼすべての要素が，このアルテに再度集合したとはいえ，どの職業的な集団がどの部分アルテに所属するかについて，完全な解決をみることはできなかった．15世紀初め（1404, 22年）の規約では，この集合アルテの構成に質的な変化がおきている．以前の構成要素は，部分アルテにせよ，（その下位単位をなす）職業的な集団にせよ，いずれも職業的な組織だった．しかし，ここでは，それぞれの組織の構成員が経済力（資本・収入・経営の規模）を基準に上下の二層に分裂し，それぞれの階層が職業的な組織の枠組をこえて連合することにより，「上層組織」(membra maggiore) と「下層組織」(membra minore) との二つの階層組織[110]が形成されている．従来の職業的な組織は，それぞれの階層組織の内部における下位単位となった．このアルテは，職業を基本要素とする構成から，経済力を基本要素とする構成に変化したのである．上層組織の中核は，14世紀に絹工業が急速に発展したのに対応して，絹工業の商人や織元だった．その結果，サンタ・マリア門アルテは，「絹工業アルテ」という名称でもよばれるようになっていた．ここで，絹工業の関係者について，そのアルテ内部の位置関係を振り返ってみよう．絹工業が発展するにつれて，商人や織元と各種の職人との格差が拡大した結果，1351年，絹工業の部分アルテでは構成員の間の平等性が崩壊し，商人や織元がその権力を独占する一方で，職人の多くは登録簿に登録されず，無権利のまま商人や織元に服従することになった．15世紀初めには，サンタ・マリア門（集合）アルテの構成の上記の質的な変化において，絹工業の関係者は三分され，商人や織元は上層組織に，染色工など（高級技術と生産手段とをもつ職人）は下層組織に所属したが，織布工など（それをもたない職

---

110) 上・下層組織と部分アルテは，いずれも membrum（ラテン語），membra（イタリア語）であり，用語のうえでの区別はない．

第2章　ヴェネツィアとフィレンツェ　　333

人）は両組織から排除され，無権利のままこのアルテへの服従を一方的に強制された．14世紀初めの毛織物工業と同じ状況が，少なくとも15世紀初めには絹工業にも出現したのである．

　21の公認アルテはそれぞれが固有の構成をもち，その多くは時代とともに構成が変化したので，すべての公認アルテを上記の四類型に押し込むことには慎重でなければならないが，とりあえずは次のようにいってよいだろう[111]．第一類型のアルテは，同職者は社会的（裁判官と公証人），経済的（両替商）に勢力をもつものか，多数の同職者をもつもの（パン屋，など）だった．第二類型は，数が多かった．以前の職業的アルテは，ほとんどが単独では第一類型のような勢力をもたなかったので，一定の政治的，軍事的な勢力をもつために，幾つかが集合する必要があったからだと思われる．第三類型は，14世紀には，すでに関係者が多数いるのみならず，その内部格差が決定的となっていた毛織物工業アルテだけだった．第四類型は，さまざまな商品が売買される繁華街の地区組織に起源をもつことにより，幾つかの職業的アルテ（さらには職業的集団）から構成される一方で，その内部において多少とも第三類型のような分解がみられるもの，すなわちサンタ・マリア門アルテとカリマーラ・アルテだった．

　第二類型についていえば，多数のさまざまな職業的アルテのうち，幾つかが一つのアルテに集合して，公認アルテが形成されたわけである．集合の組み合わせがどのような原理でおこなわれたかは，不詳だが，推測することはできる．すでに繰り返してのべたように，中世のある時点まではほとんど自明のことだったが，同職者は多少とも同一の地区に集中していた[112]．特定の地区に居住し，営業する人々は，特定の職業に従事していたのである．したがって，第一次と第二次の庶民政権の間に，庶民の権力基盤が地区組織から集合アルテに移行したとはいっても，第一次の庶民政権のもとで一つの地区組織に参加した人々からなる幾つかの職業的アルテが，その地区団体の枠組の影響のもとに一つの集合アルテに集合した，と推測することができる．ちなみに，地区組織の数は20[113]，集合アルテの数は21であり，また，いずれも内部に幾つかの職業を含むサンタ・マリア門

　111）Doren, *Entwicklung,* cit. には史料（アルテ規約）の欠如などにより，13の公認アルテの構造についての記述しかないが，以下はそれらのみにもとづく考察である．なお，ペストによる人口減少により，公認アルテ数は1348年に14に減少した（政治的・軍事的団体として一定の勢力を保持するために，経済的に密接な関係のある公認アルテが相互に合併・再編した）が，1349-50年に21に復旧した（a.a.O., S. 30-32）．ここではこの14アルテについては考慮に入れない．

　112）Doren, *Entwicklung,* cit., S. 39. Luzzatto, Corporazione, cit., p. 672. Marangoni, op. cit., pp. 33-34.

　113）Renouard, op. cit., p. 41.

アルテとカリマーラ・アルテは，地区の名称をアルテの名称にしている。庶民政権の基盤がこのように移行した理由は不詳だが，アルテを基盤とするときには，地区を基盤とするときより，職業ごとの勢力格差が明確となるのみならず，自分たちのアルテをもてない下層が権力から排除されることになる。さて，この推測が正しければ，同職者の集中地区が二つ以上ある場合には，同職者は自分たちの地区を基盤とする集合アルテに参加する，換言すれば，同職者であっても地区ごとに別々の集合アルテに（自分たちの部分アルテを形成しつつ）参加する，ということになる。事実，このような事例はあった[114]。しかし，実際には，同職者たちは，（次第に）このような地区の枠組をこえて，同職者がもっとも集中する地区を基盤とする一つの集合アルテの内部の部分アルテに組織されていった，と推測される。というのは，集合アルテ内部の同職者の部分アルテは，その内部に，同職者が集中する（幾つかの特定の）地区を単位とする下部組織をもち，この下部組織は，部分アルテの内部で，自己の人数などに比例する役員選出権や財政権などが配分されていた[115]からである。おそらく，エコノミック・ブームによって人口の急増したフィレンツェの同職者は，もはや同一地区に集中できずに分散する一方で，プリオリ制機関の基盤となったアルテの内部で自分たちの利害をまもるために，一つの組織に結集したものと思われる。いずれにせよ，フィレンツェの公認アルテの多くは，幾つかの職業的なアルテが政治的，軍事的な契機によって集合・再編したものであり，職業的な同一性は必ずしも貫徹していなかった[116]。

お わ り に

ヴェネツィアでは，庶民の上層が貴族に吸収・同化され[117]，それによって貴族

---

114) Vgl., Doren, *Entwicklung,* cit., S. 95-96.
115) Doren, *Zunftwesen,* cit., S. 178-180.
116) Doren, *Entwicklung,* cit., S. 102. なお，「ギルド（アルテ）規制」を考える場合にも，この点を考慮に入れる必要があるのではないか。今野国雄「チオンピの乱とその背景－E．ヴェルナーの見解と問題点－」関東学院大学『経済系』第52号，1962年，56頁以下，参照。
117) 13世紀末における貴族と庶民上層との融合，あるいは対立については，ヴェネツィアとフィレンツェとは対照的だった。Hibbertによれば，この相違は貴族の態度［生活様式］の相違に起因するが，この態度を規定したのは，貴族内部における封建家系の要素の強弱である。Vedi, Hibbert, A. B., The Origins of the Medieval Town Patriciate, in, Abrams, Ph. and Wrigley, E. A., ed., *Towns in Societies -Essays in Economic History and Historical Sociology,* London, New York and Melbourne, 1979, (1st ed., 1978), pp. 102-103. コンタードの封建的要素が多く移住したフィレンツェと，コンタードを基本的にはもたなかったヴェネツィアとでは，貴族のありかたに相

の支配体制は強化された．貴族からなる大評議会の一元的な支配のもとで，非力な庶民からなるアルテは，抑圧され，貴族に対抗する庶民の権力基盤としての役割をもつことがなかった．ときの経過とともに庶民の内部から新たに析出された上層は，原則として権力から排除される一方で，市民権所有者として次第に貴族の特権の一部を与えられて，貴族支配体制のなかに補助的な一環として組み込まれ，ついにアルテを権力基盤として貴族に対抗することがなかった．アルテは，むしろ抑圧され，権力から排除された庶民を支配する手段としての役割をはたした．このような体制のもとで，市民権所有者および庶民の組織としては，権力ではなく，社会的，精神的な安定を志向する各種のスクオーラが重要な意味をもったのである．

　フィレンツェでは，貴族が二派に分裂して抗争する一方で，庶民は固有の団体を権力基盤として貴族に対抗した．庶民の基盤は，最初は地区団体だったが，その後政治的，軍事的な機能をもつ（集合）アルテ団体に移行した．アルテ団体のなかでも，いち早く7大アルテに結集した大商人層が，事実上の権力中枢となったプリオリ制機関を，明確な規定のないままに事実上支配した．この階層は，遅れて14中小アルテに結集した職人・小商人層と連携して，一方では旧貴族層のうち庶民の権力を否定する部分を（豪族としてアルテへの加入を禁止して）この機関から排除し，他方ではすでに自分たちと利害の対立する労働者層などを（固有のアルテの結成を禁止して）この機関から排除した．21公認アルテの組合員であれば，だれでもプリオリ制機関に就任しうることになっていたが，それに就任したのは，実際には7大アルテの組合員が圧倒的に多数をしめた．大アルテの大商人層は，豪族から平民への転向が増大するのにともない，徐々に旧豪族と連帯して事実上の新貴族層を形成しはじめた．この大商人層にとり，アルテは，豪族への対抗手段としての役割が減少し，労働者層などを抑圧し，職人・小商人層を抑制する手段としての役割が増大した．しかし，1340年代にフィレンツェが深刻な経済不況におちいり，まだ凝結していなかった新貴族層が弱化する一方で，その間隙を埋めるかたちで新参者層が進出してくると，この新参者層は，あらためてアルテを権力基盤として新貴族層に対抗した．のみならず，チオンピの乱において，この両者の抗争の間隙をついて権力を手中にした中小アルテの職人・小商人層も，また固有の公認アルテを結成した労働者層も，いずれもその権力基盤をアルテにおいたのである．14世紀のフィレンツェの政治において，このように重要な役割をはたしたアルテは，一定の政治的，軍事的な勢力をもつために，

違があった，と思われる．

幾つかの職業的なアルテが集合したものが多かった．集合がおそらく地区組織の枠組の影響のもとにおこなわれた結果，公認の（集合）アルテは必ずしも職業的な同一性の貫徹しないものとなった．

第3章

ボローニャとフィレンツェ

――――――

はじめに

　ボローニャの歴史は，その著名な大学に関するものを除けば，わが国では研究がなかった。その理由は，この都市がルネサンス文化の母胎でも，国際商業の主役でも，イタリア政局の焦点でもなかったからだ，と思われる。しかし，コムーネにおける民衆（非貴族）の支配，共和政からシニョリーアへの政体の移行という現象では，その歴史は代表的な事例の一つをなし，しかもそれについての研究史の蓄積は相対的に多い*1)。その結果，フィレンツェ史やヴェネツィア史ではまだ明確に認識されていない局面，とりわけ13世紀の都市における民衆組織の具体的な様相が，ボローニャ史では，そのボローニャに固有な性格とともに，明確に認識されている場合が少なくない。

　13世紀のボローニャでは，民衆が都市貴族を抑圧して都市の実権を掌握したが，その過程で，同職組織は民衆の政治組織としての機能をはたした。しかし，これはボローニャだけではなく，フィレンツェなどでもみられる現象である。では，ボローニャの同職組織の政治的な役割は，フィレンツェのそれと比較して，どのような特徴をもっていたのか。また，これと関連して，フィレンツェでは共和政が長期にわたって継続したのに，ボローニャではそれがなぜ早期にシニョリ

――――――

　1)　研究文献については次のそれぞれの文献目録を参照。Hessel, Alfred, (traduzione italiana a cura di Fasoli, Gina,) *Storia della città di Bologna dal 1116 al 1280*, Bologna, 1975, (titolo originale, *Geschichte der Stadt Bologna von 1116 bis 1280*, Berlin, 1910,) pp. XXXIII-LXVII. Fasoli, Gina, Bologna nell'età medievale (1115-1506), in, AA. VV., *Storia di Bologna*, Bologna, 1978, pp. 195-196. Cfr., Martini, Giuseppe, Basso Medioevo, in, AA. VV., *La storiografia italiana negli ultimi vent'anni*, vol. I, Milano, 1970, pp. 97-98.

ーアに移行したのか.このことについて,従来の研究成果を整理しつつ比較検討するのが,本章の目的である.

　民衆による都市支配の実現という現象は,中世イタリア都市における一般的な現象ではない.イタリアの南部では,強力な王権,あるいは封建的領主権のもとで,都市では一般にコムーネが成立しなかった[2].コムーネが成立した北部,中部でも,民衆による都市支配が一般に実現したとはいえず[3],たとえばヴェネツィアのように,都市貴族の支配が継続した都市は少なくない.それが崩壊し,民衆による支配が実現した都市は,エミーリア・ロマーニャ,トスカーナ,ウンブリア,すなわち中部に比較的多かった[4].ボローニャもフィレンツェも,その代表例である.

　ところで,この二つの都市を比較すると,それぞれの特徴が明確となる.フィレンツェでは,民衆が同職組織を政治組織として機能させたが,それを基盤にして民衆政権が確立すると,そのなかの最有力な七つの同職組織(7大アルテ)の構成員が,政権内部の実権を事実上独占した.民衆政権の内部で,大商人層による寡頭政が成立したのである.他方,ボローニャでは,同職組織が民衆の政治組織として機能したのは同じだが,確立した民衆政権の内部において,有力な同職組織が実権を独占することはなかった.実権を掌握した民衆内部の権力構造は,より平等になっていたのである.

　その結果,ボローニャでは,政治に参加しうる民衆の人口が1万人以上と過剰になり,多数からなる民衆が分裂する一方で,民衆内部の異質な要素同士の権力闘争に決着のつかない状況が出現した.この状況を打開するために,コムーネの諸権力を一身に集中した人物,シニョーレの登場が要請され,早くも1327年にはそれが実現した.他方,民衆内部に寡頭政の成立したフィレンツェでは,この寡頭政をになう大商人層がシニョーレの導入に強く抵抗したので,14世紀にシ

---

　2) Valsecchi, Franco, *Comune e corporazione nel Medio Evo italiano*, Milano-Venezia, anno accademico 1948-49, pp. 197-205, 215-217. Fasoli, Gina, Ricerche sulla legislazione antimagnatizia nei comuni dell'alta e media Italia, in, *Rivista di storia del diritto italiano*, XII, 1939, p. 133.

　3) ただし,コムーネにおける都市貴族と民衆との闘争は,かなり一般的な現象だった.この闘争において,ピエモンテ地方では,アンジュー家,次いでサヴォイア家が都市貴族を抑圧するために民衆を支援した.エミーリア地方のモーデナ,レッジョ両市では,都市貴族が民衆を抑圧するためにエステ家のシニョリーアを要望した.Vedi, Fasoli, Ricerche sulla legislazione antimagnatizia, cit., pp. 100, 107. 結局,シニョーレの出現は,対立する勢力同士の実力が均衡して権力の収斂ができない場合に,調停者が必要になることがその原因である.ボローニャの例もその一つの類型にすぎない.Cfr., Martini, op. cit., p. 99.

　4) Fasoli, Ricerche sulla legislazione antimagnatizia, cit., pp. 93-133.

ニョリーアが確立することはなかった。メディチ家のコジモ（老コジモ，1389-1464年）が，シニョーレの称号をもたないまま，フィレンツェの政治に大きな影響力をもつようになるのは，実に1434年以後のことである。

第1節　コムーネとポーポロ

1　コムーネと都市貴族

叙任権闘争（1075-1122年）を契機として，ボローニャでも長期にわたって都市をめぐる「権力の真空状態」が出現し，そのなかで「コムーネ」（comune，市民共同体）が，権威の動揺した伯（皇帝の任命する都市領主）から都市の支配権を少しずつ獲得していった。1116年，皇帝がボローニャに発給した都市特許状（都市の権利を確認する証書）は，この現実を追認して，もはや伯宛ではなく市民共同体宛であり，これがボローニャにおける「コムーネ」（ここでの意味は，市民共同体が支配する自治都市）の「出生証明書」といわれている*5)。このコムーネで実権をもったのは，支配権（自治権）獲得運動の中核となった人々，すなわち伯のもとで行政実務を担当し，それに習熟していた人々の集団だった。伯の家士，都市に移住していたコンタードの小領主，有力な商人，などからなるこの集団の内部では，相互の同化作用により，都市貴族（以下，貴族と略記）という一つの階層が形成された。貴族以外の都市住民が民衆である。民衆でも財をなした者，コムーネに対して功績をあげた者は，貴族になりえたが，その数は限られ，貴族は比較的に閉鎖的な階層をなしていた。この貴族がコムーネの実権を掌握し，民衆はそれから排除されていた*6)。

2　ポーポロと豪族

この状況に対して，民衆は不満を感じはじめた。12世紀の過程で，ボローニャの人口，とりわけ民衆の人口が急増したのみならず，民衆は経済的に力をつけ，政治的にも自覚した。12世紀末以降，民衆は税負担・財政運営・裁判の公正，

---

5) Fasoli, Bologna nell'età medievale, cit., p. 134.
6) Fasoli, Ricerche sulla legislazione antimagnatizia, cit., p. 87. Pini, Antonio Ivan, *L'associazionismo medievale -Comuni e corporazioni,* Bologna 1976, pp. 4-8. Cfr. Bocchi, Francesca, La città e l'organizzazione del territorio in età medievale, in, Elze e Fasoli, a cura di, *Le città in Italia e in Germania nel Medioevo,* Bologna, 1981, pp. 62-64. Greci, Roberto, Forme di organizzazione del lavoro nelle città italiane tra età comunale e signorile, in, Elze e Fasoli, a cura di, *Le città in Italia e in Germania nel Medioevo,* cit. p. 86.

(貴族の同族結社同士の対立抗争で紊乱される）治安の維持，などを要求して政治運動を展開した．その結果，1217年には，民衆の上層部がコムーネの政治に参加しうることになった．しかし，都市貴族の反動により，2年後に事態は復旧した．再度，1228年に，民衆は武装蜂起によって参政権を獲得した*7)．このとき，民衆の政治組織として機能したのが同職組織である．

この同職組織は，「アルテ」(arte, società dell'arte, societas artis) とよばれるものである．伯の支配時代，商工業に従事するボローニャの民衆は，伯が民衆を統制するために組織した同職組織，「ミニステリウム」(ministerium) に強制的に加入させられていた．伯権力の衰退後，商工業者は，この組織を解体し，兄弟団的な性格を濃厚にもつ同職組織，「スコーラ」(schola, スクオーラ scuola の異綴語) を自発的に結成した．一つのミニステリウムから，一般に，複数のスコーラが誕生したという．その現存最古の記録は，1144年の靴屋のスコーラの規約である*8)．商工業に従事する民衆が，同職組織を政治基盤として1228年に参政権を再度獲得するまでの過程で，同職組織は，スコーラからアルテに移行した，と思われる．同職組織が一定の政治勢力をもつために，少数の有力なスコーラはほぼ単独で，多数の非力なスコーラは幾つかが集合して，一つの政治組織としての同職組織，すなわちアルテとなったのである．幾つかのスコーラが集合して一つに組織されたアルテには，幾つかの職業が包摂されることになった*9)．

1228年の武装蜂起に参加したアルテが，その代表をコムーネの政治に参加させうることになった．すべてのアルテが蜂起に参加したわけではないので，すべてのアルテが代表を政治に参加させえたのではない*10)（参加の実態については，後述）．ところで，ボローニャの研究史では，民衆一般ではなく，参政権をもつ民衆組織の構成員だけに限定して，それを「ポーポロ」(popolo)，すなわち「平民」とよぶことが少なくない*11)．ちなみに，ポーポロという言葉は，文脈にしたがって，民衆，平民，庶民のいずれにも翻訳できる．ポーポロを上記の意味に限定すれば，「民衆」は，参政権をもつポーポロ（平民）と，もたない「庶民」とに分解したことになる．本章では，この研究史を尊重して，ポーポロの意

---

7) De Vergottini, Giovanni, *Arti e popolo nella prima metà del secolo XIII*, Milano, 1943, pp. 20-30. Fasoli, Gina, Le compagnie delle arti a Bolona fino al principio del secolo XV, in, *L'Archiginnasio*, XXX, 1935, pp. 272-273.

8) Fasoli, Le compagnie delle arti, cit., pp. 242-256. Pini, *L'assoziazionismo medievale*, cit., pp. 8-10.

9) Fasoli, Le compagnie delle arti, cit., pp. 252-255.

10) Cfr., Fasoli, Le compagnie delle arti, cit., p. 255.

11) Cfr., Fasoli, Ricerche sulla legislazione antimagnatizia, cit., p. 91.

味をこのように限定する．さて，ポーポロが政治に参加して半世紀あまりが経過した1282年，ポーポロが都市貴族を抑圧して，ポーポロによる都市支配が実現した（実現の経緯については，後述）．ポーポロの政治参加と，ポーポロによる都市支配とを可能にした要因は，二つある．一つは，ボローニャ経済の発展にもとづく，ポーポロの人口と経済力との増大による，ポーポロ勢力の強化である．もう一つは，貴族内部の党派闘争による，貴族勢力の弱化である．

　さまざまな問題をめぐって自然発生した，貴族の同族結社同士の対立関係は，13世紀前半に，いずれもそれぞれの党派の中核となる家族の家名に由来する，「ランベルタッツィ派」(i Lambertazzi) と「ジェレメイ派」(i Geremei) の二派の対立関係へと収斂した．両派の構成員とも，市内やコンタードに土地や家屋をもち，係争では都市の裁判機構ではなく，同族結社や自派の勢力に依存して実力で解決をはかろうとする，など，貴族に共通の性格をもっていた．一方に所属する動機は，野心や私怨のようなきわめて個人的なものを含む多種多様なものだったから，両派の性格の差異を識別するのは，容易ではない．しかし，長期にわたる対立の過程で，ランベルタッツィ派は農村の領主的要素を，ジェレメイ派は都市の商人的要素を相対的に多く含むようになった，といわれる[*12]．この対立は，13世紀中葉には，イタリア政局をめぐる皇帝と教皇との覇権闘争と結合し，ランベルタッツィ派が皇帝派，ジェレメイ派が教皇派となり，［皇帝フリードリヒ二世が第二次ロンバルディーア都市同盟に敗北する］1248年から［シャルル・ダンジューが同帝の庶子マンフレーディを打倒する前年の］65年にかけて，両者は激烈な闘争を展開した[*13]．ちなみに，皇帝は，一般に，皇帝大権を侵害する（都市）コムーネに対抗するために，コムーネとは対立関係にあるコンタードの領主（ランベルタッツィ派にその出身者が多い）を支援した，といわれる[*14]．

　これと前後して，コムーネによるコンタードの征服は，小封建領主や農村共同体（農村コムーネ）を相手にする段階が終了し，辺地に残る少数の未服従の大封建領主や農村共同体を相手にする段階に移行した．換言すれば，自己のコンタードの征服はほぼ完了し，隣接のコムーネと直接に対立する段階に突入したのである．コムーネ同士は，実力が多少とも伯仲するので，対立関係は，拮抗しながら

---

12) Fasoli, Gina, La legislazione antimagnatizia a Bologna fino al 1292, in, *Rivista di storia del diritto italiano*, VI, 1933, p. 355. Cfr., Bocchi, La città e l'organizzazione, cit., p. 66.

13) Cfr., Fasoli, La legislazione antimagnatizia, cit., p. 358.

14) Bocchi, Francesca, Le imposte dirette a Bologna nei secoli XII e XIII, in, *Nuova Rivista Storica*, LVII, 1973, p. 282.

長期にわたって継続した*15)。このような状況では，ボローニャで教皇派が優勢になると，貴族の党派闘争が同様に展開している隣接の敵対コムーネにおいてはいきおい皇帝派が優勢となる。そこでは劣勢の教皇派は，自派を支援してもらうために，ボローニャの教皇派と同盟する。ボローニャの皇帝派も，同じ理由から，隣接コムーネの皇帝派と同盟する。のみならず，教皇派の優勢なコムーネ同士，皇帝派の優勢なコムーネ同士の同盟も，遠近とは関係なく締結される。その結果，北部，中部では，ヴェネツィアを除き，都市国家の枠を超えた両派の広範な同盟関係が形成された。ヴェネツィアは，周知のように，神聖ローマ帝国の域外にあり，かつてはビザンツ帝国に帰属したが，事実上は早くから独立国家だった。さて，ボローニャで党派の優劣が逆転すると，劣勢となった教皇派は抑圧，追放されるが，その一部は，教皇派の支配するコムーネに亡命し，その支援をうけながらボローニャに残った仲間と連携して，母市の皇帝派を打倒しようとする。これが繰り返される*16)。結局，13世紀中葉には，ボローニャの貴族の党派闘争は，ほかの都市と同様に泥沼化してしまい，その結果，貴族全体の勢力と権威が減退したのみならず，台頭するポーポロ勢力に対抗する統一戦線の形成ができなくなった*17)（ちなみに，ポーポロの都市支配が多く実現したイタリア中部は，ローマの近隣に位置することから，貴族の両派の闘争がほかの地方よりも一段と深刻だったのだろうか。筆者には不明である）。

　ポーポロは，泥沼化したこの闘争で営業活動，日常生活を妨害され，貴族への反感を募らせたが，重い兵役と戦費を負担させられる敵派コムーネとの戦争が膠着，失敗したときには，この反感は沸騰するまでになった*18)。貴族にみられる同族結社，党派をもたないポーポロは，固有の政治組織によって自己を防衛しながら，活発に政治運動を展開したのである。その結果，ポーポロは，コムーネの

---

15) Fasoli, Ricerche sulla legislazione antimagnatizia, cit., p. 89. なお，Bocchi によれば，コムーネは「司教区」(diocesi) として限定された領域を併合するように予定されていた（というのが通説）ということはできない。Vedi, Bocchi, La città e l'organizzazione, cit., p. 64.

16) Cfr., Fasoli, Gina, Le autonomie cittadine nel Medioevo, in, AA. VV., *Nuove questioni di storia medioevale*, Milano, 1969, p. 159.

17) Cfr., Fasoli, Le autonomie cittadine, cit., p. 160. しかし，このことは従来十分には認識されていない。なお，1256-57年に，ボローニャのコムーネは領域全土における「農奴」(servi) の集団解放（5855人以上）をおこない，その所有者に補償金を支払った。動機については諸説があるが，都市貴族が多い所有者の勢力を弱めるためというのが，その一つと考えられる。Cfr., Bocchi, La città e l'organizzazione, cit., pp. 73-77. Ortalli, Gherardo, La famiglia tra la realtà dei gruppi inferiori e la mentalità dei gruppi dominanti a Bologna nel XIII secolo, in, Duby e Le Goff, a cura di, *Famiglia e parentela nell'Italia medievale*, Bologna, 1977, pp. 132sgg.

18) Fasoli, Ricerche sulla legislazione antimagnatizia, cit., p. 89.

政治と密接に結合した貴族の党派闘争に巻き込まれてしまい，自己と一定の共通利害をもつ（商人的要素を多く含む）ジェレメイ派と連合して，1274年に40日間の市街戦の後，ランベルタッツィ派を追放した．とはいえ，ポーポロのなかには，さまざまな個人的理由からランベルタッツィ派に同調した者がいた．他方，ポーポロの組織から排除された庶民（後述）も，ランベルタッツィ派に同調した．ポーポロであれ，庶民であれ，これらの人々は，同派の貴族と一緒に追放されることになった[*19]．

まもなく，ポーポロとジェレメイ派（教皇派）貴族とは，被追放者の帰還問題などをめぐり，ジェレメイ派貴族を中心とする強硬派と，ポーポロを中心とする穏和派とに分裂した．1282年，「シチリアの晩禱」で教皇派の中心だったシチリア国王シャルル・ダンジューの勢力が一挙に弱化したのを契機に，ポーポロは，自己の権力を確立するために，反豪族規定の「聖なる規定」（Ordinamenti Sacrati）を発布した．さらにその後，それを補足修正する「至聖なる規定」（Ordinamenti Sacratissimi）を発布したが，これは1284年の反豪族規定と，92年にいたるまでのその追加規定とを総称したものである[*20]．この反豪族規定は，従来の貴族同士の党派闘争で，勝者が敗者に適用した特別規定に類似する性格をもった．この規定により，豪族（後述）は，裁判官などのような，コムーネの官職の一部から排除されるなど，さまざまな政治的権利を剥奪された．規定の文言によれば，ポーポロと豪族との係争では，ポーポロ側の被害についての立証は，ポーポロ側の証言だけで十分とされ，その処罰は通常の場合より重くされるなど，豪族は一方的に不利な立場におかれることになった．しかし，豪族は略式裁判で迅速に処罰されたとはいえ，裁判自体は通常の法廷，通常の職業的法曹家である裁判官によってなされたので，過激な文言にもかかわらず，現実の手続はより常識的なものとなった．ポーポロにとって特別に危険だとみなされた豪族には，この規定を遵守させるために，高額の保証金の提出が義務づけられた．いずれにせよ，この規定により，ポーポロによる豪族の完全な抑圧が実現したのである．

では，豪族とはなにか．反豪族規定におけるその定義は，実は必ずしも明確ではない．結局，豪族とは，現実の具体的な社会的，政治的な状況のなかで，ポーポロの権利を尊重せず，ポーポロの権力機関（後述）の権限を承認しない者として，ポーポロが主観的に識別した者のことである，としかいいようがない[*21]．

---

19) Fasoli, La legislazione antimagnatizia, cit., p. 354.
20) Fasoli, Ricerche sulla legislazione antimagnatizia, cit., p. 289. 以下の叙述は次による．Fasoli, La legislazione antimagnatizia, cit., pp. 360-390. Idem, Ricerche sulla legislazione antimagnatizia, cit., pp. 240-273.

13世紀中葉以降の過程で，貴族の一部が追放，財産没収，などによって社会的，経済的に没落する一方で，ポーポロの一部が経済的，社会的に上昇するという激しい対流現象が生じた結果，貴族の出身でありながらポーポロに同化する者，ポーポロの出身でありながら貴族に同化する者が大量に出現した．ジェレメイ派貴族とポーポロとの連合は，この傾向に拍車をかけたにちがいない．このように流動的な状況では，ポーポロか否か，すなわち豪族か否かを判断する客観的基準というものは存在せず，ポーポロが主観的に識別するしかなかったのである．いずれにせよ，豪族が抑圧されたということは，ポーポロが都市の実権を掌握したこと，従来の貴族が一つの階層としては崩壊したことを明示している．

第2節　二つのポーポロ組織

1　コムーネの市民編成

12・13世紀に，ボローニャの都市人口は急増した[22]．1117年（コムーネの「出生証明書」発給の翌年）頃には，ローマ時代に市壁で囲まれていた地域が再び人口で充満した．1177年（推定）には，第二市壁（周囲約4.3キロメートル）が着工され，1206年の完成時点では，すでにその外部にまで居住地が拡大していた．非常な人口圧力により，早くも1240年前後には，巨大な面積を囲む第三市壁（周囲約7.5キロメートル）の建設が計画，着工された（1374年完成）．1274年，ランベルタッツィ派，およびその同調者として追放された人々は，従者，家族を含めて約1万2千人にもなった（被追放者の名簿が残存する）[23]．1294年の人口は，約5万人と推定されている（各アルテの完全な名簿が残存する[24]，表2参照）．当時のボローニャは，ヨーロッパでも有数の都市だった[25]．ちなみに，14・15世紀の人口水準はこれよりも低く，再びこれに比肩するのは16世紀にな

---

21)　Fasoli, La legislazione antimagnatizia, cit., p. 368. Idem, Ricerche sulla legislazione antimagnatizia, cit., pp. 240sgg.

22)　人口については次を参照．Pini, Antonio Ivan, Problemi demografici bolognesi del Duecento, in, *Atti e memorie della Deputazione di storia patria per le province di Romagna,* n. s., 17, 1969, pp. 164-174, 218-222. Idem, *Le ripartizioni territoriali urbane di Bologna medievale,* Bologna, 1977, pp. 27-28.

23)　Pini, Antonio Ivan, Un aspetto dei rapporti tra città e territorio nel Medioevo-La politica demografica "ad elastico" di Bologna fra il XII e il XIV secolo, in, AA. VV., *Studi in memoria di F. Melis,* vol. 1, Napoli, 1978, pp. 389-390.

24)　Pini, Problemi demografici, cit., pp. 182sgg.

25)　Pini, Problemi demografici, cit., p. 217.

第3章　ボローニャとフィレンツェ　　　　　　　　　　　　　345

ってからである．

　第二市壁完成後，おそらく1217-19年の間（ポーポロが一時的に政権参加した時期）に，コムーネは，市民組織をその時点でほぼ平等な人口，担税力をもち，面積は均等でない，四つの「市区」（quartiere）に再編した[*26]．市壁から3-4マイル以内の「郊外」（suburbium）は，制度上は市内とみなされた．この再編にともない，以前の「市門」（porta）制[*27]（詳細は不明）は廃止された．以後，市区はコムーネの政治，（一般）行政，財政，軍政の基礎単位となった．コムーネの役人選出，警察行政，徴税割当，軍隊編成，などの基礎単位となったのである．各市区は，それぞれ固有の役職，標章をもった．市区の下位単位としては，教会行政の組織である既存，新設の「小教区」（cappella）が利用された[*28]．13世紀中葉には，99個の小教区が存在したが，都市の中心部には20-30人からなる小教区がある一方で，周辺部（新開地）には2千-3千人からなる小教区もあった．ちなみに，1273-1408年間に記録のある小教区は全部で112個，市区ごとのその数は25，27，29，31個である[*29]．各小教区は，固有の役職，規約をもち，市区の行政，財政，軍政の機能を下請分担し，とりわけ警察，衛生に関する機能は顕著だったが，役人選出という（市区のもつ）政治機能はもたなかった．人口過少の小教区は，必要に応じて複数の小教区が共同でこのような機能をはたした．

　市区と小教区が，コムーネの市民編成において法的に規定された公式の制度だったが，人口過多の小教区では，さらにその下位単位が必要となった[*30]．その具体的な区分方法は，小教区によって差異があり，小教区教会の東西南北による区分，住民がどの井戸（当時は共同井戸が普通）を利用するかによる区分，などがあった．とはいえ，多くの場合（28個の小教区）は，「モレッロ」（morello），あるいは「クワルティロロ」（quartirolo）という単位によって区分された．両者はすでに完全な同義語になっていたが，前者は，ゲルマン語起源で都市の東部（ランゴバルド族の定住地を含む）で使用され，後者は，ラテン語起源で西部で

---

26)　以下，市区については次を参照．Pini, *Le ripartizioni territoriali urbane*, cit., pp. 7-18.
27)　Cfr., Pini, Problemi demografici, cit., pp. 18, 46 (nota 66).
28)　以下，小教区については次を参照．Pini, *Le ripartizioni territoriali urbane*, cit., pp. 19-23. なお，市区制への転換により，幾つかの小教区は二つの市区に分属することになったが，その場合でも，一方の市区に所属する小教区民の数的割合が圧倒的に多く，小教区は事実上その市区に所属した．
29)　Tamba, Giorgio, *I documenti del governo del comune bolognese (1116-1512)*, Bologna, 1978, p. 46.
30)　以下，この下位単位については次を参照．Pini, *Le ripartizioni territoriali urbane*, cit., pp. 31-38.

表1　コムーネと

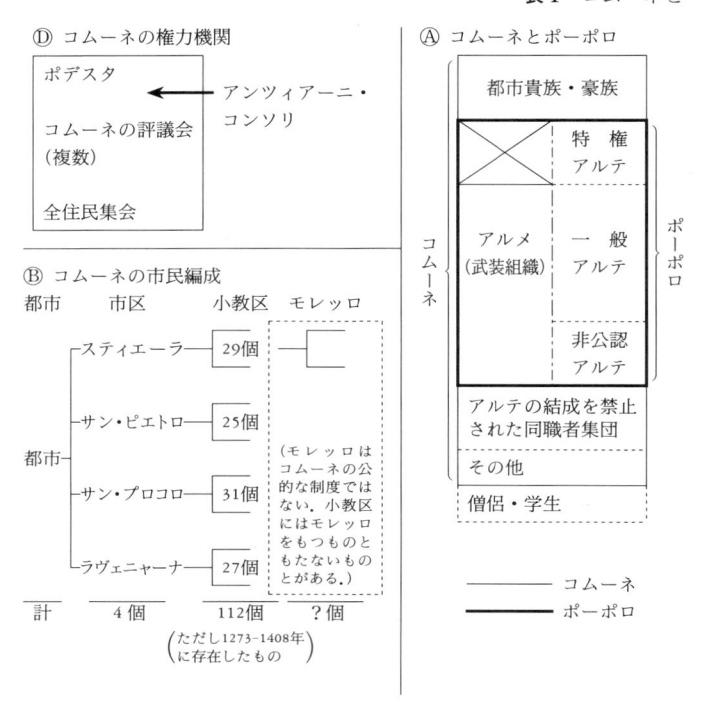

Ⓓ　コムーネの権力機関

```
┌─────────────────────┐
│ ポデスタ      ←── アンツィアーニ・
│                      コンソリ
│ コムーネの評議会
│ （複数）
│
│ 全住民集会
└─────────────────────┘
```

Ⓐ　コムーネとポーポロ

```
┌─────────────────────┐
│     都市貴族・豪族        │
├──────┬──────────────┤
│ ✕✕✕  │ 特　権        │
│      │ アルテ        │
├──────┼──────────────┤
│ アルメ │ 一　般        │
│(武装組織)│ アルテ        │
├──────┼──────────────┤
│      │ 非公認        │
│      │ アルテ        │
├──────┴──────────────┤
│ アルテの結成を禁止         │
│ された同職者集団          │
├─────────────────────┤
│ その他               │
├─────────────────────┤
│ 僧侶・学生            │
└─────────────────────┘
```

Ⓑ　コムーネの市民編成

都市　　市区　　　小教区　　モレッロ

```
       ┌スティエーラ ── 29個 ──┐
       │                    │
       ├サン・ピエトロ ── 25個 │
都市 ──┤                    │ (モレッロは
       │                    │  コムーネの公
       ├サン・プロコロ ── 31個 │  的な制度では
       │                    │  ない。小教区
       │                    │  にはモレッロ
       └ラヴェニャーナ ── 27個 ┘  をもつものと
                                もたないもの
   計    4個       112個    とがある。)
                   ?個
         (ただし1273-1408年)
          に存在したもの
```

───── コムーネ
━━━━━ ポーポロ

使用された．両者とも，明確な区分基準をもたない地区単位ではあったが，慣習によって明確に特定された地区を指示したのである．（以上表1-Ⓑを参照）．

2　ポーポロの構成員編成，アルメとアルテ

ボローニャのポーポロの組織には，二つの種類があった．一つはアルテであるが，もう一つは「アルメ」(arme, società dell'arme, societas armorum) であり[31]，「武装組織」を意味する．アルメは，同一地区に居住するポーポロが，貴族の横暴から自己を防衛するために，自発的に結成した固有の武装組織である．1219年にはすでに存在したが，同年，都市貴族の反動によって存続を禁止された[32]．

---

31) 以下，アルメについては次を参照．Fasoli, Gina, Le compagnie delle armi a Bologna, in, *L'Archiginnasio*, XXVIII, 1933, pp. 158sgg. Pini, Problemi demografici, cit., pp. 197sgg. Idem, *Le ripartizioni territoriali urbane,* cit., pp. 32sgg.

32) Fasoli, Le compagnie delle armi, cit., pp. 166-167. De Vergottini, op. cit., pp. 29-30.

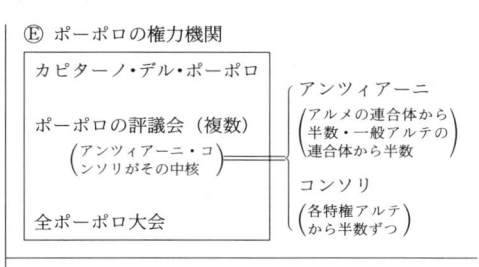

ポーポロ

```
┌ Ⓔ ポーポロの権力機関
│ ┌─────────────────────┐ ┌ アンツィアーニ
│ │ カピターノ・デル・ポーポロ │ │ (アルメの連合体から
│ │                     │─┤  半数・一般アルテの
│ │ ポーポロの評議会（複数）│ │  連合体から半数)
│ │ (アンツィアーニ・コ  │ │
│ │  ンソリがその中核) │ └ コンソリ
│ │                     │   (各特権アルテ
│ │ 全ポーポロ大会       │   から半数ずつ)
│ └─────────────────────┘
│
│ Ⓒ ポーポロの組織（1274年の組織）
```

市区	アルメ	類別	アルテ
╳	╳	特権	2個
スティエーラ	5個	一般	19個
サン・ピエトロ	5個		
サン・プロコロ	5個		
ラヴェニャーナ	5個		
全4市区	4個	非公認	5個以上 (史料欠如のもの多し)

　したがって，1228年の民衆蜂起は，アルテのみを基盤としておこなわれた．アルメはその後まもなく復活し，ポーポロの軍事機能は，1233年頃にはアルメに一元化された[*33)]．その組織，編成は次第に整備され，1260年には，その数は24個，うち20個は市区ごとに5個ずつ配分され，残る4個は市内全域から構成員を集めるものとされた（表1-ⒶⒸ，表2-Ⓐ参照）．1274年，ランベルタッツィ派に連座して，同派の同調者が多数いた4個が廃止されたが，いずれも市区に配分されたものである．
　アルメは，隣接居住を元来の組織原理とするものだから，その原型は，各市区に配分されたものである[*34)]．この種のアルメは，それぞれが市区の特定区域に住むポーポロを中核として組織されたものであり，その特定区域というのは，幾

---

33) De Vergottini, op. cit., p. 37.
34) Cfr., Fasoli, Le compagnie delle armi, cit., p. 172.

表2　ポーポロ

Ⓐ　アルメとその人数

アルメ	1274年人数	1314年人数
スティエーラ市区	1,410+x	2,009
① 鷲	138	216
② ブランカ・ディ・カステッロ	325	675
③ イルカ	178	(廃止)
④ グリフィン	251+x	354
⑤ 獅子	518	764
サン・ピエトロ市区	1,319	1,787
① 呉服屋	227	318
② 豹	274	341
③ 柵	296	326
④ 剣	208	412
⑤ リス	314	390
サン・プロコロ市区	1,279	1,612
① 城	254	462
② クワルティエーリ	266	343
③ サラゴッツァ	271	248
④ アポーザ	181	(廃止)
⑤ バルベリーア	307	559
ラヴェニャーナ市区	1,223	1,327
① 白縞	287	562
② サント・ステーファノ	143	(廃止)
③ 鍵	249	574
④ 雄鹿（後に，竜）	73	191
⑤ 熊手	471	(廃止)
全4市区	1,793+x	1,297
① 肉屋（＝アルテ）	343+x	225
② ロンバルディーア人	556	392
③ 星	298	285
④ トスカーナ人	596	395
合　計	7,024+x	8,032

Ⓑ　アルテとその人数

アルテ		1274年人数	1294年人数
特権アルテ		263+x	1,138
① 商人	◎	263	523
② 両替商	◎	x	615
一般アルテ		5,765+x	9,234
① 肉屋（＝アルメ）		343+x	752
② 粗質毛織物商		407	382
③ 長靴屋		x	104
④ 靴屋		51+x	287
⑤ 文房具屋		124	152
⑥ 皮鞣工		76	173
⑦ コルドバ皮皮革工		1,006	1,700
⑧ 織物商		461	567
⑨ 鍛冶屋		1,171	550
⑩ 大工		188+x	508
⑪ 亜麻織物工		177	160
⑫ 小間物屋	◎	191	295
⑬ 左官		343	302
⑭ 公証人	◎	x	1,308
⑮ 金細工師		(未設置)	242
⑯ 新毛皮屋	◎	188	268
⑰ 旧毛皮屋		105	181
⑱ 魚屋		185	267
⑲ 塩物屋		385	281
⑳ 仕立屋		364	754
非公認アルテ			850
① 裁判官	◎		50
② 香辛料商	◎	推定	100
③ 粗質毛織物工			312
④ 良質毛織物工			300
⑤ 床屋			160
⑥ その他（複数・史料欠如のもの多し）			300

註）ⒶⒷⒹについては，Pini, A. I., Problemi demografici del Duecento, in, *Atti e memorie della Deputazione di storia patria per le province di Romagna*, n. s., 17 (1969), pp. 189, 197, 211, 215 にもとづく．

の組織

Ⓒ フィレンツェの7大アルテ

① 裁判官・公証人
② カリマーラ（＝商人）
③ 毛織物工業
④ 両替商
⑤ サンタ・マリア門（小間物商など）
⑥ 医者・薬屋（香辛料商を含む）
⑦ 毛皮商

Ⓑにおいて上記に相当するものを◎で示した．

Ⓓ 類別人口（1294年・推定）

類　　別	人数
都市貴族・豪族	500
アルテ登録者	11,222
① 特権アルテ　　　1,138＊	
② 一般アルテ　　　9,234＊	
③ 非公認アルテ　　 850	
アルテの結成を禁止された 同職者集団	850
① 食料関係　　　　450 　パン屋・飲食店・粉 　屋・宿屋・青果商	
② 輸送関係　　　　400 　荷馬車屋・運搬夫・ 　葡萄酒樽の運搬人・ 　船頭	
その他 ① 大学への従属者　200 　ミニアチュール製作 　者・写字生・羊皮紙 　製作者など	200
［② その他　　　　　x］	
僧　侶	1,500
学　生	2,000

＊印は確定数．それ以外は推定数．

つかの小教区とかなり重なり合ってはいたが，コムーネの制度である小教区の境界によって厳密に区切られていたわけではない．同一小教区の居住者たちが，隣接する幾つかのアルメ（ときには別の市区のアルメを含む）に分散して所属することもあった．構成員同士の自発的，同志的連帯を基盤としてアルメを結成し，あるいはそれに参加するのだから，地区的なまとまりは必ずしも絶対的な拘束力をもたず，人脈などによって所属アルメを選択することもある程度可能だった[35]．貴族の党派であるランベルタッツィ派に同調するポーポロがいた，ということを想起されたい．アルメの内部区分の単位は，小教区，モレッロ・クワルティロロ，教会・井戸・水路・広場による各アルメに固有の区分単位，など，アルメごとに差異があった．

　市内全域に構成員をもつ4個のアルメのうち，3個は，外国からの移住者が結成した兄弟団に起源をもち，アルメとしての組織化はほかよりも遅れた[36]．「ロンバルディーア人」（北部出身者），「トスカーナ人」（中部以南出身者），「星」（第二波の移住者，各地の出身者）がそれであるが，同郷人同士の結束の強さが，この種のアルメの結成要因だ，と思われる．残る1個は，これだけが一つのアルテが同時にアルメでもある，肉屋のアルメだった．肉屋はポーポロのなかでは抜群の戦闘力をもった[37]ので，ポーポロの軍事機能がアルメに一元化されていく過程でも，この最強部隊を解散しない措置がとられたのではないか．この種の4個のアルメそれぞれの内部区分の単位は，いずれも市区だった．また，いずれの種類においても，それぞれのアルメは，部隊長を含む固有の役職，規約をもっていた．

　アルテに移ろう．肉屋の場合にみられたように，各アルテの構成員の居住地は，人口と都市面積が拡大する過程で，すでに13世紀初めまでにはその地理的集中が崩壊し，営業内容，構成員数に応じて単数，複数の密集地を出現させつつ，市内全域に拡散していた[38]．1274，94年には，アルテの半数以上が内部区分をしていたが，営業内容の種類にもとづいて区分したのは例外的であり，ほとんどが肉屋の場合と同様に，市区や各アルテ固有の地区区分にもとづいていた[39]．結

---

35) Fasoli, *Le compagnie delle armi*, cit., pp. 174-179. Pini, *Le ripartizioni territoriali urbane*, cit., pp, 32-33.

36) Pini, Un aspetto dei rapporti, cit., pp. 374-375. Fasoli, Le compagnie delle armi, cit., p. 172.

37) Cfr., De Vergottini, op. cit., p. 37.

38) De Vergottini, op. cit., pp. 33-34. Greci, op. cit., pp. 97-98.

39) Pini, *Le ripartizioni territoriali urbane,* cit., p. 31.

局,アルメが隣接居住を基本的な組織原理とした(市内全域から構成員を集める4個は例外)のに対し,アルテは多少とも職業の同質性ないし親近性を基本的なそれとした。したがって,アルメは,迅速な集結,集団行動の持続に適したのみならず,アルメ間の人数格差は,アルテ間のそれのように大きくなかった(表2－ⒶⒷ参照)ので,軍事組織としては,アルメはアルテより適合的だった[40]。

　1228年以降,アルテは,政治権力の大小にもとづいて,三種類に分類された[41](表1－ⒶⒸ,表2－Ⓑ参照)。①非公認アルテ。アルテの結成自体は承認され,内部の自治も承認されたが,その代表をポーポロの権力機関たるアンツィアーニ・コンソリ(後述)に参加させることは否定された。そのうちの一つ,裁判官のアルテは,1228年の民衆蜂起に参加しなかった(ポーポロとは利害が対立したのだろうか)ことが,その政治権力を否定される原因となった[42]。香辛料商のアルテも,同じではないかと思われる。ちなみに,この二つに対応するアルテは,フィレンツェでは,いずれも大アルテに属する有力なアルテだった。ただし,たとえば裁判官と公証人は,ボローニャではそれぞれが別個のアルテを,フィレンツェでは両者が連帯して1個のアルテを形成するというように,両市の間では,アルテの構成が多少とも異なっていた(表2－ⒷⒸ参照)。二つの毛織物工のアルテ(民衆蜂起への参加・不参加は不明)は,特権アルテの[外国産毛織物をあつかう]商人や,一般アルテの商人[織元](粗質毛織物商,織物商)に対し,生産関係において対立関係にあることから,非公認アルテとされたのではないか。ちなみに,毛織物工は,フィレンツェでは,大アルテである毛織物工業アルテのなかに包摂され,商人織元の一方的な支配に服従していた。②一般アルテ。アンツィアーニ・コンソリに,アルテごとにではなく,その連合体から共同で,規定数の代表を参加させることができた。この種のアルテの数は限定されており,一般アルテ同士が分裂・集合をおこなったので,時期によって多少の増減はあるが,20個前後-30個未満だった[43]。③特権アルテ。(大)商人のアルテと,両替商のアルテの二つ。両者は,アンツィアーニ・コンソリに,それぞれが自己の代表を参加させることができた。(大)商人と両替商は,すでに12世紀末には,それぞれの組織をもち,1191年にコムーネが貨幣発行権をえると共同

---

40) De Vergottini, op. cit., pp. 32-37.
41) Cfr., Fasoli, Le compagnie delle arti, cit., p. 238-239. ただし,彼女はここでは特権,一般アルテを区別していないが,このように三種類に分類する方が便利である(その理由は行論のうちに明らかとなるだろう)。なお特権,一般,非公認という類別名称は筆者による。
42) Fasoli, Le compagnie delle arti, cit., p. 272.
43) Pini, *L'assoziazionismo medievale*, cit., p. 15.

で造幣を請け負うなど，重要な役割をはたしていた*44)。両者は，卓越した経済力をもちながら，上記の民衆蜂起ではポーポロの側に立ち，以後ポーポロの組織のなかで大きな権力を享受した．すでに1217年に政治に参加した民衆（非貴族）とは，この両者を中核とするものではないか，と思われる．いずれにせよ，両者は，営業内容が密接な関係をもつからだけではなく，この卓越した権力を維持するためにも，緊密に協力しあった*45)。この三種類のアルテのいずれにおいても，それぞれのアルテは固有の役職，規約をもったが，特権アルテの代表は「コンソリ」(consoli, 複数)，ほかのアルテの代表は一般に「ミニストラーリ」(ministrali, 複数) と称した*46)。

職業集団のなかには，(アルテとしての) 組織の結成を禁止されたものがある*47)（表2-①参照）．食料関係の職業集団の一部と，輸送関係の職業集団であり，禁止の理由は，その結成により，食料・原料などの基礎物資の価格上昇が懸念されたからである（上記の民衆蜂起におけるその動向については，不明）．「大学」(Studio) の裁判権のもとにおかれた写字生などは，少なくとも12世紀中葉以降は，組織の結成を禁止されていた*48)。ここでは，この問題の詳細に立ち入る余裕はない．

では，アルメの構成員とアルテの構成員は，どのような関係にあったのか．両者は一般に重なり合っていた*49)。すなわち，ポーポロは，居住地（移住者の場合は出身地）にもとづいてアルメに加入し，同時に，職業にもとづいてアルテに加入した．とはいえ，特権アルテの構成員は，通常，アルメには加入しなかった*50)。ちなみに，コムーネの軍役では，高所得者に騎兵奉仕が義務づけられていたので，彼らの多くは，[歩兵からなる] アルメの枠外で騎兵戦力を形成したのではないか*51)。いずれにせよ，以上が両者の原則的な関係であるが，現実は

---

44) Pini, Antonio Ivan, L'arte del cambio a Bologna nel XIII secolo, in, *L'Archiginnasio*, LVII, 1962, pp. 28-30, 63.

45) Pini, L'arte del cambio, cit., p. 46.

46) Fasoli, Le compagnie delle arti, cit., pp. 239-240, 268.

47) Fasoli, Le compagnie delle arti, cit., pp. 239. Pini, Problemi demografici, cit., pp. 209-210. 前者の論文では，非公認アルテの構成員はアルメへの加入は可能だが，この集団の構成員にはそれも禁止されたと指摘する．なお，こうした集団の存在はボローニャだけの現象ではない．Vedi, Greci, op. cit., p. 87.

48) Fasoli, Le compagnie delle arti, cit., pp. 259-261.

49) De Vergottini, op. cit., p. 17. Fasoli, Le compagnie delle armi, cit., pp. 176-178.

50) Pini, Problemi demografici, cit., p. 201. De Vergottini, op. cit., p. 19.

51) Fasoli, Le compagnie delle armi, cit., p. 177. Idem, La legislazione antimagnatizia, cit., p. 357.

第3章　ボローニャとフィレンツェ　　　　　　　　　　　　　　353

この原則からはみだしていた。アルテへの加入の可否，どのアルテに所属するかは，各人の具体的な営業状態，職業によってほぼ自動的に決定された。アルテに加入しうるか否かが，ポーポロか否かの識別基準となり，どのアルテに所属するかが，ポーポロ内部における政治的権利の大小を決定した。しかし，アルメへの加入では，職業やその営業状態という具体的な生活状態，すなわち社会階層と密接に関連する識別基準はなく，居住地や出身地という地縁関係が，どのアルメに所属するかの判断基準となった。したがって，ポーポロの権力が強化するにしたがい，アルメへの参加がもたらす各種の利得を考慮して，貴族ないし豪族，アルテ結成を禁止された職業の従事者など，非アルテ構成員，すなわち本来のポーポロではない社会階層も，それへの加入を画策するようになる*52)。一方，特権アルテではなく，ほかのアルテに所属するにもかかわらず，アルメへの加入がもたらす各種の負担を回避するために，それに加入しないアルテ構成員も出現する*53)。したがって，この二つの組織の構成員の重複は，完全なものではなく，現実には一定の食い違いがあった。この食い違いの大小は，時期により，また各アルテ，各アルメにより，格差があったと思われる。とはいえ，ポーポロが貴族と拮抗している時期には，この食い違いは決定的なものではなく，アルメの構成員は，アルテ（とりわけ一般，非公認アルテ）の構成員と基本的には一致したといってよい*54)。しかし，ランベルタッツィ派（皇帝派）が追放された1274年以降，とりわけ貴族の抑圧が決定的となった1282年以降は，アルメ本来の機能は実質的な意味を次第に喪失し，アルテ構成員のアルメへの加入が減少した。アルメは，構成員の補充が困難となり，加入資格の基準を緩和してこれに対処したので，多数の非アルテ員が加入したと考えられ，上記の食い違いが一挙に拡大した，と思われる（後述）。

---

52)　Pini, Problemi demografici, cit., pp, 198-203. Fasoli, Le compagnie delle armi, cit., p. 176.

53)　Pini, Problemi demografici, cit., pp. 203-209.

54)　Pini は，Problemi demografici, cit., p. 202 において，以前から認識されていたこの食い違いを重大なものであるとして，アルメとアルテとは構成員の社会層が本質的に相違しており，それが同一であるならばその組織が二つもある必要がない，として通説を否定したが，後に，Le ripartizioni territoriali urbane, cit., p. 32 において，アルメは「職人階級」（classe artigiana）の武装組織として出発したが，構成員補充の問題があったのでほかの階層も加入したとして，明示的にではないが，事実上通説に回帰した。ちなみに，De Vergottini は，op. cit., pp. 18, 32-37 において，アルテによるポーポロか否かの識別，アルメによるポーポロの武装保護，というこの二つの組織の機能の相互補完性を示唆していた。

354　第3部　イタリア都市の権力構造

第3節　ポーポロの都市支配

1　ポーポロ機関

　コムーネの権力機関（以下，コムーネ機関と略記）と，ポーポロの権力機関（以下，ポーポロ機関）は，その成立時期，内部構成，改変過程，権限，などが明確でない場合が少なくない[55]ので，このような諸点については，その概要（表1-ⒹⒺ，表3参照）を追跡することしかできない．

　13世紀初めのコムーネ機関は，最高（意志決定）機関の「全住民集会」(arengo)，立法権と役人選出権をもつ「枢密院」(consiglio di credenza)，役人からなる「執行部」(curia)，最高執政官たる「ポデスタ」(podestà) から構成されていた[56]．ポデスタは，この時点では，貴族の党派間，貴族と民衆間の対立を調停する機能を強化するために，外国人法曹家の就任する役職となっていた．全住民集会は，意志決定をするには構成員数が過剰となり，すでにかなり名目的な存在となっていた．結局，コムーネの実権を掌握したのは枢密院と執行部だったが，両者とも貴族によって独占されていた．民衆の上層部が，1217年に枢密院への参加を承認されたが，上記のように，2年後に事態は復旧した．

　1228年の民衆蜂起の後，ポーポロ固有の権力機関が創出された．最初はアルテのみを基盤とするものだったが，アルメが復活，整備されるにしたがい，まもなくアルテとアルメの両者を基盤とするものに移行した．この初期の段階では，まだ各種のポーポロ組織同士の凝集が十分ではなく[57]，アルテとアルメの間には一定の乖離があり，アルテ団体の内部でも，非公認アルテがほかのアルテから乖離していたのみならず，特権アルテと一般アルテの間も乖離していた．ポーポロ機関の中核は，「アンツィアーニ・コンソリ」(anziani・consoli) であり，アンツィアーニとコンソリから構成された．その構成内容（表3-Ⓓ参照）[58]をみ

---

　55)　Cfr., Valsecchi, op. cit., pp. 87-88. とりわけ1250年以前については不明確であることが多い．

　56)　以下，構成については次を参照．Tamba, op. cit., p. 8. Cfr., Fasoli, Le autonomie cittadine, cit., pp. 154, 158.

　57)　Cfr., Vergottini, op. cit., pp. 16-19, 47. ただし，彼は両特権アルテをポーポロとは別のものとする (p.19) が，では，都市貴族との対抗関係において両アルテをどのように理解したらいいのか．

　58)　その構成については次を参照．Fasoli, Le compagnie delle arti, cit., pp. 274, 276, 277, 278. Vergottini, op. cit., p. 46. Tamba, op. cit., p. 12. この重要機関の構成の変化を一貫して認識しうる整理された表，記述が見当たらないので，同表は散在する記述を筆者が寄せ集めてみたものである．

ると，最初は一般アルテの連合体から選出され，アルメの復活後にはアルテの連合体とアルメの連合体とから半数ずつ選出された，計6人の「アンツィアーニ」（代表，原義は長老）と，二つの特権アルテからそれぞれ4人ずつ送り込まれた，計8人の「コンソリ」（代表，原義は執政）とから構成された。この機関は，コムーネに対してポーポロの利害を代表する一方で，ポーポロの権力基盤を構成する特権アルテ，一般アルテ，アルメの三者の利害を調整した。6対8というアンツィアーニとコンソリとの構成比は，この段階でのポーポロ内部における，二つの特権アルテの優勢を明示する。結局，それぞれが別々に集結した三種類のポーポロ組織からなる連合体は，連合体の機関として，このアンツィアーニ・コンソリを創出したのである。

　同28年，他方では，コムーネ機関の構成が変化した。新しい構成は[*59]，ポデスタ，「コムーネ評議会」（consiglio del comune）からなったが，アンツィアーニ・コンソリは，コムーネに対してポーポロの利害を代表したから，客観的には，コムーネ機関としての機能もはたすようになったといえる。以前の執行部は廃止された。以前の枢密院は，「特別評議会」（consiglio speciale）となり，ポーポロも参加しうる新設の「一般評議会」（consiglio generale）と結合して，「一般・特別（合同）評議会」（consiglio generale e speciale）を構成した。以後，この合同評議会を「コムーネ評議会」と称した。

　1248年，イタリア各地の皇帝派貴族の後ろ盾だった皇帝フリードリヒ二世が，第二次ロンバルディーア都市同盟に敗北したが，同盟に参加していたボローニャでは，この戦争を契機に一般アルテとアルメの関係が凝縮した。同年制定のポーポロの規定では，「諸アルメと，アンツィアーニのもとにある諸アルテ［すなわち一般アルテ］とは，一体かつ同一であるべく，同一の誓約をなすべきである。アンツィアーニの選出には，すべてのアルメと，（一般）アルテとが参加すべきである[*60]」とされた。この規定により，この二つの組織の関係は，別々に誓約をなす二者の連帯関係から，同一の誓約をなす二者の連合組織へと変化した[*61]。また，12人に増加したアンツィアーニの半数6人が，アルメの連合体から各アルメの順番で選出され，残りの6人が一般アルテの連合体から各一般アルテの順番で選出されることになった。コンソリの人数は8人のままで不変だったから，アンツィアーニ・コンソリの構成において，両特権アルテの代表のしめる割合が

---

59) その構成については次を参照。Tamba, op. cit., p. 9.
60) Valsecchi, op. cit., p. 84.
61) Vergottini, op. cit., p. 47.

表3 コムーネの権力機関と

年	Ⓐボローニャ政治史年表	年	Ⓑコムーネの権力機関
1219	都市貴族の反動	1228以前	① ポデスタ（外国人） ② 執政府（役人） ③ 枢密院（評議会）　　｝都市貴族 （④ 全住民集会（名目的存在））
28	ポーポロの政権参加（蜂起）	28以後	① ポデスタ ② アンツィアーニ・コンソリ* ③ 合同大・小評議会（＝コムーネ評議会） 　　ポーポロの参加（大評議会へ） 　　　↓ 74年　合同大・小評議会のうち小評議会がその立法権を継受して独立，400人評議会となる 75年　500人評議会 82年(?)　800人評議会—通常はポーポロ拡大評議会と合同で開催 　　　↓
55	ポーポロの権力機関の完成		
74	皇帝派都市貴族（ランベルタッツィ派）の追放（闘争）	74	400人評議会—通常はポーポロ評議会と合同で開催** 　　　↓
82	反豪族規定（「聖なる規定」）の制定	82	（コムーネの）800人評議会と（ポーポロの）拡大評議会との合同評議会において，前者は全議案についての討議権はもつが，後者の決議を覆すことはできない

半数以下（2/5）に低下したことになる．

　ポーポロ機関は，さらに10年弱にわたる発展の結果，1255年には，コムーネ機関と相似する構成が完成した．その構成は*[62]，ポーポロの最高執政官たる

---

　62)　その構成については次を参照．Tamba, op. cit., p. 10. Fasoli, Le compagnie delle arti, cit., pp. 277-278. カピターノ設置は1255年，56年の二説があるが，ここではとりあえず55年としておく．

ポーポロの権力機関

年	ⓒポーポロの権力機関	ⓓアンツィアーニ：コンソリ
1219	〈アルメの禁止〉	
28	アンツィアーニ・コンソリ＊ 〈アルメの復活〉	6：8
33	〈ポーポロの軍事力，アルメに一元化〉	
48	〈アルメと一般アルテとの連帯→連合組織〉 （以後アンツィアーニは両者より半数ずつ）	12：8
55	① カピターノ・デル・ポーポロ ② アンツィアーニ・コンソリ（以下，A・C） ③ ポーポロ小評議会 （A・C＋両特権アルテから25人ずつの評議員＋各アルメ・各一般アルテから2人ずつの評議員） ④ ポーポロ（大）評議会＊＊ （③＋各アルメ・各一般アルテの代表＋その評議員） ⑤ ポーポロ拡大評議会 （④＋各アルメ・各アルテの顧問4人ずつ） （⑥全ポーポロ大会）	17：8
74		20：4
82	アンツィアーニ［・コンソリ？］は，カピターノ・デル・ポーポロやポデスタの意志に反してもポーポロの評議会を召集する権限をもつ．また，カピターノ・デル・ポーポロとポデスタとの選挙人の選出権をもつ．	

「カピターノ・デル・ポーポロ」（capitano del popolo，以下，カピターノ）と，ポーポロに固有の四つの評議会（それぞれの構成は表 3 -ⓒ 参照）とからなっていた．これらの評議会は，いずれも基本的には，特権アルテと，一般アルテおよびアルメに立脚した．すなわち，「小評議会」（consiglio ristretto），「大評議会」（consiglio grande），「拡大評議会」（consiglio del popolo e della massa），ポーポロの最高（意志決定）機関たる「全ポーポロ大会」（assemblea generale del popolo）である．全ポーポロ大会は，ポーポロ人口の多さ（1294年にはコム

ーネの人口約5万に対し、家族を含むポーポロの人口は約3万6千[63]、すなわち前者の約72%）により、平時には機能するのが困難だった。カピターノは、コムーネのポデスタを模倣したもの、すなわちポデスタのポーポロ版だった。外国人法曹家の就任する役職であり、ポーポロの各種組織の間の利害を調整し、その統合を推進した。結局、ポーポロ機関の内部で実権を掌握したのは、そのいずれにおいてもアンツィアーニ・コンソリが中核をなす各種の評議会、とりわけ「ポーポロ評議会」(consiglio del popolo) の通称をもつ大評議会だった。この各種の評議会のすべてに、特権アルテ、一般アルテ、アルメのすべてが参加しているので、ここにポーポロの各種組織同士の凝結が完成したといえるだろう。この段階では、アンツィアーニ・コンソリの構成は、17人（端数の一人は恒常的に肉屋から選出）対8人となり、その内部における特権アルテの比率（1/3以下）は一層低下した。評議員の構成についていうと、各種の評議会のなかでは、小評議会よりも大評議会、大評議会よりも拡大評議会での方が、特権アルテの比率がより低下したと思われる。

　固有の権力機関を創出したポーポロは、コムーネの内部で、まさしく国家内国家を形成していた。ポーポロ機関の決定した事項が、コムーネの構成員全体に対して効力をもつためには、コムーネ機関によって批准されることが必要だった。とはいえ、ポーポロ機関の権力の増大にともない、コムーネ機関のこの批准権は次第に形骸化していった[64]。コムーネ機関は、この機関に参加する貴族同士の党派闘争により、また両派ともポーポロを敵に回さないためにポーポロ機関と妥協した[65]ことにより、その弱化が進行したのである。このような状況において、ポーポロは、アンツィアーニのポーポロ機関としての性格を保証するために、1248年には、アンツィアーニから豪族（同語初出[66]）を排除することを規定した。以後、ポーポロの各種機関からのみならず、それらが立脚する各種組織からも、豪族を排除することを繰り返し規定した。1255年には、特権アルテ、一般アルテ、アルメの規約、構成員登録簿は、すべてをカピターノに提出し、その承認をえることが義務づけられた[67]。

---

63) Vedi, Pini, Problemi demografici, cit., p. 215 (tavola VI).
64) Tamba, op. cit., p. 10. Fasoli, Le compagnie delle arti, cit., p. 278. ちなみに、アルテの結成を禁止された職業の従事者はコムーネによって支配される。Vedi, Greci, op. cit., p. 89.
65) Cfr., Fasoli, La legislazione antimagnatizia, cit., p. 354.
66) Fasoli, La legislazione antimagnatizia, cit., p. 356.
67) Tamba, op. cit., p. 10. Greci, op. cit., p. 89.

2 都市支配の機構

1274年のランベルタッツィ派（皇帝派）の追放と関連する，ポーポロとジェレメイ派（教皇派）の連合，被追放者名簿の作成，被追放者の帰還阻止のための警備組織の創設，などにおいて，指導的役割をはたしたのは，一般アルテに属する公証人アルテの構成員，ロランディーノ・パッサッジェーリだった*[68]。なお，上記のように，被追放者のなかには一部のポーポロも含まれており，これと関連して4個のアルメが廃止されたが，彼らの所属アルテ別構成はまだ不明である。いずれにせよ，以後，ポーポロの内部において，公証人アルテの指導性が成立した*[69]。しかし，パッサッジェーリの活躍はその契機の一つでしかなく，このアルテの構成員がコムーネ，ポーポロの各種組織，各種機関ではたした実務（各種文書の作成など）の重要性，その人数の多さ（表2-⑱参照），などがその理由だ，と思われる。この追放事件の後，アンツィアーニ・コンソリの構成比は，20人対4人となり（コンソリ数がはじめて減少，しかも半減），両特権アルテの比率（1/6）が大幅に減少した。換言すれば，このポーポロの中枢機関の構成において，特権アルテと一般アルテとの平等化が格段に進展したのである。

この1274年には，以前の「コムーネ評議会」（既出，特別評議会と一般評議会との合同評議会）から，特別評議会（当時の構成員の実態は不明）が，コムーネ評議会がもっていた立法権を継承し，「四百人評議会」（consiglio dei Quattrocento）として独立した。以後，この四百人評議会がコムーネ評議会の通称でよばれたが，このコムーネ評議会は，評議員数の変化に応じて，75年には「五百人評議会」，85年には「八百人評議会」と名称を変更した*[70]。他方，一般評議会は，その後の変遷が明瞭でないが，1282-84年前後に改編されて「二千人評議会」となり，コムーネの役人の選出［の形式的承認か］を任務としたようである*[71]。コムーネ機関である上記の四百人評議会（「コムーネ評議会」）は，ポーポロ機関であるポーポロの大評議会（「ポーポロ評議会」）と，通常は合同で開催された*[72]。コムーネ評議会が八百人評議会となった段階では，ポーポロの拡大評議会と結合して開催されたようである*[73]（この段階で拡大評議会をポーポロ

---

68) Tamba, op. cit., p. 11.
69) Pini, L'arte del cambio, cit., p. 79. Valsecchi, op. cit., p. 93.
70) 以上については次を参照。Tamba, op. cit., pp. 10-11. ただし，八百人評議会の設置については次を参照。Fasoli, La legislazione antimagnatizia, cit., p. 373.
71) Cfr., Tamba, op. cit., p. 12. Fasoli, Le compagnie delle arti, cit., pp. 278-279.
72) Tamba, op. cit., p. 11.
73) Cfr., Tamba, op. cit., p. 11.

評議会と称したか否かは不明)。いずれにせよ,「ポーポロ評議会」(ないし拡大評議会)は,「コムーネ評議会」を自己の直接的な監督のもとにおいた。換言すれば,ポーポロの中枢立法機関は,コムーネの中枢立法機関を支配し,コムーネの管轄事項に公然と介入して,コムーネの事実上の最高立法機関となったのである[*74]。これにともない,カピターノの権限とポデスタの権限との境界が曖昧になった[*75]。

　豪族の抑圧が完成した1282年以降になると,アンツィアーニ・コンソリが,次第にコムーネの実権を掌握していった。このポーポロ機関は,ポデスタやカピターノの意志に反してもポーポロの拡大評議会(当時の事実上の最高立法機関)を召集する権利,この二つの執政官職の選挙人の選出権,上記の拡大評議会への議案提出権,非常事態における「条例」(provvisione)の制定権,外交権,など,きわめて広範な権限をもつことになったのである[*76]。他方,「コムーネ(八百人)評議会」と「ポーポロ(の拡大)評議会」との合同評議会では,すべての議案について,コムーネの評議会は討議することはできるが,ポーポロの評議会の決議を否定することはできなくなった[*77]。ポーポロ機関による,コムーネの支配が完成したのである(以上,表3参照)。この段階では,アンツィアーニ・コンソリの構成比がどうだったか不明であるが,1318年までには,特権アルテと一般アルテとの権利の平等化が完成していた[*78]。また,反豪族規定の監視は,一つのアルメと一つの(一般)アルテとが,それぞれ順番で一組となり,その任務を遂行することになった[*79]。

第4節　ボローニャとフィレンツェ

ボローニャのポーポロ組織のありかた,その都市支配のありかたを,フィレンツェの場合と比較してみよう。フィレンツェについては,第3部第2章において,ヴェネツィアと対比しながら,すでにその基本構造を考察してある。

　まず,それぞれの研究史において使用される用語についていうと,「ポーポロ」(popolo)という用語は,フィレンツェ史では,貴族に対する「庶民」という意

---

74)　Tamba, op. cit., p. 11.
75)　Tamba, op. cit., p. 12.
76)　Fasoli, Le compagnie delle arti, cit., p. 279.
77)　Fasoli, Le compagnie delle arti, cit., p. 279.
78)　Tamba, op. cit., p. 12.
79)　Fasoli, La legislazione antimagnatizia, cit., p. 364.

味でも，豪族に対する「非豪族」という内容の「平民」という意味でも使用される．一方，ボローニャ史では，研究者間で必ずしも一致しているわけではないが，貴族や豪族に対抗する組織としてのアルテやアルメの構成員，すなわち「ポーポロ組織の構成員」という意味で使用されることが多い．したがって，ポーポロという用語は，二つの研究史の間で，その意味に微妙な食い違いがみられる．たとえば，フィレンツェ史では，「非豪族」を意味するので，チオンピのような労働者階層をも包摂するが，ボローニャ史では，ポーポロ組織であるアルテの結成を禁止された，そのような階層は排除されることが多い．この食い違いの原因は，筆者には不明である．各種の史料に出現し，さまざまな意味で使用される史料用語について，それぞれの史料における意味を正確に把握し，それを一定の基準にもとづいて論理的に整理した概念用語に転換している研究は，実はほとんどなく，これが用語の意味を混乱させる要因の一つになっている．それはともかく，両市の法制史料では，一般に，ポーポロという用語の意味がちがうのだろうか（法学で有名なボローニャ大学の影響なのか，ボローニャ史の用語は意味がより明確であるように思われる）．それと関連して，この両市では，ポーポロとよばれる階層の法的権利に，基本的な差異があるのだろうか．それとも，比較史的な研究が発展せず，多少とも自閉的に研究がなされた結果，乖離した二つの研究史の間で，同一の概念用語において意味の食い違いが出現したのだろうか．いずれにせよ，本章では，この二つの都市を比較するために，フィレンツェ史についても，第3部第2章で使用した用語とはちがい，ボローニャ史について筆者が使用（採用）した用語を使用する．そのようにしても，以下の内容を理解するうえでは，まったく問題がないと思われる．

　フィレンツェでは，「最初のポーポロ政権」（1250-60年）の基盤は，地区ごとに結集したポーポロの武装組織（実態不明，アルメに類似するものと思われる）だった．ところが，「第二のポーポロ政権」（1282年成立）の基盤は，アルテに移行していた．基盤が移行した基本的な理由は，フィレンツェ経済の飛躍的な発展により，この間にポーポロ人口が急増し，その分解が決定的となった結果，地区的な武装組織の構成員の団結が弱化したからではないか，と思われる．基盤の移行にともない，従来の単なる同職組織は，政治的，軍事的な機能をもつアルテ（ボローニャのアルテは軍事的な機能を喪失）へと集合・再編された．アルテへの移行は，有力なものから順に，三回にわたって（7大，5中，9小アルテ）なされた．1293年には，正義の規定という名称の反豪族規定が発布されて，豪族の抑圧体制が完成した．第二のポーポロ政権のもとでは，都市の実質的な権力機関は，アルテの構成員からなるポーポロ機関だったが，その中枢のプリオリは，

事実上(ボローニャとはちがい法的に規定されてはいない),圧倒的な多数が7大アルテの構成員によって占められた.1309年には,最有力の5個の大アルテが共同で商業法廷という機関を設置したが,この機関は,次第に中小アルテに干渉しはじめた.ここに,少数の大アルテの構成員を中核とする,ポーポロ内部における寡頭政が制度的にも成立しはじめたのである.

ポーポロによる都市支配の基盤となったポーポロ組織は,フィレンツェではアルテのみであり,ボローニャではアルテとアルメの二つがあった.ところで,アルテについては,各アルテの間に経済力,社会的影響力,構成員数,さらには戦闘力において顕著な格差があり,その結果,各アルテの間に政治的権利の格差が出現するのは,むしろ当然である.多少とも肥大した特定の経済部門をもつボローニャ,フィレンツェのような大都市では,中小都市と比較して,この格差はとりわけ顕著である.他方,アルメ(およびフィレンツェの最初のポーポロ政権時代のポーポロの地区的な武装組織,以下省略)については,このような格差はない.その結果,軍事力をもつアルメの存在により,各アルテの間の権利の格差は抑制されることになる.したがって,フィレンツェでは,各アルテの間の力の顕著な格差が,ポーポロ内部での権力格差,寡頭政支配をもたらすことになった.他方,ボローニャでは,アルメの存在によってこのような傾向が抑制され[80],さらにアルメと乖離した特権アルテの比重が低下したことで平等化が達成された結果,ポーポロの内部において平等な関係が実現した.

では,両者のこの差異は,どうして出現したのか.ポーポロの政治組織は,元来は都市貴族に対抗する自己防衛のための組織だから,その最初の形態は,コムーネの軍隊(民兵)組織を模倣したポーポロ固有の武装組織,すなわちアルメ(およびその類似組織)であることが一般的だった[81].ところが,ボローニャでは,1219年の反動でアルメが禁止された結果,1228年の民衆蜂起では,アルテがそれに代わってポーポロの政治組織となった.ちなみに,13世紀前半という早い時期に,アルテがポーポロの政治組織となったのは,例外的な事例である[82].しかし,ポーポロは,まもなくアルメを復活させて,その軍事力の排他的な基盤としたが,二つの特権アルテの構成員は,このアルメに参加しなかった.

---

80) Cfr., Fasoli, Le compagnie delle armi, cit., p. 181. Vergottini, op. cit., p. 49. なお,Dowdは,このことを見逃している.Cf., Dowd, Douglas F., Power and Economic Development-The Rise and Decline of Medieval Bologna, in, *The Journal of European Economic History*, II, 1974, p. 440. 彼のこの論文は,研究史の追跡がきわめて不十分である.

81) Cfr., Vergottini, op. cit., pp. 86-88. Greci, op. cit., p. 88.

82) Vergottini, op. cit., p. 86.

その理由は不明だが，特権アルテは，経済力では優位にたつとしても，これによって軍事力では劣位にたつことになった，と思われる．いずれにせよ，その結果，ボローニャでは，アルテとアルメに同時にもとづく，特徴的な二重のポーポロ組織が確立したのである．さて，裁判官，香辛料商，（大）商人，両替商，など，おそらく都市貴族とポーポロの双方を構成員にもった[83]アルテにとり，両者が対決するとき，どちらの側に立つかは微妙な問題だった．そのとき，ボローニャでは，フィレンツェとはちがって，有力なアルテ同士が分裂したと思われる．フィレンツェでは，いずれも大アルテを構成するこのような同職集団は，ボローニャでは，（大）商人や両替商が特権アルテを構成する一方で，裁判官や香辛料商が非公認アルテを構成している．このことから，前者はポーポロ側に，後者は都市貴族側に立った，と推測しうる．有力なアルテの一部では，まだこの時期には，ポーポロは少数しか参加していなかったのだろうか．いずれにせよ，両特権アルテが，当初，ほかのアルテとは一線を画して，大きな政治的権利をもったのは，両特権アルテの構成員の経済力，社会的地位，行政能力が，そのほかのアルテの構成員と比較して格段に優れていたからだ，と思われる．他方，ボローニャのこの両特権アルテが，フィレンツェの7大アルテとは反対に，その権力を低下させたのは，次の理由によると思われる．連携しうるほかの有力アルテがなくて，孤立したこと．ポーポロの軍事力を独占するアルメと結合した，一般アルテの権力が増大したこと．そして，飛躍的に発展したフィレンツェの商業，金融業により，近隣に位置するボローニャのそれら，すなわち両特権アルテが急速に弱化したこと[84]．

　アンツィアーニ・コンソリと，フィレンツェのプリオリは，展開が異なっている．アンツィアーニ（一般アルテ）とコンソリ（特権アルテ）とは，それぞれの人数が規定されており，とりわけ1274年以降，コンソリの比率は急速に低下した．大商人と両替商（金融業者）の勢力が急速に減少したのである．一方，プリオリは，大アルテと中小アルテからの選出について数的規定（チオンピの乱後に出現）はないが，事実として多数が大アルテから選出される状態がつづき，商業法廷にみられるように，大アルテの勢力は増大した．このことは，国際経済におけるボローニャの地位の低下と，フィレンツェの地位の上昇を示唆すると思われる．フィレンツェのポーポロ上層は，勢力を強化して，ポーポロ内部における優位を確立した．しかし，ボローニャのポーポロ上層は，勢力が減退して，ポーポ

---

83) Vergottini, op. cit., p. 4.
84) Pini, L'arte del cambio, cit., pp. 79-81.

ロ内部における優位を放棄しなければならなかった．換言すれば，ポーポロの中核部分が消滅したのである．

おわりに

ボローニャでは，ポーポロ機関による都市支配の確立後，ポーポロの組織自体は，政治的権利を均等に分け合った．しかし，都市貴族ないし豪族という共通の敵の脅威が消滅したことから，ポーポロ組織の構成員，すなわちポーポロの内部では，それまで抑制されていた利害の対立が表面化してきた．ポーポロとは，この時点では，都市の中・下層に位置する社会階層ではなく，第一級の政治的権利をもつ一種の法的身分を意味したが，その内部において有力者，非有力者の分解が進行するのは，むしろ当然の成り行きだった[85]．実態の解明は今後の研究をまつしかないが，アルテ員ではない人々が，アルメに加入するという事態が進行した．（ちなみに，ボローニャ史研究では，かつては長期にわたり，ポーポロの内部闘争はその堕落現象とみなされた結果，ポーポロの実権獲得までの歴史がよく研究されたのに対し，獲得以後の歴史はあまり研究されず，この研究史上の後遺症がまだ残っている．）富裕化して営業活動から引退したポーポロであれ，そして豪族であれ，アルテの結成を禁止された同職集団であれ，アルテには加入しなかった，あるいは加入しえなかった．しかし，他方では，これらの人々が，政治的権利と，それのもたらす各種の利得とをえる必要から，構成員補充の問題が発生し，加入資格の基準を緩和したアルメに参加する，という事態が進行したのである．その結果，アルテとアルメの乖離が深刻なものとなった[86]．1303年には，すでに特権アルテ，一般アルテの格差は消滅し，両者は公認アルテとしてほぼ同化していたと思われるが，公認アルテのみに立脚する，アルテ独自の権力機関が創出された．すなわち，一人の「二十のアルテの防衛者」(difensore delle venti società，この società はアルテを意味する)，およびその評議会である．この（二十の）アルテの防衛者は，アンツィアーニ・コンソリ，公証人アルテの一人の「代表」(preconsole，その制度上の位置が筆者には不明) と協同して，都市の実権を掌握した．まもなく1306年には，対外戦争での敗戦を契機に市内では反対派が優勢となり，翌07年になると，上記のアルテ独自の機関は廃止されて，

---

85) Fasoli, Le compagnie delle arti, cit., p. 56. 時代とともにこの分解は進行し，深刻化した．Cfr., Greci, op. cit., pp. 95-96, 114-115.

86) 以下については次を参照．Tamba, op. cit., pp. 14-15. Fasoli, Le compagnie delle armi, cit., pp. 323sgg.

第3章　ボローニャとフィレンツェ

代わりにアルメのみに立脚する，アルメ独自の権力機関が創出され，これが上記のアルテ独自の機関と同様の役割をはたした．すなわち，一人の「バルジェッロ」(bargello，一般に警察長官という意味)，およびその評議会である．

　以後，ボローニャでは，アルテを主要基盤とする勢力と，アルメを主要基盤とする勢力とが対立し，抗争を展開したが，この対立のなかから，調停者としてロメーオ・ペーポリが登場した＊87)．ボローニャの両替商（したがってポーポロ）の家系出身＊88)のこの人物は，事実上のシニョーレとして活躍し，1321年，正式なシニョーレの地位を獲得しようとしたが，別の有力家族の反対運動によって失敗し，追放された．同年，シニョーレの出現を阻止するための役職＊89)，すなわち「正義の旗手」(gonfaloniere di giustizia, フィレンツェにも同名の役職がある）が創出された．結局，1327年，今度も敗戦を契機にして，教皇特使の枢機卿ベルトランド・デル・ポッジェットが，ポーポロ評議会からシニョーレとして正式に統治権を委託された．ちなみに，ボローニャは，いわゆる教皇領の域内にあり，事実上は主権を行使する都市国家だったとはいえ，名目的には教皇の統治権のもとにあった．以後，1513年に完全に教皇国家の一部として制度的に組み入れられるまでのほぼ2世紀間，ボローニャは，数度にわたって共和政の復興をごく短期間ずつ経験したとはいえ，市民あるいは外国人による事実上の，あるいは正式のシニョリーアのもとにおかれた．

　結局，ポーポロ内部の権力構造という視点からいえば，「平等主義的な」ボローニャでは早期にシニョリーアが成立したのに対し，「寡頭政的な」フィレンツェでは共和政が長期にわたって継続したことになる＊90)．フィレンツェの寡頭政は，制度化された堅固なものではなく，制度化されない柔軟なものだったので，そのポーポロの支配体制は，社会的変化に対して適応力をもった，と思われる．

　デル・ポッジェットは，シニョーレとしての自己の権力を維持，強化するために，以前の権力機関を廃止，改変した＊91)．ポーポロ機関では，カピターノ，バルジェッロ，正義の旗手が廃止され，ポーポロの拡大評議会は存続したが，召集

---

　87) 以下については次を参照．Tamba, op. cit., pp. 14sgg. Fasoli, Le compagnie delle armi, cit., pp. 327sgg. 1320年の彼の息子の大学卒業時に，コムーネは公的に祝祭を催した．Vedi, Rodorico, Niccolo, *Dal comune alla signoria*, Bologna, 1974, (1a ed., Bologna, 1898), p. 36.
　88) Fasoli, Bologna nell'età medievale, cit., p. 176.
　89) Tamba, op. cit., p. 15.
　90) ボローニャのシニョーレへの権限委託文書には，コムーネの共和政体の非有効性についての指摘がなされている．Vedi, Rodorico, op. cit., p. 74, 106.
　91) 以下については次を参照．Tamba, op. cit., p. 15. Fasoli, Le compagnie delle armi, cit., pp. 329sgg.

されることがなく，その機能は停止した．アンツィアーニ・コンソリは，12人に削減され，シニョーレによって四つの市区から三人ずつ任命される，シニョーレの行政手段の一つとなった．コムーネ機関では，ポデスタが廃止され，コムーネ（八百人）評議会は存続したが，そこでシニョーレの判決が布告されるだけの場となった．

アルメとアルテも変化した．アルメは，1330年代に多数が自然消滅し，存続したものは純粋な兄弟団へと変質した[*92]．アルテは，その政治的機能を剝奪され，経済的機能のみが残された．シニョーレ（次いで教皇国家の役人）による経済統制，徴税のための手段となり，ナポレオンの侵入まで存続した[*93]．ちなみに，14世紀には，従来はアルメのなかに，また一部はアルテのなかに保持されていた兄弟団的機能が，この二種類の組織から分離独立して，本格的な兄弟団を多数誕生させた[*94]．

---

92) Fasoli, Le compagnie delle armi, cit., p. 333. Cfr. Rodorico, op. cit., pp, 100-101.

93) Fasoli, Le compagnie delle arti, cit., p. 256. Cfr, Rodorico, op. cit., pp. 85sgg. Greci, op. cit., pp. 90-91.

94) Fasoli, Gina, Catalogo descrittivo degli statuti bolognesi conservati nell' Archivio di Stato di Bologna, in, *L'Archiginnasio,* XXVI, 1931, p. 34.

第4章

フィレンツェ共和国とメディチ家

―――――――

はじめに

　本章の目的は，15世紀のフィレンツェ共和国の権力構造について，従来の研究成果を検討して，筆者自身の展望をもつことである．単純化していえば，14世紀の権力構造は，第2（および3）章でみたように，各種団体のそれぞれに立脚する権力機関相互の力関係のうえに，事実上客観的に成立しているものだった．また，16世紀の権力構造は，メディチ家による君主政のもとに，多少とも共和制の遺制を併存するとはいえ，君主制的な構造をもつものとして理解されている．では，その中間に位置する15世紀の権力構造は，どのようなものとして理解すればよいのか．換言すれば，フィレンツェ共和国において，シニョーレの称号をもたない，すなわち形式的には「市民」でしかないメディチ家の人々は，どのような権力構造のもとで，どのように権力を行使したのか．この問題には，定説というべき明確な結論は，まだでていない．
　フィレンツェ史の大家ブラッカーは，その研究状況について，1977年に公刊した著書で次のようにいう[1]．この都市の歴史の研究は，第二次大戦後，学問的な一大事業へと発展した．前工業化時代のヨーロッパ都市で，このように研究が集中した都市はほかにはない．しかし，この事業は，研究上の伝統的な指針がなかったので，例外的といえるほど非組織的におこなわれた．外国人研究者が優勢であること，現地に研究を主導する学術機関のないことが，それに拍車をかけ

---

1) Brucker, Gene, *The Civic World of Early Renaissance Florence,* Princeton, 1977, pp. 3ff. 彼は，1962年の時点では，1330年代以降のフィレンツェ史の研究は素描ないし断片的なものしかない，といっていた．Vedi, idem, *Florentine Politics and Society, 1343-1378,* Princeton-New Jersey, 1962, pp. viif.

た．外国から導入された多様な研究方法や視角（実証主義，マルクシズム，「精神史」(Geistesgeshichite)，構造主義）が影響を与えたが，そのどれか一つが支配的になることはなかった．研究者は，自分の蛸壺に閉じ籠もり，他人の研究をあまり参照せず，ほかの地域の同様な問題にも，たいして関心をもたない．その結果，フィレンツェ史には，総合的な叙述がまだ出現していない．このような状況のなかで，特定の時代と問題に研究が集中している．戦前の世代は，14世紀中葉以前の［成長発展の］時代に関心をもったが，最近の世代は，それ以後の時代に関心をもっている．この14世紀中葉［の危機］から16世紀中葉［の君主政確立］までの時代のなかでも，フィレンツェ史の転換期となる時期，すなわちフィレンツェ社会の成長発展が逆転する1340年代，さまざまな局面が再編される15世紀初頭，1494年のフランス軍侵入以降の［政治的］激変期に研究が集中している．しかし，これらの研究から出現した幾つかの歴史理解にも，定説というべきものはない．

　ブラッカーは，さらに続けて，1378年［チオンピの乱］から1434年［メディチ派による実権掌握］にいたる時期に関する，最近の研究を政治史を中心に展望して，次のようにいう．フィレンツェ史の研究者は，判断が主観的に過ぎるとか，データ分析に際して注意不足であるとか，あれこれ批判されているが，彼らには用語の明晰さや的確さ，分析の厳密さが欠如している．その経済や社会などについて，説得力のある分析をしたいのであれば，従来よりもっと綿密な統計にもとづいて分析する必要がある．とはいえ，少なくとも14，15世紀については，統計的な分析にもとづく，そして長期にわたる人間生活のすべての局面の理解を目的とする，フィレンツェの「全体史」(histoire totale) という理想は実現しそうにない．人口，物価，そのほかの基礎的なデータについては，断片的な記録しかないので，認識できる範囲が限定されている．この時期のフィレンツェ社会に関する基礎的なデータには，このように不明な（おそらく認識できない）局面が多いので，［そのような条件のもとでも考察を可能にする］別の視点から，フィレンツェ社会の転換を考察する必要がある．わたし（ブラッカー）の場合，それは社会体制の変化，すなわち政治の下に横たわる「団体」(association) のありかたの変化という視点である．

　彼がこういった後も，この一大事業はさまざまな方向に発展し続け，フィレンツェには無数にある未開拓，未整理の新しい史料にもとづく研究成果が多数出現している．記述史料，すなわち年代記，覚書，歴史叙述，などは，古くから著名のものが多くあり，かなりのものが刊行されている．他方，法制史料，税制史料，各種機関の議事録や職務記録，などは，周知のものは少数しかなく，ごく一部し

か刊行されていない．しかし，記述史料に代わり，それ以外の新たに開拓された各種の史料が，基本史料として利用される傾向にある．これらの史料にもとづく各種の統計，とりわけ膨大な資料をコンピュータで処理した，包括的で長期的なデータも出現してきた．とはいえ，15世紀の権力構造については，まだ全体を見通した明確な歴史像がない．この状況において，幾つかの分野の研究成果のなかから筆者の目にとまったものを検討して，この主題について展望してみることにする．

第1節　フィレンツェと支配領域

1　支配領域

フィレンツェの支配領域は，14世紀から15世紀初頭にかけて急速に拡大した．トスカーナの（都市）コムーネは，13世紀中葉にはいずれも自己のコンタードの征服をほぼ完了し，以後は近隣のコムーネと弱肉強食の闘争をした．この闘争のなかから，強力なコムーネが，弱体なコムーネを従属させ，そのコンタードもろとも支配する，という状況が出現する．フィレンツェは，グエルファ同盟により，13世紀後半にトスカーナで覇権を確立し，14世紀には近隣コムーネを次々に従属させた．従属させたコムーネは，ピストイア（1329年），プラート（1350年），ヴォルテッラ（1361年），アレッツォ（1384年），ピサ（1406年），コルトーナ（1411年），などである．15世紀初頭には，フィレンツェは，シエーナとルッカ，および辺境地帯の封建領主や「農村コムーネ」（comune rurale，後述）を除く，トスカーナの広い部分を従属させていた．その支配領域は，1世紀前のそれの数倍の面積になっていた．

コンタードは，一般に次のように理解されてきた．イタリア語の「コンタード」（contado）は，ラテン語の「コミタートゥス」（comitatus）であり，「伯」（comes）が統治する「伯管区」を意味した．この伯管区は，ローマ帝国の地方行政組織に由来する．すなわち，地方行政の「拠点都市」（urbs）が管轄する，「都市管区」（civitas）に由来する．教会行政もこれを模倣し，この拠点都市に司教座を設置し，その都市管区を司教（管）区とした．イタリアでは，ランゴバルド王国時代に，都市の衰退などが理由で，幾つかの司教区が再編された．フランク王国時代になると，この王国の地方行政官である伯は，司教座都市を拠点とし，その司教区を伯管区として支配した．それ以後も，伯権力の現実の保有者が，拠点都市とその司教区の支配権をもった．さて，11世紀末以降，この拠点都市で自治のための住民共同体，すなわち（都市）コムーネが結成された．コムーネ

は，やがて伯権力の保有者（伯，辺境伯，司教伯）からその権力を獲得し，12世紀後半になると，獲得したのは都市支配権のみならず，それと一体化した司教区に対する権力，すなわちコンタード支配権も含まれると主張しはじめた．ここに，拠点都市に固有の（司教区と重なる）付属領域という意味での，コンタード概念が成立する．以後，コムーネは，コンタードの封建領主や，コンタードの農村集落で結成された住民共同体，すなわち農村コムーネに対する支配を実現するために，実力でコンタードの征服に乗り出した．コンタード支配は，1183年のコンスタンツの和約により，皇帝がコムーネに事実上の主権を承認してから，急速に進展した．

フィレンツェのコンタードは，次のように理解されてきた[*2]．フィレンツェでコムーネによる自治が成立したのは，後継者のない都市領主，トスカーナ辺境伯マティルデが死去した1115年の直後だったといわれる．フィレンツェは，彼女の死後の政治的混乱のなかで，1125年，6キロメートル北方にある都市フィエーゾレを征服して，破壊し，住民を強制的にフィレンツェに移住させた．フィエーゾレのコンタードは，自己のコンタードに編入して，一つの拡大したコンタードを形成したが，他方，フィエーゾレの司教区は，自己の司教区には編入せず，その司教区はフィレンツェの司教区とは別個に存続した．司教区の再編は教会の権限に帰属するので，フィレンツェはそれを裁量できなかった，と思われる．フィレンツェは，13世紀の過程で，二つの司教区からなるコンタードの征服をほぼ完成した．14世紀になると，近隣のコムーネを従属させ，それぞれのコンタードとともに支配したが，この新たに獲得した領域は，自己のコンタードから区別するために，一括して「ディストレット」（distretto, 従属領域）とよんだ．したがって，この段階では，フィレンツェの支配権が直接・間接におよぶ領域は，都市フィレンツェ，（フィレンツェの）コンタード，ディストレットの三者から構成され，ディストレットは，従属コムーネと，それぞれのコンタードから構成された．

しかし，15世紀前半には，このような図式は成立しない[*3]．1427-30年の時点

---

　2) コンタード一般およびフィレンツェのコンタードについては次を参照．清水廣一郎『イタリア中世都市国家研究』岩波書店，1975年，32頁以下，61頁以下．同「歴史を書くこと－ジョヴァンニ・ヴィッラーニ年代記について－」『日伊文化研究』第18号，1980年，9頁．なお，ローマ時代の都市と都市管区については次を参照．吉村忠典「ローマの時代」（イスラムの都市性・研究報告会編，第10号）1989年．

　3) Cf., Herlihy et Klapisch-Zuber, *Les Toscans et leur familles -Une étude du catasto florentin de 1427-*, Paris, 1978, pp. 124ff. Klapisch-Zuber, Christiane, *Una carta del popolamento toscano negli anni 1427-1430*, Milano, 1983, pp. 15sgg.

第4章　フィレンツェ共和国とメディチ家

で，支配領域全体は，1万1千平方キロメートル以上あり，フィレンツェのコンタードは，その約40%の面積をもった．このコンタードは，面積が異常に広く，上記の図式でいえばディストレットに分類される，一部の従属コムーネおよびそのコンタードを包含していた．プラート，サン・ミニアート（アル・テデスコ），などがそうである．さらに，どの従属コムーネにも帰属しない地域も幾つか包含していた．このような地域は，辺地の人口希薄な地帯に多いが，いずれもコムーネの支配がおよばなかった，あるいはその支配が確立しなかった地域である．自治を実践してきた農村コムーネ，あるいはその連合体，封建領主が支配してきた山岳地帯，近隣コムーネに従属したがフィレンツェによってその従属から解放された地域，などがそうである．この時点では，フィレンツェのコンタードは，（フィエーゾレとそのコンタードを編入した）旧コンタードと，新たに編入された多様な要素とからなる，新コンタードというべきものだった．

　新コンタードは，なぜ形成されたのか．コムーネは，フィレンツェに従属した後でも，原則として従来の財政権を維持し，自己の市民とコンタード住民からの財政収入の処分権を保有した．したがって，フィレンツェの財政基盤は，原則としてフィレンツェ市民とそのコンタード住民からの財政収入に限定された．このことから，フィレンツェは，財政が悪化するにしたがい，旧コンタード以外の領域を自己のコンタードに編入し，財政基盤を拡大したのである[4]．プラートは，フィレンツェの北西約17キロメートルに位置するが，その集落は9世紀に誕生し，10世紀に都市集落となり，1142年にはコムーネの支配する自治都市になっていた．古代ではなく中世に起源をもつ都市だったが，フィレンツェは，プラートを従属させると，都市とそのコンタードを自己のコンタードに編入した．また，フィレンツェは，敵対するルッカから，サン・ミニアートとそのコンタードを奪取し，自己のコンタードに編入した．さらに，フィレンツェは，1429年に反乱したヴォルテッラを鎮圧し，懲罰の一環としてそのコンタードを取り上げて，自己のコンタードに編入したが，31年にはそれをヴォルテッラに返還している[5]．このように，15世紀のフィレンツェのコンタードは，とりわけ課税権の有無を基準にしてディストレットと区別される領域であり，12世紀に成立したコンタードの一般概念とは矛盾するものだった．なお，フィレンツェに従属する場合にも，コムーネ，そのコンタード，そのほかの地域が，フィレンツェのコンタードに編入されるか否かは，従属の時点で両者が締結する協約，あるいは以後の両者

---

4) Herlihy et Klapisch-Zuber, op. cit., pp. 21f., 125ff.
5) Herlihy et Klapisch-Zuber, op. cit., pp. 124ff. Klapisch-Zuber, op. cit., pp. 25f.

2 人口動向

課税の基盤となる人口は、どのように変化したのか．まず、第一回のカタスト（後述）で把握された正確な人口、すなわち1427-30年の人口（聖職者を除く、表１参照）をみておきたい．フィレンツェの支配領域全体の人口、264,210人（100%）．フィレンツェ市内、37,245人（14%）．（当時の、以下省略）コンタード、128,370人（49%）．ディストレット、98,595人（37%）．フィレンツェの周辺部は、支配領域のなかで人口密度が最高だった*7)ので、支配領域の面積の約40%しかないフィレンツェとそのコンタードが、人口の約63%をもっていても納得できる．ちなみに、この時期は、支配領域を全体としてみれば、おおよそ14世紀初めにはじまった人口減少が、ほぼその最低点に到達した時期であり、人口が上昇しはじめるのは、1460年頃をまたなければならない．

フィレンツェの市内、コンタード、ディストレットの人口動向を、ハーリヒィとクラピッシュ=ジュベールの共同研究にもとづいてみていこう．表１がその成果である．1338年の人口は、ジョヴァンニ・ヴィッラーニの年代記にある有名な、しかし批判のある数字*8)に依拠している．1348年の大黒死病以前の人口は、この数字を唯一の根拠にしているので、二人による史料解釈の粗筋を確認する必要がある．年代記の第11巻第94章には次のようにある*9)．「フィレンツェには、15歳から70歳までの武装年齢の男性が、約25,000人いた．……フィレンツェに必要な毎日のパンの数からすれば、男性、女性、子供は合計で、約90,000人いると見積もられた．……フィレンツェのコンタードとディストレットには、[武装年齢の] 男性が、約80,000人いると計算された．……[フィレンツェとその郊外で生まれた者は、全員が大聖堂付属のサン・ジョヴァンニ洗礼堂で受洗するが、この洗礼堂で] 子供に授洗する司祭によれば、人数を確認するために、一人ずつ、男児には黒豆を、女児には白豆をおくことにしている．一年間に、5,500人から6,

---

6) Herlihy et Klapisch-Zuber, op. cit., pp. 119, 126ff.

7) Klapisch-Zuber, op. cit., p. 15.

8) 清水「歴史を書くこと―ジョヴァンニ・ヴィッラーニ年代記について―」既出、14-16頁．

9) Villani, Giovanni, Cronica, in, (senza nome dell'editore) *Croniche di Giovanni, Matteo e Filippo Villani*, 2 voll., Trieste, 1857, vol. 1, pp. 419sg. なお、この共同研究は触れていないが、同年代記の第12巻第73章 (ibid., p. 488) に次の記事がある．飢饉に襲われた1347年（大黒死病襲来の前年）には、フィレンツェ市民のうち、政府当局が配給する悪質なパンを必要とする人数（それを必要としない裕福な人数は含まない）だけで、パンの配給券の数から算出すると約９万４千人いた．この記事にもとづいて推測すれば、次の12万人という人口は納得できる．

表1 フィレンツェとそのコンタードの人口

フィレンツェ市内			コンタード		
年	人口	指数	年	人口	指数
1338	× 90,000—	250—	1338	×280,000—	218
	×120,000	323		×320,000	249
1352-55	42,000	113	1350	＊	126
1374-99	× 55,000—	148—			
	× 60,000	161	1384	＊	115
1400	× 48,000以下	129	1404	△ ＊	113
			1414	△ ＊	101
1427	○ 37,245	100	1427	○128,370	100
1441	37,036	100			
1458-59	37,369	101	1459-60	115,535	90
1469	40,332	109	1469-70	125,375	97
1480	41,590	112	1487-90	136,900	106
1552	○ 59,191	159	1552	○226,698	177

出所) Herlihy et Klapisch-Zuber, op. cit., pp. 171-77, 181-88 より作成.
1) ○は確定数．×は年代記にもとづく数字．△は被課税男性人口数にもとづく．その他は世帯数にもとづく．＊欄は人数の算出がなされていない．
2) この間にコンタードの面積は拡大している．

000人が受洗するが，男児が女児よりも300人から500人多い．」

上記の共同研究は次のように解釈する＊[10]．武装年齢の男性人口と全人口との比率は，一般に1対3.5-4とされる．ちなみに，第一回のカタストでの比率は3.7である．この一般的な比率を用いて算出すると，コンタードの人口は次のようになる．〔上記のように，史料にはコンタードとディストレットの人口とあるのに，当時のディストレットが狭小だったからだろうか，共同研究はこれをコンタードの人口と表現する〕．下限は280,000人，上限は320,000人，〔3.7とすると296,000人〕．市内人口は次のようになる．史料にある90,000人は，武装年齢の男性人口 (25,000人) にもとづく推定人口，すなわち下限の87,500人，上限の100,000人，〔3.7とすると92,500人〕と符合する．一方，受洗人口にもとづいて推定するには，出生率（千人あたりのデータは，1450年代には46人，16世紀には42人，1767年には37人，また従来の学説では，一般に40-45人）や，この洗礼堂の受洗者のうち市内人口の割合が1427年には84.3％だったこと，を考慮する必要がある．これらを考慮して算出すれば，受洗者数にもとづく推定人口は，120,000人前後とい

---

10) Herlihy et Klapisch-Zuber, op. cit., pp. 171ff.

うことになる．では，［パンにもとづく］ヴィッラーニの推定人口90,000人と，［豆にもとづく］上記の推定人口120,000人の，どちらをとるべきか．大黒死病以前のフィレンツェ人口について，他の四つの記述史料にある数字を考慮すると，120,000人とするのがより説得的である．これが二人の結論である．

その他の数字についていえば，14世紀後半の市内人口に関する数字の一部は，他の年代記にみられる数字である．1427年の人口と，1552年にコジモ一世がおこなった調査にみられる人口は，いずれも詳細な調査資料にもとづく，確実な数字である．その他は，世帯数などにもとづいて算出した数字である．われわれは，この表の人口動向を前提にして，考察を進めてもいいだろう．というのは，そこでのフィレンツェおよびコンタードの人口動向は，その他の都市コムーネおよびそのコンタードの人口動向と，基本的に符合しているからである．プラートをみてみよう．プラートは，トスカーナでは，1427年以前の人口史料がもっとも豊富であり，それについての優れた研究もある．上記の共同研究では，プラートの考察は，フィレンツェの人口を考察するための，予行演習としておこなわれたほどである[11]．表2は，プラートとその「農村部」（旧コンタードのことだろうが詳細は不明）の，1427年までの人口動向を示している．市内人口は，大黒死病以前にすでに減少している．人口の減少率が市内では農村部より高率なのは，プラートがフィレンツェに近接することから，都市機能がフィレンツェに吸収される一方で，農村部はフィレンツェの食料，原料の供給基地として機能したからだろう．なお，1427-1552年の間に，人口は市内で60％，農村部で78％増加したという．上記の共同研究は，さらにピサ，アレッツォ，ピストイア，サン・ジミニャーノの人口動向を，簡単に検討している[12]．そこでは，市内人口の頂点が，フィレンツェでは，1330年代頃にあるとされるのに，ピサやアレッツォは，13世紀にあるとされるなど，それぞれの都市の個性を無視できない．とはいえ，いずれにおいても，1427年の人口は，14世紀中葉以前と比較して激減している．この点は，いずれの場合も，フィレンツェやプラートの場合と一致する．

結局，1338年のフィレンツェ領域の人口は，市内人口が9-12万，コンタード人口が28-32万，合計で37-44万と推測され，1427年のそれは，市内人口が3.7万，コンタード人口が12.8万，合計で16.5万だった．合計の人口は，1338年を指数100とすると，1427年は38-45となり，この間に，フィレンツェのコンタード面積は激増したのに，人口は半分以下に激減したことになる．なお，1427-30年の

---

11) Ibid., pp. 166ff.
12) Ibid., pp. 177ff.

支配領域全体の人口26.4万人は, 1338年の同一面積の人口のおおよそ三分の一と推測されている*13)。

3 財政状況

人口の減少にもかかわらず, フィレンツェの財政支出は, 増加の一途をたどった。軍事支出が, 1380年代以降, 急速に膨張したのである。では, 財政状況は, どのように展開したのか。フィレンツェの戦争は, コンタード征服の段階から, 近隣コムーネとの闘争の段階に移行すると, 大規模化, 長期化した。これと並行して, フィレンツェの（対外戦争における）軍制は, 13世紀中葉以前の民兵制から, 民兵・傭兵混合制を経て, 14世紀中葉以降の傭兵制に移行した*14)。

表2 プラートとその農村部の人口

年	プラート市内 人口	指数	農村部 人口	指数	合計 指数
1288-1290	13,924	394	12,550	267	321
1298-1305	14,996	424	─	─	─
1312-1313					321
1322	12,856	364	11,490	244	
1321-1327					273
1327	12,773	362	9,597	204	
1339	10,559	299	─	─	─
1351	6,981	198	7,690	163	183
1357	6,070	172	6,238	133	149
1365	6,832	193	6,491	138	162
1372	6,405	181	5,835	124	149
1373	6,034	171	6,176	131	148
1384	5,614	159	6,010	128	141
1394	5,173	146	5,988	127	135
1402	4,241	120	4,932	106	111
1415	3,557	101	4,555	97	98
1426	3,478	98	4,730	100	100
1427	3,533	100	4,707	100	100

出所) Herlihy et Klapisch-Zuber, op. cit., pp. 168-169 の表より抄出作成。

註) 1427年の人口など一部の例外を除き, 他は世帯数にもとづいて算出している。

傭兵による戦争の大規模化, 長期化が, 軍事費を増大させ, 財政支出を膨張させた最大の原因である。そのほかにも, 拡大した市壁内部における各種の造営事業, 飢饉時の食料補給のための支出があり, さらに14世紀中葉以降は, モンテ公債（後述）の利子の支払い, 拡大するコンタードでの一連の要塞建設, 人数が増加した役人の給料支払いのための支出が加わった*15)。

トスカーナ最大の国家となったフィレンツェは, 1370年代になると, トスカ

---

13) Herlihy, David, The Distribution of Wealth in a Renaissance Community: Florence, 1427, in, Abrams and Wrigley, ed., *Towns in Societies,* Cambridge, London, New York and Melbourne, 1978, p. 133.

14) Waley, Daniel, The Army of the Florentine Republic from the Twelfth to the Fourteenth Century, in, Rubinstein, N., ed., *Florentine Studies,* Evanston, 1968, pp. 71ff., 108.

15) De La Roncière, Charles M., Indirect Taxes or "Gabelles" at Florence in the Fifteenth Century, in, Rubinstein, ed., *Florentine Studies,* cit., pp. 141f.

ーナにおける支配領域や覇権を防衛するために，教皇国家との戦争をはじめとして，トスカーナ以外のイタリアの諸大国と戦争する段階に突入した[*16)]。この時期に，ミラーノの支配者ジャン=ガレアッツォ・ヴィスコンティは，ロンバルディーア全体を征服し，中部イタリアにも進出してきた。1380年代になると，フィレンツェは，ヴィスコンティと対立関係に入り，90年には本格的な戦争を開始した。この時点から，1455年に，ヴェネツィア共和国，ミラーノ公国，フィレンツェ共和国，教皇庁国家，ナポリ王国の五大国間に25年間の同盟条約（ローディの和約）が締結され，五大国間の勢力均衡にもとづく相対的な平和状態が成立する時点まで，65年間にわたり，フィレンツェは，イタリア諸大国と断続的に戦争したのである。もちろん，トスカーナ諸国との戦争が終結したわけではない。

ジャン=ガレアッツォは，1397年から1402年にかけてフィレンツェ包囲網を完成した。フィレンツェは，存亡の危機にあったが，1402年に彼が突然病死し，間一髪で危機を脱出した。フィレンツェが1406年にピサを支配すると，これに脅威を感じたジェノヴァとの関係が悪化し，両者は11年から13年にかけて戦争した。ナポリ国王ラディスラーオがトスカーナに侵入したので，フィレンツェは1409年から13年まで彼と断続的に戦争した。1414年から23年まで，フィレンツェは相対的に平和な時期を享受した。とはいえ，この時期に，ジャン=ガレアッツォの息子フィリッポ=マリーアは，父の死後に解体した国家を再建し，中部イタリアへの進出を画策した。フィレンツェは，1424年と翌年の二度にわたり，彼との戦争で大敗したが，ヴェネツィアの介入により，28年に彼と和約を締結した。ヴェネツィアは，東地中海の海外領土がオスマン・トルコの脅威をうける一方で，ジャン=ガレアッツォの急死がもたらしたヴィスコンティ家の国家の解体を利用し，ポー平原で支配領域を急速に拡大していたので，フィリッポ=マリーアが国家再建に着手すると，ポー平原の支配をめぐって彼と敵対関係におちいったのである。フィレンツェは，ミラーノのヴィスコンティ家に対抗するために，1425年にヴェネツィアと同盟し，以後長期にわたってこの同盟を外交政策の基本とした。フィレンツェは，1429年にルッカの征服を目的として戦争をはじめたが，ミラーノやシエーナがルッカを支援したので，戦争は膠着状態となった。ヴェネツィアの介入により，33年に和平が成立し，ルッカの征服は実現しなか

---

16) 戦争の展開については次を参照．Brucker, *The Civic World*, cit., pp. 102ff. Molho, Anthony, *Florentine Public Finances in the Early Renaissance, 1400-1433*, Cambridge-Mass., 1971, pp. 1ff. 戦争がフィレンツェの国際的商・工業に与えた悪影響については次を参照．Brucker, *Renaissance Florence*, Huntington and New York, 1975, pp. 80ff.

第 4 章　フィレンツェ共和国とメディチ家　　　　　　　　　　377

った。

　頻繁にある戦争のおかげで，有能な傭兵隊長は，14世紀末から15世紀中葉にかけて，大国とも対等の立場で交渉するまでに地位が上昇した。彼らの要求は際限もなく拡大し，配下の傭兵の給料も急騰した。しかし，フィレンツェが，敗戦を回避し，大国との勢力均衡関係を維持しようとすれば，戦時に多数の傭兵を動員するだけではなく，平時にも傭兵隊長を雇用しておく必要があった。フィレンツェの傭兵軍は，1427年には約6千の騎兵，約6千の歩兵から構成され，1431年には約1万1千の騎兵，約8千の歩兵，数千の弩兵から構成された。これとは別に，数百の駐屯兵が，支配領域各地の戦略拠点に配置されていた*[17]。当時の人口からすると，まさに驚嘆すべき兵数である。また，フィレンツェは，フランス国王，神聖ローマ皇帝，ナポリ国王をはじめとする，イタリア内外の大小の勢力と同盟したり，その援助や中立を要請したりしたが，このような関係を創出し，維持するにも莫大な経費を必要とした*[18]。この時期には，フィレンツェは，戦争の遂行にはもちろん，平和の維持にも，膨大な支出を必要としたのである。

　財政支出は未曾有の巨額となり，政府はその調達に苦慮した*[19]。表3は，1390年から1420年代にかけて，フィレンツェ政府が支払った傭兵（雇用）費用について，モルホが調査した結果をまとめたものである。傭兵費用が増大すると，それに対応して，強制公債による収入が増加している。ちなみに，1338年頃のフィレンツェは，ヴィッラーニによれば，ナポリ国王，シチリア国王，アラゴン（連合王国）国王のいずれの収入よりも多い，約30万フィオリーノの税収（ガベッラ税収・後述）を享受した*[20]。したがって，この時期には，傭兵費用だけでも，かつての黄金期の基本税収に匹敵するか，それを大幅に上回ったということになる。

　財政収入は，どのように調達されたのか。フィレンツェの税制*[21]は，13世紀中葉以降，「エスティーモ」（estimo）とよばれる直接税を基盤とした。この税制は，フィレンツェ市民およびコンタード住民の資産のうち，課税対象となる部分をそれぞれの地区組織が評価し，その評価額にもとづいて課税するものだった。

---

17)　Molho, *Florentine Public Finances*, cit., pp. 13ff.
18)　Brucker, *The Civic World*, cit., pp. 157-177.
19)　Cf., Molho, *Florentine Public Finances*, cit., pp. 9-21.
20)　Villani, Cronica, cit., 11-92 (p. 418).
21)　税制については次を参照。Roncière, op. cit., 140ff. Guidi, Guidubaldo, *Il governo della città-repubblica di Firenze del primo Quattrocento*, 3 voll., Firenze, 1981, vol. 1, pp. 235ff. Molho, *Florentine Public Finances*, cit., pp. 22ff.

表 3 フィレンツェの傭兵費用と強制公債収入
(1390-1402年)

年	傭兵費用（A）	強制公債収入（B）	B/A（％）
1390	647,062	478,430	74
91	810,201	673,936	83
92	700,909	320,458	46
93	140,191	47,778	34
94	162,213	60,152	37
95	284,104	84,724	30
96	256,823	119,947	47
97	587,325	303,100	52
98	───	───	───
99	228,605	118,942	52
1400	229,448	121,250	53
01	278,441	262,887	94
02	614,024	300,529	49
24	409,283	───	───
25	───	───	───
26	550,499	───	───
27	446,700	───	───

出所) Molho, *Florentine Public Finance*, cit., pp. 10-11 より作成.
1) 貨幣単位はフィオリーノ.
2) 1398年の記録は欠如.
3) 1420年代の表示以外の年における1か月あたりの傭兵費用は，65,000-100,000フィオリーノと推測される (ibid., p. 11).

　13世紀後半,「ガベッラ」(gabella) と総称される諸税が導入された.ガベッラの中核は，流通過程にある商品から徴収される間接税だった.1315年になると，エスティーモは，フィレンツェ市民に対しては廃止された[22].以後，コンタード住民には，エスティーモとガベッラが，フィレンツェ市民には，ガベッラだけが課税された.したがって，エスティーモが税収に占める割合は急減した.この頃，公債が，エスティーモに代わるようにして導入され，その後，著しく発展した.さて，ディストレットは，上記のように，原則として財政自治権をもったが，フィレンツェは，財政危機が深刻になるにしたがい，ディストレットに負担金という名目で特別税の納入を強制し，その財政自治権を侵害しはじめた[23].

　各種の財源についてみていこう．エスティーモの税収は，1338年には，ガベッラのうち市内搬入商品に賦課される税金からの収入の約三分の一，1369-75年には，その五分の一以下になった[24].コンタードの有力者は，政治的権利，経済的機会，都会的生活を求めてフィレンツェに移住し，その市民となる者が多かった.したがって，コンタードでは，富者が減少し，貧者の割合が増大した.フ

---

22) ナポリ王国から招いたシニョーレが統治した1327年，1342年に一時復活し，また1378年，チオンピの乱時に復活が決定したが実行はされなかった．Guidi, op. cit., vol. 2, p. 250.
23) Cf., Herlihy et Klapisch-Zuber, op. cit., pp. 21f. Molho, *Florentine Public Finances*, cit., pp. 31-44.
24) Roncière, op. cit., p. 145.

ィレンツェの市民となった有力者の資産や，市民に譲渡された貧者の資産は，コンタードの徴税台帳から抹消されたので，エスティーモの基盤はさらに縮小した．エスティーモの税率は，14世紀の大部分にわたり，課税対象資産の評価額1リブラ（銀リブラ，1リブラ＝20ソルド）につき，10ソルドの水準を維持したが，1384年には12ソルド，1412年には40ソルドとなり，14世紀末以降は，短期間に急騰した．その結果，コンタード住民の窮乏化に拍車がかかった．コンタードは，1330年代には，財政収入の約25％を負担したのに，1430年代初めには，エスティーモ税率の急騰にもかかわらず，10-15％しか負担できなくなったのである*25)．

　ガベッラは，1315年以降，税収に占める割合が上昇し，1338年には，その約80％を占めた*26)．新たな財源が必要になると，新たなガベッラが創出された．では，ガベッラの実態はどうなのか．ガベッラは，直接税のエスティーモと対置されて，間接税といわれることがある．しかし，傭兵の給料に課されるもの，素手で喧嘩した場合の罰金，なども含まれるので，間接税だけではない．あえていえば，雑税とするのが正確である．その中核は次の四つである*27)．①現在の印紙税に相当するガベッラ．すなわち，取引や訴訟に課されるもの．②食品に対し，消費にいたるまでの各過程に課されるガベッラ．すなわち，葡萄などに収穫の段階で課されるもの，家畜に卸売りや屠殺の段階で課されるもの，穀物に製粉の段階で課されるもの，葡萄酒，野菜，果物に小売りの段階で課されるもの，など．③フィレンツェ市内に搬入する商品に，市門で課されるガベッラ．小麦，葡萄酒，オリーヴ油，家畜などに課され，税率は各商品ごとに独立して変化した．この税収は，従来の通説とは反対に，［大商人によって遠隔地から輸入される商品ではなく］支配領域の内部から搬入される商品，とりわけ基本食料の搬入量にほぼ比例するという*28)．④フィレンツェ政府が販売独占権をもつ，塩に対して課されるガベッラ．各個人，ないし各農村コムーネは，割り当てられた量の塩を，指定された価格で購入する義務があった．

　1338年当時，ヴィッラーニは，約30のガベッラを列挙し，そのうち葡萄酒に小売りの段階で課されるガベッラ，市内搬入商品のガベッラ，塩のガベッラを，税収における三大ガベッラだとした*29)．15世紀前半には，表4にみられるよう

---

25) Molho, *Florentine Public Finances*, cit., p. 45.
26) Roncière, op. cit., p. 144 ; vedi, Villani, cronica, cit., 11-92 (p. 418).
27) Roncière, op. cit., pp. 146ff.
28) Roncière, op. cit., pp. 172.
29) Villani, *Cronica*, 11-92 (p. 418). 清水『イタリア中世都市国家研究』既出，265-266頁に紹

表4　フィレンツェの

年度	収入総額		強制公債		税収合計	
1424	771,536	100%	560,912	73%	210,624	27%
25	—		—		—	
26	901,397	100	740,711	78	196,686	22
27	800,475	100	544,548	68	255,927	32
28	437,359	100	192,023	44	245,336	56
29	—		—		—	
30	835,146	100	647,041	77	188,105	23
31	880,288	100	691,299	79	188,989	21
32	696,148	100	524,204	75	171,944	25
33					(170,163)	—
34			[154,562]	—	201,096	—

出所）Herlihy et Klapisch-Zuber, op. cit., pp. 622-623 の表より
1）貨幣単位はフィオリーノ
2）年度は2月1日から1月31日まで（1424年度とあれば，
3）税収のうち，本表で「その他」としたものは，原表では次
　④ Gabelle Torre　⑤ Imposte a Lira　⑥ Condannagioni
4）上記金額は総て粗収入（徴収するための諸経費は控除して
5）［　］内は不完全な数値．（　）内は推定値．

　に，この三つと，それに次いで税収の多い，公証人文書の作成に対して課されるガベッラ（上記の①に該当）とが，税収における四大ガベッラだった*30)．結局，ガベッラ税収は，一貫して，基礎食料に課されるものが中核部分だったといえる*31)．ロンシエールは，ヴィッラーニの三大ガベッラについて，さらにそのなかの市内搬入商品のガベッラは小麦，葡萄酒，オリーヴ油，家畜，などの主要品目について，それぞれの税率の変化を調査した．その結果，14世紀前半から後半にかけて，税率がおおよそ5倍から10倍に高騰したことを確認した．唯一の例外は，市内に搬入される小麦の税率であり，貧者の暴動の誘因となるこれだけは，比較的に安定していた．このような税率の高騰は，アルテ組合員の多数を占める，フィレンツェの中・下層民が経済的に没落する大きな要因となった*32)．
　ガベッラの税率は上昇したが，税収はそれに比例しなかった．税収の伸びは，1340年代までは，税率の上昇に比例するか，あるいは上回っていたが，それ以

介されている．
30) Cf., Molho, *Florentine Public Finances,* cit., p. 3.
31) Roncière, op. cit., p. 162.
32) Ibid., p. 190.

主要財政収入（1424-1434年度）

合計	市内搬入ガベッラ		塩ガベッラ		葡萄酒小売ガベッラ		契約ガベッラ		その他の合計
			税収内訳						
100%	98,218	47%	57,770	27%	15,135	7%	8,312	4%	15%
100	93,011	47	46,686	24	15,463	8	10,406	5	16
100	100,490	39	82,000	32	13,830	5	12,798	5	19
100	106,707	43	55,319	23	14,858	6	14,513	6	22
100	82,178	44	55,075	29	12,686	7	8,574	5	15
100	77,575	41	55,414	29	11,525	6	16,189	9	15
100	74,567	43	52,192	30	11,666	7	10,547	6	14
───	74,524	───	[16,705]	───	9,914	───	10,056	───	
100	92,941	46	53,539	27	17,143	9	7,926	4	14

作成．

1424年2月1日－1425年1月31日）．
の諸税である．① Gabella Signorie　② Tasse Vecchie Contadini　③ Tasse Nuove Contadini Catasto.
いない）．

後になると，税率の上昇と比較して鈍化し，あるいは停滞した*33)．その原因は，課税対象人口が急減したこと，フィレンツェ経済の不況，戦争，飢饉，などにより，人々が経済的に疲弊したことである*34)．フィレンツェの経済は，1339年には危機の兆候をみせ，1343-44年になると崩壊した．その大商社の幾つかは，イギリス国王，ナポリ国王，などに巨額の融資をしていたが，国王たちの財政が破綻し，その回収が不能となったので，短期間に相次いで倒産した．大商社のおこなう融資には，多数の市民からの借入金が導入されたので，この倒産は，大商社だけにとどまらず，多数の市民をも渦中に巻き込んだのである．1340年頃までの繁栄は，過去のものとなった．他方，1348年に襲来した黒死病により，フィレンツェの人口は激減した．しかし，経済不況と人口減少にもかかわらず，ガベッラ税収は，14世紀後半には前半と比較して増大したのである*35)．

エスティーモは，市民に対しては廃止されたが，公債が，その代役として市民

---

33) Ibid., pp. 163ff.
34) Ibid., p. 171.
35) Ibid., p. 190.

から貨幣を徴収した．公債には，自由公債と強制公債があったが，財政が悪化するにしたがい，強制公債の割合が増加した．自由公債を負担するのは，余裕のある有産市民であり，強制公債を割り当てられるのも，多少とも資産のある有産市民だった．公債収入は徴収が迅速であり，強制公債はそのうえ必要な金額を調達できるので，とりわけ戦争などの緊急事態ではきわめて便利だった．1345年に，未償還の各種公債が整理統合されて，償還期限は特定せずに年利を5％と規定した，「モンテ」(monte, 原義は山, 堆積) とよばれる単一の公債が創出された．その譲渡や売買は，自由かつ免税であり，1347年以降，公債債権の移転は，当局の保管するモンテ帳簿における名義変更によって確認された．当時，市場での一般的な利子率は年利15-30％であり，年利5％のモンテには自発的に応じる者がいなかったので，やがて抜け道が案出された．すなわち，ある金額を支払えばその倍額がモンテ帳簿に記入され，実質年利が二倍の10％になる，1358年の「一つで二つのモンテ」(monte dell'uno a due), 実質年利が20％になる，後年の「一つで四つのモンテ」，などがそれである．1380年には，再度，未償還の各種公債が年利5％のモンテに整理統合された．その後，再度，年利を8-10％とする特別なモンテが出現した[36]．

公債は，多額の収入をもたらしたが，1370年代までは，まだ便宜的な手段にとどまり，財政の基礎は，あくまでもガベッラだった[37]．しかし，1380年代になると，この税収は，飛躍的に増大した軍事費に対応できなくなり，財政の基礎が，公債収入に移行した．ハーリヒィとクラピッシュ=ジュベールは共同で，1424-34年のフィレンツェの財政収入を調査したが，表4にみられるように，そこではその70％台が強制公債からの収入である．ちなみに，モンテによる政府の負債総額は，1347年には約45万フィオリーノ，80年には約100万フィオリーノ，1420年代中葉には約250万フィオリーノ，33年には約350万フィオリーノだった．1420年代には，その利子の支払いに，定期的な税収の約三分の二をあてたのである[38]．

強制公債の割当は，エスティーモの場合と同様に，地区組織（後述）から選出された委員たちによる，課税対象資産の評価にもとづいておこなわれた．この資産が公正に評価されるとは限らず，そのことで市民たちは強い不満をもった．割当の負担が苛酷なものになると，客観的な基準にもとづく，公平な割当が強く要

---

36) Guidi, op. cit., vol. 2, pp. 257sgg. Molho, *Florentine Public Finances*, cit., pp. 66f., 69f.
37) Roncière, op. cit., pp. 142f.
38) Molho, *Florentine Public Finances*, cit., p. 20. 1427年以後もフィレンツェ市民に対しては，直接税ではなく強制公債が割り当てられた．Ibid., pp. 83f. 87.

求されるようになった．これに対応して1427年に「カタスト」(catasto, 原義は登録簿）法が制定され，それにもとづいて同年から1430年にかけておこなわれたのが，有名な第一回のカタスト申告である[39]．フィレンツェの支配領域全体，すなわちフィレンツェとコンタード，さらにディストレットの全世帯主に対して，世帯の構成員と資産について，詳細に申告することが義務づけられた．その申告記録（登録簿）にもとづいて，強制公債（フィレンツェ），エスティーモ（コンタード），負担金（ディストレット）を割り当てることにしたのである．カタストの記録は，資産台帳であるのみならず，国勢調査記録でもあった．以後，カタストは15世紀末まで数回おこなわれたが，その記録は，第一回の記録に比べて内容の詳細さや正確さにおいて劣るのみならず，ディストレットの大部分が調査の対象からはずされた．

すでに14世紀末において，ディストレットには，とりわけ人口と財政収入の多いその（都市）コムーネには，各種の負担金という名目で，特別税が課されるようになっていた[40]．もっとも重要なのは，特定数の傭兵の経費を割り当てる，「傭兵経費負担金」(tassa di lancia) だった．負担金の徴収は，ディストレットを搾取し，抑圧するのが目的ではなく，フィレンツェの財政が逼迫した結果であり，ディストレットを外敵から防衛する義務を遂行するためでもあった[41]．いずれにせよ，負担金は，経済機能をフィレンツェに吸収されたコムーネにも，フィレンツェのコンタードと同じ状況にある，そのコンタードにも，きわめて過酷な負担となった．それを滞納し，滞納したことで多額の罰金が追加される，という悪循環が各地でみられた．ピサは，フィレンツェに従属した1406年の翌年，1年間に48,000フィオリーノをフィレンツェに納入する義務をもったが，13か月かけて徴収できたのは，たったの5,500フィオリーノでしかなかった[42]．

その結果，15世紀初めには，ディストレットの住民は，多数が窮乏状態となり，それぞれが帰属するコムーネへの税や，フィレンツェへの負担金の支払いが困難になった．その住民も，都市や農村の代表者も，現地のユダヤ人金融業者や，フィレンツェの金融業者から借金して，税や負担金を支払うようになり，14世紀末から15世紀前半にかけて，各地でユダヤ人金融業者に対する需要が増大した．1427年，フィレンツェは，支配領域からユダヤ人を追放する法令を発布し

---

39) 清水『イタリア中世都市国家研究』既出，249頁以下に紹介されている．
40) Cf., Molho, *Florentine Public Finances*, cit., pp. 31ff.
41) Cf., Mallett, Michael, Pisa and Florence in the Fifteenth Century, in, Rubinstein, ed., *Florentine Studies*, cit., pp. 405ff.
42) Molho, *Florentine Public Finances*, cit., p. 36.

た．これに対して，ディストレットの都市ピストイアは，ユダヤ人の金融がなくなれば，ピストイアは負担金を支払えないし，ピストイアの人々は私的な負債を支払えない，とこの法令の撤回を要請した[43]．同様の要請は多数ある．ちなみに，コンタードでのユダヤ人の金融業務を認可した条例では，年利の最高限度は20-30％と規定された[44]．従属コムーネは，過酷な負担金を押し付けられ，フィレンツェへの不満をつのらせた．これが，1429年のヴォルテッラの反乱，1431年のアレッツォの流産した反乱の原因である[45]．いずれにせよ，フィレンツェは，財政的介入を契機として，ディストレットの自治権を侵害し，その支配を強化した．

4　富の分布

ハーリヒィは，最初のカタストを分析して，多数の貴重なデータをえたが，それにもとづいて富の分布をみてみよう．フィレンツェは，世帯の資産を生活維持のために必要な部分と，それ以外のいわば余剰な部分とに二分し，余剰な部分には強制公債や税のような財政負担を賦課したが，必要な部分には賦課しなかった．自分たちが居住する住宅やその家財道具，職人には織機のような商売道具，農民には作業用の牛やロバ，などは，必要な部分とみなされた．土地は，それ自体の価値ではなく，それが生み出す収益が査定の対象となった．自作農は，土地の査定額の半分に課税され，残りの半分は自家消費分として免税された．折半小作農と地主は，収穫を折半するが，折半小作農の取り分は免税され，地主の取り分は課税された．財政負担の対象は，生活維持に必要な富ではなく，「余剰とみなされた富」（以下，富という言葉をこの意味で使用する場合も，一々ことわらない）だから[46]，富者の大邸宅はもちろん，豪華な家財道具や高価な絵画彫刻も，それ自体の資産価値がどれほどあろうと，その世帯が居住し使用すれば，財政負担の対象とはならなかった．ただし，このような資産が「税金逃れ」の手段として積極的に活用されたのか否か，その実態は筆者には不明である．表5は，フィレンツェの支配領域における，富全体の分布を示している．

　ハーリヒィは，都市と農村の格差という視点から富の分布を分析するために，都市や集落がフィレンツェのコンタードにあるか，ディストレットにあるかには

---

43) Ibid., p. 39.
44) Ibid., p. 40.
45) Ibid., p. 44.
46) Herlihy, David, Family and Property in Renaissance Florence, in, Miskimin, Herlihy and Udovich, ed., *The Medieval City,* New Haven and London, 1977, pp. 4f.

関係なく，①フィレンツェ，②6「中都市」(City)，③15「小都市」(Town)，④「農村」(Countryside) の四つに分類して考察した*47)。②は3,000人以上の人口をもつ，ピサ，アレッツォ，ピストイア，プラート，ヴォルテッラ，コルトーナである．③は平均して1,650人の人口をもち，一定の都市機能をもつ集落である．さて，フィレンツェは，支配領域全体の人口の14％しかもたないのに，その富の67％をもつが，これとは反対に，農村は，人口の67％をもつのに，富の16％しかもたない．富の都市への集中は，一人あたりの富でみると，さらに明確になる．フィレンツェ，273フィオリーノ．中都市，66フィオリーノ．ただし，ピサ，アレッツォ，ピストイアの（人口からみた）上位3都市は，85-70フィオリーノ，下位3都市は，平均約45フィオリーノ．小都市，32フィオリーノ．農村，14フィオリーノ．富は農村より都市に，小都市より中都市に集中し，富の序列の頂点に立つフィレンツェへの集中は顕著である．富の類型別にみると，不動産は，集中度がもっとも低いが，それでもフィレンツェ市民は51％をもっていた．没落した農民の土地がフィレンツェ市民に譲渡されたり，農村（や従属都市）の地主がフィレンツェ市民となった結果であり，農村には土地をもたない小作農が多かった．動産は，貨幣や企業資本からなるが，フィレンツェに78％が集中する一方で，小都市や農村では欠乏した．この貨幣欠乏により，そこでの企業投資には限界があった．公債は，事実上すべてがフィレンツェに集中していた．

　フィレンツェの市内では，富はどのように分布したのか*48)．表6をみてみよう．上位1％，世帯数でいえば100世帯に，市内の富の27％が集中しているが，これは下位85％の富と同じであり，また農村の37,000世帯の富より多い．富の類型別にみると，上位への集中度は，不動産，動産，公債の順に高くなっていく．公債は，資力に余裕のある者がない者から買い叩いた結果だろうが，上位10％がその約86％をもつ．この表にみられる特徴は，中産階層の層がきわめて薄いことであり，市内の住民は，少数の富者ときわめて多数の貧者とに分解していた．フィレンツェにみられる富の偏在は，6中都市でも同様にみられ，そこには公債はないが，動産はフィレンツェの場合よりも集中度が高かった．中産階層の層が薄くなったのは，14世紀後半以降のことではないか，と推定されている*49)．ブルーニは，1427年にフィレンツェの書記官長となった人物だが，次のようにい

---

47) Herlihy, The Distribution of Wealth, cit., pp. 136f. この論文は，内容において，註46にあげた論文と相互補完をなす．
48) Ibid., pp. 138f.
49) Cf., ibid., p. 139.

表5 トスカーナにおける

	フィレンツェ		6中都市	
世帯数	9,946		6,724	
人　口	37,245		26,315	
	(14.1)		(10.0)	
不動産（A）	4,128,024	(40.6)	1,137,466	(65.9)
	(51.2)		(14.1)	
動　産（B）	3,467,707	(34.1)	585,357	(33.9)
	(78.0)		(13.2)	
公　債（C）	2,573,378	(25.3)	3,438	(0.2)
	(99.7)		(0.1)	
合　計（A＋B＋C）	10,169,109	(100.0)	1,726,261	(100.0)
	(67.4)		(11.4)	
控　除（D）	2,504,041		332,763	
	(76.0)		(10.1)	
被課税資産額	7,665,068		1,393,498	
（A＋B＋C－D）	(65.0)		(11.8)	

出所）　Herlihy, Family and Property, cit., p. 6 の表より作成．
1）　貨幣単位はフィオリーノ．
2）　原表にある％の数値は小数点以下2桁までであるが，本表では2桁
3）　動産には企業に投下した資本も含まれている．
4）　なお清水廣一郎「十五世紀トスカーナにおける市民とその資産－第84巻第6号，1980年，65頁にも同様の表が収録されている．

う*[50]．「平民 (popolo) は [14世紀初め頃以前は] 武装して戦場にいったが，[平民の] 人口が多かったフィレンツェは，ほとんどすべての隣人を征服した．その時代には，フィレンツェの力は人数にもとづいていたので，[人数の多い] 平民が，権力を握り，貴族を事実上政府から追い出した．しかし，時とともに，戦争は傭兵によって戦われるようになったので，フィレンツェの力は，[平民の] 人数に依存するのではなく，有力者や富者に依存するようになった．彼らは，政府に融資をおこない，また武器によってではなく，助言によって政府を助けたのである．その結果，平民の力は次第に衰え，政治体制は現在のようなものになった．」

　富の遍在は，どのようにして実現し，維持されたのか．1270年代から1330年代にいたるフィレンツェ経済の黄金期において，市民の富の最大の源泉は，国際的な金融業，商業，（輸出向け）工業だった．1340年代以降のフィレンツェ経済は，この有機的に結合した三部門に基盤をおくこと自体は不変だったが，それぞ

---

50)　Cf., ibid., p. 140.

富の分布（1472年）　　　　　　　　　　　（カッコ内は％）

15小都市	農村	合　計
5,994	37,226	59,890
24,809	175,840	264,210
(9.4)	(66.6)	(100.0)
614,446　(78.2)	2,178,253　(90.6)	8,058,189　(53.4)
(7.7)	(27.0)	(100.0)
170,245　(21.6)	223,792　(9.3)	4,447,101　(29.5)
(3.8)	(5.0)	(100.0)
1,888　(0.2)	1,337　(0.1)	2,580,041　(17.1)
(0.1)	(0.1)	(100.0)
786,579　(100.0)	2,403,382　(100.0)	15,085,331　(100.0)
(5.2)	(15.9)	(100.0)
135,341	321,205	3,293,350
(4.1)	(9.8)	(100.0)
651,238	2,082,177	11,791,981
(5.5)	(17.7)	(100.0)

目を四捨五入した．

Herlihy-Klapisch, Les Toscans et leurs familles に関して－」『一橋論叢』

れの具体的な動向については不明な部分が多い．とはいえ，メディチ家のジョヴァンニ・ディ・ビッチ（1360?-1429）が一代で巨富を築いたことにみられるように，金融（銀行）業が相対的に利潤の多い部門だったらしい*51)．いずれにせよ，国際的な経済活動における税負担は軽かった．直接税は，市民には課されず，ガベッラは，国際的な経済活動には大した負担とはならなかった．公債は，有産者に割り当てられ，長期にわたってその資産を凍結した．とはいえ，反対給付のない税とはちがい，いずれは償還されるものであり，償還期限のないモンテでも，平時には5％以上の利子をもたらした．それを安価で購入すれば，実際の利率はより高くなるが，困窮した所有者から市価の四分の一から五分の一で買い叩いて，かなりの利益をあげる富者もいた．1453年にフィレンツェの書記官長になったブラッチョリーニが，15世紀前半にいみじくも洞察したように，富者の私的な富は，政府の財政にとり，必要な資金を貯蔵しておく金庫の役割をはたした*52)．

---

51) Brucker, *Renaissance Florence,* cit., pp. 79-89. Molho, *Florentine Public Finances,* cit., pp. 183f.

表6 フィレンツェ市内における富の分布（1427年）
（貧しい方から数えた人口の何％が富の何％を所有しているか）

人口の%	不動産	動　産	公　債	合　計
100	100.00	100.00	100.00	100.00
99	85.98	70.64	56.97	73.18
98	79.40	58.98	42.91	62.92
97	74.19	50.95	35.34	56.13
96	68.86	45.91	30.22	50.95
95	64.40	42.30	25.42	46.70
90	47.31	28.61	13.85	32.21
80	26.95	15.61	5.71	17.55
70	15.20	9.37	2.18	9.82
60	8.09	5.50	0.91	5.34
50	3.97	3.00	0.30	2.68
40	1.56	1.52	0.07	1.16
30	0.39	0.61	0.01	0.37
20	0.03	0.09	0.00	0.04
10	0.00	0.00	0.00	0.00
集中度指数	70.48	80.06	89.67	78.75

出所）　Herlihy, Family and Property, cit., p. 8 より転載．
註）　集中度指数の分布は1から100まで．指数1は，人口の各1％が富の1％をもつ富の完全な均等分布を意味し，指数100は，人口の1％にすべての富が集中することを意味する．

したがって，公債によって吸い上げた後は，次の緊急事態に備えて，できるだけ早くそれを満たすようにさせる必要があった．公財政と富者の私的富は，共生関係にあったのである．当然，政府は富者を優遇した．強制公債についていえば，割当額の少ない者や滞納者には，償還や利子の支払いをしないことがあり，その場合には，それは相対的な貧者にとって事実上の直接税となった*53)．

富者に集中した富は，どのように循環したのか．ハーリヒィは，農村への還流については，折半小作制におけるパトロン・クライアント（保護者・被保護者）関係をあげる．すなわち，14世紀以降トスカーナで普及したこの小作制度*54)では，地主と小作の関係は必ずしも近代的な経済関係ではなく，パトロン・クライアント関係という側面をもち，地主は小作にさまざまな援助をしたのである．地主が小作に融資した場合，当局は世帯内部の貸借の場合と同様に処理し，その債権は地主の資産のなかに計上しない．都市の中下層への還流については，戦争を契機とする還流をあげている．すなわち，戦争になると傭兵は（公債を財源とする）給料をもらい，都市で武器をはじめ多様な商品およびサーヴィスを購入し，職人，小商人，などが利益をあげる．さらに，コジモ・デ・メディチ（1389-1464年）のように，富者が私費で教会や修道院などを

---

52) Cf., Herlihy, The Distribution of Wealth, cit., p. 141.
53) Cf., Molho, *Florentine Public Finances,* cit., p. 69. Herlihy et Klapisch-Zuber, op. cit., p. 27. Herlihy, The Distribution of Wealth, cit., p. 141.
54) Jones, P. J., From Manor to Mezzadria, in, Rubinstein, ed., *Florentine Studies,* cit., pp. 222ff.

第4章　フィレンツェ共和国とメディチ家

造営したり，貧しい隣人を援助したりすることによる還流をあげている[55]．そのほかにも，多数ある兄弟団が，15世紀の過程で，富者が貧者を扶助する慈善団体としての性格を強化したことは，この還流を活発にしたものと思われる．また，富者が邸宅を建設し，豪華な家具や絵画彫刻などで装飾すること，なども同様だと思われる．

　支配領域の富がフィレンツェに一極集中したことは，この支配都市に対する従属コムーネの競争力を弱め，フィレンツェを中心とする領域経済の統合化[56]を促進した．貨幣と資本が集中したフィレンツェの投資家が，企業活動で支配的な地位を占めたのである．彼らは，フィレンツェ市場の需要に対応した．たとえば，エルバ島で採掘され，アペニン山脈の薪炭を燃料として，ピストイアで精錬される鉄．この山脈の木材．その水流を動力として生産される穀粉．海岸平野と山地の間を移動するピサ周辺の家畜．その皮革や，その脂肪を原料とする石鹸．13世紀には，コムーネ同士は，政治的にも経済的にも競合していたが，15世紀初めには，フィレンツェを中心として，政治的にはもちろん，経済的にも統合が進展していた．ハーリヒィは，第一回のカタストにもとづいて，フィレンツェと，上記の6中都市のうちコルトーナを除いた5都市，合計6都市について，登録人数の多い上位10の職業を分析した．その結果，各都市における経済の特化現象を指摘し，特化がこの統合化の影響によるものであると示唆した．ちなみに，フィレンツェには役人が多いことを指摘し，広大な領域における政治権力の中心であることが，その理由であるとしている[57]．

第2節　フィレンツェの権力構造

1　社会体制の転換

ブラッカーは，1382年から1434年にいたるほぼ半世紀間に，フィレンツェ内部の社会体制が，「団体」(association)的な体制から，市民社会的な体制へ転換したという[58]．14世紀の社会では，個人の地位と安全を保証するのは，アルテであり，家族や血族からなる親族（以下，親族はこの意味），グエルファ党，（平

---

55) Herlihy, Family and Property, cit., pp. 11ff.
56) 統合化については次の論文が触れている．松本典昭「一六世紀トスカーナ経済」同志社大学『文化史学』第42号，1986年．
57) Herlihy, The Distribution of Wealth, cit., pp. 145ff.
58) Brucker, *Renaissance Florence*, cit., pp. 97ff. Idem, *The Civic World*, cit., pp. 11f., 14ff.

民の）地区組織，のような各種の団体だった*59)．このような団体は，それぞれが固有の権力をもち，それらの権力は，必ずしも一元的に調整されることがなかった．もっとも強力な団体が，ほかの団体を実力で圧倒し，その団体を基盤とする権力機関が，事実上の政府機関として政治権力を行使した*60)．フィレンツェの政治権力に対して，コンタードやディストレットの機関や住民は，まったく影響力をもたなかった*61)．

旧都市貴族や豪族では，個人は，親族団体*62)によって保護された．その性格の一面を示すのが，「ヴェンデッタ」(vendetta)，すなわち，ある人間が暴力による被害を受けた場合，本人または親族が，加害者ないしその血族に対しておこなう暴力による復讐である．ヴェンデッタは，身内の被害者を尊重し，親族団体の名誉を守ることを意味したから，生命の危険をはじめとする非常な負担に耐えながら，親族の義務として遂行さるべきものだった．13世紀には，ヴェンデッタが多く実行されたが，公的機関は，禁止するだけの実力をもたなかったので，それを承認せざるをえなかった．13世紀末以降，旧都市貴族や豪族の権力が抑圧されるにしたがい，公的機関は，その実行を管理して制限を加えた．14世紀中葉になると，実行自体が困難になり，同世紀末には，ほとんど実行されなくなったらしい*63)．

13世紀末以降，フィレンツェの実権を掌握したのは，アルテ団体である．この組織は，強力な親族団体をもたない平民が，旧都市貴族に対抗し，その勢力を抑圧するために，13世紀後半の過程で，自分たちの同職組織を政治的，軍事的な機能をもつ組織に再編したものである．1282年に創設され，アルテ員から選出されるプリオリが，事実上の公的権力の中枢機関となった．アルテ員は，アルテ団体の権力，とりわけプリオリの権力を否認する旧都市貴族などを豪族として指定し，豪族にはアルテ団体を基盤とする機関への被選出権を否定して，豪族を政治的には二流の地位に押し込めた*64)．

---

59) Guidi, op. cit., vol. 1, pp. 6, 30.
60) 第3部第2章，参照．
61) Guidi, op. cit., vol. 1, p. 31.
62) フィレンツェの親族については次を参照．高橋友子「ドナート・ヴェッルーティの『家の年代記』にみる一四世紀フィレンツェ市民の『家』」『立命館文学』第504号，1987年．大黒俊二「ヨーロッパ家族史へのふたつのアプローチ」前川和也編著『家族・世帯・家門』ミネルヴァ書房，1993年．
63) 高橋友子「中世後期フィレンツェにおけるヴェンデッタ」『西洋史学』第153号，1989年，参照．Cf., Brucker, *The Civic World*, cit., pp. 19f.
64) 第3部第2章，参照．

第 4 章　フィレンツェ共和国とメディチ家　　　　　　　　　　　　　391

　プリオリの権力が安定するにしたがい，1330年代頃までには，平民の最上層部と旧都市貴族や豪族との社会的な同化が進行し，事実上の新都市貴族層が形成されはじめていた．その一部，小商人や職人を軽蔑するような豪族が，グエルファ党（教皇党）には多数参加していた．シャルル・ダンジューのイタリア遠征をめぐって，教皇派（グエルファ）勢力と同盟したフィレンツェ人が，政治的，経済的に成功して，母市に繁栄をもたらしたのみならず，フィレンツェが武力をもつアンジュー家と友好関係を維持したのを契機として，グエルファ主義がフィレンツェの公式イデオロギーとなり，グエルファ主義者であることが各種の役職への就任資格の一つとなった．グエルファ党は，このイデオロギーの守護者を自任し，グエルファ主義者か否かを審査した．1350年代以降，既成勢力と新参者の対立が激化すると，既成勢力の牙城となったグエルファ党は，政敵を非グエルファ主義者とみなして「警告」(ammonizione) を発し，この警告によって役職就任資格を剥奪するなど，政敵を政治的に無力化する権力をもつようになった[*65)]．

　フィレンツェの「庶民」(popolo) は，アルテに登録すると同時に，職業とは直接の関係がない，庶民からなる地区組織にも参加した．「小教区」(popolo, piviere) は，庶民の日常生活の舞台だったが，庶民たちは，この小教区を，1250年には，（旧）都市貴族に対抗するための庶民の地区組織として再編した．1282年以降，都市貴族の一部を吸収して，豪族の抑圧に成功した「平民」(popolo) は，1330年には，市内秩序を防衛するための民兵組織として，地区組織を［再度］強化した[*66)]（この間における，小教区ないし地区組織とアルテとの関係については，本章では立ち入らない[*67)]）．フィレンツェの地区編成では，市内は六つの「市区」(sesto) に区分されてきたが，新市壁の完成による壁内面積の変化に対応して，1343年に，市内は四つの「市区」(quartiere) に再編され，各市区は四つの「旗区」(gonfalone) から構成されることになり，各旗区は幾つかの小教区を包摂した．小教区を最小単位とするこの平民組織は，各旗区に一つずつ設置される「平民組合」(compagnia del popolo) を中核にして再編され，合計16の平民組合が成立した．この地区組織は，アルテやグエルファ党と同様，固有の役人と財政をもち，一定の自律性と権力をもった．それは地区の夜警や防火などを担当するだけではなく，都市の各種機関の役人候補者を推薦するなど［おそらく強制公債の割当にも関係した］，フィレンツェの政治でも重要な役割を

---

65)　Guidi, op. cit., vol. 2, pp. 113f.
66)　Ibid., pp. 65f.
67)　第 3 部第 3 章において，地区組織とアルテとの関係をボローニャについて検討した．

はたしたのである[*68]. ちなみに, アルテの間, とりわけ 7 大アルテと14中小アルテの間には, 経済力, 社会的重要性, 組合員数などの格差により, それぞれの権力に大きな格差があるが, 地区組織の間にはこのような格差はない.

　14世紀後半になると, プリオリに選出されるには, 上記の 3 団体の関門を通過することが必要になった. アルテに登録していること. グエルファ党からグエルファ主義者であると認定されること. そして, 地区組織から候補者として推薦されること. 公的権力の中枢機関としての地位が確立したプリオリの構成員の選出に対して, アルテ団体だけではなく, グエルファ党も, 地区組織も, それぞれが固有の立場で介入したことになる. したがって, 最初はアルテ団体を基盤としたプリオリは, 少なくともこの時点では, もはやアルテ団体だけを基盤とする機関とはいえず, アルテから相対的に乖離して, 3 団体に立脚する機関としての性格をもちはじめていた. 同様のことが, ほかの機関についてもいえる. たとえば, 1366年のグエルファ党の規約では, 党の「代表者たち」(capitani) は 9 人いたが, そのうち 2 人は豪族から, 5 人は大アルテから, 2 人は中・小アルテから選出されることになった[*69]. なお, 詳細は不明だが, この党の役人の選出に対して, 地区組織が関与した可能性は否定できない.

　14世紀末から15世紀初めにかけて, 親族団体を含む各種の団体が, 固有の権力や構成員間の結合力を喪失する一方で, 上記の 3 団体に立脚する機関となったプリオリが, 公的な政府機関として権力を拡大した. 親族団体は, 内部で家族間の富の格差が拡大したり, 政治的な立場が乖離するなど, 結合力が弛緩した. とりわけ豪族の場合は, 政治的な権利をえるために, 豪族と指定された親族から離脱し, 独立した個人として指定を解除される者が多く, そのために家名を変更する者すら出現した[*70]. アルテについても同様である. アルテ団体による豪族の抑圧が安定する一方で, 事実上の新都市貴族層が形成されると, 大商人などアルテ員の最上層部にとり, 政治的, 軍事的組織としてのアルテの存在理由は消滅した. アルテを必要としたのは, それ以下の層であり, 職人や小商人は, アルテによって政治的な権利が保障されることを要望したのである. その保障については, チオンピの乱で労働者などの階層が新設した 3 アルテの役割が示している[*71]. この乱の終結後, アルテは, 独立した権力主体としての性格が弱化し, その政治的, 軍事的機能の比重が減少して, 経済的機能の比重が増大したものと思われる.

---

68) Cfr., Guidi, op. cit., vol. 2, pp. 66ff.
69) Ibid., p. 115.
70) Brucker, *Renaissance Florence*, cit., pp. 98f. Idem, *The Civic World*, cit., pp. 18ff.
71) 第 3 部第 2 章, 参照.

第4章　フィレンツェ共和国とメディチ家　　　　　393

グエルファ党についても同様である．1375年から78年にかけて，フィレンツェは支配領域をめぐって教皇と戦争したが，このことにより，グエルファ主義，すなわち教皇擁護主義の守護者を自任する党の権威は失墜した．1393年には警告の権利を喪失し，以後急速に権力が縮小した[*72]．地区組織については，この間の詳細は不明だが，豪族の勢力が衰退したので，平民の自衛組織としての役割はほぼ消滅し，政治や行政における政府機関の下部機構としての役割が中心になった，と思われる．

　フィレンツェの各種の権力機関は，上記のように，おそらくチオンピの乱以降の過程で，複数の団体から多元的に規制されるようになり，それぞれの権力機関の母胎だった単一の団体の規制力は相対的に弱化した．14世紀末から15世紀初めにかけて，各種の団体の権力それ自体が自律性を喪失し，縮小した．権力機関は，母胎だった団体から相対的に乖離し，いずれの機関も，比重の軽重はあれ，上記の3団体に立脚するものとなった（後述の政府機関の構成を参照）．この3団体は，それらを全体としてみると，豪族（グエルファ党），アルテ員（アルテ団体），非アルテ員（地区組織）のすべてを包含している．したがって，権力機関は，3団体に立脚することにより，全市民的というべき性格をもちはじめた．プリオリは，すぐれてアルテ団体の機関であり，その権力によって事実上の公的権力の中枢機関となったが，この時点で，アルテ団体の機関から，全市民的な機関へと脱皮したのである．形態は同一でも，実質が変化した．このような変化は，当時の財政事情によって促進されたと思われる．プリオリを中枢とする政府機関は，市民全体の生活に影響するガベッラの税率を引き上げ，アルテ員か否かには関係なく公債を強制した．ガベッラや公債が対象とするのは，特定団体の構成員ではなく，あくまでも個々の市民だった．政府機関が市民に課す公的な財政負担が増大するにしたがい，各種団体が構成員に課す固有の財政負担は相対的のみならず，絶対的にも縮小したと思われる．その結果，政府機関は，直接的というよりは間接的に，各種団体の財政基盤を圧縮したのであるが，それにともない，各種団体に固有の権力が縮小した[*73]．ディストレットの自治権の縮小と同様の現象が，フィレンツェの内部でも実現したのである．

　各種団体の権力の縮小にともない，それが構成員に提供する保護も縮小した．従来，個人は，出生，身分規定（豪族か否か），職業，居住地区，などにもとづいて，自動的，ないしほぼ自動的に，各種団体への帰属が決定した．この団体が，

---

72) Guidi, op. cit., vol. 2, p. 117.
73) Herlihy et Klapisch-Zuber, op. cit., p. 28.

暴力からの保護をはじめとして，多方面にわたる保護を提供したのである．他方，全市民的な政府機関は，ヴェンデッタの消滅にみられるように，暴力からの保護は提供したが，そのほかの多方面にわたる保護については，全面的にそれに代わるものを提供できなかった，と思われる．この状況に直面した非力な個人は，自分を多方面にわたって保護してくれる，以前の団体に代わる新しい保護者を探し求めた．有力者のもとに身を寄せ，彼をパトロン（保護者）とするクライアント（被保護者）になったのである．他方，パトロンになる有力者も，身近な血族や姻戚，企業の共同経営者，有力な隣人，などのなかから選別した私的な仲間集団に保護を求めた[74]．あらゆる紐帯から解放された自由な個人というのは，むしろ例外であり，一般の人々には単なる夢でしかなかった．いずれにせよ，この間に保護の内容が変化し，以前の物理的な暴力からの保護に代わって，役職への推薦，強制公債の割当の減免，牢獄からの釈放，経済的援助など，社会的，経済的な便宜の供与が中心となった[75]．ここで注目されるのは，政府機関の権力行使と関連するものが多いことである．この権力行使に対して影響力をもつことが，パトロンや仲間に求められる重要条件となった．

2　政治機構

フィレンツェの政治機構は，どのようになっていたのか．グイディによれば，1328年に役人選出への抽籤制度の導入など，一連の機構改革がおこなわれたが，以後は1433年まで基本的には変化がなかった[76]．そこにみられる原則は，重要な任務については，一つの機関による権限の独占を排除し，それと協同する機関を一つ，あるいはそれ以上併置するというものだった．その結果，各機関の権限には，不明瞭さがつきまとうことになった．また，どの機関においても，集団指導体制がとられ，特定の個人や親族に権力が集中することのないような機構が案出された[77]．

政治機構の中枢は，「シニョリーア」（signoria），すなわち執政府である．市区が四つになった1343年以降は，市区ごとに2人ずつ選出される8人のプリオリと，各市区から順番で選出され，プリオリの会議で議長となる1人の「正義の

---

74) Brucker, *Renaissance Florence*, cit., pp. 99ff. Cf., idem, *The Civic World*, cit., pp. 21ff. 次もこのような関係について検討している．徳橋曜「中世イタリア商人の覚書」『地中海学研究』第15号，1992年．
75) Cf., Brucker, *Renaissance Florence*, cit., pp. 99ff.
76) Cfr., Guidi, op. cit., vol. 1, pp. 5-8.
77) Ibid., pp. 37f.

第4章　フィレンツェ共和国とメディチ家

旗手」(gonfaloniere della giustizia) との，合計9人から構成された．排他的な法案提出権，単独での条例制定権，国家の安全保証に関わる刑事事件の処分権，外交政策の決定・遂行権，などをもった*78)．この任務をシニョリーアと［少なくとも形式的には］協同して遂行するのが，市区ごとに3人ずつ選出される構成員からなる「十二人会」(12 buonuomini, 原義は善人たち) と，旗区ごとに1人ずつ選出される構成員からなる「十六人会」(16 gonfalonieri delle compagnie, 原義は平民組合の旗手たち) との，シニョリーアの二つの「協同機関」(collegio) である．両者とも，シニョリーアに助言し，その決定に同意を与える権限をもった*79)．14世紀末以降，シニョリーアとこの二つの協同機関とを総称して，「三大機関」(tre maggiori) とよんだ．

シニョリーアが二つの協同機関の同意をえて提出する法案について，その可否を審議するのが，1328年の機構改革で役割の確定した二つの評議会，すなわち「ポーポロ（平民）評議会」(consiglio del popolo) と，「コムーネ評議会」(consiglio del comune) である．以下，両評議会という．両評議会の議員数は，時とともに変化したが，14世紀にはおおよそ150-300人くらいだった．議員の選出母胎となる各団体への割当人数も変化したが，（チオンピの乱が終結した）1382年には，ポーポロ評議会では，285人の議員のうち，189人（三分の二より1人少ない）が大アルテより，残りの96人（三分の一より1人多い）が中・小アルテより，それぞれ各旗区から［原則として］同数ずつ選出された．これとは別に，職権による議員が少数いた．コムーネ評議会では，252人のうち職権による議員20人を除いた232人は，40人が豪族から，192人が平民から選出されたが，平民議員は128人（その三分の二）が大アルテから，64人（三分の一）が中・小アルテから，それぞれ各旗区から同数ずつ選出された．両評議会とも，議員は全員，グエルファ主義者でなければならなかった．それぞれの評議会の機能自体は，取るに足らない違いしかなかったが，法案は，まずポーポロ評議会で審議され，そこを通過してからコムーネ評議会で審議された．両評議会とも，基本法に関しては三分の二，そのほかに関しては過半数をもって可決した*80)．

可決された法にもとづいて一般行政をおこなうのが，「行政役職」(uffici) であり，これは原則としてフィレンツェ市内を担当する「内政役職」(uffici intrinseci) と，コンタードやディストレットを担当する「外政役職」(uffici

---

78) Ibid., p. 38.
79) Ibid., p. 39.
80) Guidi, op. cit., vol. 2, pp. 133ff.

estrinseci) の二つに大別された*81)。重要な役職としては，治安担当の「警察八人委員会」(otto di guardia)，財政担当の「モンテ委員会」(ufficiali del monte)，戦時に設置される軍事・外交担当の「バリーア十人委員会」(dieci di balia)，などの重要委員会の委員や，フィレンツェ市民のなかから選出して現地に派遣される，ピサ「総督」(capitano del popolo，カピターノ・デル・ポーポロ)，アレッツォ「総督」(podestà，ポデスタ)，などのような重要拠点の地方行政官があった。〔総督の具体的な名称が任地によって異なるのは，それぞれの任地において実権をもつ役職が異なるからだ，と思われる。〕ちなみに，実務に熟練の必要な地方行政官には，各地の総督を歴任する職業的な行政官も少なくなかった*82)。役人の数は，14世紀中葉以降，次第に増大した。この時期は，人口の激減期ではあるが，財政および支配領域の拡大にともなって，役人数が増大したのである。グイディは，1415年頃の役人数全体を約1,900人と計算しており*83)，ハーリヒィは，1427年のカタストで役人を職業として申告した者が，フィレンツェでは一位の公証人に次いで，織物職人と二位を分け合ったと報告している*84)。ちなみに，三大機関のような政治機関の役職手当は名目的なものだったが，行政役職のそれは（役職に対応する格差はあるが）実質的なものだった。行政役職手当は，フィレンツェ経済が不況にあるなかでは，市民にとって貴重な収入源となり，15世紀になるまでには，経済的な動機による行政役職への志望者が増大していた*85)。

フィレンツェでは，特定の個人や親族への権力集中を回避するために，三大機関，両評議会，行政役職の任期は短く（ほとんどが2－6か月），一親族あたりの人数も制限された。これを徹底させるために，1328年以降，どの役職でも抽籤による選出がおこなわれた。1530年に共和国が崩壊するまで続いたこの抽籤制度は，複雑な手続によっておこなわれた*86)。まず，それぞれの機関の役人候補者となる資格の有無について「審査」(squittino)があるが，この審査に先立って，旗区の住民組織が，その住民のなかからこの審査の対象となる者を指名し

---

81) Rubinstein, Nicolai, *The Government of Florence under the Medici, 1434 to 1494*, Oxford, 1966, p. 5.

82) Brucker, *The Civic World,* cit., pp. 220ff.

83) Guidi, op. cit., vol. 1, p. 275. Cf., Herlihy, David, The Rulers of Florence, 1282-1530, in, Molho, Raaflaub and Emlen, ed., *City States in Classical Antiquity and Medieval Italy*, Stuttgart, 1991, p. 197.

84) Herlihy, The Distribution of Wealth, cit., pp. 145ff.

85) Rubinstein, *The Government of Florence,* cit., pp. 57ff.

86) Guidi, op. cit., vol. 1, pp. 275ff. Herlihy, The Rulers of Florence, cit., pp. 198ff.

た.資格審査のために臨時に設置される委員会は,職権上の委員(三大機関の構成員,アルテおよびグエルファ党の代表者,など)と,「三大機関が任意に選出した委員」(arroti,原義は追加された人々)とからなる,約150人程の委員によって構成された.審査に合格して候補者となるには,委員の三分の二の賛成が必要とされ,1406年頃以降は,モンテの債権者であることも要求された[87].1415年の規定により,審査は5年ごとにおこなわれることになった.審査は各役職ごとにおこなわれ,それぞれの合格者は,その「名札」(polizza)が役職ごとに別々の革袋に入れられた.この一連の作業は秘密裡におこなわれ,誰がどの役職の候補者になったかは秘密とされた.

以後の手続きは,役職によって異同があり,ここではシニョリーアの場合をみてみよう[88].名札を革袋に入れる作業は,審査に先立って選出された「アッコッピアトーリ」(accoppiatori,原義は仕分ける人々)がおこなった.シニョリーアの名札袋には,正義の旗手候補者(大アルテ員に限定)の名札袋,大アルテ員のプリオリ候補者の名札袋,中・小アルテ員のプリオリ候補者の名札袋,の3種類があった.大アルテからは,正義の旗手と6人のプリオリが,中・小アルテからは,2人のプリオリが選出されるのである.1387年以降は,大アルテ員のプリオリ候補者の名札袋が,「大袋」(borsa grande, borsa generale)と「小袋」(borsellino)とに分けられ,少数の名札しか入れない小袋から2人(後に3人)が選出された.名札を小袋に入れるのは,その候補者の被選出確率を高めるためである.さて,抽籤選出の本番では,三大機関の構成員の面前で,ポデスタがそれぞれの袋から名札を抽籤し,その候補者の名前を読み上げる.三大機関の役人は,就任の「禁止規定」(divieto)にもとづいて,被抽籤者の就任の可否を判定するが,否とされた場合には,名札は「破棄される」(stracciato)か,元の袋に「戻される」(rimesso)かである.破棄されるのは,被抽籤者が死亡していたり,豪族,聖職者,被追放者,破産者,強制公債の滞納者である[になった]場合であり,袋に戻されるのは,法定年齢(シニョリーアでは30歳)未満だったり,本人または親族が同一役職に就任したことがあり,その任期が終了してから,まだ法定の禁止期間(シニョリーアでは,本人については2年,父・兄弟・子については1年)が経過していない場合である.なお,シニョリーアの席に座ることのできた者は「セドゥート」(seduto,原義は着席した者),一時的な欠格条件によりその時点では就任できなかった者は「ヴェドゥート」(veduto,原

---

87) Guidi, op. cit., vol. 1, p. 104.
88) Rubinstein, *The Government of Florence,* cit., pp. 34f.

義は検討された者）とよばれた．ヴェドゥートは，名前が読み上げられることにより，審査に合格したことが公認されるので，それになるだけでも価値があり，やがて一定の特権をもつようになる*89)．

　このように，フィレンツェでは，商人や職人などが抽籤によって各種の役人となり，短任期で次々に交替する一方で，シニョリーアを中心とする三大機関の権限は，両評議会などによって厳重に制禦されていた．したがって，複雑化していた通常の政治運営では，役人の適性，熟練度，非継続性に不安があり，とりわけ非常事態では，その対処能力が危惧された．このことから，その欠点を補う機構が発展した．一つは，「プラティカ」(pratica, 原義は練達，転じて勧告）という，シニョリーアの諮問会議である．それには三大機関の構成員，アルテおよびグエルファ党の代表者，当該問題を担当する行政役職の就任者が，職権によって参加したが，これと並んで，政府や各種団体の役人であるか否かには関係なく，当該問題に練達した有能な市民が，三大機関によって任意に指名されて参加した．この指名された市民の役割は，政治運営における重要かつ微妙な問題について，シニョリーアの諮問に回答し，勧告することだった．この会議は，14世紀後半の過程で，恒常的な存在になった*90)．

　もう一つは，「バリーア」(balia) である．戦争そのほかの非常事態に対処するには，超法規的ともいえるバリーア，すなわち「非常大権」（広義のバリーア）を，特定の目的に対して特定の期間，特定の機関に設定する慣例があった．設定の対象となるのは，一方はシニョリーアを含む既存の機関であり，特定の問題についての対処能力を増大させるためだったが，他方は特定の問題に対処させるために「臨時に設置され，非常大権を設定された機関」，すなわちバリーア（狭義のバリーア）である*91)．いずれにせよ，非常大権が一旦設定されると，その機関は，設定された範囲であれば，大きな権力を通常の法定手続を無視して行使できるので，両評議会は，自己の機能がほぼ停止することになり，その設定に反対することが多かった．評議会が反対した場合には，バリーアを設定するために，「全住民集会」(arengo, parlamento) が利用された*92)．この集会は，コムーネの初期には，その最高（意志決定）機関だったが，13世紀以降になると，市民の人口が増大したのみならず，階層分解が進行して利害の対立が深刻になった結果，名目的な存在となりはてていた．この全住民集会を再び引き出してきて，評

---

89) Cf., ibid., pp. 37ff.
90) Guidi, op. cit., vol. 1, pp. 89ff.
91) Ibid., pp. 93ff.
92) Ibid., pp. 91f.

議会の抵抗を粉砕する手段として利用したのである．この集会が本来の機能を発揮したのは，都市領主やコンタード各地の封建領主などに対抗して，まだ少数の市民が一致団結するような状況のなかであり，いまやまったく異なる状況のなかでこの集会に付与された機能は，本来のそれとは懸け離れていた．すなわち，シニョリーアの構成員が，自分たちや仲間のクライアントなどを集会に動員し，議事の筋書きをお膳立てしたうえで，全参加者にあらゆる圧力をかけたので，全住民集会なるものは，シニョリーアの意志を貫徹するための道具にしか過ぎなかったのである．

3　転換期の支配層

1382年から1434年にかけて，フィレンツェの社会体制は上記のように転換したが，この時期の支配層についてみてみよう．従来，この時期は，アルビツィ家などごく少数の有力家族が実権を掌握した，寡頭政の時期として理解されていた．しかし，周知のように，バロンが1955年刊の著作（66年に改訂版）で「市民的人文主義」（Civic Humanism）を提唱[93]して以来，このような理解は再検討の対象となり，さまざまな論議をよんできた．1400年頃以降，フィレンツェ政府が，ミラーノ公国には君主による「独裁者の圧政」があるのに対し，フィレンツェ共和国には「共和国の自由」があると標榜し，それを内外に喧伝したことから，バロンは，当時のフィレンツェが寡頭政ではなく，多数が政治に参加できる状況にあったと主張した．バロン自身は，この共和国の社会構造を分析していないので，ほかの研究者が，その問題に取り組むことになった[94]．では，この共和国の実態は，どのように理解されるのか．

　コンタードやディストレットの住民は，フィレンツェの政府の役職には就任できなかった．フィレンツェの住民でも，その就任資格には多様な格差があった．非自由人（黒海などから輸入された奴隷，封建領主の従属農民など），外国人（外国人しか就任できないポデスタなど，ごく少数の役職は例外），聖職者，女性，などには資格がなかった．被追放者ないし逃亡者，犯罪者，破産者，非グエルフ

---

93) Baron, Hans, *The Crisis of the Early Italian Renaissance,* Princeton-New Jersey, 1955, 2nd ed., 1966. 本稿では，市民的人文主義には立ち入らないが，次の両氏のそれに関する代表的な論文のみをあげておく．石坂尚武「ルネサンス人文主義の課題」一，二，三，同志社大学『文化史学』第35，36，37号，1979，80，81年．根占献一「ルネサンス・フィレンツェにおける自由の意義」仲手川良雄編著『ヨーロッパ的自由の歴史』南窓社，1992年．

94) Cf., Witt, Ronald G., Florentine Politics and the Ruling Class, 1382-1407, in, *The Journal of Medieval and Renaissance Studies,* 6-2 (1976), pp. 243ff.

ァ主義者, などにもなかった. 豪族は, プリオリなど多数の重要役職から排除されたとはいえ, コムーネ評議会には議席が割り当てられており, 外交使節やバリーア十人委員会などへの就任には制限がなかった. プリオリなどへの就任については, アルテ員であることが名目的にせよ必要だったが, 大アルテ員か否かにより, 役職配分には大きな格差があった. 重要な役職に就任するには, 少なくとも14世紀末以降は, 三代にわたってフィレンツェに居住し, 公債などを負担していることが要求されたが, どの役職に対してはどの程度の負担が必要か, ということは明示されていなかった[95]. これは, 役職ごとにおこなわれる資格審査において, その都度決定されたものと思われる. したがって, 資格審査は法的規定にしたがうとはいえ, その都度決定される資格審査の具体的基準が, きわめて大きな役割をはたした. いずれにせよ, 市民権がすぐれて政府役職への就任権を意味するとすれば, 市民権は, きわめて重層的な構造をもっていたのである[96].

モルホは, 1282年から1420年までの約140年にわたる時代のなかから, それぞれが10年間を単位とする六つの期間を抽出し, 各期間のプリオリの構成員について分析した. それによると, 1382年から1434年にいたる時期に位置する二つの期間(1390年代, 1410年代)には, その構成員になる個人や親族の範囲が限定されることはなく, むしろ1280年代や, 1330年代よりも拡散していた. モルホは, このデータにもとづいて, 問題の時期を寡頭政の時期とすることはできないとした[97]. 他方, ヘールデは, 政策はプラティカでの討議によって事実上決定されるとして, 1382年から1402年までのその「議事録」(consulte e pratiche, 原義は諮問と勧告)を分析した. それによれば, 少数のアルビツィ派が, プラティカを支配していたという. ヘールデは, この結果にもとづいて, この時期は寡頭政の時期であり, 「共和国の自由」なるものは実体のない政治宣伝であるとした, という[98].

ウィットは, プリオリの構成員について, 1382年から1407年までの期間を連続して分析した. その結果にもとづいて, モルホの見解を補強し, 次のことを指摘した[99]. すなわち, チオンピの乱後の最大の課題は, 政治の安定であり, そ

---

95) Guidi, op. cit., vol. 1, pp. 99ff.
96) 清水廣一郎『イタリア中世の都市社会』岩波書店, 1990年, 31頁以下, 参照.
97) Molho, Anthony, Politics and the Ruling Class in Early Renaissance Florence, in, *Nuova Rivista Storica*, 52, 1960, pp. 409ff.
98) Herde, Peter, Politische Verhaltensweisen der florentiner Oligarchie, 1382-1402, im, *Geschichte und Verfassungsgefüge*, Bd. 5, Wiesbaden, 1973, S. 156-249 (筆者は未読, 次を参照). Cf., Witt, op. cit., pp. 245f.
99) Witt, op. cit., pp. 246ff.

れを実現するために，より多くの個人や親族がシニョリーアに選出された．しかし，アルベルティ家が，大衆の支持をえて集団指導体制の枠組からはみ出そうとしたので，独裁者の出現を恐れる有力者たちによって，1387年と93年の二度にわたって追放された．この事件を契機として，1393年以降，シニョリーアへ選出される親族が次第に限定されるようになった．一方，アルビツィ家は，集団指導体制の枠内で行動したので，その限りでの権力をもつことができたが，有力者たちの間における平等の原則は維持された．なお，1378年（チオンピの乱の開始）以前は，それぞれの親族を代表する特定の少数者がプリオリに選出されるという傾向がみられたが，1382年（乱の終結）以降は，それぞれの親族において選出される者が拡散するという傾向がみられた．

ハーリヒィは，1349年［大黒死病直後］から1478年［パッツィ家の陰謀，後述］までの期間について，三大機関の役人を輩出する親族について分析した[100]．三大機関のセドゥートとヴェドゥートの名前は，その資格審査委員会の「日誌記録」(giornali) に記録されたが，17世紀になってから，かつてはどの親族から三大機関の役人が輩出されていたのかを調査するために，この記録にもとづいて作成したヴェドゥートに関する「抄録」(tratte) がある．それを分析した結果が表7である．この表における時期区分は，記録自体においてなされている時期区分である．表の1行目をみよう．1349年8月－1351年9月の間，ヴェドゥート(A)は148人，そのうち名前に親族名をともなう者(B)は95人，その親族名(D)は74親族に帰属，そのうちヴェドゥートとしてはじめて名前がこの抄録に出現した者，すなわち新入者の親族名(E)は74親族に帰属，ということになる．なお，1349年8月には，以前の記録がないので，DのすべてがEに該当するが，Eは1351年9月には95親族となる．「有力親族への集中指数」(1)は，表にある親族全体のなかで有力親族が占める比率を示す．ここで有力親族というのは，親族名のあるヴェドゥート(B)の半分までを輩出する上位の親族であり，その数は表にはないが表から算出できる．すなわち，74親族の約36％（算出すると27親族）だけで，親族名のあるヴェドゥートの半数を輩出していることを示す．「有力親族への集中指数」(2)は，上記の有力親族（に属する者）が，ヴェドゥート全体において占める比率を示す．すなわち，上記の27親族だけで，ヴェドゥート全体（A・148人）の約32％を輩出していることを示す．

この表から次のことがいえる．なお，最初の5年間に，親族全体における新入

---

100) Herlihy, The Rulers of Florence, 1282-1530, in, Molho, Raaflaub and Emlen, ed., *City States in Classical Antiquity and Medieval Italy,* cit., pp. 200ff.

表7 三大機関のヴェドゥート（1349-1478年,

年　　　　月	ヴェドゥートの人数 A	親族名のある人数（内数） B	親族名のある人数／人数（％） C(=B/A)
1349. 8-1351. 9	148	95	64.19
52. 3- 54.12	129	97	75.19
55. 2- 56.12	155	109	70.32
57. 2- 58. 4	151	94	62.25
58. 6- 59. 6	130	88	67.69
62. 2- 63. 6	188	131	69.96
63. 6- 64.12	176	122	69.32
65. 4- 66. 2	125	86	68.80
66. 2- 67. 2	204	145	71.08
67. 4- 68.12	189	148	78.31
69. 2- 70. 4	138	102	73.91
70. 6- 71. 3	140	101	72.14
73. 4- 74. 3	177	124	70.06
81. 4- 92. 9	646	361	55.88
92.12-1401. 9	651	422	64.82
1402. 2- 09.12	544	381	70.04
10. 2- 17.12	803	596	74.22
17.12- 28. 3	1097	807	73.56
28. 3- 35. 3	1557	1248	80.15
35. 4- 44. 3	1313	1132	86.21
44. 4- 54. 3	1530	1312	85.75
54. 3- 64. 3	1655	1520	91.84
64. 4- 70. 8†)	915	729	79.67
74. 2- 78. 8	975	904	92.72

出所）Herlihy, The Rulers of Florence, cit., p. 202 の表より作成．
†）1470年8月に関してはサンタ・クローチェ市区のみの数字．
＊）74親族は1349年8月の数字．95親族は1351年9月までの数字．
＊＊）この数字のみ小数点以下2桁目の数字が欠如．
　なお，本表の「新参者の親族名の数」，「有力親族への集中指りがあるので，本文pp. 209-210の記述内容にもとづいて訂正

者（が属する親族）の割合が高いのは，新入者の定義（記録にはじめて出現する者）に起因する，当然の現象である．この時期を除くと，その割合が高いのは二つの時期である．一つは，チオンピの乱（1378-82年）の直後であり，その割合は47％と非常に高い．これは三大機関に就任する人々の範囲を拡張して，政権の支持基盤を拡大しようとした結果だろう．もう一つは，コジモの追放（1433年）と帰還（翌年）の後であり，20-26％である．これはアルビツィ派とメディチ派による，それぞれの政敵の追放および味方の登用の結果だろう．このような

サンタ・クローチェ市区とサント・スピリト市区）

親族名の数 D	新参者の親族名の数（内数）E	新参者の親族名の数／親族名の数（％）F (=E/D)	有力親族への集中指数 (1)	有力親族への集中指数 (2)
74	74/95*)	(100.00)	36.49	32.42
73	25	34.25	34.25	37.98
85	14	16.47	36.47	35.48
74	11	14.86	37.84	31.79
64	8	12.50	32.81	34.62
85	15	17.65	30.59	35.11
88	13	14.77	31.82	35.23
63	12	19.05	33.33	35.20
95	10	10.53	28.42	35.78
100	9	9.00	28.00	39.68
69	3	4.35	27.54	37.68
72	9	12.50	30.56	36.43
82	7	8.54	28.05	35.59
168	79	47.02	22.02	28.17
166	31	18.67	18.67	32.57
147	26	17.69	19.73	35.29
162	24	14.81	20.99	37.36
198	33	16.67	18.69	37.19
214	43	20.09	17.78	40.27
237	62	26.16	14.78	43.18
220	33	15.00	15.00	43.53
244	36	14.75	14.34	46.52
146	29	19.86	15.09	45.77
234	32	13.68	17.52	46.6**)

数(1), (2)」については，原表にはその標題について校正ミスと思われる誤
しておいた．

革命後，政変後の状況では，新入者の割合が一時的に増大したが，それ以外の時期でも，ある程度の水準で新入者は進出しつづけていた．さて，集中指数(2)は，チオンピの乱直後の10年間には最低の約28％であり，コジモ帰還後には最高の40％台であるが，それを除けば，30％以上40％未満の水準にあって大差はみられない．ヴェドゥート全体において有力親族が占める割合は，乱直後に低く，帰還後に高いが，それを除けば，一定の水準を維持していたのである．ちなみに，親族名をもつ者はある程度以上の社会的地位をもつと仮定すると，チオンピの乱

直後には無名層が46%も進出したが，コジモ帰還後には無名層の進出は抑制されたことになる．

しかし，この間に，注目すべき現象が起きている．集中指数(1)が，一貫して低下しているのである．1350年代には，上位約35%前後の有力親族が，親族名のあるヴェドゥート（その割合は増加傾向にある）の半数を輩出したが，コジモ帰還後には，上位約15%前後の有力親族だけで，同じ半数を輩出している．換言すれば，残りの半数を輩出するのが，下位約65%前後から下位約85%の親族へと拡散し，非有力親族は，それぞれがより少数ずつしか輩出できないようになった．すなわち，政権の支持基盤を拡大するために，ヴェドゥートを輩出する非有力親族の数を増大させる一方で，数が収斂していく特定の有力親族が，政権の中核に凝集していったものと思われる．いずれにせよ，1382年から1434年までの時期を以前と比較すれば，政権への参加者が増大する一方で，その中核部分はより収斂してきたことになる．あえていえば，この時期には，社会の表面では「共和国の自由」，裏面では「有力親族数の収斂」がみられたのである．

さて，アルビツィ派とメディチ派の対立関係は，1420年代に明確化したが，ケントは，これについて次のようにいう[101]．この党派対立の底流にあるのは，強制公債の割当と役職への就任をめぐる利害対立であり，それをめぐって既得権の維持をはかる既成層と，現状打破をめざす新入者層との抗争がみられた．両派とも，このなかで自然発生した利益団体が，構成員の便宜を画策しているうちに，行動的な政治団体になったものである．アルビツィ派は，既成の有力親族が多く，幾つかの親族を中心とするその結束は緩慢だったが，メディチ派は，まだ地位の確立していない者が多く，巨富をもつメディチ家を中心とするその結束は緊密だった．対立の緊張が高まるなかで，1433年，アルビツィ派の支配するシニョリーアは，全住民集会によってバリーアを設置し，そこでコジモ・デ・メディチの追放を決定させた．

4 メディチ派の一党支配

1434年から1494年（メディチ家当主ピエロの追放）までの，メディチ派およびメディチ家の支配時代の政治については，ルービンステインの1966年刊の著作が，いまだに最高の基本文献である[102]．以下は，叙述が入り組んでいて，理解

---

101) Kent, Dale, The Rise of the Medici, Oxford, 1978, pp. 1-30.
102) Rubinstein, Nicolai, *The Government of Florence under the Medici, 1434 to 1494*, Oxford, 1966, cit.

第4章　フィレンツェ共和国とメディチ家

するのが必ずしも容易ではないその内容を，筆者なりに整理したものである*103)．
　さて，コジモ追放後，アルビツィ派の支配のもとで，シニョリーアの構成員を抽籤で選出することは，一時停止されたが，すぐに復活し，1391年以降の候補者（メディチ派も混じる）の名札を入れた袋と，1433年の審査の合格者の名札を入れた袋とが結合され，そのなかから抽籤がおこなわれた．その結果，1434年9月には，メディチ派がシニョリーアで多数派となり，そこでコジモの召還が決定された．メディチ派は，この事件から教訓をえた．すなわち，シニョリーアなどの重要な役職において，自派の割合を増大させ，それを維持する方法を案出したのである*104)．
　1434年10月，メディチ派の支配のもとに，バリーアが設置され，前年の資格審査を無効として，その合格者の名札を焼却し，このバリーアが，新たに役職全般についての資格審査をおこなうことにした．同年12月，バリーアは，合格者の名札を袋に入れる期限を，翌35年4月までとした．その間，2か月ごとにおこなわれるシニョリーアの選出は，メディチ派を中核とするアッコッピアトーリが用意した，規定上の最小限数（正義の旗手については当時は4名）の名札しか入れない，各一回限り有効な臨時の袋から，従来の手順に従って抽籤によっておこなわれた．これも形式上は抽籤選出であるとはいえ，名札数は少なく，しかも誰の名札を袋に入れるかはアッコッピアトーリに一任されたので，選出結果はメディチ派の意向が反映するものとなった．この選出方法は，いみじくも「お手盛り選出」(elezione a mano)とよばれた*105)．法の規定は守るが，法の精神は踏みにじるわけである．
　お手盛り選出は，最初は1435年5月までとされたが，期限が何回も延長され，36年までには袋入れが完了していた（と推定される）にもかかわらず，41年2月に「通常の」（以下省略）抽籤選出が復活するまで，実に6年以上にわたってつづけられた．この間，34年10月に選出されたアッコッピアトーリは，39年12月まで異例の長さにわたって留任し，次期のアッコッピアトーリも，41年に抽籤選出が復活するまで，長期にわたってお手盛り選出をおこなった．抽籤選出の復活は，ミラーノ公ヴィスコンティとの戦争によって財政負担の増大が必要になる一方で，メディチ派による支配がひとまず安定したので，世論と妥協するためにおこなわれたのである．しかし，早くも43年には，お手盛り選出が部分的に復

---

103)　同書の叙述は錯綜しているが，註は煩を避けるために簡略にした．
104)　Rubinstein, op. cit., pp. 1ff., 7ff.
105)　Ibid., pp. 10ff., 33ff., 42ff.

活した.すなわち,シニョリーア選出のための名札袋は,上記のように,正義の旗手用の1袋(A),大アルテ員用のいずれも1袋ずつの小袋(B)と大袋(C),中・小アルテ員用の1袋(D)から構成されていたが,このうち,Aと(3人のプリオリを選出する)Bについて,ということは9人のうちの4人について,お手盛り選出をおこなったのである.その後,49年に抽籤選出が復活したが,52年にお手盛り選出が復活し,それが54年までつづいた.このように,政変後の状況のなかで非常手段として導入されたお手盛り選出は,メディチ派による支配の恒常的な手段となったのである.とはいえ,基本法を事実上停止するこのやりかたに対して,両評議会の抵抗は強く,その延長ないし復活は,いつも僅差でようやく可決された.さて,アッコッピアトーリは,異例の長期にわたる任期と,シニョリーアとその協同機関の選出における重大な権限とをえたが,さらに資格審査の結果に対する多少の修正権をもえて,はじめは単なる事務機関だったのが,事実上きわめて重要な政治機関へと変質した.修正権というのは,具体的な内容はその都度変化したが,資格審査の合格者のうち20人までの名札を削除できる,ということなどである.その結果,お手盛り選出とあわせて,彼らはシニョリーアに意中の人物を選出することができた[106].

メディチ派による権力維持のもう一つの手段は,バリーアの活用である[107].1434年,アルビツィ派を追放するために,期限を34日間(後に延長)と限定したバリーアが設置された.このバリーアをも含んで,従来のバリーアは,ほとんどが全住民集会によって設置が可決され,いずれも期限を短く(7-53日)限定されたものだった.しかし,メディチ派支配のもとで,従来とは異なった種類のバリーアが,1438年,44年,52年に設置された.新しいバリーアは,シニョリーアがその設置を発議するのは従来と同じであるが,しかし両評議会によって設置が可決され,期限はそれぞれ3年,5年,あるいは「戦争の継続期間に6か月を加えた期間,ただし全体で2年を超えない」というように,従来にはない,きわめて長期にわたるものだった.

これらの長期バリーアは,軍事および治安,財政,資格審査,要職の選出方法(抽籤選出か,お手盛り選出か)に関する問題の処理を目的として設置されたので,資格審査のための特別委員会などは,事実上その役割をおえた.しかし,長期バリーアは,両評議会によって承認されたことから,単独で全権をもった従来の短期バリーアとは異なり,その決定が法的効力をえるには,幾つかの分野(資

---

106) Ibid., pp. 30ff.
107) Ibid., pp. 68-87.

格審査などは除く）については，両評議会の承認が必要とされた．とはいえ，これらの分野でも，次第に全権を事実上もつようになった．長期バリーアを設置できたのは，メディチ派による支配の最初の20年間には，戦争が繰り返されてフィレンツェはしばしば非常事態にあり，政策の実行には，両評議会の承認などを必要とする通常の煩瑣な法定手続ではなく，より迅速で効率的な手続が要望されたからである．とはいえ，両評議会は，事実上その権限を長期間停止することになるので，この設置には強く反発し，いずれも僅差でようやく可決した．長期バリーアは，いずれもアッコッピアトーリにお手盛り選出をさせ，メディチ派に忠実で有能な人物をシニョリーアに選出させる一方で，反対派の復権を阻止した．すなわち，1434年に，多数のアルビツィ派を10年の期限で追放したが，44年および54年には，その期限をそれぞれ10年ずつ延長し，それ以後も，期限をさらに延長したり，本人と子孫の役職就任権を剝奪したりしたのである．のみならず，新たな反対派が誕生すると，資格審査で不合格にしたり，追放処分にしたりした．1452年設置のバリーアは，両評議会での可決を容易にするために，そこでの重要法案の可決に必要な賛成を三分の二から二分の一に変更した．

これらのバリーアは，職権上の委員と，そうでない委員とから構成された．職権上の委員の全員（38年，44年）あるいは一部（52年）が，非職権上の委員を選出する制度であり，また職権上の委員の占める比率が，次第に拡大した[*108]．職権上の委員となる役職は，それぞれのバリーアによって多少の異同があるが，三大機関，アルテとグエルファ党の代表，警察八人委員会，モンテ委員会，商業法廷六人委員会，（軍事に関するバリーアをもつ）バリーア十人委員会，アッコッピアトーリとセクレターリ，などだった．「セクレターリ」（secretari，原義は秘書たち）とは，三大機関の選出でアッコッピアトーリがおこなう任務を，それ以外の機関についておこなう役職である．アッコッピアトーリとセクレターリは，1444年には，職権上の委員158人のなかでは75人（47％）を占め，全委員のなかでは約三分の一を占めた．アッコッピアトーリとセクレターリは，それ自身がお手盛り選出で選出され，事実上の任期が異例に長かったので，バリーアで中心的な役割をはたした．なお，これらのバリーアでは，現員の半数以上を以前のバリーアの構成員が占める事態になったので，特定の個人や親族への構成員の集中を回避することが政治的に要請され，1親族あたりの構成員数が制限されるようになった．

1455年，イタリア五大国間の和約（ローディの和約）が成立して，フィレン

---

108) Cf., ibid., pp. 254ff., 264ff., 272ff.

ツェが長期にわたる平和を保証されると，1452年に設置されたバリーアは，翌53年に5年の期限延長が僅差で可決されていたにもかかわらず，その解散が両評議会において大差で可決され，さらに抽籤選出も復活した．これを契機として，非メディチ派によるメディチ派支配への反撃がはじまった．57年には，反対派の陰謀が発覚した．58年4月には，バリーアの設置を困難にし，バリーアによる資格審査を禁止する法案が可決された．しかし，同年6月，メディチ派が（次期の）正義の旗手に抽籤で選出されたのを契機に，反撃はおわった[109]．この正義の旗手のもとで，シニョリーアは，7月に（220人という異例の多人数からなる）プラティカで改革法案を作成させ，これがポーポロ評議会で否決されると，8月には全住民集会で短期の（期限は6か月未満）バリーアを設置させた．このバリーアによって，今後5年間シニョリーアと警察八人委員会についてはお手盛り選出を復活すること，資格審査権をこのバリーア自体に付与すること，などと並んで，「百人評議会」(consiglio de' cento) の新設が決定された．

　1458年11月に設置された百人評議会は，以前の長期バリーアが単独で，あるいはほかの評議会と協同して行使したのと同様の権限をもった[110]．長期バリーアは，それがバリーアである以上あくまでも臨時機関だったが，百人評議会は，通常の政治機構のなかに組み込まれた常設機関だった．百人評議会では，長期バリーアがもった矛盾する二つの要素，すなわち「権限の集中」と，両評議会などより優位には立つがそれらと「協同する必要」があることのうち，後者が定着したのである．百人評議会の議員の任期は6か月であるが，メディチ派に忠実な人物を選出するために，59年末以降は次の方法で選出をおこなった．現シニョリーアと，（1434年10月以降の）正義の旗手のセドゥートおよびヴェドゥートとが，議員候補者用の幾つかの名札袋から抽籤選出する．議員の内訳は，正義の旗手（大アルテ員に限定）のセドゥートおよびヴェドゥートから32人，三大機関のセドゥートおよびヴェドゥートのうち，大アルテ員から48人，小アルテ員から20人であり，大アルテ員と小アルテ員の比率は4対1となる．このような経歴の者，とりわけ正義の旗手のセドゥートおよびヴェドゥートは，もっとも忠実だとされたのである．百人評議会には，100人の議員以外にも，58年7・8月期の正義の旗手と，次期以後のそのセドゥートおよびヴェドゥートとが，完全な投票権をもって出席できた．

　メディチ派内部では，構成員間に緊張・競合関係がみられ，コジモ（1389-

---

109) Ibid., pp. 88ff.
110) Ibid., pp. 105-127.

1464年)や,ほかの特定個人の意志が常時貫徹するということはなかった.しかし,内紛が危険なことを理解していたので団結し,あるいは団結しているようにみせかけ,指導力をもつコジモがまとめ役をはたした.同派の中核は,バリーアやプラティカの恒常的な構成員であり,この中核のなかの中核が,アッコッピアトーリだった.コジモは,ヴィスコンティ家最後のミラーノ公フィリッポ゠マリーアの娘婿となった傭兵隊長,フランチェスコ・スフォルツァに多額の融資や援助をおこなっていた*111).フランチェスコが1450年にミラーノ公になると,フィレンツェはミラーノと同盟し,この強力な君主と友好関係のあるコジモの権威が上昇した.フィレンツェは,ヴェネツィアがイタリア本土で勢力を拡大し過ぎたので,従来のヴェネツィアとの同盟に代えて,スフォルツァとの同盟を外交政策の基本におくことにした.コジモは,平和の到来した1455年までは役職にしばしば就任したが,以後は老齢と病弱を口実にして就任せず,人々の嫉妬と反感を回避するために,彼の発案でも他人が発案したようにみせかけたという.58年には有力者のなかで唯一人,新カタストに賛成して民衆の人気を集めた.メディチ派のバリーアが成立した同年8月以後,コジモは,公的には共和国の一市民にしか過ぎないが,実態はシニョーレに類似したものになり,政治活動を政府庁舎ではなく,ヴィア・ラルガ(地名,原義は広い道)にある私邸でおこなったが,そこでの討議は記録がないので,彼の実際の権力を的確に評価するのは容易でない*112).いずれにせよ,もはやプラティカでも,メディチ派を批判する言論の自由は消滅した*113).

1464年,コジモが死亡し,息子のピエロ(16-69年)が跡を継ぐと,メディチ家の権力集中への反感が強まった.翌65年には,ピエロ派と,(旧)メディチ派の一部を含む反ピエロ派とが対立し,ピエロはミラーノ公スフォルツァの,反ピエロ派はいずれもスフォルツァと対立するフェッラーラ侯とヴェネツィアの支援を求めた*114).1466年3月,フランチェスコ・スフォルツァが死亡すると,後ろ盾をなくしたピエロ派は弱化した.同年5月,シニョリーアは,フランチェスコの後継者ガレアッツォ゠マリーアへの援助金の停止,政治的討議は私邸ではなく政府庁舎でおこなうこと,65年に復活した抽籤選出を維持することを決定し,

---

111) De Roover, Raymond, *The Rise and Decline of the Medici Bank, 1397-1494*, New York, 1966, pp. 70f.

112) Rubinstein, op. cit., pp. 128ff.

113) Rubinstein, Nicolai, Florentine Constitutionalism and Medici Ascendancy in the Fifteenth Century, in, Rubinstein, Nicolai, ed., *Florentine Studies*, cit., pp. 452-456.

114) ピエロ時代については,Rubinstein, *The Government of Florence*, cit., pp. 136ff.

さらに同月末，反ピエロ派の約400人の市民が，共和制的諸制度の遵守を誓約した．この誓約者の多くが，1434年以降に中枢機関やバリーアの構成員になった者であり，その中核は，コジモのもとで顕著な社会的地位をえた者たちである．1466年7月以降，両派は武装し，8月になると，ミラーノ公の軍隊とフェッラーラ侯の軍隊が，いずれもフィレンツェへの進軍体勢を整えた．しかし，両派とも，武力衝突や，外国軍隊の導入には踏み切れなかった．この状況のなかで，両派は歩み寄りをみせたが，9月2日の全住民集会において，ピエロ派は，フィレンツェ内外から搔き集めた約3,000人の私兵で参加者を取り巻き，そこでバリーアを設置させて権力を掌握した．同年12月31日までを期限とするこのバリーアにより，反ピエロ派の追放，役職就任権の剝奪，などが決定されたが，ここではさらに，お手盛り選出を恒常的制度とすること，百人評議会が毎年10月にアッコッピアトーリを選出することが規定された．

1469年にピエロが死亡すると，（新）メディチ派は，権力の維持に不安を感じ，息子のロレンツォ（49-92年）による権力継承の方策を検討するために，直ちに私的な党派集会をメディチ私邸で開催した*[115]．最初は150人を召集する予定だったが，300人に変更され，最終的には700人が召集された．ロレンツォは，法にもとづいて支配する意向をもったが，忠誠に不安を覚えた百人評議会を改革する一方で，信頼できる者をアッコッピアトーリに選出し，その役割を強化して支配の手段とした．71年1月の規定により，アッコッピアトーリの選出は，今後5年間，シニョリーアとアッコッピアトーリとが選出した候補者を百人評議会が承認するということになったが，アッコッピアトーリがシニョリーアを選出することから，事実上は現アッコッピアトーリが次期のそれを決定することになった．同年7月には，バリーアが，百人評議会と両評議会との三つの評議会の承認を得て設置されたが，アッコッピアトーリが，このバリーアの構成員の選出で主導権を発揮した．このバリーアでは，中・小アルテ員の割合は，従来の四分の一から五分の一に減少した．同月，バリーアは百人評議会を改革したが，要点は二つある．一つは，このバリーアの中核をなす45人と，現職のシニョリーア9人およびアッコッピアトーリ5人との，合計59人を百人評議会の恒常的な構成員とし，百人評議会に対するロレンツォの影響力を確保したことである．もう一つは，軍事および治安，財政，役人選出方法，などについて，百人評議会が従来もった「優先的な」審議権を，今後は「排他的な」審議権にしたことである．その結果，両評議会の権限は，最終的かつ劇的に縮小した．

---

115) ロレンツォ時代については，ibid., pp. 174ff.

1471年には，定期的な資格審査がおこなわれた．5人のアッコッピアトーリがシニョリーアのお手盛り選出をしたが，これ以後，彼らはあらかじめ資格審査の結果を知る必要はなく，各人が「合格したと判断する者」のなかから（規定による最小限数を）予備候補者として指名し，そのなかから彼らの半数以上が賛成した者を最終候補者とした．この最終候補者の名札袋から（ポデスタによって）抽籤された者の名前が，合格者名簿にあるか否かは，名簿を管理する政府庁舎の役人が事後に確認するものとされた．その結果，正義の旗手は7人の，プリオリは68人の最終候補者のなかから抽選されることになり，シニョリーアの構成員9人が確定するまでに抽籤される名札の平均数は，1473年の36枚から83年の14枚にまで減少した＊116)．こうなると，選出には抽籤による不確定要素が残るとはいえ，実態は指名に近い．

周知のように，1478年には，反メディチ派のパッツィ家による政権転覆の陰謀が失敗し，翌79年には，ロレンツォが単身でナポリに乗り込んで，ナポリ国王との長年の敵対関係を解消するという劇的な成果を収めた．ロレンツォは，余勢を駆って，80年4月に（三つの評議会の承認をえて）バリーアを設置し，そこで（当初は5年の期限を付された）「七十人評議会」（consiglio de' settanta）を創設させた＊117)．七十人評議会は，このバリーアの中核をなすロレンツォに忠実かつ有能な30人と，この30人が正義の旗手のヴェドゥートから選抜した40人とから構成されたが，慣例からすれば異例なことに，その議員には任期がなく，したがって原則として議員の交替はなかった．70人のうち，このバリーアの非構成員は5人だけだった．七十人評議会は，アッコッピアトーリに代わってシニョリーアの選出権を獲得し，半数の35人ずつが，一年交代でその選出を担当した．また上記の30人のなかから，新たに創設された二つの行政機関，すなわち外交と政治機構を担当する「施政八人委員会」（otto di pratica）と，内政とりわけ財政を担当する「執政十二人委員会」（dodici procuratori）との構成員（いずれも任期は6か月）を選出したが，この両機関は，それぞれの任務に関するほかの諸機関の権限を事実上吸収した．一方，シニョリーアは，軍事，財政，政治機構，役人選出方法，などの重要事項について発議するには，七十人評議会の承認が必要になった．その結果，七十人評議会は，政治の最高機関となり，その構成員のなかから選出する上記の両委員会を通じて，内政外交を運営した．ここに，シニョリーアは，誕生以来の立法における主導権を喪失し，百人評議会は，

---

116) Ibid., pp. 188ff.
117) Ibid., pp. 119-213.

諸評議会の序列における首位の座を剥奪された．七十人評議会の議員は，慣例に反して，中・小アルテ員の占める割合についての規定がなく，結果としてその割合が低下した．いずれにせよ，七十人評議会の設置により，共和政の枠内での，コジモ以来の権力集中の過程がほぼ完成した．1484年には，この80年改革を補強する立法がおこなわれた．すなわち，百人評議会は，単独で（両評議会の承認なしに），80年改革法の有効期限を更新する権限をもつようになる一方で，七十人評議会が百人評議会の議員の選出についての決定権をもち，同時にその構成員が百人評議会への出席権をもつことになったのである．とはいえ，この決定権と出席権については，わずか3票の差で百人評議会を通過した．百人評議会は，議員が固定して事実上の常設機関となった七十人評議会が，[閉鎖的な貴族身分からなる]終身制の元老院になるのではないか，と危惧したものと思われる．

お わ り に

フィレンツェでは，14世紀中葉以降，経済が長期の不況におちいり，課税人口が減少したなかで，1370・80年代以降，傭兵費用など軍事費が膨張し，財政負担が急増した．各層の負担の重さは，支配の構造を反映して，均質ではなかった．直接税は，コンタード住民が対象だったが，有力者のフィレンツェ移住，市民による土地獲得などにより，貧困化した農民が負担の主体となり，その担税能力は減少した．ガベッラは，コンタード住民と並んでフィレンツェ市民を対象としたが，基礎食料などに基盤をおいたので，中・下層の負担が相対的に重く，不況にあえぐ彼らの没落を促進した．フィレンツェは，14世紀最後の四半世紀以降，イタリアの諸大国と断続的に戦争し，軍事費が際限もなく膨張した．ディストレットは，一部がフィレンツェのコンタードに編入されたが，編入された部分は，直接税やガベッラの負担を強制された．残る部分は，過酷な特別税を賦課され，従属コムーネなどは，従来の自治権が侵害された．フィレンツェの中下層の反乱（チオンピの乱）や，従属都市コムーネの反乱は，このような負担への抗議だったが，組織ないし武力の脆弱さのゆえに失敗した．一方，フィレンツェ市民の上層は，税制では優遇されたが，財政が窮迫するにしたがい，多大な強制公債を賦課された．とはいえ，彼らが経済的に没落すれば，彼らを担い手とする支配の構造それ自体が危機に直面する．したがって，彼らは私財によって財政を補完はしたが，その回復ないし維持を可能にする制度，すなわち利子をともなう公債制度によって財政を補完したのである．

フィレンツェの支配領域では，従属コムーネは，そのコンタードの富を吸収し，

フィレンツェは，拡大したコンタードと従属コムーネの富を吸収した．一方，フィレンツェの内部では，中・下層が没落し，少数の上層に富が集中した．この上層が，支配都市フィレンツェの事実上の支配者だった．そこには商工業者とりわけ大商人，旧都市貴族，コンタード出身の有力者など，さまざまな出自の者がいたが，彼らの間では，社会的な同化が進展する一方で，（ヴェネツィアのような）身分の閉鎖がなかったので，社会的な新陳代謝は停止することがなかった．メディチ派およびメディチ家の台頭は，極言すれば，この新陳代謝にともなう社会的活力を基盤にしたものと思われる．この間に，旧都市貴族を中心とする強力な親族団体は分解し，各種の権力機関はいずれも，その固有の母胎となった団体から相対的に乖離し，住民各層を全体として包含する複数の団体に立脚するという意味で，「全市民的な」ものへ脱皮した．団体的なものから市民的なものに脱皮し，同化の結果誕生した事実上の新貴族層によって支配される政府機関は，14世紀末以降，強化した財政権にもとづいて，各種団体の自律的な権力を抑制し，新貴族層に基盤をおく自己の権力を飛躍的に拡大した．これにともない，親族や団体が自己の構成員に対してもつ保護機能は縮小し，個人はそれをパトロンや仲間集団に求めたが，ここでの保護機能は，もはや暴力からの保護ではなく，社会的・経済的な便宜の保証に重心があった．

　権力は，政府機関に集中したが，権力を行使する政治機構は，独裁者の出現を阻止し，共和政を維持するために，集団指導体制を基本とした．特定の個人や親族による要職の独占，単一の機関による権限の独占は，機構的に排除された．とはいえ，複数の機関が相互に権力を掣肘しあう政治機構は，権力の効率的な行使を阻害するので，戦争や治安における緊急事態では，バリーアという便法が採用された．他方，上層市民の仲間集団やクライアント（被保護者）の間では，役職就任や強制公債の割当などをめぐって利益団体が形成され，それはやがて政治党派へと発展した．党派対立による政治不安が出現すると，より強力な党派がバリーアを利用して実権を掌握した．結束の緊密なメディチ派は，バリーアによって実権を掌握すると，バリーアを長期化，恒常化する一方で，抽籤制度を形骸化して自派を要職に就任させ，実権の維持をはかった．しかし，メディチ派の権力も，その内部におけるメディチ家の権力も，いずれも制度化されたものではなく，事実上掌握しているだけの権力でしかなかった．同派や同家は，権力独占を阻止する制度機構を一挙に廃止するような意向，ないし実力をもたなかった．同派や同家は，都市内外のクライアントである市民や農民を主体とし，緊急時に動員される弱体な私兵のほかには，固有の武力をもたなかった．フィレンツェの軍事力は，フィレンツェの権力の外部で傭兵隊長が組織する軍隊に依存していた．傭兵隊長

をフィレンツェ内部の政治に導入すれば，この外部の勢力によって同派や同家の権力が束縛され，あるいは剝奪される危険がある．結局，メディチ派やメディチ家が，固有の武力をもたずに実権を維持するには，市民とりわけ上層市民の同意が是非とも必要であり，その同意をえるには，表面的にせよ，共和制の制度機構を遵守する手続が必要だったと思われる．

付論

トスカーナ大公国の領域構造

―――――――

はじめに

　本付論の目的は，トスカーナ大公国の領域構造を展望することである。大公フェルディナンド一世（在位1587-1609年）は，1593年に発布した「リヴォルノ憲章」の前文で，自己の地位を次のように表現している。「神の恩寵により，第三代のトスカーナ大公にして，第四代のフィレンツェ公およびシエーナ公であり，エルバ島のポルトフェッライオ，カスティッリォーネ・デッラ・ペスカーイア，およびジッリォ島の領主（signore）であり，サント・ステーファノ騎士団の団長である」[*1)]。ちなみに，この表現にもとづけば，第一代のフィレンツェ公はアレッサンドロ（メディチ家），第一代のシエーナ公はフェリーペ（後のスペイン国王フェリーペ二世），そして第二代のフィレンツェ公およびシエーナ公が，初代のトスカーナ大公となるコジモ一世（メディチ家，傍系）であり，第二代の大公にして，第三代のフィレンツェ公およびシエーナ公が，その息子のフランチェスコ一世（1574-87年）である，ということになる。さて，この表現が示すように，トスカーナ大公という称号は，幾つかの地位の総体に対して授与されたものである。したがって，トスカーナ大公国は，それぞれの地位に対応する個々の支配領域からなる，複合的な領域構造をもっていた。
　それだけではない。フィレンツェ国家，すなわち以前のフィレンツェ共和国だけを取り上げてみても，その領域構造はきわめて複雑だった。周知のように，都市フィレンツェは，まずコンタードを征服して，都市国家を形成し，次いで近隣の都市国家を従属させて，領域国家を形成した，といわれる。しかし，コンター

---

1)　Toaff, Renzo, *La nazione ebrea a Livorno e a Pisa (1591-1700)*, Firenze, 1990, p. 419.

ドの一部には，フィレンツェから多少とも自治権を承認された，封建領主や農村コムーネ（農村共同体）が存在した．また，ディストレットの一部には，近隣の都市国家の支配には服属せず，旧都市国家の場合と同様に，多少とも自治権を承認されることにより，ようやくフィレンツェに従属した封建領主や農村コムーネが存在した．フィレンツェの支配領域には，多少とも自治権を承認された各種の要素が存在していたのである．共和国時代のこの領域構造は，大公国時代にもなお存続した．コジモ一世は，支配領域に君主権を浸透させようとしたが，その構成要素のそれぞれにおいて存在する各種の特権，とりわけ多様で不均質な自治権を廃止することはできなかった．したがって，支配領域は，多種多様の不均質な部分からなる集合体という様相を払拭できなかった．本付論は，コジモ一世の時代，すなわち大公国の基本構造が形成されたといわれる時代[2]を中心にして，この大公国の領域構造の概要について展望する．

第1節　大公国の領域構造

フィレンツェ共和国は，以前から，皇帝に従属しない自由な国家，すなわちフランス王国，ヴェネツィア共和国，教皇国家，などと同様の地位をもつ国家とみなされてきた[3]．しかし，1530年，共和国が皇帝（と教皇）の軍隊に降伏したことを契機として，皇帝との関係があらためて問題となった[4]．同30年，メディチ家出身の教皇クレメンス七世（1523-34年）は，同家の（名目上はロレンツォ二世の嫡子だが，実際は同教皇自身の庶子だといわれる）アレッサンドロをフィレンツェに送り込み，この教皇と同盟していた皇帝カール五世は，アレッサンドロ[5]を世襲の「フィレンツェ共和国の政府，国家，体制の長」に任命して，すべての旧政府機関を統括する権限を授与したのである．1532年の国制改革において，アレッサンドロは，今度はフィレンツェの有力者たちにより，ヴェネツィア共和国のドージェ（統領）に準ずる地位の「フィレンツェ共和国の公」（duca

---

2) Cf., Guarini, Elena Fasano, *Lo stato mediceo di Cosimo I,* Firenze, 1973, pp. 75-76. なお，16世紀の大公国については次も参照．松本典昭「十六世紀におけるフィレンツェ公国の政治構造」『イタリア学会誌』第40号，1990年．

3) Marrara, Danilo, I rapporti giuridici tra la Toscana e l'Impero, in, AA. VV., *Firenze e la Toscana dei Medici nell'Europa del '500,* vol. 1, Firenze, 1983, pp. 217sgg.

4) Marrara, op. cit., p. 219.

5) アレッサンドロの地位・称号については次を参照．Marrara, op. cit., pp. 220sgg. Becagli, Vieri, Stato e amministrazione nel Granducato di Toscana da Cosimo I a Pietro Leopoldo, in, AA. VV., *Lezioni di storia toscana,* Firenze, 1981, p. 17.

della repubblica fiorentina)に任命された．ちなみに，ヴェネツィアでは，貴族たちが権力をもち，ドージェは実権をもたない名目的な元首でしかなかった．「ドージェ」(doge)と「公」(duca)は，いずれもラテン語の「指導者」(dux)に由来する言葉であり，日本語での印象とはちがい，原語では意味が重なり合う．1537年，品行不良で世間の顰蹙をかったアレッサンドロが嫡子を残さずに暗殺されると，メディチ家傍系のコジモ（公位1537-74年）[6]が，フィレンツェの有力者たちにより，「都市フィレンツェの政府，その支配領域，および都市フィレンツェの諸役人と諸役所の長にして第一人者」の地位を授与された．その後，亡命していた共和主義者（ないし反メディチ派）の一部少数が，皇帝と対立するフランス国王の支持をえて，共和国の復興を標榜して領内に武装進入したが，コジモは，モンテムルロ（プラートとピストイアの中間）の戦いで難なくこれを撃滅した[7]．この事実により，同37年，皇帝カール五世は，コジモに「フィレンツェ共和国の政府と支配領域の長にして第一人者」(caput et primarius gubernis status atque dominii reipublicae florentinae)の地位と，「フィレンツェ共和国の公」という世襲の称号とを授与した．この事実にもとづいて，当時の［皇帝側の］法学者たちは，この公位を（マントヴァなどの公位と同様に）皇帝に従属する地位とみなしたが，コジモと彼を取り巻く法律家たちは，公位は共和国から継承した伝統的な自由にもとづくものと主張して，皇帝への従属を否定した．いずれにせよ，以後，コジモは，法的には根拠のない「フィレンツェ公」(duca di Fiorenza)を自称する．この称号は，フィレンツェの政体について，「共和国」と明示することを意図的に排除している．

　1555年，コジモと皇帝カール五世の連合軍は，フランスが支持するシエーナ共和国を降伏させた[8]．カールは，シエーナ共和国を皇帝の属領とし，自分の息子フェリーペをこの旧共和国における終身の皇帝代官に任命して，「シエーナ公」(duca di Siena)の称号を授与した．翌56年，カールは政界から引退し，スペイン王位は息子のフェリーペ（二世，1556-98年）に，帝位は弟のフェルディナント（一世，1556-64年）に譲渡した．フェリーペは，即位の翌年，すなわち57年に，旧シエーナ共和国の領域が帝国の封地であることを封建法にもとづいて

---

　6) コジモの地位・称号については次を参照．Marrara, op. cit., pp. 220sgg. Becagli, op. cit., pp. 17-18.
　7) 次はこの事件について解説している．松本典昭「モンテムルロの戦いについて」同志社大学『文化学年報』第36号，1987年．
　8) 降伏後のシエーナ国家については次を参照．Marrara, op. cit., pp. 223sgg. Becagli, op. cit., pp. 17-18.

確認したうえで，皇帝代官の資格において，この領域を（スペイン国王に従属するナポリ副王領に飛び地として併合した五か所のスペイン軍駐屯地を除いて）コジモに封地として授与した．この事態に対して，コジモを取り巻く法律家たちは，「シエーナ公」の地位に関しては皇帝に従属するが，「フィレンツェ共和国の公」の地位に関しては従属しないと主張した．コジモは，必要に応じて，「フィレンツェ共和国の公」と，「フィレンツェ公」とを使い分けたことになる．いずれにせよ，以後，彼は「フィレンツェとシエーナの公」（duca di Fiorenza e Siena）と自称するようになる．

　1569年，コジモは，長年にわたる工作が実を結んで，教皇から「トスカーナ大公」（granduca di Toscana）の称号*9)を授与され，翌年，ローマで戴冠式を挙行した．教皇は，大公の地位を「自由かつ真正の君主」（dominus liber et directus），すなわち皇帝から独立するものとみなした．この事態について，皇帝マクシミリアン（1564-76年）は，帝国領域のトスカーナに対する教皇の越権行為だとして抗議した．この皇帝は，1576年になると，大公が皇帝への臣従を承認するのと引換に，あらためて同じ称号「エトルリア大公」（magnus dux Etruriae，エトルリアはトスカーナの雅名）を，コジモの息子フランチェスコ（1574-87年）に対して承認した．しかし，その後まもなく，フランチェスコは，皇帝によるこの承認を，教皇による称号授与の追認，すなわち皇帝から独立する大公の地位についての追認とみなそうとした．ここに，大公と皇帝の関係をめぐる微妙な問題の火種がおかれたのである．本付論では，称号をめぐる経緯にはこだわらずに，便宜上コジモを大公（ないし公）とよぶ．

　コジモの治世の終わり頃の大公国は，四つの類型の領域から構成されていた*10)．(A)「フィレンツェ国家」（stato di Firenze）または「旧国家」（stato vecchio）とよばれる，旧フィレンツェ共和国の領域．この国家には固有の統治機構があった．(B)「シエーナ国家」（stato di Siena）または「新国家」（stato nuovo）とよばれる，旧シエーナ共和国の領域（上記のスペイン軍駐屯地は除く）．ここにも固有の統治機構があり，フィレンツェ国家の統治機構がこの国家を統治することはなかった．フィレンツェ国家とシエーナ国家は，法的，機構的にはあくまでも別個の国家であり，一方の国民は，他方において法的には外国人として取り扱われた．両国は，大公の「人格における統合」（unione personale）をなす同君連合だったのである．(C) 大公を「領主」（signore）とする領域．すな

---

9)　トスカーナ大公位については次を参照．Marrara, op. cit., pp. 226sg.
10)　大公国の構成については次を参照．Guarini, op. cit., p. 14. Becagli, op. cit., pp. 13sg.

わち，トスカーナ北東部のルニジャーナ地方にあるフィラッティエーラ（1549年に取得），南西部の都市グロセットの西方海岸地帯にあるカスティッリォーネ・デッラ・ペスカーイア侯爵領（54年に取得，次いでナポリ副王の娘である妻エレオノーラに授封，妻の死後回収．ナポリ副王とは，事実上スペインの属国となったナポリ王国を統治するために，スペイン国王から任命される国王代理のこと），そしてエルバ島にあるポルト・フェッライオ（57年にフェリーペ二世より受封）．これらの領域は，上記両国の統治機構によって統治されることはなく，両国から独立した領域として，大公が任命する「管理者たち」（ministri）によって統治された．(D)「封地」（feudo）．これは大公を封主とする封臣が支配する領域であるが，大公と封臣たちとの関係は多様であり，したがって，大公と封地との関係には法理論上は偏差があった（後述）．なお，メディチ家は，ウルビーノ公国の内部に世襲領地をもっていたが，この領地はトスカーナ大公国の構成部分とはならなかった．

　トスカーナ大公国では，ナポリ王国やサヴォイア公国などの場合とはちがい，封地*[11]は周縁的かつ限定的な存在でしかなかった．メディチ期には，封地についての調査や，封地と大公との関係についての整理がおこなわれず，ロレーナ期になってから，はじめておこなわれた．ポーランド継承戦争（1733-35年）の結果，1735年に締結されたウィーン仮条約（本条約は1738年）の取り決めにしたがって，1737年にメディチ家が断絶すると，ロレーナ家のフランツ・シュテファンがフランチェスコ二世（1737-65年）として大公位を継承し，ここに大公国のロレーナ期がはじまる．ちなみに，ロレーナは，ドイツ語表記ではロートリンゲンであり，フランツ・シュテファンは，1736年にマリア・テレジア（40年にオーストリア・ハプスブルク家を相続）と結婚しており，45年には皇帝（フランツ一世，ハプスブルク＝ロートリンゲン朝）に選出された．このフランチェスコ二世の治世の1749年に編纂された「封建法」（legge feudale）では，封地を三つの類型に分類して整理しているので，それにしたがってみていく．(a)「大公封地」．大公が授封した封地であり，大公を封主とし，受封者はその封臣となる．(b)「皇帝封地」．皇帝が授封した封地であるが，受封者が大公に保護を求めて「託身」（accomandigia）することにより，大公が受封者を保護する義務をもつようになったもの．大公とこの「託身者」（raccomandato）との関係は，16世紀の法解釈では，自己の支配領域ではそれぞれが「主権者」（sovrano）である，「不平等者」（disuguale）の間での「同盟」（confederazione）関係であった．

---

11) 封地については次を参照．Guarini, op. cit., pp. 64sgg.

換言すれば，託身契約は，「封建法的な装いのもとでの真の国際的な条約」であった．しかし，18世紀の法解釈では，支配・従属関係とみなされたという．いずれにせよ，大公とこの種類の受封者との関係が，同盟関係なのか，支配・従属関係なのか，必ずしも明確でなかった理由の一つは，上記のように，大公と皇帝の関係自体（大公は皇帝から独立しているのか否か）が自明ではなかったからだ，と思われる．(C)「混合封地」．元来は皇帝あるいは教皇が授封した封地であるが，時の経過のなかで，征服あるいは自発的・強制的な合意により，受封者が，フィレンツェあるいはシエーナの「上級支配権」（alto dominio）を承認し，次いで（両国の権力を継承した）大公の上級支配権を承認したもの．さて，コジモ一世の時代には，受封者は大公との間に君臣関係があるのか，あるいは大公の保護を受けるだけなのか，という漠然たる区別しかなかったが，この区別にもとづいて，大公税の負担義務の有無については差異が設定された．

メディチ期における大公国の封地について調査した研究[12]によると，コジモ一世以前から存在した封地は20個，うち教会・修道院のものは5個．コジモ一世は9個の封地を創設・授封し，フランチェスコ一世（1574-87年）は1個，フェルディナンド一世（1587-1609年）は7個，コジモ二世（1609-21年）は5個，フェルディナンド二世（1621-70年）は32個，コジモ三世（1670-1723年）は8個，メディチ家最後の大公ジャン・ガストーネ（1723-37年）は2個．メディチ家の大公たちは，200年にわたり，合計64個の封地を創設したが，うち48個（75％）は17世紀の創設である．コジモ一世以前から存在したものを含めて，封地のほとんどは，トスカーナ東部の山岳・丘陵地帯と，ピサ・シエーナ・キウジを結ぶ線以南のトスカーナ西南部との，いずれも人口過疎の貧困地帯に集中している．これらの封地についての本格的な研究はまだなく，その実態は明確になっていない．しかし，トスカーナは，ロンバルディーア平原と並んで，中世のイタリアでも都市化がもっとも進展した地方だった[13]ので，コジモ一世以前からの封

---

12) Caciagli, Giuseppe, *I feudi medicei*, Pisa, 1980. 封地の個数，創設年代については，pp. 3-5. 封地の所在地とその大まかな面積については，巻末の地図を参照．なお，封地については次も参照．松本典昭「トスカーナ大公国の貴族層－17世紀デカダンスの社会的諸側面－」『日伊文化研究』第29号，1991年．

13) トスカーナ，とりわけフィレンツェ国家の領域における13世紀以降の都市化現象は顕著だったが，トスカーナの一部であるとはいえ，人口が過疎化したシエーナ国家の領域ではこれと対照的だったことは次に詳しい．Ginatempo, Maria e Sandri, Lucia, *L'Italia delle città -Il popolamento urbano tra Medioevo e Rinascimento (secoli XIII-XVI)*, Firenze, 1990, pp. 105-115, 195-222. また，トスカーナ諸都市が農村地帯の封建領主を制圧したことについては，次を参照．Cherubini, Giovanni, Aspetti della Toscana medievale e medicea, in, AA. VV., *Lezioni di storia*

付論　トスカーナ大公国の領域構造

地の受封者は，コムーネによる征服を生き延びたとはいえ，都市の圧力によって権力を縮小する過程を経験したと思われる．また，大公たちが創設した封地は，数の上では圧倒的に多い（全体の76％）が，封地にともなう爵位の授与によって国内，とりわけフィレンツェの有力者を懐柔し，大公権力の支持基盤とするためのものだった．したがって，いずれの封地も，大公権力にとって脅威となるようなものではなかったと思われる．

　トスカーナ大公国を構成する上記のＡ，Ｂ，Ｃ，Ｄ四つの類型は，法的・機構的には相互に独立し，それぞれが大公に直属していた．（Ｄのなかの皇帝封地は，皇帝との関係について問題が残るが，これ以上は立ち入らない．）Ｃ，Ｄの類型については，それぞれが幾つかの領地，あるいは多数の封地から構成されたが，これらの領地同士，封地同士は，相互に独立し，一つ一つが大公に直属した．したがって，大公国を構成するこれら多数の要素は，大公の人格においてのみ統合されていたということになる．ところで，大公国内部におけるこのような法的・機構的な分裂を多少とも補償したのが，シエーナ受封後の1562年にコジモが創設し，代々の大公を団長とするサント・ステーファノ騎士団[14]だった．創設したのは，プレヴェザの海戦（1538年）とレパントの海戦（1571年）とにはさまれた時期，すなわちフランスに支援されたトルコの艦隊がティレニア海を荒らし回っていた時期である．ムスリムとの海戦を目的に結成され，貞潔の誓いを必要としないこの騎士団には，トスカーナ各地の有力な家族の家長が入団した．また，「騎士禄」(commenda) 設定のために資産を騎士団に寄贈した者は，団長から騎士身分とその騎士禄とを家系が断絶するまで授与されたらしい．この制度により，騎士団は，既成家族か新興家族かを問わず，資産のある家族が世襲の騎士身分を獲得する手段になる一方で，商人貴族が地主貴族に変質していくこの時代に，家族の土地財産を事実上の世襲財産として保全する格好の手段を提供したらしい．いずれにせよ，騎士団は，土地資産を急速に増大し，やがてトスカーナ最大の土地所有者となる．政治的には，騎士団は，トスカーナ各地の有力な土地所有者に財産保全と騎士身分を保証することにより，団長である大公に彼らの忠誠を確保する一方で，法的・機構的には分裂する大公国各地の有力者層を団結させることにより，大公国内部の人的な連帯を強固にしたと思われる[15]．

Toscana, cit., pp. 4sg.
14)　同騎士団については次を参照．Becagli, op. cit., pp. 22sg. 松本典昭「サント・ステーファノ騎士団の創立」阪南大学『阪南論集』第34巻第4号，1999年．
15)　Becagli, op. cit., pp. 22sgg.

第2節　フィレンツェ国家の領域構造

フィレンツェ国家は，大公国とよばれる領域のなかで，人口・面積のいずれでも，とりわけ人口では圧倒的に，優越した構成要素であった．その領域は，共和国時代から引き続いて，法的にはコンタードとディストレットに区分されていた[*16]．コンタードは，第4章でみたように，一般には，都市に拠点をもつ伯（司教伯）の管轄する伯管区（司教区）に由来し，伯（司教伯）の権力を継承した（都市）コムーネがその支配権をもつとみなす領域，とみなされる．フィレンツェ共和国では，支配領域のうちコンタード以外の部分がディストレットとよばれたが，このように支配領域をコンタードとそれ以外の部分に二分するのは，同国以外において必ずしも一般的ではない[*17]．いずれにせよ，フィレンツェといずれもディストレットにある，（都市）コムーネ，農村コムーネ（自治農村），封建領主，など，多少とも独立する権力主体との関係は，14世紀末ないし15世紀初め頃以前の段階には，「降伏条約」（capitolazione）にもとづく同盟［相互誓約］的な関係とみなされた[*18]．フィレンツェは，それぞれとの間に締結した個別の条約にしたがい，コムーネや農村コムーネの規約や慣習，封建領主の領地の慣習などを尊重する義務をもった．ディストレットの上記の権力主体は，それぞれの条約によって保証された一定の政治的，財政的な自由をもったのである．したがって，ディストレットは，フィレンツェの規約や慣習が適用され，フィレンツェに直接支配されるコンタードとは，法的には別種の存在だった．これが，コンタードとディストレットについての，一般的な図式である．

　しかし，現実はこの図式から乖離していた．まず，コンタードは，一般には一つの司教区と一致するとされる領域だったが，フィレンツェのコンタードは，二つの司教区からなっていた．フィレンツェのコムーネ（住民による自治都市）は，1115年頃の誕生からまもない1125年に，近隣の都市フィエーゾレを征服し，破壊して，住民をフィレンツェに強制移住させた．フィエーゾレのコンタードは，

---

16) Guarini, op. cit., pp. 14sgg. Becagli, op. cit., p. 14.
17) ピサではコンタードとディストレットは，いずれもピサの支配領域を意味する同義語として用いられることが多かった．清水廣一郎「十四世紀ピサの農村行政」同『イタリア中世都市国家研究』岩波書店，1975年，328頁．また，大公国において，フィレンツェ国家の領域では明確にコンタードとディストレットに区分されているが，シエーナ国家の領域ではこのような区分はまったく見られない．Cf., Guarini, op. cit., pp. 83-113.
18) Guarini, op. cit., p. 15.

フィレンツェのコンタードに吸収されたが，フィエーゾレの司教区は，そのまま存続したので，フィレンツェのコンタードは，二つの司教区を含むことになったのである[19]。また，14世紀末から15世紀前半にかけて，フィレンツェは，際限なく膨張する軍事費により，財政支出が急速に増大したので，財政収入を拡大する必要に直面した。その結果，上記の図式ではディストレットということになる地域の一部を，自己のコンタードに編入し，旧来の（二つの司教区からなる）コンタードと同様に課税して，自己の直接の財政基盤とした。「旧コンタード」と対比して，この拡大したコンタードは，「新コンタード」というべきものである[20]。具体例をあげよう。プラートは，ピストイア司教区周縁部の「防備集落」(castello)に起源をもつ，フィレンツェの近隣に位置する都市であるが[21]，1140年にコムーネが誕生し，ここではその経緯に立ち入らないが，やがて自己のコンタードをもつにいたった。しかし，1351年にはフィレンツェに従属し，1427-30年の第一回のカタストでは，その（都市）コムーネとコンタードは，いずれもフィレンツェのコンタードに編入されていた[22]。また，リヴォルノは，16世紀末以降に海港都市として大発展するが，元来はピサのコンタードにある小集落だった。1406年にピサがフィレンツェに従属する際に，ジェノヴァの支配を受けることになったが，1421年にフィレンツェがジェノヴァから購入すると，フィレンツェから遠隔地にあるにもかかわらず，海港としての重要性により，フィレンツェのコンタードに編入された[23]。

ディストレットに対するフィレンツェの支配が確立すると，両者の関係は，初期の同盟［相互誓約］的な関係から，事実上の支配・従属関係へと次第に移行した[24]。これと並行して，コンタードとディストレットとの差異は，それが消滅することはなかったとはいえ，新コンタードの形成に象徴されるように，事実上は相対化される傾向にあった，と思われる。コジモ一世の治世の1551年（シエ

---

19) 清水廣一郎「歴史を書くこと－ジョヴァンニ・ヴィッラーニ年代記について－」『日伊文化研究』第18号，1980年，8-9頁．Becagli, op. cit., p. 14.
20) 本書，第3部第4章，参照．
21) Cherubini, op. cit., p. 3.
22) Klapisch-Zuber, Christiane, *Una carta del popolamento toscano negli anni 1427-1430*, Milano, 1983, pp. 35-36.
23) Guarini, op. cit., p. 17. Becagli, op. cit., p. 14. リヴォルノは，16世紀から18世紀後半まで，デチマ税などを免除された財政上の特別保護区であった（Guarini, op. cit., p. 17）。ただし，第一回のカタスト（1427-30年）では，リヴォルノはディストレット，すなわちピサのコンタードの中に位置づけられている。Vedi, Klapisch-Zuber, op. cit., p. 49. この間の事情は，現在，筆者には不明である．
24) Guarini, op. cit., pp. 14-15.

ーナ征服以前）の規定では，フィレンツェ政府が地方に派遣する財務官たちは，徴税について「その徴税区がコンタードのものであれ，ディストレットのものであれ」，同一の手続で徴税区の（地元民から選出された）財務役に通告しなければならないとして，両者における徴税手続のこの局面については区別していない*25)。ただし，直接税についていうと，コンタードとディストレットでは，それぞれの負担の実際の軽重の程度は不明だが，その査定方法自体には差異があった．すなわち，フィレンツェとコンタードには，デチマ税（decima，原義は十分の一税）が1495年に導入されていたが，これは世帯主の自己申告にもとづいて，各世帯の土地，家屋，などからの収益に対して課税された*26)。これに対して，ディストレットには，第4章でみたのと同様の，エスティーモ税がすでに導入されていた*27)が，これはそれぞれの地域共同体が各世帯の資産についておこなう評価にもとづいて，各世帯に対して課税された．なお，メディチ期末期の1735年に，大公国国制の概要についての著作が同国の法律家によって記述されたが，そこでは地方行政についても民兵編成についても，コンタードとディストレットを区別する記述はなく*28)，両者は，少なくとも実質的には，この時点までにかなりの程度接近していた，と思われる．

　コジモ一世の時代，フィレンツェ国家において，地方行政の単位は，どのように編成されたのだろうか．まず，行政単位を編成する際の基盤となる，「地域共同体」（comunità）についてみていこう*29)。農業・牧畜が住民の生業となる丘陵・山岳地帯では，いずれも比較的均質な少数の住民からなる「無防備集落」（villa aperta）や「旧防備集落」（antico castello）を中核として，地域共同体が組織されていた．そこでは，共有地が住民の共同体的生活の基礎にあり，全住民集会が地域共同体を運営していた．より多数の人口からなる「防備集落」（castello）や「農業的都市集落」（borgo）になると，これらの集落を中核として組織された地域共同体は，必然的にその住民構成がより複雑になった．その結

---

25) Guarini, p. 49.

26) Viviani, Luigi, Compendio del governo civile, economico e militare della Toscana, in, Di Noto, Sergio, *Gli ordinamenti del granducato di Toscana in un testo settecentesco di Luigi Viviani,* Milano, 1984, pp. 209. Pagnini Del Ventura, Gio. Francesco, *Della decima ...,* tomo 1, Lisbona e Lucca [Pisa], 1765, pp. 37-38.

27) Viviani, op. cit., p. 209. Pagnini Del Ventura, op. cit., tomo 1, pp. 37-38.

28) Viviani, op. cit., pp. 12sgg, 254sgg. 齊藤寛海「18世紀初期のトスカーナ大公国国制－L．ヴィヴィアーニ『概要』1735年，の紹介－」岩倉具忠編（平成7年度科研費研究成果報告書）『イタリア近代社会における知識人の役割』京都大学文学部，1996年，7頁以下，17頁以下．

29) 以下，地域共同体については次を参照．Guarini, op. cit., pp. 57sgg.

果，地域共同体の役人や評議会構成員の配分をめぐり，家族間や階層間，あるいは中核集落の住民とその外部の住民との間に，対立・緊張関係が存在していた．その一つ，「今日では市壁で囲まれている」フィヴィッツァーノを中核とする地域共同体では，1561年，この集落内部の（医師，公証人，商人を含む）住民と，従来その評議会で多数派を形成してきた集落外部の住民との間で，対立が激化した．さらに大きな集落は，多数の人口と複雑な住民構成をもち，中核集落の内部のみならず，その内部と外部の間においても，深刻な対立・緊張関係が存在していた．このような集落は，共和国以来の伝統にもとづいて，単なる「都市集落」(terra) と，「都市」(città) の称号および特権（広範な裁判権など）をもつ都市集落とに区分された．「都市集落」は，コンタードかディストレットかには関係なく，多数あった．コッレ（・ディ・ヴァルデルザ），カスティリオン・フィオレンティーノ，などである．「都市」は，いずれもディストレットにあり，数が限定されていた．アレッツォ，ピサ，ピストイア，ヴォルテッラ，コルトーナ，ボルゴ・サン・セポルクロ，そして1561年に司教座が設置されて「都市」の資格要件を充足し，同年「都市」に昇格したモンテプルチャーノである[30]．フィレンツェのコンタードに編入されたプラートは，もはや，このような法制的な意味における「都市」ではない．リヴォルノも，フィレンツェのコンタードに編入されており，16世紀にはまだ「都市」にはなっていない．さて，「都市」はもちろん，プラートのような「都市集落」も，固有のコンタード（あるいはコンタードとよばれた周辺領域）をもっていた[31]が，「都市」ないし「都市集落」とそれぞれのコンタードとから構成される地域共同体の内部をみると，両者の関係は一律ではなかった．地域共同体の評議会の構成員になる資格は，モンテプルチャーノでは，中核都市の住民かそのコンタードの住民かには関係なく，どちらの住民にも賦与された．しかし，アレッツォ，プラート，コッレでは，いずれもそのコンタードの住民には賦与されなかった．また，中核都市の自治的機関，すなわち独立都市国家時代の政府機関を継承した機関，ないしそれに類似する機関の重要役職への就任資格は，ボルゴ・サン・セポルクロでは，その市民権［その主要な具体的内容は役職就任権］の所有者がもっていた．しかし，それ以外の「都市」では，サント・ステーファノ騎士団の結成以降，世襲的・閉鎖的な事実上の貴族層を形成するその団員に限定された[32]．

---

30) Guarini, op. cit., p. 55.
31) Cf., Klapisch-Zuber, op. cit., pp. 35sg.
32) Guarini, op. cit., pp. 57sg.

当時の行政・法制史料には，多様な地域共同体ないし地区団体を表現する語彙として，それぞれの意味が明確でも一義的でもないが，「都市」(città)，「都市集落」(terra)，［自治的機関をもつ農村共同体を表現する］「（農村）コムーネ」(comune)，「農村」(villa)，行政単位としての「小教区」(popolo)，という用語がみられる[33]．この「小教区」は，教会行政の単位である小教区と一致する，一般行政の単位としての地区団体だった[34]．ディストレットの「農村コムーネ」は，固有の徴税権，共有財産，部分的な自治権をもち，さらに農地・牧地・林地の警察に関する「農村規約」(statuti rurali)，およびその改正権をもっていた．ディストレットではなく，フィレンツェのコンタードにおいてさえ，大きな「農村コムーネ」は，カルミニャーノやアルティミーノのように，自己の規約，評議会，役職をもつことがあった．のみならず，そのコンタードの「小教区」でしかないのに，固有の収入，共有地，規約作成権をもつ，換言すれば「農村コムーネ」に類似した機能をもつ，地域共同体もあった．また，ディストレットのみならずコンタードにおいても，幾つかの「小教区」が，防衛などの必要から集合し，「渓谷共同体」(comunità di valle)のような，地域共同体としての「同盟」(lega)を結成していることがあった[35]．このような「同盟」は，一つの地域共同体[36]として，共有財産，固有の立法権をもち，「同盟」の役職は，各「小教区」の重要性に応じて，それぞれに配分されていた．［フィレンツェ以外の］「都市」，「都市集落」，「農村コムーネ」と表現される地域共同体は，いずれも法的には，中核集落とそれを取り巻く複数の「農村」とが一緒になって，一つの地域共同体として取り扱われた．この地域共同体の内部における中核集落と「農村」との関係は，上記の「同盟」における「小教区」同士の対等・平等の関係とはちがって，前者が後者を支配する支配・従属の関係だった．「都市」や大きな「都市集落」の場合は，その地域共同体の評議会の構成員資格をもつのは，［一般に］中核集落の住民に限定され，「農村」の住民は排除された．しかし，西端の一部がフィレンツェ国家の領域をなすロマーニャ地方の防備集落［農村コムーネ］の場合，その評議会において，「農村」の住民は，少数派ではあったが，排除はされなかったのである．このことがしめすように，地域共同体の中核となる集落は，それが小さな集落である場合には，その地域共同体内部での地位は強力ではなかった．

---

33) Guarini, p. 20.
34) Ibid., pp. 60sg.
35) Ibid., p. 60.
36) 地域共同体については次を参照．Guarini, op. cit., p. 56sgg.

コジモ一世の地方行政の対象となる、地域共同体の具体的な形態は、共和国時代のそれを継承して、上記のようにきわめて不均質だった。地域共同体は、現地の具体的な状況にもとづいて形成されたので、地方ごとに異なる構造をもっていたのである。にもかかわらず、地方の歴史はわずかしか研究がない*37)ので、それぞれの地域共同体の構造は不明な部分がきわめて多い。いずれにせよ、コジモ一世とその後継者たちは、この国家を多数の［不均質な］地域共同体からなる集合体として理解していた*38)。

　1551年には、徴税機構*39)が、「小教区」、「地域共同体」(comunità)、「ポデスタ管区」(podesteria)、「ヴィカリオ管区」(vicariato) ないし「カピターノ管区」(capitanato)、の四段階からなるものに整理・再編された。ヴィカリオとカピターノは、ポデスタと同様に、どちらも中央から地方に派遣される行政官兼裁判官の役職名であるが、両者の間には、明確な上下関係や権限の格差は必ずしもみられない。一般的な図式としては、「小教区」の（在地住民からなる）財務役が、小教区の各世帯から徴税し、それを「地域共同体」の（在地住民からなる）財務役に引き渡す。彼は、それを「ポデスタ管区」の（中央政府から派遣される）財務役人に引き渡し、後者は、それをさらに「ヴィカリオ管区」ないし「カピターノ管区」の（同様に派遣される）財務役人に引き渡す。この最後の役人が、それを中央政府に納入する。徴収される国税が、フィレンツェのコンタードから徴収されるデチマ税であれ、ディストレットから徴収されるエスティーモ税であれ、この徴収方法自体には差異がなかった。

　この図式にしたがえば、一般に、幾つかの「小教区」から一つの（標準的な）「地域共同体」が構成され、幾つかの（標準的な）「地域共同体」から一つの「ポデスタ管区」が構成され、幾つかの「ポデスタ管区」から一つの「ヴィカリオ管区」ないし「カピターノ管区」が構成されることになる。しかし、「地域共同体」と「ポデスタ管区」の関係をみると、一つの「ポデスタ管区」は、「地域共同体」が「農村コムーネ」や「同盟」のような標準的な規模のものであれば、幾つかの「地域共同体」から構成された。しかし、それがプラートやポッジボンシのような「都市集落」であれば、その一つの「地域共同体」だけから構成された。「ヴィカリオ管区」ないし「カピターノ管区」の場合も、これと同様であり、「地域共同体」がコルトーナやボルゴ・サン・セポルクロのような「都市」であれば、

---

37) Guarini, op. cit., p. 56.
38) Ibid., p. 55.
39) 徴税機構については次を参照。Guarini, op. cit., p. 56.

一つの「ヴィカリオ管区」ないし「カピターノ管区」は，この一つの「地域共同体」だけから構成されることもあった*40)。このように，各種の地域共同体は，コンタードかディストレットかを問わず，それぞれの共同体としてのまとまりを保持したまま，統一的な徴税機構によって捕捉されるようになったのである。

フィレンツェ国家の地方行政は，原則として，上記の徴税機構と同様の領域編成にもとづいておこなわれた。1560年に設置された「フィレンツェの正義と統治の管理者九人委員会」(nove conservatori della giustizia e del dominio di Firenze) は，地方行政の重要機関となり，この中央機関によって派遣される書記官が，それぞれの「書記管区」(cancelleria)*41)において公文書行政を管轄した。「書記管区」は，一つの「ポデスタ管区」，あるいは複数の「ポデスタ管区」から構成された。したがって，「書記管区」は，「ポデスタ管区」と重なり合うか，「ヴィカリオ管区」ないし「カピターノ管区」と重なり合うということになる。この書記官は，その管区内の各種の「地域共同体」の（租税台帳などの）公文書すべてを管理し，それぞれの財政収支や規約の遵守などを監督した。のみならず，必要に応じて「ポデスタ管区」，「ヴィカリオ管区」ないし「カピターノ管区」に関する審議・決定にも参加したので，地方行政一般におけるきわめて重要な存在となった。

「裁判管区」*42)も同様だった。民事裁判権と刑事裁判権とは，原則として分離されていた。「民事裁判管区」をなすのは，「ポデスタ管区」と一部の「ヴィカリオ管区」であり，「刑事裁判管区」をなすのは，「カピターノ管区」と一部の「ヴィカリオ管区」だった。一般に，一つの「刑事裁判管区」は，幾つかの「民事裁判管区」を包摂した。したがって，刑事裁判管区である「ヴィカリオ管区」は，幾つかの「ポデスタ管区」を包摂し，「カピターノ管区」は，幾つかの「ポデスタ管区」や民事裁判管区である「ヴィカリオ管区」を包摂することになる。とはいえ，現実はこの図式からはみだしていた。「ポデスタ管区」であっても，プラ

---

40) ポデスタ管区，ヴィカリオ管区，カピターノ管区については次を参照。Guarini, pp. 20-62. ただし，「イタリア歴史地図」(Atlante Storico Italiano) 作成のために，トスカーナ大公国の構成，およびフィレンツェ国家，シエーナ国家の領域の各種地方管区の境界を確認することを目的としたこの著作 (cfr., Guarini, op. cit., p. 1) では，ポデスタ，ヴィカリオ，カピターノの財政，裁判，一般行政の各局面における機能を総合的に考察してはいない。なお，15世紀初期以降，多くのポデスタ管区が整理・統合され，ポデスタ管区の数が相対的に減少している (ibid., p. 78)。このことはフィレンツェの領域行政における，地域共同体との同盟的な関係から支配・従属的な関係への移行と関連する現象であると思われるが，その詳細は現在筆者には不明である。

41) 書記管区については次を参照。Guarini, op. cit., pp. 51sgg.

42) 裁判管区については次を参照。Ibid., pp. 19sgg.

ート，コッレ（・ディ・ヴァルデルザ），サン・ジミニャーノ，などの有力な「都市集落」からなるものであれば，それぞれが一つの「民事裁判管区」であるのみならず「刑事裁判管区」でもあり，それだけで一つの裁判管区として完結していた．ここでも，有力な「地域共同体」は，それぞれの共同体としてのまとまりを保持したまま，統一的な裁判機構によって捕捉されたのである．裁判官は，中央政府から派遣されたが，裁判自体は，それぞれの「地域共同体」に固有の規約・慣習を多少とも尊重しつつおこなわれた．ところで，フィレンツェのコンタードにある各種の「地域共同体」の規約は，1415年に編纂されたフィレンツェの「規約大全」（statuto generale）のなかの「付則・補遺」（appendici e supplementi）の部分に該当するものであり，したがって，その「地域共同体」の規約は，フィレンツェの規約と矛盾・対立するものではないとされた．一方，ディストレットにある「地域共同体」の規約は，［フィレンツェに従属する以前からの伝統を多少とも維持するので，］フィレンツェの規約とは別個のものだった．しかし，大公は，それぞれの固有の規約にもとづくこの「地域共同体」の自律性を，上記の統一的な各種の地方行政機構を手段として弱化するよう努力したのである[43]．

シエーナ国家についても瞥見しておこう[44]．カール五世は，1555年の降伏条約において，旧共和国の制度機構の保全と，シエーナの支配階層のそれへの参加とを約束した．この皇帝の息子フェリーペから，皇帝代官の資格において，シエーナ国家を授封されたコジモは，この約束を引き継いだ．大公は，この国家に対して，自己の代理として「総督」（governatore）や，その「代官」（luogotenente）を派遣した．大公の代理による監督のもとで，旧共和国の「政治」機関は，フィレンツェ国家の場合と同様，大公の命令を遂行する「行政」機関としての性格を強化していった．領域構造も，コンタードとディストレットという法的な区別がないことを除けば，フィレンツェ国家の場合と基本的に同様であり，地方行政は，フィレンツェ国家のそれを範例としておこなわれた．

おわりに

トスカーナ大公国は，コジモ一世の時代には，大公がそれぞれ別個の資格で支配する，四つの類型の領域を大公の人格において統合するものだった．この四つの

---

43) Ibid., pp. 73sgg.
44) シエーナ国家については次を参照．Ibid., pp. 25sgg.

類型は，それぞれが多数の地域共同体，あるいは幾つかの封地から構成されていた．四つの類型のうち，人口と面積が最大のフィレンツェ国家では，内部が多数の不均質な要素から構成されていた．コンタードとディストレット，またこの区分と交差する「都市」，「都市集落」，など各種の地域共同体である．このような領域構造の形態は，メディチ期を通じて維持され，ロレーナ家第二代の大公レオポルド一世（1765-90年）による，啓蒙的な「レオポルド改革」まで継続したという[*45]．とはいえ，コジモ一世は，地方行政において，コンタードとディストレットの格差の縮小を指向した．同時に，実態については今後の研究をまたなければならないが，そのいずれにおいても，各種の地域共同体が多少とも個々にもつ不均質な特権は，おそらく次第に整理されていったものと思われる．均質化への指向というのは，シエーナ国家でも同様だろう．ちなみに，メディチ期末期における大公国の火器（大砲と小銃）の配備をみる[*46]と，四つの類型とは関係なく，大公国全体の防衛という統一的観点から，各地の戦略拠点に配備されている．このことから，少なくとも軍事面では，大公国全体の統合化が，事実上かなりの程度進展していったものと思われる．

　大公国の領域構造の研究は，フィレンツェ国家とシエーナ国家について，ようやく開始されたばかりであり，そのほかの部分については，本格的なものはまだ開始されていない状況である．したがって，今後の研究にまつ部分がきわめて大きいが，そのなかでもとりわけ重要だと思われる論点をあげておこう．①まず，大公と大公国を構成する各種の要素との法的関係を明確にすること．換言すれば，各種の要素をめぐる大公と皇帝ないしハプスブルク家（および教皇）との関係を明確にすること．これが明確ではないので，大公国の国家的な枠組の法的構造が明確にならない．②上記のことと関連して，フィレンツェ国家における大公（公）の地位の法的性格を明確にすること．フィレンツェ共和国の公なのか，フィレンツェ公なのか．換言すれば，「フィレンツェ国家」とは，実質的にはともかく，形式的には，共和国なのか，公国なのか，それとも共和制と君主制の混合政体国家なのか．③ちなみに，共和国時代には，都市フィレンツェ（フィレンツェのコムーネ）が，支配下の都市や農村に行政官を派遣したが，大公国時代にも，都市フィレンツェは，フィレンツェ国家の地域共同体に派遣する行政官の一部をフィレンツェ市民のなかから選出する権利をもっていた．大公が指名する権利をもったのは，重要拠点に派遣されるものとはいえ，地方行政官の残りの部分

---

45) Cf., Becagli, op. cit., p. 13.
46) 齊藤「18世紀初期のトスカーナ大公国国制」既出，17-22頁．

だったのである．したがって，この国家の領域の統治権は，形式的には，大公（公）と都市フィレンツェが分有したことになる[*47]．では，大公国時代において，支配者としての都市フィレンツェの特権的な地位は，維持されたのか，弱化したのか，あるいはまもなく消滅したのか．④大公と，(都市フィレンツェを含む)各種の地域共同体および封建的領主とは，大公による均質化・統合化への指向と，特権の維持をはかる共同体および領主の抵抗とにより，一般に矛盾・対立する関係にある．この関係における(規約，特許状，などの法制文書にみられる)「建前」と，(裁判記録，徴税記録，などの実務記録にみられる)「実態」とを識別しつつ，その動向を明確にすること．⑤単一機構でも均質的でもない大公国の全体を貫いて存在する組織，サント・ステーファノ騎士団が，大公権力の強化，大公国の統合化にはたした役割を具体的に把握すること．⑥四つの類型のうち，とりわけ研究のない上記(418頁)のC，Dについて，その実態を把握すること．

---

47) 同上，6頁以下.

後　記

　本書は，筆者が過去に発表した論文，研究ノートにもとづいて，編集したものである．とはいえ，本書の各章および付論は，いずれも，既成の作品をそのまま収録したものはなく，多少とも改変してある．あるものは内容の本質には関係なく，語句や文章を修正しただけである．あるものは発表時に割愛した部分を加筆し，あるものは内容を大幅に改変した．また，あるものは最終的な作品を書くための準備作業のままに放置していたものを幾つか整理して，統合したものである．その結果，幾つかの章は，既成のものとはまったく別のものになっているが，これは事実上の書き下ろしである．

　本書の各章および付論について，そのもとになった作品，ないしその構成要素として利用した作品をあげる．

第1部　フィレンツェの毛織物工業

第1章　フィレンツェの織元リヌッチの帳簿
　（「リヌッチの帳簿」『イタリア学会誌』第25号，1977年）

第2章　イギリス羊毛のフィレンツェへの輸送
　（①「フィレンツェ毛織物工業の性格変化」『イタリア学会誌』第27号，1979年．②「Alcuni fogli di "Carte del Bene", n. 64 dell'ASF」『信州大学教育学部紀要』第39号，1978年）

第3章　ダマスクス市場のフィレンツェ毛織物
　（① Florentine Cloth in Damascus, in, Mediterranean Studies Group-Hitotsubashi University, *Mediterranean World*, vol. 16, 2001. ②「ダマスクスにおけるフィレンツェ毛織物の価格」『イタリア学会誌』第39号，1989年．第3章は①を翻訳したものであり，①は②を改変したもの）

付　論　ヴェネツィアの貨幣体系
　（「ヴェネツィアの貨幣体系」『イタリア学会誌』第26号，1978年）

第2部　イタリア商人と地中海商業
第1章　地中海商業の歴史的展開
　　（①「中世ヨーロッパの貿易」『中世史講座』第11巻，学生社，1996年．②「ヴェネツィアの貿易構造」『イタリア学会誌』第30号，1981年．③「中世末期におけるレヴァント貿易の構造」『西洋史学』第120号，1981年．④「アンコーナとラグーザ－16世紀のレヴァント商業－」『イタリア学会誌』第35号，1986年．⑤「帝国ヴェネツィア」『南欧文化』第6号，文流，1980年．第1章は，①②を中核にしている）
第2章　地中海商業の商品と市場
　　（「中世後期における地中海商業」『地中海世界史』第3巻，青木書店，1999年）
第3章　定着商業と商業通信
　　（①「中世後期のイタリア商業における通信」『歴史学研究』第626号，1991年．②「中世後期の商業郵便」『イタリア学会誌』第34号，1985年．③「リオーニ商社の書簡複写帳」上，下『信州大学教育学部紀要』第55，56号，1985，86年．④「第2章・中世地中海商業」清水廣一郎・北原敦編著『概説イタリア史』有斐閣，1988年．⑤「定着商業における取引手続－中世後期のヴェネツィア商業における－」『イスラム圏における異文化接触のメカニズム－市の比較研究－』1，東京外国語大学アジア・アフリカ言語文化研究所，1989年．第3章は，①②を中核にするが，事実上の書き下ろし）
第4章　プレヴェザ海戦後のヴェネツィア
　　（① Il noleggio delle navi a Venezia, in, *Mediterranean World,* cit., vol. 11, 1988. ②「ヴェネツィア政府とフィレンツェ商人」比較都市史研究会編『共同体と都市』下巻，名著出版，1991年．③ Il potere dello stato nel proviggiamento dei viveri, in, *Mediterranean World,* cit., vol. 13, 1992. ④「16世紀ヴェネツィアの穀物補給政策」一橋大学地中海研究会『地中海論集』第12号，1989年．⑤「ヴェネツィアにおける海外小麦の輸入取引－1539, 40年－」1，2，3，4，5，6『信州大学教育学部紀要』第68，68（同一号に連続掲載），70，71，72，73号，1990-91年．⑥「ヴェネツィアによるトルコ小麦輸送船の拿捕」佐藤伊久男編著『ヨーロッパにおける統合的諸権力の構造と展開』東北大学文学部（科研費研究成果報告書）1990年．第4章は，以上の作品を新たな観点から整理，統合した書き下ろし）

後　記

付　論　シャイロックの時代のユダヤ人

（「シャイロックの時代のユダヤ人」『一橋論叢』第116巻第4号，1996年）

第3部　イタリア都市の権力構造

第1章　イタリアの都市と国家

（「イタリアの都市と国家」『世界歴史』第8巻，岩波書店，1998年）

第2章　ヴェネツィアとフィレンツェ

（「都市の権力構造とギルドのありかた－ヴェネツィアのギルドとフィレンツェのギルド－」『史学雑誌』第92編第3号，1983年）

第3章　ボローニャとフィレンツェ

（「中世ボローニャにおける同職者組織とその政治的機能」『社会経済史学』第53巻第3号，1987年）

第4章　フィレンツェ共和国とメディチ家

（「15世紀のフィレンツェにおける権力構造」佐藤伊久男編著『ヨーロッパにおける統合的諸権力の構造と展開』創文社，1994年）

付　論　トスカーナ大公国の領域構造

（「トスカーナ大公国の領域構造」『信州大学教育学部紀要』第90号，1997年）

　第1部「フィレンツェの毛織物工業」には，第2，3部とはちがい，第1章にその部全体を概観する論文をおいていない．これには理由がある．かつて筆者は，それに相当する論文を書いたことがある．「フィレンツェ毛織物工業の存続条件」『社会経済史学』第38巻第1号，1972年．これは，フィレンツェ毛織物工業のありかたを規定する，国際商業的な条件について展望したものである．しかし，留学前に入手した限られた資料にもとづく素描でしかなく，その後，星野秀利氏が画期的な著作でそれについての本格的な歴史像を提示したので，この素描はほとんど意味がなくなった．Hoshino, Hidetoshi, *L'arte della lana in Firenze nel basso Medioevo. Il commercio della lana e il mercato dei panni fiorentini nei secoli XIII–XV,* Firenze, 1980．（齊藤寛海訳『中世後期フィレンツェ毛織物工業史』名古屋大学出版会，1995年）．星野氏のこの著作は，原題が『中世後期のフィレンツェ毛織物工業．13-15世紀における羊毛商業とフィレンツェ毛織物の市場』であり，副題がしめすように，この工業をめぐる国際商業的な契機に考察の重心をおいている．同書と本書の第1部とは，主題が共通している．のみなら

ず，本書の第1部第1，2章のもとになった論文の内容は，星野氏の同書で参照されており，第3章は，同書の提起した問題に対する筆者の回答でもある．ただし，主題が共通するとはいえ，筆者は，星野氏の見解のすべてに同意しているわけではない．14世紀前半期のフィレンツェ毛織物の生産反数について，また，15世紀はじめのダマスクスにおけるフィレンツェ毛織物の価格について，星野氏の見解を批判している．生産反数については，次の書評をみられたい．齊藤寬海，書評「Hidetoshi Hoshino, *L'arte della lana in Firenze nel basso Medioevo*, Firenze, 1980.」『信州大学教育学部紀要』第47号，1982年．また，毛織物の価格については，本書の第1部第3章をみられたい．しかし，筆者は，星野氏の歴史像と全面的に異なる歴史像をもつわけではなく，その基礎のごく一部を提供したり，批判したりしているにすぎない．ここで筆者がそれを概観する論文を書けば，いたずらに屋上に不十分な屋を架すことになる．本書の第1部，すなわちフィレンツェ毛織物工業の国際商業的な条件の概観については，星野氏の著作にゆずる．

とはいえ，この第1部は，星野氏の著作から独立した意味をもつ．第1部の各章は，この工業を規定した商業条件を分析することにより，当時の国際商業自体の実態を理解するという意味をもつのである．かつてのわが国では，中世商業の性格は，史料にもとづいて実証的に検証されるのではなく，欧米の権威の著作にもとづいて観念的に解釈される傾向があった．その解釈から自閉的かつ排他的な理論が出現し，この理論が自由な発想を抑圧するという傾向すらみられた．筆者は，史料を分析しているうちに，このような理論の非生産的な側面を明確に認識するようになった．その結果，硬直した理論に束縛されることなく，自由な気持ちで，史料や欧米の最新の研究成果に接することができるようになったのである．

筆者は，研究するうえでの人間関係については，ほんとうに恵まれた．多くの恩師や先輩から教導していただき，友人や研究会の仲間たちからは情報と刺激をいただくことができた．お世話になった個人や研究会は，あまりにも多いので，すべての名前をあげることはしないが，心より感謝している．星野秀利先生は，筆者が大学院生時代に最初に留学したときから，ボローニャ大学教授となられたのちに逝去されるまで，長年にわたって直接に，あるいはお手紙で教導してくださった．ウフィッツィ美術館と同じ建物にあったフィレンツェ国立史料館の旧館の薄暗い閲覧室で，先生の隣に座って手書き史料の読解の手ほどきをしていただいたのは，筆者にとって宝石のような思い出である．先生に紹介していただいた

後　記

　史料のなかに，筆者の研究にとって重要な証言を数多く発見することができた．清水廣一郎先生は，長野市にあって一人で研究している筆者に，さまざまなかたちで援助してくださった．稚拙な論文をお送りするたびに，丁寧に読んでくださり，厳しく的確な，しかし実に温かい批評をしてくださった．フィレンツェ大学のフェデリーゴ・メリス先生は，先生のもとに留学した筆者を温かくもてなしてくださり，さまざまな便宜を提供してくださった．三先生とも，研究者としての絶頂期に，相次いで，突然不帰の客となってしまわれた．ルイージ・カラブレーゼ・デ・ルーカ君と奥さんの紀子さんは，最初の留学時代からの友人だが，研究生活のみならず私生活のうえでも，筆書のイタリアでの生活をいつでも豊かな，楽しいものにしてくれている．

　本書の出版は，近藤恒一先生のお力添えによる．怠惰な筆者に出版を勧めてくださり，創文社の小山光夫氏に紹介してくださった．本書は，最初創文社から出版される予定で，同社の出版広告にも掲載されたが，予定を変更して知泉書館から出版していただくことにした．これにはわけがある．筆者がぐずぐずしているうちに，小山氏が，創文社を退職し，知泉書館を設立された．のみならず，旧知の勝康裕氏も，この出版社に転職された．勝氏は，以前同文舘におられ，十年以上も前のことだが，筆者がそこから出版する約束をしたにもかかわらず，筆者の事情でそれを反故にしたことがあった．知泉書館からの出版は，この二人の信頼し，尊敬する編集者によって出版していただきたかったことによる．近藤先生をはじめ，関係者の方々のご諒承をたまわりたい．本書の作成には，小山氏のみならず，同社の髙野文子氏の多大なるご協力をいただいた．

　本書を父，正男に捧げる．父を病床に残して最初の留学をしている間に，父は逝去した．筆者の最初の著作は，この父に捧げる．

　なお，本書の出版のために，日本学術振興会平成14年度科学研究費補助金（研究成果公開促進費）の交付を受けた．記して謝意を表する．

　　2002年8月

　　　　　　　　　　　　　　　　　　　　　　　　　齊　藤　寛　海

史　料

未刊行史料

Archivio di Stato di Firenze (= ASF)
    Arte della Lana, n. 18.
    Carte Del Bene, n. 63.
    Carte Del Bene, n. 64.
    Leggi e Bandi, Appendice, n. 36 (n. interno 46, manoscritto).
    Libri di commercio, n. 174.
    Libri di commercio, n. 182.
    Libri di commercio, n. 224.
    Raccolta Sebregondi, n. 1721.
    Raccolta Sebregondi, n. 1722.
    Raccolta Sebregondi, n. 3336.
    Raccolta Sebregondi, n. 4507.
Archivio di Stato di Prato (= ASPrato)
    Archivio Datini, n. 710.
    Archivio Datini, n. 1138.
    Archivio Datini, n. 1171.
Archivio di Stato di Venezia (= ASV)
    Cancelleria inferiore, Notai, Busta 83, Cristofolo del Fiore, (V).
    Giudici di Petizion, Sentenze a Giustizia, n. 25.
    Procuratori di San Marco, Commissarie Miste, Busta 128 A, Fascicolo V.

刊行史料

Cantini, Lorenzo, *Legislazione Toscana raccolta e illustrata,* 32 tomi, Firenze, 1800-1808, tomo 14.

Collezione degli Ordini Municipali di Livorno e statuti di mercanzia di Firenze, Livorno, 1798, ristampa anastatica, Bologna, 1980.

Dorini, Umberto e Bertelè, Tommaso, a cura di, *Il libro dei conti di Giacomo Badoer,* Roma, 1956.

Mecatti, Giuseppe Maria, *Storia genealogica della nobiltà, e cittadinanza di Firenze,* Napoli, 1754, ristampa anastatica, Bologna, 1971.

Lenzi, Domenico, *Il "Libro del Biadaiolo",* in, (Pinto, G., a cura di), *Il libro del biadaiolo,* Firenze, 1978.

Pagnini Del Ventura, Gio[vanni] Francesco, *Della decima e di varie altre gravezze imposte dal comune di Firenze, della moneta e della mercatura de' fiorentini fino*

al secolo XVI, 4 tomi, Lisboa e Lucca, 1765-66, ristampa anastatica, 2 voll. (4 tomi), Bologna, 1967.
Pratiche di Mercatura [l'epoca ed il lougo di compilazione]
　Zibaldone da Canal, [1320 ca., Venezia]
　　(Stussi, A., a cura di, Venezia, 1967).
　Pegolotti, *La pratica della mercatura,* [1340 ca., Firenze]
　　(Evans, A., a cura di, Cambridge Massachusetts, 1936, reprint, New York, 1970).
　　(Pagnini, a cura di, in, Della decima ..., tomo 3, Lisboa e Lucca [Pisa], 1766, ristampa anastatica, Bologna, 1967).
　Tarifa zoè noticia dy pexi e misure ..., [1345 ca., Venezia]
　　(Orlandini, V., a cura di, Venezia, 1925).
　La "pratica di mercatura" datiniana, [1385/6, Prato?]
　　(Ciano, C., a cura di, Milano, 1964).
　Una pratica di mercatura in formazione, [1395, Siena]
　　(Dini, B., a cura di, Firenze, 1980).
　Il manuale di Saminiato de Ricci, [1396, Firenze/Genova]
　　(Borlandi, A., a cura di, Genova, 1963).
　La "pratica di mercatura" Acciaioli, [verso la fine del '300, Firenze]
　　(Fantacci, L., a cura di, (Tesi di laurea, Università di Firenze, Facoltà di Economia e Commercio), anno accademico 1969-70).
　Da Uzzano, *La pratica della mercatura,* [1442, Firenze]
　　(Pagnini, a cura di, in, Della decima ..., tomo 4, Lisbona e Lucca [Pisa], 1766, ristampa anastatica, Bologna, 1967).
　El libro di mercatantie et usanze de' paesi, [1458, Firenze]
　　(Borlandi, F., a cura di, Torino, 1936, ristampa anastatica, Torino, 1970).
　Bartholomeo di Pasi, *Tariffa,* Venezia, 1557.
Sanudo, Marin, (Margaroli, Paolo, a cura di), *I Diarii (Pagine scelte),* Vicenza, 1997.
Sanuto, Marino [=Sanudo, Marin], Vitae ducum venetorum (Vite de' Duchi di Venezia), in, *Rerum Italicarum Scriptores,* tomo XXII.
Villani, Giovanni, *Cronica*
　[Antonelli, G., a cura di], *Cronica di Giovanni Villani a miglior lezione ridotta coll' aiuto de' testi a penna,* Firenze, 1823, (ristampa anastatica, Roma, 1980).
　(senza nome del curatore), *Croniche di Giovanni, Matteo e Filippo Villani secondo le migliori stampe e corredate di note filologiche e storiche,* (Biblioteca classica italiana, secolo XIV, n. 21), vol.I-*Cronica di Giovanni Villani,* Trieste, 1857.
Viviani, Luigi, (Di Noto, Sergio, a cura di), *Compendio del governo civile, economico e militare della Toscana,* ed. in, Di Noto, Sergio, *Gli ordinamenti del granducato di Toscana in un testo settecentesco di Luigi Viviani,* Milano, 1984.

グアルティエリ，グイド，木下杢太郎訳『日本遣欧使者記』岩波書店，1933年．

デ・サンデ，エドゥアルドゥス著，泉井久之助・長沢信寿・三谷昇二・角南一郎共訳『デ・サンデ天正遣欧使節記』雄松堂書店，1969年．

フロイス，ルイス，岡本良知訳『九州三侯遣欧使節行記』東洋堂，1942年．

齊藤寛海（Saito, Hiromi）［史料の刊行，翻訳］
　　［ASF, Carte Del Bene, n. 64.］
　　　　Alcuni fogli di "Carte Del Bene, n. 64" dell'ASF,『信州大学教育学部紀要』第39号，1978年．
　　［ASF, Libri di commercio, nn. 174, 182.］
　　　　Il noleggio delle navi a Venezia-Una documentazione degli anni 1539-40, in, Mediterranean Studies Group-Hitotsubashi University, ed., *Studies in the Mediterranean World,* vol. XI, 1988.
　　［ASF, Libri di commercio, nn. 174, 182.］
　　　　「ヴェネツィアにおける海外小麦の輸入取引－1539，40年－」1，2，3，4，5，6『信州大学教育学部紀要』第68, 68（同一号に連続掲載），70, 71, 72, 73号，1990-91年．
　　［ASF, Leggi e Bandi, Appendice, n. 36 (n. interno 46, manoscritto)］．
　　　　Una altra edizione de "La Livornina", in, Mediterranean Studies Group-Hitotsubashi University, ed., *Mediterranean World,* XIV, 1996.
　　［ASF, Leggi e Bandi, Appendice, n. 36 (n. interno 46, manoscritto)］．
　　　　「リヴォルノ憲章（1593年6月10日の特許状）」『信州大学教育学部紀要』第87号，1996年．

参考文献

(参考論文のなかには，雑誌などに発表された後，著者の論文集などに収録されたものが幾つかあるが，後者から統一的に引用する，ということはできなかった。)

欧文文献

Abrate, Mario, Creta-colonia veneziana nei secoli XIII-XV, in, *Economia e Storia*, IV-III, 1957.

Anselmi, Sergio, Venezia, Ragusa, Ancona tra Cinque e Seicento, in, *Atti e memorie della deputazione di storia patria per le Marche*, serie VIII, vol. VI, 1972.

―――, Le relazioni economiche tra Ragusa e lo stato pontificio, in, *Nuova Rivista Storica*, anno LX, fascicoli V-VI, 1976.

―――, *Motivazioni economiche della neutralità di Ragusa nel Cinquecento*, Urbino, s. d.

Ashtor, Eliyahu, *Histoire des prix et des salaires dans l'Orient médiéval*, Paris, 1969.

―――, *Les metaux precieux et la balance des payements du Proche-Orient a la basse-epoque*, Paris, 1971.

―――, Les lainages dans l'Orient médiéval-empoli, production, commerce, in, Istituto internazionale di storia economica F. Datini, ed., *Produzione, commercio, e consumo dei panni di lana*, Firenze, 1976 (This article is also included in, idem, *Studies on the Levantine Trade in the Middle Ages*, London, 1978).

―――, The Venetian Cotton Trade in Syria in the Later Middle Ages, in, *Studi Medievali*, 3a serie, XVII-2, 1976.

―――, Il commercio levantino di Ancona nel basso Medioevo, in, *Rivista Storica Italiana*, LXXXVIII, 1976.

―――, L'apogée du commerce vénitien au Levant. Un nouvel essai d'explication, in, a cura di Beck, Manoussacas, Pertusi, *Venezia, Centro di mediazione tra Oriente e Occidente (secoli XV-XVI) : Aspetti e Problemi*, Firenze, 1977.

―――, Aspetti della espansione italiana nel Basso Medioevo, in, *Rivista Storica Italiana*, XC-1, 1978.

―――, L'exportation de textiles occidentaux dans le Proche Orient musulman au bas Moyen Âges (1370-1517), in, AA. VV., *Studi in memoria di Federigo Melis*, vol. II, Napoli, 1978.

―――, The Venetian Supremacy in Levantine Trade, in, idem, *Studies on the Levantine Trade in the Middle Ages*, London, 1978.

―――, *The Medieval Near East : Social and Economic History*, London, 1978.

Astuti, Guido, L'organizzazione giuridica del sistema coloniale e della navigazione mercantile delle città italiane nel Medioevo, in, Cortezzaro, Manlio, a cura di, *Mediterraneo e Oceano Indiano,* Firenze, 1970.

Aymard, Maurice, *Venise, Raguse et le commerce du blé pendant la seconde moitié du XVIe siècle,* Paris, 1966.

Baer, G., Guilds in Middle Eastern History, in, Cook, M. A., ed., *Studies in the Economic History of the Middle East from the Rise of Islam to the Present Day,* London, 1970, reprint, Oxford, 1978.

Barbieri, Gino, La produzione delle lane italiane dell'età dei comuni al secolo XVIII, in, Spallanzani, Marco, a cura di, *La lana come materia prima,* Firenze, 1974.

Baruchello, Mario, Livorno e il suo porto. *Origini, caratteristiche e vicende dei traffici livornesi,* Livorno, 1932.

Baron, Hans, *The Crisis of the Early Italian Renaissance,* Princeton-New Jersey, 1955, 2nd ed., Princeton-New Jersey, 1966.

Baron, Salo Wittmayer, *A Social and Religious History of the Jews,* 2nd ed., vol. 14, New York and London, 1969.

Bautier, Robert Henri, Les relations économiques des Occidemtaux avec les pays d'Orient au moyen âge-points de vue documents, dans, *Sociétés et compagnies de commerce en Orient et dans l'Océan Indien*-Actes du Huitième Colloque International d'Historie Maritime, Paris, 1970.

Becagli, Vieri, Stato e amministrazione nel Granducato di Toscana da Cosimo I a Pietro Leopoldo, in, AA. VV., *Lezioni di storia toscana,* Firenze, 1981.

Becker, Marvin B., The Republican City State in Florence-An Inquiry into its Origin and Survival, 1280-1434, in, *Speculum,* XXXV, 1960.

―――, A Study in Political Failure-The Florentine Magnates, 1280-1343, in, *Medieval Studies,* XXVII, 1965.

―――, *Florence in Transition,* 2 vols, Baltimore, 1967-68.

―――, Florentine Territorial State and Civic Humanism in the Early Renaissance, in, Rubinstein, N., ed., *Florentine Studies-Politics and Society in Renaissance Florence,* Evanston, 1968.

Becker, Marvin B. and Brucker, Gene A., The Arti Minori in Florentine Politics, 1342-1378, in, *Medieval Studies,* XVIII, 1956.

Ben-Sasson, H. H., The Middle Ages, in, Ben-Sasson, H. H., ed., *A History of the Jewish People,* 9th ed., Cambridge-Massachusetts, 1994 (1st orignal ed., Tel Aviv, 1969).

Beltrami, D., Lineamenti di storia della popolazione di Venezia dal Cinquecento al Settecento, in, Cipolla, Carlo M., a cura di, *Storia dell'economia italiana,* Torino, 1959.

Bernocchi, Mario, *La monetazione fiorentina dell'età dello splendore, indagine attorno al Fiorino Aureo,* Firenze, anno accademico 1966-67.

Bocchi, Francesca, Le imposte dirette a Bologna nei secoli XII e XIII, in, *Nuova*

Rivista Storica, LVII, 1973.
Bocchi, Francesca, La città e l'organizzazione del territorio in età medievale, in, Elze e Fasoli, a cura di, *Le città in Italia e in Germania nel Medioevo,* Bologna, 1981.
Borsari, Silvano, *Il dominio veneziano a Creta nel XIII secolo,* Napoli, 1963.
―――, *Studi sulle colonie veneziane in Romania nel XIII secolo,* Napoli, 1966.
Boscolo, Alberto, Mercanti e traffici in Sicilia e in Sardegna all'epoca di Ferdinando I d'Aragona, in, *Studi in memoria di Federigo Melis,* vol. III, Napoli, 1978.
―――, *Catalani nel Medioevo,* Bologna, 1986.
Braudel, Fernand et Romano, Ruggiero, *Navires et Marchandises a l'entrée du Port de Livourne (1547-1611),* Paris, 1951.
Bresc, Henri, *Un monde méditerranéen. Economie et Société en Sicile, 1300-1450,* Roma e Palermo, 1986.
Brown, Alison, Lorenzo and Public Opinion in Florence : The problem of Oppsition, in, Garfagnini, Gian Carlo, a cura di, *Lorenzo il Magnifico e il suo mondo,* Firenze, 1994.
Brown, Judith C., Concepts of Political Economy : Cosimo I de' Medici in a Comparative European Context, in, AA. VV., *Firenze e la Toscana dei Medici nell'Europa del '500,* vol. 3, 1983.
Brucker, Gene A., *Frorentine Politics and Society, 1343-1378,* Princeton-New Jersey, 1962.
―――, The Ciompi Revolution, in, Rubinstein, ed., *Florentine Studies,* Evanston, 1968.
―――, The Florentine Popolo Minuto and its Political Role, 1340-1450, in, Martines, L., ed., *Violence and Civil Disorder in Italian Cities, 1200-1500,* Berkeley, Los Angeles and London, 1972.
―――, *Renaissance Florence,* New York, 1969, reprint, New York, 1975.
―――, *The Civic World of Early Renaissance Florence,* Princeton-New Jersey, 1977.
―――, The Economic Foundations of Laurentine Florence, in, Garfagnini, Gian Carlo, a cura di, *Lorenzo il Magnifico e il suo mondo,* Firenze, 1994.
Brulez, Wilfrid, L'exportation des Pays-Bas vers l'Italie par voie de terre au milieu du XVIe siècle, dans, *Annales, E.S.C.,* 14-3, 1959.
―――, Les routes commerciales d'Angreterre en Italie au XVIe siècle, in, *Studi in onore di A. Fanfani,* vol. IV, Milano, 1962.
Caciagli, Giuseppe, *I feudi medicei,* Pisa, 1980.
Cappelli, A., *Cronologia, Cronografia e Calendario Perpetuo,* 3a ed., Milano, 1969.
Carrère, Claude, *Barcelone-Centre économique à l'époque des difficultés, 1300-1462,* 2 vols., Paris, 1967.
―――, Balcelone et le commerce de L'Orient a la fin du Moyen Âge, dans, *Sociétés et compagnies de commerce en Orient et dans l'Océan Indien-Actes du huitième colloque internatinal d'histoire maritime,* Paris, 1970.
Cassandro, Michele, *La Puglia e i mercanti fiorentini nel Basso Medioevo* ("Atti e

Relazioni" dell'Accademia Pugliese delle Scienze-Classe di Scienze Morali, Nuova Serie-vol. 1), Bari, 1974.

―――, *Le fiere di Lione e gli uomini d'affari italiani nel Cinquecento*, Firenze, 1979.

―――, *Gli ebrei e il prestito ebraico a Siena nel Cinquecento*, Milano, 1979.

―――, *Aspetti della storia economica e sociale degli ebrei di Livorno nel Seicento*, Milano, 1983.

Cessi, Roberto, *Problemi monetari veneziani fino a tutto il sec. XIV* (Documenti finanziari della Repubblica di Venezia, s. IV, vol. 1), 1937.

―――, *Storia della repubblica di Venezia*, nuova edizione, 2 voll., Milano e Messina, 1968.

Cherubini, Giovanni, Aspetti della Toscana medievale e medicea, in, AA. VV., *Lezioni di storia Toscana*, Firenze, 1981.

Ciasca, R., *L'arte dei medici e speziali nella storia e nel commercio fiorentino dal secolo XII al XV*, Firenze, 1927, ristampa, Firenze, 1977.

Cipolla, Carlo Maria, *Money, Prices and Civilization in the Mediterranean World, Fifth to Seventeenth Century*, New York, 1967.

―――, The Economic Decline of Italy, in, Pullan, Brian ed., *Crisis and Change in the Venetian Economy in the Sixteenth and Seventeenth Centuries*, London, 1968.

Cochrane, Eric (Kirshner, Julius, ed.), *Italy, 1530-1630*, London and New York, 1988.

Connell, William J., Changing Patterns of Medicean Patronage: The Florentine Dominion during the Fifteenth Century, in, Garfagnini, Gian Carlo, a cura di, *Lorenzo il Magnifico e il suo mondo*, Firenze, 1994.

Dal Pane, Luigi, La politica annonaria di Venezia, in, *Giornale degli economisti e annali di economia*, vol. 5, 1946.

Davidson, N. S., Northern Italy in the 1590's, in, Clark, Peter, ed., *The European Crises of the 1590's-Essays in Comparative History*, London, Boston and Sydney, 1985.

Davis, Ralph, *The Rise of the Atlantic Economies*, Cornell Univ. Press, 1973.

Day, John, The Decline of a Money Economy: Sardinia under Catalan Rule, in, *Studi in memoria di Federigo Melis*, vol. III, Napoli, 1978 (later printed in, idem, The Medieval Market Economy, Oxford, 1987).

―――, Strade e vie di comunicazione, in, AA. VV., *Storia d'Italia* (Einaudi ed.), vol. 5, Torino, 1973.

De La Ronciere, Charles M., Indirect Taxes or "Gabelles" at Florence in the Fifteenth Century, in, Rubinstein, N., ed., *Florentine Studies*, Evanston, 1968.

Della Rocca, Raimondo Morozzo, Notizia da Caffa, in, *Studi in onore di A. Fanfani*, vol. 3, Milano, 1962.

―――, Cronologia veneziana del '300, in, AA. VV., *La civiltà veneziana del Trecento*, Firenze, 1956.

Delumeau, Jean, *Vie économique et sociale de Rome dans la seconde moitié du XVIe siècle*, 2 tomes, Paris, 1957-59.

Delumeau, Jean, Un ponte fra Oriente e Occidente: Ancona nel Cinquecento, in, *Quaderni Storici*, vol. 13, 1970.
Dennis, Giorgio T., Problemi storici concernenti i rapporti tra Venezia, i suoi domini diretti e le signorie feudali nelle isole greche, in, Pertusi, Agostino, a cura di, *Venezia e il Levante fino al secolo XV*, Firenze, 1973.
De Roover, Raymond, The Story of the Alberti Company of Florence, 1302-1348, as Revealed in its Account Books, in, *The Business History Review*, vol. 32, 1958.
―――, *The Rise and Decline of the Medici Bank, 1397-1494* (paperback ed.), New York, 1966.
―――, The Organization of Trade, in, *The Cambridge Economic History of Europe*, vol. 3, Cambridge, 1971.
De Vergottini, Giovanni, *Arti e popolo nella prima metà del secolo XIII*, Milano, 1943.
Diaz, Furio, Recent Studies on Medicean Tuscany, in, *The Journal of Italian History*, 1-1, 1978.
―――, *Il Granducato di Toscana-I Medici*, Torino, 1987.
Diehl, Charles, The Economic Decay of Byzantium, 1957 (first published as Chapter VI of *Byzantium: Greatness and Decline*, Rutger Univ. Press), rep., in, Cipolla, Carlo M., ed., *The Economic Decline of Empires*, London and Southampton, 1970.
Di Noto, Sergio, *Gli ordinamenti del granducato di Toscana in un testo settecentesco di Luigi Viviani*, Milano, 1984.
Doren, Alfred, *Entwicklung und Organisation der florentiner Zünfte im 13. und 14. Jh.*, Leibzig, 1897.
―――, *Die florentiner Wollentuchindustrie vom vierzehnten bis zum sechzehnten Jahrhundert*, Stuttgart, 1901.
―――, *Das florentiner Zunftwesen vom 14. bis zum 16. Jh.*, Stuttgart und Berlin, 1908.
―――, *Italienishe Wirtshaftsgeschichte,* Jena, 1934.
Dowd, Douglas F., Power and Economic Development-The Rise and Decline of Medieval Bologna, in, *The Journal of European Economic History*, II, 1974.
Earle, Peter, The Commercial Developement of Ancona, 1479-1551, in, *The Economic History Review*, 2nd series, vol. 22, 1969.
Edler, Florence, *Glossary of Medieval Terms of Business, Italian Series 1200-1600*, Cambridge Massachusetts, 1934, reprint, New York, 1969.
―――, Medici Partnerships, in, idem, *Glossary of Medieval Terms of Business: Italian Series 1200-1600*, Cambridge Massachusetts, 1934.
Evans, Allan, Some Coinage Systems of the Fourteenth Century, in, *Journal of Economic and Business History*, III, 1931.
Fasoli, Gina, Catalogo descrittivo degli statuti bolognesi conservati nell'Archivio di Stato di Bologna, in, *L'Archiginnasio*, XXVI, 1931.
―――, La legislazione antimagnatizia a Bologna fino al 1292, in, *Rivista di storia del diritto italiano*, VI, 1933.

―, Le compagnie delle armi a Bologna, in, *L'Archiginnasio*, XXVIII, 1933.

―, Le compagnie delle arti a Bolona fino al principio del secolo XV, in, *L'Archiginnasio*, XXX, 1935.

―, Ricerche sulla legislazione antimagnatizia nei comuni dell'alta e media Italia, in, *Rivista di storia del diritto italiano*, XII, 1939.

―, Le autonomie cittadine nel Medioevo, in, AA. VV., *Nuove questioni di storia medioevale*, Milano, 1969.

―, Bologna nell'età medievale (1115-1506), in, AA. VV., *Storia di Bologna*, Bologna, 1978.

Fees, Irmgard, *Reichtum und Macht im mittelalterlichen Venedig-Die Familie Ziani*, Tübingen, 1988.

Fennell Mazzaoui, Maureen, *The Italian Cotton Industry in the Later Middle Ages, 1100-1600*, Cambridge Univ. Press, 1981.

Filippi, G., *L'Arte dei mercanti di Calimala in Firenze ed il suo più antico statuto*, Torino, 1889.

Finlay, R., *Politics in Renaissance Venice*, New Brunswick-New Jersey, 1980.

Frangioni, Luciana, *Milano e le sue strade*, Bologna, 1983.

―, *Organizzazioni e costi del servizio postale alla fine del Trecento*, Prato, 1983.

―, I costi del servizio postale alla fine del Trecento, in, Università di Firenze-Istituto di storia economica, ed., *Contributi del Convegno di Studi "Aspetti della vita economica medievale"*, Firenze・Pisa・Prato, 1984.

Gilbert, F., The Venetian Constitution in Florentine Political Thought, in, Rubinstein, N., ed., *Florentine Studies-Politics and Society in Renaissance Florence*, Evanston, 1968.

Ginatempo, Maria e Sandri, Lucia, *L'Italia delle città-Il popolamento urbano tra Medioevo e Rinascimento (secoli XIII-XVI)*, Firenze, 1990.

Goodman, Jordan, Tuscan Commercial Relations with Europe, 1550-1620 : Florence and the European Textile Market, in, AA. VV., *Firenze e la Toscana dei Medici nell'Europa del '500*, vol. 3, 1983.

Guarnieri, Gino, *Livorno marinara. Gli sviluppi portuali, la funzione economica, la tecnica commerciale-marittima*, Livorno, 1962.

Greci, Roberto, Forme di organizzazione del lavoro nelle città italiane tra età comunale e signorile, in, Elze e Fasoli, a cura di, *Le città in Italia e in Germania nel Medioevo*, Bologna, 1981.

Grierson, Philip, La moneta veneziana nell'economia mediterranea nel Trecento e Quattrocento, Centro di Cultura e Civiltà della Fondazione Giorgio Cini, a cura di, *La civiltà veneziana del Quattrocento*, Firenze, 1957.

Giunta, F., Una "inquisitio" dei re cattolici sulla cacciata degli Ebrei dalla Sicilia, in, AA. VV., *Studi di storia economica toscana nel Medioevo e nel Rinascimento*, Pisa, 1987.

Guarini, Elena Fasano, *Lo stato medìceo di Cosimo I,* Firenze, 1973.
Guidi, Guidubaldo, *Il governo della città-repubblica di Firenze del primo Quattrocento,* 3 voll., Firenze, 1981.
Hay, Denis and Law, John, *Italy in the Age of the Renaissance, 1380-1530,* London and New York, 1989.
Heers, Jacques, Il commercio nel Mediterraneo alla fine del sec. XIV e nei primi anni del XV, in, *Archivio Storico Italiano,* 1955-II, 1955.
―――, Types de navires et spécialisation des trafics en Méditerranée a la fin du Moyen Âge, dans, *Le Navire et l'Économie Maritime du Moyen-Âge au XVIIIe siècle principalement en Méditerranée-Travaux du Deuxième Colloque Internatinal d'Hisorie Maritime,* Paris 1958.
―――, *Gênes au XVe siècle,* Paris, 1971.
Herlihy, David, Treasure Hoards in the Italian Economy, 960-1139, in, *The Economic History Review,* 2nd Series, X-1. 1957.
―――, Family and Property in Renaissance Florence, in, Miskimin, Herlihy and Udovich, ed., *The Medieval City,* New Haven and London, 1977.
―――, The Distribution of Wealth in a Renaissance Community : Florence, 1427, in, Abrams and Wrigley, ed., *Towns in Societies,* Cambridge, London, New York and Melbourne, 1978.
―――, The Rulers of Florence, 1282-1530, in, Molho, Raaflaub and Emlen, ed., *City States in Classical Antiquity and Medieval Italy,* Stuttgart, 1991.
Herlihy et Klapisch-Zuber, *Les Toscans et leur familles-Une étude du catasto florentin de 1427-,* Paris, 1978.
Hessel, Alfred, *Storia della città di Bologna dal 1116 al 1280,* Bologna, 1975 (traduzione italiana a cura di Fasoli, Gina, titolo originale, *Geschichte der Stadt Bologna von 1116 bis 1280,* Berlin, 1910).
Hibbert, A. B., The Origins of the Medieval Town Patriciate, in, Abrams, Ph. and Wrigley, E. A., ed., *Towns in Societies-Essays in Economic History and Historical Sociology,* London, New York and Melbourne, 1978, reprint, London, New York and Melbourne, 1979.
Hoshino, Hidetoshi, Francesco di Iacopo Del Bene, cittadino fiorentino del Trecento -La famiglia e l'economia-, in, Istituto Giapponese di Cultura in Roma, per cura di, *Annuario,* IV, 1966.
―――, Per la storia dell'arte della lana in Firenze nel Trecento e nel Quattrocento, un riesame, in, Istituto Giapponese di Cultura in Roma, per cura di, *Annuario,* X, 1972.
Hoshino, Hidetoshi, *L'arte della lana in Firenze nel basso Medioevo,* Firenze, 1980. （星野秀利著，齊藤寛海訳『中世後期フィレンツェ毛織物工業史』名古屋大学出版会，1995年.）
―――, *Il commercio fiorentino nell'impero ottomano : costi e profitti negli anni 1484-*

1488 [Firenze], 1984.
Inalcik, Halil, *The Ottoman Empire,* New York-Washington, 1973.
Jones, Philip J., From Manor to Mezzadria, in, Rubinstein, N., ed., *Florentine Studies,* Evanston, 1968.
Kent, Dale, *The Rise of the Medici,* Oxford, 1978.
Klapisch-Zuber, Christiane, *Una carta del popolamento toscano negli anni 1427-1430,* Milano, 1983.
Krekic, Barisa, *Dubrovnik in the 14th and 15th Centuries : A City between East and West,* Norman (Univ. of Oklahoma Press), 1972. (クレキッチ, バリシャ, 田中一生訳『中世都市ドゥブロヴニク』彩流社, 1990年.)
―, Quelques remarques sur la politique et économie de Dubrovnik (Raguse) au XVe siècle, dans, *Mélanges en l'honneur de F. Braudel,* vol. I, Toulouse, 1973.
―, Contributo allo studio degli schiavi levantini e balcanici a Venezia (1388-1398), in, AA. VV., *Studi in memoria di F.Melis,* vol. II, Napoli, 1978.
La piccola Treccani (Istituto della Enciclopedia Italiana, ed), Roma, 1995-97.
Lane, Frederic Chapin, Fleets and Fairs-the Functions of the Venetian Muda, in, *Studi in onore di Armando Sapori,* vol. 1, Milano, 1957.
―, La marine marchande et le trafic maritime de Venise a travers les siècles, dans, *Les sources de l'histoire maritime en Europe du Moyen Âge au XVIIIe siècles-Actes du IVe colloque international d'histoire maritime,* Paris, 1962.
―, Venetian Maritime Law and administration (1250-1350), in, AA. VV., *Studi in onore di Amintore Fanfani,* vol. III, Milano 1962.
―, The Economic Meaning of the Invention of the Compass, in, *The American Historical Review,* LXVIII-3, 1963.
―, Venetian Merchant Galleys, 1300-1334-Private and Communal Operation, in, *Speculum,* vol. XXXVIII-2, 1963.
―, The Merchant Marine of the Venetian Republic, in, idem, *Venice and History,* Baltimore, 1966.
―, Venture Accounting in Medieval Business Management, ibidem.
―, Cotton Cargoes and Regulations against Overloading, ibidem.
―, Venetian Shipping during the Commercial Revolution, ibidem.
―, The Merchant Marine of the Venetian Republic, ibidem.
―, Family Partnerships and Joint Ventures, ibidem.
―, Cotton Cargoes and Regulations against Overloading, ibidem.
―, Rhythm and Rapidity of Turnover in Venetian Trade of the Fifteenth Century, ibidem.
―, The Mediterranean Spice Trade : Further Evidence of its Revival in the Sixteenth Century, in, Pullan, Brian, ed., *Crisis and Change in the Venetian Economy in the Sixteenth and Seventeenth Centuries,* London, 1968.
―, *Venice-A Maritime Republic,* Baltimore and London, 1973.

Lane, Frederic C. and Mueller, Reihold C., *Money and Banking in Medieval and Renaissance Venice*, vol. 1, *Coins and Moneys of Account*, Baltimore, 1985.

Larner, John, *Italy in the Age of Dante and Petrarch, 1216-1380*, London and New York, 1980.

Lemercier-Quelquejay, Chantal, *La pace mongola*, Milano, 1971 (tradotto da Cattarini, Silvia B., titolo originale, *La paix mongole*, Paris, 1970).

Litchfield, R. Burr, *Emergence of a Bureaucracy : The Florentine Patricians, 1530-1790*, Princeton-New Jersey, 1986.

Logan, O., *Culture and Society in Venice, 1470-1790*, London, 1972.

Lopez, Roberto Sabatino, *Studi sull'economia genovese nel Medio Evo*, Torino 1936, ristampa anastatica, Torino 1970.

――――, Venezia e le grandi linee dell'espansione commerciale nel secolo XIII, in, Centro di cultura e civiltà della Fondazione G. Cini, a cura di, *La civiltà veneziana del secolo di Marco Polo*, Firenze, 1955.

――――, *The Commercial Revolution of the Middle Ages, 950-1350*, Englewood Cliffs, New Jersey, 1971.

――――, Venise et Gênes, in, idem, *Su e giù per la storia di Genova*, Genova, 1975.

――――, Market Expansion-The Case of Genoa, ibidem.

Lopez, Robert S. and Raymond, Irving W., *Medieval Trade in the Mediterranean World-Illustrative Documents Translated with Introductions and Notes*, New York and London, 1955.

Luzzato, Gino, L'oro e l'argento nella politica monetaria veneziana dei secoli XIII-XIV, in, idem, *Studi di storia economica veneziana*, Padova, 1954.

――――, Vi furono fiere a Venezia?, ibidem.

――――, Navigazione di linea e navigazione libera nelle grandi città marinare del Medio Evo, ibidem.

――――, Sull'attendibilità di alcune statistiche economiche medievali, ibidem.

――――, Capitalismo coloniale nel Trecento, ibidem.

――――, Il costo della vita a Venezia nel Trecento, ibidem.

――――, L'economia, in, Centro di Cultura e Civiltà della Fondazione Giorgio Cini, a cura di, *La civiltà veneziana del Trecento*, Firenze, 1956.

――――, *Storia economica di Venezia dall'XI al XVI secolo*, Venezia, 1961.

――――, Corporazione-Premessa storica, in, *Enciclopedia del Diritto*, Milano, 1962.

Malanima, Paolo, L'industria fiorentina in declino fra Cinque e Seicento: Linee per un'analisi comparata, in, AA. VV., *Firenze e la Toscana dei Medici nell'Europa del '500*, vol. 3, Firenze, 1983.

Mallett, Michael E., *The Florentine Galleys in the Fifteenth Century*, Oxford, 1967.

――――, Pisa and Florence in the Fifteenth Century : Aspects of the Period of the First Florentine Domination, in, Rubinstein, N., ed., *Florentine Studies*, Evanston, 1968.

Malowist, Marian, Capitalismo commerciale e agricoltura, in, *Storia d'Italia* (Einaudi, ed.), Annali 1-*Dal feudalismo al capitalismo,* Torino, 1978.

Mandich, Giulio, Per una ricostruzione delle operazioni mercantili e bancarie della compagnia dei Covoni, in, Sapori, Armando, a cura di, *Libro giallo della compagnia dei Covoni,* Milano, 1970.

Marangoni, G., *Le associazioni di mestiere nella Repubblica Veneta,* Venezia, 1974.

Marrara, Danilo, I rapporti giuridici tra la Toscana e l'Impero, in, AA. VV., *Firenze e la Toscana dei Medici nell'Europa del '500,* vol. 1, Firenze, 1983.

Martines, Lauro, *Lawyers and Statecraft in Renaissance Florence,* Princeton, 1968.

Martini, Angelo, *Manuale di metrologia,* Torino, 1883.

Martini, Giuseppe, Basso Medioevo, in, AA. VV., *La storiografia italiana negli ultimi vent'anni,* vol. I, Milano, 1970.

Martinori, Edoardo, *La moneta-Vocabolario generale-,* Roma, 1977.

Matteoni, Dario, *Livorno,* Roma-Bari, 1985.

Melis, Federigo, *Storia della Ragioneria. Contributo alla conoscenza e interpretazione delle fonti più significative della storia economica,* Bologna, 1950.

―――, *Aspetti della vita economica medievale (Studi nell'Archivio Datini di Prato),* Siena, 1962.

―――, (Dini, Bruno, a cura di), *Sulle fonti della storia economica : Appunti raccolti alle lezioni del Prof. Federigo Melis,* Firenze, anno accademico 1963-64.

―――, Werner Sombart e i problemi della navigazione nel Medio Evo, in, AA. VV., *L'opera di Werner Sombart nel centinario della nascita,* Milano, 1964.

―――, (Dini, Bruno, a cura di), *Tracce di una storia economica di Firenze e della Toscana in generale del 1252 al 1550 : Appunti raccolti alle lezioni del Prof. Federigo Melis,* 2a. ed., Firenze, anno accademico 1966-1967.

―――, Il fattore economico nello sviluppo della navigazione alla fine del Trecento, in, Cortelazzo, Manlio, a cura di, *Mediterraneo e Oceano Indiano-Atti del Sesto Colloquio Internazionale di Storia Marittima,* Firenze, 1970.

―――, Note sur le mouvement du port de Beyrouth d'après la documentation florentine aux environs de 1400, dans, *Sociétés et compagnies de commerce en Orient et dans l'Océan Indien-Actes du huitième colloque internatinal d'histoire maritime,* Paris, 1970.

―――, *Documenti per la storia economica dei secoli XIII-XVI,* Firenze, 1972.

―――, La lana della Spagna mediterranea e della Barbiera occidentale nei secoli XIV-XV, in, Spallanzani, Marco, a cura di, *La lana come materia prima,* Firenze, 1974.

―――, I rapporti econnomici fra la Spagna e l'Italia nei secoli XIV-XVl secondo la documentazione italiana, en, idem, *Mercaderes italianos en España, Siglos XIV-XVI,* Sevilla, 1976.

―――, *Intensità e regolarità nella diffusione dell'informazione economica generale nel Mediterraneo e in Occidente alla fine del Medioevo,* Prato, 1983 (le éd., dans,

Histoire économique du monde méditerranéen 1450-1650, Melanges en l'honneur de Fernand Braudel, Toulouse, 1973).

Molho, Anthony, Politics and the Ruling Class in Early Renaissance Florence, in, *Nuova Rivista Storica,* 52, 1960.

――, The Florentine Oligarchy and the Balie of the Late Trecento, in, *Speculum,* XLIII-1, 1968.

――, A Note on Jewish Moneylenders in Tuscany in the Late Trecento and Early Quattrocento, in, Molho and Tedeschi, ed., *Renaissance Studies in Honor of Hans Baron,* Dekalb-Illinois, 1971.

――, *Florentine Public Finances in the Early Renaissance, 1400-1433,* Cambridge-Massachusetts, 1971.

Mollat, M. and Wolff, Ph., *The Popular Revolutions of the Late Middle Ages,* London, 1973, (translated by Lytton-Sells, A. L., original title, *Ongles blues, Jacques et Ciompi-Les révolutions populaires en Europe aux XIVe et XVe siècles,* Paris, 1970). (モラ, M., ヴォルフ, Ph., 瀬原義生訳『ヨーロッパ中世末期の民衆運動』ミネルヴァ書房, 1996年.)

Monticolo, G., Prefazione del vol. 1 e prefazione del vol. 2, in, idem, a cura di, *I capitolari delle arti veneziane sottoposte alla Giustizia Vecchia dalle origini al MCCCXXX,* 3 voll. (Fonti per la storia d'Italia, nn. 26-28), Roma 1896-1905-1914.

Motta, Giovanna, Aspetti dell'economia siciliana alla fine del XIV secolo-Da una lettera di Manno d'Albizio a Francesco Datini, in, *Studi in memoria di Federigo Melis,* vol. II, Napoli, 1978.

Mueller, R. C., Charitable Institutions, the Jewish Community and Venetian Society. A Discussion of the Recent Volume by Brian Pullan, in, *Studi Veneziani,* XIV, 1972.

Najemy, J. M., *Corporate Origins of the Florentine Revolutions of 1378-Political Structures and Struggles in the Major Guilds from 1343 to the Year of the Ciompi-,* Firenze 1979. (同書は後に, AA. VV., *Il Tumulto dei Ciompi. Un momento di storia fiorentina ed europea,* Firenze, 1981, のなかに, "Audianto omnes artes": Corporate Origins of the Ciompi Revolution, として収録.)

Nudi, Giacinto, *Storia urbanistica di Livorno. Dalle origini al secolo XVI,* Venezia, 1959.

Ortalli, Gherardo, La famiglia tra la realtà dei gruppi inferiori e la mentalità dei gruppi dominanti a Bologna nel XIII secolo, in, Duby e Le Goff, a cura di, *Famiglia e parentela nell'Italia medievale,* Bologna, 1977.

Ottokar, Nicola, *Studi comunali e fiorentini,* Firenze 1948.

――, *Il comune di Firenze alla fine del Dugento,* Firenze, 1962.

Parry, J. H., *The Discovery of the Sea,* Berkeley, Los Angeles, London, 1981.

Pélékides, Marie Nystazopoulou, Venise et la mer noire du XIe au XVe siècle, in, Pertusi, A., a cura di, *Venezia e il Levante fino al secolo XV,* Firenze, 1973.

Paci, Renzo, *La "scala" di Spalato e il commercio veneziano nei Balcani fra Cinque e Seicento,* Venezia, 1971.

Petralia, Giuseppe, Sui Toscani in Sicilia tra '200 e '300, in, Tangheroni, Marco, a cura di, *Commercio, finanza, funzione pubblica : Stranieri in Sicilia e in Sardegna nei secoli XIII-XV,* Napoli, 1989.

Pini, Antonio Ivan, L'arte del cambio a Bologna nel XIII secolo, in, *L'Archiginnasio,* LVII, 1962.

——, Problemi demografici bolognesi del Duecento, in, *Atti e memorie della Deputazione di storia patria per le province di Romagna,* n.s., 17, 1969.

——, *L'assoziazionismo medievale-Comuni e corporazioni,* Bologna, 1976.

——, *Le ripartizioni territoriali urbane di Bologna medievale,* Bologna, 1977.

——, Un aspetto dei rapporti tra città e territorio nel Medioevo. La politica demografica "ad elastico" di Bologna fra il XII e il XIV secolo, in, AA. VV., *Studi in memoria di Federigo Melis,* vol. I, Napoli, 1978.

Pitcher, Donald Edgar, *An Historical Geography of the Ottoman Empire from the Earliest Times to the End of the Sixteenrh Century,* Leiden, 1972.

Pinto, Giuliano, *Il libro del biadaiolo-Carestie e annona a Firenze dalla metà del '200 al 1348, Firenze, 1978.*

Pullan, Brian, Wage-earners and the Venetian Economy, 1550-1630, in, idem ed., *Crisis and Change in the Sixteenth and Seventeenth Centuries,* Bungay-Suffolk, 1968.

——, *Rich and Poor in Renaissance Venice-The Social Institutions of a Catholic State to 1620,* Oxford, 1971.

Queller, Donald E., The Developement of Ambassadorial Relazioni, in, Hale, J. R. ed., *Renaissance Venice,* London, 1973.

Racine, P., Associations de marchands et associations de metiérs en Italie de 600 à 1200, in, *Protokoll des konstanzer Arbeitskreis für mittelalterliche Geschichite e. V.,* 29 Januar 1980.

Ramsey, George D., The Merchants of the Staple and the Downfall of the English Wool Export Trade, in, Spallanzani, Marco, a cura di, *La lana come materia prima,* Firenze, 1974.

Ravid, Benjamin, A Tale of Three Cities and their Raison d'État, in, Ginio, Alisa Meyuhas, ed., *Jews, Christians and Muslims in the Mediterranean World after 1492,* London, 1992.

——, The Socioeconomic Background of the Expulsion and Readmission of the Venetian Jews, 1571-1573, in, Malino, F. and Albert, Ph. C., ed., *Essays in Modern Jewish History-A Tribute to Ben Halpern-,* London and Toronto, 1982.

Renouard, Yves, Comment les papes d'Avignon expèdiaient leur courrier, dans, idem, *Ètudes d'histoire médiéval,* vol. 2, Paris, 1968.

——, *Storia di Firenze,* Firenze, 1970 (traduzione dal francese di Del Beccaro, titolo originale, *Histoire de Florence,* 2e éd., Paris, 1967).

Rodorico, Niccolo, *Dal comune alla signoria* (1a ed., Bologna, 1898), Bologna, 1974.
Romanin, S., *Storia documentata di Venezia*, 3a edizione, 10 tomi, Venezia, 1973.
Romano, Ruggiero, La storia economica-Dal secolo XIV al Settecento-, in, *Storia d' Italia*, (Einaudi, ed.), vol. 2, Torino, 1974.
―――, A propos du commerce de blè des XIVe et XVe sìcles, dans, *Eventail d'histoire vivante-Hommage a Lucièn Febvre*, vol. II, Paris, 1953.
―――, La marine marchande vénitienne au XVIe siècle, dans, *Les sources de l'histoire maritime en Europe du Moyen Âge au XVIIIe siècles -Actes du quatrième colloque international d'histoire maritime*, Paris, 1962.
Rubinstein, Nicolai, *The Government of Florence under the Medici, 1434 to 1494*, Oxford, 1966.
―――, Florentine Constitutionalism and Medici Ascendancy in the Fifteenth Century, in, Rubinstein, Nicolai, ed., *Florentine Studies*, Evanston, 1968.
―――, Dalla repubblica al principato, in, AA. VV., *Firenze e la Toscana dei Medici nell'Europa del '500*, vol. 3, Firenze, 1983.
Saito, Hiromi (齊藤寛海), Il potere dello stato nel proviggiamento dei viveri-Venezia nella prima metà del Cinquecento-, in, Mediterranean Studies Group-Hitotsubashi University ed., *Mediterranean World*, vol. 13, 1992.
―――, La geografia del Pegolotti, in, Mediterranean Studies Group-Hitotsubashi University, *Mediterranean World*, vol. 15, 1998.
―――, Florentine Cloth in Damascus, in, Mediterranean Studies Group-Hitotsubashi University, *Mediterranean World*, vol. 16, 2001.
Sapori, Armando, *La crisi delle compagnie mercantili dei Bardi e dei Peruzzi*, Firenze, 1926.
―――, *Una compagnia di Calimala ai primi del Trecento*, Firenze, 1932.
―――, L'attendibilità di alcune testimonianze cronistiche dell'economia medievale, in, idem, *Studi di Storia Economica*, vol. 1, Firenze, 1955.
―――, Il personale delle compagnie mercantili del Medioevo, in, idem, *Studi di storia economica*, vol. 2, Firenze, 1955.
―――, Le compagnie italiane in Inghilterra, ibidem.
―――, I beni del commercio internazionale nel Medioevo, in, *Archivio Storico Italiano*, 1955-I, 1955.
Sardella, Pierre, *Nouvelles et spéculations a Venise au dédut du XVIe siècle*, Paris, 1948.
Shaube, Adolf, Die Wollausfuhr Englands vom Jahre 1273, in, *Vierteljahrshrift für Sozial-und Wirtshaftsgeschichte*, Bd. 6, 1903.
Segre, Renata, Sephardic Settlements in Sixteenth-Century Italy: A Historical and Geographical Survey, in, Ginio, Alisa Meyuhas, ed., *Jews, Christians and Muslims in the Mediterranean World after 1492*, London, 1992.
Sella, Domenico, Crisis and Transformation in Venetian Trade, in, Pullan, Brian, ed.,

Crisis and Change in the Venetian Economy in the Sixteenth and Seventeenth Centuries, London, 1968.

Sombart, Werner, *Der moderne Kapitalismus,* V. Auflage, Bd. 1-Härfte 1, München und Leizig, 1922. (ゾンバルト, ヴェルナー, 岡崎次郎訳『近世資本主義』第1巻第1冊, 生活社, 1942年.)

Spini, Giorgio, Introduzione a "La nascita della Toscana", in, AA. VV., *La nascita della Toscana, Firenze,* 1980.

――, Il principato dei Medici e il sistema degli stati europei del Cinquecento, in, AA. VV., *Firenze e la Toscana dei Medici nell'Europa del '500,* vol. 3, Firenze, 1983.

Spufford, Peter, *Handbook of Medieval Exchange,* London, 1986.

Staianovich, Traian, The Conquering Balkan Orthdox Merchant, in, *The Journal of Economic History,* XX-2, 1966.

Staley, Edgcumbe, *The Guilds of Florence,* London, 1906.

Stopani, Renato, *La Via Francigena,* Firenze, 1998.

Tadic, Jorjo, Venezia e la costa orientale dell'Adriatico fino al secolo XV, in, Pertusi, Agostino, a cura di, *Venezia e il Levante fino al secolo XV,* vol. 1, Firenze, 1973.

――, Le commerce en Dalmatie et à Raguse et la décadance économique de Venise au XVIIe siècle, in, AA. VV., *Aspetti e cause della decadanza economica veneziana nel secolo XVII,* Roma-Venezia, 1961.

Tamba, Giorgio, *I documenti del governo del comune bolognese (1116-1512),* Bologna, 1978.

Tangheroni, Marco, Il commercio internazionale dei cereali come problema storiografico, in, idem, *Aspetti del commercio dei cereali nei paesi della corona d'Aragona,* 1. *La Sardegna,* Pisa, 1981.

――, Introduzione, in, idem, a cura di, *Commercio, Finanza, Funzione Pubblica-Stranieri in Sicilia e Sardegna nei secoli XIII-XV,* Napoli, 1989.

――, I diversi sistemi economici : Rapporti e interazioni. Considerazioni generali e annalisi del caso sardo, in, idem, *Medioevo Tirrenico. Sardegna, Toscana e Pisa,* Pisa, 1992.

Tenenti, Alberto, The Sence of Space and Time in the Venetian World of the Fifteenth and Sixteenth Centuries, in, Hale, J. R. ed., *Renaissance Venice,* London, 1973.

――, Nuove dimensioni della presenza veneziana nel Mediterraneo, in, Beck, Manoussacas e Pertusi, a cura di, *Venezia centro di mediazione tra oriente e occidente (secoli XV-XVI), Aspetti e problemi,* Firenze, 1977.

Tenenti, Alberto e Branislava, *Il prezzo del rischio,* Roma, 1985.

Tenenti, A. et Vivanti, C., Le film d'un grand système de navigation-Les galères marchandes vénitiennes, XIVe-XVIe siècles, in, *Annales, E. S. C.,* 1961.

Thiriet, Freddy, *La Romanie vénitienne au Moyen Âge,* Paris, 1959, 2e éd., réimpression conforme, Paris, 1975.

Thiriet, Freddy, Quelques observations sur le trafic des galèes vénitiennes d'après les chiffres des incanti (XIV-XVe siècles), in, *Studi in onore di A. Fanfani*, vol. III, Milano, 1962.
――――, *Problemi dell'amministrazione veneziana nella Romania, XIV-XV secolo*, s. l. e s. d. [1968] (registrato, Venezia, Biblioteca Marciana, Miscellanea, B. 17328).
――――, La crise des trafics vénitiens au Levant dans les premières années du XVe siècle, in, *Studi in memoria di Federigo Melis*, vol. III, Napoli, 1978.
Toaff, Renzo, *La nazione ebrea a Livorno e a Pisa (1591-1700)*, Firenze, 1990.
Trasselli, Carmelo, *Storia dello zucchero siciliano*, Caltanissetta-Roma, 1982.
Tucci, Hannelore Zug, Un aspetto trascurato del commercio medievale del vino, in, *Studi in memoria di Federigo Melis*, vol. III, Napoli, 1978.
Tucci, Ugo, *Lettres d'un marchand vénitien Andrea Barbarigo (1553-1556)*, Paris, 1957.
――――, Alle origini dello spirito capitalistico a Venezia-La previsione economica, in, *Studi in onore di A. Fanfani*, vol. III, Milano, 1962.
Valsecchi, Franco, *Comune e corporazione nel Medio Evo italiano*, Milano-Venezia, anno accademico 1948-49.
Van Houtte, Jan A., Production et circulation de la laine comme matière première du XIIIe au XVIIe siècle, in, Spallanzani, Marco, a cura di, *La lana come materia prima*, Firenze, 1974.
――――, The Rise and Decline of the Market of Bruges, in, *Economic History Review*, 2nd Ser., 19-1, 1966.
Vicens Vives, Jaime, *Manual de historia economica de España, 9a ed.*, Balcelona 1972.
Vilar, Pierre, *Oro e moneta nella storia, 1450-1920*, Bari, 1971 (tradotto da Salsano, Alfredo, titolo originale, *L'or dans le monde du XVI e siècle à nos jour*, Paris, 1969).
Villari, Pasquale, *The Two First Centuries of Florentine History*, 4th ed., London, 1908 (translated by Villari, Linda, titolo originale, *I primi due secoli della storia di Firenze*, Firenze, 1893).
Verlinden, Charles, Venezia e il commercio degli schiavi provenienti dalle coste orientali del Mediterraneo, in, Pertusi, A., a cura di, *Venezia e il Levante fino al secolo XV*, vol. I, Firenze, 1973.
Waley, Daniel, The Army of the Florentine Republic from the Twelfth to the Fourteenth Century, in, Rubinstein, Nicolai, ed., *Florentine Studies*, Evanston, 1968.
Watson, Andrew M., Back to Gold-and Silver, in, *The Economic History Review*, 2nd Series, XX-1, 1967.
Witt, Ronald G., Florentine Politics and the Ruling Class, 1382-1407, in, *The Journal of Medieval and Renaissance Studies*, 6-2, 1976.

和文文献

飯田巳貴『15世紀前半のロマニア市場—コンスタンチノープル駐在ヴェネツィア商人ジャコモ・バドエルの帳簿分析をもとに—』(一橋大学研究報告書) 1996年.
生田　滋「大航海時代の東アジア」榎一雄編『西欧文明と東アジア』平凡社, 1971年.
石坂尚武「ルネサンス人文主義の課題」一・二・三, 同志社大学『文化史学』第35・36・37号, 1979-81年.
石島晴夫『スペイン無敵艦隊』原書房, 1981年.
泉谷勝美『中世イタリア簿記史論』森山書店, 1964年.
―――――『複式簿記生成史論』森山書店, 1980年.
伊藤　栄『西洋商業史』東洋経済新報社, 1971年.
ウェーリー, ダニエル, 森田鉄郎訳『イタリアの都市国家』平凡社, 1971年.
エリオット, J. H., 藤田一成訳『スペイン帝国の興亡』岩波書店, 1982年.
大黒俊二「『商売の手引』一覧—13世紀から18世紀まで—」大阪市立大学文学部『人文研究』第38巻第13分冊, 1986年.
―――――「ヨーロッパ家族史へのふたつのアプローチ」前川和也編著『家族・世帯・家門』ミネルヴァ書房, 1993年.
鬼塚信彦「イル・プリモ・ポーポロ治下のフィレンツェ」神戸商科大学『商大論集』第8号, 1952年.
オリーゴ, イリス, 篠田綾子訳, 徳橋曜監修『プラートの商人』白水社, 1997年.
梶山　力「中世に於ける法王庁の財政とイタリー資本主義の台頭」『近代西欧経済史論』みすず書房, 1948年.
加藤　博『中世エジプト貨幣史』(一橋大学修士論文), 1976年.
―――――「中世エジプトの貨幣政策」『一橋論叢』第76巻第6号, 1976年.
―――――「貨幣史からみた後期中世エジプト社会」『社会経済史学』第43巻第1号, 1977年.
金七紀男「1383-1385年革命とアヴィス王朝の成立」『東京外国語大学論集』第37号, 1987年.
―――――『ポルトガル史』彩流社, 1996年.
亀長洋子『中世ジェノヴァ商人の「家」』刀水書房, 2001年.
河原　温「15世紀フィレンツェの兄弟団と貧民救済」『「ヨーロッパの歴史」を読む』東京学芸大学海外子女教育センター, 1997年.
ケドゥリー, エリ編, 関・立石・宮前訳『スペインのユダヤ人』平凡社, 1995年.
ガレン, エウジェーニオ編, 近藤恒一・高階秀爾・他訳『ルネサンス人』岩波書店, 1990年.
ガーンジィ, ピーター, 松本宣郎・阪本浩訳『古代ギリシア・ローマの飢饉と食糧供給』白水社, 1998年.
神田忠雄「フローレンス毛織物業の経営・会計についての一考察—デル・ベネ商会を中心として—」松尾憲橘編『批判会計学の基礎』森山書店, 1960年.
クレキッチ, B., 田中一生訳『中世都市ドゥブロヴニク』彩流社, 1990年.
ケサーダ, ミゲル A. L., 大内一訳「コロンブス時代のアンダルシア」関哲行・立石博

高編訳『大航海の時代』同文舘，1998年．
合田昌史「十五世紀海事革命とポルトガル」『史林』69巻5号，1986年．
今野国雄「チオンピの乱とその背景－E．ヴェルナーの見解と問題点－」関東学院大学『経済系』第52号，1962年．
齊藤寛海「フィレンツェ毛織物工業の存続条件」『社会経済史学』第38巻第1号，1972年．
─── 「中世イタリア社会経済史史料としての年代記－ジョヴァンニ・ヴィルラーニの『年代記』の中の統計的データの信憑性についての考察－」『信州大学教育学部紀要』第32号，1975年．
─── 「中世後期のターナにおける奴隷売買の実態」『信州大学教育学部紀要』第33号，1975年．
─── 「リヌッチの帳簿」『イタリア学会誌』第25号，1977年．
─── 「ヴェネツィアの貨幣体系」『イタリア学会誌』第26号，1978年．
─── 「フィレンツェ毛織物工業の性格変化」『イタリア学会誌』第27号，1979年．
─── 「帝国ヴェネツィア」『南欧文化』第6号，文流，1980年．
─── 「ヴェネツィアの貿易構造」『イタリア学会誌』第30号，1981年．
─── 「中世末期におけるレヴァント商業の構造」『西洋史学』第120号，1981年．
─── 書評「Hidetoshi Hoshino, L'arte della lana in Firenze nel basso Medioevo, Firenze, 1980」『信州大学教育学部紀要』第47号，1982年．
─── 「都市の権力構造とギルドのありかた」『史学雑誌』第92編第3号，1983年．
─── 「中世後期の商業郵便－イタリアを中心とする考察－」『イタリア学会誌』第34号，1985年．
─── 「リオーニ商社の書簡複写帳，1539年」上，下『信州大学教育学部紀要』第55，56号，1985-86年．
─── 「アンコーナとラグーザ－16世紀のレヴァント商業－」『イタリア学会誌』第35号，1986年．
─── 「中世ボローニャにおける同職者組織とその政治的機能」『社会経済史学』第53巻第3号，1987年．
─── 「2章・地中海商業－通信の問題を中心に－」清水廣一郎・北原敦編著『概説イタリア史』有斐閣，1988年．
─── 「定着商業における取引手続－中世後期のヴェネツィア商業における－」東京外国語大学アジア・アフリカ言語文化研究所編『イスラム圏における異文化接触のメカニズム－市の比較研究－』1，1988年．
─── 「16世紀ヴェネツィアの穀物補給政策」一橋大学地中海研究会『地中海論集』第12号，1989年．
─── 「ダマスクスにおけるフィレンツェ毛織物の価格」『イタリア学会誌』第39号，1989年．
─── 「中世フィレンツェ経済史史料」『信州大学教育学部紀要』第67号，1989年．
─── 「ヴェネツィアによるトルコ小麦輸送船の拿捕」佐藤伊久男編『ヨーロッパにおける統合的諸権力の構造と展開』東北大学文学部（科研費研究成果報告書），1990年．

―――――「ヴェネツィア政府とフィレンツェ商人」比較都市史研究会編『共同体と都市』下巻，名著出版，1991年．
―――――「中世後期のイタリア商業における通信」『歴史学研究』第626号，1991年．
―――――「15世紀のフィレンツェにおける権力構造－研究視点についての予備的考察－」佐藤伊久男編著『ヨーロッパにおける統合的諸権力の構造と展開』創文社，1994年．
―――――「18世紀初期のトスカーナ大公国国制－L. ヴィヴィアーニ『概要』1735年，の紹介－」岩倉具忠編『イタリア近代社会における知識人の役割』京都大学文学部（科研費研究成果報告書），1996年．
―――――「シャイロックの時代のユダヤ人」『一橋論叢』第116巻第4号，1996年．
―――――「中世ヨーロッパの貿易」『中世史講座』第11巻，学生社，1996年．
―――――「トスカーナ大公国の領域構造－コジモ一世時代－」『信州大学教育学部紀要』第90号，1997年．
―――――「イタリアの都市と国家」『世界歴史』第8巻，岩波書店，1998年．
―――――「中世後期における地中海商業」『地中海世界史』第3巻，青木書店，1999年．
―――――「第4-6章」，北原敦編著『イタリア史』山川出版社，（近刊予定）．
サヴォナローラ，ジローラモ，須藤祐孝編訳・解説『ルネサンス・フィレンツェ統治論』無限社，1998年．
佐口 透『モンゴル帝国と西洋』平凡社，1970年．
佐々木克巳「『商業の復活』と都市の発生」『世界歴史』第10巻，岩波書店，1970年．
サッケッティ，フランコ，杉浦明平訳『フィレンツェの人々』中巻，日本評論社，1949年．
佐藤眞典『中世イタリア都市国家成立史研究』ミネルヴァ書房，2001年．
清水廣一郎「一三世紀フィレンツェの豪族について」『一橋論叢』第50巻第2号，1963年．
―――――「十四世紀ピサの農村行政」同『イタリア中世都市国家研究』岩波書店，1975年．
―――――「中世ガレー船覚書」『一橋論叢』第76巻第6号，1976年．
―――――「ジェノヴァ・キオス・イングランド－中世地中海商業史の一側面－」『南欧文化』第3号，文流，1976年．
―――――「地中海商業とガレー船」木村尚三郎編『中世ヨーロッパ』有斐閣，1980年．
―――――「歴史を書くこと－ジョヴァンニ・ヴィッラーニ年代記について－」『日伊文化研究』第18号，1980年．
―――――「中世末期イタリアにおける公証人の活動」同『中世イタリアの都市と商人』洋泉社，1989年．
―――――『イタリア中世の都市社会』岩波書店，1990年．
シャボー，フェデリーコ，須藤祐孝編訳『ルネサンス・イタリアの〈国家〉・国家観』無限社，1993年．
鈴木徳郎「16世紀のヴェネツィア経済」『イタリア学会誌』第39号，1989年．
―――――「国有ガレー商船の放棄」『駿台史学』第81号，1991年．
―――――「ガレー商船制度の放棄と1514年法」『イタリア学会誌』第43号，1993年．
髙橋 理『ハンザ同盟』教育社，1980年．
髙橋友子「ドナート・ヴェッルーティの『家の年代記』にみる一四世紀フィレンツェ市民の『家』」『立命館文学』第504号，1987年．

高橋友子「中世後期フィレンツェにおけるヴェンデッタ」『西洋史学』第153号，1989年．
竹岡敬温『近代フランス物価史序説』創文社，1974年．
近見正彦『海上保険史研究』有斐閣，1997年．
ディーニ，ブルーノ，齊藤寛海訳「フィレンツェ毛織物工業史家，星野秀利」『信州大学教育学部紀要』第86号，1995年．
德橋　曜「中世イタリア商人の覚書」『地中海学研究』第15号，1992年．
永井三明「ヴェネツィア貴族階級の確立とその背景」『史林』第63巻第5号，1980年．
―――「ヴェネツィアの貴族」『イタリア学会誌』第29号，1980年．
中沢勝三『アントウェルペン国際商業の世界』同文舘，1993年．
―――「ネーデルラントから見た地中海」歴史学研究会編『地中海世界史』第3巻，青木書店，1999年．
永沼博道「中世後期地中海海運の革新－帆船時代の到来に果たしたジェノヴァ人の役割－」神戸大学西洋経済史研究室編『ヨーロッパの展開における生活と経済』晃洋書房，1984年．
―――「中世ジェノヴァ商人の心性について」『関西大学商学論集』第31巻第1号，1986年．
―――「中世末期ジェノヴァにおける『アルベルゴ』の生成」『関西大学商学論集』第32巻第3・4・5号，1986年．
―――「地中海から大西洋へ：ジェノヴァ人のイベリア半島植民」『関西大学商学論集』第34巻第5号，1989年．
―――「中世ジェノヴァ植民活動の特質－マオーナ・デ・キオの事例によせて－」関西大学『経済論集』第42巻第5号，1993年．
根占献一「ルネサンス・フィレンツェにおける自由の意義」仲手川良雄編著『ヨーロッパ的自由の歴史』南窓社，1992年．
―――『ロレンツォ・デ・メディチ』南窓社，1997年．
半田元夫・今野國雄『キリスト教史』第1巻，山川出版社，1977年．
ピスタリーノ，ジェーオ，齊藤寛海訳「ナスル朝時代のジェノヴァとグラナダ」関哲行・立石博高編訳『大航海の時代』同文舘，1998年．
ビセンス・ビーベス，ハイメ，小林一宏訳『スペイン』岩波書店，1975年．
ピレンヌ，アンリ，増田四郎他訳『中世ヨーロッパ経済史』一條書店，1956年．
藤井美男『中世後期南ネーデルラント毛織物工業史の研究』九州大学出版会，1998年．
藤田敬三「フロレンスのツンフト制度－十四－十六世紀に於ける－」『大阪商科大学創立60周年記念論文集』1941年．
ブロック，マルク，宮本又次・竹岡敬温紹介「ヨーロッパ貨幣史概説」，『大阪大学経済学』第1巻第3号，1961年．
ブローデル，フェルナン，浜名優美訳『地中海』全5巻，藤原書店，1991-95年．（原書，Braudel, Fernand, *La Méditerranée et le monde méditerranéen à l'époque de Philippe II*, 2e éd., Paris, 1966.）
ペンローズ，ボイス，荒尾克己訳『大航海時代』筑摩書房，1985年．
星野秀利「中世フィレンツェ毛織物工業の歴史的性格－チオンピ一揆研究の為の一試

論―」『社会経済史学』第21巻第5・6号, 第22巻第1号, 1955-56年.
―――「14世紀フィレンツェの『工業化』―その国際的諸条件―」『南欧文化』第1号, 文流, 1974年.
―――著, 齊藤寛海訳『中世後期フィレンツェ毛織物工業史』名古屋大学出版会, 1995年.
松本典昭「一六世紀トスカーナ経済」『文化史学』(同志社大学), 第42号, 1986年.
―――「モンテムルロの戦いについて」『文化学年報』(同志社大学), 第36号, 1987年.
―――「十六世紀におけるフィレンツェ公国の政治構造」『イタリア学会誌』第40号, 1990年.
―――「トスカーナ大公国の貴族層―17世紀デカダンスの社会的諸側面―」『日伊文化研究』第29号, 1991年.
―――「サント・ステファノ騎士団の創立」『阪南論集, 人文・自然科学編』(阪南大学) 第34巻第4号, 1999年.
マレット, マイケル, 甚野尚志訳「傭兵隊長」ガレン, エウジェーニオ編, 近藤恒一・高階秀爾他訳『ルネサンス人』岩波書店, 1990年.
宮武志郎「16世紀地中海におけるユダヤ教徒間の相剋―アンコーナ・ボイコット事件とナスィ一族―」『研究紀要』(普連土学園), 第2号, 1995年.
―――「ヨセフ・ナスィ―オスマン朝における元マラーノの軌跡―」『オリエント』第39巻第1号, 1996年.
森田鉄郎『ルネサンス期イタリア社会』吉川弘文館, 1967年.
―――「イタリア中世都市コムーネ研究序説」神戸大学文学会『研究』第41号, 1968年.
―――「中世イタリア都市の繁栄の性格―フィレンツェ毛織物工業を中心として―」『社会経済史大系』第3巻, 弘文堂, 1960年.
―――「ルネサンス期イタリアの絹織物工業の性格」井上幸治編『ヨーロッパ近代工業の成立』東洋経済新報社, 1961年.
―――「中世イタリア都市の食糧政策と農制との関係について」『研究』(神戸大学文学会) 第3号, 1953年.
―――『中世イタリアの経済と社会』山川出版社, 1987年.
諸田　實『フッガー家の時代』有斐閣, 1998年.
山瀬善一「イスパニアにおけるジェノヴァ商人の活動への前提」『国民経済雑誌』第128巻第6号, 1973年.
山辺規子『ノルマン騎士の地中海興亡史』白水社, 1996年.
吉村忠典「ローマの時代」(イスラムの都市性・研究報告会編, 第10号), 1989年.
米山喜晟「系図学的資料より見たフィレンツェ共和国の二大役職と『家』」『イタリア学会誌』第29号, 1980年.
―――『モンタペルティ・ベネヴェント仮説』大阪外国語大学, 1993年.
ロー, ジョン著, 甚野尚志訳「ルネサンスの君主」ガレン, エウジェーニオ編, 近藤恒一・高階秀爾他訳『ルネサンス人』岩波書店, 1990年.
和栗珠里「1520-1570年におけるヴェネツィア人の土地所有」『地中海学研究』第20号, 1997年.

付　記

筆者は，星野秀利，清水廣一郎，フェデリーゴ・メリスの三氏からは，著作はもとより，直接口頭でも多大の教示をいただいた．三氏の著作目録を紹介しておく．

「星野秀利著作目録」，星野秀利著，齊藤寛海訳『中世後期フィレンツェ毛織物工業史』名古屋大学出版会，1995年，389-391頁．
　その後，弟子などにより，次の論文集が編纂され，出版された．Hoshino, Hidetoshi, (Franceschi, Franco e Tognetti, Sergio, a cura di), *Industria tessile e commercio internazionale nella Firenze del tardo Medioevo,* Firenze, 2001.

「清水廣一郎－主要著作目録」，清水廣一郎『中世イタリアの都市と商人』洋泉社，1989年，223-231頁．
　その後，恩師たちにより，次の論文集が編纂され，出版された．清水廣一郎『イタリア中世の都市社会』岩波書店，1990年．

Bibliografia di Federigo Melis, in, AA. VV., *Studi in memoria di Federigo Melis* (sotto l'alto patronato del Presidente della Repubblica), vol. I, Napoli, 1978, pp. XIII-XXIV.
　その後も，弟子たちにより，たとえば次のような著作が，数冊出版されている．Melis, Federigo, *L'economia fiorentina del Rinascimento,* Firenze, 1984. idem, *La banca pisana e le origini della banca moderna,* Firenze, 1987.

索　引

あ　行

アイユーブ朝　131
アイン・ジャールートの戦い　131
アヴィス朝　169
アヴィニョン　212
アシュケナジム　260ff.
アシュトール，エリヤフ　70ff., 74ff., 82, 87, 88, 90, 91, 93, 98, 103, 199ff.
アストラハン　132
アゾーレス　135, 169
アゾフ海　183
アッコ　187
アッコッピアトーリ　294, 397ff., 405ff.
アッダ川　60
アッチャイウォーリ社　207
アッディン，ハイル　231
アテネ公　290, 323, 331
アドリア海　154, 250
　——の両岸　233
アナトリア　133, 176
アフリカ　141, 183
　——西岸　135, 169
アマルフィ　129
アミエーリ社　17, 20
アムステルダム　260, 268
アヤス　187
アラゴン　165, 196
　——（連合）王国　134, 176, 286
　——王朝　196
　——国王　193
アルテ　289ff., 313ff., 340ff.
　——（医者と薬屋）　329
　——（一般アルテ）　351ff.
　——（内部の下層組織）　332
　——（カリマーラ）　3, 8, 34, 65, 334
　——（毛織物工業）　330, 333
　——（子アルテ）　310
　——（公認アルテ）　320, 325, 334
　——（裁判官と公証人）　328
　——（サンタ・マリア門＝絹工業）　331ff.
　——（集合アルテ）　328, 334
　——（アルテの集合・再編）　318ff., 327, 329ff., 334
　——（小アルテ）　319, 328
　——（内部の上層組織）　332
　——（内部の職業的な集団）　329
　——（新設アルテ）　326
　——（政治的・軍事的アルテ）　320
　——（大アルテ）　319, 328, 362, 363
　——（中アルテ）　319, 328
　——（同職組合）　301, 304, 310ff.
　——（内部の特別組織）　331
　——（特権アルテ）　351ff., 363
　——（フィレンツェの21アルテ）　328, 333, 335
　——（非公認アルテ）　351ff.
アルティミーノ　426
アルビツィ家（派）　293, 399ff.
アルベルゴ（擬制家族集団）　163
アルベルティ家　293, 401
アルメ　346ff.
アルメリア　167
アレクサンドリア　171, 173, 174, 187, 253
アレッツォ　190, 425
アレッポ　187
アンコーナ　128, 172, 174ff., 220, 228, 231, 261
アンジョ（アンジュー）　194, 193
アンダルシーア　169
アンツィアーニ　354ff.
　——・コンソリ　351ff., 363
アントウェルペン　171, 174, 175, 180, 223, 260, 262
アンナーバ　181
アンフォラ樽　150
イオニア海　154, 176, 249, 256
イギリス　40, 158, 166, 174, 176, 180, 181,

207, 228
——国王　46, 47
弩　170
イスタンブル　175, 212, 224, 225, 234
イタリア　101, 175
——戦争　287, 296
異端審問（所）　259, 260, 263
一度だけの飛躍　291
イベリア　130, 135, 141, 142, 166, 167, 176, 199
イル・ハン国　132
イングランド　180
インディア館　171, 172
インド　141
——洋　183
——領　171, 172
インノケンティウス三世　130
ヴィアレッジョ　239
ヴィア・ラルガ　409
ウィーン　230
ヴィカリオ管区　427, 428
ヴィスコンティ　286
——，ジャン＝ガレアッツォ　376
——，フィリッポ＝マリーア　376
ウィット　400
ヴィッラーニ，ジョヴァンニ　3, 4, 31, 39, 46, 47, 68, 192, 193, 372, 374, 377, 379, 380
ヴェドゥート　397ff., 401ff., 408
ヴェネツィア　57, 58, 60, 61, 101, 104ff., 128, 129, 142, 143, 153, 171, 172, 174ff., 183, 185, 188, 195, 221, 224, 225, 228, 261, 301ff.
ヴェルデ岬諸島　169
ヴェローナ　108
ヴェンデッタ　390, 394
ヴォルテッラ　371, 384, 425
ヴォロス　222, 238ff., 241ff.
ウスコック　266ff.
エヴァンズ，アラン　179, 181
エヴィア（ネグロポンテ）　198, 248
エーゲ海　130, 133, 142, 154, 176
エグ・モルト　41, 43, 44, 158
エコノミック・ブーム　317, 318, 334
エジプト　70, 131, 142, 158, 181, 199

エトルリア　418
——大公　418
エンポリ　192
エンリケ航海親王　164
王国の公的な銀行業者　194
大市の季節　161, 162
オスマン・トルコ　133, 172
オットー　108
お手盛り選出　294, 405ff., 408, 410
オトラント海峡　230, 231
オランダ　174, 176, 228
オルサット　241
オルサンミケーレ（穀物）市場　190, 191
オルトラルノ（市区）　190

か　行

カール（ハプスブルク，五世皇帝）　230, 231, 416, 417
下位貨幣　111, 122
外交使節　217
海事庁　270
会社（組織）　146, 208
海上保険　145
——掛金　48, 49, 240
外政役職　395
海損　58
カイロ　187
ガエタ　199
価格表（商品価格報告書）　75, 87ff., 94, 219
ガザリア（クリミア）庁　180
カスティーリャ王国　130, 176
カスティリオン・フィオレンティーノ　425
カステル・フィオレンティーノ　192
課税権　371
課税人口　412
家族共同経営　157
カタスト　192, 292, 372ff., 383, 384
カタルーニャ　134, 153, 168, 195
価値尺度　117, 121
カッファ　132, 164, 199
カッリアリ　196
カディス　166, 167

索　引

寡頭政　307, 338, 362, 399
カトー・カンブレジの和約　287
カナリア（諸島）　135, 142
　——海流　169
カネーア（ハニア）　197, 222, 242
カピターノ（・デル・ポーポロ）　163, 283, 316ff., 357ff.,
　——制機関　316ff.
カピターノ管区　427, 428
カピターノ・デル・ゴルフォ（アドリア海司令官）　250
カピチュレーション　173
貨幣
　——（アシュラーフィ）　86, 93, 121
　——（アスプロ）　248
　——（ウンガロ）　78
　——（クルザード）　169
　——（グロッソ）　108ff., 114, 118, 120
　——（ジェノヴィーノ）　144
　——（スクード）　251, 252
　——（ソルディーノ）　119
　——（ソルド）　107
　——（ディナール）　121
　——（ディルハム）　70, 76, 82, 84, 90
　——（デナロ）　107
　——（ドゥカート）　70, 76, 82, 84, 90, 113, 118, 120, 144
　——（ビアンコ）　119
　——（ピッコロ）　108ff., 117, 118
　——（ピッコロ実体貨幣）　118, 120
　——（ピッチョロ）　49
　——（ヒュペルピュロン）　113
　——（フィオリーノ）　7, 8, 43, 48, 49, 114, 118, 120, 144
　——（フランドル・グロート）　53
　——（ムアッヤディー）　93
　——（メッツァニーノ）　119
　——（モチェニゴ）　78
　——（モネーテ）　119
貨幣革命　112
　——債権　9
　——（計算）体系　8, 105, 106
貨幣単位
　——（シリング）　46
　——（ソルド）　7, 8, 106
　——（デナロ）　7, 8, 106
　——（デナロ・イン・ピッチョリ）　7, 8, 48, 49
　——（ポンド）　46
　——（マーク・スターリング）　43, 45, 53, 55, 59ff.
　——（ライン・グルデン）　53
　——（リブラ, リラ, リップラ）　7, 8, 50, 55, 106
　——（リブラ・コンプリーダ）　110, 111
　——（リブラ・マンカ）　110, 111
貨幣の旧体制　114
火砲　150, 170
神の民の八聖人　326
カラヴェラ　170
カラヴェラ・ラティーナ（ラテン・キャラベル）　169, 170
ガルボ　73
カルミニャーノ　426
カレー　40, 52, 54, 56
ガレー船　59, 135
ガレー商船　137, 141, 149ff., 157, 158, 160, 170, 185
　——商船団　84
ガレオン船　253
為替相場　90, 94
　——表　43, 44
為替手形　225
カン　68
勘定書　75, 87, 88, 219
関税互恵条約　174
カンタブリア　168
カンディーア　199
カンブレー同盟戦争　172, 263
管理者たち　419
キウジ　420
キオス　164ff., 238
キオッジァの戦い　159
騎士（身分）　299, 300, 421
　——禄　421
議事録（プラティカの議事録）　400
既成層　290
偽装　240
　——売却　222

貴族（都市貴族）　164, 282ff., 303ff., 314ff., 335, 339ff.
　——寡頭共和制　296
北西欧　166, 199
ギニア　143, 144, 169
　——館　169, 171
キプロス　142, 180, 185, 253, 254
　——王国　131
ギベッリーナ党　315, 318
規約大全（フィレンツェの）　429
キャラック　170
宮廷　297
旧都市貴族　390, 413
教皇国家　261
教皇税　288
　——庁　208
　——の徴税人　131
　——派　283, 341ff.
　——飛脚　209
　——領　207
行政役職　395
兄弟団　295, 310ff., 366
協同機関　395
競売　157
共和国の自由　399, 404
共和政　337
ギリシア　154, 229
　——小麦　232
金価　114, 116
銀価　114ff., 119
金銀比価　121, 144
金地金　115
銀地金　115
禁止規定（役職就任に関する）　397
グイディ　394, 396
クールツォラの海戦　165
グエルファ主義　321, 391
　——党　315ff., 321
　——党機関　317, 321, 325
　——同盟　317, 318, 321
クサル・エル・ケビールの戦い　172
組合（アルテ）規約　147
クライアント（被保護者）　394
クラクフ　165
グラナダ王国　167

クラピッシュ＝ジュベール　372, 382
グリッポ　212
クリミア　132, 176, 183
クレタ　130, 142, 154, 159, 176, 197, 198
　——貴族　197, 198
　——大反乱　197
クレメンス七世　296, 416
グロッソ銀貨の防衛　116
クワルティロロ　345
君主　285ff.
　——制　296
　——制的役職　297
　——任命職　300
軍制　375
　——（民兵制）　375
　——（混合制）　375
　——（傭兵制）　375
経営史料　147
軽ガレー　151
警告　391, 393
経済的封土　194
警察八人委員会　408
計算貨幣　8, 49, 105, 111, 112, 117, 122
　——（デナロ・ア・オーロ）　115, 116, 120
　——（デナロ・ア・オーロ・デッラ・ゼッカ）　116
　——（デナロ・ア・グロッシ）　112, 116, 120
　——（グロッソ・ア・オーロ）　117
　——（グロッソ・ア・モネーテ）　120
　——（デナロ・ア・フィオリーニ）　7ff., 43, 49
　——（デナロ・イン・フィオリーニ）　7
　——（ピッコロ計算貨幣）　118
刑事裁判管区　428ff.
計量単位
　——（オンチャ）　46
　——（カッサ＝箱）　253
　——（カリカ，積荷）　43
　——（カルゴ）　161
　——（カンナ）　26
　——（キオーヴォ）　46, 58, 60
　——（キロ）　247, 248, 250
　——（サッコ，袋）　41, 43, 45, 47, 54,

索　　引　　　　　　　　　　　　　　　467

　　　　60, 241
　——（サルマ）　195, 253
　——（スカルペッリエーラ）　52, 58, 60
　——（スタイオ）　192, 237, 241, 248, 250
　——（ソマ，獣荷）　43
　——（反）　76, 88, 89
　——（パッコ，荷）　47, 49
　——（バッラ，梱）　40, 41, 43, 45, 47,
　　48, 54, 59, 253
　——（ピック＝ピッコ）　76, 79, 80, 88,
　　89
　——（フィレンツェ・リブラ）　45
　——（ブラッチォ）　26, 79, 80
　——（ポッカ＝パッコ）　47ff.
　——（ボッテ）　155, 199, 241, 253
　——（ポンド）　41, 54
　——（マルコ）　115
　——（モッジォ）　192, 193, 246
　——（リブラ）　41, 49, 50, 107, 248
　——（ロンドン・ポンド）　46
計量手数料金　48
毛織物
　——（アロスト）　88, 89
　——（イギリス）　166, 175
　——（ヴェネツィア）　79
　——（カージー）　223
　——（カタルーニャ）　79
　——（ガルボ）　73, 77, 99ff.
　——（北西欧）　3, 68, 72
　——（ギルフォード）　74, 88, 89
　——（サーイア）　27, 28, 30, 32, 34, 37
　——（サン・マテーオ）　85
　——（サン・マルティーノ）　73, 77, 79
　——（西欧）　94, 101, 102
　——（第1種）　76, 90
　——（第2種）　76, 90
　——（第3種）　76, 90
　——（トリターナ）　27ff., 31, 32, 34, 37
　——（ナルボンヌ）　79
　——（バスタード）　88
　——（バルセローナ）　79
　——（フィレンツェ）　39, 42, 68, 70,
　　74, 79, 84, 86ff., 101, 103, 175
　——（フォンダコの）　74, 89
　——（フランス）　3, 4, 27, 31, 65, 68

　——（フランス風）　27, 29, 30ff., 34,
　　37
　——（フランス風ミスキアート）　18
　——（フランドル・ブラバント）　42,
　　69
　——（ミスキアート）　27, 29, 37
　——（ミラーノ）　79
　——（メスコラート）　18, 29
毛織物工業（フィレンツェ）　4, 5
　——組合　5
決済　10
ゲットー　263, 265, 269, 274
　——・ヌオヴォ　264
ケント　404
権力の真空状態　339
元老院　264, 266, 412
公益質屋　264, 265, 269
郊外　345
合格したと判断する者　411
高価軽量商品　137, 139, 141, 158ff., 189
公債　292, 299
公証人アルテ（ボローニャの）　359, 364
公証人文書　147
豪族　289, 313ff., 322ff., 343ff., 391, 400
　——指定権　325
皇帝代官　417, 418
　——派　283, 341ff.
購入表（商品購入量報告書）　75, 87, 88,
　219
降伏条約　283, 422
航路誌　135
　——図　135
コグ（コッカ）　136, 149ff., 170
穀物監督官　234
　——局　233, 234, 245, 251
　——年度　234
穀物商の日誌　190
黒海　131ff., 141ff., 158, 159, 162, 175,
　181, 183, 234
国家内国家　358
コッコ社　10ff., 17, 20
コッコ，ネーロ　58
コッツウォルド　45, 50
コッレ（・ディ・ヴァルデルザ）　425,
　429

コムーネ（都市コムーネ）　281, 314, 339ff., 369, 422ff.
　　──機関（権力機関）　354ff.
小麦と毛織物の交換　194
穀物の産地という不幸　197
暦
　　──（クリスマス暦）　7
　　──（受肉暦）　6
　　──（ビザンツ暦）　7
コルシカ　165, 176
コルトーナ　425, 427
コルナーロ，アルヴィーゼ　256
コルフ　243, 249
コレージョ　244, 245, 254
コロンブス　164
コンベルソ　259ff.
コンスタンツの和約　279
コンスタンティノープル　99, 130, 164, 183ff.
混成帆装　170
コンソリ　280, 281
コンソリ（特権アルテの代表）　352ff.
コンタード　282ff., 369, 378, 383, 384, 412ff., 422ff.
　　──概念　370
　　──（旧コンタード）　371, 423
　　──（新コンタード）　371, 423
　　──の征服　282, 283, 315
コンベルソ　232
コンメンダ　146

さ　行

ザーネ，アントーニオ　75, 88, 218, 219
ザーネ文書　74, 75, 81, 87, 89ff., 100, 101
最高価格令　238
最初の庶民政府（政権）　288, 316
　　──ポーポロ政権　361
財政自治権　378
財政収入
　　──（エスティーモ＝直接税）　377ff., 383, 424, 427
　　──（ガベッラ＝間接税を中核とする雑税）　48, 273, 378, 379, 412
　　──（間接税）　379
　　──（強制公債）　377, 382, 383, 412
　　──（公債）　381
　　──（雑税）　379
　　──（直接税）　379, 412
　　──（デチマ）　295, 424, 427
　　──（負担金）　378, 383
　　──（傭兵経費負担金）　383
　　──（四大ガベッラ）　380
裁判管区　428ff.
サヴォーナ　167
サヴォナローラ　295
サウサンプトン　45, 50, 51
先物取引　244, 247
サッケッティ，フランコ　38
サヌード，マリン　233, 234
サポーリ，アルマンド　47, 56, 178
ザラ（ザダール）　160, 249ff., 253, 254
サルデーニャ　134, 160, 165, 176, 183, 184, 190, 193, 196
　　──王国　230
サルデッラ，ピエール　178, 213
サン・トメ　169
サン・マテーオ　201
三角帆（縦帆）　136
サン・ジミニャーノ　429
サンジャック・ベイ　240
三大機関　395ff., 401, 402
ザンテ　249
サント・スピリト市場　190
サント・ステファノ騎士団　298, 415, 421, 425
サン・ミニアート　371
シエナ　130, 190, 191, 269
　　──公　415ff.
　　──国家（新国家）　418, 429, 430
ジェノヴァ　128ff., 142, 153, 159, 162, 164, 166ff., 170, 175, 176, 180, 195, 196
ジェレメイ派　341, 343, 359
資格審査　294, 397, 400, 405ff., 411
四角帆（横帆）　136, 170
市区　319ff., 345, 391
　　──長　180
資産評価　325
市場
　　──（貨幣）　186

索　引

――（局地的）　186
――（金融）　226
――（国際的）　186
――（商品）　226
――（商品中継）　186
――（総合的）　186
――（特化）　186
――（保険）　222,226
――（用船）　221,226,238,239
市場相場　114ff.,119
至聖なる規定　343
セクレターリ　407
施政八人委員会　411
自治権　412
――都市　281,299
シチリア　142,159,183,184,193ff.,198,207
――王国　134,193,230
――王国（旧シチリア王国，新［いわゆる］シチリア王国）　286
――国王　47
――の晩禱　286,289,318,323,343
執行部　354ff.
執政十二人委員会　411
実体貨幣　43,49,105,117,122
指定市場　265ff.
私的契約書　147
シニョーレ　284ff.,338ff.,365,366
シニョリーア（シニョーレの統治する政体）　285ff.
――（ヴェネツィアの政府機関）　244,246,250,251,253,254
――（フィレンツェの執政府）　289ff.,319ff.,337ff.,394,411
支配都市　283
――領域　369,416ff.
支払手段　117
ジブラルタル　130,134
私兵　410,413
清水廣一郎　128
市民共同体　282ff.
――権　400
――権所有者　164,303ff.,335
――社会　293
シャイロック　258,275

社会的な新陳代謝　413
爵位　421
奢侈品　140,177,178,182
シャッカ　160
シャルル八世　295
シャルル・ダンジュー　130,134,207,286,287,317,343
シャロン　68
シャンパーニュ　4,135,144
自由委託　244,246
自由かつ真正の君主　418
従価的な体系　139,189
自由航海　160
十字軍国家　129
従属コムーネ　412,413
――都市　283
――都市コムーネの反乱　412
従属理論　196,197
集団指導体制　394,401,413
十二人会　180,320,395
十人委員会　244,245
就任資格（公職）　399
従量的な体系　139,189
十六人会　320,395
ジュスティーツィア　309
受封者（クレタの）　197,198
小アジア　260
小アルメニア王国　131,180,187
上位貨幣　122
小教区　345ff.,391,426
商業実務　40,77,179,191,217
商業通信　206,221
――網　218
商業法廷　149,322,362
――六人委員会　407
商業文書　215
――（為替手形）　215
――（勘定書）　215
――（現金取立委任状）　215
――（口座振替命令書）　215
――（小切手）　215
――（商品送り状）　215
――（商品価格報告書＝価格表）　215
――（商品購入量報告書＝購入表）　215

―― (取引委任状) 215
―― (船荷明細書) 215
―― (輸送明細書) 215
―― (用船契約書) 215
常設機関　408
小評議会 (十人委員会など)　306
商品
　―― (インド綿織物)　171
　―― (エジプト綿)　202
　―― (オリーヴ油)　166, 167, 184, 185
　―― (果実)　166
　―― (生糸)　96, 101, 204
　―― (貴金属)　144
　―― (絹織物)　204
　―― (ギリシア葡萄酒)　198
　―― (金)　166, 169
　―― (銀)　96, 184
　―― (グラーナ＝臙脂)　223
　―― (毛織物)　97, 98
　―― (香辛料)　166, 200
　―― (黒人奴隷)　169
　―― (胡椒)　96, 101, 102, 171, 172
　―― (琥珀)　96, 98
　―― (小麦)　184
　―― (米)　171
　―― (雑穀)　191, 192
　―― (砂糖)　96, 98, 101, 102, 166
　―― (サフラン)　166
　―― (珊瑚)　166
　―― (塩)　166, 184
　―― (シチリア綿)　203
　―― (生姜)　96ff., 101, 102, 171
　―― (シリア綿)　158, 204
　―― (錫)　96, 98
　―― (象牙)　166, 169
　―― (大青)　166
　―― (チーズ)　184
　―― (銅)　96
　―― (奴隷)　143
　―― (鉛)　184
　―― (肉桂)　171
　―― (皮革)　166, 167
　―― (葡萄酒)　166, 167, 185
　―― (マラゲット胡椒)　169
　―― (明礬)　165ff.

―― (綿)　166, 200
―― (西方綿)　202, 203
―― (東方綿)　202
―― (ラテン葡萄酒)　198
商品 (毛織物, 羊毛) の等級
　―― (特級品)　25, 27
　―― (上級品)　25, 27, 44, 61
　―― (中級品)　25, 27, 44, 61
　―― (下級品)　25, 27, 44, 61
商務五人委員会　266
書簡 (商業書簡)　75, 87ff., 219, 237
　――複写帳　214, 215, 230, 234, 236, 237
書記管区　428
職権上の委員　407
職人・小商人層　325, 335
植民地経営組合 (マオーナ)　239
叙任権闘争　339
庶民　289ff., 303ff., 315ff., 334, 343, 391
　――共同体　283, 284
シリア　70, 101, 142, 158, 159, 181, 200
人格における統合　418
新貴族層　324ff., 335, 413
新キリスト教徒　261
人口
　―― (ヴェネツィア)　232
　―― (フィレンツェ)　192
　―― (リヴォルノ)　271
　―― (リヴォルノのユダヤ人)　274
　―― (中世イタリア都市)　280
　―― (フィレンツェと支配領域)　372ff.
　―― (プラート)　374, 375
　―― (ボローニャ)　344
新参者 (層)　290, 325, 335
新支配層　323
新大陸　142
神殿騎士団　130
新都市貴族層　391, 392
新入者　401ff.
進法
　―― (10進法)　7, 113
　―― (12進法)　106, 113
　―― (20進法)　106, 113
臣民　300

索　引

推測航法　170
枢密院　354ff.
スカレーア　181
スクオーラ　310ff., 335
　　　──・グランデ　312
スコーラ　340
スパラート（スプリット）　259, 265ff.
スフォルツァ, ガレアッツォ＝マリーア
　　　409
　　　──, フランチェスコ　409
スペイン　176, 229, 230
　　　──軍駐屯地　418
　　　──系　261
スリュイス　52, 53, 131
スルタン　238, 240
　　　──の臣民　261ff.
スレイマン　230, 231, 250
正義の旗手（フィレンツェ）　5, 180, 319, 394
　　　──（ボローニャ）　365
正義の規定　289, 319, 328, 361
正義の規定の執行者　321
政治団体　404
　　　──党派　293
税制　291
贅沢な商品としてのニュース　211
聖なる規定　343
聖なる農業　257
西方ユダヤ人　262, 265ff., 276
聖ヨハネ騎士団　268
セウタ　169, 181
折半小作制　388
セッラ, ドメニコ　153
セドゥート　397ff., 401, 408
セビーリャ　164, 167
セファルディム　231, 242, 260ff.
セベニコ　250, 251
セルビア　173
全市民集会　282
全市民的な（機関）　393, 413
全住民集会　304ff., 354ff.
全装帆船　170
船団　157, 159
　　　──航海　157, 159
船舶構成　155

全ポーポロ大会　357ff.
象眼儀・四分儀用法便覧　171
造幣局　114ff.
底荷　137ff.
ソデリーニ　296
ゾンバルト, ヴェルナー　39, 40, 42, 51, 52, 55ff., 189

た　行

ダ・ウッツァーノ　40, 42, 45, 50, 55, 56, 85
ダ・ガマ, ヴァスコ　171
ダ・ソマイア一族　220, 224, 238, 242ff.
ダ・ソマイア, グッリエルモ　216, 238ff.
　　　──, ジャンバッティスタ　238, 241ff.
　　　──, ジローラモ　216, 221, 238
　　　──, ラファエッロ　238
　　　──, リドルフォ　238
ターナ　132
大公を領主とする領域　418
大使　217
隊商（キャラバン）　219
第二の庶民政権　318
　　　──ポーポロ政権　361
大陸領土（テッラフェルマ）　233, 263
代理店契約　147
代理人　226
タタール　143
ダティーニ, フランチェスコ・マルコ　57, 81, 187, 189, 195, 201
ダティーニ商社　211
　　　──文書　74, 81, 87, 91ff., 101, 151, 153, 189
打歩　109, 116
タブリーズ　132, 181
拿捕　249ff., 256
ダマスクス　70, 75, 77ff., 81, 82, 84, 87, 91, 94, 99ff., 187, 210
樽（アンフォラ樽）　199
　　　──（メーナ樽）　151, 199
　　　──（メッツォ・ミッリアイオ樽）　199
ダルマツィア　154, 172, 176, 231

索　引

タンゲローニ，マルコ　196, 197
団体　368, 389
「ダンピング」　71, 72, 75, 77, 98, 103
地域共同体　424ff.
　　――（旧防備集落）　424
　　――（都市）　425ff.
　　――（都市集落）　425ff.
　　――（農業的都市集落）　424
　　――（防備集落）　424
　　――（無防備集落）　424
チヴィタ・ヴェッキア　239
チオンピの乱　290, 326, 331, 332, 363, 392, 393, 400, 402, 403, 412
地区団体（組織）　327, 335, 336
血の純潔　260
地方行政官　396
　　――総督　217
仲介手数料金　48
中産階層　385
中・小アルテ員の（占める）割合　410, 412
抽籤制度　394, 396, 413
　　――選出　405ff.
　　――選出職　300
チュニジア　199
チュニス　181, 184, 185
徴税機構　427, 428
　　――台帳　379
直接税　424
貯蔵食糧　192
通信　145
　　――企業　208, 211
　　――業務の拠点　213
　　――文書　146, 147, 215
デイ，ジョン　213
低開発　197
低価重量商品　137, 139, 159, 160, 176, 189
定期便　145, 210, 211
帝国封地　298
ディストレット　292, 370, 378, 383, 384, 412, 416ff., 422ff.
定着商業　144, 145, 203, 206
ティムール　91, 99
手付金　245
テッサリア　238, 254

テッサロニキ　238, 242, 244, 248
テッラフェルマ（大陸領土）　198
デル・フィオーレ，クリストーフォロ　85
デル・ベーネ社　57
　　――文書　5
デル・ポッジェット，ベルトランド　365
天文航法　170
ドイツ　247
同職組織　337ff.
同族結社　316, 342
党派闘争　341
東方ユダヤ人　261, 264, 265, 267, 276
同盟　426, 427
独裁者の圧政　399
統領（ドージェ）　304
ドージェ（統領）　416
ドーリア，アンドレーア　231, 253
ドーレン，アルフレート　40ff., 56, 80
特産物（スペツィエーリエ）　182
都市規約　147
　　――国家　283
　　――領主　281
トスカーナ　193
　　――大公　298, 418
　　――大公国　261, 415ff.
土地改良　257
富の分布（フィレンツェと支配領域）　384ff.
トラーニ　194
トラーパニ　160
トラキア　199
トラッタ　195
取引覚書　245
　　――手数料　244
　　――品目　140
トルコ　99ff., 176, 229ff.
トルファ　167
奴隷商人　143
　　――船　143
トレント（トリエント）公会議　261, 264
トロペーア　181, 199
ドン　132

索引　473

な行

内政役職　395
内陸アジア　183
ナウ　170
名札　397
　──袋　397ff., 406
ナポリ　198, 199, 221
　──王国（いわゆるナポリ王国）
　　193, 194, 230, 286
　──国王　147
　──副王　419
南北関係　199
　──商業　197
ニース　65
ニケーア帝国　131, 164
二十のアルテの防衛者　364
荷積期間　157, 159
日常品　177, 178, 182
日誌記録（資格審査委員会の）　401
ニンファイオン条約　164, 165
ネーデルラント　260
農業手引書　257
農村　426
　──規約　426
　──コムーネ　282, 369, 422ff., 426ff.

は行

パーチェ　10, 12, 13
ハーリヒィ　372, 382, 384, 388, 389, 396, 401
配達料金　211, 212
パウルス四世　232, 263
伯　339
　──権力　370
旗区　391
パッサッジェーリ，ロランディーノ　359ff.
パッツィ家　411
　──の陰謀　294
ハッティーンの戦い　131
パトロン（保護者）　394
パニーニ　50, 55, 56, 180

浜名優美　128
バリ　129, 184
パリ　56, 65
バリーア　294, 398ff., 404ff., 408ff., 413
　──（長期バリーア）　406ff.
　──（短期バリーア）　406
バルカン　133, 176, 260
バルジェッロ　365
バルセローナ　128, 158, 168, 170, 175, 176, 184
バルディ社　17, 34, 46, 47, 147, 180, 185, 207
バルト海　177, 198, 232
バルベリーア（マグリブ）　239
バレアレス　134, 160, 176
パレルモ　99, 128, 195
バレンシア　57, 128, 158, 167, 168, 188, 195
パレンツォ　249ff.
バロン　399
ハンガリア　231
反豪族規定　343, 360, 361
ハンザ　175, 177
ピアチェンツァ　130
ピウス五世　263
ピエモンテ公国　261
飛脚　145, 208
　──親方　145, 209
　職業的──　209
ピサ　45, 48, 127, 129, 167, 183, 188, 193, 196, 425
　──・シエーナ・キウジを結ぶ線　420
ビザンツ帝国　113, 129ff., 133, 143, 159, 197
非常大権　314ff.
ビスケー　239
ピストイア　130, 193, 384, 425
必需品　182
評議会
　──（一般評議会）　355ff.
　──（一般・特別（合同）評議会）　355ff.
　──（拡大評議会）　357ff.
　──（グエルファ党評議会）　317

――（五百人評議会）　359
――（コムーネ評議会，フィレンツェ）　315，395
――（コムーネ評議会、ボローニャ）　355ff.
――（七十人評議会）　294，411ff.
――（小評議会）　357ff.
――（大評議会，ヴェネツィア）　303ff.，335
――（大評議会，フィレンツェ）　295，296
――（大評議会，ボローニャ）　357，358
――（特別評議会）　355ff.
――（二千人評議会）　359
――（八十人評議会）　295
――（八百人評議会）　359
――（百人評議会）　294，408，410ff.
――（ポーポロ（平民）評議会）　316ff.，358ff.，395，408
――（四百人評議会）　359
――（両評議会，フィレンツェ）　395ff.，406ff.，410
ピント，ジュリアーノ　190，192，193
ファマグスタ　180，185，187，199
フィーニ　12，20
フィヴィッツァーノ　425
フィウメ（リエカ）　266
フィエーゾレ　370，422，423
フィレンツェ　48，51，56，99，143，174，180，184，187，193，195，229，269，287ff.，301ff.，313ff.，337ff.，360ff.，367ff.，422
――共和国　416
――共和国の公　297，416ff.
――毛織物工業　200，201
――公　297，415ff.
――国家（旧国家）　415，418，422ff.，430
――とシエーナの公　418
――の正義と統治の管理者九人委員会　428
フィレンツェ人の征服　194
封地　418ff.
　皇帝――　419
　混合――　420
　大公――　419
プーリャ　181，183，184，193，194，196，198

フェッラーラ　58
――侯　240，409，410
――公国　261，265
フェリーペ　415，417，429
フェンネル・マッツァウィ，モーリーン　200
フォケーア（フォチャ）　165，167
フォスカリーニ，ロレンツォ　218，219
フォンダコ　173
ブオンタレンティ　270
ブジャーヤ　181
ブジュドゥル（ボジャドール）　169
二つのイタリア　280
負担金　292
船便　212
船の乗組員
――（船長）　241
――（舵手）　241
――（書記）　241，248，251
――（積荷監視人）　241，248
プラート　56，57，61，188，191，195，371，374，423，425，427，429
ブラッカー　367ff.
ブラッチョリーニ　387
プラティカ　294，398ff.，408，409
フランジョーニ，ルチアーナ　210
フランス　173，174，176，181，207，228
――街道　130
――大使　238，240
フランソワ　230，231
フランチェスコ二世（フランツ・シュテファン）　419
フランドル　40，135，141，158，166，180，181
フリードリヒ一世　279，280
プリオリ　5，289ff.，313ff.，361，390，392，394
――制機関　313ff.，319ff.，325，335
ブリガンティン　222
ブリュージュ（ブルッヘ）　41，44，52，56，58，60，61，135，144，168，171，175
ブルーニ　385
ブルゴーニュ　181
ブルサ　165
プレヴェザの海戦　172，220，229，231，257

索　引

ブレスク，アンリ　197
フレスコバルディ，フィリッポ　180
プロヴェディトーレ・デル・ゴルフォ（アドリア海監督官）　253
ブローデル，フェルナン　128,178,211
平民　163,289,313ff.,322ff.,390
——組合　391
ベイルート　70,153,171,187,210,212
ペーポリ，ロメーオ　365
ヘールデ　400
北京　181
ペゴロッティ　40ff.,56,179,180,185,191
ベネヴェントの戦い　134,317
ペラ　164,165,167,183,185,199
ペルシア　141
——湾　141
ペルッツィ社　46,47,147,185,207
ベルトリ，ザノビ　252ff.
ベルナルディ　240ff.
ベンチヴェンニ　11,12,14,15
——社　57
遍歴商業　144,145,206
貿易風　169
封建法　417,419
——領主　422ff.
紡糸　24
法定相場　114,115,119
ポー川　60
ポーニ　12
ボーノ，アントーニオ　84
ポーポロ　340ff.
——機関（権力機関）　354ff.
——組織　354ff.
——という用語の意味　360,361
ポーランド　165
北欧　141,183
北東貿易風　169
保険　68
星野秀利　39,42,70,72,76,82,99,101,103
ボスニア　173,265
北海　134,162,175,177
ポッジボンシ　427
ボッテ　150
ボッティ商社　214

ポデスタ　282,315,354ff.
——管区　427,428
——制機関　317,321
ボナイウォート　20
ポネンテ　233,234
ボルゴ・サン・セポルクロ　425,427
ポルト・ピサーノ　65,270
——（ドン河口の）　183
ポルトガル　162,164,168,169,171,172
——系　261
ポルトラーノ　135
ボローニャ　58,187,230,337ff.
本店・支店関係　147

ま　行

マオーナ（私的植民組合）　165
マクニール，ウィリアム・H.　128
マグリブ　130,135,141ff.,158,166,167,199,262
マケドニア　199
マデイラ　135,169
マムルーク朝　131ff.,171,187
マラーノ　261
マラガ　167
マリニョーレ　6,17
マリョルカ　57,167,188
丸型帆船（ラウンドシップ）　135,141,149,154,158,160
マルコ・ポーロ　132
マルセーユ　65,128,183,221
マルマラ海　234
マレア岬　256
マンスーラの戦い　131
マントヴァ公国　261
マンフレーディ　317
密輸　253,255,256
ミニステリウム　340
ミニストラーリ　352ff.
ミラーノ　52,53,56,58,60,61,187
——公　409
——公国　230
民事裁判管区　428ff.
民衆　339ff.
——組織　163

ムーダ　156ff., 219
メッシーナ　128, 221, 239, 252
メディチ
　　──, アレッサンドロ　415ff.
　　──, コジモ（老）　293, 299, 388, 402ff., 408ff.
　　──, コジモ一世　268, 270, 271, 415ff., 420
　　──, コジモ二世　271, 420
　　──, コジモ三世　420
　　──, ジャン・ガストーネ　420
　　──, ジョヴァンニ・ディ・ビッチ　387
　　──, ピエロ　294, 409
　　──, ピエロ（二世, ロレンツォの子）　295
　　──, フェルディナンド一世　270, 272, 415, 420
　　──, フェルディナンド二世　420
　　──, フランチェスコ一世　270, 271, 298, 415, 418, 420
　　──, ロレンツォ　294, 299, 410, 411
　　──, ロレンツォ二世（ピエロ二世の子）　416
メディチ家　167, 194, 367ff., 413, 414
　　──家傍系　417
　　──派　293, 299, 402ff., 413, 414
メノルカ　57, 188
メヘレン　52, 53
メリーノ種の羊　201
メリス, フェデリーゴ　56, 57, 137, 139, 140, 149, 151ff., 187ff., 201, 213
メローリアの海戦　134, 288
綿工業　158, 200, 202, 203
綿ムーダ　156, 158ff.
モチェニゴ　150, 151, 154, 160
持分比率　242
モハーチの戦い　231, 266
モルホ　377, 400
モレッロ　345
モロッコ　169, 181
モンゴルの平和　132, 181
モンタペルティの戦い　317
モンテ　292, 375, 382
　　──委員会　407
　　──帳簿　382
　　──一つで二つの──　382
モンテプルチァーノ　425
モンテムルロの戦い　417
モンペリエ　44

や　行

役職手当　396
郵便
　　──（専用便）　210
　　──（特別便）　146
　　──（普通便）　146
　　──（優先便）　210
有力親族　401ff.
　　──数の収斂　404
輸出許可　243
　　──料　257
輸送経費　39, 51, 60, 187, 189
　　──料金　137, 138, 140, 175
ユダヤ教徒追放令　259
ユダヤ人　258ff.
　　──共同体　264, 265, 273, 275
　　──金融業者　269, 270, 383
　　──税　263, 264
　　──誘致策　261, 263
輸入奨励金　233, 238, 244
用船契約　247
　　──契約書　240ff.
　　──料金　58, 222, 239, 247, 248, 256
傭兵（制）　284, 291, 299
　　──（雇）費用　376, 412
羊毛
　　──（イギリス）　3ff., 21, 31, 39ff., 58, 60, 61, 68, 69, 189, 201
　　──（イギリス長毛羊毛）　31, 37
　　──（イギリス修道院の）　44
　　──（皮付）　61
　　──（コッツウォルド）　45, 50
　　──（子羊羊毛）　21, 22, 37
　　──（梳毛）　61
　　──（長毛羊毛）　21, 22, 24
　　──（二番刈）　61
　　──（フィオレット）　21, 22, 24, 37
　　──（フランス）　21, 24, 31, 36, 37, 45

索　引　　　　　　　　　　　477

―（フランス南部）　61
―（ブルゴーニュ）　21, 22
―（マグリブ）　189
―（マリョルカ）　58, 61
―（メノルカ）　189
―（ロマーニャ）　189
余剰とみなされた富　384

ら・わ 行

ラ・ロシェル　181
ラークイラ　99
ラヴェンナ　58
ラグーザ（ドゥブロヴニク）　128, 172ff., 176, 228, 231
羅針盤　135
ラス・ナバス・デ・トローサの戦い　130
ラディスラーオ　376
ラテラノ公会議（第四回）　130
ラテン帝国　113, 131, 164
ラテン帆　136, 170
ランベルタッツィ派　341, 343, 350, 353, 359
リアルト　160ff.
リヴォフ　165
リヴォルノ　45, 48, 65, 127, 174, 220, 259, 270ff., 276, 423, 425
　―憲章（1593年特許状）　272ff.
　―憲章の前文　415
　―建設事務所　270, 271
利益団体　404, 413
リオーニ，フランチェスコ　214, 220ff., 229, 238ff.
リオーニ商社　234
リグーリア　198, 199
陸標（ランドマーク）　135
リスボン　167, 171
リズム（商業活動の）　160ff.
リトラッタ（搬出税）　48
リヌッチ
　―，リヌッチォ・ディ・ネッロ　5, 6, 20, 31, 38
　―，兄弟ニッコロ　5, 17, 20, 37
　―，父ネッロ　5, 17
リヌッチ家　5

リヌッチ社　28, 31, 33
リヌッチの帳簿　5, 6, 8, 9, 17, 18, 22, 24, 31, 36
　―（貸方）　10, 20, 22
　―（借方）　10, 25
　―（販売毛織物勘定）　10, 26, 36
　―（貸付帳）　16
　―（［毛織物小売］販売先帳）　16
　―（現金出納帳）　16
　―（織布工帳）　16
　―（染色工帳）　16
　―（剪毛工帳）　16
　―（販売帳）　16
　―（秘密帳）　16
　―（紡糸工（糸巻き工）帳）　16
　―（元帳）　16, 20
　―（羊皮表紙帳＝仕訳日記帳）　11
リブルヌ　44
リュニジャン朝　185
領域経済の統合化　389
領域構造　415ff., 430
領事（コンソレ）　217
領主（貴族）　299, 300, 418
リヨン　174, 224, 225
臨時機関　408
ルイ（聖王）　131
ルービンステイン　404
ルッカ　130, 143, 193, 371
ルッジェーロ（二世）　279
ルヌアール，イヴ　208
レヴァンテ　233, 234, 250
レヴァント　81, 129, 141, 143, 165, 172, 173, 177
　―商業　228
レーン，フレデリック Ch.　140, 154
レオ十世　296
レオポルド改革　430
レタッリアート　261
レパントの海戦　231
レンツィ，ドメニコ　190, 192, 193
労働者層　325, 335
ローディ　60
　―の和約　286, 376, 407
ローマ劫掠　296
ロッソ，アンドレーア　84

ロドリーゲス，ダニエル（ロドリーガ，ダニエーレ）　265,267
ロベルト　194
ロマーニャ　190
ロマニーア　132,133,142,143,158,165,166,267
ロレーナ（ロートリンゲン）家　419
ロレダン　132

ロンシエール　380
ロンドン　42,43,45,48,50,51,56,131,167,175,223,224
ロンバルディーア　142,167
　──都市同盟　279,283

われわれの海　221,252,253,256

齊藤寛海（さいとう・ひろみ）

1945年3月 朝鮮・京城府（ソウル）に生まれる。東北大学文学部卒業，同大学院文学研究科修士課程修了，同博士課程所定単位取得退学．73年 信州大学教育学部講師，78年 同助教授，91年 同教授（現在に至る）．この間，フィレンツェ大学，ヴェネツィア大学，ボローニャ大学，に各一年間留学．

論文などは，本書の「史料・参考文献」に記されている．

〔中世後期イタリアの商業と都市〕　　　ISBN4-901654-06-3

2002年10月20日　第1刷印刷
2002年10月25日　第1刷発行

著　者　齊　藤　寛　海
発行者　小　山　光　夫
印刷者　藤　原　良　成

発行所　〒113-0033 東京都文京区本郷1-13-2
　　　　電話(3814)6161　振替00120-6-117170
　　　　http://www.chisen.co.jp
　　　　株式会社　知泉書館

Printed in Japan　　　　　　　　　印刷・製本／藤原印刷